Forschung für die Wirtschaft
Im Mittelpunkt: der Mensch

Forschung für die Wirtschaft
Im Mittelpunkt: der Mensch

Jahrestagung 1993
der Wirtschaftsuniversität Wien

Rolf Eschenbach
(Herausgeber)

Wien 1993
Service Fachverlag

Die WU-Jahrestagung 1993 wurde von der Wirtschaftsuniversität Wien gemeinsam mit der Wiener Handelskammer veranstaltet. Die Durchführung dieser Veranstaltung wurde von folgenden Unternehmen unterstützt:

Dr. Neumann Management-Beratungs GesmbH

Service Universitätsbuchhandlung

Gürtler Aktiengesellschaft

Julius Meinl AG

Ankerbrot AG

Bank Austria

Österreichische Akademie für Führungskräfte

Austrian Management Courses

ISBN 3-85428-240-0

Druck: Remaprint, Wien
Printed in Austria 1993

Vorwort

Seit jeher wird die Frage nach der Stellung des Menschen in der Welt gestellt.

Die Wirtschaftsuniversität Wien hat weit ausgeholt, um Antworten zu finden. Sie stellt ihre Jahrestagung 1993 unter das Thema:

Forschung für die Wirtschaft
Im Mittelpunkt: der Mensch

An diesem Kongreß berichtet die Wirtschaftsuniversität über Forschungs- und Arbeitsergebnisse. Kongreßbesucher sind Führungskräfte der Wirtschaft und öffentlichen Verwaltung und Studierende.

Die Diskussion von Forschungsergebnissen soll zum Denken anregen, Wirtschaft und Wissenschaft neue Impulse geben und den Blick für die Vernetzung von Wirtschaft, Technik, Ethik, Politik und sozialen Fragen schärfen.

Im vorliegenden Tagungsband sind die Vorträge der WU-Jahrestagung gesammelt. Der Dank des Herausgebers gilt allen Referentinnen und Referenten, die ihre Manuskripte zur Verfügung gestellt haben. Um die Individualität aller Mitwirkenden auch im geschriebenen Wort zu erhalten, wurden die Beiträge weder formal noch inhaltlich überarbeitet. Die Reihenfolge der Beiträge folgt dem zeitlichen Ablauf der Jahrestagung.

Unser Dank gilt der österreichischen Wirtschaft, die diesen Kongreß materiell und ideell hervorragend unterstützt. Hervorzuheben sind dabei besonders die Wiener Handelskammer als Mitveranstalter und die Dr. Neumann Management-Beratung für ihren materiellen Beitrag und die tatkräftige Beratung. Unser Dank gilt auch den Studentinnen und Studenten der Wirtschaftsuniversität, die diesen Kongreß organisiert haben und sich dabei als einfallsreiche und zupackende Führungsnachwuchskräfte bewährten.

Wien, im März 1993 Rolf Eschenbach

Inhalt

Ethik - Mensch - Wirtschaft

Non-Profit - Mensch - Wirtschaft

Konsum - Mensch - Wirtschaft

Kommunikation - Mensch - Wirtschaft

Umwelt - Mensch - Wirtschaft

Wirtschaftlichkeit - Mensch - Wirtschaft

Ethik
–
Mensch
–
Wirtschaft

Wirtschaft und Ethik - ökologiegerechtes unternehmerisches Handeln als ethische Sollensanforderung an das Management

Wolfgang Trödhahn

1. Management von Umweltbeziehungen

In der postindustriellen Phase, einem Zeitalter des soziokulturellen Wandels sowie der Diskontinuitäten, verdichten sich die unternehmensrelevanten Problemsituationen: Unternehmen bekommen gesellschaftliche Verantwortung, ihnen kommen gestaltende Aufgaben zu.

Das evolutionäre Zusammenspiel zwischen unternehmenspolitischem Rahmen und relevantem Umfeld - ihre Koevolution - wird zu einer langfristigen Gestaltungskomponente (vgl. [1], S. 44). Das Unternehmen wandelt sich zu einer Vielzweckeinrichtung, in dessen Umfeld sich ein neues ethisches Selbstbewußtsein etabliert. Von allen relevanten Teilumwelten werden Anforderungen an das Unternehmen herangetragen, der Begriff der Produktion erfährt eine drastische Ausweitung durch das Miteinbeziehen seiner Begleiterscheinungen und langfristigen Auswirkungen.

Unter all diesen Voraussetzungen erhalten die Koevolution und die neue Unternehmensverantwortung durch die zunehmenden ökologischen Probleme eine ungeheure Dynamisierung, einen neuen "Spin".

Die ökologische Komponente wird zu einem nicht mehr wegzudenkenden Bestandteil eines jeden wirtschaftlichen, politischen und gesellschaftlichen Handelns.

"'Management von Umweltbeziehungen' bringt den Wertewandel im Unternehmen auf den Begriff: die Neuausrichtung der Unternehmensführung auf ihre ethische Dimension ...." ([11], S. 234).

"Die Grundlage ökonomisch vernünftigen Handelns ist eine bestimmte Denkhaltung" ([10], S. 273).

2. Unternehmensethik und Ökoethik unternehmerischer Systeme

Unternehmensethik soll als "Vernunftethik des Wirtschaftens" verstanden werden - als praktisch-philosophisch fundierte, methodische Vermittlung von ökonomischer Rationalität und Moralität, als Erweiterung ökonomischer Rationalität um ethische Vernunft (vgl. [13], S. 412, [8], S. 667).

Das zunehmende Spannungsverhältnis von Ökologie und Ökonomie läßt Unternehmensethik unabdingbar werden und führt zu einer speziellen Ausformung derselben: zur "Ökoethik unternehmerischer Systeme". Diese stellt einen Spezialfall der Unternehmensethik auf das Verhältnis von Ökologie und Ökonomie und aller sich daraus ergebenden Konsequenzen dar.

Formal handelt es sich dabei um eine Einengung des Begriffs Unternehmensethik, materiell hingegen kann vom Entstehen einer neuen "Qualität" des Ethikbegriffs, vom Entstehen einer eigenständigen gelebten Ökoethik ökonomischer Systeme gesprochen werden.

Diese Ökoethik stellt eine Sollensanforderung, eine verbindliche Norm zur richtigen Handhabung des ökonomisch-ökologischen Spannungsverhältnisses dar, welche ihren Ausdruck in strategischen Maßnahmen sowie deren operativen Umsetzungen findet.

Legt man das bisher zu einer Ökoethik ökonomischer Systeme Gesagte auf real existierende unternehmerische Systeme um, so führt das als Konsequenz zu einer "Ökologieausrichtung ökonomischer Systeme" mit dem Ausgangspunkt der bestehenden Realtität von Ökonomie und Ökologie und dem Management des Spannungsfeldes als Instrument der Handhabung.

3. Ökologieausrichtung - strategische Potentiale

Ökologieausrichtung wird als strategisches Potential und dessen betriebliche Umsetzung gesehen.

Als strategische Potentiale werden die Möglichkeiten, Fähigkeiten, "Ressourcen" eines Unternehmens bzw. einer strategischen Geschäftseinheit verstanden, sich in bestimmten Produkt-/Marktsegmenten entscheidende Wettbewerbsvorteile gegenüber der relevanten Konkurrenz zu verschaffen.

Strategische Potentiale sind somit geeignet, den ".... Wert der Unterschiede zwischen der Unternehmung und den Konkurrenzunternehmungen zu unterstreichen und ihr Wettbewerbsvorteile zu verschaffen" ([7], S. 31).

Sie sind potentielle strategische Erfolgsfaktoren. Einzelne strategische Potentiale bzw. Kombinationen derselben, die in einer genau definierten Situation zur Anwendung gelangen und entscheidende und dauerhafte Wettbewerbsvorteile gegenüber der Konkurrenz generieren, stellen reale unternehmensspezifische Erfolgsfaktoren dar. Bestehende strategische Erfolgsfaktoren sind nicht dauerhaft, sondern einem steten Wandel unterworfen - synonym zu den Veränderungen der jeweiligen unternehmensspezifischen Situation.

4. Unternehmensphilosophie, strategisches Leitbild und Identität

Strategische Potentiale und Erfolgsfaktoren sind grundlegende Bestandteile eines Unternehmens. Ihre Erfassung bzw. Dekomposition erfolgt im strategischen Unternehmensführungskonzept (vgl. [7]) während der Analyse von Ausgangsposition und Ausblick.

Ausgangsposition und Ausblick finden ihren operativen Niederschlag in der Unternehmensphilosophie.

"Unter Unternehmensphilosophie versteht man nicht nur ethische, sondern allgemein die Summe der obersten Leitsätze, welche die Führung einer Unternehmung bestimmen und ihre strategischen Stoßrichtungen umschreiben; schriftlich niedergelegt fügen sie sich zu einem Unternehmungsleitbild zusammen" ([7], S. 69 f).

Strategische Potentiale und Erfolgsfaktoren als Bestandteile von Ausgangsposition und Ausblick gehen in die Unternehmensphilosophie ein und werden in den Leitbildern schriftlich festgelegt. Strategische Leitbilder sind Ausdruck der bestehenden sowie der zukünftigen Identität von Unternehmen (vgl. [14]).

Die Identität eines Unternehmens enthält all die strategischen Potentiale und Erfolgsfaktoren, die diesem Unternehmen zu einem Wettbewerbsvorteil gegenüber der Konkurrenz verhelfen können. Diese Identität ist ursächlich für das strategische Leitbild, die operationalisierte und schriftlich abgefaßte Unternehmensphilosophie.

5. Die Rekonstruktion der Unternehmensidentität

Unternehmensidentität läßt sich als Menge traditioneller, "gewachsener" und für das betreffende Unternehmen charakteristischer Grundhaltungen bezeichnen.

Den grundbegrifflichen Rahmen der Unternehmensidentität bildet die "Theorie des kommunikativen Handelns" von Jürgen Habermas (vgl. [6]).

Hierbei wird Verständigung als Koordinationsmechanismus in einer jeweils kontextspezifischen Lebenswelt angesehen.

Das Unternehmen stellt eine eigentümliche Lebenswelt dar, die eine Menge von Sprach- und Lebensformen umfaßt, welche jeweils eigenen "Spielregeln" gehorchen - das heißt, durch die einzelnen Aktivitäten des Unternehmens entsteht ein "normativer Hintergrundkonsens", der den Charakter von Regeln annimmt.

Somit präsentiert sich Unternehmensidentität als Regelstruktur, der das Handeln der Unternehmensmitglieder zugrundeliegt. Das sichtbare Verhalten der Interaktionsteilnehmer (die Oberflächenstruktur) wird durch eine endliche Menge von Regeln (der Tiefenstruktur) hervorgerufen. Diese Tiefenstruktur ist ausschlaggebend für die Unternehmensidentität (zu Oberflächen- und Tiefenstrukturen vgl. [2], [3], [4], [5] und zusammenfassend [12]).

Die Erfassung der Unternehmensidentität kann als Problem einer verstehenden Rekonstruktion von Tiefenstrukturen bezeichnet werden.

Sie ist ursächlich für das Erkennen der jeweiligen strategischen Potentiale sowie für deren gezielte Operationalisierung und die Erlangung strategischer Erfolgsfaktoren.

Die Untersuchung von Ökologieausrichtung unternehmerischer Systeme - als strategisches Potential - mit Hilfe der Methodik der Identitätserkennung erfolgt unter der Prämisse der gelebten Ökoethik als Sollensanforderung an die Unternehmenspolitik.

6. Von der Identität zur gelebten Ökoethik

Nach Erkennen der Identität und aller strategischen Potentiale kann analysiert werden, ob, und wenn ja in welcher Ausformung und in welchem Ausmaß, Ökologieausrichtung als strategisches Potential und möglicher Erfolgsfaktor des betreffenden unternehmerischen Systems vorhanden ist.

Das Vorhandensein strategischer (Öko-)Potentiale allein reicht nicht aus. Die strategischen Potentiale müssen "gelebt" werden, sie müssen auf die einzelnen Unternehmensbereiche umgelegt und in diesen operationalisiert werden.

Die einzelnen durch die strategischen Potentiale hervorgerufenen operativen Maßnahmen bilden die gelebte Ökoausrichtung unternehmerischer Systeme.

7. Ökoethik als Sollensanforderung an die Praxis

Die Auseinandersetzung mit Vorhandensein und Ausformung strategischer Ökopotentiale in der Praxis führt zu der Frage, ob Ökopotentiale erkannt, bewußt aufgebaut sowie verstärkt werden - entsprechend den Anforderungen der relevanten Umfeldparameter - oder ob "das Ganze eher so - unbewußt - passiert" (aktives im Gegensatz zu inaktivem Management von Umweltbeziehungen).

Unbewußtes Aufbauen strategischer Ökopotentiale verhindert das erfolgreiche Umsetzen zu strategischen Erfolgsfaktoren, das Erreichen von Wettbewerbsvorteilen gegenüber der relevanten Konkurrenz sowie die eigene Identitätsgewinnung.

Bewußte Gestaltung hingegen erlaubt das planvolle und gezielte Umsetzen zu Erfolgsfaktoren, das Generieren von Wettbewerbsvorteilen und ermöglicht das Erkennen sowie das bewußte Gestalten der eigenen Identität.

Das Vorhandensein und Gestalten strategischer Öko-Erfolgsfaktoren läßt darüberhinaus Aussagen über die Beurteilung eines Unternehmens als "fortschrittsfähige Organisation" (als Organisation, die nicht nur Zielerfüllung, Überleben und gesellschaftliche Legitimation als Sinn der Organisationsform sieht, sondern vor allem auch Erreichen von Fortschritten in der Befriedigung von Bedürfnissen und Interessen der vom Handeln der Organisation intern wie extern Betroffenen) (vgl. [9], S. 377 ff) oder sonstige "höherwertige Organisation" zu.

Höherwertige Organisationen sind sich der Sollensanforderung einer gelebten Unternehmens-(Öko-)Ethik bewußt und bedienen sich dazu des Instruments des Managements von Umfeld- bzw Umweltbeziehungen.

Anmerkungen und Literatur

[1] Angermeyer-Naumann, R. (Szenarien): Szenarien und Unternehmenspolitik. Globalszenarien für die Evolution des unternehmenspolitischen Rahmens, München 1985.

[2] Chomsky, N. (Regeln): Regeln und Repräsentationen, Frankfurt am Main 1981.

[3] Chomsky, N. (Reflexionen): Reflexionen über die Sprache, Frankfurt am Main 1977.

[4] Chomsky, N. (Sprache): Sprache und Geist, Frankfurt am Main 1973.

[5] Chomsky, N. (Syntaxtheorie): Aspekte der Syntaxtheorie, Frankfurt am Main 1978.

[6] Habermas, J. (Theorie): Theorie des kommunikativen Handelns, Band 1 und 2, 4. Auflage, Frankfurt am Main 1987.

[7] Hinterhuber, H., H. (Unternehmungsführung): Strategische Unternehmungsführung, 3. Auflage, Berlin, New York 1983.

[8] Hoffmann, F., Rebstock, W. (Unternehmungsethik): Unternehmungsethik. Eine Herausforderung an die Unternehmung, In: Z.f.B., JG 59, 6/1989, S. 667-687.

[9] Kirsch, W. (Unternehmenspolitik): Unternehmenspolitik. Von der Zielforschung zum Strategischen Management, München 1981.

[10] Schaltegger, S., Sturm, A. (Rationalität): Ökologische Rationalität. Ansatzpunkt zur Ausgestaltung von ökologieorientierten Managementinstrumenten. In: Die Unternehmung, JG 44, 4/1990, S. 273-289.

[11] Schultheiss, J. (Thesen): Das «Management der Umweltbeziehungen» in sieben Thesen. In: Management Zeitschrift i.O., JG 57, 5/1988, S. 234-235.

[12] Stegmüller, W. (Gegenwartsphilosophie): Hauptströmungen der Gegenwartsphilosophie, Band II, 6. Auflage, Stuttgart 1979.

[13] Ulrich, P. (Sachlichkeit): Die neue Sachlichkeit. In: Die Unternehmung, JG 41, 6/1987, S. 409-424.

[14] Weber, J. (Unternehmensidentität): Unternehmensidentität und unternehmenspolitische Rahmenplanung, München 1985.

Ethische Kategorien wirtschaftlichen Handelns

Rudolf Eder

1. Einleitung-Problemstellung

1.1 Die wirtschaftlichen Erfolge der Industriestaaten

Intertemporale Vergleiche von Konsummöglichkeiten einer Volkswirtschaft im Jahre 1992 mit den Möglichkeiten im Jahre 1892 oder einem noch weiter zurückliegenden Vergleichsjahr zeigen eine fast unvorstellbare Steigerung des Lebensstandards. Die Erhöhung der Vielfalt und des Niveaus der Konsummöglichkeiten ist leicht nachvollziehbar, wenn man die Errungenschaften des technischen Fortschritts berücksichtigt. Dennoch ist nicht alles durch den technischen Fortschritt erklärbar. Es ist auch möglich, daß nicht jede Veränderung als Verbesserung angesehen wird. Insgesamt ist die wirtschaftliche Entwicklung in Industriestaaten über größere Zeiträume betrachtet jedoch eindeutig sehr positiv.

Internationale, interregionale und interkulturelle Vergleiche zeigen, daß die wirtschaftliche Entwicklung von Land zu Land, von Region zu Region und von Kulturkreis zu Kulturkreis zu sehr unterschiedlichen Ergebnissen geführt hat.

Schließlich zeigen interpersonelle Vergleiche, daß es Einzelpersonen gelungen ist, innerhalb kurzer Zeit enorme Vermögen aufzubauen.

Sehr oft führen solche Beobachtungen zu sehr harter Kritik am Erfolg.

1.2 Erklärungsbedürftigkeit großer Unterschiede bei den Ergebnissen des Wirtschaftens in verschiedenen Volkswirtschaften, Kulturkreisen, Regionen, aber auch bei Individuen

Es wird immer wieder die Frage aufgeworfen, ob die großen Unterschiede im wirtschaftlichen Erfolg unter Berücksichtigung ethischer Kriterien vertretbar sind oder nur durch unmoralisches Handeln erklärt werden können. Gerade in unserer Zeit wird argumentiert, daß die soziale Marktwirtschaft ohne moralische Akzeptanz auch trotz erwiesener Effizienz auf Dauer keine Überlebenschance hätte. "Die soziale Marktwirtschaft gehöre deshalb derzeit mehr als je auf den Prüfstand des Ethikers."([2], S. 29)

Da es derzeit keine Alternative zur Marktwirtschaft gibt, fällt es schwer zu glauben, daß die soziale Marktwirtschaft in Gefahr sei. Dennoch gehört sie auf den Prüfstand, damit herausgefunden werden kann, welche Mängel sie belasten und ob sie geeignet ist, längerfristig als freier Konsens (vgl. [4], S. 162 ff.) den inneren Frieden aller sicherzustellen.

1.3 Problemstellung

In diesem Beitrag werden Grundformen des wirtschaftlichen Handelns beschrieben, die als moralisch unbedenklich angesehen werden können. Es wird dabei kein Anspruch auf Vollständigkeit erhoben. Es wird vielmehr erwartet, daß eine breite Diskussion der Grundformen zu einer klareren Abgrenzung des Wirtschaftens von unredlichen Handlungen führen wird.

In einem weiteren Abschnitt werden Möglichkeiten und Bedeutung einer ethischen Sensibilisierung der Teilnehmer am Wirtschaftsprozeß aufgezeigt.

2. Die Grundformen wirtschaftlichen Handelns

Als Grundformen wirtschaftlichen Handelns werden hier nur jene Aktivitäten verstanden, die zu einer Wertschöpfung führen, die das Vermögen oder den Reichtum der Gesellschaft insgesamt steigern und nicht in der Bereicherung der einen auf Kosten der anderen bestehen. Unter Wertschöpfung werden in diesem Sinne nur jene Vermögenszuwächse subsumiert, die von der Gesellschaft als solche erkannt und akzeptiert werden.

Grundsätzlich handelt es sich bei den Grundformen wirtschaftlichen Handelns um jene Handels- und Verhaltensweisen, die es der Menschheit erlaubt haben, sich den heute beobachtbaren Lebensstandard zu schaffen und eine Selbstverwirklichung zu realisieren, die eben nur bei den Menschen angetroffen werden kann. Sie sind die eigentlichen Quellen des Wohlstandes: die ethische Grundlage gesellschaftlichen Wirtschaftens.

Die Handlungs- und Verhaltensweisen, denen der Mensch seinen Reichtum verdankt, sind schon vor sehr langer Zeit nach dem Prinzip von "Versuch und Irrtum" verbunden mit dem Trieb, Bedürfnisspannungen zu reduzieren, entwickelt worden. Sie stellen wohl die Voraussetzung für die Evolution des Menschen und die Entstehung unserer Gesellschaft dar. Sie wurden nicht von Ökonomen erfunden, aber doch nach und nach als zielführende Verhaltensweisen oder Handlungsweisen entdeckt, analysiert und manipulierbar gemacht. Eine kurze Beschreibung mag zeigen, wie wichtig es ist, sie alle sinnvoll zur Entfaltung zu bringen und von Formen der Bereicherung auf Kosten anderer zu unterscheiden.

2.1 Die Produktion

Produktion hat es in einfachster Form seit jeher gegeben. Sie war zur Erhaltung des Lebens, zur Existenzsicherung immer notwendig. Vor sehr langer Zeit war der Mensch hauptsächlich damit beschäftigt, Nahrung für sich und seine Familie zu sammeln, zu jagen, zuzubereiten usw. Die menschliche Tätigkeit war auf die unmittelbare Befriedigung der Grundbedürfnisse gerichtet. Heute ist die Produktion sehr stark differenziert. Sie erstreckt sich von der Bereitstellung von Wasser über die Produktion von Kleidern, Fernsehgeräten und Flugzeugen bis hin zu organisierten Fernreisen, Konzerten und sonstigen Dienstleistungen.

Hinter jeder Produktion steht der arbeitende (leistende) Mensch und seine verfügbaren Produktionsgüter. Dienstleistungen sind zur Produktion zu zählen. Produktion liegt somit jeder Wertschöpfung zugrunde.

2.2 Handeln nach dem Wirtschaftlichkeitsprinzip

Bei jeder Art von Verwendung von Gütern kann verschwenderisch, sparsam oder wirtschaftlich gehandelt werden.

Wirtschaftlich oder nach dem Prinzip der Wirtschaftlichkeit handeln bedeutet, mit gegegebenen Mitteln einen möglichst großen Erfolg zu erzielen oder ein bestimmtes Ergebnis mit möglichst niedrigem Einsatz an Mitteln zu erreichen. Durch konsequentes Handeln nach dem Wirtschaftlichkeitsprinzip kann somit zur Steigerung des Wohlstandes beigetragen werden.

Das gilt gleichermaßen für die Verwendung von Produktionsgütern, Konsumgütern, öffentlichen Mitteln, öffentlichen Gütern und allen sonstigen knappen Ressourcen.

2.3 Realisieren technischen Fortschritts

Es können vier Komponenten des technischen Fortschritts unterschieden werden:

- die Einführung neuer Konsumgüter,
- die Verbesserung der Qualität von Konsumgütern,
- die Einführung neuer Produktionsgüter,
- die Produktivitätssteigerung durch Einführung neuer Produktionsverfahren.

Dem technischen Fortschritt verdankt die Menschheit den heutigen Wohlstand in erster Linie, denn er ist Voraussetzung für die meisten anderen wohlstandssteigernden Handlungen. Durch die Einführung neuer Güter kann der Mensch in neue Lebensbereiche vordringen, Neues erfahren und sein Bedürfnisbefriedigungsniveau steigern. Das gleiche gilt für die ständige Verbesserung von Konsumgütern. Eine besondere Bedeutung kommt der Einführung von neuen Produktionsgütern zu. Sie führt zur Herausbildung von Produktionsumwegen, die später besprochen werden. Die Produktivitätssteigerung hat die Wohlstandssteigerung für die gesamte Bevölkerung ermöglicht. Sie ist in vielen Bereichen an die Verwendung von neuen Produktionsgütern gebunden und ermöglicht eine Vervielfachung der Ausbringung je Arbeitsstunde.

Die Maschinenstürmer konnten sich nicht vorstellen, welchen Segen der technische Fortschritt der Menschheit bringen würde. Sie wehrten sich aus Unwissenheit und Verzweiflung gegen ihn. Sie konnten ihn aber auch nicht verhindern. Heute wissen wir, daß nicht der technische Fortschritt schlecht sein kann, sondern nur der Umgang mit ihm. Denn neben den Vorteilen für eine Gruppe kann er auch Nachteile für eine andere Gruppe bringen. Hier stellt sich natürlich die Frage, wie eine Wirtschaftsordnung Probleme des Strukturwandels löst.

2.4 Die Produktionsumstellung

Wenn ein Produzent verschiedene Produktionsmöglichkeiten zur Auswahl hat, kann er durch Umstellung auf die Produktion der für ihn günstigsten Güter einen Beitrag zur Wohlstandssteigerung leisten und dabei auch seine eigenen Vorteile wahrnehmen. Er muß allerdings die Unannehmlichkeiten der Produktionsumstellung auf sich nehmen. Eine solche Umstellung kann einerseits durch den technischen Fortschritt ermöglicht, andererseits aber auch erzwungen werden.

2.5 Die Umwegproduktion

Umwegproduktion bedeutet, daß ein Gut nicht auf dem direktesten Wege, sondern über einen Umweg produziert wird. Die direkte Umwandlung von Gaben der Natur in Konsumgüter ist übrigens nur sehr beschränkt möglich. Die überwiegende Produktion stellt eine Umwegproduktion dar. Um einen Raum zu beleuchten, gibt es eine direkte Möglichkeit mittels Kienspan. Heute werden ganze Städte durch elektrisches Licht beleuchtet. Um zu elektrischem Licht zu kommen, ist jedoch ein sehr langer Produktions(um)weg notwendig: Erfindung der Elektrizität, Erfindung des Glases, Erfindung des Glühfadens, Erfindung von Generatoren, Erfindung von Turbinen, die Herstellung der Glühbirne, des Staudamms, der Generatoren, der Überlandleitungen u.s.w.. Obwohl die Umwege sehr lang sind und sehr viel kosten, ist doch das Endprodukt für den Konsumenten viel besser und viel billiger als der Kienspan, der in vergangener Zeit zur Beleuchtung gedient hat.

Produktionsumwege können allerdings nur dann gegangen werden, wenn jemand auf Gegenwartskonsum verzichtet. Nur durch reales Sparen können Produktionsgüter entstehen. Sie sind der eigentliche Inbegriff des Kapitals. Kapitalbildung ist somit immer notwendig, wenn Produktionsumwege eingeschlagen werden sollen. In diesem Zusammenhang ergibt sich ein oft übergangenes Problem.

In der Geldwirtschaft werden durch Geldinstitute Sparer und Investoren völlig getrennt. Sparer, die auf Gegenwartskonsum verzichten, stellen jene Mittel zur Verfügung, die produktivitätssteigernde Produktionsumwege ermöglichen. Wenn dadurch die Konkurrenz (inländische oder ausländische) gestärkt wird, kann das bedeuten, daß sich der Sparer selbst schadet. Jedenfalls wäre es viel sinnvoller, durch Konsumverzicht die eigene Position zu stärken, die eigene Leistungsfähigkeit durch neue Produktionsumwege zu erhöhen und damit selbst zur allgemeinen Wohlstandssteigerung beizutragen. Alle Beteiligten verfolgen zwar ihre eigenen Interessen. Allerdings wissen meist nicht alle, wie sie ihre Interessen wirklich wahrnehmen können. Hier muß eine starke Inkonsistenz und Orientierungslosigkeit der Wirtschaftspolitik im Zusammenhang mit der Internationalisierung festgestellt werden. Wessen Ziele werden verfolgt und gefördert? Werden Vorteile einer Gruppe auf Kosten einer anderen Gruppe ermöglicht?

2.6 Tausch

Wenn eine Wirtschaftseinheit mehr Fisch hat als sie selbst konsumieren möchte, aber kein Brot und eine andere Wirtschaftseinheit mehr Brot als sie selbst konsumieren möchte, aber keinen Fisch, dann ist es naheliegend, daß diese beiden Wirtschaftseinheiten Brot gegen Fisch tauschen und damit beide einen

Vorteil erzielen. Wenn aber aus einer solchen Transaktion beide Wirtschaftseinheiten einen Vorteil erzielen, dann liegt eindeutig eine Wohlstandssteigerung vor. Die Freihandelsidee beruht auf diesen Überlegungen.

2.7 Arbeitsteilung verbunden mit Tausch

Die Arbeitsteilung wurde schon vor langer Zeit entdeckt und praktiziert. Sie beruht darauf, daß bei der Produktion bessere Ergebnisse erzielt werden, wenn sich eine Arbeitskraft auf die Herstellung einer Gütergruppe oder eines Gutes oder überhaupt nur auf die Verrichtung eines Arbeitsganges spezialisiert und das Ergebnis mit anderen Wirtschaftseinheiten, die sich ebenfalls spezialisiert haben, austauscht. Die Arbeitsteilung ist somit nur dann sinnvoll, wenn der Vorteil der Arbeitsteilung durch den Tausch der erzeugten Güter zum Vorteil aller Beteiligten umgesetzt wird.

2.8 Zusammenarbeit

Es ist eine ebenfalls schon lange bekannte Tatsache, daß eine Gruppe von mehreren Wirtschaftseinheiten durch Zusammenarbeit ein besseres Ergebnis erzielen kann als isoliert arbeitende Wirtschaftseinheiten der gleichen Zahl. Viele Ziele können überhaupt nur durch organisierte Zusammenarbeit realisiert werden. Durch Zusammenarbeit kann eine Wohlstandssteigerung erreicht werden.

Dieser Gedanke kann auch auf die Zusammenarbeit in Gruppen ganz allgemein angewendet werden. Man spricht dann von Arbeitsklima und "am gleichen Strang ziehen", auch wenn jeder etwas anderes tut.

Die Bedeutung einer "guten Zusammenarbeit" wird klar, wenn man bedenkt, daß das Gegenteil davon das gegeneinander Arbeiten, das sich gegenseitig Sabotieren ist.

2.9 Versicherung

Wirtschaftseinheiten, die weitgehend gleichen Gefahren (Risiken) ausgesetzt sind, können in eine Gefahrengemeinschaft zusammengefaßt werden. Es ist bekannt, daß regelmäßig Schadensfälle auftreten. Es ist aber nicht bekannt, wen die Schadensfälle treffen. Der Schaden kann für die einzelne Wirtschaftseinheit existenzbedrohend sein. Wird er von der Gemeinschaft getragen, dann stellt er meist nur eine geringe Belastung für die einzelnen Mitglieder der Gemeinschaft dar. Die Gefahrengemeinschaft wird mit Vorteil eine Versicherungsgemeinschaft bilden, die sich verpflichtet, jenen Betrag aufzubringen, der notwendig ist, um die Schäden, die zufällig einzelne Mitglieder der Gesellschaft treffen, zu decken. Durch Bezahlung eines Beitrages (der Versicherungsprämie) erlangen die Mitglieder der Versicherungsgemeinschaft die Sicherheit, in ihrer materiellen Existenz nicht gefährdet zu sein, auch wenn sie von einem Schadensereignis getroffen werden, und erhöhen damit ihre Wohlfahrt. Auch diese Art der Wohlfahrtssteigerung wird oft nicht genügend beachtet. Ihre Bedeutung wird in Zukunft aber noch weiter steigen.

Der Mensch hat im Laufe seiner Entwicklung zweckmäßiges Verhalten erworben. Dazu gehört das Wirtschaften in allen seinen Ausformungen. Die Entwicklung des wirtschaftlichen Verhaltens stellt überhaupt die Voraussetzung der Evolution der Menschheit dar. Damit können aber nur jene Handlungen gemeint sein, die hier aufgezählt wurden und zur allgemeinen Wohlstandssteigerung führen. Eine solche Abgrenzung ist notwendig, um den Klassenkampf zu überwinden und das Sittliche des Wirtschaftens klarzustellen.

3. Ethische Sensibilisierung der Gesellschaft

3.1 Leistungsbewußtsein

Das heutige Wirtschaftsleben ist so unübersichtlich und komplex, daß sich die meisten Menschen gar nicht vorstellen können, welche Position der einzelne Mensch in der gesellschaftlichen Wirtschaft einnimmt, welche Aufgaben er zu erfüllen hat und wofür er eigentlich noch verantwortlich ist. Der Sozialstaat übernimmt mehr und mehr Aufgaben, die das Individuum besser wahrnehmen könnte, wenn es dazu nur motiviert wäre. Man gewinnt durchaus den Eindruck, daß dem Individuum mehr und mehr wirtschaftliche Probleme und Entscheidungen abgenommen werden. Daraus ergibt sich die Frage, ob diese Entwicklung wirklich wünschenswert ist.

Erfinderische Menschen finden neue Möglichkeiten, das große Geld zu machen, ohne selbst wirklich einen Beitrag zum Nationalprodukt zu leisten. Die Gesellschaft bewundert solche Erfolgsmenschen vielfach, ohne zu verstehen, daß jemand sich nur auf Kosten anderer bereichern kann, wenn er nicht selbst einen vom Markt anerkannten Beitrag zum Nationalprodukt leistet. Das System wird ausgehöhlt und der innere Friede, der soziale Friede wird gefährdet.

Es gibt noch viele andere Erscheinungen unserer Zeit, die Ernst Nolte ([3], S. 27) bewogen haben mögen, in der Bundesrepublik Deutschland alle Schichten der Bevölkerung zur moralischen Erneuerung aufzurufen.

Tatsache ist, daß die ethische Grundhaltung der Bevölkerung einen großen Einfluß auf das Produktionsergebnis hat. Die gewissenhafte Beachtung des Wirtschaftlichkeitsprinzips, die Realisierung des technischen Fortschritts, die

Anwendung des Versicherungsprinzips, der Tausch und alle anderen Grundformen wirtschaftlichen Handelns sind von der ethischen Grundeinstellung der beteiligten Akteure abhängig.

3.2 Effizienz und inneren Frieden sichern

Die ethische Sensibilisierung der Gesellschaft ist für den Wirtschaftsprozeß von großer Bedeutung. Sie kann die Effizienz sehr stark beeinflussen. Noch wichtiger ist sie jedoch für die Erhaltung des inneren Friedens. Der aufgeklärte, freie und mündige Bürger verlangt Anerkennung und "gerechte" Behandlung am Arbeitsplatz, als Steuerzahler und allgemein als Staatsbürger in einer Demokratie. Diese Forderungen sind durchaus berechtigt. Sie führen aber dazu, daß von der Gesellschaftsordnung immer mehr erwartet wird. Auch bei der Bewältigung dieses Problems dürfte eine stärkere ethische Sensibilisierung der Gesellschaft hilfreich sein.

Vielleicht könnte uns der ökonomische Ansatz zur Erklärung menschlichen Verhaltens einen besseren Einblick auch in die zwischenmenschlichen Beziehungen verschaffen. Der von Becker vorgeschlagene ökonomische Ansatz ist so umfassend, "daß er auf alles menschliche Verhalten anwendbar ist, sei es nun Verhalten, das monetär meßbar ist oder unterstellte 'Schatten'-Preise hat, seien es wiederkehrende oder seltene Entscheidungen, seien es wichtige oder nebensächliche Entscheidungen, handle es sich um emotionale oder nüchterne Ziele, reiche oder arme Menschen, Männer oder Frauen, Erwachsene oder Kinder, .., Geschäftsleute oder Politiker, ..." ([1], S. 7) Der Ansatz ist für alle Situationen gedacht, in welchen knappe Mittel und konkurrierende Ziele aufeinander abzustimmen sind. Er baut auf drei Annahmen auf: nutzenmaximierendes Verhalten, Marktgleichgewicht und Präferenzstabilität. Preise messen dabei die Opportunitätskosten des Einsatzes knapper Ressourcen. Becker folgt in seiner Auslegung des ökonomischen Ansatzes weitgehend Bentham, der ebenfalls von seinem Lust- und Unlustkalkül behauptete, daß es auf alles menschliche Verhalten anwendbar sei.

3.3 Legitimation des Gewinnprinzips

Die Wirtschaftsethik kann das Gewinnprinzip in der Wettbewerbswirtschaft nur dann legitimieren, wenn es eine effiziente gesellschaftliche Bedarfsdeckung fördert und zum inneren Frieden beiträgt. "Allerdings - und das ist hier wichtig - kann dieser Legitimationsnachweis im Rahmen der Wirtschaftsethik immer nur im Allgemeinen erbracht werden, d. h. unter Absehung von den je spezifischen Wirkungsbedingungen, unter denen jedes Unternehmen im Einzelfall die Aufforderung zur Gewinnerzielung als Formalziel in spezifische Sachziele (Unternehmensstrategie) und weitere Mittelwahlen (zur Strategierealisierung) umsetzt. Diese Wirkungsbedingungen sind immer erst bei konkreten Entscheidungen zum ökonomischen Handeln vor Ort (umrißartig) angebbar. Hier - beim Übergang vom Formalziel der Gewinnerzielung zum Sachziel der Unternehmensstrategie - liegt also eine weitere Quelle von Konflikten mit internen und externen Bezugsgruppen des Management." ([4], S. 163) Die Unternehmensethik verlangt eine friedliche Lösung der Konflikte. Soweit die Erfolgsstrategie des Unternehmens leistungsorientiert im Sinne der ethischen Kategorien wirtschaftlichen Handelns ist, wird eine Verständigung zum Konfliktabbau eher möglich sein als in Fällen, in denen Gewinne nicht als Belohnung für erbrachte Leistungen anzusehen sind. Es gibt Bereiche, in denen das Gewinnprinzip kaum gerechtfertigt werden kann. Beispiele dafür sind Spekulationsgewinne und verschiedene Finanztransaktionen.

4. Zusammenfassung

Die Menschheit kann der Natur nur durch Leistung ihren Lebensstandard abringen. Ohne entsprechende menschliche Wertschöpfung bietet die Natur nur einer geringen Zahl von Menschen eine Überlebenschance und das nur auf einem niedrigen, bescheidenen Niveau.

Durch die Entwicklung spezieller Verhaltensweisen, den Grundformen wirtschaftlichen Handelns, ist es der Menschheit gelungen, zumindest einem Teil der Weltbevölkerung eine starke Steigerung der Lebensintensität, der Wohlfahrt und des Wohlbefindens zu sichern.

Die Gesellschaft bietet einfallsreichen Mitgliedern Möglichkeiten, sich ohne eigenen Beitrag zum Wohl der Menschheit zu bereichern. Das ist nicht nur unmoralisch, sondern gefährdet auch den sozialen Frieden und die Effizienz des Wirtschaftssystems.

Der Lebensstandard kann nur gehalten werden, wenn die Menschen die Verhaltensweisen beibehalten, denen sie ihren Lebensstandard als Gemeinschaft verdanken. Das Wohlstandsniveau kann nur erhöht oder auf weitere Menschen ausgedehnt werden, wenn die Grundformen wirtschaftlichen Handelns verbessert, konsequenter befolgt und von mehr Menschen angewendet werden.

In diesem Sinne ist die ethische Sensibilisierung der ganzen Gesellschaft notwendig.

Anmerkungen und Literatur

[1] Becker, Gary S.: Der ökonomische Ansatz zur Erklärung menschlichen Verhaltens. Tübingen 1982.

[2] Hesse, Helmut: Wirtschaftliches Handeln in Verantwortung für die Zukunft. In: Aktuelle Probleme der Wirtschaftsethik. Herausgegeben von Karl Homann. Berlin 1992.

[3] Nolte, Ernst: Die unvollständige Revolution - Die Rehabilitierung des Bürgertums und der defensive Nationalismus. Intellektuelle Konsequenzen des letzten Jahres. In: FAZ, Nr. 20, vom 24. Jänner 1991.

[4] Steinmann, Horst und Birgit Gerhard: Effizienz und Ethik in der Unternehmensführung. In: Aktuelle Probleme der Wirtschaftsethik. Herausgegeben von Karl Homann. Berlin 1992.

Im Mittelpunkt steht der Mensch - Der Wiener Management Ansatz

Michael Hofmann

1. Zur Einleitung

Zum Themenkreis Ethik - Mensch - Wirtschaft sollen die vorgelegten Ausführungen eine integrale Aussage bringen. Ich werde versuchen, den Anspruch glaubhaft zur Diskussion zu stellen, daß die Managementlehre - so wie ich sie hier an der Wirtschaftsuniversität entwickelt habe[1)]-, eine Disziplin der angewandten Ethik ist. Da zum Unterschied von der Betriebswirtschaftslehre das Objekt der Managementlehre der Mensch (als Arbeitender, in einer arbeitsteiligen Situation = Betrieb) ist und weiters dieser Betrieb im Rahmen dieser Tagung der Wirtschaftsbetrieb ist, könnte es gelingen, die drei Schlüsselbegriffe dieser Veranstaltung - Ethik - Mensch - Wirtschaft - durch den Managementansatz zu vereinigen - gleichsam ein "vereinheitlichtes Feld", das "Sozio-Top" des Wirtschaftshandelns, darzustellen. Ein ganzheitlicher und damit den Traditionen dieses Hauses, von dem das ganzheitliche Denken im ökonomischen Bereich - lange vor St. Gallen - seinerzeit ausging, verpflichteter Versuch.

2. Grundsätzliches: Der Zusammenhang von Ethik - Mensch - Wirtschaft im Sinne des Managements

Wie schon in den einleitenden Worten angedeutet, behauptet die Managementlehre im Sinne meines Wiener Ansatzes, einen grundsätzlichen Zusammenhang zwischen dem arbeitenden Menschen (= Wirtschaft) und der Ethik zu erkennen. Was ist Ethik?

2.1. Zum Wesen der Ethik

Folgt man der Urbedeutung der indogermanischen Wortwurzel von Ethik (nämlich Ethe[2)]), so lassen sich zwei Urbedeutungen ableiten: SITZEN UND WOHNEN und zwar ZUSAMMEN - WOHNSITZEN. Oder die Regeln (Spielregel) des Wohnsitzens von mehreren Menschen. Vielleicht die Ur-Wesentlichkeit des Betriebes?

Ethik also als Lehre zum Gelingen des auf Überleben gerichteten Zusammen-Wohnens von einer Gruppe von Menschen. Um welche Gruppe kann es sich handeln? Wohl die Familie in einem weiteren Sinne.

2.2. OIKONOMIA = Der Ur-Wirtschaftsbetrieb als ethische Veranstaltung

Auch hier hilft uns zunächst die Wortbedeutung weiter: oikos[3)] das ganze Haus, der Wohnsitz der Großfamilie, der Sippe, und nomos - das Gesetz, die Regeln, nach denen das Leben (Zusammenleben) in dieser "Gemeinschaft" gelingen soll. Sie merken die auffallende Verwandtschaft mit dem zuerst erörterten Begriff der Ethik. Management wäre demgemäß die Lehre von der Führung und Leitung eines solchen oikos (Betriebes).

2.3. Die Spaltung der OIKONOMIA

Eine solche "vereinheitlichte" Sicht von Ethik und Wirtschaft unter dem Managementaspekt erscheint uns beim heutigen Verständnis von Wirtschaft, Unternehmung und arbeitendem Mensch weit hergeholt. Ich behaupte zwar, daß wir uns unter den ökologischen und humanistischen Zwängen zu einem Überleben auf diesem Erdball fast im Sturmschritt auf das ursprünglich-klassische Verständnis von "OIKONOMIA" hin entwickeln. Im "Ganzen" (Sozio-Top) des oikos (wenn Sie wollen, Hauswirtschaftsbetrieb) war Wirtschaft, Mensch und Ethik mit der Klammer der Führung und Leitung dieses Betriebes (Management), man könnte mit Gutenberg auch sagen: durch den Dispositiven-Kombinatorischen Faktor zusammengehalten. Wirtschaft und Wirtschaftswissenschaft war ein untrennbarer Bestandteil einer "ganzen OIKONOMIA": Lehre von der Führung und Leitung eines gesellschaftlichen Gebildes, das wir Betrieb nennen. So enthielt die "ursprüngliche Hauswirtschaftslehre" beides, die heutige, davon abgespaltene Betriebswirtschaftslehre und die Managementlehre, natürlich nicht unter diesen Bezeichnungen, sondern dem Inhalt nach.

Objekttheoretisch verstehe ich die Betriebswirtschaftslehre als Lehre von den Input- und Output-Verhältnissen und -Gesetzen des Betriebes: Eine Produktionseinsatzfaktorlehre unter Heranziehung indirekter Meßzahlen, also letztlich eine Lehre der Kosten-Wirtschaftlichkeiten von Arbeitseinsätzen (Produktivitätslehre), Kapitaleinsätzen (Rentabilitätslehre) und Einsätzen von Naturgrundlagen und Technologien (Rendementlehre). Im Gegensatz dazu beschäftigt sich die Managementlehre mit den Verhältnissen, Bedingungen und Gesetzen des Einsatzes vom Produktionsfaktor Mensch - nicht im Sinne der indirekten Messungen der Betriebswirtschaftslehre (Personalkosten etc.), sondern in direkten Beobachtungen des Verhaltens von Menschen bei der betrieblichen Arbeit und Entwicklung entsprechender Erklärungshypothesen und Theorien. Letztere wiederum sind Ausgangspunkt für die angewandte Managementlehre in ihrer Beratungsdimension.

3. Im Mittelpunkt steht der Mensch

Alle Grundhypothesen und Schlüsselbegriffe der Wiener Managementlehre drehen sich um diese Zentralität des Menschen im Verstehen und Handhaben des Betriebes:

3.1. Urproduktivität der menschlichen Arbeit (Auslöser der Managementleistung)

Im Wiener Managementansatz steht der Mensch im Mittelpunkt der Betrachtung, weil die menschliche Arbeit, sowohl als geistige als auch als körperliche oder führende und ausführende - primär und zuerst allein - in der Lage ist, menschliche Überlebensbedürfnisse zu stillen. Kapital, Grund und Boden, Technologien sind allein dazu nicht in der Lage. Sie existieren in ihrer potentiellen Wirtschaftskraft gar nicht ohne die Verbindung mit menschlicher Arbeit.

Die Grundhypothese der Wiener Managementlehre von der primären Produktivität der menschlichen Arbeit enthält als Subhypothesen noch die Annahmen:

a) daß diese menschliche Arbeit in der Regel arbeitsteilig am Werk ist (Betriebshypothese) und

b) daß die Erhaltung und Gestaltung des Betriebes unabdingbar (kategorial) als Integrationsleistung wiederum eine bestimmte geistige Arbeit - nämlich Management - erfordert.

Es ist bislang nicht gelungen, diese Hypothese zu falsifizieren. D.h. Betriebe nachzuweisen, die auf längere Zeit ohne Führungsleistung (= Management) überlebten. Somit konzentriert sich die Wiener Managementlehre auf eine bestimmte geistige Qualität der Arbeit - Führungs- und Leistungsarbeit - und könnte demnach auch als Theorie der Meta-Arbeit bezeichnet werden, jener Arbeitsleistung, die Arbeit erst ermöglicht.

3.2. Der Anspruch auf Systemindifferenz der Wiener Managementlehre

Dem Anspruch auf betriebstypenunabhängige Geltung der Managementlehre und damit grundsätzlich ihrer kulturunabhängigen Geltung entspricht auch die Indifferenz der Geltung des Wiener Managementansatzes gegenüber unterschiedlichen politischen und Wirtschaftssystemen. Und dies ist der Fall, weil die Wiener Managementlehre anthropozentrisch auf den kategorialen Aspekt der menschlichen Arbeit gerichtet ist, der global gleich ist, und die kulturspezifischen Unterschiede durch den Bereich des Syndrommanagements (siehe weiter unten) aufgefangen werden.

3.3. Management als einziger echter Entwicklungsfaktor der Wirtschaft

Schon Schumpeter hat in seiner Theorie der wirtschaftlichen Entwicklung auf diesen - bei ihm innovatorischer Charakter des echten Unternehmers genannten - Tatbestand überzeugend hingewiesen. Die Wiener Managementlehre weist darüber hinaus nach, daß die wirtschaftliche Entwicklung der Menschheit immer letztlich eine Managementleistung war und ist.

3.4. Die Managementleistung als zentral menschliches Phänomen

Unter Management im Sinne der Wiener Managementlehre verstehe ich die freiwillige Übernahme einer individuellen, unteilbaren Gesamtverantwortung für die Erreichung eines möglichst klar definierten Zieles mittels Einsatzes von Human- und Sachressourcen in einem arbeitsteiligen Betriebsprozeß durch Führung und Leitung. Und dies unter Bedingungen adäquater Macht und Bewußtheit positiver und negativer Sanktionen.

3.5. Die Gesamtverantwortung des Managers umfaßt auch ethisches Entscheiden und Handeln

Dies geht klar daraus hervor, daß Letztentscheidungen unteilbar dem Management verbleiben und immer Bewertungen von Zielen und Bewertungen von Human- und Sachmitteleinsätzen für die Erreichung dieser Ziele enthalten. In kaum einem anderen Beruf ist das Gesetz von Denken und Handeln so eindeutig untrennbar verbunden. Durch seine Verantwortung über ökonomische, technologische, soziale und managementmäßige Qualitäten im Betriebsleben ist der Manager in der vordersten Front ethisch relevanter Berufe tätig.

3.6. Die Zentralität des Menschen im Betrieb bestimmt auch dessen Strukturen und Prozesse

Im Gegensatz zu nicht direkt aus dem menschlichen Mittelpunkt des Betriebes abgeleiteten Struktur- und Prozeß-"Gesetzen" wie etwa dem Gesetz optimaler Betriebsgrößen als Kostenoptima oder der Ökonomität der Takt-Produktion am Band und vielen anderen diesbezüglichen "Optima", die vielfach soziale Bedingungen und individuelle Arbeitsanforderungen außer acht lassen, versucht die Wiener Managementlehre, strukturelle Optima der Betriebsorganisation grundsätzlich vom Maß des Menschen selbst abzuleiten. Die Betriebsgröße ergibt sich so vorrangig vor ökonomischen Erwägungen einzig und allein aus der Leit- und Führbarkeit des Betriebes (siehe nächster Punkt 3.7.). Diesen Strukturvorgaben folgen auch die betrieblichen Arbeitsprozesse. Sie werden bestimmt durch Möglichkeiten und Grenzen:

der menschlichen Kommunikation (a),
der Entscheidungsfindung (b),
der Zielverständnisse (c) und
der Motivierbarkeit (d).

Schließlich auch durch die Kontrollarten und die Erkenntnisse über optimale Größe und qualitative Zusammensetzung von Arbeitsgruppen.

3.7. Führung und Leitung, Führungs- und Leitungsspanne als Schlüsselbegriffe der Wiener Managementlehre

Das Hauptinstrument des Managers ist Führung und Leitung. Die Wiener Managementlehre unterscheidet beide Begriffe streng. Unter Führung verstehe ich im wesentlichen den Versuch der Mitarbeitermotivation im weitesten Sinne des Wortes; Führung besteht hauptsächlich in persönlicher Zuwendung, in der Bemühung, eine freiwillige Teilverantwortungsübernahme durch den Mitarbeiter zu erreichen. Der Mitarbeiter erfährt durch Führung auch eine Förderung seiner Selbstverwirklichung (= Personalentwicklung). Die Führungsspanne ist die Anzahl der einem Manager direkt unterstellten Mitarbeiter. Sie beträgt nach internationalen, aber auch historischen Erfahrungen im Optimum sieben bis neun Personen. Man könnte die Führungsspanne (FS) auch als das Maß der Zuwendungsfähigkeit eines Managers bezeichnen. Demgegenüber sind alle anderen Manager-Tätigkeiten, die nicht Führung sind, Leitung bzw. Leitungshandlungen. Also alle personalorientierten Tätigkeiten, vorzüglich personalbezogene Entscheidungen, die über den Kreis der Führungsspanne hinausgehen und natürlich alle Sachentscheidungen (inkl. ökonomischer und technologischer). Die Leitungsspanne endet normalerweise nach der dreifachen Ausgliederung der Führungsspannen, also beispielsweise im Falle einer Führungsspanne von sieben bei rund 500 Mitarbeitern. Die Teamdichte (TD), eine weitere

Maßzahl der Wiener Managementlehre, gibt die Anzahl der Führungsspannen im Gesamtbetrieb an und wäre demnach im gegenständlichen Beispiel 57. Teamdichte steht aber auch im Bezug zu den Führungsebenen (FE) und ist damit ein Ausdruck des Steigungsmaßes der Organisationspyramide (der Hierarchie, mit anderen Worten): In unserem Fall also wäre FE I = 1, FE II = 7, FE III = 57, insgesamt also eine TD von 57 Gruppen. Diese Kennzahl gibt aber zugleich Auskunft über die Anzahl der formal in dieser Organisation arbeitenden Manager oder TD = LS.

3.8. Im Funktionssystem der Wiener Managementlehre spiegelt sich der menschliche Aspekt

Auch im ganzheitlich dargestellten System der sechs wesentlichsten Funktionen (oder Aufgabenbereiche) des Managements kommt die Zentralität des Menschlichen zum Ausdruck.

Die sechs Managementfunktionen:

1. Kommunikationsmanagement
2. Entscheidungsmanagement
3. Zielsetzungs- (oder strategisches) Management
4. Motivationsmanagement
5. Organisationsmanagement
6. Kontrollmanagement

sind abgeleitet aus dem Handlungsbedarf (oder Leistungsnotwendigkeiten) der Managementgesamtverantwortung für die Gestaltung und Erhaltung eines Betriebes, also einer höchst persönlichen Aufgabenstellung. Diese sechs Managementfunktionen sind nicht nur als 1. - 6. Rangordnung im Sinne einer Vorrangreihe hinsichtlich der Bedeutung für das Überleben des Ganzen (= Betrieb) zu sehen, sondern auch als miteinander in wechselseitiger Vernetzung und Abhängigkeit stehendes Feedbacksystem. Dabei wird auch der Unterschied zwischen ideellen und "materiellen" Funktionen im Sinne einer Annäherung an die Realisierung (Schöpfungsprozeß) erkennbar.

3.9. Management-Syndrome - vorwiegend auch im Human-Bereich

Die umseitig nur taxativ aufgelisteten Problembereiche (in der Wiener Managementlehre als Management-Syndrome bezeichnet) sind Gegenstand von Interventionen und Lösungsversuchen seitens des Managements, lösen Manage-

Management-Syndrome

Ratio Irratio

Macht

Konflikt

Krisen des Betriebes

Entwicklung, Wachstum / Schrumpfung
Phasen des Betriebes

Kulturspecifica

Geschlechtsspecifica

Führungsverhalten

(Individuum, Gruppe - z.B. Teamfähigkeit, Masse)

Kreativität

Bürokratie

Organisationskultur, Führungskultur, Betriebsklima

Moral - Sittlichkeit - Werte

Streß und Entwicklung der Person

u.a.m.

mentaktivitäten aus, oft unvorhersehbar und unabhängig von der Routine der Ausübung der oben (3.8.) angedeuteten "normalen" Managementaufgaben. Gerade die systematische und interdisziplinäre Berücksichtigung dieser Syndrome ist ein besonderes Kennzeichen der Wiener Managementlehre und ihrer zentralen Humanorientierung. Zugleich beweist dieser Tatbestand die grundsätzliche Praxisnähe der Wiener Managementlehre, ist doch letztlich dieser Ansatz aus der Berücksichtigung des irrationalen Geschehens im Unternehmen, wie es meiner langjährigen Erfahrung im Beratungsberuf entsprach, entstanden. In keiner Allgemeinen Managementlehre (weltweit) wurde bislang dieses Faktum der auffallenden Irrationalität im Verhalten und Entscheiden in Organisationen - um nur ein Syndrom zu nennen - so bewußt und systematisch als Bestandteil von Lehre und Forschung berücksichtigt. So wurde es geradezu zum Markenzeichen des Wiener Managementansatzes, daß dieses Syndrom der Irrationalität (zum Beispiel Machtsucht und Kaufsucht, um nur zwei, die heutige Welt der Wirtschaft massiv prägende Verhaltensweisen zu nennen) durch enge interdisziplinäre Kooperation mit der Wiener Tiefenpsychologie zu einem zentralen Lehr- und Forschungsanliegen geworden ist.

4. Verteilung der Managementaufgaben auf Führungsebenen

Abschließend zu dieser Frage des im Mittelpunkt Stehens des (arbeitenden) Menschen beim Wiener Management Ansatz möchte ich noch darauf hinweisen, daß die drei Hauptinhalte der täglichen Arbeitsleistungen - nämlich Tätigkeiten im eigentlichen Managementbereich, im ökonomisch-betriebswirtschaftlichen Bereich und im technisch-produktionswirtschaftlichen Bereich - zwar von allen Mitarbeitern auf allen Führungsebenen geleistet werden müssen, aber in unterschiedlicher Verteilung. Dies ist ebenfalls eine nur in der Wiener Managementlehre so klar herausgearbeitete Aussage, die vor allem im angewandten (Beratungs-)Bereich für diagnostische und therapeutische Zwecke große Bedeutung besitzt.

5. Zusammenfassende und abschließende Gedanken

Die beispielhaften Einblicke in den Wiener Managementansatz sollten dazu dienen, deren zentrale Ausrichtung auf den Menschen - vorzüglich den arbeitenden Menschen - nachzuweisen. Die Wiener Managementlehre ist insofern eine normative und interdisziplinäre Sozialwissenschaft, weil ihr Objekt, der arbeitende - und ganz besonders der als Manager arbeitende - Mensch, nicht wertneutral betrachtet werden kann. Ja, es ist gerade Wertbezogenheit und Werte-Schaffen ein grundsätzlicher Inhalt der Managertätigkeit. Beispielsweise im Entscheiden und Ziele-Setzen, im Motivieren durch Vorbildstellung, in der Schaffung der Hierarchie und Kompetenzen bei der Organisationsleistung und bei der Kontrollaufgabe, die ohne Wertmaßstäbe nicht möglich ist.

Durch ihre "radikale" Begriffsbildung und klinische Dimension sowie unmittelbare Beratungsrelevanz kann die Wiener Managementlehre gar nicht wertneutral sein.

Da ich im Sinne des Kerns der Managementaufgabe als einer Integrationsleistung in einem Sozio-Top = Herstellung von Überlebensbedingungen im weitesten Sinne, heute so weit bin, die Wiener Managementlehre als eine angewandte Ethik anzusehen, komme ich abschließend zur Überlegung, daß überall dort, wo der Mensch tatsächlich (nicht nur vorgeblich) im Mittelpunkt stehen soll, ethische Relevanzen unabdingbar mitgedacht werden müssen. Insoweit ist die Wiener Managementlehre auch eine ganzheitliche Wissenschaft, weil sie nicht nur ganzheitlicher Logik verpflichtet ist, sondern an sich selbst die Anforderung stellt, ethischen Bedingungen zu entsprechen und praktisch mitzuhelfen, (verbesserte) Kooperationsbedingungen in Betrieben herzustellen. Letztes Ziel der Wiener Managementlehre ist es, mitzuhelfen, soziale Bedingungen in Betrieben herzustellen, die dazu beitragen, daß individuelle Entwicklungsziele (Selbstverwirklichung) mit Organisationszielen verschmelzen. In etwas anderer Weise habe ich diesen Zusammenhang auch als Hypothese des "magischen" Dreiecks der Arbeit in der Wiener Managementlehre dargestellt.

Anmerkungen und Literatur

1) Der Wiener Ansatz in der Allgemeinen Managementlehre, unveröffentl. Manuskript, 2. Auflage, März 1990.

2) siehe hierzu M. Hofmann, Arbeit und Liebe: Zur ethischen Begründung der Kooperation, Management Forum Ethik und Unternehmensführung (hrsg. von Charles Lattmann), Physica-Verlag Heidelberg 1988, S. 160 - 178.

3) siehe W. Heinrich: Wirtschaftswissenschaft und Humanismus, FIW-Schriftenreihe, Heft 9, Köln 1963 sowie ders.: Das Selbstverständnis des Menschen im Spiegel der Wirtschaftsgestalt von heute, in: Menschliche Existenz und moderne Welt, Teil 1, hrsg. von R. Schwarz, Berlin 1967.

Ethische Probleme in der Wirtschaft. Philosophische Fragen im Umkreis der Wirtschaftswissenschaften

Franz Rupert Hrubi

Vor wenigen Jahren noch erntete bei den meisten bestenfalls ein mitleidiges Lächeln, wer sich mit wirtschaftsethischen Fragen beschäftigte. "Das mag alles gut und schön sein", konnte man immer wieder hören, "aber Geschäft ist Geschäft und da zählen eben nur Aufträge, Umsätze, Gewinnzahlen, in der rauhen Wirklichkeit der Wirtschaft ist für Ethik leider kein Platz". Doch die Zeiten haben sich geändert: obwohl der exemplarisch zitierte Standpunkt keineswegs ausgestorben ist[1)], hat sich die Wirtschaftsethik heute ihren festen Platz im Denken (und hoffentlich auch im Handeln) der meisten Manager, in Fortbildungsseminaren, in den Medien und im akademischen Bereich gesichert.

Ich möchte im folgenden einen Überblick geben, (1) warum es überhaupt zur **Rehabilitierung der Wirtschaftsethik** kam (denn so neu ist die Sache nicht) und wie sich 'the state of the field' in den letzten Jahren entwickelt hat (die Perspektive dabei ist freilich nicht ganz neutral, sondern ein wenig "WU-zentrisch"), (2) welche **Konturen** die **Wirtschaftsethik** hier und heute hat, d.h. als was sie sich versteht und mit welchen Problemen sie sich hauptsächlich beschäftigt. Das Wiederaufleben der Wirtschaftsethik ist flankiert von einer (3) **neuen Ethik**, deren Hauptcharakteristikum es ist, daß das jeweilige Ethos nicht schon vorfindlich ist, sondern erst diskursiv hervorgebracht werden muß. Der (4) **Zusammenfassung** folgt schließlich ein (5) **Literaturverzeichnis**, das freilich in keinster Weise repräsentativ genannt werden kann, wenn man bedenkt, daß es derzeit allein in den USA bereits zwei buchfüllende Bibliographien zur einschlägigen Literatur gibt.

1. Die Rehabilitierung der Wirtschaftsethik

Man mag dazu stehen, wie man will, aber es läßt sich nicht leugnen, daß in den letzten Jahren in allen Bereichen der Gesellschaft das Interesse an ethischen Fragen im Zusammenhang mit der Wirtschaft enorm gestiegen ist. Der renommierten Hamburger "Zeit" waren diese Fragen im Frühjahr 1989 immerhin eine ganze Serie wert, auch die österreichischen Boulevard-Wirtschaftsjournale (der "trend" vor allem, aber auch andere) haben wiederholt diesbezügliche Artikel veröffentlicht.

Der "Österreichische Management-Club" und das "Wirtschaftsforum der Führungskräfte" haben mehrere Veranstaltungen, Arbeitskreise, sogar Jahrestagungen dem Thema "Wirtschaft und Ethik" gewidmet, die AIESEC (internationale Vereinigung von Studenten der Wirtschaftswissenschaften) hat sich des Themas mehrfach angenommen und z.B 1987 auch in Österreich ein Wirtschaftsethik-Symposium veranstaltet.

Eine rapid ansteigende Zahl von Betrieben hat in den letzten Jahren Unternehmensleitbilder mit dominant ethischen Komponenten, manche haben auch eigene Ethikkodices formuliert, einige Firmen haben es sogar für sinnvoll und notwendig erachtet, Ethikkommissionen einzurichten. Weiters treten immer wieder Praktiker an unsere Abteilung heran, um in der einen oder anderen Form wirtschaftsethische Probleme zu erörtern.

1987 ist in Brüssel eine internationale Vereinigung von Wissenschaftlern und Praktikern, das European Business Ethics Network (EBEN), gegründet worden, (dessen Mitglied der Autor von Beginn an ist und) das es sich zum Ziel gesetzt hat, nicht nur die Diskussion wirtschaftsethischer Probleme, sondern insbesondere auch die praktische Verwirklichung ethischen Verhaltens in der Wirtschaft voranzutreiben. Von den derzeit elf CEMS[2)] Hochschulen bieten immerhin neun Lehrveranstaltungen aus Wirtschaftsethik an.

An der WU reicht das Lehrangebot zu verschiedenen Themen der Wirtschaftsethik zurück bis zum Beginn der achtziger Jahre[3)]. Damit ist die Tradition an einer Wirtschaftshochschule oder -fakultät in Wien fraglos eine der längsten in Europa - man muß freilich hinzufügen: seit der Wiederanerkennung des Zusammenhanges von Wirtschaft und Ethik.

Noch heute kann man ja ein aus dem Geiste der Neoklassik, des Positivismus, des Wertfreiheitspostulates oder noch anderer Quellen sich speisendes Unverständnis (das bis zur schroffen Zurückweisung gehen kann) ebendieses Zusammenhanges von Wirtschaft und Ethik erfahren. Blickt man allerdings ein wenig in die Geschichte und geht nur bis ins erste Viertel unseres Jahrhunderts zurück, dann findet man sehr wohl eingehende Erörterungen ethischer Fragen in ökonomischen Abhandlungen - selbstverständlich nicht bei allen Autoren[4)].

Im Rahmen der Theologie gibt es demgegenüber eine über diese Epoche hinaus nahezu ungebrochene - wenn auch zeitweilig recht stark verdünnte - Tradition der Wirtschaftsethik. Ausgehend von den sog. Sozialenzykliken der Päpste seit dem Ende des vorigen Jahrhunderts[5)] und der sich daraus entwickelnden "Katholischen Soziallehre" (die seit dem Zweiten Vatikanischen Konzil mitunter auch "Christliche Sozialethik" genannt wird) waren ethische Probleme in der Wirtschaft aus dieser Perspektive immer wieder thematisiert worden.

Bemerkenswerterweise war es das (monumentale) Werk eines Wiener Theologen, nämlich Johannes Messner[6)], das in den fünfziger Jahren der Wirtschaftsethik in den USA ganz wesentlich auf die Sprünge geholfen hat[7)]. Selbstverständlich muß in diesem Zusammenhang auch der Doyen der katholischen Soziallehre in der Bundesrepublik Deutschland, Oswald von Nell-Breuning[8)], erwähnt werden, der erst im Vorjahr über hundertjährig verstorben ist.

In der Bundesrepublik Deutschland, im skandinavischen Raum und in der Schweiz hat freilich auch und mitunter mehr noch die "Evangelische Sozialethik" eine Rolle gespielt. Sie stützt sich primär auf eine theologisch-biblische Argumentation, weil ihr das naturrechtliche Denken der katholischen Soziallehre immer irgendwie suspekt geblieben ist.

In den letzten Jahren hat sich die Situation jedoch, wie schon angedeutet, dramatisch verändert, und wirtschaftsethische Probleme werden wieder, vor allem an Wirtschaftsfakultäten und unter verstärkter Einbeziehung der begrifflichen Mittel der Betriebswirtschaftslehre[9)], zu lösen versucht. Dementsprechend hat auch die Argumentation dadurch eine andere Gestalt angenommen. Als entscheidend wird angesehen, die Ethik nicht länger von außen (üblicherweise kritisch oder ermahnend) an die Wirtschaft heranzutragen (wie das im wesentlichen doch von den Moraltheologen und Sozialethikern getan wurde), sondern Ethik (unter anderem auf dem Wege einer Transformation etwa betriebswirtschaftlicher Theorien[10)] in wirtschaftliches Denken und Handeln zu implementieren.

Die Rehabilitierung der Wirtschaftsethik läßt sich durch die Angabe einiger weniger historischer Ursachen recht gut verständlich machen. Zunächst werden seit den siebziger Jahren die negativen Folgen der wirtschaftlichen Entwicklung viel stärker beachtet als je zuvor. In dieser Zeit gab es auch eine Reihe von Skandalen, teils die Umwelt, teils geschäftliche Praktiken betreffend. Dazu kam noch, daß in diese Skandale offenkundig sogar hochangesehene Firmen und Personen verwickelt waren.

Daß es "schwarze Schafe" immer schon gegeben hatte und auch immer geben würde, war jedem klar, fortan schien jedoch das Image der Wirtschaft in Bausch und Bogen in Verruf zu geraten - und das war gewiß eines der wichtigsten Motive für die Praktiker, sich wieder für Ethik zu interessieren.

Andererseits darf man nicht übersehen, daß damals plötzlich Praktiken zu Skandalen hochstilisiert werden konnten, die gewiß alles andere als neu waren, früher aber einfach nie thematisiert wurden. Die Ursachen dafür wiederum liegen wohl hauptsächlich in der Bewegung der späten sechziger Jahre, die eine enorme und nachhaltige Sensibilisierung für soziale Probleme und eine Auflehnung gegen jegliche Form von Autorität und insbesondere gegen das sogenannte "Establishment" mobilisiert hat. Daran knüpfte sich eine gesellschaftskritisch-distanzierte Ablehnung des Kapitalismus, ja des Wirtschaftssystems (Technik inklusive) überhaupt.

Anfang der siebziger Jahre folgten dann die Warnungen des Club of Rome[11)], die Grenzen des Wachstums betreffend, Anfang der achtziger Jahre der dicke, an den Präsidenten der Vereinigten Staaten adressierte Bericht: Global 2000[12)], und dazwischen kam - gleichsam als praktisches Lehrstück - der "Ölschock" 1973/74.

Damit war klar geworden, daß manche für selbstverständlich gehaltene Auffassungen über das Wirtschaften neu überdacht werden müssen; eine nicht nur Effizienzgesichtspunkten, sondern auch ethisch und ökologisch[13)] verpflichtete Betriebswirtschaftslehre scheint gegenwärtig bereits zum Standard geworden zu sein[14)].

2. Konturen der Wirtschaftsethik

Wirtschaftsethik ist nicht etwa eine Sonderethik, so als hätte die Wirtschaft ihre eigene Moral. Wirtschaftsethik ist (in präskriptiver Hinsicht) bloß ein aus pragmatischen Gründen ausgegrenzter Teilbereich der Ethik überhaupt.

Diese Ausgrenzung empfiehlt sich einesteils deshalb, weil das Gesamtgebiet der Ethik doch recht groß ist und allein schon deshalb eine Spezialisierung geboten scheint, andernteils ergeben sich aus den besonderen Umständen des Wirtschaftens eben ganz spezifische Probleme, die im übrigen Rückwirkungen auch auf die Methode haben: Wirtschaftsethik ist notwendigerweise ein interdisziplinäres Unterfangen mit einer gewichtigen empirischen Komponente. (Jedenfalls ist das der Standpunkt, den wir im "Wiener Ansatz", wenn ich das einmal so salopp formulieren darf, vertreten.) Zudem haben Fragen der Realisierbarkeit ethischer Strukturen hier (im Gegensatz zur im engeren Sinne philosophischen Ethik) auch allemal Priorität vor begründungstheoretischen Problemen. Das ist freilich gute aristotelische Tradition, denn dort heißt es, daß "die gegenwärtige Untersuchung [gemeint ist die Ethik] nicht der reinen Forschung dienen soll ..., denn wir fragen **nicht, um zu wissen**, was die Tugend sei, sondern damit wir **tugendhaft werden**"[15)]. Von den Amerikanern haben wir schließlich gelernt, daß Fallstudien eindrucksvolle Lernprozesse in Gang setzen können.

Ziel der Wirtschaftsethik ist also nicht eigentlich das Gewinnen von Einsichten und Erkenntnissen (diese sind hier bloß Mittel zum Zweck), sondern die ethische Optimierung des Wirtschaftens und seiner Folgen. Daß die einzelnen Unternehmen grundsätzlich auf Gewinnerwirtschaftung ausgerichtet sein müssen und einen substantiellen Beitrag zur Bedarfsdeckung zu leisten haben, ist dabei gleichsam als selbstverständlich vorausgesetzt, wird aber gleichwohl, nota bene, dem Gesichtspunkt der ethisch-moralischen Vertretbarkeit unterstellt. In wirtschaftsethischen Erörterungen wird es also nicht etwa um die Frage gehen, ob es vielleicht da und dort besser sein könnte, keine Gewinne zu machen, sondern darum, ob es vielleicht besser ist - und zwar unter Berücksichtigung wirtschaftlicher **und** ethischer Gesichtspunkte! - Gewinne auf andere Weise zu erwirtschaften.

Mitunter wird Wirtschaftsethik noch weiter ausdifferenziert in

1. Wirtschaftsethik (im engeren Sinne),
2. Unternehmensethik und
3. Führungsethik

(Georges Enderle unterscheidet in diesem Sinn eine Makro-, eine Meso- und eine Mikroebene[16)]). Ich halte diese Einteilungen zu Zwecken der Ordnung und der besseren Übersicht zwar durchaus für sinnvoll, kann aber deren Verselbständigung zu jeweils eigenen Disziplinen nicht viel abgewinnen, weil die Grenzen zwischen ihnen ständig verschwimmen (und je konkreter man wird, desto mehr ist das der Fall).

Ad 1) Im ersten Bereich geht es jedenfalls um Fragen der Wirtschafts-, Gesellschafts- und Finanzpolitik, also um die Wirtschaftsordnung als solche. Es geht aber auch um Fragen etwa der Gerechtigkeit in internationalen Wirtschaftsbeziehungen, um die weltweite Armut usw. Es handelt sich demnach durchwegs, kann man sagen, um Probleme im Randbereich weltanschaulicher Auseinandersetzungen. Daher ist dies auch der Bereich, in dem die Literatur immer schon sowohl die bewundernswertesten Entwürfe als auch die plattesten Gemeinplätze zu bieten hatte.
Weiters könnte man hier gewisse Branchen- und Bereichsethiken anführen: Ethik der Werbung und des Marketing etwa, auch Bankenethik, Versicherungsethik, Ethik des Consulting usw.

Ad 2) Im zweiten Bereich geht es einmal um das Unternehmen als "moralische Person" (in Analogie zur "juristischen Person"), also um die Frage, inwieweit Unternehmen als solche (und eben nicht nur die jeweiligen 'verantwortlichen' Führungskräfte) Verantwortung[17)] zu tragen haben. Wenn sie aber Verantwortung tragen, dann wofür, wem gegenüber und wie weitreichend?[18)].

Ein anderes Thema in diesem Zusammenhang sind Unternehmensleitbilder (vor allem im Kontrast zur betrieblichen Wirklichkeit), Ethikkodices, Ethikkommissionen (die zumeist aus Mitgliedern der Geschäftsleitung und externen Persönlichkeiten gebildet werden), ethisch sinnvolle Weiterbildungsmaßnahmen usw.

Weiters geht es um die ethische Bewertung der Beziehungen eines Unternehmens zu seinen Kunden (wie z.B. Kundendienst, Einhaltung von Lieferterminen, Behandlung von Reklamationen usw.), zu seinen Lieferanten (etwa Zahlungsmoral), zur Konkurrenz (betreffend Absprachen verschiedenster Art, Aggressivität, unlauteren Wettbewerb, Dumping, Abwerbung von Arbeitskräften usw.), zu seinen Anrainern (Belästigungen durch Verkehr, Lärm, Schadstoffe usw.).

Es geht aber auch um die ethische Analyse der Binnenstruktur von Unternehmen. Betreffend diesbezüglicher Indikatoren möchte ich nur einige Stichworte anführen: Unternehmenskultur, Betriebsklima, Kommunikationsstil (horizontal und vertikal), feministische Aspekte, Arbeitsbedingungen generell, Gestaltung der Arbeitsplätze (vor allem auch im innerbetrieblichen Vergleich), Gerechtigkeit des Verhältnisses von Leistung, Anerkennung und Gehalt, Identifikation der Mitarbeiter mit dem Unternehmen und der Qualität der Produkte (oder Dienstleistungen); wie wird über Beförderungen entschieden? wie groß ist die Angst vor Mißerfolgen und deren Konsequenzen? usw. usw.

Ad 3) Im dritten Bereich schließlich geht es um (ethische) Verhaltenserwartungen und Verantwortlichkeiten von Individuen, in erster Linie sicherlich von Führungskräften[19)], aber auch von sonstigen, meist in irgendeiner Weise exponierten Mitarbeitern (Einkäufer, Verkäufer, Vertreter, Außendienstmitarbeiter), gegebenenfalls auch von Betriebsräten und anderen Funktionären, schließlich von Kunden bzw. Konsumenten (einschließlich deren tatsächlicher oder bloß fingierter "Souveränität").

Wichtige Topoi sind in diesem Zusammenhang natürlich Bestechung, insidertrading, "whistle-blowing" (damit ist ein heikles, in den USA vieldiskutiertes[20)] Thema angesprochen, daß nämlich die Öffentlichkeit oder die zuständigen Behörden über strafbare Handlungen oder andere Übeltaten der eigenen Firma informiert werden), die empirische Erhebung der (tatsächlichen) Werthaltungen von Führungskräften[21)] usw.

3. Neue Ethik

Die Wiederaufnahme der Ethik kann heute nicht mehr umstandslos durch den einfachen Rückgriff auf ältere ethische Traditionen erfolgen, denn jede gültige Ethik war und ist - bei allem Anspruch auf Universalität - in gewisser Hinsicht ein Spiegelbild ihrer Zeit. Daher hat denn auch jede Epoche ihre eigene Ausprägung von Ethik.

In ihrer ursprünglichen Bedeutung ist Ethik die Wissenschaft vom Ethos, und Ethos ist der Bereich, in dem etwas heimisch ist, der Ort, an dem z.B. ein Mensch wohnt, der ihm vertraut ist und an dem er sich zu Hause fühlt. Ethos meint aber auch - in einem übertragenen Sinne - die Sitten, Gebräuche, Gewohnheiten usw.

Nun ist es heute aber so gut wie unmöglich, irgendwo (es sei denn in für unseren Zusammenhang irrelevanten obskuren Subkulturen) ein Ethos vorzufinden, in dem die überwiegende Anzahl eingewöhnter Verhaltensweisen mit dem Merkmal moralischer Verbindlichkeit ausgestattet wäre. Denn die (westlichen) Gesellschaften, in denen wir heute leben und wirtschaften, sind eben nicht mehr traditionale Gesellschaften, sie sind nicht wie aus einem Guß, weder religiös noch kulturell: moderne Gesellschaften sind pluralistisch. Unter diesen Bedingungen (die insgesamt zwar durchaus als vorteilhaft angesehen werden) ist so etwas wie ein Ethos im Sinne eines verbindlichen Regelsystems reziproker Verhaltenserwartungen nirgendwo gegeben[22)], es muß vielmehr immer wieder erst hervorgebracht werden. Und das ist unter den gegebenen Bedingungen eben nur durch Verständigungsprozesse, also kommunikativ möglich. Die Lükke, die das nicht mehr vorhandene tradierte Ethos hinterlassen hat, kann nur entweder durch einen starren Machtapparat oder durch einen fragilen, stets aufs Neue hervorzubringenden Konsens mittels der freien Zustimmung aller Betroffenen geschlossen werden.

Die damit angesprochene "Diskursethik", die im wesentlichen von Jürgen Habermas[23)], Karl-Otto Apel[24)] und (etwas verkrampfter und weniger wirkungsmächtig) von der konstruktivistisch orientierten "Erlanger Schule" (Paul Lorenzen[25)], Jürgen Mittelstraß[26)], Friedrich Kambartel[27)], Oswald Schwemmer[28)]) ausgearbeitet wurde, gilt als das ethische Konzept, mit dem man sich heute auseinandersetzen muß, so oder so, man kommt daran nicht vorbei.

Nicht zu übersehen ist allerdings, daß der Diskursethik ein hochidealisiertes Modell zugrundeliegt[29)], das nicht ohne weiteres auf konkrete Situationen übertragbar ist[30)]. Gerade in Betrieben dürfen wir nämlich kaum mit einer auch nur annähernden Gleichverteilung rhetorisch-argumentativer Kompetenzen rechnen. Davon auszugehen, daß es hier im Normalfall so etwas wie chancengleiche Kommunikationsprozesse geben kann, ist entweder naiv oder zynisch. Wir erproben daher Modelle, in denen die Diskursteilnehmer mit Unterstützung geeigneter Methoden der empirischen Sozialforschung "sich ihre innere Natur transparent machen und erkennen können, was sie wirklich wollen"[31)], und hoffen, auf diesem Wege den weltweiten Beiträgen zur Humanisierung der Wirtschaft auch ein Mosaiksteinchen hinzufügen zu können.

4. Zusammenfassung

Ziel dieses Berichtes war es zu zeigen, daß wirtschaftsethische Raisonnements (in den USA schon seit längerem, in Europa bisher noch etwas zögernder) wieder Eingang in die Wirtschaftslehre gefunden haben. Die Nachfrage kommt aus der Wirtschaft selbst, aus der Öffentlichkeit (Protestgruppen) und aus der Theorie. Wirtschaftsethik heute hat ein breites Forschungsfeld, sie ist interdisziplinär, empirisch-philosophisch und praxisorientiert. Eine zeitgemäße Wirtschaftsethik scheint nur noch diskursethisch begründbar zu sein, dieses philosophische Konzept bedarf zu seiner Anwendung jedoch der Ergänzung durch entsprechende empirische Verfahren.

Anmerkungen

1) Vgl. zum Wechsel von Paradigmen: Kuhn, T.S.: Die Struktur wissenschaftlicher Revolutionen, Frankfurt am Main 1967.

2) Community of European Business Schools; seit neuestem sind es zwölf Hochschulen, es ist mir aber vor Abschluß des Manuskriptes nicht mehr möglich gewesen, die nötigen Informationen einzuholen.

3) Z.B. im WS 1980/81: "Freiheit, Selbstbestimmung und Dialog - Macht und Ohnmacht des Einzelnen in der neueren Entwicklung der Gesellschaft"; SS 1981: "Was ist Glück?"; WS 1981/82: "Sinn und Unsinn des Leistungsprinzips" usw.

4) Was Wien betrifft, müßte man wohl in erster Linie an Othmar Spann denken (vgl. Spann, O.: Fundament der Volkswirtschaftslehre, Jena 1917.).

5) Vgl. "Rerum novarum" Leos XIII. (1891), "Quadragesimo anno" Pius' XI. (1931), "Mater et magistra" Johannes' XXIII. (1961), "Populorum progressio" Pauls VI. (1967), "Laborem exercens" und "Sollicitudo rei socialis" Johannes Pauls II. (1981 und 1987).

6) Messner, J.: Das Naturrecht. Handbuch der Gesellschaftsethik, Staatsethik und Wirtschaftsethik, 6. Auflage, Innsbruck/Wien/München 1966.

7) Übereinstimmende mündliche Mitteilungen von Richard T. De George (Univ. of Kansas) und Thomas Donaldson (Georgetown Univ.)

8) Vgl. z.B. Nell-Breuning, O.v.: Gerechtigkeit und Freiheit, 5. Auflage, München 1985.

9) Vgl. dazu paradigmatisch für den deutschsprachigen Raum: Ulrich, P.: Transformation der ökonomischen Vernunft, Bern 1986 und Steinmann, H./Löhr, A. (Hrsg.): Unternehmensethik. Stuttgart 1989.

10) Vgl. insbesondere Ulrich, P. (Transformation)

11) Vgl. Meadows, D./Meadows, D./Zahn, E./Milling, P.: Die Grenzen des Wachstums. Bericht des Club of Rome zur Lage der Menschheit, Stuttgart 1972.

12) Council on Environmental Quality (ed.): The Global 2000 Report to the President, Washington 1980.

13) Vgl. Seifert, E.K./Pfriem, R. (Hrsg.): Wirtschaftsethik und ökologische Wirtschaftsforschung, Bern/Stuttgart 1989.

14) Vgl. dazu eines der Standardlehrbücher der BWL im deutschsprachigen Raum: Bea, F.X./Dichtl, E./Schweitzer, M. (Hrsg.): Allgemeine Betriebswirtschaftslehre. Band 1: Grundfragen, 5., neubearbeitete Auflage, Stuttgart 1990, insbes. S. 108ff u. 290ff.

15) Aristoteles: Nikomachische Ethik, II, 2 1103 b. [Einfügung und Hervorhebungen von mir. Ich zitiere hier nach der bei dieser Art von Literatur üblichen Weise!]

16) Vgl. etwa Enderle, G.: Wirtschaftsethik im Werden. Ansätze und Problembereich der Wirtschaftsethik, Stuttgart 1988, S 55ff.

17) Vgl. zu diesem Thema: Hrubi, F.R.: Spielräume der Verantwortung oder Wozu philosophieren wir eigentlich? In: Vetter, H./Pöltner, G./Kampits, P. (Hrsg.): Verantwortung. Beiträge zur praktischen Philosophie. Festgabe für Johann Mader zum 60. Geburtstag, Wien 1987, S. 69ff.

18) Vgl. dazu Werhane, P.H.: Persons, Rights, and Corporations, Englewood Cliffs (N.J.) 1985.

19) Vgl. Hrubi, F.R.: Ethik und Management, Wien 1989.

20) In meinem Fachbereich ist derzeit eine Diplomarbeit zu diesem Thema in Vorbereitung.

21) Vgl. Ulrich, H./Probst, G.: Werthaltungen schweizerischer Führungskräfte, Bern/Stuttgart 1982. Kaufmann, F.-X./Kerber, W./Zulehner, P.M.:Ethos und Religion bei Führungskräften, München 1986. Karmasin, M.: Was ist Managern Wert? Wirtschaftsethische Werthaltungen österreichischer Führungskräfte im Kontext von Sozial-, Unternehmens- und Individualethik, Diplomarbeit an der Wirtschaftsuniversität Wien 1990.

22) Abgesehen von der Rechtsordnung. Man darf aber nicht übersehen, daß (1) die Genese von Rechtsnormen selbst unter ethischen Ansprüchen steht, daß (2) die Befolgung von Rechtsnormen in dem Maße, in dem deren Geltung nur durch Sanktionen und nicht (auch) durch Einsicht in ihre Rechtmäßigkeit (Legitimität) abgestützt sind, minimal gewährleistet ist, daß (3) die Rechtsordnung den Entwicklungen immer nachhinkt und (4) nie so "flächendeckend" strukturiert sein kann, daß sie nicht zumindest der Ergänzung durch Moral bedürfte.

23) Vgl. etwa Habermas, J.: Erläuterungen zur Diskursethik, Frankfurt am Main 1991.

24) Vgl. etwa Apel, K.-O.: Diskurs und Verantwortung. Das Problem des Übergangs zur postkonventionellen Moral, Frankfurt am Main 1990.

25) Vgl. etwa Lorenzen, P./Schwemmer, O.: Konstruktive Logik, Ethik und Wissenschaftstheorie, Mannheim 1973.

26) Vgl. Mittelstraß, J. (Hrsg.): Methodenprobleme der Wissenschaften vom gesellschaftlichen Handeln, Frankfurt am Main 1979.

27) Vgl. Kambartel, F.: Philosophie der humanen Welt. Abhandlungen, Frankfurt am Main 1989.

28) Vgl. Schwemmer, O.: Ethische Untersuchungen. Rückfragen zu einigen Grundbegriffen, Frankfurt am Main 1986.

29) Vgl. Habermas, J.: Vorbereitende Bemerkungen zu einer Theorie der kommunikativen Kompetenz. In: Habermas, J./Luhmann N.: Theorie der Gesellschaft oder Sozialtechnologie, Frankfurt am Main 1971.

30) Vgl. K.-O. Apel gegen Peter Ulrich: Apel, K.-O.: Diskursethik als Verantwortungsethik und das Problem der ökonomischen Rationalität. In: Apel, K.-O.: (Diskurs), S 270ff.

31) Habermas, J.: Wahrheitstheorien. In: Habermas, J.: Vorstudien und Ergänzungen zur Theorie des kommunikativen Handelns, Frankfurt am Main 1984, S. 173.

Literatur

[1] Apel, K.-O.: Diskurs und Verantwortung. Das Problem des Übergangs zur postkonventionellen Moral, Frankfurt am Main 1990.

[2] Apel, K.-O.: Diskursethik als Verantwortungsethik und das Problem der ökonomischen Rationalität. In: Apel, K.-O.: (Diskurs), S 270ff.

[3] Aristoteles: Nikomachische Ethik, Zürich/München 1967.

[4] Bea, F.X./Dichtl, E./Schweitzer, M. (Hrsg.): Allgemeine Betriebswirtschaftslehre. Band 1: Grundfragen, 5., neubearbeitete Auflage, Stuttgart 1990.

[5] Council on Environmental Quality (ed.): The Global 2000 Report to the President, Washington 1980.

[6] Enderle, G.: Wirtschaftsethik im Werden. Ansätze und Problembereich der Wirtschaftsethik, Stuttgart 1988.

[7] Habermas, J.: Vorbereitende Bemerkungen zu einer Theorie der kommunikativen Kompetenz. In: Habermas, J./Luhmann N.: Theorie der Gesellschaft oder Sozialtechnologie, Frankfurt am Main 1971.

[8] Habermas, J.: Wahrheitstheorien. In: Habermas, J.: Vorstudien und Ergänzungen zur Theorie des kommunikativen Handelns, Frankfurt am Main 1984.

[9] Habermas, J.: Erläuterungen zur Diskursethik, Frankfurt am Main 1991.

[10] Hrubi, F.R.: Spielräume der Verantwortung oder Wozu philosophieren wir eigentlich? In: Vetter, H./Pöltner, G./Kampits, P. (Hrsg.): Verantwortung. Beiträge zur praktischen Philosophie. Festgabe für Johann Mader zum 60. Geburtstag, Wien 1987, S. 69ff.

[11] Hrubi, F.R.: Ethik und Management, Wien 1989.

[12] Kambartel, F./Mittelstraß, J. (Hrsg.): Zum normativen Fundament der Wissenschaft, Frankfurt am Main 1973.

[13] Kambartel, F.: Philosophie der humanen Welt. Abhandlungen, Frankfurt am Main 1989.

[14] Karmasin, M.: Was ist Managern Wert? Wirtschaftsethische Werthaltungen österreichischer Führungskräfte im Kontext von Sozial-, Unternehmens- und Individualethik, Diplomarbeit an der Wirtschaftsuniversität Wien 1990.

[15] Kaufmann, F.-X./Kerber, W./Zulehner, P.M.:Ethos und Religion bei Führungskräften, München 1986.

[16] Kuhn, T.S.: Die Struktur wissenschaftlicher Revolutionen, Frankfurt am Main 1967.

[17] Lorenzen, P./Schwemmer, O.: Konstruktive Logik, Ethik und Wissenschaftstheorie, Mannheim 1973.

[18] Meadows, D./Meadows, D./Zahn, E./Milling, P.: Die Grenzen des Wachstums. Bericht des Club of Rome zur Lage der Menschheit, Stuttgart 1972.

[19] Messner, J.: Das Naturrecht. Handbuch der Gesellschaftsethik, Staatsethik und Wirtschaftsethik, 6. Auflage, Innsbruck/Wien/München 1966.

[20] Mittelstraß, J. (Hrsg.): Methodenprobleme der Wissenschaften vom gesellschaftlichen Handeln, Frankfurt am Main 1979.

[21] Nell-Breuning, O.v.: Gerechtigkeit und Freiheit, 5. Auflage, München 1985.

[22] Schwemmer, O.: Ethische Untersuchungen. Rückfragen zu einigen Grundbegriffen, Frankfurt am Main 1986.

[23] Seifert, E.K./Pfriem, R. (Hrsg.): Wirtschaftsethik und ökologische Wirtschaftsforschung, Bern/Stuttgart 1989.

[24] Spann, O.: Fundament der Volkswirtschaftslehre, Jena 1917.

[25] Steinmann, H./Löhr, A. (Hrsg.): Unternehmensethik. Stuttgart 1989.

[26] Ulrich, H./Probst, G.: Werthaltungen schweizerischer Führungskräfte, Bern/ Stuttgart 1982.

[27] Ulrich, P.: Transformation der ökonomischen Vernunft, Bern 1986

[28] Werhane, P.H.: Persons, Rights, and Corporations, Englewood Cliffs (N.J.) 1985.

Das ethische Moment im Lichte ökonomischer Doktrin
Einige grundlegendere Diskussionsthesen

J. Hanns Pichler

Im folgenden sei versucht, die angesprochene und bewußt am Generalthema der Tagung sich orientierende Problematik anhand einschlägig ausgewählter Aspekte im Rahmen des sogenannten "mainstream" ökonomischer Doktrinbildung thesenhaft zu pointieren.

I.

Zum ersten und vorab, geht es doch um Ethik und Ökonomie, sei zur Debatte gestellt, ob es - gewissermaßen provokativ formuliert - so etwas wie eine "Bindestrich-Ethik" (z. B. "Wirtschafts-Ethik") denn grundsätzlich gäbe oder geben könne; ich möchte dies einmal prinzipiell hinterfragen.

Bezieht man sich auf die hiezu fundamentaleren Schriften, findet sich solche Differenzierung weder in einer "Nikomachischen Ethik" von Aristoteles noch in diesbezüglich relevanten Teilen der epocheprägenden "Summa" des großen Aquinaten. Wenn, so ist Ethik als solche - und dies nicht zuletzt philosophisch i. w. S. auch - durchgängig gültig für alle Bereiche menschlichen Handelns; somit auch für wirtschaftliches Handeln. Solches Handeln folgt eben bzw. orientiert sich an ethischen Prinzipien, ist demnach "ethisch" oder ist es nicht. Eine Art "Bauchladen" spezifischer Ethiken, woraus man vielleicht gar beliebig wählen mag, schiene mir denn doch problematisch. So etwa beansprucht das Moralverständnis von Ethik bzw. ethisch fundiertem Handeln in erwähnter "Summa" eines Thomas v. Aquin, in deren vor allem sozioökonomisch relevanten Aspekten, für sich eine Rangbestimmtheit, die jedwede spezifisch abzugrenzende "Differenzierung" weder erforderte noch zuließe.

II.

Zum zweiten, dem Anblick der Ökonomie in Form des klassisch geprägten "mainstream" der Disziplin im thematischen Zusammenhang uns zuwendend, sei im besonderen auf die berühmten vier Postulate einer "reinen Ökonomie" im Sinne von Nassau Senior (formuliert rund 50 Jahre nach Adam Smith's "Wealth of Nations") verwiesen, nämlich: erstens auf das "Eigennutzprinzip" als Ausdruck "natürlichen" menschlichen Verhaltens (als Ausdruck zugrundeliegenden "ordre naturel" in seinem wirtschaftlich-rationalen Handeln und zugleich die Maximierungspostulate nach dem sogenannten "Wirtschaftlichkeitsprinzip" implizierend; zweitens auf das "Knappheitsprinzip" und darin enthaltenes rationales Abwägen in der Allokation von (u.a. aufgrund wachsender Bevölkerung stets "knappen") Mitteln oder Ressourcen für Ziele bzw. Bedürfnisse; drittens auf das "Arbeitsteilungsprinzip" als klassisches Rationalitätskriterium mit einem spezfischen, durch und durch funktional gefaßten - und damit seines humanen Bezuges entäußerten - Begriff von Arbeit; viertens schließlich und eher ergänzend auf das "Ertragsprinzip" mit - bei gleichbleibender Technologie - tendenziell fallenden Erträgen.

Hierin zugleich manifestiert sich der durchgehend rationalistisch-aufklärerische Gehalt der Ökonomie im "klassischen" Kleide als - vergleichsweise mit anderen Wissenschaften - späte Frucht der Aufklärung.

Dessen gesellschaftswissenschaftliche bzw. -politische Relevanz findet sich "moralphilosophisch" artikuliert bzw. vorformuliert bereits in Francis Y. Hutcheson's nachgerade symptomatischer Abhandlung "Inquiry Concerning Moral Good and Evil" (Mitte 18. Jahrhundert); einer Untersuchung also über das moralisch Gute und Böse in durchaus und vor allem auch gesellschaftlichem Bezug, womit er - als unmittelbarer Lehrer von A. Smith - nicht zuletzt für dessen nachfolgende Hauptwerke, von der "Theory of Moral Sentiments" (1759) bis hin zu seinem disziplinbegründenden "Wealth of Nations" (1776) mit prägend und richtungweisend wurde.

Ähnlich wie noch vor ihm Bernard de Mandeville in seiner weithin bekannten, aufklärerisch sarkastischen "Fable of the Bees" (zu Anfang des 18. Jahrhunderts), geht es Hutcheson um die rationale Erklärung dessen, was gesellschaftlich förderlich, sprich "gut", oder eben nicht förderlich, sprich "böse" sei, und zwar:

- daß es einer natürlichen Ordnung (dem "ordre naturel") entspreche, eigennutzbestimmtes Verhalten des einzelnen möglichst frei sich entfalten und so zum "größtmöglichen Glück", zur größtmöglichen Befriedigung - im Sinne zugleich gesellschaftlicher Wohlfahrt - aller beitragen zu lassen;

- daß solches Verhalten, das dem "Glück" bzw. der Wohlfahrt aller förderlich, demnach auch "moralisch" gesehen als "gut", als ethisch-sittlich positiv und somit gesellschaftlich konform zu legitimieren sei;
- daß es so schließlich auch möglich sein, zwischen "Gut" und "Böse" rein vernunftbestimmt zu unterscheiden, also durchaus wenn man will ohne Gott, ohne Verankerung ethischer Normen und daran sich orientierender Verhaltensweisen in einer das menschliche Handeln als solches überhöhenden Bindung bzw. Rückverbundenheit.

Wirtschaftlich unmittelbarer, durchaus zugleich jedoch mit moralphilosophisch-gesellschaftlichem Bezug, formuliert in pointierter Weise ähnlichen Sinnes etwas später dann Adam Smith in seinem schon genannten Hauptwerk, daß es nicht ankomme auf "the benevolence of the butcher, the brewer, or the baker, that we expect our dinner, but from their regard to their own interest" (I, ii); einzig und allein also aufgrund ihres - wirtschaftlich wie letztlich gesellschaftlich legitimierbaren - Selbstinteresses, ihres eigennutzbestimmten "Vorteils". Das "Ethische" bekommt hiemit einen entschieden anderen, einen sozusagen "profanierten" Stellenwert und Zuschnitt; profund anders jedenfalls als nachzuvollziehen etwa bei Thomas von Aquin oder anderen Ethikern der großen idealistischen Tradition europäisch-abendländischer Geistesgeschichte. - Und diesem sozusagen "klassischen" Erbe hatte die "Neoklassik" in ihrer pointiert utilitaristischen, mikroökonomischen und damit zugleich einzelwirtschaftlich relevanten Sicht wenig, wenn überhaupt etwas hinzuzufügen; der "Auktionator" eines Leon Walras - dem es, wie schon bei N. Senior, wiederum von "Elemente einer reinen Ökonomie (1874) geht - kennt weder, noch braucht er, ethisch fundierte Grundsätze für sein "Handeln".

III.

Zum dritten vermerkend schließlich, bliebe im thematischen Zusammenhang die aus klassisch ökonomischer Sicht arteigene und zugleich funktional abstrahierende Interpretation von "Arbeit" als essentiellem Bestandteil immerhin menschlicher Lebensäußerung und damit des "Kulturbereiches" i.w.S. schlechthin.

In keinem anderen Kulturkreis als dem christlich-abendländischen (so etwa mit A. Toynbee) hat denn auch der Begriff "Arbeit" eine ähnlich geartete "Ethisierung" erfahren. Stand in dahingehend frühchristlichem Anspruch immer noch das "ora" rangbestimmend vor dem "labora" (Konzil von Nicaea, 325 n.) und wäre so auch nicht beliebig umkehrbar, verliert sich solche Rangbestimmtheit im - säkularisierenden - Zug der Aufklärung bis hin eben zur abstrahierend funktionalen, des humanen Bezugs letztlich entkleideten Redefinition von Arbeit als "Faktor" in klassisch-ökonomischer Sicht.

Hierin zugleich - und nicht von ungefähr hat ein Karl Marx seine Kritik gerade auf diese "wunde Stelle" gerichtet - öffnet sich eine Schlagseite, mit der seither die Ökonomie in ihrem klassischen Verständnis nicht eigentlich zu Rande gekommen zu sein scheint: mit einem Arbeitsbegriff, in dem etwas nicht beliebig Veräußerbares, etwas an den Menschen selbst Gebundenes weggegeben, ja radikal entäußert ("entfremdet") wurde zu einem verfügbaren Gut, ja zur vermarktbaren und handelbaren "Ware" wie jede andere.

Aber nicht Marx nur hat in subtiler Weise den Finger auf eben diese Wunde gelegt, auch die Fortentwicklung des marktwirtschaftlich geprägten Denkmusters selbst zeugt anhand der Lehrgeschichte eindrücklich davon, wie man sich seit der Klassik immer wieder damit befaßt, die Rigiditäten ihrer Postulate mit der Realität gesellschaftlicher Erfordernisse - im ureigensten Sinne von "politischer Ökonomie" - in Einklang zu bringen, oder anders gesprochen: die "Marktwirtschaft" als solche, mit ihren Ecken und impliziten Härten, durch wie immer geartete "Abschirmmechanismen" auch menschlich sozial aushaltbar und verkraftbar zu machen. Daher eben die Anliegen einer "Sozialen Marktwirtschaft", daher - neben den Dotrinen diverser "Sozialismen" - die Forderung etwa der "Historischen Schule" nach bewußt zu gestaltender Sozialpolitik; daher, nicht zuletzt, Ansätze und Bemühen einer "Christlichen (im bes. Katholischen) Soziallehre", worin insbesondere der Mensch mit der Unveräußerbarkeit und letztendlichen "Unverfügbarkeit" seiner Würde, der Würde somit auch seiner Arbeit, wiederum in den Mittelpunkt rückt.

Trotz alledem und ohne einem unangebrachten "Pessimismus" huldigen zu wollen, ist realistischeweise wohl einzubekennen, daß im profund klassisch geprägten "mainstream" der Ökonomie heute nach wie vor - in gewissen Teilbereichen vielleicht mehr denn je - abstrakt formalisierende "Sozialtechniken" vor einer bewußter dem Maße des Menschen gerecht werdenden "Sozialethik" obwalten. Davon u. a. zeugen eindrücklich allenthalben z. T. radikal postulierte marktwirtschaftliche "Rezepturen" als Art Allheilmittel gegen die Nöte der Reformländer im ehemaligen Osten. Zeugen so auch von der nicht leugbaren oder einfach wegzudiskutierenden Geschichtsmächtigkeit der ihnen zugrundeliegenden Doktrin für allenfalls zu bewirkenden nachhaltigeren Wandel hin zu einem insgesamt menschlicheren Antlitz; einem Wandel unter bewußter Betonung bzw. Wiedereroberung auch der ethischen Dimension im Bereich sozioökonomischen Handelns, für den immer noch - mit Ernst Bloch gesprochen - eher das "Prinzip Hoffnung" zu beschwören bliebe.

Die Bedeutung der Unternehmenskultur in Versicherungsunternehmen

Ilse Andrea Riedl

1. Einleitung

Die Unternehmenskultur stellt in der betriebswirtschaftlichen Forschung und Praxis ein zentrales Thema dar. Diese Aktualität wurde zum Anlaß genommen, das Konzept der Unternehmenskultur näher zu analysieren und die Erkenntnisse auf die Gegebenheiten und Rahmenbedingungen von Versicherungsunternehmen zu übertragen. Der erste Teil dieser Arbeit behandelt dabei die Grundlagen der Unternehmenskultur, der zweite Teil untersucht die Gründe der Aktualität der Unternehmenskultur-Diskussion in der Versicherungswirtschaft unter Berücksichtigung der erforderlichen unternehmensbezogenen und branchenbezogenen Grundorientierungen.

2. Das Unternehmenskultur-Konzept

Das Phänomen der Unternehmenskultur basiert auf einer ganzheitlichen, systemtheoretischen Betrachtungsweise von Unternehmen.[1)] Demgemäß ist die Unternehmung eine komplexe, dynamische Verknüpfung technisch-ökonomischer und sozialer Elemente, die in einem ständigen Leistungsaustausch und einer Wechselbeziehung mit der Umwelt stehen. Die Unternehmenskultur im Sinne eines "social glue holding the company together"[2)] ist dabei jenes Element, welches die einzelnen Aktivitäten und Interaktionen eines Unternehmens in Beziehung zueinander setzt und zu einer Einheit verknüpft. Sie wird auch als das "implizite Bewußtsein"[3)] eines Unternehmens charakterisiert, welches die Grundhaltungen kennzeichnet, in der sämtliche unternehmensbezogene Strukturen und Prozesse ablaufen. Damit ist die Unternehmenskultur ein subtiles Phänomen der Unternehmensrealität, welches jedoch realiter vorhanden ist.

Die Manifestation der Unternehmenskultur in der betrieblichen Praxis läßt sich anhand eines Drei-Ebenen-Modells darstellen.[4] Die Basis der Unternehmenskultur bilden die immateriellen Elemente der Fundamentalannahmen, Werte und Normen. Diese entstehen im Laufe der Entwicklung eines Unternehmens und fungieren als Handlungsmaxime, welche die Prozesse und die interaktiven Beziehungen der Unternehmensmitglieder regeln. Als Bezugssysteme für Handlungsentscheidungen werden sie jedoch erst auf der kommunikativen Ebene dem Bewußtsein zugänglich und wahrnehmbar. Um das Phänomen der Unternehmenskultur erfassen zu können, muß man daher von der objektivierten Oberfläche zum inneren Kern vordringen.

Im Hinblick auf ihre Funktionalität müssen die unternehmensbezogenen Werte- und Handlungsstrukturen allerdings von allen Unternehmensmitgliedern akzeptiert und in der betrieblichen Praxis auch angewendet und "gelebt" werden. Denn auf der Basis gemeinsam getragener Werte, Normen und Verhaltensweisen verringert sich der Bedarf an formalen Regelungen und damit ein erheblicher Teil an Organisations-, Führungs- und Kontrollaufwand. Die daraus resultierende Verbesserung des Informations- und Kommunikationsflusses[5] bewirkt in der Folge eine Erhöhung der Flexibilität und Reagibilität des Unternehmens.

Die Steuerungswirkung der Unternehmenskultur hängt jedoch davon ab, inwieweit es den Entscheidungsträgern aufgrund ihres Informationsstandes und ihrer Fähigkeiten gelingt, die unternehmensspezifischen Werte und Normen richtig zu interpretieren. Denn Werte und Normen entwickeln im Zuge der unternehmerischen Aktivitäten eine Eigendynamik[6], wodurch die Unternehmenskultur nicht mehr beliebig steuerbar ist. In diesem Sinne gilt es, ein "kulturbewußtes Management"[7] der Unternehmenskultur zu implementieren, welches den Unternehmensmitgliedern lediglich Rahmenbedingungen vorgibt. Auf diese Weise ist die Aufrechterhaltung der Flexibilität gewährleistet und dem komplexen Phänomen der Unternehmenskultur in einer effektiven Form Rechnung getragen.

3. Grundlagen der Unternehmenskultur-Diskussion in der Versicherungswirtschaft

3.1. Die Systemeigenschaften von Versicherungsunternehmen

In einem Versicherungsunternehmen finden eine Vielzahl von internen und externen Beziehungen sozialer und technischer Art statt, welche die betrieblichen Aktivitäten in entscheidendem Maße prägen. Im Zuge eines andauernden Sozialisationsprozesses bilden sich spezifische Wertvorstellungen und normative Verhaltensmuster heraus, die die Unternehmenskultur prägen. Jedes Versicherungsunternehmen ist daher Träger einer spezifischen Kultur und steht in Austauschbeziehung mit den darin tätigen Menschen und seiner

Umwelt. In diesem Sinne werden Versicherungsunternehmen als offene, soziotechnische Systeme verstanden.[8)]

Im Rahmen der unternehmenskulturellen Betrachtungsweise steht jedoch die soziale Dimension im Vordergrund. Diese Tatsache resultiert aus dem Wesen der Versicherungsleistung.

Der Produktkern einer Versicherungsleistung besteht in der Übernahme von Risken sämtlicher Wirtschaftseinheiten durch den Versicherer.[9)] Der Kunde ist einerseits Nachfrager von Versicherungsschutz, gleichzeitig aber auch Bestandteil des versicherungsmäßigen Produktionsprozesses, da die Inanspruchnahme einer Versicherung an die Risikolage und das Risikobewußtsein der Abnehmer gebunden ist. Der Absatz von Versicherungsschutz erfolgt daher im Rahmen eines sozialen Vorganges, der neben den unternehmensbezogenen Werthaltungen und Normen auch von den Einstellungen und Bedürfnissen der Kunden determiniert wird. Der Mensch als Mitarbeiter fungiert in diesem Zusammenhang als Mittler zwischen dem Kunden und der Versicherungsunternehmung und repräsentiert dadurch das eigentliche Leistungspotential.

Darüber hinaus ist die Versicherungsleistung durch die Eigenschaften Immaterialität, Abstraktheit und Erklärungsbedürftigkeit gekennzeichnet[10)], sodaß dem Einsatz des Faktors "Personal" in der Versicherungswirtschaft eine zentrale Bedeutung zukommt. Da ein Großteil der Leistungen im persönlichen Kontakt mit dem Versicherungsnehmer erbracht wird[11)], korreliert die Qualität der Produkte und Dienstleistungen mit den Eigenschaften des Mitarbeiterpotentials. Die mit dem Versicherungsprodukt verbundene Bearbeitung von Versicherungsverträgen und Schadensfällen, die Preis- und Produktgestaltung sowie die Maßnahmen auf dem Gebiet der Schadensverhütung sind im wesentlichen das Ergebnis menschlichen Gedankengutes und Leistungen, sodaß diese einen indirekten Einfluß darauf haben, wie der potentielle Kunde die Qualität der angebotenen Leistungen bewertet. Daher werden Verhaltensfehler der Mitarbeiter vom Kunden als Produktfehler beurteilt.[12)]

Verhalten, Engagement und Fähigkeiten des Mitarbeiterpotentials repräsentieren somit die eigentlichen Leistungskapazitäten eines Versicherungsunternehmens. In ihnen drückt sich der Charakter und die Kultur eines Unternehmens aus, sodaß die versicherungsbetriebliche Realität nicht ohne Erfassung des menschlichen Verhaltens und seiner Werthaltungen verstanden werden kann. In diesem Zusammenhang kommt der Mitarbeiterentwicklung, -förderung und -auswahl eine entscheidende Bedeutung zu. Denn derartige Maßnahmen sollen einerseits die Vorraussetzungen dafür schaffen, daß die Erfahrungen und Kreativität des Mitarbeiterpotentials konstruktiv genutzt werden können, andererseits aber auch den Grad der Akzeptanz der unternehmensspezifischen Werte und Normen erhöhen. Gelingt es einer Unternehmung durch seine Personalpolitik, das Wertespektrum der Belegschaft weitgehend abzudecken, so wird in der Regel die Motivation und

Leistungsbereitschaft gesteigert und damit eine bessere Ausschöpfung der personellen Kapazitäten gewährleistet.[13)]

Ein wesentlicher Aspekt, der in diesem Zusammenhang jedoch nicht unberücksichtigt bleiben soll, ist die Tatsache des Zusammenwirkens zwischen Mensch und Maschine. Da das Versicherungsprodukt im wesentlichen auf Informationen beruht, kommt der elektronischen Datenverarbeitung und den modernen Kommunikationstechnologien ein hoher Stellenwert zu. Durch die zunehmende Flexibilisierung der Informationstechnologien in der Versicherungswirtschaft[14)] dringt jedoch die Automation in verstärktem Maße in Bereiche ein, die zuvor den menschlichen Arbeitskräften vorbehalten waren. Das Spektrum an anspruchsvollen und abwechslungsreichen Arbeiten wird zumeist verringert, sodaß für die Mitarbeiter ein wichtiger immaterieller Anreiz verloren geht. Dies führt in der Regel zu Demotivation und Arbeitsunzufriedenheit.

Die Konzentration auf soziale Systemelemente, die Berücksichtigung persönlicher Interessen und Bedürfnisse der Mitarbeiter sowie die Bewußtmachung der unternehmensbezogenen Werthaltungen und Handlungsweisen können den Individuen jedoch den Sinn für Gesamtzusammenhänge vermitteln und auf diese Weise einen höheren Akzeptanzgrad der Rationalisierungstendenzen seitens der Belegschaft bewirken. Im sozio-technischen System der Versicherungswirtschaft gewinnt daher eine mitarbeiterorientierte Unternehmenskultur zusehends an Bedeutung. Denn im Zuge der Verflechtung zwischen Mensch und Maschine gilt es, "Menschlichkeit zu erhalten und auszubauen"[15)] und in der Folge einen tragbaren Ausgleich zwischen den Unternehmenszielen und den partikulären Interessen der Mitarbeiter zu schaffen.

3.2. Die Entwicklung der Versicherungsmärkte

Die Auseinandersetzung mit unternehmenskulturellen Fragestellungen gewinnt insbesondere vor dem Hintergrund sich verändernder Rahmenbedingungen an Bedeutung. Zeichnete sich die Nachkriegsentwicklung der Versicherungswirtschaft durch eine relativ stabile Umwelt aus, welche jedem Versicherungsunternehmen einen wachsenden Kundenstamm garantierte, setzte Mitte der 70er Jahre eine Wandlungsphase auf der Anbieter- und Nachfragerseite ein, welche tendenziell das Wachstum der traditionellen Versicherungsmärkte verlangsamte.[16)] Die aufgetretenen Sättigungstendenzen sind im wesentlichen auf Änderungen im Konsumentenverhalten, zunehmende Konkurrenz auf den Finanzdienstleistungsmärkten[17)] sowie auf neue Entwicklungen auf dem Technologiesektor[18)] zurückzuführen.

Um diesen vorherrschenden Paradigmen erfolgreich begegnen zu können, müssen die Versicherungsunternehmen neue Ansätze realisieren. Die Auseinandersetzung mit dem Phänomen der Unternehmenskultur nimmt in diesem Zusammenhang einen zentralen Stellenwert ein. Insbesondere die Reflexion der aktuellen unternehmens- und branchenspezifischen Grundhaltungen, welche die innerbetrieblichen Prozesse und Aktivitäten steuern, gewinnt an Bedeutung.

Analysiert man die Entwicklungen der letzten Jahrzehnte in bezug auf das Kundenverhalten, so kann man einen Wandel vom Verkäufer- zum Käufermarkt feststellen.[19)] Die verstärkte Kundenaufklärung und die daraus resultierende Fähigkeit des Nachfragers, die wesentlichen Risiken vermehrt selbst zu bewältigen, machen deutlich, daß ein Versicherungsunternehmen in Zukunft mehr als nur eine reine "Versicherungsdeckung" verkaufen muß. Darüber hinaus legen die Versicherungsnehmer in zunehmendem Maße ihre Risikodekkungsentscheidung einer Abwägung des Preis-/Leistungsverhältnisses zugrunde.[20)] Die Entwicklung von Produkten wird daher in zwei Richtungen verlaufen: Beratungsintensive, auf die Bedürfnisse des Risikoträgers zugeschnittene Dekkungsformen werden neben preisgünstige, wenig Beratung erfordernde Versicherungsprodukte treten.[21)]

Eine derartige Segmentierung hat zur Folge, daß die Angebotspalette nicht mehr vordergründig von den Risikofaktoren determiniert wird, sondern nach denjenigen Merkmalen, die die Kundenbedürfnisse am ehesten induzieren. Dennoch wird - zumindest im Bereich der privaten Haushalte - aus Kostengründen eine gewisse Homogenisierung der Produkte notwendig sein.[22)] Wettbewerbsvorteile werden jedoch diejenigen Versicherungsunternehmen erzielen, welche eine Strukturierung der Kundengruppen vornehmen und damit den spezifischen Bedürfnissen des Kunden Rechnung tragen.[23)]

Ausgehend von den sich permanent ändernden Anforderungen der Kunden haben somit die Werte Kundenfreundlichkeit, Bedarfs- und Problemorientierung höchste Priorität. Sie sind Ausdruck einer kundenorientierten Unternehmenskultur und bilden die Basis einer auf den Kunden ausgerichteten Produktgestaltung.

Die Realisierung derartiger Werthaltungen erfordert jedoch entsprechende interne Strukturen, die die Fähigkeit zur raschen Anpassung an sich ändernde Umweltbedingungen forcieren. Wesentliche Potentiale sind in diesem Zusammenhang die Verbesserung der Organisationsstruktur, die Nutzung des Ideenpotentials der Mitarbeiter sowie die Förderung der innerbetrieblichen Kommunikation und Motivation[24)], denn diese Maßnahmen erhöhen den Aktions- und Reaktionsgrad eines Unternehmens. Darüber hinaus gilt es, durch anpassungsfähigere Deckungsformen und Versicherungsbedingungen bedarfsgerechten Versicherungsschutz anzubieten.[25)] Der sinnvolle Einsatz von Informations- und Kommunikationstechnologien im Sinne einer Gesamtintegration durch Verknüpfung der Systeme kann darüber hinaus sowohl die für die Bereitstellung von Versicherungsschutz erforderliche Informationsübermittlung und - verarbeitung als auch die Zusammenarbeit im Betrieb verbessern.[26)] Innovations- und technologieorientierte Grundhaltungen haben daher im Hinblick auf die Erhöhung der Flexibilität und Anpassungsfähigkeit für die Versicherungswirtschaft große Bedeutung.

3.3. Der gesellschaftliche Wertewandel

Das gesellschaftliche Umfeld, in dem die Versicherungswirtschaft agiert, hat sich in den letzten Jahren gewandelt. Die Veränderung der Bildungs- und Berufsstruktur, der Haushaltsgrößen und der Einkommensniveaus bestimmen den Trend zu Subjektivität und Selbstbestimmung.[27)] Ein derartiges Selbstverständnis hat auch Auswirkungen auf den Wert der Arbeit und das Anforderungsprofil des Managements und der Mitarbeiter geändert. Offene Kommunikation, Mitspracherecht und Selbstentfaltung sind die Anforderungen an die moderne Unternehmensführung.[28)]

Diesem Trend zur Selbstbestimmung trägt das Konzept der Unternehmenskultur Rechnung, da partizipative Führungsformen favorisiert werden.[29)] Der Mitarbeiter soll die Möglichkeit bekommen, am betrieblichen Entscheidungsprozeß teilzunehmen, denn dadurch wird die Akzeptanz von unternehmerischen Entscheidungen und in der Folge die Identifikation der Belegschaft mit ihrer Tätigkeit erhöht.[30)]

Für einen Versicherungsbetrieb haben Mitwirkungs- und Identifikationsaspekte in der Unternehmensführung wesentliche Bedeutung. Ein Großteil der mit der Antrags-, Vertrags- und Schadenbearbeitung in Verbindung stehenden Aufgaben führt zu Entscheidungssituationen, welche individuell gelöst werden müssen. Mangelnde Kompetenz und Partizipationsmöglichkeiten können somit eine effiziente Leistungserstellung behindern. Eine effiziente Leistungserbringung ist jedoch auch vom Grad der persönlichen Bindung an das Unternehmen abhängig.[31)] Diese kann durch die Aktivierung des innovativen Potentials der Mitarbeiter sowie die Berücksichtigung der mitarbeiterbezogenen Interessen gefördert werden. Eine notwendige Voraussetzung für die Realisierung partizipativer Führungsformen in der Versicherungsunternehmung ist somit eine Unternehmenskultur, welche mitarbeiter- und innovationsorientierte Maßnahmen zur Grundlage seines Wertespektrums erhebt.

3.4. Das Image der Versicherungswirtschaft

Die Einstellung der Verbraucher gegenüber Versicherungen ist im allgemeinen - insbesondere im Breitengeschäft - von Mißtrauen geprägt.[32)] Da der Abnehmer bei Vertragsabschluß den eigentlichen Nutzen der Versicherungsleistung aufgrund ihrer Immaterialität und Abstraktheit häufig nicht erkennt, ist das Vertrauen in eine seriöse Leistungserstellung von vornherein getrübt. Darüber hinaus handelt es sich bei der Versicherungsleistung um ein Versprechen, von dem er hofft, daß es nicht eingelöst wird.

Es sind daher verstärkte Bemühungen der Versicherer notwendig, um die negativen Vorurteile gegenüber der Versicherungsbranche abbauen zu können. Besondere Bedeutung gewinnt in diesem Zusammenhang eine qualitätsorientierte Unternehmenskultur.

Diese Grundhaltung setzt beim Management an. Die Entscheidungsträger einer Versicherungsunternehmung müssen die Vorraussetzungen zur Implementierung eines Qualitätsbewußtseins unter der Belegschaft schaffen. Diese bestehen im wesentlichen auf der Basis der Formulierung und Verankerung qualitätsbezogener Strategien und Zielsetzungen in der Unternehmenspolitik im Hinblick auf die Erfüllung der Kundenanforderungen und -bedürfnisse. Das vordergründige Ziel der Qualitätsorientierung besteht jedoch in der Gestaltung eines originären Qualitätsprofiles, welches einer Versicherungsunternehmung die Möglichkeit gibt, sich von der Konkurrenz zu unterscheiden und abzugrenzen.[33)]

Die wesentlichen Merkmale einer Versicherungsleistung umfassen die Verfügbarkeit, Sicherheit, Flexibilität und Transparenz der Produkte. Diese Merkmalskategorien beinhalten insbesondere die Forderung nach der Erfüllbarkeit des vom Kunden gewünschten und des vom Versicherer angebotenen Deckungsumfanges durch verständliche und vergleichbare Versicherungsbedingungen, anpassungsfähige Produkt- und Vertragsgestaltung sowie zuverlässige und exakte Informationen.[34)] Die Grundlage zur Realisierung dieser Forderung besteht dabei in der Verbesserung der Produkt- und Arbeitsqualität durch eine Analyse der Kundenvorstellungen und der daraus resultierenden Festlegung von Qualitätszielen.[35)]

Dabei genügt es jedoch nicht, die Versicherungsprodukte und Leistungen an einem aus den Qualitätszielen abgeleiteten Qualitätsstandard zu messen, sondern der gesamte Produktionsprozeß muß auf die festgelegten Zielsetzungen ausgerichtet werden und in allen Phasen den Qualitätsanforderungen genügen. Denn Qualitätskontrollen am Ende eines Produktionszyklus erfordern einen weitaus größeren Zusatzaufwand im Vergleich zu vorbeugenden Verhütungsmaßnahmen.

Qualitätsorientierung ist daher eng verbunden mit einem Sorgfalts- und Präventivdenken im Hinblick auf die Erreichung der Zielvorgaben und der von der Kundenseite gestellten Anforderungen. Diese Denkhaltung setzt jedoch die Bereitschaft der Unternehmensleitung voraus, den status quo im Unternehmen objektiv zu erheben, Schwachstellen zu erkennen und Maßnahmen zu ihrer Beseitigung zu veranlassen. Der Einsatz geeigneter Instrumentarien für eine Analyse und Auswertung der Ergebnisse ermöglicht dabei eine rasche Reaktion der Entscheidungsträger.[36)]

Neben den Qualitätsmerkmalen, die die Produktgestaltung betreffen, müssen jedoch auch die Anforderungen hinsichtlich der Serviceleistungen präzisiert werden, welche die Information, Beratung und Betreuung der Versicherungsunternehmen umfassen. In diesem Zusammenhang kommt aufgrund des Dienstleistungscharakters und der Immaterialität des Produktes Versicherungsschutz der Qualität der Mitarbeiter besondere Bedeutung zu. Durch entsprechende Aus- und Weiterbildungsmaßnahmen für die gesamte Belegschaft sowohl im Hinblick auf die Förderung des Qualitätsgedankens als auch durch Vermittlung von fachspezifischen Kenntnissen soll der jeweilige Kunde von für ihn geeigneten und qualifizierten Mitarbeitern betreut werden.[37)] Vorraussetzung dafür ist jedoch eine Unternehmenskultur, welche den Mitarbeitern ein neues Verständnis der Produkte und Arbeitsweisen vermittelt, nämlich von vornherein - d.h. bereits bei der Geschäftsanbahnung - kundengerechte und anforderungskonforme Leistungen zu erbringen. Dies führt in der Folge zu Kosteneinsparungen und Wettbewerbsvorteilen gegenüber den Mitbewerbern.[38)]

Aus dieser Tatsache wird ersichtlich, daß Qualitätsorientierung in enger Verbindung mit den kulturellen Werthaltungen der Kunden-, Mitarbeiter-, Innovations- und Technologieorientierung steht.[39)] Sie stellt die zentrale Determinante im Hinblick auf die Realisierung der genannten Werthaltungen dar und bildet somit die Grundlage für eine marktkonforme Ausrichtung der versicherungsbetrieblichen Prozesse und Abläufe. Angesichts der gegenwärtigen Entwicklungstendenzen auf den internationalen Versicherungsmärkten sowie der Veränderungen im sozialen und technologischen Umfeld der Versicherungsbranche gewinnt daher die bewußte Implementierung qualitätsorientierter Werte- und Normensysteme zusehends an Bedeutung und wird zum strategischen Erfolgsfaktor.

4. Schlußbetrachtung

Die zunehmende Aktualität des Phänomens der Unternehmenskultur in der betriebswirtschaftlichen Forschung und Praxis gibt Anlaß, unternehmenskulturelle Gesichtspunkte auch für die Versicherungswirtschaft zu untersuchen. Wesentliche Anknüpfungspunkte sind in diesem Zusammenhang die Systemeigenschaften von Versicherungsunternehmen, strukturelle Veränderungen im ökonomischen, sozialen und technischen Umfeld sowie das Branchenimage der Versicherungsbetriebe. Vor diesem Hintergrund ist es für die Entscheidungsträger erforderlich, eine entsprechende Werte- und Normenbasis unter der Belegschaft zu verankern und damit ein tieferes Verständnis für den kulturellen Hintergrund des Versicherungswesens zu entwickeln. Eine Unternehmenskultur, die den gegenwärtigen Tendenzen gerecht wird, umfaßt dabei jene Strategien und Handlungen, welche den Kunden und den Mitarbeiter in den Mittelpunkt des Interesses stellen. Denn der Mensch stellt im Versicherungsbetrieb den wesentlichsten Leistungsträger dar, dessen Werte, Normen und Einstellungen die unternehmensbezogenen Aktivitäten festlegen. Ihre Ausprägung repräsentiert einen maßgeblichen Faktor im Hinblick auf die Effizienz und den Unternehmenserfolg.

Anmerkungen und Literatur

1) Vgl. Heinen, E.: Unternehmenskultur als Gegenstand der Betriebswirtschaftslehre, in: Heinen, E.: Unternehmenskultur. Perspektiven für Wissenschaft und Praxis, München 1987, S. 1 - 48, hier S. 15.

2) Baker, E.: Managing organizational culture, in: Management Review 7/1980, S. 8 - 13, hier S. 8.

3) Scholz, C.: Strategisches Management, Berlin 1987, S. 88.

4) Vgl. Schein, E.: Coming to a New Awareness of Organizational Culture, in: Sloan Management Review 2/1984, S. 3 - 16, hier S. 4.

5) Vgl. Schreyögg, G.: Zu den problematischen Konsequenzen starker Unternehmenskulturen, in: Zeitschrift für betriebswirtschaftliche Forschung 2/1989, S. 94 - 113, hier S. 97f.

6) Vgl. Greipel, G.: Strategie und Kultur, Berlin 1988, S. 171.

7) Kobi, J./Wüthrich, H.: Unternehmenskultur verstehen, erfassen und gestalten, Landsberg am Lech 1986, S. 162.

8) Vgl. Ulrich, R.: Informationsmanagement im Versicherungsunternehmen, Berlin 1987, S. 162.

9) Vgl. Riege, J.: Das Versicherungsprodukt, in: Zeitschrift für die gesamte Versicherungswissenschaft 79/1990, S. 403 - 470, hier S. 410.

10) Vgl. Delisle, E.: Absatz, in: Farny, D. et al.: Handwörterbuch der Versicherung, Karlsruhe 1988, Sp. 1 - 11, hier Sp. 2f.

11) Vgl. Farny, D.: Versicherungsbetriebslehre, Karlsruhe 1989, S. 42f.

12) Vgl. Lehmann, A.: Qualitäts-Management - gelebte Unternehmungsidentität: Wege zur "Quality Obsessed Company", in: Zeitschrift für Versicherungswirtschaft 20/1990, S. 495 - 501, hier S. 498.

13) Vgl. Wollert, A./Bihl, G.: Wertorientierte Personalpolitik, Frankfurt 1986, S. 12.

14) Vgl. Protz, M.: Management-Informationssysteme und strategische Planung. Sicherung der Wettbewerbsfähigkeit durch Qualitäts- und Produktivitätsmanagement, in: Versicherungswirtschaft 14/1992, S. 852 - 858, hier S. 853.

15) Bätscher, R./Lehmann, A.: Die Assekuranz zwischen Informatisierung und Humanisierung, in: Zeitschrift für Versicherungswirtschaft 19/1989, S. 484 - 498, hier S. 490.

16) Vgl. Pieper, H.W.: Kundenorientierung: Zurück in die Zukunft, in: Versicherungswirtschaft 11/1988, S. 746 - 754, hier S. 746.

17) Vgl. Jaschinski, C./Laakmann, J.: Übertragbarkeit von Konzepten der Industriellen Qualitätssicherung in der Versicherungswirtschaft, in: Zeitschrift für Versicherungswirtschaft 15-16/1992, S. 362 - 367, hier S. 363.

18) Vgl. Bätscher, R./Lehmann, A. (Informatisierung), S. 490.

19) Vgl. Pieper, H.W. (Kundenorientierung), S. 746.

20) Vgl. Stracke, G.: Qualitätsmanagement im Vertrieb von Finanzdienstleistungsmärkten, in: Versicherungswirtschaft 16/1989, S. 1038 - 1047, hier S. 1039.

21) Vgl. Lauda, K.: Strategische Grunddimensionen in der Versicherungswirtschaft, in: Versicherungswirtschaft 4/1989, S. 220 - 226, hier S. 221.

22) Vgl. Helten, E. et al.: Qualitätszirkel, in: Versicherungswirtschaft 16/1992, S. 998 - 1002, hier S. 999.

23) Zur Unterscheidung der spezifischen Kundengruppen und Kundentypologien vgl. Farny, D. (Versicherungsbetriebslehre), S. 321 ff.

24) Vgl. Helten, E. et al. (Qualitätszirkel), S. 1000.

25) Vgl. Kromschröder, B. et al.: Qualität und Qualitätsmanagement in der Versicherungswirtschaft, in: Journal für Betriebswirtschaft 1/1992, S. 43 - 74, hier S. 59f.

26) Vgl. Kieser, A.: Veränderungen der Organisationslandschaft. Neue Techniken lösen magisches Dreieck der Organisation auf, in: Zeitschrift für Organisation 5-6/1985, S. 305 - 310, hier S. 307.

27) Vgl. Köcher, R.: Zielgruppen für die Versicherungswirtschaft, in: Versicherungswirtschaft 18/1988, S. 1212 - 1218, hier S. 1212.

28) Vgl. Riedl. I.: Unternehmenskultur in der österreichischen Versicherungswirtschaft, Wien 1990, S. 64.

29) Vgl. Dill, P./Hügler, G.: Unternehmenskultur und Führung betriebswirtschaftlicher Organisationen. Ansatzpunkte für ein kulturbewußtes Management, in: Heinen, E.: Unternehmenskultur. Perspektiven für Wissenschaft und Praxis, München 1987, S. 141 - 209, hier S. 144f.

30) Vgl. Rosenstiel, L.: Partizipation: Betroffene zu Beteiligten machen, in: Rosenstiel, L. et al.: Motivation durch Mitwirkung, Stuttgart 1987, S. 1 - 11, hier S. 7.

31) Vgl. Lehmann, A. (Unternehmungsidentität), S. 499.

32) Vgl. Ennsfellner, K.C.: Das Image in der Versicherungswirtschaft unter besonderer Berücksichtigung der Firmenimagegestaltung, in: Zeitschrift für die gesamte Versicherungswissenschaft 1-2/1989, S. 207 - 226, hier S. 216.

33) Vgl. Lehmann, A. (Unternehmungsidentität), S. 498.

34) Vgl. Kromschröder, B. et al. (Qualitätsmanagement), S. 51ff.

35) Vgl. Helten, E. et al. (Qualitätszirkel), S. 998.

36) Vgl. Hackl, J./Göttert, G.: Emotional Controlling, in: Versicherungswirtschaft 15/1990, S. 922 - 927, hier S. 926.

37) Vgl. Kromschröder, B. et al. (Qualitätsmanagement), S. 67.

38) Vgl. Wildemann, H.: Qualitätsentwicklung in F&E, Produktion und Logistik, in: Journal für Betriebswirtschaft 1/1992, S. 17 - 42, hier S. 25.

39) Zu den einzelnen Begriffen vgl. Riedl, I. (Unternehmenskultur), S. 43ff.

Ethische Grundsätze in der Führung mittelständischer Unternehmen

Erwin Fröhlich

Vorbemerkung

Eine Gruppe von Wirtschaftswissenschaftern aus acht europäischen Ländern[1)], insbesondere auf dem Gebiet des Gewerbes und der Klein- und Mittelbetriebe, vereinigten sich zu einem "Network" für eine Studie über strategische Orientierung von kleinen und mittleren Unternehmen unter dem Akronym "STRATOS".Unter anderen einschlägigen universitären Einrichtungen bzw. Forschungsinstituten beteiligte sich daran für Österreich insbesondere das seit seiner Gründung der Wirtschaftsuniversität affilierte Institut für Gewerbe- und Handwerksforschung (IfG), dem u.a. auch die Aufbereitung bzw. Koordination der diesbezüglichen Datenbank überantwortet wurde.

Im Rahmen der vorgesehenen Aufgabenteilung fiel Österreich die vertiefte Befassung mit einem der Kernstücke des Projektes, der Analyse von "Werten" bzw. Werthaltungen mittelständischer Unternehmer in Bezug auf strategische Zielorientierung sowie Erfolgskriterien zu.

In grundlegender theoretischer Hinsicht ging es dabei zunächst um sinnvolle Hypothesen-Gewinnung anhand wirtschafts- wie auch gesellschaftswissenschaftlich fundierter Absicherung in der relevanten Literatur (im besonderen auch empirisch fundierter Wertestudien etc.).[2)]

Eine Reihe mittlerweile in den erwähnten Teilnehmerländern erschienene Publikationen[3)] im Zusammenhang mit dem STRATOS-Projekt (sowie erste Ergebnisse aus dem gleichermaßen europaweit angelegten, weiterführenden "INTERSTRATOS"-Forschungsprojekt) liegen - neben der theoretisch/hypothetischen Fundierung - dem empirischen Gehalt dieses Beitrages zugrunde.

1. Zum Begrifflich-Definitorischen

Als "mittelständische Unternehmen" (weitgehend synonym mit KMU oder KMB) werden - an vordergründig quantitativen Kriterien gemessen - heute nach "europäischer" Definition Betriebe mit bis zu 500 Beschäftigten verstanden.

Qualitativ geht in die Bezeichnung "mittelständisch" (im aristotelischen Sinne) auch das Bewahrende, Stabilisierende, Nachhaltige - nicht zuletzt in seiner gesellschaftlichen Relevanz - insofern mit ein, als Filial- oder Tochterbetriebe von Großunternehmen in der Regel nicht als "mittelständisch" erachtet werden.

Der im Zusammenhang hier relevante - und in erwähnter STRATOS-Studie verwendete - Ethikbegriff versteht sich als grundsätzlich, in Abgrenzung von utilitaristischen ("gut" ist was nützt) oder hedonistischen ("gut" ist was Lust/Befriedigung verschafft) Vorstellungsinhalten, als in der ganzheitlichen Tradition verwurzelt.

Ethik in solchem Verständnis heißt "Vervollkommnungsordnung" oder "Wiedervervollkommnungsordnung" auch im Rahmen von Wirtschaft bzw. Wirtschaftsordnung als ein "Gebäude" (eine Struktur) von Mitteln für Ziele[4)]. "Ethische Grundsätze" in der Unternehmensführung hieße demnach Annäherung an möglichst vollkommene (d.h. möglichst gesellschafts-, kunden-, werk-, umweltgerechte) Führungsprinzipien entsprechend ihrer wesensgemäßen Sachgesetzlichkeit.

2. Zur Illustration eines auch dem "Ethischen" zuordenbaren integrativ-ganzheitlichen Unternehmensmodells

Dieses - e i n e Unternehmung in den Mittelpunkt stellende - Modell wäre gegebenenfalls auch auf eine Branche, auf verbands- oder gebietswirtschaftliche Ebene bzw. auf gesamtwirtschaftlich-nationale, auf großraum- oder weltwirtschaftliche Stufe übertragbar.

Von den einzelwirtschaftswissenschaftlich üblichen Dimensionen - Funktionsgliederung, Phasen des Entscheidungsprozesses und Betriebslebenszyklen -, sollen im folgenden wenigstens aus der ersten, funktionalen, einige Beispiele zur Verdeutlichung des Ansatzes dienen.

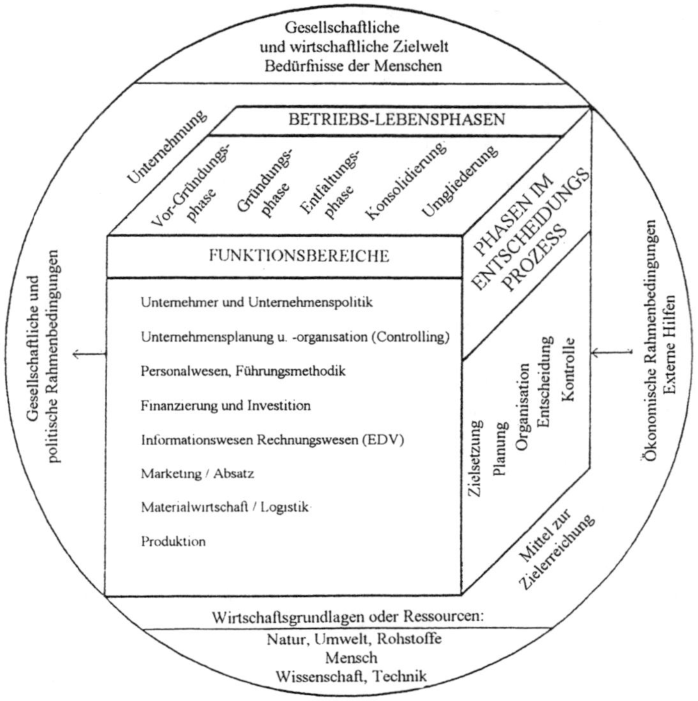

3. Kategorien einer Vervollkommnungs- bzw. Wiedervervollkommnungsordnung als Konkretisierung ethischer Grundsätze in der Unternehmensführung[5)]

(1) Unvollkommenheitsformen (Fakten, Erfahrungen), also vorwiegend "empirisch" zu erfassen bzw. zu erkennende Formen (**"was ist"**) als erster Analyseschritt (als **"Sehen"**).

(2) Vollkommenheitsformen, Ziele (normativ, ontologisch), aus dem Wesen des "Wirtschaftens" abgeleitet als Grundlage bzw. Schritte einer **Beurteilung** dessen, "was ist", im Lichte des (normativ) "gesollten" Referenzrahmens (**"was sein soll"**) für in der Realität im allgemeinen nicht, bestenfalls annähernd erreichbare Vollkommenheitsformen. Die weitere Auffächerung des "Normativen" i.w.S. sollte zur "Werterhellung"[6)] beitragen.

(3) Grundwerte, Grundsätze

(4) Entfaltete Werthaltungen, angewandte Prinzipien

(5) Einschlägige verbindliche Normen

Eine Funktionsmatrix zur Unternehmerethik

BETRIEBLICHE LEISTUNGS-ODER FUNKTIONS-BEREICHE	SCHRITTE ZUR VERVOLLKOMMNUNG BZW. WIEDERVERVOLLKOMMNUNG					
	1. Sehen	2. Urteilen - im Lichte dessen, was sein soll				3. Handeln
	Unvollkommenheitsformen	**Vollkommenheitsformen**	**Grundwerte (Liebe, Gerechtigkeit)**	**Entfaltete Werthaltungen**	**Verbindliche Normen**	**Mittel zur Wiedervervollkommnung**
STRATEGISCHE PLANUNG UND ORGANISATION	Konzeptlosigkeit Chaos	Hohe Zieletzungen Ordnung	Soziale Gerechtigkeit Ordnungsliebe	Verantwortungsfreude	Organisations- und Gewerberecht	Strategie- und Organisationsforschung und -lehre
PERSONALWESEN MENSCHEN-FÜHRUNG	Mißtrauen Vorenthaltung verdienten Entgelts	Delegationsbereitschaft, leistungs- und bedarfsgerechte Entlohnung	Nächstenliebe Lohngerechtigkeit	Vertrauen Großzügigkeit	Sozialrecht Arbeitsschutzrecht	Unternehmensleitbilder innerbetriebliches Vorschlagswesen
INFORMATIONS- UND RECHNUNGSWESEN	Unwahrheit Fälschung	Wahrhaftigkeit Korrektheit	Wahrheitsliebe	Bilanz-Klarheit Offenheit	Finanz- und Steuerrecht	Verhaltensregeln
FINANZIERUNG	Betrug, Unterschlagung, Verschwendung, Hinterziehung	Zahlungsbereitschaft, Sparsamkeit, Ehrlichkeit	Zahlungs- und Steuermoral	Vertragstreue	Handels- und Abgabenrecht	Kapitalbildungsmodelle Finanzierungsregeln
MARKETING	Unlauteren Verdrängungs-Preiswettbewerb	Faire Werbung, Kooperationsbereitschaft	Tausch- und Preisgerechtigkeit	Kollegialität, Preisdisziplin	Wettbewerbs- und Preisrecht, Marktordnungen	Standesregeln, Kooperationsfibeln; Kalkultationsschulung
LOGISTIK	Zeitliche Unordnung	Liefer-Zuverlässigkeit	Verteilungsgerechtigkeit	Termintreue	Versorgungsrechte und -pflichten	Planspiele, Operations Research
PRODUKTION	Arbeitsscheu Qualitätsmängel	Leistungsbereitschaft Leistungsgüte	Arbeitsmoral	Arbeitsfreude, Qualitätstreue	Technische Normen	Arbeitsvorbereitung, Qualitätskontrollen
SCHADENVORBEUGUNG UND SANIERUNG	Umweltverschmutzung	Umfassender Umweltschutz	Naturliebe	Ressourcen- und Umweltschonung	Umweltschutzgesetzgebung	Umweltberatung

(6) Mittel oder Schritte zur (Wieder-)Vervollkommnung im Wege des **Handelns,** in konkreter Annäherung bzw. Verwirklichung dessen, **"was sein kann"** (z.B. durch Erziehung, Forschung, Beratung, Lehre, Kontrolle etc.)

4. Einige empirisch zu prüfende Thesen

a) Die Anwendung ethischer Grundsätze in der Unternehmensführung sei nicht nur nicht notwendig, sondern sogar hinderlich (J.M. Keynes, wonach - "klassisch" gesprochen - Eigennutz und Habgier "unsere Götter" sein müßten).

b) Keinem wurde alles, keinem nichts gegeben. Alle sind aufgerufen, die "Talente", die ihnen gegeben wurden, zum Nutzen aller einzubringen.
Diese Hypothese legt zunächst eine empirische Überprüfung unterschiedlicher Stärken und Schwächen der Unternehmer nahe, die durch eine geeignete Typologie zugleich Ansatzmöglichkeit zur Selbsterkenntnis sowie für Ergänzungen und zur Kooperation wäre.

c) Die Zeit der Familienbetriebe gehe zu Ende.
Wenn - wie es den Anschein hat - Unternehmerkinder auf breiter Basis nicht mehr bereit wären, die elterlichen Betriebe zu übernehmen, würden die Familienbetriebe unausweichlich verschwinden.

5. Relevante empirische Ergebnisse der eingangs erwähnten STRATOS-Studie zu den angeführten Thesen

zu These a) Zur ethischen Kernfrage der Kompatibilität von **Moral** bzw. der Anwendung ethischer Grundsätze in der Unternehmensführung und **Erfolg**:

Stellungnahmen zu dem Statement: "Führungskräfte müßten ihr Verhalten an ethischen Prinzipien ausrichten"				
	Verlustbetriebe (< 2 % CF)	Kostendecker (2 - 5 % CF)	Erfolgsbetriebe (> 5 % CF)	Durchschnitt
Ablehnung	26 %	16 %	17 %	20 %
Unentschieden	13 %	14 %	15 %	14 %
Zustimmung	61 %	70 %	68 %	66 %
CF = um kalkulatorisches Unternehmerentgelt korrigierter Cash-Flow				

Obige, sozusagen klassische Unvereinbarkeitsthese von Wirtschaft und Ethik wird durch die STRATOS-Ergebnisse somit keineswegs gestützt, sondern vielmehr widerlegt.

Nach diesen Ergebnissen gilt - zumindest für den Bereich der mittelständischen Unternehmer - viel eher: *Moralische Werte und ethisches Verhalten sind erfolgreicher Unternehmensführung nicht nur nicht hinderlich, sondern vielmehr Vorbedingung dafür.*

Das empirische Ergebnis bescheinigt also, daß die mittelständischen Unternehmer durchaus eine Art moralische Elite bilden, die selbst über wirtschaftliches Handeln hinaus zum Vorbild genommen werden könnte (bis hin zu religiösen und dadurch auch im gesellschaftlich-sozialen Umfeld mitgeprägten bzw. praktizierten Werthaltungen).

Ein ähnliches Ergebnis folgt aus der Analyse des Indikators zur "Rechtsauffassung".

"Die weitverbreitete Auffassung, die sogenannte Eigengesetzlichkeit des Wirtschaftslebens[7] *entbinde die Unternehmer mancher Verpflichtungen ihrem Gewissen, der geltenden Rechtsordnung, ihren Vertrags- und sonstigen Partnern und letztlich der Gesellschaft gegenüber, widerspricht nicht nur ethischen Grundsätzen, sondern entspricht auch weniger dem Denken der erfolgreichen als dem der erfolglosen Unternehmer.*

Mit anderen Worten: Die empirischen Ergebnisse sprechen auch dafür, daß "gelegentlich das Gesetz umgehen" kein taugliches Erfolgsrezept, sondern häufiger eher Verlustquelle und auch Pleitegrund" darstellt.[8]

Die zusammenfassende These lautet somit: "Es sind vor allem die Unternehmer selbst und die als Unternehmenskultur glaubhaft vorgelebten Werte, die letztlich den Erfolg ausmachen."[9]

zu These b) Zur Frage der unternehmerischen Begabungen - als Grundlage für eine Typologie zur Erkenntnis unterschiedlicher Stärken und Schwächen und entsprechender Strategien bzw. Substitutions- oder Kooperationserfordernisse:

Mit den der STRATOS-Studie zugrundeliegenden je 85 Werte-Indikatoren der befragten rd. 1.300 europäischen mittelständischen Unternehmer wurden diese - auch entsprechend wissenschaftlich dokumentierten - "Grundbegabungen" gruppiert, und zwar intuitiv, dynamisch-schöpferisch versus diskursiv, administrativ-ausführend ("**Pioniere**" bzw. "**Organisatoren**").

Daraus ergaben sich (mittels Clusteranalyse) insgesamt vier gut unterscheidbare und plausible Unternehmertypen, nämlich - neben den o.a. - noch zwei Mischtypen:

- der **Allrounder** (mit Stärken sowohl im Dynamisch-Schöpferischen wie im Administrativ-Ausführenden)

- der **Routinier** (ohne merklich ausgeprägte Stärken in genannten Bereichen).

In Tests auf Korrelationen mit Erfolg und (den Ansoff'schen) Strategien fanden sich - erwartungsgemäß - relativ am häufigsten unter den Erfolgreichsten
- der **Pionier** als Diversifikateur, mit neuen Produkten auf neuen Märkten
- der **Allrounder** als Marktentwickler, mit alten Produkten auf neuen Märkten
- der **Organisator** als Produktentwickler, mit neuen Produkten auf alten Märkten und
- der **Routinier** als Marktdurchdringer, mit alten Produkten auf alten Märkten.

zu These c) Stärken und Schwächen von Familienbetrieben

Diesbezüglich vertiefte Analysen der STRATOS-Daten[10)] erbrachten immerhin einige zu Optimismus Anlaß gebende Fakten: erstens wurden nicht nur in Österreich (83 %) und Deutschland (82 %), sondern auch in anderen europäischen Ländern, wie Belgien, Großbritannien, Schweiz, immerhin noch mehr als zwei Drittel aller mittelständischen Unternehmen als Familienbetriebe geführt.

Dabei ist nicht nur, wenn auch vornehmlich, an die Kleinbetriebe (europaweit 75 % bis 80 %) zu denken, sondern selbst an die größeren Mittelbetriebe (mit 100 bis 500 Beschäftigten und immerhin noch über 50 % Familienbetrieben).

An ethischen Einstellungen der Familienbetriebe scheinen ihre überdurchschnittliche Besorgtheit um die Zufriedenheit ihrer Mitarbeiter ebenso relevant wie die stabilisierende Funktion durch ihre eher konservativen Werte. Mit solcherart geringerer Risiko-, Wachstums-, Zulieferungs- und Gewinnorientierung der typischen Organisatoren, Allrounder und Routiniers, die in Familienbetrieben dominieren, zeichnet sich - neben der größenstrukturellen auch eine sektorale Differenzierung ab; sodaß sich für Familienbetriebe eine Reihe von Branchen, wie z.B. Nahrungsmittelgewerbe, als geeigneter erweisen als z.B. die üblicherweise risikoreicheren, stärker exportorientierten.

6. Vergleichende Werte-Indikatoren aus dem INTER-STRATOS-Projekt

zu These a) Wachsende Unsicherheit in wirtschaftsethischen Fragen

Erschienen die österreichischen Unternehmer hinsichtlich der Anwendung ethischer Grundsätze in der Unternehmensführung in der STRATOS-Studie (Basis 1985) mit 81 % Zustimmung noch überdurchschnittlich moralisch, finden sie sich zuletzt (Basis 1991) mit nur noch 74 % - und davon weit überwiegend (54 Prozentpunkte) nur "bedingter" Zustimmung - an vorletzter Stelle.

Sieht man auf den (von 1985: 15 % auf 1991: 23 %!) gestiegenen und absolut zweithöchsten Anteil an "unentschiedenen" Einstellungen, könnte man - mit in in dieser Frage gebotenem Optimismus - auch sagen, nahezu eine(r) von vieren kann doch als in ethischen Fragen Suchende(r) eingestuft werden; und gewissermaßen "hoffnungslose" Fälle wären immerhin nur drei von 100. Auf der anderen Seite ist nichts zu beschönigen: Die eigentlich von christlichen Unternehmern zu erwartende 100 prozentige Vollzustimmung zur Anwendung ethischer Grundsätze in der Betriebsführung ist mit österreichischen 22 % (1985) bzw. gar nur noch 19 % (1991) weit verfehlt!

zu These b) Unternehmertypen und Ergänzungsbedarfsthese

- Trotz der erheblich abweichenden Zielrichtung der beiden erwähnten europäischen Studien (strategische Orientierung allgemein und Auslandsorientierung);
- angesichts des strukturell mit der STRATOS-Stichprobe nur annähernd vergleichbaren INTERSTRATOS-Samples (nach Betriebsgrößen geschichtete Stichprobe;
- aber immerhin nur in drei von fünf ausgewählten Sektoren mit hohen klein- und mittelbetrieblichen Anteilen und nur sechs gleichen (A, B, CH, GB, NL, SF) von jeweils acht europäischen Ländern (STRATOS + D, F und INTERSTRATOS + N, S; erst ab 1992 auch + D, F, P);
- trotz unterschiedlicher Erhebungseinheiten (rd. 1.300 vs. rd. 3.000 Betriebe) und -methoden (persönliche Interviews vs. schriftliche Befragung) und obwohl (erhebungsbedingt) Werte-Indikatoren zahlenmäßig von ursprünglich 85 (mit Hilfe von Faktoranalysen) auf 12 reduziert werden mußten,

waren die Unternehmertypen, vor allem die Pioniere, Allrounder und Organisatoren (mittels Clusteranalyse) mit ihren je spezifischen Stärken und Schwächen wieder eindeutig zu identifizieren.

(Routiniers konnten offenbar den Großteil der auf Auslandsorientierung abzielenden Fragestellungen nicht beantworten.)

Was die Häufigkeit von Kooperationen (im In- und Ausland) anlangt, übertreffen die jüngsten Daten (INTERSTRATOS 1990 - 1992) die STRATOS-Ergebnisse erheblich, was genau dem erwartungsgemäß größeren externen Ergänzungsbedarf von zunehmend mehr auslandsorientierten mittelständischen Unternehmern entspricht.

zu These c) Familienunternehmen

Bei aller gebotenen Vorsicht beim Vergleich der beiden STRATOS-Studien kann jedenfalls auch hier eine relativ geringe Abweichung der Ergebnisse festgestellt werden, sowohl hinsichtlich Länderunterschieden wie auch der mit zunehmender Betriebsgröße abnehmenden Anteile von Familienunternehmungen.

7. Offene Forschungs- und Umsetzungsfragen.

Die längste Zeit legten die Wirtschaftswissenschaften, speziell die Betriebswirtschaftslehre und auch die gewerbewissenschaftliche Forschung, den Schwerpunkt auf die **Leistungsgrößen** (Bilanzwerte, Ertrag, Kosten, Preise); längere Zeit sodann auf die **Leistungsbereiche** oder Funktionen (Produktion, Logistik, Marketing, Finanzierung, Forschung und Entwicklung bzw. Innovation, Personal- und Organisationsentwicklung, schließlich (strategisches) Management und Controlling.

Erst in jüngster Zeit gilt das Augenmerk auch den **Leistungsgrundlagen**, wie Natur bzw. Umwelt, dem Stand von Wissen und Technik und vor allem dem **Menschen** - nicht zuletzt als Unternehmer.

Die hier erwähnten internationalen Forschungsinitiativen (STRATOS, INTERSTRATOS) sind Schritte in ein Forschungsgebiet, das noch nicht annähernd ausgeschöpft ist, mit noch vielen, interdisziplinären Aufgabenstellungen.

Demgemäß anspruchsvoll und komplex zeigt sich auch die jeweilige Umsetzungsproblematik, so u.a. im Hinblick auf Werterziehung, Wertevermittlung durch die Unternehmer, ergänzend zur familiären und schulischen.

Diesbezügliche Bemühungen, den Unternehmern - nicht zuletzt den dabei besonders bewährten Familienunternehmen - auch seitens der Wirtschaftswissenschaften und der Sozialethik eine Stütze zu bieten, kommen schließlich u.a. in einer jüngst stark zunehmenden Zahl von Studien und z.T. populärwissenschaftlichen Publikationen zu wirtschaftsethischen Themen[11)] sowie in Entwürfen von Ehrenkodices, Standesregeln, Unternehmensleitbildern[12)] (im mittelständischen Bereich vorzugsweise statt auf Unternehmens- auf Branchenebene) zum Ausdruck.

Anmerkungen und Literatur

1) Deutschland, Frankreich, Österreich, Belgien, Schweiz, Großbritannien, Niederlande, Finnland.

2) Vgl u.a. Fröhlich, E.: Sittliche Werte als Gegenstand der Gewerbeforschung, in: Pleitner, H.J., und Sertl, W., (Hrsg.): Führung kleiner und mittlerer Unternehmen - Strategische Ausrichtung auf sich wandelnde Erfolgsfaktoren, München 1985, S. 45 - 59.

3) Vgl. Fröhlich, E. und Pichler, J.H.: Werte und Typen mittelständischer Unternehmer, Berlin 1988, The STRATOS-Group, Strategic Orientations of Small European Businesses, Aldershot et al. 1990 (insbes. Chap. 4: "Values).

4) Vgl. Heinrich, W.: Die Einheit Europas; in Pichler, J.H. (Hsrg.) Die Ganzheit von Wirtschaft, Staat und Gesellschaft, Berlin 1977

5) Der grundlegende Ansatz stammt von Spann, O.: Gesellschaftsphilosophie, Othmar-Spann-Gesamtausgabe, Bd. 11, Graz 1988, S.220 ff

6) Vgl. Ulrich, P./Thielemann, U.: Ethik und Erfolg, Stuttgart 1992

7) Vgl. Gaudium et spes, TZ 67, in Rahner, K., Vorgrimler, H.: Kleines Konzilskompendium - Texte des 2. Vatikanums, 18. Aufl., Freiburg i. Br. 1985, S. 522 f.

8) Fröhlich, E. und Pichler, J.H.: a.a.O, S 163

9) Ebenda, S 166

10) Vgl. Donckels, R., und Fröhlich, E.: Sind Familienbetriebe wirklich anders", in: Internationales Gewerbearchiv, Berlin, München, St. Gallen 1991, H. 4 bzw. "Are Family Businesses Reaslly Different? European Experiences from STRATOS" in: Family Business Review, Vol. IV, Nr. 2, San Francisco 1991

11) Z.B. Tuleja, T.: Ethik und Unternehmensführung, Landsberg/Lech 1987; Hesse, H. (Hrsg.): Wirtschaftswissenschaft und Ethik, Berlin 1988; Thomas, H.: Ethik der Leistung, Herford 1988; Klose, A.: Unternehmerethik, Linz 1988; Kramer, R.,: Sozialer Konflikt und christliche Ethik, Berlin 1988; Bernet, B.: M M M - Management, Macht und Moral, München 1988; Koslowski, P.: Ethik des Kapitalismus, Tübingen 1991; Besprechungen davon in: Gesellschaft für Ganzheitsforschung (Hrsg.), Schriftumsspiegel bzw. Zeitschrift für Ganzheitsforschung, Wien 1988 bis 1993.

12) "Leitbilder, Credos, Codices" erwiesen sich auch in einer jüngsten Schweizer empirischen Studie (Ulrich, P., Thielemann, U.: Ethik und Erfolg, Stuttgart 1992) als die bedeutendsten unter den unternehmensethischen Maßnahmen.

Zur Relevanz wirtschaftsethischer Fragestellungen

Matthias Karmasin

1. Einleitung

Was hat Ethik mit Ökonomie zu tun? Allein, daß diese Frage gestellt wird, läßt erkennen, daß es offensichtlich eine Distanzierung von Wirtschaft und Ethik gegeben hat, ja daß eine Unvereinbarkeit dieser Begriffe bestehen könnte.[1] So verwundert es auch nicht, daß manche Philosophen und Ökonomen Wirtschaftsethik als Oxymeron bezeichnen. Wirtschaft und Ethik: man scheint sich immer zwischen zwei Sesseln zu befinden. Einerseits soll gegenüber der Wirtschaftswissenschaft der Nachweis erbracht werden, daß Wirtschaftsethik eine eigenständige Thematisierung ökonomischer Fragen ist, andererseits soll sich Wirtschaftsethik auch in philosophischen Kontexten behaupten können. Daß diese Frage aber dennoch gestellt wird, läßt hoffen.

2. Aktualität

2.1. Zur theoretischen Aktualität

Betrachtet man das Verhältnis von Ökonomie und Ethik, so wie es sich in den letzten Jahren entwickelt hat, kann man wohl feststellen, daß es nicht sicher ist, ob die Ethik die Ökonomie (wieder-) entdeckt hat, oder ob die Ökonomie die Ethik gefunden hat. Tatsache bleibt, daß Wirtschaftsethik von höchster Aktualität ist. Die Zahl der wissenschaftlichen und auch massenmedialen Publikationen und Fachtagungen hat beachtlich zugenommen.[2] Auch der Bestand wissenschaftlicher Organisationen, wie EBEN (European Business Ethics Network) oder Society for Business Ethics und die Publikation von Fachzeitschriften, wie etwa dem Journal of Business Ethics, lassen auf eine beginnende Institutionalisierung schließen.

Aber auch ohne eine einheitliche Fachdisziplin zu sein, nimmt Wirtschaftsethik einen immer gewichtigeren Platz an den wirtschaftswissenschaftlichen Fakultäten ein[3], was angesichts der Beharrungstendenzen des akademischen Bereichs auf mehr als nur Interesse schließen läßt. Sogar renommierte wirtschaftswissenschaftliche Hochschulen wie St. Gallen, Copenhagen, ESADE, Harvard, nicht zuletzt die Wirtschaftsuniversität Wien, haben eigene Lehrstühle für Wirtschaftsethik, wenn auch die Einbindung in den Studienplan unterschiedlich ist.

Kurz: "Wirtschaftsethik ist eine ökonomische Teildisziplin der Zukunft"[4].

2.2. Zur praktischen Aktualität

Das Interesse an wirtschaftsethischen Problemen ist keineswegs nur akademische Übung.

Ein Grund für die verstärkte Beachtung wirtschaftsethischer Fragen mag darin liegen, daß die nichtintendierten Nebenwirkungen (Externalitäten) des wirtschaftlichen Handelns zunehmend den Bestand des gesamten Systems gefährden. Das Prinzip "private vices-public benefits" gilt nicht mehr.[5] Der Verweis auf legale oder marktliche Restriktionen hilft hier wenig und dient eher der moralischen Entlastung, denn der Problemlösung. Der gute Wille allein, oder auch die Legalität des Handelns, sind noch nicht hinreichend für die sittliche Qualität der Handlung.[6] Die Fiktion des (eingeschränkt) rational handelnden und entscheidenden Individuums, als conditio sine qua non für das Funktionieren von freien Märkten, reicht in diesem Sinn nicht aus, um quasi als "Superexternalität" das Gute (Gemeinwohl) zu generieren.

Namen wie Tschernobyl, Harrisburg, Basel, Bhopal, Seveso, Rio etc., markieren nur die publikumswirksamen Grenzen des Wachstums.[7]

Es besteht ein krasses Mißverhältnis zwischen der realen Verfügungsgewalt des Menschen und seiner Verantwortung. Anders formuliert: die ökonomisch-technische Macht des Menschen und seine praktische Vernunft passen nicht mehr zueinander.

Aber wenn es evident ist, daß wir nicht mehr alles tun sollen, was ökonomisch-technisch machbar ist, dann ist es ebenso evident, daß die Grenzen des Wachstums nicht ökonomische sein können. Daß dies nicht ohne materielle Einbußen abgehen kann, ist auch klar.

Unser Lebensstandard ist schon allein deshalb unsittlich, da er nicht verallgemeinerbar ist, ohne daß die Erde ökologisch kollabiert.[8] Es ist an der Zeit, etwas zu ändern. Eine völlige Revision des Systems scheint unrealistisch. Es geht vielmehr um den vernünftigen (i.e. verantworteten) Umgang mit der technisch-ökonomischen Verfügungsgewalt, denn "Ohne Technik und Wirtschaft wird sich die Umwelt nicht retten lassen"[9]. Gerade darin liegt aber auch die Relevanz wirtschaftsethischer Ansätze, denn die eingeschränkte Rationalität der Ökonomie ist (oder war) offensichtlich nicht in der Lage, Verantwortung marktfähig zu machen.

3. Zur theoretischen Notwendigkeit

3.1. Ethik als Korrektiv von Ökonomieversagen

Die Handlungsgesetze des Marktes schließen unbedingt moralisches Handeln und bedingt rationales Handeln weitgehend aus, die einzig rationale Verhaltensweise bestünde in einer ständigen Anpassung an prisoner's dilemma Situationen, in denen man die Möglichkeit des Regelbrechens ständig gegen den Nutzen des Regelbefolgens aufwiegt. Kurz: der Markt ist keine moralische Anstalt, und der "zwanghafte Wille, um jeden Preis den Profit zu mehren"[10], läßt den Markt Gemeinschaftsgüter (wie eben Umwelt) nicht adäquat verwalten, denn dort, wo es möglich ist, werden Kosten externalisiert. Im Marktprozeß werden eben nicht alle relevanten Informationen gehandelt. Selbst wenn dies der Fall wäre, unter rein ökonomischen Gesichtspunkten wird die Zerstörung der Natur und der Umwelt erst dann bemerkt, wenn es aufgrund der sehr langsamen Prozesse in der Natur dafür schon zu spät sein kann.[11] Weder der Markt selbst, noch die Randbedingungen des Marktes garantieren eine annähernd adäquate Allokation.

Die Kontrolle der meisten Märkte durch Oligopole bzw. Monopole hat wesentliche ökonomische Ursachen und Implikationen.

Dieses praktische Versagen wird jedoch durch ein theoretisches ergänzt. Das (ideologische) Postulat der Wertfreiheit führte dazu, daß die quantifizierende Betrachtung in der Sozialwissenschaft dominant wurde, daß die Sozialwissenschaften, insbesondere die Ökonomie die Kluft zwischen Wert- und Zweckrationalität nicht mehr zu überbrücken vermögen.[12] Die Selektion des Marktes ist eine rein formelle, nicht das ("objektiv") beste Produkt wird gewählt, sondern das ("subjektiv") angenehmste. Die durch die Ökonomie gebotene Überordung der Quantität über die Qualität, der Wahn, alles sei machbar, läßt uns die Grenzen des Wachstums mit aller Deutlichkeit erkennen.

Eine wirtschaftsethische Auffassung der Situation ist hier in zweierlei Hinsicht gefordert: erstens durch den Versuch, Ökonomieversagen durch ethische Normen zu kompensieren; zweitens durch die Notwendigkeit des Entwurfs einer Wirtschaftsethik als spezieller Sozialethik, die die angesprochenen Determinanten mitreflektiert.

Die Gefährdungen, denen das menschliche Leben durch die Expansion der materiellen Kultur ausgesetzt ist, sind größer denn je, wenngleich die Knappheit der Ressourcen nicht mehr das dominante Problem zu sein scheint; denn "Vielfach ist jetzt ein Stadium erreicht, wo nicht mehr ein Mangel, sondern der Überfluß bewältigt werden muß"[13)].

3.2. Sinnstiftung als Integration oder wider den Nihilismus

Eine pluralistische Gesellschaft hat mehrere Möglichkeiten, divergente Interessen und Realitätsdeutungen zu integrieren. Der wesentlichste Prozeß der Integration von Subsystemen zu einem Gesamtsystem resultiert in der Ausbildung kollektiv akzeptierter Verbindlichkeit, der Bereitstellung eines gemeinsamen Sinns. Wobei Kultur m. E. wesentlich durch die Art der Verbindlichkeit bestimmter (ethischer) Werte für die Mitglieder der Kultur gekennzeichnet ist.

Diese Integration verleiht sozialen Systemen eine gewisse innere Stabilität, ohne über externe Machtmittel produziert zu werden. Religion hat eben nicht mehr jene integrative Wirkung, die sie in anderen historischen Epochen hatte, das Prinzip des Sittlichen ist kein durchgängig verpflichtendes mehr. Ethik entsteht nicht per se, sondern aus den jeweiligen Bedingtheiten einer Kultur. Im Kontext der Integration gesellschaftlicher Systeme "aus dem Bedürfnis, einem weiteren Auseinanderfallen der Kultursachbereiche und insbesondere der Entfremdung der Wirtschaftswelt und der geistigen und materiellen Kultur entgegenzuwirken"[14)] ist auch (und gerade) die Ethik gefordert.

Die Beschreibung des Relativismus, des Verlustes der Orientierung, wird von Friedrich Nieztsche, der von Jürgen Habermas wohl zu Recht als "Drehscheibe der Philosophie im 19. Jahrhundert" und als Übergang der Moderne zur Post-Moderne bezeichnet wird,[15)] auf den Punkt gebracht: " Nichts ist wahr. Alles ist erlaubt"[16)].

Zentraler Begriff pluralistischer Gesellschaften westlicher Prägung ist dabei der der Freiheit. Der "freie" Spielraum, der den handelnden Subjekten hierbei zugestanden wird, entspringt im wesentlichen der liberalen Theorie der Aufklärung. Kern der liberalen (-marktwirtschaftlichen) Verfassung ist die liberale (also klassisch-neoklassische) Theorie des Marktes, nach der Allokationen prinzipiell dezentral erfolgen sollen.

Freiheit ohne Verantwortung ist aber nicht Selbstverwirklichung, sondern Anarchie.

Die Realisierung ethischer Normen ist also die Frage nach dem Überleben der Kultur als solches, wollen wir nicht in der (im wahrsten Sinne des Wortes) grenzenlosen Marktideologie untergehen.

Der schrankenlose Individualismus bedingt eben auch die schrankenlose Nivellierung[17].

Der Wandel von einer Industrie- zu einer Informationsgesellschaft läßt damit aber auch die Frage nach dem Sinn des gesamten Systems virulent werden, dies nicht nur national, sondern angesichts der tendentiellen Globalisierung auch international.

Doch nicht nur die Desintegration funktionell ausdifferenzierter Subsysteme innerhalb einer Gesellschaft, sondern auch das Problem der internationalen Integration, stellt eine Ethik der Wirtschaft vor neue Aufgaben. Insbesondere der Prozeß der Massenkommunikation ist hier in den Mittelpunkt der Aufmerksamkeit zu stellen. Wie auch Boventer formuliert. "Die Massenkultur, die über die Medien entsteht, darf nicht zum Synonym für Wirklichkeits- und Orientierungsverlust werden"[18].

Der Status quo birgt ohne Zweifel die Gefahr, daß die systemtechnische Rationalität verhindert, das Risiko der Ethik einzugehen, die Gefahr, daß die Integrationsleistung nicht erbracht werden kann und der Prozeß der Marktkommunikation im Orientierungsverlust mündet, aber auch die Chance neuen Sinn zu finden, da dieser zu schwinden scheint.

Unter der Prämisse eines veränderten Weltbildes, einer sich ändernden Gesellschaft, erhält Ethik erneut die Chance zur Definition eines realistischen Menschen- und Weltbildes und der verschiedenen Verantwortungen in der offenen und werteorientierten Gesellschaft (societas imperfecta)[19].

Die Frage nach Ethik scheint immer mehr die Frage der Kultur zu sein, denn hedonistisches Behagen in derselben kann noch nicht alles sein.

3.3. Der Mensch im Mittelpunkt?

Wirtschaft stellt in unserer Gesellschaft den wohl wichtigsten Handlungs- und Kulturbereich dar, der das Leben der meisten Menschen während des größten Teils ihres Lebens bestimmt: Ökonomie ist ohne Zweifel die dominante Kulturtechnik.

Da Ethik, verstanden als praktische Philosophie, auf die Erfassung menschlicher Praxis zielt, ist sie gerade für den Bereich der Wirtschaft, der ja den überwiegenden Teil dieser Praxis determiniert, von essentieller Bedeutung. "Da Ökonomie und Ethik den selben Gegenstand aufweisen, sind sie nicht voneinander unabhängige Wissenschaften."[20].

Die "Wiederentdeckung des Menschen" in den Wirtschaftswissenschaften, deutet auf ein wesentliches Legitimationsdefizit derselben hin.

Das Regnum Hominis, die Utopie, allen die Wohlfahrt und das Glück zu bringen, hat sich weder als realisierbar, noch als erstrebenswert erwiesen. "Es zeigt sich, daß sich die Natur nicht beherrschen läßt und daß der Mensch nicht glücklich geworden ist"[21).

Die traditionellen Legitimationsmechanismen für unternehmerisches Handeln, die in der marktlichen oder legalistischen Funktionalität begründet lagen, sind nicht mehr kulturadäquat.

Diese Legitimation bezieht sich m.E. vor allem auf den Bereich der Unternehmung - als innere Umwelt vor allem auf die Mitarbeiter - selbst, die, wenn sie die Gewinnorientierung (oder den marktwirtschaftlichen Rahmen selbst) als gegeben sieht, sich diesem anpassen muß. Diese Formalprinzipien müssen im Unternehmen selbst durchgesetzt und vertreten werden. Die Notwendigkeit einer solchen Rechtfertigung folgt unmittelbar aus der Einsicht, daß es bei dem Prinzip der Gewinnsteuerung bloß um ein formales und sehr zweifelhaftes Kriterium für die Ordnung der gesamten Wirtschaft geht. Dieses Kriterium ist jedem als Formalziel vorgegeben.[22) Diese Formalziele lassen sich eben nicht rein ökonomisch und interessensneutral definieren. Erst, wenn im Sinne einer "Reanthropomorphisierung" der Wirtschaft, diese Formalziele sich an den betroffenen Menschen orientieren, ohne extreme Konkurrenz zwischen personalem und ökonomischem Leben zu generieren, kann diesem Legitimationsdruck Rechnung getragen werden. Die Entdeckung des Menschen in der Ökonomie (denn für wen wird Ökonomie sonst betrieben?) bedeuet auch, daß eine Re-Ethisierung der Ökonomie eine Humanisierung der ökonomischen Praxis zum Gegenstand hat.

Die Mitarbeiter eines Unternehmens sind als "innere Umwelt" immer mehr in den Mittelpunkt von betriebswirtschaftlichen Überlegungen gerückt. "Der Bestand eines Unternehmens hängt keineswegs nur von seiner Marktposition ab, sondern auch von der Einstellung der Mitarbeiter zum Unternehmen"[23). Diese Einstellung könnte durch eine "ethische Unternehmenskultur" wesentlich beeinflußt und im Sinne des bonum commune aller Beteiligten determiniert werden.

Ökonomie ist somit über die Adaption verhaltenswissenschaftlicher und soziologischer Erkenntnisse ohnehin unterwegs in Richtung Interdisziplinarität.

In Bezug auf unternehmerisches Handeln liegen mögliche Veränderungen in Richtung einer ethischen Ökonomie bzw. einer ethischen Unternehmenskultur, also vor allem in der Personal- und Produktpolitik.

4. Zusammenfassung

Fassen wir also zusammen: Wirtschaftsethik ist nicht nur aktuell, Wirtschaftsethik ist notwendig, Wirtschaftsethik ist ohne Alternative.

Brauchen wir also eine neue Philosophie, brauchen wir also eine neue Ökonomie?

Beides, denn die fundamentale Krise der Gesellschaft bedingt eine Neuorientierung der Philosophie wie der Ökonomie, ebenso wie sie eine Neuorientierung der Wissenschaft generell bedingt.[24)]

Elfenbeintürmerne Selbstgewissheit macht nicht satt. Orientierungsverlust ruft nach Sinn, nicht nach Destruktivität.

Es geht um eine Gesellschaft, in der gesellschaftliche Optionen wie Freiheit, Gerechtigkeit und Verantwortung auch einlösbar sind. Die Einlösung dieser Optionen bedeutet m.E. die Adaption des Systems, nicht dessen Destruktion. Der Weg dorthin ist riskant, und es erfordert auch ökonomischen Mut, ihn zu gehen.

Es geht um eine Gesellschaft der Mutigen, um eine Gesellschaft, in der sich die Wissenschaft nicht unberührt zeigt von der Möglichkeit der (ökologischen und sozialen) Apokalypse.

Mut ist eben auch in der Wissenschaft erforderlich, um das Risiko der Ethik einzugehen.

Dieses Risiko ist auch ein methodologisches: nicht mehr Expertentum, sondern Generalität ist gefordert. Nicht Abgrenzung und Abschottung von Disziplinen, sondern Neuorientierung und Interdisziplinarität sind nicht nur einzufordern, sondern auch einzulösen.

Nicht der Versuch, den abendländischen Begriff von Rationalität in mannigfachen Rückzugsgefechten zu retten, sondern sich einzugestehen, daß der Konflikt unserer Welt ein Konflikt zwischen Kulturen ist, kann eine Option sein.

Dabei ist aber immer zu bedenken, daß die Comt'sche Schreckensvision der entfesselten Zweckrationalität ebensowenig wertneutral ist wie ihr Gegenteil. "Es gibt weder eine ökonomiefreie Ethik, noch eine ethikneutrale Wissenschaft"[25)].

Was wäre, wenn sich Ökonomie und Philosophie finden könnten auf der Suche nach etwas Neuem, das eine neue Qualität hat, wenn man schon glaubt, daß Synthesen überhaupt neue Qualitäten generieren.

Wie es Peter Koslowski auf den Punkt bringt: "Der Begriff Ethische Ökonomie geht über das Forschungsziel einer Wirtschaftsethik als Ethik der Wirtschaft hinaus zu einer Integration von ethischer und ökonomischer Theorie. Ethische Ökonomie muß mehr sein als Ökonomie und Ethik. "[26)]

Dies insbesondere im Hinblick auf eine Ethik der Systeme, der Organisationen, ja der Kultur selbst. Das Vertrauen auf den guten Willen des Individuums allein scheint obsolet.

Das Forschungsprogramm einer Ethik der Wirtschaft muß dabei aber auch die Egoismen der Systemteilnehmer ins Kalkül ziehen. Der Gute darf nicht länger der Dumme sein[27)]. Aber auch dies scheint möglich, denn was wirtschaftlich (sinnvoll) ist, wird letztlich immer nur in kulturellen Kontexten entschieden.

Ob wir dieses wollen können, ist nicht gewiß.

Denn letztlich können wir das Gute selbst nicht wollen: es genügt jedoch schon, das weniger Schlechte zu wollen.

Anmerkungen und Literatur

1) zur historischen Genese vgl. pointiert Meran, J.: Wohlstand und Gerechtigkeit, in: Bayertz, K.(Hrsg.): Praktische Philosophie, Reinbeck 1991, S. 94 f.f.

2) vgl. etwa die Sammelbände Steinmann, H./Löhr, A. (Hrsg.): Unternehmensethik, Stuttgart 1989 /Homann, G./Hesse, H. (Hrsg.): Wirtschaftswissenschaft und Ethik, Berlin, 1989/Koslowski, P.: Prinzipien der ethischen Ökonomie/Grundlegung der Wirtschaftsethik und der auf die Ökonomie bezogenen Ethik, Thübingen 1988 ders: Wirtschaft als Kultur, Wien 1989/Bievert, B./Held, M. (Hrsg.): Ökonomische Theorie und Ethik, Frankfurt/New York 1987 vgl. auch die Zusammenstellung bei Kern, P.:Ethik und Wirtschaft, 3, Frankfurt a.M.1990, S.31 f.

3) Einen guten Überblick bietet Mahoney. vgl. Mahoney, J.: Teaching Business Ethics in the UK, Europe and the USA, London 1992/Besonders wäre die Universität Harvard zu erwähnen/Im deutschsprachigen Raum wären hier vor allem die Lehrstühle in Eichstätt und St. Gallen zu nennen.

4) Jäger, A.: Wirtschaftsethik/Das Prinzip Verantwortung als Element einer Management-Philosophie, in: Ulrich, H. (Hrsg.): Managementphilosophie für die Zukunft, Bern/Stuttgart 1981, S.47.

5) wenn es je galt.

6) "Es wird erschreckend deutlich, daß das, was legal ist, keineswegs schon moralisch ist, daß das, was mit gutem Willen getan wird, keineswegs moralisch gut ist." Mader, J.:Von der Romantik zur Postmoderne, Wien 1992, S.249

7) vgl. eindringlich McKibben, B.: Das Ende der Natur, München/Zürich, 1992/ überzeugend Medows, D. und D./ Randers, J.:Die neuen Grenzen des Wachstums, Stuttgart 1992

8) vgl. hierzu prägnant Hösle, V.: Philosophie der ökologischen Krise, München, 1991, S.25 f.

9) Hösle (Philosophie), S.63

10) Hösle (Philosophie), S. 101

11) Mader, J. (Von der), S.251

12) zur historischen Genese vgl. Hösle (Philosophie), S.66 f.f.

13) Hübner, J.: Ethik und empirische Wissenschaften, in : Pfürtner, S. et. al.: Ethik in der europäischen Geschichte, Band II, Stuttgart/Berlin/Köln/Mainz 1988, S.127

14) vgl. Koslowski, P. (Prinzipien), S. 7

15) vgl. Habermas, J.: Der Philosophische Diskurs der Moderne, Frankfurt a. M. 1985, S. 104 f.f..

16) Nietzsche, F.: Zur Genealogie der Moral, Ausgabe de Gruyter 1980, S.399

17) Denn Ökonomie ist allemal das potentere System. Ökonomisch profitabel ist auch die Unkultur, ist auch die Diktatur.

18) Boventer, H.: Ethik des Journalismus, Konstanz 1985, S.23

19) vgl. Biser, E.: Verändern Medien die Botschaft, in: Biser, E. et.al (Hrsg.): Die Medien - das letzte Tabu der offenen Gesellschaft, Mainz, 1986, S.73

20) Koslowski (Prinzipien), S. 1

21) Mader, J. (Von der), S..286)

22) vgl. Steinmann, H./Löhr A.(Grundfragen),S.8 f.

23) Lay, R.: Ethik für Manager, Düsseldorf/New York 1989, S.14

24) Analytische Rückzugsgefechte und begründungstheoretische Spitzfindigkeiten helfen hier wohl wenig.

25) vgl. Hengsbach, F.: Wirtschaftsethik, Freiburg/Basel/Wien 1991, S.48

26) Koslowski, P. (Prinzipien), S. 3

27) vgl. Hösle, V. (Philosophie), S. 122 und Hengsbach, F. (Wirtschaftsethik), S. 49

Psychoterror/Schikane am Arbeitsplatz. Einsichten in das Phänomen "Mobbing" aus empirischer Sicht

Klaus Niedl

1. Problemstellung

In den meisten Arbeiten zur Konkretisierung psychisch belastender Arbeitsbedingungen und deren Folgewirkungen für die betroffenen Arbeitnehmer/-innen liegt die Betonung auf der aufgabenspezifischen Belastungssituation (Arbeitsinhalt, -umgebung, Rahmenbedingungen) (vgl. etwa [19]). Tendenziell vernachlässigt bleibt hingegen der Bereich sozio-emotional belastender Bedingungen, bedingt durch den Glauben, daß derartige Belastungen zufällig zustande kommen, singulär und situations- aber nicht strukturabhängig sind (vgl. [14], S. 65f.).

Forschungsergebnisse im Bereich der sozio - emotionalen Belastungsforschung am Arbeitsplatz (vgl. etwa [1], [13], [20]) heben die Bedeutung zwischenmenschlicher Belastungen für das Wohlbefinden der betroffenen Arbeitnehmer/-innen hervor. Psychische Beeinträchtigungen bei Beschäftigten können als bedeutsamer Faktor im Zusammenhang mit eingeschränkter Produktivität, Absentismus, Unfallgefährdung - um nur einige zu nennen - und den damit verbundenen Kostenwirkungen identifiziert werden (vgl. etwa [17], S. 131-137, [22]). Die betriebswirtschaftliche Relevanz der durch soziale Belastungen beeinträchtigten Humanressourcen wird damit offensichtlich.

Im folgenden wird eine sozio-emotionale Belastungsform dargestellt, der in der deutschsprachigen wissenschaftlichen Diskussion bislang nur eingeschränkt Beachtung geschenkt wird: Mobbing am Arbeitsplatz. Unter diesem Begriff - im deutschen Sprachgebrauch auch mit Psychoterror/Schikane umschrieben - ist ein Phänomen des sozialen Streß (vgl. [24], S.169f.) zu verstehen, der durch unethische Kommunikation im weiteren Sinne zwischen Mitarbeitern/-innen sowie Vorgesetzten in Unternehmen bedingt wird und mit vielfältigen Folgewirkungen hinsichtlich persönlicher, sozialer und ökonomischer Kategorien verbunden ist .

Die vorliegende Arbeit gibt eine Einführung in die Thematik, dargestellt anhand zweier empirischer Erhebungen. Damit soll ein Beitrag zur Erhärtung der als schwierig zu fassenden sozialen Realität - einer weichen Wirklichkeit (vgl. [21], S. 49) - im Bereich gestörter Arbeitsbeziehungen geliefert werden.

2. Das Phänomen Mobbing

2.1 Ein Fallbeispiel

Das folgende Fallbeispiel - eines von insgesamt 500 dokumentierten schwedischen Interviews mit Betroffenen- soll die Breite an feindseligen Handlungen sowie die Dynamik veranschaulichen, die aus einer Mobbingsituation resultieren können:

"Lena hatte sich zur Schweißerin umschulen lassen. Sie war stolz und gleichzeitig froh, als sie gleich nach der Ausbildung eine Anstellung in einer kleineren Stadt in Småland bekam. Anfangs ging alles gut. Natürlich erregte sie Aufsehen, aber das störte sie nicht. Damit hatte sie wohl fast gerechnet, als sie den Entschluß faßte, einen typisch männlichen Beruf zu ergreifen. Aber es dauerte nur einen Monat, bis der Vorarbeiter mit einem Anliegen zu ihr gelaufen kam. "Ich machte gerade eine Schweißarbeit als er daherkam und sagte, daß eines der Mädchen in der Küche krank geworden war. Ich sollte für sie einspringen. Ich wagte nicht, nein zu sagen. Aber hätte er es gewagt, einen Mann das gleiche zu fragen? Natürlich nicht. Aber jetzt saß ich in der Patsche. In der darauffolgenden Zeit mußte ich ziemlich oft in der Küche und beim Putzen aushelfen. Damit waren schlechte Voraussetzungen für mich geschaffen, mich in meinem Beruf als Schweißerin weiterzuentwickeln." Bald entdeckte Lena überdies, daß sie weniger als ihre männlichen Arbeitskollegen verdiente. Die Gewerkschaft verhandelte für sie mit dem Arbeitgeber, aber das führte zu keinem Ergebnis. Lena gab jedoch nicht auf. "Deshalb richteten sich nun alle Augen auf mich. Jetzt fing auch der Vorarbeiter an, mich zu kritisieren. Nichts war mehr gut genug. Und die männlichen Arbeitskollegen begannen über mich zu tuscheln. Einige von den jüngeren kniffen mich in den Hintern, wenn ich vorbeiging. Da wurde ich wütend, worauf ein Teil der Männer überhaupt nicht mehr mit mir redete". Lena bekam jeden Morgen, wenn sie zur Arbeit mußte, aus Nervosität Bauchschmerzen. Eine gerechte Lohneinstufung blieb aus. Das wurde deutlich, als männliche Kollegen mit gleicher Erfahrung und gleichen Kenntnissen wie sie höher eingestuft wurden. "Ich wurde depressiv. Ein Journalist interessierte sich für meinen Fall und schrieb einen Artikel. Zwei Tage später kriegte ich einen anonymen Drohbrief mit beleidigenden Behauptungen." Die Hilfe ihrer Gewerkschaft findet Lena äußerst dürftig. Eigentlich ist sie ziemlich verbittert über die Gewerkschaft" ([4], S.3).

2.2 Mobbingdefinition

Der Begriff "Mobbing" (aus dem Englischen von "to mob": anpöbeln, attackieren) wurde von LORENZ (vgl. [12], S.194f.) für aggressive Tendenzen im Sozialverhalten von Graugänsen verwendet und in weiterer Folge auf die unethische Kommunikationssituation im Arbeitsbereich transferiert.

Gemeinsamkeiten unterschiedlicher Definitionsansätze (vgl. [3], S.10, [8], S.5, [23], S.20) sind in den folgenden Elementen zu erkennen:

- eine oder mehrere Person(en) ist/sind am Arbeitsplatz negativen Handlungen (z.B. Isolation, Kränkung, Herabsetzung, Gewalt) ausgesetzt
- diese negativen Handlungen werden von einzelnen oder mehreren Mitarbeitern/-innen oder Vorgesetzten gegen die betreffende Person ausgeübt
- die negativen Handlungen müssen häufig auftreten <u>und</u> über längere Zeit andauern.

Konstitutives Definitionselement ist das systematische Auftreten negativer Handlungen, das sich in der Häufigkeit und Dauer wiederspiegelt.

Der weiteren Arbeit liegt - in Anlehnung an LEYMANN ([8], S.5) - die folgende Arbeitsdefinition zugrunde: Unter Mobbing im Arbeitsleben versteht man das Auftreten von Handlungen, die von Individuen oder einer Grupppe auf **systematische Art** gegen eine bestimmte Person ausgeübt werden. Die Handlungen müssen vom Betroffenen subjektiv als **feindselig interpretiert** werden, **oft** (nahezu täglich, mindestens aber einmal pro Woche) auftreten und über einen **längeren Zeitraum** (mindestens ein halbes Jahr) andauern.

3. Empirische Ergebnisse der Mobbingforschung

Aus dem skandinavischen Raum liegt eine Reihe empirischer Untersuchungen vor, die sich der Mobbingproblematik widmen. Für die weitere Arbeit wurden folgende zwei - insbesondere für den epidemiologischen Aspekt wesentliche - Erhebungen ausgewählt, anhand derer die bedeutendsten Resultate der bisherigen Forschung dargestellt werden sollen: 1. das norwegische Forschungsprojekt "Mobbing im Arbeitsleben" (vgl. [3]) und 2. die schwedische Repräsentativbefragung "Mobbing auf schwedischen Arbeitsplätzen" (vgl. [8], [9], [10]).

3.1. Operationalisierung des Begriffes "Mobbing"

Die norwegische Untersuchung operiert mit einer Definition, die den Befragten vorgegeben wird: Man spricht dann von Mobbing, wenn "eine Person oder mehrere Personen häufiger über eine Zeit lang negativen Handlungen (Schikane, Isolation, Kränkungen etc.) von einer anderen oder mehreren anderen

Personen ausgesetzt ist/sind. Weiters muß ein Ungleichgewicht im Stärkeverhältnis vorhanden sein, sodaß das Mobbingopfer es schwer hat, sich zu verteidigen. Man spricht nicht von Mobbing, wenn etwa 2 gleich starke Personen einen Konflikt austragen, oder wenn es sich um kleine Konfliktepisoden handelt." ([3], S.10). Anschließend wurden die Interviewpartner danach befragt, ob sie von Mobbing im Sinne dieser Definition betroffen sind.

Im Gegensatz dazu wurde im schwedischen Raum ein standardisiertes Erhebungsinstrument - der LIPT Fragebogen (Leymann Inventory of Psychological Terrorization) - verwendet, der 45 verschiedene operationalisierte Mobbinghandlungen enthält; diese konnten aufgrund von 300 Interviews mit Mobbingopfern als bedeutsam identifiziert werden (vgl. [7], S.3, zur Konstruktion und Validierung vgl. [5]). Mobbing liegt in diesem Zusammenhang dann vor, wenn eine Person einer oder mehrerer dieser Handlungen mindestens einmal pro Woche über einen Zeitraum von mindestens einem halben Jahr ausgesetzt ist (vgl. [8], S.5).

Es ist anzumerken, daß die im folgenden dargestellten Resultate aufgrund dieser unterschiedlichen Operationalisierung nur eingeschränkt vergleichbar sind. Die norwegische Erhebung neigt durch ihre offene Fragetechnik zu einem höheren Auftreten von Mobbingbetroffenheit als dies bei Vorgabe des mit geschlossenen Fragen operierenden LIPT - Fragebogens der Fall ist.

3.2. Die Stichprobenauswahl

Die norwegische Untersuchung basiert auf einer Grundgesamtheit von 10.611 Gewerkschaftsmitgliedern, aus der eine Stichprobe von 4742 Personen befragt wurde. Bei einer Rücklaufquote von 47% erhielt man die Ergebnisse von 2215 Personen. In Schweden wurde eine repräsentative Auswahl von 3507 Personen im Alter zwischen 18 und 65 Jahren anhand des LIPT - Fragebogens befragt. Bei einer Rücklaufquote von 70% erhielt man die Ergebnisse von 2438 Personen (vgl. [3], S.30, [8], S.7ff., S.11).

3.3. Ergebnisse

3.3.1. Mobbinghäufigkeit und -dauer

Durch die Aufschlüsselung der Mobbinghäufigkeit und -dauer wird der Umfang dieser Belastung im Arbeitsleben betont. Insgesamt 10,3% (also rund 220 Personen) bejahten in der norwegischen Studie die Frage, ob sie im Laufe der letzten sechs Monate Mobbing ausgesetzt waren. Davon waren 2,2% wöchentlich oder öfter pro Woche mit derartigen Handlungen konfrontiert, die verbleibenden 8,1% geben an, "ab und zu" oder "eher selten" Mobbing zu erfahren (vgl. [3], S.42, S.93).

Folgt man der strengen schwedischen Definition (siehe oben), so sind insgesamt 85 Personen oder 3,5% der Befragten von Mobbing betroffen (siehe den gekennzeichneten Bereich der Tabelle 1). Bei der Anwendung dieses Prozentsatzes auf die Gesamtzahl der Arbeitnehmer/-innen - das sind rund 4,4 Millionen - ergibt sich für Schweden eine Gesamtbetroffenheit von 154.000 Personen (vgl. [8], S.12). Die errechnete Wahrscheinlichkeit, daß jemand während seines Arbeitslebens - bei einer durchschnittlichen Dauer von 30 Jahren - ein halbes Jahr lang zum Mobbingopfer wird, beträgt 1:4 (vgl. [11], S.4). Die folgende Tabelle gibt einen differenzierten Überblick (vgl. [8], S.12):

Dauer	**Häufigkeit**						
	täglich	fast täglich	wöchentlich	monatlich	seltener	nie	**insgesamt**
> 5 Jahre	9	4	10	7	23	0	**53**
2 - 5 Jahre	4	12	11	14	7	0	**48**
1 Jahr	1	9	9	10	13	0	**42**
1/2 Jahr	0	9	7	10	7	0	**33**
> 2 Monate	3	2	1	4	6	0	**16**
< 2 Monate	1	2	1	2	11	0	**17**
weniger	5	0	2	1	42	0	**50**
nie	0	0	0	0	0	2169	**2169**
Insgesamt	**23**	**38**	**41**	**48**	**109**	**2169**	**2428**

Tab. 1: Dauer und Häufigkeit von Mobbinghandlungen, n = 2438, Ausfall = 10

Wie aus der Tabelle zu entnehmen ist, sind beinahe 60% der von Mobbing betroffenen einen beträchtlichen Zeitraum - mindestens 2 Jahre bis mehr als 5 Jahre - diesen feindseligen Handlungen am Arbeitsplatz ausgesetzt. Mehr als 60% sind nahezu täglich mit dieser Belastung konfrontiert. Die beträchtliche Dauer der Mobbingbelastung wird durch die norwegischen Resultate gestützt (vgl. [3], S.45).

3.3.2. Analye der gemobbten Personen

a) Geschlechterverteilung

Hinsichtlich der Geschlechterbetroffenheit besteht nur ein geringfügiger Unterschied in beiden Untersuchungen. Es werden daher nicht mehr Frauen als Männer und umgekehrt gemobbt (vgl. [3], S.49, S.100, [8], S.15.).

b) Altersverteilung

Im Hinblick auf den Zusammenhang zwischen Mobbing und Alter des/der Betroffenen differieren die landesspezifischen Untersuchungen. Während die befragten norwegischen Arbeitnehmer/-innen von einem signifikanten Zusammenhang zwischen steigendem Alter und steigender Mobbingbetroffenheit berichten - die Altersgruppe über 61 Jahre zeigt die höchste Betroffenheit - liegt bei den schwedischen Arbeitnehmern/-innen die höchste Mobbingbetroffenheit in der Altersgruppe der 30 bis 40jährigen (vgl. [3], S.49f., S.101, [8], S.16).

3.3.3. Analyse der mobbenden Personen

a) Hierarchische Positionen der mobbenden Personen

Bei der Frage, von wem die Betroffenen im Unternehmen attackiert werden, kann zwischen verschiedenen - hierarchisch geliederten - Positionen differenziert werden. Dieser Aspekt wurde lediglich in der schwedischen Erhebung erörtert. In der Hauptsache finden feindselige Handlungen zwischen Kollegen/-innen (44,4%) statt bzw. gehen von Vorgesetzten aus (37%). Weniger oft - nämlich in 10% der Fälle - treten Kollegen/-innen und Vorgesetzte gemeinsam gegen die gemobbte Person auf. Je höher die hierarchische Stellung der angegriffenen Person eingestuft ist, desto bedeutender werden Vorgesetzte als Angreifer/-innen (vgl. [8], S.17).

b) Geschlechterunterschied der mobbenden Personen

76,5% der gemobbten Männer geben an, von Männern attackiert worden zu sein, 2,9% wurden von Frauen und die restlichen 20,6% von beiden Geschlechtern attackiert. Bei den Frauen ergibt sich eine annähernd spiegelbildliche Situation: 40,4% der Frauen wurden von Frauen und jeweils 29,8% entweder von Frauen oder von Personen beiderlei Geschlechts gemobbt. Die Unterschiede sind signifikant und lassen den Schluß zu, daß Männer in der Hauptsache von Männern und Frauen in der Hauptsache von Frauen angegriffen werden (vgl. [8], S.18).

c) Anzahl der attackierenden Personen

Bei einer Analyse der Anzahl der mobbenden Personen zeigt sich, daß die Betroffenen vorwiegend von einzelnen Personen oder einer kleinen Gruppe von 2-4 Personen attackiert werden. Eher selten treten mehr als 4 Täter/-innen auf; in vereinzelten Fällen mobbt die ganze Abteilung (vgl. [8], S.19).

3.3.4. Struktur der Mobbinghandlungen

Insbesondere für den Bereich des Präventivmanagements im Unternehmen spielt die Quantität und Qualität schwer faßbarer Feindseligkeiten eine wesentliche Rolle. Die norwegische Studie umfaßt eine Liste mit 19 Handlungen negativen Inhalts, die am Arbeitsplatz auftreten können. Die fünf häufigsten Handlungen, die von den Mobbingopfern als bedrohlich wahrgenommen wurden, sind die folgenden: Nichtbeachtung von Meinungen (80,5%), Zurückhaltung von Informationen (77,4%), zum Narren halten/auslachen (75,75), Tratsch/Gerüchte (73,7%) und das Erinnern an kleine Fehler (66,4%) (vgl. [3], S.46).

Bei der Betrachtung der 45 im LIPT - Fragebogen operationalisierten feindseligen Handlungen liegt der Schwerpunkt der Antworten in folgenden Bereichen (gereiht nach absteigender Häufigkeit): negative Kommunikation (z.B. Andeutungen, ohne daß man etwas direkt ausspricht, Personen werden eingeschränkt, sich zu äußern), herabsetzende/entwürdigende Handlungen (z.B. man spricht hinter dem Rücken schlecht über die betroffene Person, Verbreitung von Gerüchten), isolierende Handlungen (z.B. Personen werden wie Luft behandelt) und Änderungen der Arbeitsaufgabe, die bestrafend wirken. Eher selten treten Fälle von Gewalt und Gewaltandrohungen auf (vgl. [9], S.16-20).

Beide Studien belegen die Tatsache, daß feindselige Handlungen vor allem auf einer schwer faßbaren - und damit ohne eingehende Analyse schwer bewertbaren - innerbetrieblichen Kommunikationsebene stattfinden (vgl. dazu auch [18], S. 17f.).

4. Betriebswirtschaftliche Konsequenzen beim Auftreten von Mobbing

Nachfolgend skizzierte Konsequenzen dienen der Veranschaulichung der betriebswirtschaftlichen Relevanz der Thematik. Aufgrund der gegebenen Restriktionen muß auf eine ausführliche Darstellung verzichtet werden.

4.1. Absentismus/Fluktuation

Soziale Beziehungen am Arbeitsplatz konnten als bedeutsam für den einzelnen identifiziert werden (vgl. [16]). Treten Störungen - wie etwa feindselige Kommunikation - in diesen Beziehungen auf, so kann von beträchtlichen krankheits- oder motivationsbedingten Fehlzeiten bei den Betroffenen ausgegangen werden (vgl. [22], S.302f.).

Mobbing konnte in beiden Studien als krankmachender Stressor identifiziert werden. Betroffene unterscheiden sich von den anderen Arbeitskollegen signifikant hinsichtlich der Quantität und Qualität psychischer und somatischer Beschwerden. So klagen Arbeitnehmer/-innen, die dieser Belastung ausgesetzt sind, über eine Vielzahl von Streßsymptomen wie etwa Kopschmerzen, Rückenschmerzen, Depression und andere (vgl. [3], S.55-58, [10], S.11). Die mit diesen Beschwerden verbundenen Absentismen und ihre Kostenwirkungen sind offensichtlich.

Eine schwedische Gewerkschaftsstudie, die den Zusammenhang zwischen Selbstkündigung und Ursachen erforschte, belegt die erhöhte Fluktuationsneigung der Mobbingbetroffenen. 60% der Befragten gaben an, daß Unbehagen bzw. Schikane am Arbeitsplatz der Grund für ihre eigene Kündigung war (vgl. [6], S.7).

4.2. Produktivitätsverluste

Neben Produktivitätsverlusten, die als Folge der erwähnten psychischen oder physischen Beeinträchtigungen entstehen können - so etwa der Produktivitätsverlust durch Depressionen (vgl. [2]) - resultieren direkt aus dem Mobbinggeschehen Beeinträchtigungen des Arbeitsvollzuges. So berichten 21,6% der untersuchten norwegischen Arbeitnehmer/-innen, daß Mobbing auf ihrem Arbeitsplatz die Effektivität reduziert (vgl. [3], S.44).

5. Zusammenfassung

Die Ergebnisse der Mobbingforschung - in der vorliegenden Arbeit exemplarisch dargestellt - belegen vor allem die persönlichen und ökonomischen Konsequenzen dieses verbreiteten Phänomens. Mit empirischen Erhebungen in zwei österreichischen Organisationen, die zur Zeit mit einem adaptierten Erhebungsinstrument (vgl. [15]) durchgeführt werden, sollen diesbezüglich landesspezifische Resultate gewonnen werden. Damit werden kulturspezifische Elemente des Mobbinggeschehens berücksichtigt.

Über strukturelle und persönliche Ursachen des Mobbinggeschehens wie z.B. Überforderung, Führungsdefizite ist bisher nur wenig bekannt. Aufgrund der Komplexität der Thematik ist ein interdisziplinärer Forschungsansatz notwendig. Unternehmensbezogene Auswirkungen - vor allem hinsichtlich kostenmäßiger und organisationskultureller Wirkungen - sind bislang nur zum Teil erfaßt worden. Diese Zusammenhänge und auch die Entwicklung einer Theorie des Mobbing sind wichtige Fragen, mit denen sich die weitere Forschung beschäftigen sollte.

Literatur

[1] Dunckel, H./Zapf, D.: Psychischer Streß am Arbeitsplatz. Belastungen, gesundheitliche Folgen, Gegenmaßnahmen, Köln 1986.

[2] Doherty, K.: The Good News About Depression, in: Business&Health Vol: 7, Iss: 3, March 1989, pp: 39-42.

[3] Einarsen, S./Raknes, B.: Mobbing i Arbetslivet. En undersökelse av forekomst og helsemessige konsekvenser av mobbing på norske arbeidsplasser, Bergen 1991.

[4] Leymann, H.: Psychischer Terror am Arbeitsplatz, übersetzt aus dem Schwedischen von Riegler, C., Stockholm 1986.

[5] Leymann, H.: Presentation av LIPT - Formuläret: Konstruktion, validering, utfall, Stockholm 1989a.

[6] Leymann, H.: Violens handledarpärm. Vuxenmobbning mot psykiskt våld i arbetslivet, Uppsala 1989b.

[7] Leymann, H./Tallgren, U.: Investigation into the Frequency of Adult Mobbing in a Swedish Steel Company using the LIPT - Questionnaire, Stockholm 1990.

[8] Leymann, H.: Vuxenmobbing på svenska arbetsplatser. En rikstäckande undersökning med 2.438 intervjuer. Delrapport 1, Stockholm 1991a.

[9] Leymann, H.: Manligt och kvinnligt vid vuxenmobbning. En rikstäckande undersökning med 2.438 intervjuer. Delrapport 2, Stockholm 1991b.

[10] Leymann, H.: Psykiatriska problem vid vuxenmobbning. En rikstäckande undersökning med 2438 intervjuer. Delrapport 3, Stockholm 1991c.

[11] Leymann, H.: Ätiologie und Häufigkeit von Mobbing am Arbeitsplatz - eine Übersicht über die bisherige Forschung, Stockholm 1992.

[12] Lorenz, K.: Hier bin ich - wo bist du? Ethologie der Graugans, 2. Auflage, München usw. 1991.

[13] Marstedt, G./Schahn, K.: Eine Analyse des Zusammenhangs von Arbeitsbedingungen und psychischenStörungen, in: Psychologie und Praxis Band 21, 1977, S. 1-12.

[14] Mergner, U.: Zur sozialen Konstitution psychischer Belastung durch Arbeit. Konzeptionelle Überlegungen und empirische Konkretionen, in: Zeitschrift für Arbeits- und Organisationspsychologie Heft 2, 1989, S.64-72.

[15] Niedl, K./Leymann, H.: Leymann Inventory of Psychological Terrorization, Version 2, Deutsche Version, Wien 1992.

[16] Roethlisberger, F./Dickson, W.: Management and the worker, Cambridge 1939.

[17] Rußland, R.: Suchtverhalten und Arbeitswelt. Vorbeugen, aufklären, helfen, Frankfurt 1988.

[18] Seemann, H./Meier, R.: Das Prinzip Bosheit: die Alltäglichkeit der Schikane, 2. Auflage, Weinheim usw. 1989.

[19] Semmer, N./Dunckel, H.: Streßbezogene Arbeitsanalyse, in: Greif, S. et al. (Hrsg.): Psychischer Streß am Arbeitsplatz, Göttingen 1991, S.57-90.

[20] Seibel, H./Lühring, H.: Arbeit und psychische Gesundheit. Belastungen und Beanspruchungen durch die Arbeit und ihre Auswirkungen auf die psychische Gesundheit: Eine Untersuchung bei männlichen und weiblichen Arbeitern und Angestellten, Göttingen usw. 1984.

[21] Simon, F.: Meine Psychose, mein Fahrrad und ich: Zur Selbstorganisation der Verrücktheit, 2. Auflage, Heidelberg 1991.

[22] Theis, K.: Fehlzeiten und psychische Beschwerden. Reaktionsformen auf Belastungen im Betrieb, Spardorf 1985.

[23] Thylefors, I.: Syndabockar. Om utstötning och mobbning i arbetslivet, Stockholm 1988.

[24] Zapf, D./Frese, M.: Soziale Stressoren am Arbeitsplatz, in: Greif, S. et al. (Hrsg.): Psychischer Streß am Arbeitsplatz, Göttingen 1991, S.168-184.

Non Profit
–
Mensch
–
Wirtschaft

WIRTSCHAFT UND ALTENVERSORGUNG Pflegeeinrichtungen aus betriebs- und volkswirtschaftlicher Sicht

Christoph Badelt, Christian Matul

1. Problemformulierung: Wirtschaftlichkeit in der Altenarbeit, Widerspruch oder Gebot der Stunde?

Bessere medizinische Versorgung und damit wachsende Lebenserwartung führen dazu, daß der Anteil der alten Menschen in unserer Gesellschaft ständig steigt. Gleichzeitig nimmt die Bereitschaft, familiäre Pflege zu übernehmen, aus vielfältigen Gründen ab. Als Resultat sieht sich eine immer größere Anzahl älterer Menschen mit dem Problem der Hilfs- und Pflegebedürftigkeit konfrontiert. Auch in der Zukunft wird die Zahl der Personen, die auf Hilfe anderer Menschen angewiesen sind, zunehmen.

Diesem zunehmenden Bedarf an Leistungen der Altenversorgung muß durch ein vielfältiges Angebot an Einrichtungen der Altenhilfe entsprochen werden. Betreuungs- und Pflegeleistungen für alte Menschen sind in den letzten Jahren stark ausgebaut worden und werden in Folge der demographischen Entwicklungen in der längerfristigen Zukunft noch an Bedeutung gewinnen.

Da die öffentlichen Budgetmittel nicht im gleichen Ausmaß steigen wie der Finanzierungsbedarf, werden die finanziellen Ressourcen für jeden einzelnen Anbieter immer knapper. Bereits heute ist der Bereich der Altenversorgung weder von den Mitteln noch vom Personal her ausreichend ausgestattet. Angesichts dieser Situation wird die Suche nach Lösungen, wie knappe Mittel am besten eingesetzt werden, immer akuter. Die Knappheitsproblematik stellt sich somit auch für die Anbieter von sozialen Dienstleistungen, auch wenn diese oft unspezifisch als "soziale Organisationen" bezeichnet werden. Eine Übertragung ökonomischen Denkens in den Sozialbereich ist daher sinnvoll und notwendig.

Eine ökonomische Betrachtung von Altenversorgungsunternehmen sollte sich zunächst der Gemeinsamkeiten von sozialen und wirtschaftlichen Organisationen erinnern, weil diese eine ökonomische Analyse rechtfertigen. In vielfacher Hinsicht unterscheiden sich Pflegeeinrichtungen nämlich nicht von gewinnorientierten Unternehmen. In beiden Fällen geht es um die Produktion von Dienstleistungen durch die Transformation von Inputs in Outputs. Während es auf vielen anderen Gebieten nahezu selbstverständlich ist, in "Produktionskategorien" zu denken, hat diese Sichtweise im Sozialbereich noch keine lange Tradition. Wenn es auch unüblich ist, im Zusammenhang mit der Bereitstellung von Altenversorgungsleistungen von Produktion zu sprechen, so handelt es sich doch um eine korrekte Darstellung des Problems.

Knappheit der im Produktionsprozeß eingesetzten Ressourcen legt es auch für Altenversorgungsunternehmen nahe, sich um die Umsetzung des "ökonomischen Prinzips" zu bemühen. Hinter dem ökonomischen Prinzip vermuten sehr viele im Sozialbereich Tätige ein anderes Wort für Gewinnmaximierung, was gegen eine Anwendung dieses Prinzips in der Altenversorgung sprechen würde. Tatsächlich handelt es sich aber bei einer solchen Interpretation um ein sehr einseitiges Verständnis des "ökonomischen Prinzips". In Wirklichkeit beinhaltet dieses Prinzip nichts anderes als eine rein formale Konzeption von Rationalität und meint nur, daß bestimmte Ziele mit einem Minimum an Aufwand erreicht werden sollten. Bei einem solchen Verständnis des ökonomischen Prinzips müßte auch der Bereich der Altenarbeit an seiner Umsetzung interessiert sein.

Die grundsätzlichen Gemeinsamkeiten zwischen wirtschaftlichen und sozialen Organisationen sollen nicht einer falschen Euphorie der "Sozialmanager" die Tore öffnen und den Blick für die Besonderheiten von Betreuungsleistungen für alte Menschen verstellen. Ein Beispiel kann dies verdeutlichen: Ziel jedes Unternehmens ist es, das Angebot auf die Bedürfnisse seiner "Kunden" abzustimmen. Für Altenversorgungsunternehmen ist es jedoch schwierig, etwas über die Bedürfnisse der betreuten Personen zu erfahren.

Alten Menschen fehlt häufig die Artikulationsfähigkeit verbaler Art, ihre Bedürfnisse klar zu formulieren. Es mangelt sehr oft an einer konkreten Problemdarlegung seitens der bedürftigen Personen und ihrer aktiven Mitwirkung bei der Erarbeitung allfälliger Lösungsmöglichkeiten. Bei den in Österreich herrschenden Einkommensverhältnissen hat die überwiegende Zahl alter Menschen aber auch finanziell keine oder nur eine geringe Möglichkeit, ihren Geoder Mißfallen auszudrücken, da ein Großteil der konsumierten Leistungen von der öffentlichen Hand getragen wird. Der Preis als Indikator der individuell empfundenen Wertschätzung und damit als Steuerungsmechansimus für die Gestaltung des Angebots ist weitgehend ausgeschaltet. Die Ökonomie hat auf diese Besonderheiten Rücksicht zu nehmen, wenn es darum geht, eine ökonomische Theorie für Altenversorgungsunternehmen zu entwerfen.

Trotz vorhandener Gemeinsamkeiten zwischen sozialen und wirtschaftlichen Organisationen dürfen somit die Besonderheiten des Sozialbereichs, der spezifische Werte verwirklichen will und teilweise nach anderen Regeln funktioniert, nicht übersehen werden. "Sozialmanagement" ist in den letzten Jahren zu einem viel verwendeten Modewort geworden. In dem Terminus ist die aufgezeigte Spannung zwischen ökonomischen und sozialen Denk- und Handlungsprinzipien miteingebaut.

Die nachfolgenden Ausführungen sollen aufzeigen, was eine ökonomische Analyse von Pflegeeinrichtungen leisten kann und leisten muß, um aktuelle und künftige Probleme der Altenversorgung zu lösen. Dabei handelt es sich um einen komprimierten Bericht über laufende und zukünftige Forschungsschwerpunkte der Abteilung für Sozialpolitik an der Wirtschaftsuniversität Wien.

2. Volkswirtschaftliche Aspekte der Altenversorgung

2.1. Quantitative Struktur des Marktes

Abgesehen von vielen anderen Aspekten ist für ein besseres Verständnis der Funktionsweise der Versorgung von Altenpflegeleistungen die Information über die Struktur der Anbieter von großer Wichtigkeit[1)]. Pflege- und Betreuungsleistungen können grundsätzlich sowohl von privaten als auch von öffentlichen Trägern angeboten werden, wobei innerhalb der Gruppe der privaten Träger noch zwischen gemeinnützigen (Nonprofit) Organisationen und gewinnorientierten Anbietern zu differenzieren ist.

Die Frage, welcher Träger wieviele und welche Art von Dienstleistungen bereitstellen soll, ist eine der wichtigsten Fragestellungen der Sozialpolitik. Aufgabe einer ökonomischen Theorie der sozialen Dienste für alte Menschen ist es, Kriterien zu erarbeiten, in welcher institutionellen Zusammensetzung die Hilfesysteme angeboten werden können und sollen.

2.1.1. Theorie des "Institutional choice"

Auf einer theoretischen Ebene läßt sich eine Antwort auf die gestellte Frage geben, indem die Besonderheiten sozialer Dienstleistungen für alte Menschen analysiert und darauf aufbauend optimale Angebotsformen überlegt werden. Zur Beantwortung der Frage, welche institutionelle Angebotsform aus ökonomischer Perspektive am günstigsten für die betreuten Personen ist, hat die Theorie des "Institutional Choice" einen Ansatz entwickelt, der von einer Art Schwachstellenanalyse bestehender Institutionen ausgeht. Dabei wird allerdings aus den Mängeln einer bestimmten institutionellen Angebotsform allzu rasch auf die (bessere) Leistungsfähigkeit anderer Organisationstypen geschlossen, was nicht unproblematisch ist[2]).

Für Leistungen der Altenpflege gilt das Problem der asymmetrischen Information: Die Anbieter von Betreuungs- und Pflegeleistungen haben wichtige Informationsvorteile gegenüber dem Konsumenten, beispielsweise bei der Bestimmung der Qualität der Pflege[3]). Dies stellt ein klassisches Beispiel des "Marktversagens" dar. In einer solchen Situation der "asymmetrischen Information" ist der Konsument grundsätzlich nicht gleichberechtigt bzw. nicht gleich mächtig wie der Produzent. Dies spricht gegen ein ausschließliches Angebot durch gewinnorientierte Unternehmen, die diesen Informationsvorsprung zum Nachteil der Konsumenten mißbrauchen könnten.

Ein weiterer wichtiger Aspekt des "Marktversagens" ergibt sich aus der Verteilungsproblematik: Bei einem bloß privatwirtschaftlich organisierten Angebot von Altenpflegeleistungen würde ein hoher Anteil jener Bevölkerungskreise, die die Pflege benötigen, aus finanziellen Gründen vom Konsum ausgeschlossen.

Die traditionelle Finanzwissenschaft und weite Kreise der sozialpolitischen Praktiker schließen aus diesem "Marktversagen" auf die Notwendigkeit von Staatseingriffen. Die Theorie des "Institutional Choice" folgt dieser Argumentation, aber nur, um in einem weiteren Schritt, sich dem Problem des Staatsversagens zu widmen. Staatsversagen meint eine quantitative und qualitative Unterversorgung der Bevölkerung mit Betreuungsleistungen. Im Vordergrund steht dabei nicht die Frage nach den Betreuungskapazitäten, sondern die Frage, welcher Qualität die bereitgestellten Leistungen sind. Bei öffentlichen Anbietern ist die Gefahr gegeben, daß die Gestaltung des Angebotsprogramms nach Popularitätskriterien erfolgt und nicht nach der Bedürfnisstruktur der betreuten Personen. Der Heterogenität der Konsumentenpräferenzen kann durch eine Vielfalt an gemeinnützigen Organisationen besser entsprochen werden als durch einen einzelnen staatlichen Trägertyp.

Folgt man der Argumentation des "Institutional Choice"-Ansatzes, so ist angesichts der Probleme des Markt- und Staatsversagens die Non-Profit-Organisation jene Organisationsform, die aus sozialpolitischer Sicht am wünschenswertesten ist. In diesem Zusammenhang erhebt sich die für die Praxis interessante Fragestellung: Welche quantitative und qualitative Bedeutung haben Non-Profit-Organisationen im Alltag der Altenversorgung?

2.1.2. Empirische Evidenz

Im Rahmen eines an der Wirtschaftsuniversität durchgeführten Forschungsprojekts wurde dieser Fragestellung nachgegangen und entsprechende makroökonomische Informationen zur Situation der stationären Altenbetreuung empirisch erhoben. Dabei wurde besonderes Augenmerk auf die Unterschiede zwischen öffentlichen und privaten Anbietern in der Alten- und Pflegeheimversorgung gelegt[4)].

Einige wesentliche empirische Ergebnisse dieser Studie seien an dieser Stelle zusammengefaßt:

- Die öffentliche Hand bietet zur Zeit mit rund drei Viertel aller Plätze und etwas mehr als zwei Drittel aller Heime eine Art "Grundversorgung" mit stationären Pflegeleistungen an (vgl. **Tabellen 1** und **2** im Anhang). Private gewinngerichtete Organisationen haben nur marginale Bedeutung. Die Non-Profit-Heime sind die wesentlichen nicht-staatlichen Anbieter.

- Im Qualitätsvergleich zwischen öffentlichen und privaten Heimen (vgl. **Tabelle 3** im Anhang) ist das Bild über weite Strecken ambivalent. Öffentliche Heime sind deutlich größer als private, was eine bessere Ausstattung zuläßt. Bereinigt um die Größeneffekte ergeben sich aber keine wesentlichen Ausstattungsunterschiede. Private Heime sind jedoch besser mit Personal ausgestattet und weisen einen höheren Anteil an Ein-Bett-Zimmern auf, was auf qualitative Vorteile schließen läßt.

- Die Bewohner von Heimen unterschiedlicher Träger unterliegen einer klaren sozialen Schichtung. Dies drückt sich klar im Preis aus (deutlich niedrigere Preise in öffentlichen Heimen als in privaten), läßt sich aber auch im beruflichen Hintergrund der Heimbewohner festhalten (beispielsweise hoher Anteil von Angestellten- oder Beamtenpensionisten in privaten Heimen).

Zusammenfassend kann festgestellt werden, daß der Non-Profit-Bereich in seiner quantitativen Bedeutung deutlich hinter öffentlichen Anbietern zurückbleibt. Eine Erklärung dafür bieten die festgestellten Preisunterschiede zwischen öffentlichen und Non-Profit-Heimen. Es besteht zwar die grundsätzliche Wahlmöglichkeit zwischen verschiedenen Anbietern, angesichts der Einkommenssituation älterer Menschen ist diese aber faktisch sehr eingeschränkt.

Damit erhebt sich die verteilungspolitische Frage, ob es ausreichend ist, alten Menschen irgendeine Art der Unterbringung im stationären Bereich zu ermöglichen oder ob nicht durch geeignete "Subjektförderung" (d.h. durch finanzielle Unterstützung der betreuten Personen und nicht der Heime) auch qualitativen Aspekten stärker Rechnung getragen werden könnte.

2.2. Ambulante versus stationäre Betreuung

Neben dem Problem der Institutionenwahl ist auch noch ein anderer wichtiger Aspekt der Angebotsstruktur für die Bereitstellung von Pflege- und Betreuungsdiensten zu beachten. Ob Betreuungsleistungen stationär, ambulant oder mobil erbracht werden, hat erhebliche Konsequenzen für die Kosten und damit den Finanzierungsbedarf von Pflegeeinrichtungen.

In der einschlägigen ökonomischen Diskussion steht der Kostenvergleich zwischen intra- und extramuralen Leistungen im Vordergrund. Dies ist etwa für eine Analyse der ökonomischen Implikationen einer Einführung der Hauskrankenpflege wesentlich und zeigt die Aktualität und Komplexität des Problems[5)].

Es ist nicht zulässig, die komplexe Problemstellung eines Kostenvergleichs zwischen verschiedenen Angebotsstrukturen auf einen vereinfachenden Zusammenhang zu reduzieren, wonach durch ambulante Dienste Kosten der stationären Unterbringung von alten oder pflegebedürftigen Menschen in jedem Fall eingespart werden können. In der Folge seien einige Aspekte, die einen Kostenvergleich zwischen intra- und extramuraler Pflege erschweren, herausgegriffen.

2.2.1. Hilfs- und Pflegebedürftigkeit alter Menschen

Ein generelles Urteil, ob Hauskrankenpflege kostengünstiger als stationäre Betreuung ist, kann nicht gegeben werden. Um differenziertere Aussagen zu ermöglichen, muß der Grad der Hilfs- und Pflegebedürftigkeit der betreuten Personen als wesentlichste kostenbeeinflussende Variable berücksichtigt werden. Zu diesem Zweck ist es notwendig, das pauschale Problem der Pflegebedürftigkeit so weit zu konkretisieren, daß die Kosten für einzelne Betreuungsintensitäten bzw. Abhängigkeitsstufen verglichen werden können.

Auf der Basis einer sehr differenzierten Mikro-Fallstudie hat Rieben[6)] einen Vergleich von offenen Altenbetreuungssystemen und Altenwohnheimen in der Schweiz durchgeführt. Kostenvorteile der ambulanten Dienste erscheinen nur dann gesichert, solange die betreuten Personen leicht pflegebedürftig sind. In Fällen schwerer Pflegebedürftigkeit entstehen hingegen bei der stationären Betreuungsform deutlich niedrigere Kosten.

Die Kostenvorteile bei relativ leichter Hilfs- oder Pflegebedürftigkeit konnten in einem jüngst abgeschlossenen empirischen Forschungsprojekt über die Gesundheits- und Sozialsprengel in Tirol verdeutlicht werden[7)]. So konnte etwa die Tiroler Landesregierung durch ambulante Betreuung rund 58.349 Tage in Alten-, Pflegeheimen oder Krankenhäusern einsparen, wodurch ein jährlicher Einsparungseffekt von netto 10-15 Millionen Schilling entstand.

2.2.2. Unterschiede im Leistungsspektrum der verglichenen Organisationen

Ein exakter Vergleich zwischen den Kosten intra- und extramuraler Pflegeleistungen wird auch dadurch erschwert, daß es sich um unterschiedliche "Produkte" handelt. Das umfassende "Versorgungspaket" eines Alten- oder Pflegeheimes kann nicht mit einzelnen Leistungen der ambulanten Dienste (beispielsweise Essensversorgung, Haushaltshilfe, medizinische Pflege, etc.) verglichen werden.

Es muß also erst ein entsprechendes Leistungsbündel für mobile Einrichtungen definiert werden, das in etwa dem Leistungsangebot in der stationären Altenhilfe entspricht. Einer einfachen Gegenüberstellung der Kosten der Hauskrankenpflege und jener eines Pflegeheimes würde die falsche Annahme zugrundeliegen, daß in stationären Einrichtungen lediglich Krankenpflegeleistungen erbracht werden.

2.3. Schlußfolgerungen

Die bisherigen Ausführungen sollten zeigen, daß kein pauschales Urteil über die ökonomische Vorteilhaftigkeit der einen oder anderen Versorgungsform abgegeben werden kann. Welche Kosten sich aus dem Problem der Hilfs- und Pflegebedürftigkeit ergeben und wie diese Kosten jetzt und in Zukunft finanziert werden sollen, kann nur beantwortet werden, wenn die nachfolgenden Fragen systematisch gelöst werden:

1) Was heißt Pflegebedürftigkeit? Wie können die verschiedenen Dimensionen der Pflegebedürftigkeit erfaßt werden?

2) Wie verändert sich die Pflegeintensität in der österreichischen Bevölkerung in den nächsten Jahren?

3) Welche ambulanten Leistungen entsprechen etwa dem Gesamtleistungspaket einer stationären Pflegeeinrichtung?

4) Ab welcher Pflegeintensität ist es günstiger alte Menschen stationär und nicht mehr ambulant zu betreuen (Break-Even-Analyse!)?

5) Wie werden die Betreuungskosten einzelnen Pflegetypen zugerechnet?

Fragestellungen dieser Art sind an der Schnittstelle zwischen Ökonomie, Gerontologie, Soziologie und Sozialmedizin angesiedelt. Für Pflegeeinrichtungen gibt es noch so gut wie keine Kostenrechnungen dieser Art, sodaß z.B. auch die Diskussion um die Finanzierung der Pflegevorsorge derzeit nur auf Spekulationen aufbauen kann. In der Abteilung für Sozialpolitik wird deshalb an einem Forschungsprojekt gearbeitet, das die Kosten von alternativen Organisationsformen der Pflegesicherung erheben wird. Ergebnisse sind Mitte 1993 zu erwarten.

3. Betriebswirtschaftliche Aspekte

Phänomene des Zeitdrucks, Probleme bei der Erfolgsmessung der Arbeit, Engpässe bei der Verfügbarkeit finanzieller Ressourcen deuten auf den Veränderungsbedarf in Altenversorgungsunternehmen hin. In der Folge soll anhand einiger ausgewählter Beispiele gezeigt werden, welchen Beitrag die Betriebswirtschaftslehre zu einer Ökonomie sozialer Dienste leisten kann.

3.1. Finanzierung von Altenversorgungseinrichtungen

Die Leistungen der Altenhilfe werden größtenteils von der öffentlichen Hand finanziert und nicht von den Konsumenten der Leistungen selbst. Den Betreuungsleistungen steht keine monetäre Gegenleistung der betreuten Personen gegenüber.

Der unternehmerische Dispositionsspielraum bezüglich Finanzierungsentscheidungen in Altenversorgungseinrichtungen ist deshalb sehr stark eingeschränkt. Die öffentliche Hand entscheidet weitgehend über den finanziellen Rahmen und damit über das Leistungsangebot, sodaß es zu einer Substitution marktwirtschaftlicher Steuerung durch politische Steuerung kommt.

Die Leistungsadressaten haben keine Möglichkeit, ihr Ge- oder Mißfallen ökonomisch auszudrücken, womit sie so gut wie keinen Einfluß auf die Leistungsgestaltung haben. Der Einfluß der Leistungsempfänger auf die Hilfeleistungen wird durch die Absprachen zwischen öffentlicher Hand und Wohlfahrtsverbänden stark eingeschränkt[8)].

Die Problematik vieler Altenversorgungsunternehmen besteht darin, daß Budgetverhandlungen ohne ausreichendes Wissen über die Kosten, welche aus der Betreuung hilfs- und pflegebedürftiger Personen entstehen, geführt werden. Außerhalb von Krankenanstalten gibt es derzeit so gut wie keine fundierten Kostenrechnungen in Altenhilfeeinrichtungen. Nach wie vor beschränkt sich die Budgetierung darauf, die Kosten des Vorjahres fortzuschreiben, ohne zu analysieren, wie hoch der Finanzierungsbedarf ist. Schlechte Betreuungsressourcen, Personalmangel und Zeitdruck sind die Folge.

Auf der Mikroebene wäre es daher dringend notwendig, Informationen über die Kosten der Hilfs- und Pflegebedürftigkeit zu erhalten. Es reicht für die Budgetverhandlungen zwischen öffentlicher Hand und Wohlfahrtsverbänden nicht aus, lediglich auf einen erhöhten Finanzierungsbedarf hinzuweisen, ohne die Ursachen dieses Finanzierungsbedarfs aufzeigen zu können.

3.2. Probleme der Erfolgsmessung in der Altenarbeit

Von Erfolg zu sprechen setzt, in ökonomischen Kategorien gedacht, eine objektiv nachvollziehbare Veränderung voraus. Eine solche Veränderung auf Seiten der Klienten ist in der Altenarbeit oft nicht gegeben. Dennoch ist von Erfolg zu sprechen, wenn beispielsweise ein bestimmter physischer oder psychischer Zustand nur aufrechterhalten wird. Erfolgreiche Arbeit muß nicht bedeuten, die Ursachen des Problems zu beseitigen, sondern kann auch darin bestehen, die Symptome eines Problems leichter erträglich zu machen und damit zur Lebensqualität beizutragen. Erfolg oder Mißerfolg ist daher eine Frage der Zielformulierung.

Die Unterschiedlichkeit und Vielfalt der Problemlagen älterer Menschen machen es unmöglich, ein pauschales Ziel zu vereinbaren und in der Folge gemäß diesem Ziel routinemäßig vorzugehen. "Die Komplexität der Aufgaben und Probleme in den einzelnen Tätigkeitsfeldern der (Altenarbeit) bei gleichzeitig notwendiger Differenzierung der Lösungen in jedem Einzelfall kompliziert die Auswertung"[9)].

Die in der Altenversorgung angestrebten Ziele sind in der Regel nicht quantifizierbar, sodaß die Zielerreichung schwer gemessen werden kann. Im Vordergrund von Effektivitätsbetrachtungen müssen daher qualitative Ziele (Lebensqualität, Zufriedenheit mit bestimmten Leistungen) stehen.

Dieses Quantifizierungs- und Bewertungsproblem verführt die Entscheidungsträger in Altenheimen leicht dazu, den Zielfindungprozeß nicht in Angriff zu nehmen. Man beschränkt sich darauf, sich dem Alltagsgeschehen, das ohnehin (oder gerade deshalb) durch Zeitdruck gekennzeichnet ist, zu widmen.

Die Beurteilung des Erfolges von sozialen Dienstleistungen konzentriert sich oft darauf, was beobachtbar und damit meßbar ist. Erfolgskennzahlen in diesem Sinn könnten etwa lauten: Die geleisteten Einsatzstunden in der Hauskrankenpflege, Anzahl der ausgelieferten Essen, Anzahl der betreuten Personen pro diplomierter Krankenschwester, etc. Derartige Formen des Effizienzdenkens, die sich fast ausschließlich an quantitativen Erfolgskriterien orientieren, stehen im Widerspruch zu Selbstverständnis und Ethik professioneller Sozialarbeit, woraus sich ein beträchtliches Spannungsverhältnis ergibt.

Das derzeitige Finanzierungssystem ist über weite Strecken an das Vorliegen quantitativer Erfolge gebunden. Die Hauskrankenpflege beispielsweise wird nach der Anzahl der geleisteten Einsatzstunden finanziert. Damit ist ein Anreiz gegeben, die Anzahl der Einsatzstunden zu maximieren, während die Qualität der geleisteten Arbeit (zumindest finanziell) nicht gefördert wird. Im Gegenteil: Verbesserte Qualität in der Leistungserbringung, wie beispielsweise der verstärkte Einsatz von aktivierender Pflege, Ansätze zu ganzheitlichen Betreuungskonzepten oder die Einführung einer fachlichen Begleitung der Pflege, geht auf Kosten der Einsatzstunden und ist damit einer finanziellen Besserstellung der Organisation hinderlich.

Die Mitarbeiter in Altenhilfeeinrichtungen haben mit dem derzeitigen Finanzierungssystem kein leichtes Leben. Sie kommen tagtäglich in den Konflikt zwischen quantitativen Effizienzkriterien der Organisation und persönlichen Erfolgskriterien. Die Ökonomie ist dazu aufgerufen, bei der Entwicklung von Methoden und Instrumenten der Erfolgsbeurteilung mitzuwirken, die es ermöglichen, auch qualitativen Aspekten der geleisteten Arbeit Rechnung zu tragen. Zu diesem Zweck wird in der Abteilung für Sozialpolitik an der Entwicklung eines integrierten sozialwissenschaftlichen Konzepts zur Erfolgsmessung in Altenversorgungseinrichtungen gearbeitet.

3.3. Zunehmende Marketingorientierung in der Altenversorgung

Marketing wird hier nicht nur als instrumentelle Fertigkeit, sondern als grundsätzliche Haltung bzw. Unternehmensphilosophie von Organisationen, die soziale Dienstleistungen für alte Menschen anbieten, verstanden. Bei einer solchen Betrachtungsweise stellen das bewußte Erkennen und Begreifen von Bedürfnissen, nachfrageorientiertes Denken und Handeln die Voraussetzungen dar, um die Qualität der geleisteten Arbeit zu verbessern.

Die Arbeit in Altenheimen ist gegenwärtig angebotsorientiert geprägt: Das Leistungsangebot wird höchstens mittelbar durch die Bedürfnisse der betagten Menschen bestimmt. Gefordert wird die Individualisierung der Dienstleistungen im Heim[10)]. Damit ist das Bemühen gemeint, die Dienstleistungen des Heimes so zu erbringen, daß eine Orientierung an der spezifischen Situation und den Wünschen der einzelnen Dienstenutzer handlungsleitend ist.

In Einrichtungen der stationären Altenpflege hat man sich beispielsweise lange Zeit darauf beschränkt, Bewohner lediglich zu "verwalten" und gar nicht nach ihren Bedürfnissen zu fragen. Erst langsam vollzieht sich der Wandel von einer Angebots- zu einer Nachfrageorientierung. Die Konsumenten sozialer Dienstleistungen werden immer selbstbewußter, anspruchsvoller und kritischer gegenüber dem Betreuungsangebot, sodaß sich immer mehr eine Entwicklung der alten Menschen vom " verwalteten Klienten zum gestaltenden Kunden" ergibt. Alte Menschen distanzieren sich zunehmend von der traditionellen Vorstellung, daß die Pension die Zeit des Rückzugs, der Passivität und des Verlusts psychischer und physischer Fähigkeiten ist und verlangen nach Formen der aktiven Altenpflege. Darauf sollte mit einer differenzierten, an den unterschiedlichen Bedürfnissen der alten Menschen orientierten Angebotsstruktur reagiert werden[11)].

Die bloß funktionale Orientierung des Angebots an physischen Bedürfnissen müßte in einer solchen Struktur aufgegeben werden. Die genaue Kenntnis der physischen Bedürfnisse betagter Menschen ist zwar Voraussetzung für die Pflegeplanung und den darauf aufbauenden Pflegeprozeß. Darüber hinaus sind aber auch die psychischen Bedürfnisse älterer Menschen bzw. die Bedürfnisse hinsichtlich der sozialen Integration entsprechend zu erfassen und bei der Gestaltung des Leistungsangebots zu berücksichtigen.

Diese betriebswirtschaftlich orientierte Argumentation deckt sich mit der Überzeugung, daß die Probleme des Alterns nur zu einem geringeren Teil medizinischer Natur sind. Gebrechlichkeit, Verlust an körperlicher Selbständigkeit sind zwar natürliche Bestandteile des Alterungsprozesses, sagen aber noch nichts über die subjektiv empfundene Lebensqualität der "betreuten" Personen aus.

3.4. Reorganisation bestehender Einrichtungen der Altenversorgung

Dienstleistungen für alte Menschen, die dem Anspruch der Individualisierung, der Bedürfnisorientierung und der ganzheitlichen Erfassung der betreuten Personen gerecht werden wollen, stehen vor dem Problem, angemessene Organisationsformen für die Bereitstellung ihres Angebots zu suchen.

Das Problem der Hilfs- und Pflegebedürftigkeit stellt sich in der Regel kurzfristig. Die betroffenen Personen können nicht, wie bei der Inanspruchnahme anderer Dienstleistungen, lange Informationen einholen und zwischen den verschiedenen Angeboten wählen, sie müssen sich sehr rasch für ein bestimmtes Angebot entscheiden. Ältere Menschen und deren Angehörige verfügen häufig über ein völlig unzureichendes Wissen über die Möglichkeiten rehabilitativer und sozial integrativer Versorgung. Diesen Problemen sollte durch eine geeignete Organisationsform entgegengewirkt werden.

Die mobile Versorgung bestand beispielsweise lange Zeit aus einem unverbundenen Nebeneinander verschiedenster Leistungen, wie medizinische Hauskrankenpflege, Heimhilfe, Essen auf Rädern, die jeweils von unterschiedlichen Trägern erbracht wurden. Bei einer derartigen Organisation ambulanter Dienste ist es für die Betroffenen schwierig, die Zuständigkeiten zu kennen. Darüber hinaus gehen viele Synergieeffekte (z.B. verbesserte Koordination, mehr Flexibilität), die im Interesse der betreuten Personen nutzbar wären, verloren. Die Problemzusammenhänge einzelner betreuter Personen werden dann nicht mehr erkannt, wodurch die ganzheitliche Betreuung bedürftiger Personen zu kurz kommt.

Organisationsformen, wie die sozialen Stützpunkte in Wien, die Sozial- und Gesundheitssprengel in Tirol sind ein erster wichtiger Schritt, um ein vernetztes Angebot an sozialen Diensten bereitzustellen. Volks- und betriebswirtschaftliche Evaluationen[12] sind in diesem Zusammenhang eine wichtige Unterstützung.

Auf betrieblicher Ebene hat die ständig steigende Zahl hilfs- und pflegebedürftiger Personen in den letzten Jahren zu einem starken Wachstum der Anbieter geführt. Altenhilfeeinrichtungen haben sich häufig von einem Kleinbetrieb in eine Großorganisation mit einer Vielzahl von Mitarbeitern entwickelt. Die Folgen dieser Entwicklungen sind: Unübersichtlichkeit, Koordinationsschwierigkeiten, Inflexibilität, mangelnde Effizienz und Effektivität innerhalb der einzelnen Organisationen.

Diesen Problemen kann nur durch geänderte Organisationsstrukturen, Änderungen in der Aufbau- und Ablauforganisation begegnet werden. Gewachsene soziale Einrichtungen müssen zu ihrer ursprünglichen Flexibilität zurückfinden, indem durch Dezentralisierung, den Abbau hierarchischer Organisationsstrukturen, Verlagerung von Entscheidungskompetenzen zu ausgelagerten Organisationseinheiten, geänderte Methoden der Mitarbeiterführung, etc. neue Angebotsformen der Altenhilfe gefunden werden.

4. Konsequenzen für ein ökonomisches Forschungsprogramm betreffend Altenpflegeeinrichtungen

Zusammenfassend erweist sich die Übertragung ökonomischen Wissens auf den Bereich der Altenarbeit als notwendig und sinnvoll. Allerdings zeichnen sich weitaus stärkere Anforderungen an eine interdisziplinäre Zusammenarbeit ab, als dies in anderen Anwendungsbereichen der Ökonomie der Fall ist. Vor allem braucht es eine Zusammenarbeit zwischen wirtschaftswissenschaftlichen Disziplinen, anderen sozialwissenschaftlichen Arbeitsfeldern (z.B. Soziologie) und psychologischen und medizinischen Teilgebieten. Soziale Probleme der Altenversorgung sind nur dann lösbar, wenn prozeßhaftes Handeln und interdisziplinäre Fachkompetenzen zusammengebracht werden. Darin liegen gleichzeitig die großen Schwierigkeiten und Herausforderungen von Arbeiten auf diesem Gebiet.

Anmerkungen und Literatur

1) Einen Überblick bietet Badelt, C./Pazourek, J.: Care for the Elderly in Austria, in: Eurosocial, European Centre, Report 40/2 1991, S. 13-33.

2) vgl. zur Kritik an diesem auch als "Failure-Perfomance Approach" bezeichneten Ansatz, Badelt, C.: Institutional Choice and Organizational Behavior in the Third Sector, in: Anheier, H.K./Seibel, W., (Eds.): The Third Sector, Comparative Studies of Nonprofit Organizations, New York 1990, S. 56 f.

3) vgl. Arrow, K.J.: Uncertainty and the Welfare Economics of Medical Care, in: American Economic Review, Vol. 53, S. 941-973.

4) vgl. Badelt, C.: Stationäre Altenpflege in Österreich: Profil eines Marktes, in: Kytir, J./Münz, R., (Hrsg.): Alter und Pflege, Argumente für eine soziale Absicherung des Pflegerisikos, Berlin 1992, S. 123-136.

5) Für eine detaillierte Analyse vgl. Badelt, C.: Ökonomische Aspekte der Hauskrankenpflege, in: Theurl, E., (Hrsg.): Überleben die Krankenhäuser?, Thaur 1991, S. 205-228.

6) Rieben, E.: Kosten in der offenen und geschlossenen Altershilfe, Berlin, Stuttgart 1982, S. D11ff.

7) Badelt, C./Holzmann, A.: Sozial- und Gesundheitssprengel in Tirol, Eine Evaluation aus ökonomischer und sozialpolitischer Sicht, Projektbericht, Wien 1992.

8) Freier, D.: Mehr Markt und weniger Dirigismus in der sozialen Arbeit, in: Lewkowicz, M., (Hrsg.): Neues Denken in der Sozialen Arbeit. Mehr Ökologie-mehr Markt-mehr Management, Freiburg i.B. 1991, S. 112.

9) Heiner, M.: Von der forschungsorientierten zur praxisorientierten Selbstevaluation, Entwurf eines Konzepts, in: Heiner, M., (Hrsg.): Selbstevaluation in der sozialen Arbeit, Freiburg i.B. 1988, S. 11.

10) vgl. Ahlert, U. et al.: Heimkonzepte der Zukuft, 2. Auflage, Deutsches Zentrum für Altersfragen, Berlin, Köln 1991, S. 38f.

11) vgl. Halfar, B./Schneider, N.: Sozio-Marketing für Altenheime, in: Caritas 5/1991.

12) vgl. Punkt 7)

Anhang

	Altenheime		Pflegeheime	
	Zahl	%	Zahl	%
Öffentlicher Sektor	350	68,8	39	65,0
Private Non-Profit Organisationen	137	26,9	14	23,3
For-Profit Unternehmen	22	4,3	7	11,7
	509	100,0	60	100,0

Tab. 1: Zahl der Alten- und Pflegeheime in Österreich nach institutioneller Form der Träger

	Plätze in Altenheimen		Plätze in Pflegeheimen	
	Zahl	%	Zahl	%
Öffentlicher Sektor	31.270	76,6	10.623	77,5
Private Non-Profit Organisationen	8.754	21,4	2.832	20,7
For-Profit Unternehmen	814	2,0	256	1,9
	40.838	100,0	13.711	100,0

Tab. 2: Verfügbare Plätze in Alten- und Pflegeheimen nach institutioneller Form der Träger

VARIABLE	ALLE HEIME		NON-PROFIT		ÖFFENTLICH		FOR-PROFIT		
	MW	MD	MW	MD	MW	MD	MW	MD	SIGN.*)
Heimgröße (Zahl der Bewohner)	79,7	58	64,4	56,5	86,2	61,5	47,4	45	*
Zimmergröße (Anteil Personen in Einzelzimmer an Personen insgesamt)	62,9	69,2	76,1	87,7	58,3	63,4	67,5	82,4	**
Betreuungspersonal	8,5	6	8,6	6	8,6	6	5,6	3,0	–
Betreuungspersonal diplomiert	2,3	1	2,6	1	2,2	1	2,0	2	–
Betriebspersonal	11,4	8	10,7	8,5	11,8	8	6,9	6	–
Verwaltungspersonal	1,5	1	1,5	1	1,4	1	2,2	2	**
Ehrenamtliches Personal	1,1	0	2,0	0	0,9	0	0,5	0	*
(Personal/Heimbewohner) x 100	29,8	26,1	37,8	34,0	27,1	24,1	31,2	33,3	**
(Entgeltliches Personal/Heimbewohner) x 100	27,0	24,9	33,0	31,6	25,0	23,8	30,0	29,2	**
(Betreuungspersonal/Heimbewohner) x 100	11,02	9,7	13,2	11,8	10,3	9,3	12,2	10,7	*
Anteil Dipl. Betreuungspersonal/Betreuungspers.	27,8	20	32,6	31	25,6	20	42,5	33,3	*
Anteil Dipl. Personal/Gesamtpersonal (entg.)	9,6	8	11,4	8,6	8,9	7,4	12,6	11,1	–
Anteil Betreuungspersonal/entg. Personal	39,2	37,7	37,6	36,6	39,9	39,1	36,2	31,6	–
Anteil Betriebspersonal/entg. Personal gesamt	53,3	53,8	53,6	52,8	53,2	54,1	51,3	47,4	–
Pflegesatz Wohnplatz untere Grenze (in öS)	6.058,3	5.850,–	6.939,–	7.003,–	5.640,1	5.430,–	9.129,–	9.000,–	**
Pflegesatz Wohnplatz obere Grenze (in öS)	7.481,8	7.200,–	8.425,2	8.200,–	6.980,4	6.900,–	12.168,–	12.600,–	**
Pflegesatz Pflegeplatz untere Grenze (in öS)	9.867,9	9.150,–	10.313,6	9.000,–	9.746,2	9.150,–	(8.891,2)	(9.768,5)	–
Pflegesatz Pflegeplatz obere Grenze (in öS)	11.616,3	10.890,–	11.858,3	11.220,–	11.536,6	10.465,–	(11.502,8)	(11.018,–)	–
Anteil Angestelltenpensionisten	16,9	10,8	27,7	22,6	12,4	10	(41,2)	(40,0)	**
Anteil Arbeiterpensionisten	56,3	59	38,8	34	63,3	63,6	(25,1)	(10,0)	**
Anteil Gewerbepensionisten	6,1	5	8,1	6,9	5,2	5	(11,5)	(15,0)	**
Anteil Beamtenpensionisten	5,9	3	11,7	8	3,9	2,0	(9,9)	(10,0)	**
Anteil teilweise Sozialhilfeempfänger	31,8	30	20,8	18,4	35,9	38,5	(15,1)	(8,0)	**
Anteil vollständig Sozialhilfeempfänger	10,2	3,0	6,0	0,6	11,4	3,5	(14,5)	(4,1)	*

*) * . . . signifikant auf 5%-Niveau, ** . . . signifikant auf 1%-Niveau
MW . . . Mittelwert
MD . . . Median

Tab. 3: Überblick über wichtige Strukturvariablen österreichischer Altenheime (1988) nach institutioneller Form des Trägers

Tabellen entnommen aus: Badelt, C.: Stationäre Altenpflege in Österreich: Profil eines Marktes, in: Kytir, J./Münz, R., (Hrsg.): Alter und Pflege, Argumente für eine soziale Absicherung des Pflegerisikos, Berlin 1992, S. 125-128.

Schnittstellenprobleme in der Altenversorgung[1)]

Oskar Grün, Christian Köck

1. Die Ableitung des Schnittstellenproblems

Unter "Alten" verstehen wir im folgenden Personen, die 60 Jahre und älter (60+) sind. Die Altenversorgung ist derzeit Gegenstand intensiver Diskussion. Ihre **Funktionstüchtigkeit** wird zunehmend **in Frage gestellt**, insbesondere wegen der demographischen Entwicklung (steigender Anteil der Alten an der Gesamtbevölkerung), wegen des epidemologischen Übergangs (von den akuten zu den chronisch/degenerativen Erkrankungen), wegen der Veränderung gesellschaftlicher Strukturen (Lockerung familiärer Bindungen), wegen der zu erwartenden Steigerung des Anspruchsniveaus der Alten und wegen einiger Skandalerscheinungen. Vermeintlich offenkundige und zwingende Lösungen erweisen sich bei näherem Zusehen als fragwürdig: Die vielfach geforderte massive Kapazitätsausweitung des Versorgungssystems scheitert nicht nur an der mangelnden Bereitschaft und Finanzkraft der zukünftigen Alten, die für ihre "private" Altenversorgung notwendigen Mittel bereitzustellen, sondern auch an der angespannten Budgetsituation der öffentlichen Hand und an den Schwierigkeiten, das Pflegepersonal in der erforderlichen Quantität und Qualität zu rekrutieren. Diese Rekrutierungsprobleme sind vor allem auf geringes Sozialprestige und auf ungünstige Arbeitsbedingungen zurückzuführen.

Wir zeigen im folgenden einen Ansatz, der schwerpunktmäßig auf eine Verbesserung statt auf eine Ausweitung des bestehenden Systems der Altenversorgung zielt. Diese Verbesserung soll durch ein leistungsfähiges Schnittstellenmanagement erreicht werden. **Schnittstellen** verbinden bzw. trennen Beziehungen zwischen Systemelementen. Sie sind deshalb ein **effizienzkritischer Faktor** in der Altenversorgung, weil die Versorgung nicht von einer, sondern von einer Vielzahl von Personen und Institutionen (Elementen) geleistet wird, d.h. die einzelnen Elemente sind aufgrund ihres spezifischen Leistungsauftrages, ihrer regionalen Verteilung und ihres Selbstverständnisses nicht in der Lage, eine umfassende Altenversorgung sicherzustellen. Die wichtigsten Elemente dieses stark arbeitsteiligen Versorgungssystems sind: Der (zu versorgende) Alte, das häusliche Umfeld (Familienangehörige, Nachbarn, Bekannte), sonstige Angehörige, niedergelassene Ärzte und Therapeuten, Spitäler, Rehabilitationseinrichtungen, Pflegeheime, soziale Dienste, Sozialarbeiter, Versicherungen. Die Problematik verschärft sich, weil die genannten Systemelemente z.T. beträchtliche interne Schnittstellenprobleme haben.

Aus **methodischer Sicht** ist es reizvoll, den Schnittstellen-Ansatz aufzugreifen, weil er in der betriebswirtschaftlichen Forschung zur Lösung analoger Probleme entwickelt wurde und derzeit forciert wird. Dort ist es gelungen, die effizienzkritische Wirkung des Schnittstellenmanagements nachzuweisen und Erklärungen für das Auftreten von Harmoniestörungen zu formulieren.[2)] Diese Vorarbeiten sind nach einer Anpassung auf den Kontext der Altenversorgung ein beachtliches Lösungspotential für unsere Fragestellung. Dasselbe gilt für die in jüngster Zeit ebenfalls stark entwickelte Forschung zur Unternehmungskooperation, weil sie auch Kooperationsformen behandelt, die für Elemente des Systems der Altenversorgung relevant sind.[3)]

2. Differenzierung der Schnittstellen

Im Hinblick auf die weiter unten zu diskutierende Gestaltungsfrage ist es sinnvoll, die Schnittstellen nach Art und Relevanz zu differenzieren.

2.1. Differenzierung nach Arten

Die Unterscheidung nach Schnittstellen innerhalb (intrainstitutionellen) und zwischen (interinstitutionellen) Elementen des Versorgungssystems wurde oben bereits angesprochen.

Intrainstitutionelle Schnittstellen treten vor allem in großen Institutionen mit starker interner Differenzierung auf. So stellen im Krankenhaus die berufsständische Orientierung (Ärzte, Pflegepersonal/Therapeuten, Mitarbeiter der Verwaltung), die Spezialisierung nach Fächern, der dreifache Leistungsanspruch im Bereich Forschung, Pflege und Ausbildung (gilt jedenfalls für Universitätskliniken), die Trennung von Akut- und Langzeitbehandlung sowie die ausgeprägte hierarchische Strukturierung hohe Anforderungen an das Schnittstellenmanagement.

Interinstitutionelle Schnittstellenprobleme entstehen, weil die Elemente des Versorgungssystems hinsichtlich Funktion, Professionalität, Größe, Struktur und Kultur stark divergieren und darüber hinaus z.T. beachtliche Institutsegoismen entfalten. Dabei ist zu berücksichtigen, daß die Institutionen aufgrund der Heterogenität und der regionalen Streuung der Versorgungsfälle keine fixen, sondern stark variierende Beziehungsstrukturen zu anderen Elementen des Versorgungssystems mit jeweils spezifischen Schnittstellenproblemen unterhalten. Man denke nur an die Vielzahl der niedergelassenen Ärzte, die Alte in Krankenhäuser einweisen, oder an die starke Differenzierung des häuslichen Umfeldes, das der Sozialarbeiter bei der Disposition der Versorgungssituation nach einer Krankenhausbehandlung berücksichtigen muß.

Im Hinblick auf die geforderte Altenorientierung muß sich das Schnittstellenmanagement sowohl auf die intra- als auch auf die interinstitutionellen Schnittstellen erstrecken, weil nur dann die Deckung des im Verlaufe einer Altenkarriere auftretenden Versorgungsbedarfs gewährleistet ist (vgl. Ziff. 3.1.).

2.2. Differenzierung nach Relevanz

Relevanz bezeichnet hier vor allem den Einfluß der Funktionstüchtigkeit einer Schnittstelle (und damit des Schnittstellenmanagements) auf Umfang und Qualität der Altenversorgung.[4)] Dementsprechend interessieren vor allem das Reaktionspotential, die Frequenz der Inanspruchnahme und die Störanfälligkeit der Schnittstellen. Die **Frequenz der Inanspruchnahme** und die **Störanfälligkeit** bedürfen keiner Erläuterung. Das **Reaktionspotential** beschreibt die Fähigkeit, entsprechend dem individuellen Versorgungsfall zu reagieren und Kontakte zu unterschiedlichen Elementen im Versorgungssystem aufzubauen. Dazu gehört auch die Frage, ob die Schnittstelle (z.B. die Ambulanz eines Krankenhauses) ständig oder nur zu bestimmten Zeiten in Anspruch genommen werden kann.

Im Rahmen eines Forschungsseminars wurde ein Instrument zur Skalierung der Relevanz der Schnittstellen im Versorgungssystem entwickelt und in Tiefeninterviews mit Experten getestet.[5)] Die empirische Verifizierung der Relevanz der Schnittstellen setzt neben einer hinreichend großen Zahl von Beobachtungen auch eine Differenzierung nach Versorgungsfällen voraus, da anzunehmen ist, daß die Relevanz im Hinblick auf den Versorgungsbedarf variiert.

3. Maximen zur Gestaltung der Schnittstellen

Die von uns durchgeführten Expertenhearings stützen die Vermutung von der starken Effizienzwirkung des Schnittstellenmanagements, das neben einigen eher trivialen (z.B. erweiterte Befundanerkennung) auch eine Reihe schwerwiegender Probleme aufwirft. Wir stellen deshalb die Frage nach der Gestaltbarkeit und den Gestaltungsmaximen der Schnittstellen. Diese Überlegungen sind vorläufig noch überwiegend spekulativ, sollen im Verlaufe des Forschungsprogramms jedoch schrittweise durch empirische Befunde abgesichert werden.

Zur **Gestaltbarkeit** kann vorweg gesagt werden, daß sie aus organisationstheoretischer Sicht zweifelsfrei gegeben ist: Es handelt sich um ein klassisches Koordinationsproblem in einem arbeitsteiligen System mit einer Vielzahl von (zumindest ähnlichen) Wiederholungsfällen. Einschränkungen ergeben sich allenfalls aus der Perzeption und Bedeutungseinschätzung von Managementproblemen seitens der Systembeteiligten sowie deren Vorliebe für Improvisation statt Organisation. Diese Gestaltungshemmnisse können jedoch durch Schulungen und Erfolgsnachweise abgebaut werden, d.h. es lohnt, über Gestaltungsmaximen nachzudenken.

3.1. Die Orientierung am Versorgungsbedarf

Im derzeitigen System der Altenversorgung dominieren die Interessen der Versorgungseinrichtungen gegenüber den individuellen Versorgungsbedarf der Alten. Dementsprechend werden die Schnittstellen vorrangig im Hinblick auf die Arbeitserleichterung innerhalb und zwischen den Institutionen gestaltet. Es ist anzustreben, daß die **Zufriedenheit der Alten** ein zumindest **gleichberechtigtes Gestaltungsziel** neben der Arbeitserleichterung (z.B. durch Standardisierung) wird. Vorbilder dieser in weiten Bereichen des Dienstleistungssektors inzwischen selbstverständlichen Orientierung an den Kundenbedürfnissen gibt es auch im System der Altenversorgung, z.B. die Gruppenpflege im Krankenhaus und das ganzheitliche, kundenindividuelle Leistungsangebot der Sozialdienste.

3.2. Die Verringerung der Zahl der Schnittstellen

Das Schnittstellenproblem verschärft sich mit der Zahl der vom Alten im Verlaufe seiner Karriere in Anspruch genommenen Versorgungseinrichtungen. Eine Verringerung der Zahl der Schnittstellen ist bei gleicher Versorgungsleistung nur möglich, wenn das Versorgungs-Sortiment der einzelnen Institutionen verbreitert wird, d.h. wenn es zu einer **Entspezialisierung** kommt. Beispiele hierfür sind die Schaffung von Rehabilitationseinrichtungen im Krankenhaus, die Integration der psychischen Versorgung in die Ordination des praktischen Arztes, die Nutzung der Krankenhäuser durch Belegärzte und die Kombination von häuslicher Schlafstelle und Tagesspital.

Gestaltungstechnisch ist hier abzuwägen zwischen dem Management intra- und interinstitutioneller Schnittstellen. Unter dem Aspekt der Durchsetzbarkeit und der Zurechenbarkeit der Verantwortung scheinen die intrainstitutionellen Schnittstellen vorteilhafter zu sein. Allerdings sind die **Möglichkeiten**

der Kooperation im System der Altenversorgung bei weitem noch nicht ausgeschöpft. Dies ist ein weiterer Hinweis auf die Priorisierung der institutionsspezifischen Versorgungsleistung gegenüber dem jeweiligen ganzheitlichen Versorgungsbedarf der Alten. Für den Alten ist es also wichtig, daß die spezialisierten Versorgungseinrichtungen solche Kooperationen eingehen, die ein ganzheitliches Leistungsangebot für eine bestimmte Region (z.B. einen Stadtteil) gewährleisten. Mit der regionalen Differenzierung könnte auch dem Anspruch eines kundennahen Service Rechnung getragen werden.

3.3. Die Berücksichtigung der Steuerungsfunktion der Schnittstellen

Schnittstellen sind i.d.R. am "Eingang" oder am "Ausgang" einer Versorgungseinrichtung plaziert. **Redundante Schnittstellen** erleichtern den Übergang zwischen zwei Versorgungsinstitutionen, Schnittstellen ohne Redundanz erschweren ihn. Dementsprechend wird man Schnittstellen mit viel Slack vorsehen, wenn das Verlassen einer Versorgungseinrichtung (z.B. des Krankenhauses) oder die Benutzung einer Einrichtung (z.B. mobile Schwestern) erleichtert werden sollen. Analoges gilt für die beabsichtigte Erschwerung beim Verlassen bzw. beim Eintritt in eine Versorgungseinrichtung (Preisgabe des häuslichen Umfeldes bzw. Einweisung in ein Pflegeheim).

3.4. Benutzerfreundliche Schnittstellengestaltung

Das Schnittstellenmanagement muß der Tatsache Rechnung tragen, daß nicht nur die "Kunden" (Alten), sondern auch die Anbieter von Versorgungsleistungen (vgl. die große Zahl ehrenamtlicher Mitarbeiter der Sozialdienste) vielfach keine Profis sind. Hinzu kommen beachtliche Ausbildungsunterschiede der Beteiligten bezüglich Inhalt und Niveau. Daraus resultiert ein hoher Anspruch an die Benutzerfreundlichkeit der Schnittstellen. Es muß verhindert werden, daß ein "Verfehlen" oder eine Fehlbedienung der Schnittstellen die Verweigerung der Leistung oder den Verlust des Leistungsanspruchs bewirkt. Eine wesentliche Voraussetzung der Benutzerfreundlichkeit ist die **Kompatibilität** der Schnittstellen. Kompatibilität bezieht sich in diesem Zusammenhang vor allem auf die Kapazität der Schnittstellen (z.B. ein angemessenes Volumen von Beratungsstunden der Sozialarbeiter für die Krankenhauspatienten), auf die Ausstattung (z.B. Zugriff auf Informationen über Versorgungseinrichtungen für den jeweils relevanten Karrierepfad), auf den Kommunikationsstil ("gleiche Sprache sprechen") und auf die Kennzeichnung (Schnittstellen sollten eindeutig identifizierbar sein).

3.5. Die Respektierung des Selbstbestimmungsanpruchs der Alten

Die Zielgruppe der Alten ist außerordentlich heterogen. Auf der Basis des Mikrozensus "Ältere Menschen" von 1987 konnten von W. Girth und O. Grün **acht Typen von Alten** identifiziert werden.[6)] Ein typenbildendes Merkmal der Alten ist ihre Fähigkeit zur selbständigen Wahrnehmung von "Aktivitäten des täglichen Lebens". Diese Fähigkeit bestimmt auch, wieweit sie selbst Aufgaben des Schnittstellenmanagements wahrnehmen können (wollen) oder auf die Intervention von Schnittstellenmanagern angewiesen sind. Das Schnittstellenmanagement muß so konzipiert werden, daß es der Entmündigung der Alten keinen Vorschub leistet. Es kann in das Leistungsangebot der Versorgungseinrichtungen integriert sein (dies gilt vielfach für niedergelassene Ärzte) oder von Spezialisten wahrgenommen werden (z.B. Sozialarbeitern).

4. Programm zur empirischen Evaluierung des Schnittstellenkonzepts

Wir haben deutlich gemacht, daß es starke Hinweise für die Relevanz und für die Vielfalt des Schnittstellenproblems in der Altenversorgung gibt. Großzahlige und hinreichend differenzierende empirische Nachweise fehlen jedoch noch. Damit mangelt es an wichtigen Basisinformationen für ein Schnittstellenmanagement. Unser Forschungsprogramm soll dieses Defizit abbauen.

4.1. Fokussierung auf Altenkarrieren

Die bereits erwähnte Bildung von Typen der Alten markiert einen wesentlichen Fortschritt in der Analyse der Altenversorgung. Die Typenbildung ermöglicht es, differenzierte Bedarfsprofile zu entwickeln und die Gestaltungsbemühungen auf die Zielgruppen mit dem größten Versorgungsdefizit zu konzentrieren (engpaßgesteuerter Kapazitätsausbau). Allerdings repräsentieren diese Typen lediglich Zustandsbeschreibungen und sagen nichts über die von den Alten in Anspruch genommenen Versorgungseinrichtungen aus. Deshalb soll diese Zustandsbeschreibung durch die Erhebung von Altenkarrieren unter besonderer Berücksichtigung der im Karriereverlauf aufgetretenen Schnittstellenprobleme ergänzt werden.

4.2. Die Auswahl der Schnittstellenperspektive

Es ist naheliegend, die Altenkarrieren im Wege einer Längsschnittanalyse zu erheben. Dazu bedürfte es der Auswahl und Beobachtung eines repräsentativen Samples von Alten über einen längeren Zeitraum. Wir haben uns gegen diese

Variante entschieden, weil sie gestaltungsrelevante Erkenntnisse erst nach einer langen Erhebungsdauer erwarten läßt. Stattdessen wird eine Querschnittsanalyse für eine große Zahl von Alten angestellt. Um karriererelevante Informationen zu gewinnen, mußte ein Ereignis als Beobachtungsperspektive gewählt werden, das den Zugang zu möglichst vielfältigen Informationen über einen möglichst langen Abschnitt der Altenkarriere eröffnet. Diese hohe Informationsdichte scheint bei der Entlassung von Alten aus dem Krankenhaus gegeben. Sowohl bei der Einlieferung als auch während des Aufenthaltes und bei der Entlassung fällt eine beträchtliche Zahl karriererelevanter Informationen an, die bei Respektierung der datenschutzrechtlichen Bestimmungen für unsere Forschungsaufgabe genutzt werden können. Auf der Jahrestagung der Wirtschaftsuniversität werden erste empirische Ergebnisse über Schnittstellenprobleme im Verlauf von Altenkarrieren präsentiert.

Literaturhinweise und Anmerkungen

1) Der Forschungsbericht basiert z.T. auf Diskussionen in Forschungsseminaren am Institut für Organisation und Materialwirtschaft der Wirtschaftsuniversität Wien und einem von O. Grün als Ergebnis der Diskussion verfaßten "Positionspapier".

2) Vgl. Brockhoff, K.: Schnittstellen-Management. Abstimmungsprobleme zwischen Marketing und Forschung und Entwicklung, Stuttgart 1989.

3) Vgl. Schrader, St.: Kooperation. Ergebnisse empirischer betriebswirtschaftlicher Forschung, in: Auf dem Wege zu einer Realtheorie der Unternehmung, hrsg. von O. Grün/J. Hauschildt, Stuttgart 1993.

4) Das Problem der Bestimmung von Umfang und Qualität der Altenversorgung kann an dieser Stelle aus Platzgründen nicht weiterverfolgt werden. Vgl. hierzu beispielhaft die Ausführungen von W. Herrmann/E. Urbas: "Gesundheitliche Situation älterer Menschen und Gesundheitsversorgung", in: Altwerden in Niederösterreich, hrsg. vom Wiener Institut für sozialwissenschaftliche Dokumentation und Methodik, Wien 1991, S. 276ff.

5) Vorarbeiten wurden von M. Barilits und H. Kunesch im Rahmen eines Forschungsseminars geleistet.

6) Die Typen wurden mit einer Clusteranalyse ermittelt. Am stärksten diskriminierten die Merkmale: Gemeindegröße, Aktivitäten des täglichen Lebens, Art der Pflegeperson bei länger anhaltender Erkrankung. Eine Veröffentlichung ist in Vorbereitung.

Die Zukunft der Evangelischen Kirche in Wien*)

Alexander Weger

0 Einleitung und Problemstellung

Der Anteil der evangelischen Christen an der österreichischen Bevölkerung dürfte sich von derzeit rd. 6% bis zum Jahr 2010 auf 4% bzw. 5% verringern. Nur unter Zugrundelegung extrem optimistischer Annahmen - ab sofort 20% mehr Kircheneintritte als -austritte pro Jahr - wäre es der Evangelischen Kirche[1] in Wien möglich, den heutigen Anteilsstands an Gläubigen zu halten.

Diese äußerst kritische Situation der Evangelischen Kirche ist die Ausgangslage für die vorliegende Studie, deren Zielsetzung es war, für eine Nonprofit-Organisation (NPO) unter Berücksichtigung der besonderen Charakteristika einer Religionsgemeinschaft ein strategisches Managementkonzept zu entwickeln, sowie Maßnahmen zur Implementierung dieses Konzepts vorzuschlagen. Explizit sei darauf hingewiesen, daß die theoretischen Grundlagen der "Kirchenorganisation" Evangelische Kirche nicht Gegenstand der Studie waren, sondern nur die "Betriebsorganisation"[2] Evangelische Kirche nach betriebswirtschaftlichen Kriterien betrachtet wurde.

Methodisch stützt sich die Studie auf Pümpins[3] "Konzept der strategischen Erfolgspositionen". Pümpins Ansatz zeichnet sich durch seinen relativ einfachen Aufbau und die daraus hervorgehende Praxistauglichkeit aus. Da das Modell für erwerbswirtschaftliche Organisationen entwickelt wurde, wurde es in einem ersten Schritt für NPOs adaptiert und in einem weiteren um die Szenariotechnik[4] und die Portfoliomethode[5] erweitert. Nach einer Istzustandserhebung, die in eine Stärken-/Schwächenanalyse mündet, wurden - gestützt auf Szenarien - strategische Erfolgspositionen und strategische Hauptstoßrichtungen entwickelt, sowie Maßnahmen für die Umsetzung des Konzepts ausgearbeitet.

1 Istzustand der Evangelischen Kirche in Wien

1.0 Die evangelischen Christen Österreichs

Die Evangelische Kirche A. B. in Österreich ist mit 352.954 Gemeindegliedern[6] nach der Römisch-Katholischen Kirche die zweitgrößte Glaubensgemeinschaft. Christen evangelischen Glaubens gibt es in Österreich seit der Zeit der Reformation. Sie stellten zeitweise mehr als 50% der Bevölkerung. Die katholische Erneuerung und die Gegenreformation führten zu einem Verbot der Evangelischen Kirche. Erst nach mehr als 180 Jahren Verfolgung erlangten die evangelischen Christen 1781 durch das **Toleranzpatent** Kaiser Josefs II. die Duldung.

1.1 Die Superintendenz Wien

Die 1783 errichtete Wiener Superintendenz A. B. umfaßte ursprünglich die evangelischen Pfarrgemeinden A. B. in den Kronländern Österreichs. Die heutige Zusammensetzung der Superintendenz A. B. Wien datiert aus 1946. Die Superintendendenz A. B. Wien umfaßt 26 Pfarrgemeinden, davon sind 20 Gemeinden dem Bundesland Wien und 6 Gemeinden dem Bundesland Niederösterreich[7] zurechenbar. Wien ist mit ungefähr 84.000 Evangelischen A. B. die größte Superintendenz Österreichs.

1.2 Die Aufbauorganisation der Evangelischen Kirche

Die Aufbauorganisation der Evangelischen Kirche in Österreich ist durch ein vierstufiges System gekennzeichnet. Die hierarchisch niedrigste Ebene bildet die Pfarrgemeinde. Ihr übergeordnet sind in hierarchisch aufsteigender Reihenfolge: die Superindententialgemeinde, die Gesamtgemeinde und die Landeskirchengemeinde. Die Landeskirchengemeinde umfaßt die gemeinsamen Organe der Evangelischen Kirche A. B. und H. B. Sie wird in dieser Arbeit nicht weiter behandelt. Spezifika der Evangelischen Kirche im Vergleich zur römisch-katholischen Kirche sind ihr demokratischer Aufbau und die Einbindung von Laien in alle entscheidungsbefugten Organe. Nachfolgende Tabelle (Abb. 1) bietet einen Überblick über die Struktur der Evangelischen Kirche und die dazugehörigen Organe.

	Pfarrgemeinde	Superintendenz	Gesamtgemeinde	Landeskirchen-gemeinde
"Legislavite"	Gemeinde-vertretung	Superintendential-versammlung	Synode A. B.	Generalsynode
"Exekutive"	Presbyterium	Superintendential-ausschuß	Oberkirchenrat	Oberkirchenrat A. und H.B.
- geistlicher Vertreter	Pfarrer	Superintendent	Bischof	–
- weltlicher Vertreter	Kurator	Superintendential-kurator	Landeskirchen-kurator	–

Abb. 1: Organe der Evangelischen Kirche

1.3 Informations- und Kommunikationsbeziehungen in der Evangelischen Kirche Wien

Neben der Struktur der Evangelischen Kirche wurde bei der Analyse auch großer Wert auf die Informationsflüsse und Kommunikationsbeziehungen zwischen den einzelnen Organen auf allen hierarchischen Ebenen gelegt. Die Zusammenarbeit zwischen den einzelnen Gemeindeorganen gestaltet sich in der Praxis oft recht schwierig. Als Gründe hierfür lassen sich vor allem anführen:

- **Keine klare Aufgabenbeschreibung und -abgrenzung**: Die Kirchenverfassung bildet zwar die rechtliche Grundlage, sie ist aber für den Alltagsgebrauch nicht konkret genug.
- **Doppelbelastung der ehrenamtlichen Mitarbeiter**: Diese führt oft zu einem Informationsdefizit bei den ehrenamtlichen Mitarbeitern.

Im Bereich der ehrenamtlichen Mitarbeiter sind die Kompetenzen - wie bereits angeführt - kaum geregelt. Hilfsmittel wie Stellenbeschreibungen oder Ablaufpläne sind nicht vorhanden. Die mangelnde Abgrenzung führt zu einem reservierten Verhalten potentieller Mitarbeiter. Die unvollständige Fixierung der Kompetenzverteilungen fördert weiters einen **autoritären Führungsstil**, der weder von den Gemeindegliedern befürwortet wird, noch der Kirchenverfassung entspricht.

Die Informationsbeziehungen zwischen den Gemeinden und der Superintendentur können als gut bezeichnet werden. Vor allem die Gemeinden sind ausreichend über die Aktivitäten und Pläne der Superindentur infomiert.

1.4 Die Leistungen der Evangelischen Kirche Wien

Die Evangelische Kirche nimmt aus verschiedenen Gründen unzählige Leistungen wahr. Diese stehen zwar generell mit ihrem "Kernbereich" Seelsorge in Verbindung, wurden aber im Laufe der Jahre unüberschaubar und unsystematisch. Sie wurden in 5 strategische Leistungsbereiche[8)] zusammengefaßt und strukturiert:

- **Gottesdienste**
- **Kategoriale Seelsorge**
- **Leistungsträger mit primär wirtschaftlichen Inhalt**
- **Bildung/Kultur**
- **Gemeinde**

Abb. 2 zeigt, welche einzelnen Leistungen den Leistungsbereichen zugeordnet wurden.

Leistungsbereiche	***Leistungen***
Gottesdienste	Amtshandlungen, Familien-, Festtags-, Kinder-, Schüler- und Sonntagsgottesdienste
Kategoriale Seelsorge	Diakonie: Ehe-, Familien- und Lebensberatung; Ev. Flüchtlingsberatungsstelle; Flughafenseelsorge; Frauenarbeit; Gefangenen-, Krankenhaus-, Militär-, Telefonseelsorge; Studentengemeinde etc.
Leistungsträger mit primär wirtschaftlichem Inhalt	Friedhöfe, Krankenhäuser, Studentenheime
Bildung/Kultur	Ev. Akademie Wien, Ev. Bildungswerk, Jugendwerk, Privatschulen, Religionsunterricht
Gemeinde	Amtsstunden, Besuchsdienst, Erwachsenen-, Jugend-, Kinder- und Seniorenarbeit, Kindergärten, Konfirmandenunterricht, Individualseelsorge, Ökumene

Abb.2: Übersicht über die Leistungen der Evangelischen Kirche Wien

1.5 Wettbewerbsanalyse

Eine Kirche hat bedingt durch ihren "seelsorgerischen Auftrag" vielfältige Aufgaben wahrzunehmen. Dadurch treten Kirchen in einer modernen Gesellschaft mit anderen Organisationen in Wettbewerb. Dieser läßt sich für die Evangelische Kirche folgendermaßen strukturieren:

- **Religionsgemeinschaften** stehen im religiösen Bereich untereinander in einer gewissen "Wettbewerbsbeziehung";
- die Leistungen der Kirche im **Dienst- und Sozialleistungsbereich** konkurrieren mit ähnlichen Institutionen anderer Träger (öffentliche Schulen, Privat- und öffentliche Krankenhäuser etc.);
- religiöse Betätigung steht in Wettbewerbsbeziehung zu anderen Freizeitaktivitäten (**Zeitwettbewerb**).

Bei den Vertretern der Evangelischen Kirche herrscht hauptsächlich für den ersten Wettbewerbsbereich ein Problembewußtsein. Dennoch ist der "Wettbewerb" zwischen einzelnen Konfessionen nicht mit dem zwischen Markenartikelherstellern zu vergleichen. Konfessionen werden nicht wegen schlechter Erfahrungen und Unzufriedenheit gewechselt. Diese sind aber häufig die Ursache von Kirchenaustritten.

1.6 Stärken-/Schwächenanalyse

In diesem Schritt erfolgt eine Bewertung der in der Istzustandsanalyse erhobenen Faktoren der Evangelischen Kirche. Es soll dadurch von der Beschreibung des Istzustands auf die Stärken und Schwächen[9)] der Evangelischen Kirche geschlossen werden, um Ansatzpunkte für zukünftige Strategien und vorzuschlagende Maßnahmen finden zu können. Die Stärken und Schwächen sind dabei nicht absolut, sondern im Vergleich zu ähnlichen Organisationen (Kirchen, Religionsgemeinschaften) zu sehen. Die Stärken und Schwächen werden in Abb. 3 und 4, nach Gewichten gereiht, angeführt:

Die zehn wichtigsten Stärken und Chancen der Evangelischen Kirche in Wien

1. Toleranz und Offenheit
2. Miteinbeziehung der Gemeindemitglieder in Entscheidungen
3. Ehrenamtliches Potential
4. Pfarrerinnen
5. Demokratie
6. Autonomie der Gemeinden
7. Realitätsnähe
8. Persönliche Betreuung
9. Lebenswenderituale
10. Kein Zölibat

Abb.3: Die wichtigsten Stärken und Chancen der Evangelischen Kirche in Wien

Die zehn gefährlichsten Schwächen und Risiken der Evangelischen Kirche in Wien
1. Profilierung gegenüber anderen Kirchen
2. Vermarktung und Innovationsklima
3. Stellenbeschreibung
4. Leitbild und Effizienzmessung
5. Informationsfluß
6. EDV
7. Überalterung der Evangelischen Bevölkerung
8. Konfessionelle Mischehen
9. Ausbildung der Geistlichen
10. Pflichtkollekten

Abb.4: Die gefährlichsten Schwächen und Risiken der Evangelischen Kirche in Wien

2 Sollkonzept für die Evangelische Kirche Wien

2.0 Szenarienentwicklung

Aufbauend auf dem ermittelten Istzustand der Evangelischen Kirche in Wien werden im Rahmen des Sollkonzepts aus den externen Chancen und Risiken und internen Stärken und Schwächen Szenarien ermittelt, strategische Erfolgspositionen festgelegt und konkrete Strategien für die Evangelische Kirche Wien abgeleitet.

Die Beschäftigung mit Strategien für Organisationen zwingt zu externer Orientierung. Dabei wird das ökonomische, ökologische, regionale, technologische, sozio-kulturelle und rechtlich-politische Umfeld[10)] einer Organisation untersucht, um zukünftige Entwicklungen und Trends zu antizipieren und die Strategie, Struktur und Kultur einer Organisation danach auszurichten.

Die Szenario-Technik bietet die Möglichkeit, ein breites Spektrum denkmöglicher Zukunftsentwicklungen abzubilden.[11)] Eine intensive Beschäftigung mit und Analyse von relevanten Faktoren des Umfelds und deren Ursachen ermöglicht ein frühzeitiges Erkennen von Veränderungen und damit mehr Zeit, Maßnahmen zu ergreifen, um sich ergebende Chancen zu nützen bzw. Risiken bereits im Ansatz vermeiden zu können.

	Szenario A	Szenario B
Chancen	- durch vermehrte Freizeit mehr ehrenamtliche Mitarbeiter - Zunahme der Attraktivität der demokratischen Struktur der Ev. Kirche - Auflösung traditioneller sozio-kultureller Bindungen führt zu verstärktem Bedürfnis der Menschen, in sozialen Gemeinschaften verankert zu sein - hohes Niveau des Postmaterialismus führt zum Ansteigen der Nachfrage nach geistigen Werten (z.B. Religiosität)	- Karitative Organisationen müssen vermehrt Sozialaufgaben des Staates übernehmen, woraus sich Profilierungschancen ergeben - Zuwanderungsbewegung ermöglicht es bei engagierter Flüchtlings- und Asylantenbetreuung, in der Öffentlichkeit ein positives Image aufzubauen
Risiken	- Kirchenbeitrag wird als "Zwangsabgabe" nicht mehr akzeptiert, dies erhöht die Kirchenaustrittsbereitschaft - durch den Anstieg der Lebensarbeitszeit fallen vermehrt "junge Pensionisten" als ehrenamtliche Mitarbeiter weg - Individualismus führt zu einem geringeren Bedürfnis nach Freizeitgestaltung in Gruppen	- größere Anzahl gesetzlich anerkannter Religionsgemeinschaften führt zu Aufsplitterung der Mitglieder - Wegfall des Kirchenbeitrages entzieht der Ev. Kirche solide Finanzierungsgrundlage - Leistungen der Kirche werden nicht mehr durch den Staat gefördert - weitere prozentuelle Abnahme der Evangelischen Bevölkerung verstärkt Diasporasituation - Abnahme der Religiosität wirkt sich negativ auf die Kirchenbindung aus

Abb. 5: Szenarien für die Evangelische Kirche Wien

2.1 Strategieentwicklung

Neben den im Rahmen der Szenario-Analyse berücksichtigten externen Faktoren müssen zur Strategiefindung die, von der Evangelischen Kirche beeinflußbaren internen Faktoren analysiert werden.

2.2 Leitidee und strategische Erfolgspositionen der Evangelischen Kirche

Dem Konzept von Pümpin folgend wurde in einem ersten Schritt eine Leitidee und in einem weiteren Schritt die Strategie entwickelt. Die Leitidee wurde mittels der Brainstorming-Methode ermittelt:

**Wir sind eine Kirche,
die den Menschen durch
das Wort des Evangeliums
anspricht und unterstützt.**

Abb. 6: Leitidee der Evangelischen Kirche

Bei der Entwicklung der strategischen Erfolgspotentiale wurde ein Punktbewertungsverfahren verwendet. Für die 4 wichtigsten Stärken wurden Formulierungsvorschläge erarbeitet:

Fähigkeit, das Mitarbeiterpotential optimal zu nützen und sowohl den haupt- als auch den ehrenamtlichen Mitarbeitern ein interessantes Betätigungsfeld zu bieten.

Fähigkeit, durch partizipative Führung sowie demokratische Strukturen und Abläufe den Menschen die Möglichkeit zu geben, die Zukunft der Evangelischen Kirche aktiv mitzugestalten.

Fähigkeit, sich ihrer Realitätsnähe verstärkt bewußt zu werden, diese in die Öffentlichkeit zu transportieren, an Profil zu gewinnen und das Image in der Öffentlichkeit zu verbessern.

Fähigkeit, auf Bedürfnisse der Jugend und anderer Zielgruppen bereits auf Gemeindeebene gezielt einzugehen.

Abb. 7: Strategische Erfolgspositionen der Evangelischen Kirche

2.3 Strategische Stoßrichtungen

Die Menge der zu bewertenden Leistungen der Evangelischen Kirche macht es unmöglich, jede bis ins Detail zu untersuchen. Ziel der Studie kann es daher nur sein, allgemeine strategische Stoßrichtungen herauszuarbeiten, auf die die Summe der Leistungen der Evangelischen Kirche abzustimmen ist.

Strategische Stoßrichtungen sind allgemeine Normstrategien, die als Grobraster für die Ableitung konkreter Strategien für die Leistungsbereiche der Evangelischen Kirche dienen. Sie geben einen Rahmen für die zukünftige Entwicklung der einzelnen Leistungen der Evangelischen Kirche vor. Aus der Analyse der Stärken und Schwächen und den SEP der Evangelischen Kirche lassen sich zwei Stoßrichtungen ableiten:

Verstärktes Bemühen um die Jugend: Die Evangelische Kirche ist durch eine hohe Überalterung der Gemeindeglieder gekennzeichnet. Kinder aus gemischtkonfessionellen Ehen werden zum überwiegenden Teil katholisch getauft. Der Kontakt der Jugendlichen zur Kirche reißt aufgrund mangelnden religiösen Bewußtseins mit zunehmendem Alter ab. Die Jugend der Evangelischen Kirche verkörpert ihre Leistungsträger von morgen. In den Leistungen muß sich in verstärktem Maße die Jugendorientierung widerspiegeln. Dies soll durch die Einführung neuer Leistungen wie Horte, Jugendclubs und Gymnasien erreicht werden.

Ausbau der persönlichen Betreuung auf Gemeindeebene: Die Leistungen der Evangelischen Kirche müssen nachfragegerecht erbracht werden. Eine entsprechende Forcierung der personenbezogenen Leistungen auf Gemeindeebene ist anzustreben. Dies entspricht der Förderung autonomer Teilorganisationen. Die Leistungen anderer Ebenen sollen als Service für die einzelne Pfarrgemeinde betrachtet werden.

2.4 Leistungsportfolio

Zentrale Frage für jede angebotene Leistung ist, ob sie in Zukunft vertärkt, gleichbleibend oder vermindert angeboten werden soll. Für jede zu bewertende Leistung müssen daher folgende Fragen gestellt werden:

- Trägt die Leistung dazu bei, die **Zielsetzung** und "Leitidee" zu erreichen?
- Hat die Evangelische Kirche in diesem Leistungsbereich **Stärken**? Strategisches Denken ist dadurch geprägt, Ressourcen prinzipiell vermehrt in den Ausbau von Stärken, als in den Abbau von Schwächen zu investieren.
- Gibt es **Konkurrenz**? Wenn ja, bietet diese die entsprechende Leistung effizienter oder besser an?
- Wie entwickeln sich die **externen Faktoren**? (Szenario-Analyse)

Die Besonderheiten der Evangelischen Kirche machen es notwendig, bei der Erstellung der Portfolios anders vorzugehen als bei erwerbswirtschaftlichen Unternehmen. Als unbeeinflußbare Achse wurde die "Attraktivität des Leistungsangebots" gewählt, als beeinflußbare Achse der "Beitrag zur Zielerreichung". Der Einsatz von Ressourcen jeglicher Art (z.B. Mitarbeiter, Räumlichkeiten, Finanzen etc.) wird durch die Kreisgröße veranschaulicht. Ein kleiner Kreis bedeutet einen geringen Ressourceneinsatz. Für alle strategischen Leistungsbereiche wurden Portfolios erstellt. Beispielhaft wird hier das Portfolio des strategischen Leistungsbereiches "Gemeindearbeit" dargestellt. Das angeführte Portfolio spiegelt die zukünftige, für erstrebenswert erachtete Positon der einzelnen Leistungen auf Gemeindeebene wider.

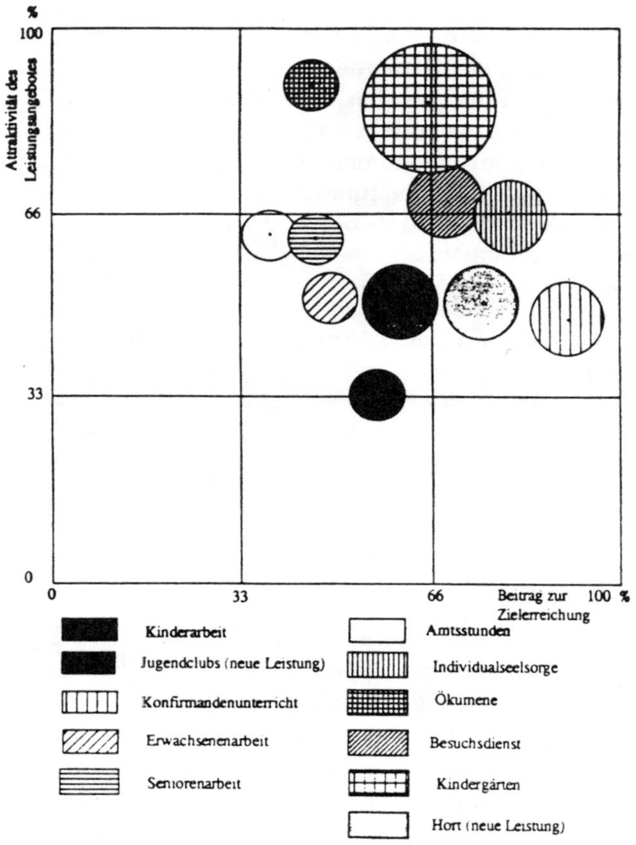

Abb. 8: Gemeinde-Portfolio

3 Zusammenfassung

In diesem Beitrag konnte nur ein Teil der Studie überblickshaft dargestellt werden. Zusammenfassend läßt sich ausführen, daß die Evangelische Kirche zu ihrer Zukunftssicherung die Bemühungen auf Gemeindeebene - vor allem im Bereich Jugend - verstärken und ihr Auftreten nach außen vereinheitlichen und intensivieren wird müssen.

Anmerkungen und Literatur

*) Der vorliegende Beitrag ist eine Kurzfassung der Studie "Die Zukunft der Evangelischen Kirche in Wien". Die Studie wurde im Rahmen eines Projektseminars am Institut für Unternehmensführung im Sommersemester 1992 im Auftrag der Superintendentur A. B. Wien durchgeführt. Das Institut bietet seit Jahren den Studenten sog. "Projektseminare" an. Diese sollen die Studenten befähigen, die erlernte Theorie praktisch anzuwenden. In direkter Zusammenarbeit mit Organisationen werden "Praxisfälle aus der Unternehmensführung" analysiert und Problemlösungen erarbeitet. Die Studie wird Anfang 1993 im Evangelischen Presseverlag veröffentlicht.

1) Bei der Evangelischen Kirche muß zwischen der Evangelischen Kirche Augsburgischen Bekenntnisses (A.B.) und der Evangelischen Kirche Helvetischen Bekenntnisses (H.B.) unterschieden werden. Beide Kirchen sind organisatorisch selbständig. Nur die Evangelische Kirche A.B. war Gegenstand der Studie.

2) Die Evanglische Kirche ist als zweiteiliges System zu betrachten. Auf der einen Seite steht die Kirchenorganisation mit der Zielsetzung der Verkündung des Evangeliums und der Seelsorge; auf der anderen Seite die Betriebsorganisation mit der Zielsetzung, die Kirchenorganisation bei der Verwirklichung ihrer Aufgabe mit einer möglichst effizienten Struktur zu unterstützen.

3) Vgl. Pümpin, C.: Management strategischer Erfolgspositionen - Das SEP-Konzept als Grundlage wirkungsvoller Unternehmungsführung, 3. überarb. Aufl., Bern, Stuttgart 1983.

4) Vgl. Reibnitz, U. v.: Szenarien - Optionen für die Zukunft, Hamburg 1987.

5) Vgl. Dunst, K. H.: Portfolio Management - Konzeption für die strategische Unternehmensplanung, 2. verb. Aufl., Berlin, New York 1983.

6) Vgl. Kap. 0, S. 1.

7) Die niederösterreichischen Pfarrgemeinden der Superindentenz Wien sind: Bruck/Leitha, Klosterneuburg, Korneuburg, Mistelbach, Schwechat und Stockerau. Die Zugehörigkeit niederösterreichischer Pfarrgemeinden zur Superintendenz Wien hat historische Gründe.

8) Vgl. Kattnigg, A.: Strategisches Controlling in öffentlichen Institutionen, insbesondere Sozialeinrichtungen. In: Weber, J./Tylkowski, O. (Hrsg.): Perspektiven der Controlling-Entwicklung in öffentlichen Institutionen, Stuttgart 1991.

9) Vgl. Mann, R.: Praxis strategisches Controlling mit Checklists und Arbeitsformularen - Von der strategischen Planung zur ganzheitlichen Unternehmensführung, 4. erw. Aufl., Landsberg/L. 1987.

10) Vgl. Link, J.: Organisation der Strategischen Planung - Aufbau und Bedeutung strategischer Geschäftseinheiten sowie strategischer Planungsorgane, Heidelberg, Wien 1985, S. 9.

11) Vgl. Reibnitz (Szenarien).

Konsum
–
Mensch
–
Wirtschaft

Gäste-Zufriedenheit und Angebots-Präferenzen im Bereich der Wien-Attraktionen

Dagmar Durlacher, Wolfgang Kraus, Josef Mazanec, Gerhard Skoff

1. Einleitung

Die vorliegenden Ergebnisse basieren auf einer von der Casinos Austria AG beauftragten Untersuchung, die im Jahre 1991 vom Institut für Tourismus und Freizeitwirtschaft fertiggestellt wurde.

Zwei Themenschwerpunkte stehen im Mittelpunkt dieser Präsentation: Die Analyse der touristischen Attraktionsfaktoren Wiens soll verdeutlichen, in welcher Weise die Wien-Gäste das touristische Angebot wahrnehmen, Überlastungserscheinungen registrieren und allfällige Erwartungsenttäuschungen erheben. Angebots-Präferenzen und deren Erlebnis-Dimensionen geben Hinweise auf eine zukünftige Anbgebotsgestaltung. Die Wichtigkeit der einzelnen Angebotselemente bildet auch die Basis für die A-posteriori-Segmentierung der Wien-Gäste. Die sich daraus für die Casinos Austria AG ergebenden gestaltungstechnischen und marktorientierten Hinweise bilden den zweiten Themenschwerpunkt.

Den folgenden Ergebnissen liegen zwei Stichproben zugrunde:

- Die erste Stichprobe enthält 400 Übernachtungsgäste in Wiener Vier- und Fünf-Sterne-Hotels. Quotiert waren Nationalität (BRD, Schweiz, Italien, USA, Österreich) und Geschlecht. Die Interviews fanden in Hotels der entsprechenden Kategorien und in ausgewählten Sehenswürdigkeiten (v.a. Schloß Schönbrunn und Kunsthistorisches Museum) im Dezember 1990 und im März/April 1991 statt.
- Die zweite Stichprobe besteht aus den sogenannten Absatzmittlern und Bedarfsberatern. Konkret handelt es sich um insgesamt 50 Gesprächspartner aus den Bereichen Incoming/Reisemittlung, um Hotelportiere, Fremdenführer.

2. Wahrgenommene Angebotslücken und Ursachen mangelnder Produktzufriedenheit im Wien-Tourismus

Einleitend ist die geringe Größenordnung des Unzufriedenheitspotentials der Wien-Besucher hervorzuheben. Nahezu die Hälfte aller Auskunftspersonen äußerte keinen einzigen Unzufriedenheitsanlaß bezüglich des touristischen Angebots.

Für die Übernachtungsgäste sind unter den touristischen Angebotsfaktoren die "Sehenswürdigkeiten" (60%), "Restaurants, Kaffeehäuser" (50%) und "Museen, Sammlungen" (49%) am wesentlichsten. Während diese drei Angebotsfaktoren auf weitgehende Zufriedenheit stoßen, liegt das Unzufriedenheitspotential vor allem im Bereich der "Öffentlichen Verkehrsmittel, Parkplätze" (11%), der "Mentalität, Gastfreundschaft der Bevölkerung" (8%) und der "Einkaufsmöglichkeiten" (5%). Da die Angebotsfaktoren "Öffentliche Verkehrsmittel, Parkplätze" und "Mentalität, Gastfreundschaft der Bevölkerung" auch relativ wichtige Angebotsfaktoren für die Gäste sind, liegen darin auch potentielle Gefahrenqellen für die globale Reisezufriedenheit der Gäste (vgl. Abb. 1).

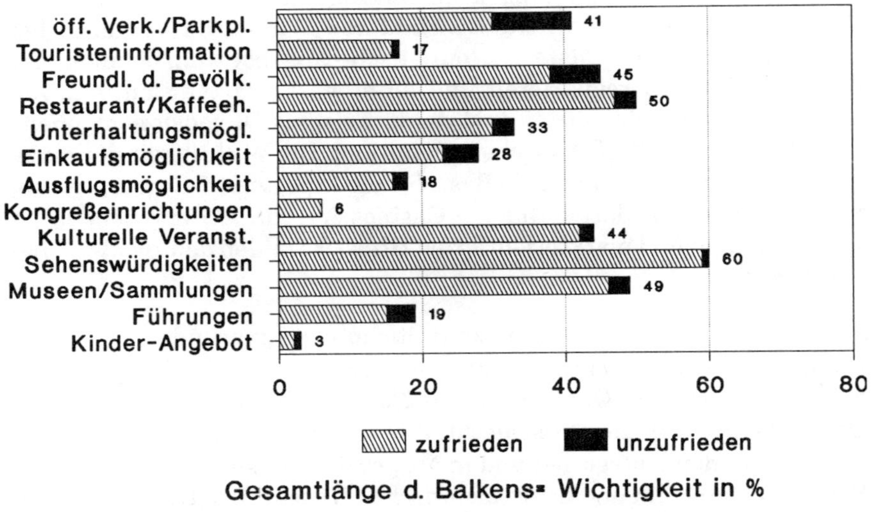

Abb. 1: Zufriedenheit mit den Angebotsfaktoren

Im Unterhaltungsbereich wird der "Heurige mit volkstümlicher Musik" (51%) mit Abstand am häufigsten von den Gästen erwartet. "Konzert-/Walzercafés" (37%), "Vorführungen der Spanischen Hofreitschule" (34%), "In-Lokale", "Prater" und "Märkte" (je 32%) folgen in der Erwartungshaltung der Übernachtungsgäste. Die 'Produkterwartungen' werden nicht immer zur Gänze erfüllt. Vor allem bei den "Vorführungen der Spanischen Hofreitschule" (10%), dem "Prater" (9%) und den "Konzert-/Walzercafés" (8%) entstehen Erwartungsenttäuschungen bei den Gästen (vgl. Abb. 2).

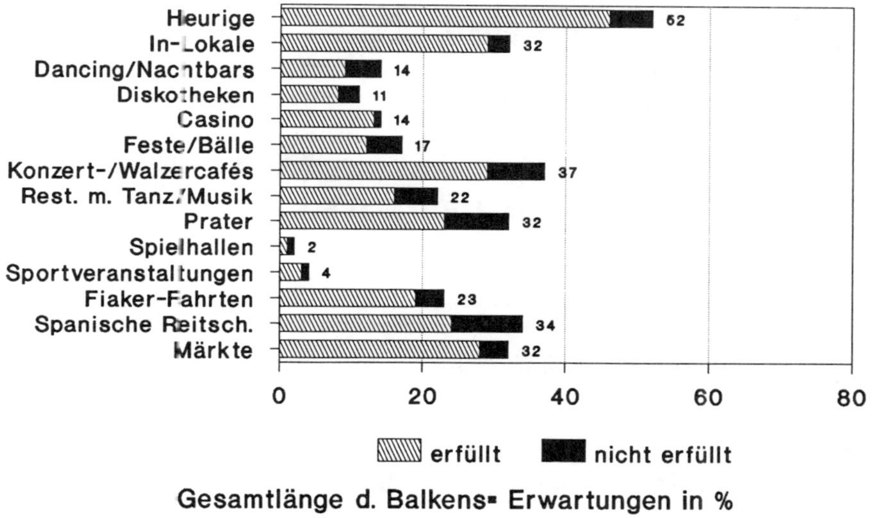

Abb. 2: Erfüllungsgrad der "Unterhaltungsangeboterwartungen"

Die Übernachtungsgäste erwarten in Wien an Kulturangeboten in erster Linie "Ausstellungen, Galerien, Museen" (61%), "Oper, Operette" (56%) und "Theater" (51%). Bei den Kulturangeboten ist der Erfüllungsgrad der 'Produkterwartungen' sehr hoch. Es kommt kaum zu Erwartungsenttäuschungen. Zu erwähnen sind hier nur die "Oper, Operette" und "Musikfestivals" (je 4%) (vgl. Abb. 3).

29% der Übernachtungsgäste machten Angebotsengpässe bzw. Lücken im Angebot aus. Diese nannten mindestens ein Angebot, das sie gerne genutzt hätten, das jedoch während ihres Aufenthaltes nicht verfügbar war. Die am häufigsten

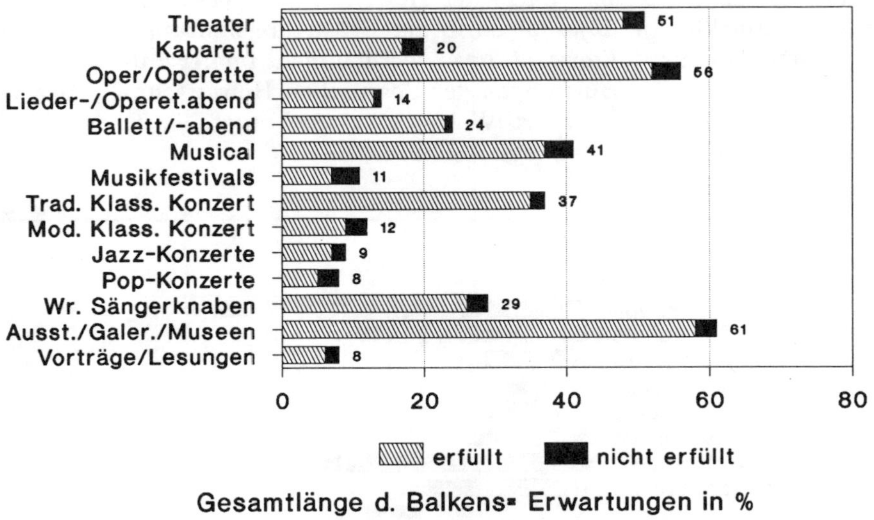

Abb. 3: Erfüllungsgrad der "Kulturangebotserwartungen"

genannten Engpässe bzw. Lücken sind die "Spanische Hofreitschule" (19%), "Musicals" (17%), "Theater" und "Oper" (je 9%) und die "Sängerknaben" (8%).

3. Angebots-Präferenzen und Erlebnis-Dimensionen bevorzugter Angebote

Um die Präferenzen der Gäste für einzelne Angebotselemente zu erfassen, wurden auch die Nutzungsabsichten anläßlich eines wiederholten Wien-Besuchs ("... wenn Sie noch einmal nach Wien kommen ...") erhoben. Diese Annahme eines Wiederholungsbesuchs wurde bewußt gesetzt, damit mehr Gewicht auf die 'Angebote der zweiten Reihe' ohne übermächtige Konkurrenz seitens der obligaten Attraktionen jedes Wiengastes fällt. Von diversen Spielarten des Kaffeehauses (mit Walzermusik, Ausstellungen, Lesungen) über diverse Restauranttypen bis zu Elementen, die bisher am ehesten für Incentive-Pakete kennzeichnend sind ("Historisches Abendessen"), reichen die Alternativen.

Die größten Nutzungschancen dieser Spezialangebote wiesen jene auf, die das 'typisch Wienerische' in den Vordergrund stellen (vgl. Abb. 4).

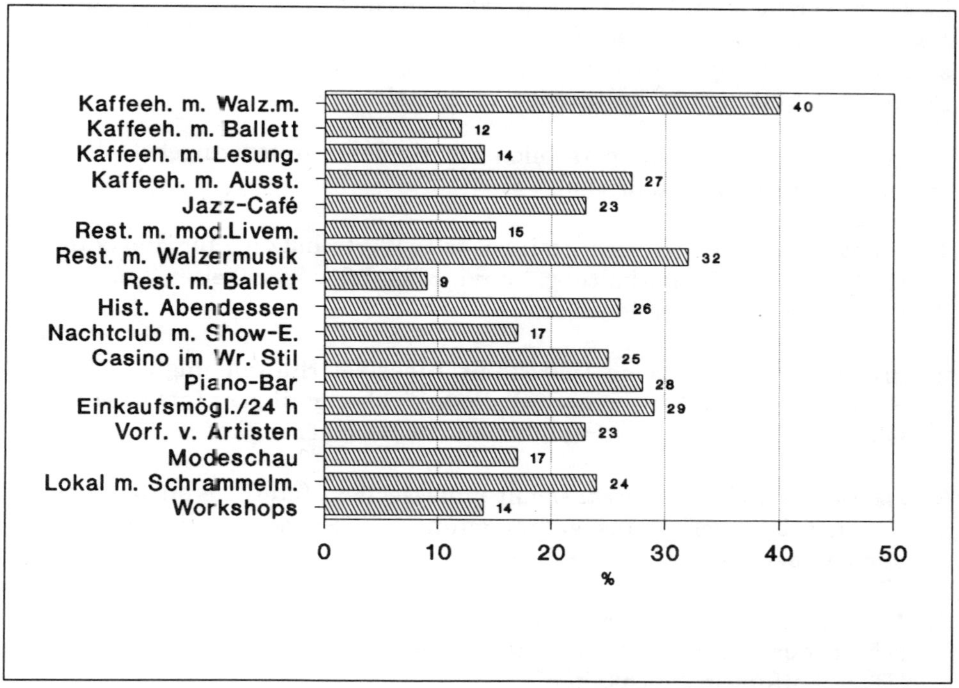

Abb. 4: Nutzungsabsicht der Spezial-Angebote

So stehen die Spezialangebote "Kaffeehaus mit Walzer- und Operettenmusik" (40%) und "Restaurant mit Walzermusik und Tanz" (32%) ganz an der Spitze der Wunschliste für den nächsten Wienbesuch.

Jedoch stoßen auch noch andere Angebote auf nennenswertes Gästeinteresse: "24-Stunden-Einkaufsmöglichkeiten" würden 29% der Übernachtungsgäste beim nächsten Wienbesuch in Anspruch nehmen.

- Die "Piano-Bar" (28%),
- das "Kaffeehaus mit Ausstellungen" (27%),
- ein "Historisches Abendessen" (26%)
- und das "Casino im Wiener Stil" (25%)

folgen in der 'Hitliste' des Nutzungsinteresses.

4. Gästetypen als Marktsegmente

Es wurde versucht, die Übernachtungsgäste in Nachfragesegmente einzuteilen. Als Ausgangsmaterial für eine Cluster-Analyse dienen die subjektiven Wichtigkeiten der zwölf Angebotselemente (von den "öffentlichen Verkehrsmitteln und Parkplätzen" bis zu den "kulturellen Veranstaltungen").

Aufgrund der von ihm als persönlich wichtig deklarierten Angebotselemente entpuppt sich der Wientourist als

1. *konsumorientierter Genießer* mit höchster Wertschätzung für "Restaurants/ Kaffeehäuser", "Unterhaltungs-" und "Einkaufsmöglichkeiten", aber geringen kulturellen Ambitionen oder

2. *distanzierter Sightseeing-Tourist* mit intensiver Hinwendung zu "Museen/ Sammlungen" und "Sehenswürdigkeiten", aber geringem Interesse an der lokalen "Mentalität/Gastfreundschaft der Bevölkerung" oder

3. *vielseitiger Bildungsreisender* mit umfassendem Interesse an "kulturellen Veranstaltungen", "Museen/Sammlungen", "Sehenswürdigkeiten" aber auch an der Gastronomie und der lokalen Bevölkerung oder

4. *Land & Leute-Typ* mit 100%-iger Betonung der "Mentalität und Gastfreundschaft" der Ortsansässigen sowie Interesse an "Sehenswürdigkeiten", und "Unterhaltungsmöglichkeiten".

5. Die touristische Angebotspolitik Wiens

Die allgemeine touristische Infrastruktur weist zwei Hauptschwächen auf, die in den Bereichen des öffentlichen Verkehrswesens und in der Mentalität, Gastfreundschaft der Wiener Bevölkerung liegen.

41% der Übernachtungsgäste nannten "Öffentliche Verkehrsmittel, Parkplätze" als wichtigen Angebotsfaktor, wobei mehr als ein Viertel dieser 41% seine Unzufriedenheit mit diesem Angebotselement ausdrückte. Auch die Absatzmittler wiesen in den Gesprächen immer wieder auf die problematische Verkehrssituation hin, insbesondere auf die prekäre Parkplatzsituation für Busse. Dieser Problembereich sollte möglichst rasch durch ein umfassendes Verkehrskonzept bereinigt werden.

Von seiten der Absatzmittler kamen zur Verkehrssituation u.a. folgende Verbesserungsvorschläge:

- Errichtung zentral gelegener Busgaragen (z.B. Heldenplatzgarage),

- Einrichtung von Busterminals an der Peripherie mit ständigem Shuttle-Service in die Innenstadt und entsprechender Infrastruktur (Telefonverbindung, Waschanlage etc.),
- Schaffung ausreichender Zufahrts- und Haltemöglichkeiten vor den Hotels und Restaurants zum Aus- und Einsteigen der Fahrgäste,
- Durchsetzung einer verkehrsfreien Innenstadt, jedoch Einfahrtsgenehmigungen für Busse mit Hotel- oder Restaurant-Reservierungen bzw. Genehmigungen für Stadtrundfahrten.

Die Wichtigkeit (45%) und gleichzeitig erhöhte Unzufriedenheit (8%) mit dem Angebotselement "Mentalität, Gastfreundschaft der Bevölkerung" weist auf einen Mangel in der Einstellung zum Fremdenverkehr seitens der Wiener Bevölkerung hin, die durch eine gezielte Fremdenverkehrs-Bewußtseinsbildung gehoben werden müßte.

Bezüglich des Beherbergungsangebots stellen die Absatzmittler ein sehr gutes und ausreichendes Angebot im Vier- und Fünf-Sterne-Bereich fest, weisen jedoch gleichzeitig auf einen gravierenden Mangel im Drei-Sterne Bereich hin, in dem weitere Kapazitäten geschaffen werden müßten. Erwünscht sind Drei-Sterne-Hotels mit günstigem Preis-Leistungsverhältnis, einer Größe, die es erlaubt, Gruppen unterzubringen und mit einer persönlichen Atmosphäre, die den 'Wiener Charme' wiederspiegelt. Zusätzlich sind Busgaragen bzw. -parkplätze bei neuen Hotelbauten unerläßlich.

Im Bereich der Unterhaltungs- und Kulturangebote lösen nur wenige Angebotselemente Unzufriedenheit oder Enttäuschung bei den Gästen aus. Grundsätzlich ist zwischen einem Enttäuschungseffekt aufgrund fehlender Angebotskapazität oder einer 'Ausverkaufssituation' bzw. einer Enttäuschung über unzulängliche Erfüllung eines Produktversprechens zu unterscheiden. Die (negative) 'Hitliste' in diesen drei Fällen zeigt folgendes Bild:

Musterbeispiele für Unzufriedenheit wegen	
Engpaßsituation bei konkretem Anbieter	Spanische Hofreitschule, Oper, Musical
fehlender Kapazitäten eines bestimmten Angebottyps	Konzertcafé, Walzercafé, Restaurant mit lebender Musik, Tanz
qualitativ enttäuschender Beschaffenheit konkreter Angebotselemente	Prater, Dancing/Nachtbars

Eine Beseitigung bzw. Abschwächung der Engpaßsituationen bei den Angeboten "Spanische Hofreitschule", "Oper, Operette" und "Musicals" ist notwendig. Die Anregungen für die Spanische Hofreitschule reichen von zusätzlichen

Vorstellungen in der Hofburg bis hin zu neuen Vorführungs-Standorten, während in den Bereichen der "Oper, Operette" und "Musicals" vor allem die Vergabemodalitäten der Eintrittskarten effizienter gestaltet werden müßten.

Sehr gute Marktchancen zeigen sich für zusätzliche "Konzert- und Walzercafés" und "Restaurants mit lebender Musik und Tanz". Dies wird auch durch Aussagen der Absatzmittler untermauert, die vor allem in den Bereichen "Restaurants mit lebender Musik" und "Dinner-Dance" noch großen Aufholbedarf sehen.

Ein attraktiveres Angebot sollte vor allem im Bereich des "Praters" und von "Dancing, Nachtbars" geschaffen werden, wo es zur Zeit noch zu hohen Erwartungsenttäuschungen kommt.

6. Zusatzangebote im Casino

Aus den Forschungsergebnissen lassen sich auch konkrete Empfehlungen für die Casinos Austria AG ableiten, vor allem über mögliche Zusatzangebote im Casino, denn die Erhebungstatbestände in der Untersuchung der Übernachtungstouristen umfassen ein reichhaltiges Material an emotionaler Auseinandersetzung mit dem Casino-Angebot in Wien.

Bezugnehmend auf jene Angebote, die ein hohes Nutzungsinteresse der Wien-Gäste erwarten lassen, kristallisieren sich als sehr stark 'casino-affine' Angebote die "Piano-Bar" (82%), das "Casino im Wiener Stil" (80%) und der "Nachtclub mit Show-Einlagen" (73%) heraus, die vom Großteil der 'Nutzungsinteressierten' als ins Casino passend bezeichnet wurden (Abb. 5). Für die "Piano-Bar" und das "Casino im Wiener Stil" ist auch das Nutzungsinteresse relativ groß. Die beiden Angebote, die auf das größte Nutzungsinteresse stoßen, werden nicht uneingeschränkt als 'casino-geeignet' betrachtet. So meinen nur 44% der Übernachtungsgäste, daß ein "Kaffeehaus mit Walzer- und Operettenmusik" in ein Casino paßt, und 48% sagen dies vom "Restaurant mit Walzermusik und Tanz". Dies könnte ein Hinweis darauf sein, diese Unterhaltungseinrichtungen nicht vorbehaltlos mit dem Spielbetrieb in Verbindung zu bringen, sondern eher eine deutlich erkennbare Trennung zwischen dem Spielbetrieb und diesen Unterhaltungsangeboten vorzusehen.

Für einige der Spezialangebote lassen sich erwünschte Eigenschaftsprofile erstellen - Eigenschaften, die die Angebote aufweisen sollten, wenn sie "gut gemacht" sind. So sollte das "Kaffeehaus mit Walzer- und Operettenmusik" vor allem "gemütlich" (54%), "traditionsreich" (47%), "musikalisch" (33%), "romantisch" (32%), "kulturell" (30%) und "elegant" (29%) sein.

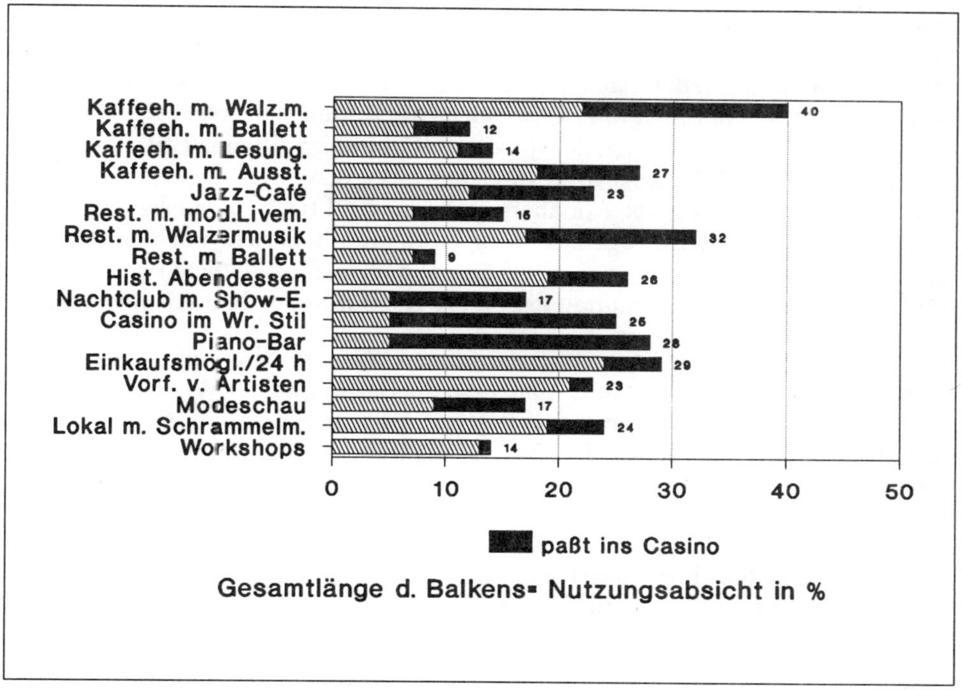

Abb. 5: "Casino-Affinität" der Spezial-Angebote

Beim "Restaurant mit Walzermusik und Tanz" sind die Eigenschaften "romantisch" (47%), "gemütlich" (40%), "traditionsreich" (40%) "lustig" (37%) und "elegant" (35%) erwünscht.

Die "Piano-Bar" weist vor allem die Eigenschaften "elegant" (54%), "intim" (50%) und "gemütlich" (48%) auf, wenn sie "gut gemacht" ist.

Zusammenfassend läßt sich feststellen, daß die Eigenschaften "gemütlich" (36%), "elegant" (35%), "abwechslungsreich" und "traditionsreich" (30%) über alle Angebote hinweg am häufigsten genannt wurden.

Auch der in mehrfachen multivariaten Analysen festgestellte vorrangige, emotionale Erlebniswunsch des Wien-Reisenden nach festlicher Eleganz weist auf einen eindeutigen Schwerpunkt in der Positionierungsstrategie hin. Dies gilt sowohl für die Kommunikationspolitik (Botschaftsstrategie in der Werbung), als auch für die Produktpolitik (d.h. die Auswahl von Zusatzangeboten im Casino).

Aus marktpsychologischer Sicht bieten mit Ausnahme des distanzierten Sightseeing-Touristen alle Gästetypen Marktchancen für Casinoangebote. Der konsumorientierte Genießer zeichnet sich dabei durch seine starke Neigung zum wiederholten Wienbesuch aus. Der vielseitige Bildungsreisende müßte durch besonderes Betonen des 'Wien-Typischen' (Casino im Wiener Stil) überzeugt werden. Der Land & Leute-Typ ist von Haus aus schon nutzungswillig und auch ausgabenfreudig. Als grobe Annäherung an die praktisch schwierig umsetzbare, marktpsychologische Segmentierung kann die Gliederung nach der bisherigen Besuchshäufigkeit angesehen werden. Die Wien-Kenner (schon zum dritten Mal oder öfter in Wien) erhalten die erste Priorität in der Marktbearbeitung.

Das zuletzt empfohlene Segment der häufigen Wienbesucher wird umso besser zugänglich, je mehr die Casinos Austria in die Betreuung der Wiener Hotellerie und der Incoming-Reisebüros investieren. Aufgrund der Reaktionen in den Expertengesprächen entspricht diese Anregung auch einem pointiert und oft geäußerten Wunsch auf der Mittlerebene. Ein Prämiensystem zur Ankurbelung des Empfehlungsverhaltens (Hotelportiere, Führer, Reisebüropersonal) und eine Fortführung früherer Versuche mit Gutscheinen wurden wiederholt angeschnitten. Die Reisebüromitarbeiter fühlen sich nicht ausreichend informiert und sind daher zu passiv und unmotiviert in ihren Kundenkontakten. Die Anregung zum Casinobesuch erfolgt zu selten und gewöhnlich nur nach erkennbarem Interesse und auf Initiative des Kunden.

Werbung für Europa - Kommunikationsstrategien zur Verbesserung der Einstellung zu einem gemeinsamen Europa für die Zielgruppe Studenten

Robert Lackner, Martin Wagner, Oliver Olbrich

Mit der noch anzusetzenden Volksabstimmung über den Beitritt unseres Landes zur Europäischen Gemeinschaft werden die Weichen für die Zukunft Österreichs gestellt. Die Zustimmung zumindest einer Mehrheit der Bevölkerung ist eines der wichtigsten politischen Ziele der Bundesregierung. Dennoch weisen diesbezügliche Umfragen auf eine große Zahl von Beitrittsgegnern und Unentschlossenen und somit auf ein noch sehr ungewisses Abstimmungsergebnis hin.

Vor diesem Hintergrund erteilte die Österreichische Gesellschaft für Europapolitik dem Institut für Werbewissenschaften und Marktforschung den Auftrag zur Entwicklung von Kommunikationsstrategien, die zur Verbesserung der Einstellung der österreichischen Studenten zu einem gemeinsamen Europa und somit auch zu einem Beitritt eingesetzt werden können.

Diese Aufgabenstellung wurde im Rahmen des Seminars im Sommersemester 1992 unter der Leitung von Prof.Dr.Günter Schweiger bearbeitet.

1. Marktforschung

1.1. Sekundärdaten

Als Ausgangsbasis dienten Daten der Marktforschung. Diese standen zum Teil in Form von Sekundärmaterial zur Verfügung: Eine Studie des Fessel + GFK Instituts[1)], eine Erhebung des Instituts IMAS[2)] und schließlich eine Analyse von Plasser und Ulram[3)].

Die Ausgangssituation läßt sich wie folgt skizzieren: In der Diskussion um den EG-Beitritt stehen einander rationale ökonomische Argumente und diffuse, emotional gefärbte Ängste gegenüber.[4] Barrieren auf dem Weg zu einem Pro-EG-Votum sind daher die gravierenden Informationsdefizite in weiten Teilen der Bevölkerung und die daraus resultierende hochgradige Unsicherheit, was die tatsächlichen Vor- und Nachteile eines EG-Beitritts betrifft.[5]

1.2. Primärdaten

Zusätzlich standen Primärdaten aus der Übung aus Marktforschung des Ordinariats vom Wintersemester 91/92 zur Verfügung.[6] Hier wurden einem Sample von 308 Auskunftspersonen verschiedene Sachgebiete genannt und die Frage gestellt, ob sie im jeweiligen Bereich positive, negative oder keine Auswirkungen durch einen EG-Beitritt erwarten würden. Wie schon bei anderen Studien zeigte sich ein starker Zusammenhang zwischen subjektiven Erwartungen und dem Alter, vor allem aber der Bildung der Befragten. Am häufigsten wurden für die Landwirtschaft negative Auswirkungen erwartet (etwa 80 %), danach folgen Verkehrssituation (etwa 77 %) und Umweltverschmutzung (etwa 63 %). Auch die Lebensmittelqualität würde sich in den Augen von mehr als 60 % der Befragten verschlechtern. Die positiven Änderungen werden vor allem im Bereich der Preise erwartet (etwa 70% bis 83 %), auch bei Lebensmittelpreisen (70 %). Danach folgen positive Änderungen bei Exporten in die EG (68 %) und hinsichtlich der allgemeinen Wirtschaftslage (etwa 60 %).

Im Rahmen des Seminars wurden 56 Studenten befragt, welche Nachteile sie eigentlich konkret für den Agrarbereich erwarten.[7] Außerdem wurde hier nach für die zu entwickelnde Strategie geeigneten Kommunikationsinhalten für den Agrar- und den Lebensmittelbereich gesucht.

Der Zweck einer weiteren Studie war es, Argumentationsmuster sowie positiv und negativ besetzte Themen zu erkennen.[8] Zehn verschiedene Slogans zum Thema EG wurden auf ihre werbliche Eignung untersucht. Sechzig Testpersonen einer quotierten Stichprobe konnten in direkter Reaktion auf die von einem Tonband abgespielten Slogans mittels eines Programmanalysators Zustimmung, neutrale Beurteilung oder Ablehnung ausdrücken. Durch diese Meßmethode bot sich die Möglichkeit, auch zwischen verschiedenen Sequenzen innerhalb eines einzelnen Slogans zu unterscheiden. Im Anschluß folgte schließlich eine qualitative Nachbefragung und Verbalbeurteilung der Slogans hinsichtlich Gefallen und Aussagekraft.

Eine weitere Frage erhob, welche von zwölf ausgewählten Persönlichkeiten am besten geeignet sei, den zuvor als den überzeugendsten genannten Slogan zu sprechen. Hier wählten 27 % der Befragten Franz Vranitzky als geeignetsten Sprecher, gefolgt von Barbara Coudenhove-Kalergi mit 15 %.

Der "beste" (im Sinne von "überzeugendste") der zehn vorgegebenen Slogans lautete: "Umweltprobleme kennen keine Grenzen. Umweltschutz ist daher eine europaweite Herausforderung. Im Rahmen der EG kann mehr erreicht werden als bei Alleingängen." Dieser Slogan provozierte die höchste spontane Zustimmung und die geringste Ablehnung (vgl.Abb.1) und wurde von mehr als einem Drittel der Befragten als überzeugendster der zehn Slogans genannt.

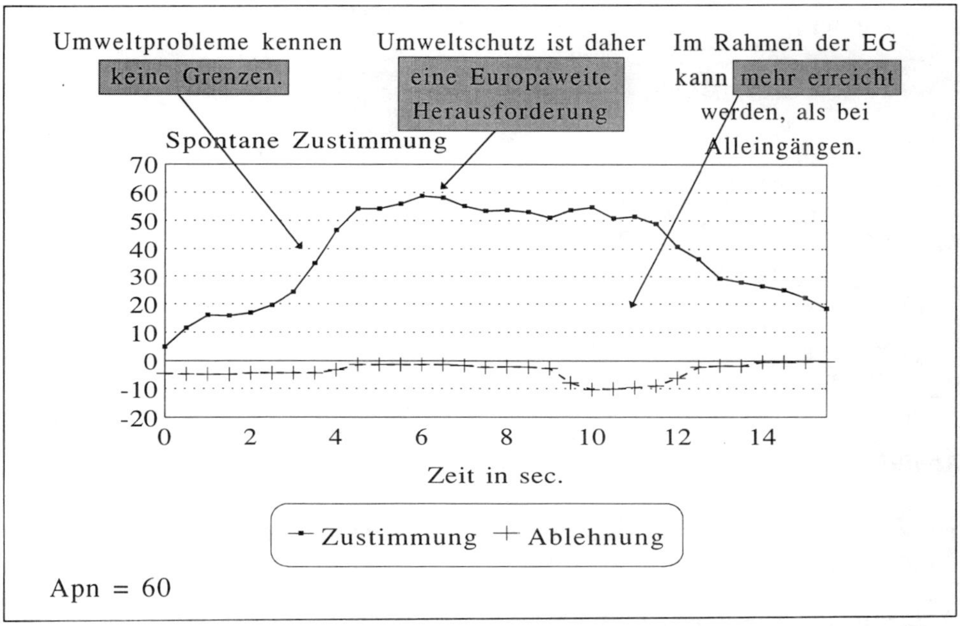

Abbildung 1

Der Slogan "Wenn wir der EG beitreten, haben wir Vorteile und Nachteile zu erwarten. Wenn wir nicht beitreten, haben wir alle Nachteile und keine Vorteile." erfährt deutliche Zustimmung im ersten Teil, der zweite Teil wird jedoch ebenso deutlich abgelehnt (vgl.Abb.2). Die Sequenz "alle Nachteile und keine Vorteile" wird von 72 % der Testpersonen als falsch empfunden. Dieser Slogan wurde auch von nur 1,7 % der Befragten als der überzeugendste genannt.

Die Frage, ob man sich über die EG für ausreichend informiert halte, beantworteten bei dieser Studie 82 % der Befragten mit "nein", nur 18 % mit "ja". Die gewünschten Informationen, besonders über Umwelt, rechtliche Grundlagen, Vor- und Nachteile der EG, Wirtschaft, Landwirtschaft und Lebensmittel erwartet man sich in erster Linie von öffentlichen Stellen (58%), den Medien (25 %), der Wirtschaft (17 %), neutralen Stellen (12 %) und der EG (10 %). Grundsätzlich für die Durchführung einer Werbekampagne der Bundesregie-

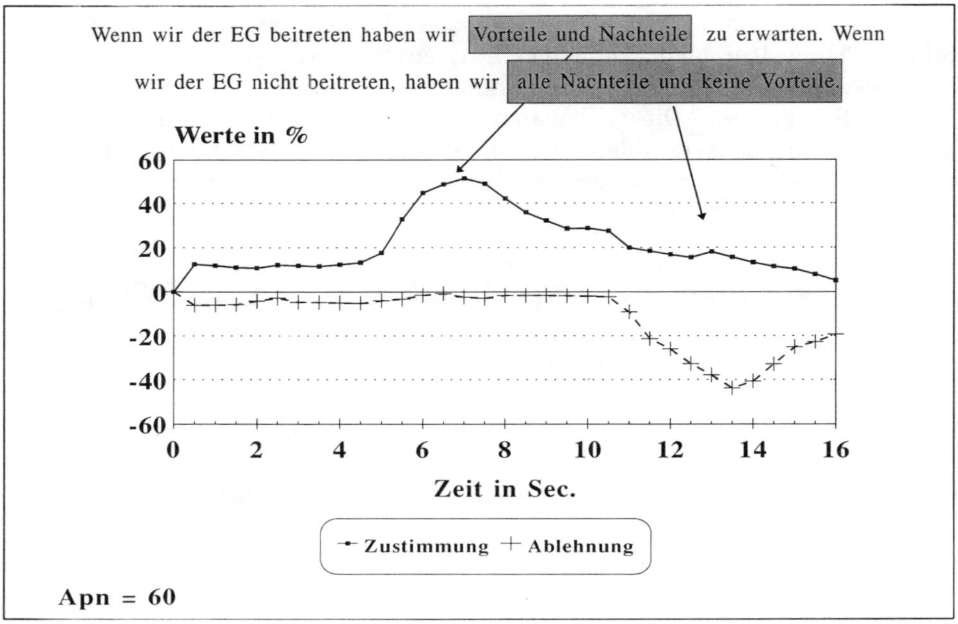

Abbildung 2

rung für einen EG-Beitritt sprachen sich insgesamt 62% der Befragten aus, 33% sind eher oder ganz dagegen.

Aufgrund der Messungen dieser Studie wurden glaubwürdige Argumentationsmuster erarbeitet, die als Grundlage für die Werbekonzepte dienen sollten.

2. Briefing

Vor diesem Hintergrund wurden einzelne Themenbereiche herausgegriffen und jeweils einer Gruppe von Seminarteilnehmern zur Bearbeitung zugeteilt. Somit entstanden für die Bereiche Wirtschaft, Verkehr, Umwelt, Bildung und Landwirtschaft und Lebensmittel jeweils ein eigenes Briefing und ein eigenes Konzept.

2.1. Wirtschaft

Der eigene Informationsstand über allgemeine wirtschaftliche Vorteile eines EG-Beitritts wird von vielen Personen als "gering" oder "nicht ausreichend" beurteilt. Hier soll eine gezielte Informationskampagne ansetzen: Information in Form von ehrlicher und rational argumentierender zweiseitiger Kommunikation, also hinsichtlich Chancen und Risken, sowie unter besonderer Berücksichtigung negativ emotionalisierter Themenkreise. Gleichzeitig soll eine Imagekampagne die Europareife unseres Landes herausstreichen sowie positive Emotionen hinsichtlich der Vorteile zusätzlicher Internationalisierung und betreffend die Vorteile einer Gemeinschaft bewirken.

2.2. Verkehr

Da die zu erwartende Erhöhung des Verkehrsaufkommens durch einen Beitritt zur Europäischen Gemeinschaft mit zu den meistgenannten Nachteilen und Befürchtungen zählt, ist es notwendig, negative Komponenten des Images des Verkehrs an sich abzubauen und seinen Stellenwert darzustellen, indem die Kommunikation seiner positiven Auswirkungen forciert wird. Zusätzlich sind besonders die Bemühungen um eine Verlagerung des Verkehrs auf die Schiene und die hierbei bereits erzielten Erfolge, realisierte Emissionsreduktionen und ähnliche Argumente durch gezielte Information zu betonen.

Hinsichtlich des Transits, welcher zum großen Teil infolge des Güteraustausches zwischen EG-Staaten entsteht, besteht die wichtigste Aufgabe in der Kommunikation der Inhalte des Transitvertrages zwischen EG und Österreich. Hier bestehen Informationsdefizite beispielsweise über Inhalte und Vertragsdauer.

2.3. Umwelt

Den Bedenken im Umweltbereich stehen folgende Argumente gegenüber: Umweltpolitik wird effizienter, wenn mehrere Länder kooperieren, etwa durch gemeinsame Forschung oder einheitliche Normen, wobei strengere Normen auch beibehalten werden können; ein Beitritt zur EG bietet die Möglichkeit der Mitsprache und der Mitgestaltung; viele Aspekte der Umweltproblematik können im Alleingang gar nicht gelöst werden, Umweltprobleme machen eben an den Grenzen nicht halt.

Die Strategie in diesem Bereich muß sich auf die Betonung positiver Auswirkungen konzentrieren: Wird auch eine positive Auswirkung erwartet, so muß die positive Einstellung in diesem Bereich durch einseitige Kommunikation verstärkt werden, werden hingegen negative Auswirkungen in Bereichen erwartet, in denen tatsächlich aber positive Auswirkungen zu erwarten sind, dann muß in diesem Bereich eine Änderung der negativen Einstellung durch zweiseitige Kommunikation erreicht werden.

Aufgrund der Sensibilität im Umweltbereich müssen rationale und glaubhafte Argumente verwendet werden. Gerade das Thema Umwelt eignet sich aber hervorragend zur emotionalen Ansprache durch Bildreize. Der Text sollte daher nicht allzu viel Platz einnehmen, also sind die Argumente auf möglichst kurze und dennoch aussagekräftige und glaubwürdige Formulierungen zu reduzieren.

2.4. Bildung

In diesem Bereich sind zwei Vorteile des gemeinsamen Europa zu unterstreichen: Bildungs- und Förderungsprogramme der EG sowie die Anerkennung akademischer Grade in den Ländern der EG. Kommunikationsinhalte sind also: die Präsentation der verschiedenen europäischen Ausbildungsprogramme, der unterstützenden europäischen und österreichischen Stipendien, der Anrechnungsmöglichkeiten für absolvierte Prüfungen, sonstige unterstützende Maßnahmen wie etwa Wohnraumvermittlung und schließlich die allgemeinen Vorteile eines Auslandsstudiums hinsichtlich Ausbildungsniveau, Fremdsprachenkenntnisse und Berufsaussichten. Zusätzlich stellt sie Anerkennung des in Österreich erworbenen akademischen Titels in den EG-Ländern einen großen Vorteil hinsichtlich Mobilität bei Auslandspraktikum und Auslandsjob dar.

2.5. Landwirtschaft und Lebensmittel

Laut zugrundeliegender Umfragedaten werden im Agrarbereich und hinsichtlich der Lebensmittelqualität im Zuge eines EG-Beitritts eher Nachteile befürchtet. Einserseits wird ein starkes Ansteigen des Konkurrenzdrucks im Agrarbereich, ein Ansteigen der Agrarimporte und ein daraus resultierendes Bauernsterben erwartet.[9)] Tatsache ist jedoch, daß sich die österreichische Agrarhandelsbilanz mit den Ländern der EG seit zwanzig Jahren kontinuierlich verschlechtert. Der Beitritt zur EG kann somit eher als eine Chance für unsere Landwirte bezeichnet werden. Darüber hinaus werden die Bauern innerhalb der EG sehr wohl geschützt. Dies zeigen nicht zuletzt die Bemühungen der EG um den Schutz ihres Agrarbereichs bei den GATT-Verhandlungen. Auch österreichische Landwirte profitieren schon heute von diesem Umstand, dennoch ist diese Tatsache nahezu unbekannt. Andererseits besteht großes Vertrauen in die Qualität heimischer Agrarprodukte und Lebensmittel und Befürchtungen eines Sinkens der Qualität in diesem Bereich.

Ein Vorteil eines EG-Beitritts aus der Sicht der Auskunftspersonen ist hingegen das Sinken der Preise im Lebensmittelbereich. In diesen Bereichen muß die Kommunikation informativ, rational und glaubhaft sein, dazu muß bei Themen der Landwirtschaft zusätzliche Aufmerksamkeit geschaffen werden, da das Interesse der Studierenden an Agrarfragen relativ gering ausgeprägt ist.[10)]

2.6. Emotionen

Abseits aller Themenbereiche stellen generelle Emotionen und Stimmungen einen wesentlichen Faktor in der Einstellung zu einem EG-Beitritt dar. In diesem Bereich bestehen diffuse Ängste und Befürchtungen, die zu einem großen Teil auf die emotionale Kommunikation der EG-Gegner zurückzuführen sind. Ein sehr werbewirksames Sujet dieser Art ist zweifellos jenes der KPÖ, das einen kleinen Fisch zeigt, der von einem größeren geschluckt wird. Ziel muß es daher sein, die durch solche Darstellungen vermittelten negativen Emotionen zu entkräften und darüber hinaus dem abstrakten Begriff "EG" ein positives Image zu geben.

3. Strategie und kreative Umsetzung

Die Zielgruppe kann zu verhältnismäßig geringen Kosten im Bereich der Universitäten erreicht werden. Aus diesem Grunde stellt die Veranstaltung jeweils einer EUROPA-WOCHE an den wichtigsten und größten Universitäten Österreichs die effizienteste Vorgangsweise dar. Diese Veranstaltungs- und Informationswoche sollte nicht erst knapp, sondern spätestens ein halbes Jahr vor der Volksabstimmung über einen EG-Beitritt stattfinden und an der jeweiligen Universität mittels Plakaten, Anzeigen in Zeitschriften der Hochschülerschaft oder in anderen geeigneten Medien angekündigt werden. Innerhalb der EUROPA-WOCHE wird im zentralen Bereich der Universität ein Info-Stand aufgebaut, an dem Informationsbroschüren zu den verschiedenen Themen erhältlich sind und Mitarbeiter des Organisationsteams für Auskünfte und Diskussionen zur Verfügung stehen. Zusätzliche Einrichtungen zu den jeweiligen Themenbereichen sowie Fernseher mit Informationsvideos zu ausgewählten Themen vervollständigen den Kommunikationsmix.

Während dieser Woche erfolgt die Ankündigung und Veranstaltung einer Podiumsdiskussion zum Thema "Österreich und die EG", in deren Rahmen Persönlichkeiten aus Politik, Wirtschaft und Kultur, aber auch aus Lehre und Forschung entsprechend ihrem Fachgebiet ihre Vorstellungen von einem Österreich in oder außerhalb der Europäischen Gemeinschaft darlegen und mit interessierten Studierenden diskutieren können. Nach Ablauf dieser Informationswoche übersiedelt das Team mitsamt aller Einrichtungen zur nächsten Universität. Es handelt sich also um die Tournee einer gut vorbereiteten und aufeinander abgestimmten Studentengruppe, die beispielsweise von Repräsentanten der Interessensvertretungen begleitet werden kann.

In der Folge sind zusätzliche Kommunikationsstrategien aus ausgewählten Themenbereichen beschrieben. Diese Konzepte sollen im Rahmen der EUROPA-WOCHE realisiert werden.

3.1. Wirtschaft:

Im Informationsbereich wurden drei Projekte entwickelt, die in erster Linie im Rahmen der EUROPA-WOCHE eingesetzt werden sollen: An jeder "beworbenen" Universität soll ein Gespräch mit dem jeweiligen Rektor zum Thema EG auf Video aufgezeichnet und im Bereich des Info-Standes vorgeführt werden. Für den Einsatz des jeweiligen Rektors als Kommunikator sprechen sein Bekanntheitsgrad und die üblicherweise hohe Akzeptanz, die seiner Person seitens der Studenten entgegengebracht wird. Für die Wirtschaftsuniversität wurde ein solches Video bereits produziert.

Zusätzlich werden im Informationsbereich einige Computer aufgestellt, an denen Studenten mittels des Programmes "Tob-Job" Informationen über die EG und über die Auswirkungen eines Beitritts sozusagen "spielend" abfragen können. Außerdem wurde ein Folder entworfen, der über zusätzliche Veranstaltungen informiert.

Abbildung 3

Ein Sujet der Imagekampagne ist in Abbildung 3 dargestellt. Die Darstellung zeigt einen Kreis, der aus verschiedenen europäischen Zeitungen zusammengefügt wurde. Die Form, die gelbe Farbe der Buchstaben und der blaue Hintergrund erinnern einerseits an die Europaflagge, andererseits entsteht durch die Gestaltung des Kreises eine entsprechende Spiral- oder Sogwirkung, die auf das Auge des Betrachters eine gewisse Haftwirkung ausüben soll. Hier soll die bestehende Europareife Österreichs vermittelt werden, indem die österreichische Zeitung bereits als fester Bestandteil des Kreises dargestellt wird. Zusätzlich soll ein angenehmes Bild des Begriffes "Internationalität" geboten und auf die Positivität der Staatengemeinschaft hingewiesen werden, indem die Zeitungen aller Länder gleichmäßig zur Gestalt der Kreisgemeinschaft beitragen, miteinander verbunden sind und einander berühren.

Ein weiteres Sujet in diesem Stil besteht aus Briefen anstelle der Zeitungen. Auch hier soll durch die verschiedenen bunten Briefmarken ein positives Bild nicht zuletzt der Vielfalt des gemeinsamen Europas vermittelt werden.

3.2. Verkehr

Die positiven Aspekte des Verkehrs lassen sich am besten im Rahmen einer Podiumsdiskussion im Zuge einer Erläuterung eines Verkehrskonzepts herausstreichen. Die Inhalte des Transitvertrages werden in Form einer eigens entwickelten Broschüre vermittelt. Bei der Erstellung der Broschüre wurde im besonderen auf die Problematik der geographischen Situation Österreichs, auf die Zielsetzungen Österreichs und der EG und auf die bestehenden Ausbau- und Verbesserungsmaßnahmen auf beiden Seiten im Bahnbereich eingegangen. Schautafeln, auch hinsichtlich des Verkehrskonzepts, sollen im Rahmen der EUROPA-WOCHE die Informationen auch graphisch und optisch vermitteln. Geplant ist außerdem ein Gewinnspiel, das die Auseinandersetzung mit dem Thema fördern soll. Verlost werden sollen hierbei Rabbit-Cards, die seitens der Österreichischen Bundesbahnen zur Verfügung gestellt werden.

3.3. Umwelt

"Unsere Umwelt heißt Europa!" ist der Slogan der Plakat- und Anzeigenserie, die verschiedene Landschafts- und Naturbilder (Abb.4) beinhaltet. Bei den Anzeigensujets wurde folgender Text hinzugefügt:

"Umweltprobleme kennen keine Grenzen. Umweltschutz liegt deshalb in den Händen aller Staaten: Grenzwerte und Bestimmungen müssen aufeinander abgestimmt werden, Ressourcen in der Forschung müssen optimal genutzt werden, Informationen müssen auch zwischenstaatlich rasch ausgetauscht werden... Im Rahmen der Europäischen Gemeinschaft kann diesbezüglich mehr erreicht werden als bei Alleingängen."

Auf diese Weise soll dem Betrachter bewußt werden, daß zu unserer Umwelt mehr zählt, als nur das eigene Staatsterritorium. Diese Botschaft wird durch eine vertonte Diashow unterstrichen, die für die EUROPA-WOCHE zum Thema Umwelt gestaltet wurde. Zu Beginn werden Fabriksschlote und Kraftwerke gezeigt, aus denen weißer Rauch steigt, der in Form von weißen Wolken zum Himmel steigt. Danach sieht man diese Wolken über das Land ziehen, sich den Alpen nähern, und schließlich sieht man ein Schild mit der Aufschrift "Achtung! Staatsgrenze". Doch die Wolken ziehen weiter (trotz besorgter Blicke eines österreichischen Zöllners und geschlossener Schranken).

Zusätzlich besteht die Option der Veranstaltung von Workshops und Podiumsdiskussionen zu Umweltthemen. Hier soll zweiseitige Kommunikation erfolgen.

Abbildung 4

3.4. Bildung

Eine Broschüre mit dem Titel "Studieren in Europa" oder "Go Europe!" gibt umfassende Auskunft über die Möglichkeiten des Studiums in den Ländern der EG. Informationen über Stipendien, Prüfungsanrechnung, Wohnmöglichkeiten und praktische Tips sollen den Studenten ein klares Bild von dem vorhandenen Angebot bieten. Im Rahmen der EUROPAWOCHE soll außerdem eine Studienberatungsstelle für Auslandsstudien eingerichtet. Einige Plakate schaffen die gedankliche Verbindung zwischen Studentenfutter und Bildungshunger sowie zwischen Grenzschranken und Bildungsschranken.

3.5. Landwirtschaft und Lebensmittel

Um die Darstellung der Agrarthemen attraktiver zu gestalten wurden Sujets für Anzeigen und Plakate in Form einer "teaser campaign" entworfen. Die erste Stufe verrät noch nichts über Inhalt und Absichten der Kampagne und soll Interesse und Neugierde hervorrufen. Der jeweils zweite Teil wird dadurch von mehr Zielpersonen wahrgenommen und kann somit größere Werbewirkung entfalten.

Das Problem des Drittlandstatus wird durch die Darstellung des wachsenden Defizits in der Agrarhandelsbilanz unseres Landes mit der EG verdeutlicht (siehe Abb. 5 und Abb. 6). Das Nettodefizit, in der Abbildung schwarz, wird in Anlehnung an die österreichische Flagge rot eingefärbt. Nach dem gleichen Schema wird die EG hinsichtlich der Agrarexporte aus Übersee als Bremsschuh und damit als Schutz auch für unsere Bauern dargestellt.

Abbildung 5

Abbildung 6

Im Lebensmittelbereich wird die Frage nach dem goldenen österreichischen Gütesiegel gestellt. Einerseits könne man heimische Qualität weiterhin erkennen, andererseits brächten die Exportchancen des größeren Marktes auch Preissenkungen im Inland mit sich. Hinsichtlich der Demonstration der Lebensmittelqualität in den Mitgliedsstaaten der EG empfiehlt sich das Konzept eines EUROPA-BUFFETS mit frischen Lebensmitteln aus diesen Ländern.

Zusätzliche Themen werden in einer Informationsbroschüre oder durch Gespräche und Diskussionen im Rahmen der EUROPA-WOCHE behandelt.

3.6. Emotionen

Es wurde ein Sujet entwickelt, das in Form von Plakaten und in der Folge als Aufkleber geeignet sein soll, den Begriff "EG" dauerhaft mit positiven Emotionen zu verbinden. Es ist die Darstellung eines Schwarmes bunter Fische, der die Umrisse eines großen Fisches durch die zwölf Sterne der EG andeutet (Abb. 7). Die Fische sind fröhlich, sie verfügen über Mimik, können also lächeln, und schwimmen frei und ungezwungen umher.

Abbildung 7

In der Folge wurde die Erstellung einer 23 Sekunden dauernden Computeranimation bei der Firma Adi Mayer Film in Auftrag gegeben und von der Münze Österreich gesponsort. Die Werbewirkung dieses Spots wurde getestet[11)] und es besteht die Absicht, ihn als Markenzeichen zu Beginn und am Ende der unter Punkt 3 genannten Informationsvideos einzusetzen.

Auch auf dem Aufkleber ist dieser Fischschwarm abgebildet. Zusätzlich trägt er den Slogan "EUROPA - ICH BIN DABEI". Dieses Statement des Aufklebeinhabers ist einerseits logisch nicht widerlegbar und andererseits eine Aufforderung an den Betrachter, sich selbst in dieser Hinsicht zu definieren. Eine

Negation wäre auch deshalb psychologisch nicht einfach, weil sie eine freiwillige Ausgrenzung aus einer positiv kommunizierenden Sache bedeuten würde.

Hier besteht eine kostengünstige Möglichkeit, ein großes und bis dato wenig genutztes Potential, nämlich die persönliche Kommunikation der vielen Beitrittsbefürworter einzusetzen.

4. Zusammenfassung

Das hier beschriebene Kommunikationskonzept wurde der Gesellschaft für Europapolitik vorgestellt und vor der österreichischen Delegation in Brüssel und Vertretern der EG-Kommission präsentiert. Derzeit werden detaillierte Konzepte für Informationsvideos erarbeitet.[12)] Das Kommunikationskonzept ist somit soweit ausgearbeitet, daß eine professionelle Umsetzung in erster Linie von den Vorstellungen der Gesellschaft für Europapolitik und der Sponsoren abhängig ist.

Anmerkungen und Literatur

1) Vgl. Fessel + GFK, EG-Beitritt Österreichs, 3.9.-3.10.1991.

2) Vgl. IMAS Institut, IMAS-Umfrage 9080, Linz Juni/Juli 1991.

3) Vgl. Plasser,F./Ulram,P.A.:Einstellungen zur EG in Österreich. Daten und Trends, Wien September 1991.

4) Vgl. Plasser,F./Ulram,P.A.(Einstellungen zur EG in Ö), S.12.

5) Vgl. Plasser,F./Ulram,P.A.(Einstellungen zur EG in Ö), S.16.

6) Unveröffentlichte Studie des Ordinariats, Jänner 1992.

7) Unveröffentlichte Studie des Ordinariats, April 1992.

8) Vgl. Lackner, R./Schweiger, G.: Der Emotionsmesser Programmanalysator und rationale Argumente, in: Werbeforschung und Praxis, Folge 6/92, Seite 194 - 196

9) Unveröffentlichte Studie des Ordinariats, Jänner 1992.

10) Unveröffentlichte Studie des Ordinariats, April 1992.

11) Vgl.Chury,P.: Der Pre-Test eines EG-Spots unter Einsatz des Programmanalysators, Diplomarbeit an der Wirtschaftsuniversität Wien in Vorbereitung.

12) Vgl.Wagner,H.: Entwicklung von EG-Informationsvideos, Diplomarbeit an der Wirtschaftsuniversität Wien in Vorbereitung.

Die Konsumentenzufriedenheit als Erfolgsindikator für Einkaufszentren

Thomas Salzberger / Hartmut H. Holzmüller / Gunther Maier

1. Problemstellung

Die Erfolgskontrolle im Management von Einkaufszentren kann einerseits über betriebswirtschaftliche Kennzahlen, wie sie in der Handelsbetriebslehre üblich sind, so z.B. Kundenzahl, Einkaufstättentreue, Umsatz/Engpaßeinheit, Reklamationsrate, erfolgen. Andererseits ist es zweckmäßig, bei der Erfolgsanalyse auch auf psychische Determinanten, die direkt beim Konsumenten erhoben werden, zurückzugreifen ([12]).

Verhaltenswissenschaftliche, konsumentenbezogene Daten ermöglichen die Ermittlung unmittelbar handlungsrelevanter Indikatoren, die weitaus besser die Früherkennung von Problemfeldern im Marketing von Einkaufszentren oder anderen Handelsagglomerationen (z.B. Einkaufsstraßen, Einkaufsregionen) ermöglichen. Zudem sind Ergebnisse aus der psychologischen Konsumentenforschung gut geeignet, die Wirkung laufender Marketingmaßnahmen, wie Werbekampagnen, Event-Marketing, Verkaufsförderung, Gestaltung der Einkaufsatmosphäre etc., zu überprüfen. Ein weiterer wesentlicher Vorteil solcher Daten ergibt sich aufgrund der Möglichkeit, unterschiedliche Marktsegmente in der Bevölkerung zu identifizieren und darauf abgestelltes Zielgruppen-Marketing zu realisieren ([12]).

Die Kundenzufriedenheit bietet sich als zentraler Wirkungsindikator in der handelsbezogenen Erfolgsanalyse an, der neben der Qualität des Angebots, der Bedienung etc., auch noch von einer Reihe individueller Antezedenzbedingungen (z.B. soziodemographische Variable, Lebensstil, Wertvorstellungen) und dem Marketing des spezifischen Einkaufszentrums beeinflußt wird. Da Konsumenten ihren Einkaufsort auch auf der Grundlage ihrer Erfahrungen bei früheren Einkäufen wählen, ist darüber hinaus noch zu erwarten, daß die in dem Einkaufszentrum erhobene Konsumentenzufriedenheit von den lokalen Gegebenheiten, wie alternative Einkaufsmöglichkeiten, Verkehrstruktur, Wohnort des Konsumenten etc. beeinflußt wird. Damit scheint dem Konstrukt der Konsumentenzufriedenheit sowohl aus Sicht der Marketinglehre als auch der Regionalökonomie eine interessante Stellung in Modellen zur Erklärung der Einkaufsstättenwahl von Konsumenten zuzukommen.

2. Zielsetzungen des Beitrags

Die Kundenzufriedenheit, verstanden als theoretisches Konstrukt, ist nicht direkt beobachtbar, daher bedarf es eines psychologisch fundierten Meßinstruments, das es ermöglicht, über die Antworten von Auskunftspersonen Rückschlüsse auf deren Zufriedenheit zu ziehen. Hier soll dargestellt werden, wie der Fragebogen zur Erfassung der Konsumentenzufriedenheit mit Einkaufsagglomerationen entwickelt wurde. Danach sollen erste empirische Ergebnisse zu zwei Fragenkomplexen präsentiert werden:

1. Aus welchen Faktoren setzt sich "Konsumentenzufriedenheit" zusammen, und in welcher relativer Gewichtung gehen diese Faktoren in die Gesamtbewertung ein?
2. Welche sind die wesentlichen Einflußgrößen auf die Zufriedenheit mit einem Einkaufszentrum in Wien?

Weiteres Ziel des Forschungsprojekts ist es, das Konstrukt der Zufriedenheit mit Einkaufstätten in seinem räumlichen Bezug zu betrachten. Zu diesem Fragenkomplex konnten aus den bisher verfügbaren Daten noch keine schlüssigen Ergebnisse abgeleitet werden. Dazu sind noch zusätzliche Erhebungen in einem anderen Einkaufszentrum und weitere Analysen notwendig.

3. Schritte bei der Entwicklung des Meßinstruments

Aufgrund der verfügbaren Vorinformation über die grundsätzliche Struktur des Konstrukts der Konsumentenzufriedenheit wurde als Erfassungsmethode die Befragung gewählt. Zudem ermöglicht es diese Form der Datenerhebung, repräsentative Stichproben für spezifische Grundgesamtheiten zu ziehen. Zielvorstellung in der Modellentwicklung war die Generierung eines mehrdimensionalen Modells der Konsumentenzufriedenheit.

Die Entwicklung des Fragebogens erfolgte entlang folgender Schritte:

- Bildung eines umfassenden Vorrats an Fragen (Item-Pool)
- Vorauswahl von Fragen aus diesem Pool
- Durchführung einer Befragung in einem Einkaufszentrum

- statistische Analyse der Befragungsergebnisse
- Selektion der endgültigen Items aufgrund der empirischen Ergebnisse
- Ermittlung der testtheoretischen Zuverlässigkeit und Gültigkeit des endgültigen Meßinstruments.

Bei der Entwicklung des Item-Pools wurde hauptsächlich auf bereits mit Erfolg eingesetzte Fragenbatterien aus der Wissenschaft und der gewerblichen Marktforschung zurückgegriffen. Nur in Ausnahmefällen wurden aufgrund eigener Plausibilitätsüberlegungen zusätzliche Items formuliert.

Ausgehend von Untersuchungsergebnissen zu Versorgungszufriedenheit ([2]) wurde eine Reihe von Kern-Items bezüglich der Zufriedenheit mit Einkaufszentren abgeleitet. Entwickelt wurden diese Items ursprünglich aufgrund von Interviews mit Konsumenten. Als weitere Quelle zur Fragengenerierung wurden Arbeiten über Erfolgsfaktoren innerstädtischer Einkaufszentren ([3]) herangezogen. Zudem wurde auch auf Items aus einem Meßmodell zur Ermittlung der wahrgenommenen Dienstleistungsqualität (SERVQUAL von [9] und [10]) zurückgegriffen, das mittels Tiefeninterviews von Experten (Manager aus dem Dienstleistungsbereich) entwickelt wurde.

Diese Vorgangsweise gewährleistete, daß möglichst viele in Vorstudien als relevant erkannte Aspekte der Zufriedenheit mit dem Einzelhandel in den Fragebogen übernommen wurden. Da die Ansichten und Forschungsergebnisse, betreffend die Dimensionalität des Konstrukts der Zufriedenheit, höchst unterschiedlich sind, wurde a-priori keine interne Strukturierung des Konstrukts vorgenommen. Diese sollte auf der Basis des empirischen Datenmaterials ermittelt werden. Bei allen Fragestellungen wurde eine einheitlich verbalisierte fünfstufige Ratingskala verwendet, die sich in anderen Projekten bewährt hat ([2], [9] und [10]). Die einheitliche Verwendung der Skala ermöglicht sowohl Vergleiche zwischen den Items als auch die Summierung von Itemwerten zu Indexzahlen.

Als Modellvorstellung betreffend des Zustandekommens eines Zufriedenheitsurteils diente die Annahme eines Soll-Ist-Vergleichs durch den Konsumenten, das heißt, Zufriedenheit wurde als das Ergebnis einer Gegenüberstellung von Anspruchskomponenten und (subjekiv bewerteter) realer Zustände aufgefaßt ([11] und [4]).

Das so erarbeitete Fragenset bestand aus 52 Items. Nach qualitativen Vortests, deren Ziel hauptsächlich die Prüfung der Verständlichkeit der Formulierungen war, wurde die Anzahl auf 34 spezielle Fragen und ein Gesamturteil reduziert. Mit diesem Fragebogen wurden 223 Passanten in einem Einkaufszentrum interviewt. Der erhobene Datensatz stellt die Grundlage der nachfolgenden statistischen Analysen dar, die insbesondere auf die Purifikation sowie die Ermittlung der Meßgüte des Instruments abstellen.

4. Empirische Ergebnisse

4.1. Komponenten der Konsumentenzufriedenheit

Mit Hilfe der Faktorenanalyse wurden neun Dimensionen der Zufriedenheit mit einem Einkaufszentrum ermittelt (Hauptkomponentenanalyse, Kaiser-Kriterium, vgl. [1]). Es handelt sich dabei um eine explikatorische Analyse, das heißt, es wurde keine Prüfung einer Vorweghypothese der Dimensionalstruktur vorgenommen. Ergänzend dazu wurden alle Items einer multiplen Regressionsanalyse unterzogen (mit dem erfragten Gesamturteil der Zufriedenheit als Zielwert). Aufgrund der Verschiedenartigkeit und der speziellen Charakteristika einzelner Einkaufsagglomerationen (und nicht zuletzt wegen der Stichprobenabhängigkeit der Verfahren) kann der hier ermittelten Faktorenstruktur nur vorläufige Geltung zukommen. Künftig gilt es, in anderen Einkaufszentren und an weiteren Stichproben das hier enwickelte Modell zu validieren bzw. weiterzuentwickeln.

In einem nächsten Schritt wurden all jene Items eliminiert, deren inhaltliche Zuordnung im Rahmen der Faktorenstruktur nicht möglich war, und die zudem in der Regressionsanalyse keinen signifikanten Erklärungsbeitrag lieferten. Auf diese Weise wurden 20 Fragen ausgewählt, 16 Items, die für die faktorenanalytisch ermittelten neun Dimensionen charakteristisch sind (hohe Ladungswerte) und 4 Items, deren Bedeutung in der Regressionsanalyse hoch war. Auch diese vier Fragen wurden entsprechend ihrer Faktorladungen einzelnen Zufriedenheitsdimensionen zugeordnet.

Mit Hilfe einer Regressionsanalyse der Faktorwerte wurde die Bedeutung jedes Faktors für die Gesamtzufriedenheit ermittelt. Die Anzahl der Items pro Faktor entspricht der so berechneten Gewichtung. Durch diese Vorgangsweise lassen sich alle Itemwerte zu einem additiven Index verknüpfen, der die Gesamtzufriedenheit ausdrückt. Zwar stellt gerade die Annahme eines multifaktoriellen Modells die Aussagekraft eines Gesamtwerts der Zufriedenheit in Frage, doch ist es wünschenswert, den Gesamteindruck eines Konsumenten in einem Wert ausdrücken zu können, von dem angenommen werden kann, daß er ausgewogener ist als die Abfrage eines Gesamturteils, das die Auskunftsperson kognitiv überfordert.

Aufgrund der standardisierten Interviewform und der einfachen Auswertbarkeit läßt sich der Einsatz des Meßinstruments weitgehend objektiv gestalten. Die Reliabilität des Index ist mit einem Cronbach's Alpha von 0,83 sehr zufriedenstellend. Zur Frage der Validität läßt sich ein Known-Group Vergleich anführen. Dabei hat sich gezeigt, daß der Fragebogen imstande ist, zwischen sehr zufriedenen und nur mäßig bis gar nicht zufriedenen Konsumenten zu differenzieren. Vorläufig, d.h. bis zu einer Validierung in einem anderen Erhebungskontext, kann die Meßqualität als insgesamt zufriedenstellend eingestuft werden.

Die Zufriedenheit mit einem Einkaufszentrum läßt sich nach den faktorenanalytischen Ergebnissen in neun Dimensionen gliedern (Der Erklärungswert der in der Sichprobe beobachteten Gesamtvarianz beträgt knapp 60%). Die einzelnen Faktoren sind nach ihrer Bedeutung für den (erfragten) Gesamtzufriedenheitswert in absteigender Reihenfolge geordnet. Dem Faktor Preisniveau wurde, um die unterschiedliche Bedeutung der Faktoren numerisch ausdrücken zu können, in dieser Darstellung die Gewichtszahl 100 zugeordnet. Die Zahlen in den Klammern geben die Gewichtung im Verhältnis zum Faktor Preisniveau an. (Vgl. auch Abb. 1, in der die Größe der Faktorfelder proportional zu deren empirischer Bedeutung dargestellt ist.)

- Möglichkeit zum Einkaufsbummel (449)
  (one-stop-shopping, Auswahl und Vergleich, aktuelle und moderne Waren, etc.)
- Angebotspalette (283)
  (Anzahl der Geschäfte, angebotene Qualität, etc.)
- Einkaufserlebnis (268)
  (nett bummeln können, soziale Akzeptanz)
- Qualität des Personals (183)
  (Hilfsbereitschaft, fachkundige Beratung)
- PKW-Erreichbarkeit (174)
  (Zufahrtsmöglichkeiten, Parkplatzsituation)
- Einkaufsmöglichkeit für den Tagesbedarf (160)
  (alltägliche Einkäufe, Erreichbarkeit mit öffentlichen Verkehrsmitteln)
- Witterungsschutz (127)
- Öffnungszeiten (118)
- Preisniveau (100)
  (Preisniveau, Preis-Leistungsverhältnis)

Auffallend ist die dominante Bedeutung der beiden ersten Faktoren, die man als Angebotsfaktoren zusammenfassen könnte. Ebenfalls als sehr bedeutsam hat sich das Umfeld (Ausstattung, Flair, etc.) herausgestellt. Auch das Verkaufspersonal und die Erreichbarkeit mit dem PKW liefern wichtige Beiträge für die Gesamtzufriedenheit. Relativ gering ist die Gewichtung der Faktoren Öffnungszeiten und Preisniveau.

4.2. Bestimmungsgrößen der Konsumentenzufriedenheit

Im zweiten Teil des Fragebogens wurden Antezedenzbedingungen erhoben, deren Einfluß auf die Gesamtzufriedenheit untersucht wurde. Die so gewonnenen Erkentnisse lassen Rückschlüsse auf Einflußfaktoren der Zufriedenheit zu, die - im Unterschied zu den Faktoren der Zufriedenheit selbst - vom Betreiber des Einkaufszentrums (bzw. der einzelnen Geschäfte) nur bedingt beeinflußbar sind oder sich deren Einflußsphäre gänzlich entziehen (vgl. Abb. 1).

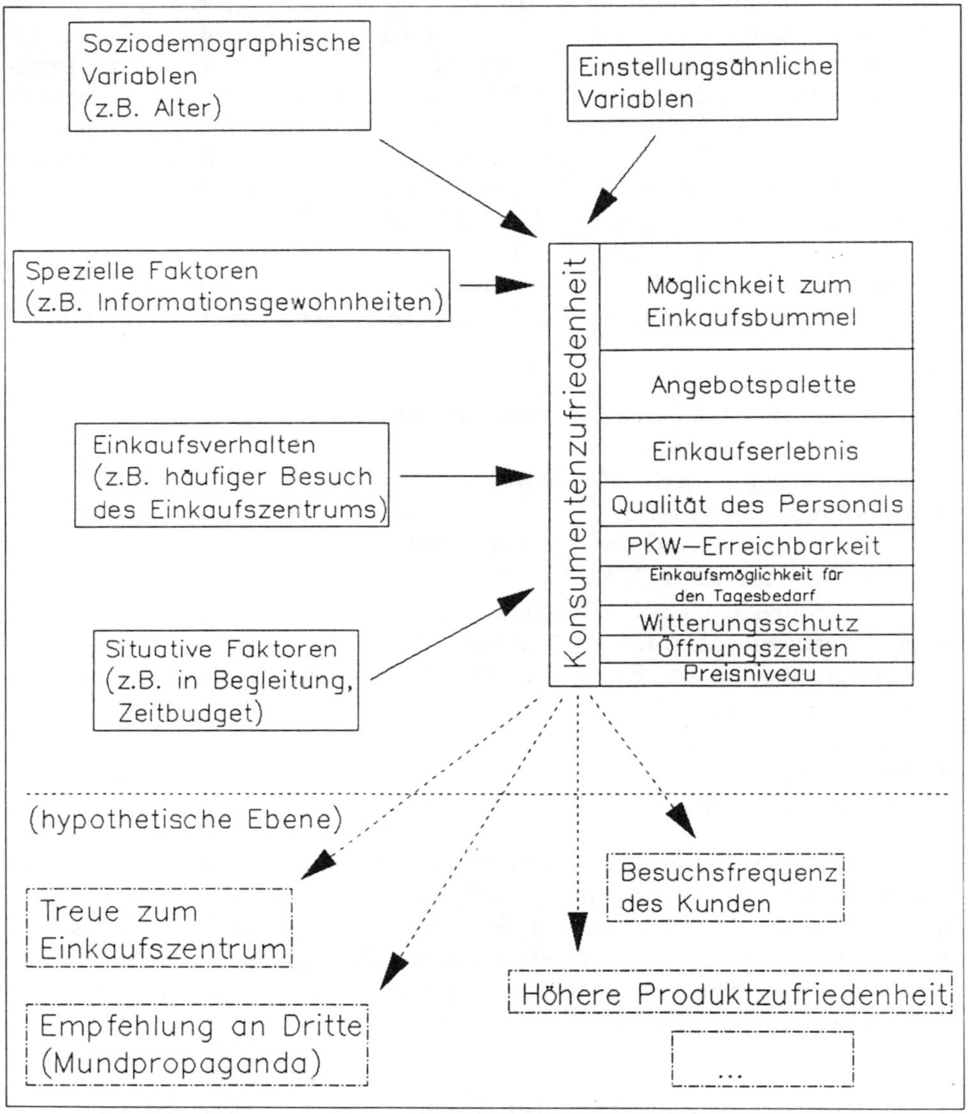

Abb. 1: Empirisch festgestellte und hypothetisch angenommene Beziehungen zwischen Variablen und der Konsumentenzufriedenheit

Bei den erhobenen Variablen handelt es sich um persönliche (soziodemographische), haushaltsbezogene und psychologische Kenngrößen.

Von den soziodemographischen Variablen erwies sich das Alter der Konsumenten als signifikante Einflußgröße auf die Zufriedenheit (ältere Konsumenten sind zufriedener), während für das Geschlecht keine Unterschiede festzustellen waren. Hinsichtlich des Grades der Ausbildung und der Berufsstellung konnten keine signifikanten Beziehungen mit der Zufriedenheit ermittelt werden. Nicht berufstätige Konsumenten weisen hingegen höhere Zufriedenheitswerte auf (Ausnahme: Personen in Ausbildung).

Haushaltsgröße und Haushaltseinkommen hatten ebenso keinen Einfluß auf die Zufriedenheit, wie die Entfernung des Einkaufszentrums vom Wohnort. Dabei ist allerdings zu berücksichtigen, daß die vorliegende Stichprobe (tatsächliche Besucher des Einkaufszentrums) einen selbstselektierten Personenkreis darstellt, der sich grundsätzlich bereits für den Besuch des spezifischen Zentrums entschieden hat. Betreffend der Zeitspanne, die Personen bereits an ihrem Wohnsitz wohnen, stellte sich heraus, daß sich eine längere Dauer der Ansässigkeit auf die Zufriedenheit positiv auswirkt.

Keine signifikanten Konsequenzen für die Zufriedenheit ergaben sich für einen Modebewußtseinsindex, für das Konstrukt der Meinungsführerschaft ([8]), für das Freizeitverhalten der Konsumenten und für das Anspruchsniveau gegenüber der eigenen Person. Allgemein und speziell in Verbraucherbelangen besser informierte Konsumenten erwiesen sich als zufriedener. Wird dem Verkaufspersonal in der Konsumentenstimmung (vgl. [5]) generell, also nicht nur im betreffenden Einkaufszentrum, eine positive Einstellung entgegengebracht, so ist auch die Zufriedenheit mit dem Einkaufszentrum signifikant höher. Für die Konsumentenstimmung gegenüber dem generellen Preisniveau gilt die gleiche Beziehung.

Neben den Determinanten, die die Zufriedenheit und die Struktur der Zufriedenheit prägen, sind auch die Zusammenhänge zu den dem Konstrukt nachgelagerten Variablen des Konsumentenverhaltens von Interesse. Einen ersten Einblick in hypothetische (unüberprüfte) Wirkungszusammenhänge dieser Art gibt Abb. 1 (Vgl. die strichlierten Teile der Darstellung).

5. Künftige Forschungsaufgaben

Der vorliegende Beitrag zieht eine Zwischenbilanz über das entsprechende Forschungsprojekt. Im Rahmen dieses Projekts sollen noch einige weitere Forschungsfragen behandelt werden. An vorderster Stelle sind hier zu nennen:

- Die Validierung des Meßmodells und Überprüfung der ermittelten Beziehungsmuster an anderen Stichproben sowie in unterschiedlichen Erhebungsfeldern (Einkaufszentren). Dieser Schritt soll durch eine derzeit laufende Erhebung in einem anderen Einkaufszentrum in Wien ermöglicht werden.

- Die Entwicklung stärker formalisierter und komplexerer Erklärungsmodelle der Einkaufsstättenwahl. Derartige, auf Theorien des Individualverhaltens beruhende Modelle (siehe etwa [7], [12]) sollen es ermöglichen, räumliche Aspekte in konsumentenforscherische Konzepte zu integrieren.
- Eine Analyse der Effekte, die aus der Selbstselektion der befragten Konsumenten resultieren. Da angenommen werden kann, daß jene Konsumenten, die mit dem betreffenden Einkaufszentrum unzufrieden sind, nicht befragt werden konnten, muß eine Verzerrung der erhobenen Konsumentenzufriedenheit in Richtung besserer Werte erwartet werden ([6]). Dieses Problem wurde im vorliegenden Zusammenhang bewußt in Kauf genommen. Durch einen Vergleich mit den Ergebnissen von Untersuchungen, die auf einem anderen Untersuchungsdesign basieren, soll das Ausmaß der aus der Selbstselektion resultierenden Verzerrung abgeschätzt werden.

Literatur

[1] Backhaus, K./Erichson, B./Blinke, W./Weiber, R.: Multivariate Analysemethoden, 6. Aufl., Berlin 1990.

[2] Beeskow, W.: Qualität der Versorgung und Versorgungszufriedenheit: Eine Untersuchung zur Bestimmung des Versorgungsniveaus der Bevölkerung im Bereich der Waren des täglichen Bedarfs, Frankfurt/M. 1985.

[3] Bühler, T.: City-Center: Erfolgsfaktoren innerstädtischer Einkaufszentren, Wiesbaden 1990.

[4] Hansen, U./Schönheit, I. (Hrsg.): Verbraucherzufriedenheit und Beschwerdeverhalten, Frankfurt/M. 1987.

[5] Holzmüller, H.H./Mayr, J.: Konsumentenstimmung gegenüber Marketing, in: Journal für Betriebswirtschaft, 39. Jg., Nr. 1, 1989, S. 118 - 138.

[6] Holzmüller, H.H./Maier, G.: Die Vorhersage des Exporterfolges von Unternehmen als Problem der Selbstselektion, in: Schmalenbach's Zeitschrift für betriebswirtschaftliche Forschung, 42. Jg., Nr. 11, 915 - 930.

[7] Maier, G./Weiss, P.: Modelle diskreter Entscheidungen: Theorie und Anwendung in den Sozial- und Wirtschaftswissenschaften, Wien, 1990.

[8] Noelle-Neumann, E.: Persönlichkeitsstärke - Ein neues Kriterium zur Zielgruppenbeschreibung, Spiegel-Dokumentation, Hamburg 1983.

[9] Parasuraman, A./ Zeithaml, V./Berry, L.: A conceptual model of service quality and its implications for future research, in: Journal of Marketing, Vol. 49, No. 4, 1985, S. 41 - 50.

[10] Parasuraman, A./ Zeithaml, V./Berry, L.: SERVQUAL: A multiple-item scale for measuring consumer perceptions of service quality, in: Journal of Retailing, Vol. 64, No. 1, 1988, S.12 - 40.

[11] Runow, H.: Zur Theorie und Messung der Verbraucherzufriedenheit, Frankfurt/M. 1982.

[12] Wrigley, N.: Store Choice, Store Location and Market Analysis, London 1988.

Wie gesundheitsbewußt ist der österreichische Konsument? Erste Messungen eines komplexen theoretischen Konstrukts

Sophie Karmasin /Hartmut H. Holzmüller

1. Problemstellung

Die Messung des Gesundheitsbewußtseins (GBS) von Konsumenten ist vor allem für zwei Marketingfelder von besonderer Relevanz. Zum einem ist dies der Markt für Gesundheitsprodukte und -dienstleistungen, der seit Jahren an Bedeutung gewinnt und verschiedene Angebotsbereiche wie Nahrungsmittel, Produkte der Körperpflege, Arzneimittel, Sport- und Fitneßgeräte, Medizin-, Sport- und Tourismusangebote sowie Medienprodukte (Bücher, Filme, Ausbildungskurse etc.) umfaßt. Zum anderen sind es Aufgaben des Social Marketing, die sich im Rahmen der staatlichen Gesundheitsverwaltung stellen ([3], S.26 ff.). Dazu zählen Informationsaktivitäten zur Gesundheitsvorsorge (Vorsorgeuntersuchungen, Schutzimpfungen etc.) oder zur generellen gesundheitsbezogenen Verhaltensbeeinflussung (AIDS-Kampagnen, Nichtraucher-Kampagnen, etc.)

In beiden Aufgabenbereichen scheint es vorteilhaft zu sein, wenn in der Marketingplanung, so insbesondere bei der Zielgruppenabgrenzung, bei der Entwicklung von Werbestrategien und in der Produktgestaltung auf Daten über grundlegende Bestimmungsfaktoren des Konsumentenverhaltens zurückgegriffen werden kann. Die Ermittlung von individuellen psychologischen Beweggründen im Themenbereich Gesundheit stellt große Anforderungen an die Marktforschung.

Die Absicht des Beitrags ist es, darzustellen, welche Schritte bei der Entwicklung eines Meßinstruments zur Erfassung komplexer psychischer Konstrukte wie des GBS zu durchlaufen sind, und auf welche Weise die Qualität solcher

Meßergebnisse beurteilt werden kann. Weiters sollen erste praxisrelevante Ergebnisse hinsichtlich des GBS der österreichischen Bevölkerung dokumentiert werden.

2. Meßproblem und Instrumententwicklung

Das theoretische Konstrukt "Gesundheitsbewußtsein" ist einer unmittelbaren Beobachtung nicht zugänglich, so daß bei der Erfassung auf die Auskünfte von Befragten zurückgegriffen werden muß. In der Marktforschungspraxis werden zum einen qualitative Interviews, also wenig strukturierte Gespräche, die einem vorher festgelegten Leitfaden folgen, eingesetzt, zum anderen bedient man sich in der quantitativen Forschung standardisierter Fragebögen, die von einem Interviewer persönlich oder telephonisch vorgegeben werden oder den Auskunftspersonen am Postweg zugehen ([13], S. 375ff.).

Qualitative Techniken werden überwiegend in Situationen eingesetzt, in denen nur geringe Vorinformation über die interessierenden Phänomene vorhanden ist und neue Aspekte eines Problems entdeckt werden sollen ([1], S. 155ff.). Weiters finden sie Verwendung bei Befragungsinhalten, bei denen individuelle oder soziale Hemmschwellen der Auskunftspersonen vermutet werden, und wo es wichtig erscheint, den Antwortspielraum der Befragten zu erweitern bzw. eine den spezifischen Problemen und Bedürfnissen der Befragten angepaßte Erhebung durchzuführen ([6], S. 224ff.). Quantitative Erhebungsmethoden werden bevorzugt in Bereichen eingesetzt, die qualitativ bereits erkundet wurden, und bei denen in einem nächsten Schritt stärker operationalisierte Messungen, die für bestimmte Populationen repräsentativ sind, nötig sind um datengestützte Marketingentscheidungen treffen zu können.

Die Erfassung von GBS ist eine Aufgabenstellung, zu der qualitative Voruntersuchungen existieren, wo zugleich aber auch mit erheblichen individuellen und sozialen Auskunftsbarrieren bzw. -verzerrungen in der Datenerhebung gerechnet werden muß. Daher ist bei der Entwicklung eines standardisierten Fragebogens großes Gewicht auf die theoretisch-konzeptionelle Fundierung des Instruments und dessen tatsächliche Meßgüte zu legen.

Bisherige Untersuchungen im Objektbereich legen nahe, daß mehrere Motivbündel das Konstrukt GBS prägen ([10], [14]). Daneben ist zu berücksichtigen, daß die Messung von latenten bzw. theoretischen psychischen Konstrukten mittels Index-Bildung erfolgt ([2], [7]). Somit ist die Basis für die Entwicklung eines mehrdimensionalen und -stufigen Meßmodells gelegt (siehe Abb. 1).

Ausgehend von diesem Meßmodell wurden bei der Fragebogenentwicklung mehrere Schritte durchlaufen. Die Formulierung der Hauptdimensionen basiert auf einem Einstellungs-Verhaltensmodell nach Hurrelmann ([10]), das von

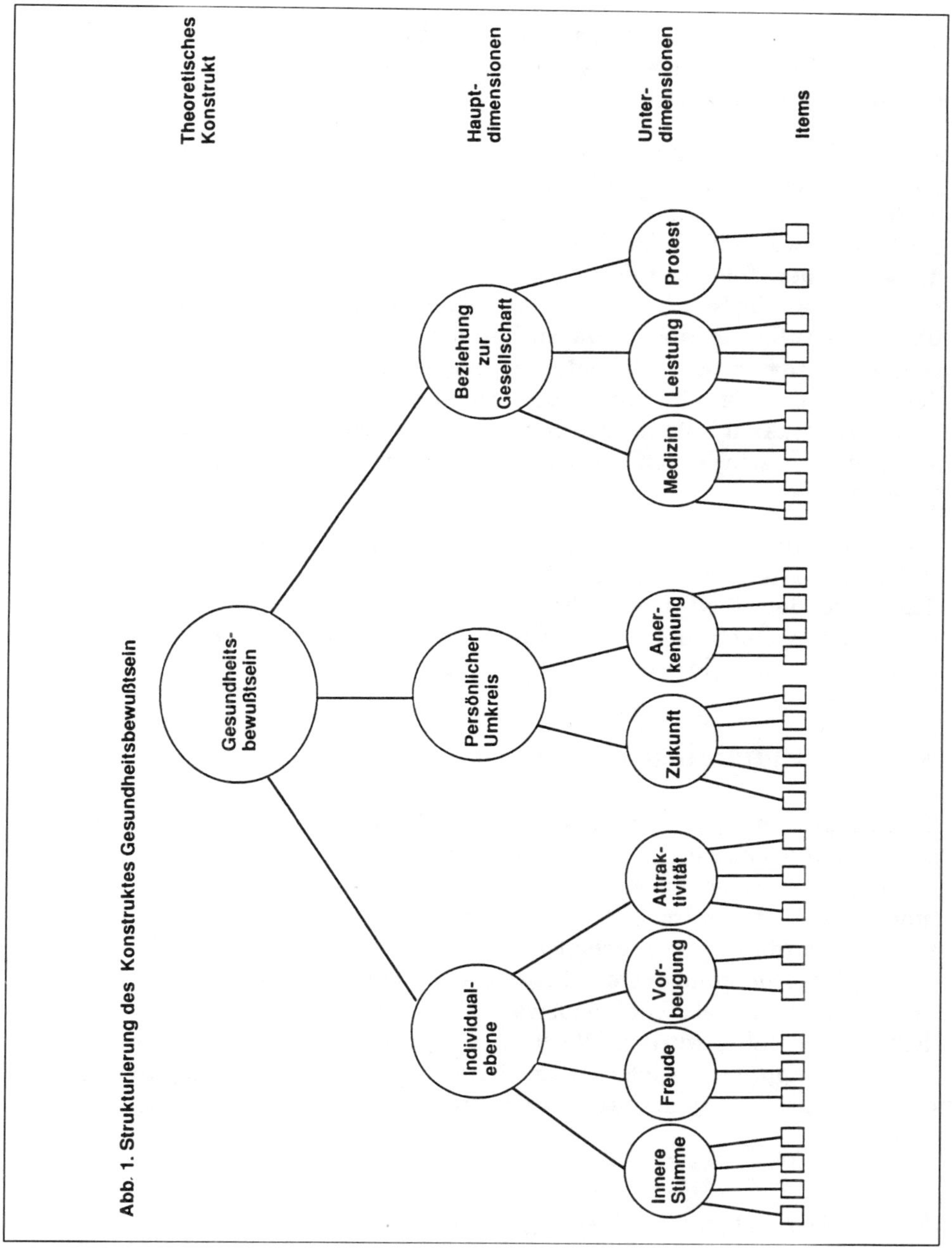

Abb. 1: Strukturierung des Konstruktes Gesundheitsbewußtsein

drei Faktoren ausgeht. Demnach ist das GBS insbesondere von individuellen Aspekten, Einflußfaktoren aus dem näheren sozialen Umfeld des Konsumenten und solchen auf gesellschaftlicher Ebene gekennzeichnet.

Auf der Basis von Literaturanalysen, Expertengesprächen und Tiefeninterviews mit Konsumenten wurden die Hauptdimensionen auf der nächsten Ebene entlang von neun Subdimensionen präzisiert. Um zu große Verzerrungen aufgrund zu erwartender, sozial erwünschter Antworten zu vermeiden, wurde auf der Ebene der Itemformulierung ein Vortest mit zwei Gruppen von Auskunftspersonen (jeweils N=17) durchgeführt. Einer Gruppe wurden direkte Items, die über fünfstufige Ratingskalen zu bewerten waren, vorgegeben. Die andere Gruppe wurde ersucht, Dialogfragen, die auf eine indirekte Auskunft mittels der Bewertung von Meinungen über Dritte abstellten, zu beantworten. Basierend auf der Analyse der Trennschärfe (Schwierigkeitsindex) der beiden Vorgangsweisen wurde schließlich der direkten Befragungsform der Vorzug gegeben.

Die Daten aus dem Vortest wurden zudem in einem nächsten Schritt zur inhaltlichen Itemrevision anhand von empirisch ermittelten Schwierigkeitsgraden verwendet. Dies führte schließlich zu einem Erhebungsinstrument, das drei Hauptdimensionen umfaßt, die durch neun Subdimensionen spezifiziert und über insgesamt 75 Fragen erhoben wurden.

3. Feldarbeit und Stichprobe

Zusätzlich zum Index zur Messung des GBS wurden in den Fragebogen Itembatterien aufgenommen, die das Gesundheitsverhalten (operationalisiert über 13 Fragen), den Konsum von Produkten aus dem Gesundheitsmarkt (14 Fragen) und soziodemographische Merkmale der Auskunftspersonen erfassen. Der Fragebogen wurde in persönlichen Interviews von Mitarbeitern einer Marktforschungsunternehmung österreichweit eingesetzt. Die Stichprobe umfaßte 200 Personen, die mittels Quotenauswahl hinsichtlich Geschlecht, Alter und Bundesland selektiert wurden. Nach einer Gewichtung der Stichprobe entsprechend den Repräsentativdaten aus der österreichischen Mediaanalyse können die Ergebnisse als typisch für die österreichische Bevölkerung eingestuft werden.

4. Güte des Meßinstruments

Die Überprüfung der Meßgüte der GBS-Skala erfolgte auf der Basis der klassischen Testtheorie ([12]). Zuerst wurde die Zuverlässigkeit der einzelnen Subskalen überprüft. In diesem Analyseschritt wurde die interne Konsistenz der Subdimensionen hinsichtlich der Item-Total-Korrelation geprüft und eine Selektion der Items vorgenommen. Jene Items wurden ausgeschieden, die eine geringe Korrelation zum Summenwert der Subdimension aufwiesen. Die interne Konsistenz wurde mittels Cronbach's Alpha ([5]) beurteilt. Die Ergebnisse dieses Prüfschrittes zeigt Abb. 2.

Dimension	Anzahl der Items vor Purifikation	Cronbach's Alpha v.P.	Anzahl der Items nach Purifikation	Cronbach's Alpha n.P.
Innere Stimme	5	,2041	2	,4426
Freude	13	,4049	5	,6661
Vorbeugung	11	,6733	4	,7241
Attraktivität	7	,4379	4	,6263
Soziale Anerkennung	14	,5185	6	,5761
Medizin	7	,2706	3	,6719
Leistungsfähigkeit	4	,0500	3	,3076
Protest	9	,5266	5	,6179
Zukunftsvorsorge	5	,6319	4	,6742

Abb. 2: Interne Konsistenz der Subdimensionen der GBS-Skala

Es zeigt sich, daß bereits im Rahmen dieser ersten explorativen Messung - abgesehen von zwei Dimensionen - durch die Purifikation befriedigende Konsistenzwerte erreicht werden konnten. Die Prüfung der Interkorrelationen zwischen den 9 Subdimensionen ergab generell ein zufriedenstellendes Bild. Ein Maximalwert von r=0,56 deutet darauf hin, daß die Subskalen tatsächlich unterschiedliche Sachverhalte messen. Die Korrelation der Unterdimensionen innerhalb der einzelnen Hauptdimensionen war positiv (Bandbreite von r=0,16 bis r=0,56). Dies ist ein empirischer Beleg für die Gültigkeit der theoretisch-konzeptionell entwickelten Struktur der GBS-Skala.

Zur Ermittlung der Kriteriumsvalidität wurde der Zusammenhang zum Gesundheitsverhalten und zum Konsum von Produkten aus dem Gesundheitsmarkt untersucht. Die ermittelten signifikanten Korrelationen von 0,42 bzw. 0,30 zu den Außenkriterien sind ein Hinweis auf die Gültigkeit der Meßkonzeption, die zusätzlich durch die Ergebnisse einer Korrelationsanalyse auf der Ebene der Unterdimensionen belegt werden konnte.

In einer Known-Group Validierung, d.h. im Rahmen eines Vergleichs von Personen mit hohen bzw. niedrigen Meßwerten in den Skalen Gesundheitsverhalten bzw. Konsum von Produkten aus dem Gesundheitsmarkt, konnten diese Ergebnisse noch erhärtet werden. Acht der neun Unterdimensionen der GBS-Skala trennten signifikant zwischen Personen mit niedrigem und hohem Gesundheitsverhalten. Hinsichtlich der Konsumskala wurden für alle Unterdimensionen signifikante Mittelwertsunterschiede ermittelt.

Zusammenfassend kann zur Beurteilung der Qualität des Instruments festgehalten werden, daß die Reliabilität der GBS-Skala hinsichtlich der internen Konsistenz und Dimensionalität als befriedigend eingestuft werden kann. Die Validität oder Gültigkeit des Meßansatzes ist als gut zu bewerten. Die GBS-Skala mißt Einstellungdimensionen, die deutlich mit Variablen des Konsumentenverhaltens im Gesundheitsbereich zusammenhängen.

5. Praxisbezogene Ergebnisse

Erste deskriptive Analyseergebnisse, die mit Hilfe der GSB-Skala ermittelt wurden, zeigen deutlich, daß das Gesundheitsbewußtsein nicht über soziodemographische Variable erklärbar ist. Es konnten keine signifikanten Einflüsse des Geschlechts der Auskunftspersonen, des Familienstandes, der Höhe des Einkommens und des Alters nachgewiesen werden. Lediglich einige Variable deuten auf soziodemographische Unterschiede hin. So sind Personen mit höherer Schulbildung - ähnlich wie im Bereich Umweltbewußtsein (vgl. [9]) - signifikant gesundheitsbewußter. Gleiches trifft auf Personen aus dem städtischen Lebensraum zu.

Bemerkenswerterweise konnten tendenzielle Hinweise auf einen U-förmigen Zusammenhang zwischen der sozialen Schicht und dem GBS gefunden werden. D.h, sowohl Personen aus niederen als auch aus höheren sozialen Schichten sind weniger gesundheitsbewußt als Personen aus der Mittelschicht. Inwieweit diese Ergebnisse Resultat der unterschiedlichen Bedeutung sozialer Anerkennung sind, bzw. ob nur schichtspezifische Unterschiede im Antwortverhalten vorliegen, sollte in künftigen Arbeiten in diesem Bereich geklärt werden.

Auch die Ergebnisse zum ermittelten Gesundheitsverhalten spiegeln die Mehrdimensionalität der Einflußfaktoren im Themenkomplex Gesundheit wider. Nur zwei der elf erhobenen soziodemographischen Variablen stehen in direktem Zusammenhang zur Stärke des Gesundheitsverhaltens. Frauen sind hinsichtlich ihres Gesundheitsverhaltens stärker ausgewiesen, ein Ergebnis, das die Resultate von Bucher ([4]) stützt. Da hinsichtlich des GBS keine Geschlechtsunterschiede ermittelt werden konnten, jedoch im Verhaltensbereich solche zutage getreten sind, ist dies ein Hinweis auf einen stärkeren Einstellungs/Verhaltens-Zusammenhang bei weiblichen Auskunftspersonen. Frauen sind demnach im Gesundheitsbereich bezüglich der Bedeutung von Haltungen für ihre tatsächlichen Aktivitäten im Vergleich zu Männern als konsequenter einzustufen.

Desgleichen ergaben sich Differenzen zwischen Singles und Personen, die in einer fixen Partnerbeziehung leben. Personen in Partnerbeziehungen halten sich weniger stark an gesunde Lebensweisen, ein Ergebnis, das künftig vor dem Hintergrund der individuellen Selbstverantwortung in der Lebensgestaltung weiter analysiert werden sollte.

Der tatsächliche Konsum von Produkten aus dem Gesundheitsmarkt ist stärker als die anderen Indizes durch soziodemographische Variable determiniert. Besonders auffällig ist, daß der Konsum von Gesundheitsprodukten von der Schichtzugehörigkeit abhängt. Besser ausgebildete Personen in höher qualifizierten Berufen und mit höherem Einkommen konsumieren mehr Produkte aus dem Gesundheitsmarkt. Es ist aus dem vorliegenden Datenmaterial allerdings nicht beantwortbar, ob hier Preiseffekte oder soziale Distinktion (Demonstrationskonsum) zu diesen Unterschieden führen.

Insgesamt zeigt sich sehr deutlich, daß soziodemographische Variable wenig Erklärungkraft im vielschichtigen Themenkomplex der Gesundheit aufweisen. Für Marketingmaßnahmen in diesem Bereich - sei es nun für betriebswirtschaftliche oder gesundheitspolitische Zielsetzungen - sollte daher verstärkt auf Erhebungsinstrumente, wie die hier vorgestellte Skala zur Messung von GBS, zurückgegriffen werden. Die Nutzung solcher Daten gewährleistet, daß die Basis für die Entscheidungsfindung im Marketing deutlich verbessert wird. Dies gilt insbesondere für die Marktsegmentierung im Gesundheitskontext und die damit eng verbundene Abschätzung von Marktpotentialen einzelner Produkt- oder Dienstleistungsangebote.

Aber auch für die Planung in den einzelnen Instrumentalbereichen des Marketing können GBS-Daten von Bedeutung sein, so z.B. bei der zielgruppengerechten Gestaltung der Produkt- und Sortimentspolitik oder bei der Werbegestaltung und -planung. Eine wesentliche Rolle kann dem Index des GBS als Indikator der Wirksamkeit von Marketingmaßnahmen zukommen. Vor allem für die kommunikative Werbeerfolgskontrolle von Kampagnen im Social Marketing scheint dieses Instrument aufgrund der starken inneren Strukturiertheit gut geeignet zu sein.

6. Zusammenfassung und Ausblick

Die ersten Versuche der Messung des Konstrukts GBS deuten darauf hin, daß die Erfassung mit zufriedenstellender Qualität erfolgen kann und die ermittelten Daten für Marketingaufgaben nutzbringend eingesetzt werden können.

In künftigen Arbeitsschritten sollte versucht werden, die Meßgüte der GBS-Skala über das hier erzielte Maß hinaus zu erhöhen und die Erhebung insgesamt ökonomischer zu gestalten. Weitere Validierungsstudien sind geplant, insbesondere empfiehlt sich der Einbau des Konstrukts in komplexere Erklärungsmodellle des Gesundheitsverhaltens, die eine Überprüfung der nomologischen Validität ermöglichen ([8]). Damit könnten die Voraussetzungen für einen zuverlässigen, gültigen und zweckmäßigen Praxiseinsatz des Instruments geschaffen werden.

Literatur

[1] Atteslander, P./Kopp, M.: Befragung, in: Roth, E. (Hrsg.): Sozialwissenschaftliche Methoden, München, Wien 1984, S. 144 - 172.

[2] Besozzi, C./Zehnpfennig, H.: Methodologische Probleme der Index-Bildung, in: van Koolwijk, J./Wieken-Mayser, M. (Hrsg.): Techniken der empirischen Sozialforschung Band 5, München 1976, S. 9 - 55.

[3] Bruhn, M./Tilmes, J.: Social Marketing, Stuttgart 1989.

[4] Bucher, H.: Determinanten präventiven Gesundheitsverhaltens in der Schweizer Bevölkerung - Ergebnisse aus der SOMIPOPS-Studie, in: Sozial- und Präventivmedizin 31. Jg., 1986, S. 280 - 286.

[5] Cronbach, L.J.: Coefficient alpha and the internal structure of tests, in: Psychometrika Vol. 16, September 1951, S. 297 - 334.

[6] Friedrichs, J.: Methoden der empirischen Sozialforschung, 11. Auflage, Opladen 1983.

[7] Heidenreich, K.: Grundbegriffe der Meß- und Testtheorie, in: Roth, E. (Hrsg.): Sozialwissenschaftliche Methoden, München, Wien 1984, S. 352 - 384.

[8] Hildebrandt, L.: Kausalanalytische Validierung in der Marketingforschung, in: Marketing-ZFP Nr. 1, 1984, S. 41 - 51.

[9] Holzmüller, H.H./Pichler, C.: Ansätze zur Operationalisierung des Konstrukts "Umweltbewußtsein" von Konsumenten - Ein Forschungsüberblick, Marketing-Arbeitspapiere, Wirtschaftsuniversität Wien, Nr. 4, Wien 1988.

[10] Hurrelman,K.: Sozialisation und Gesundheit, Weinheim, München 1988.

[11] Karmasin, S.: Konstruktion und Validierung des GBS-Fragebogens zum Gesundheitsbewußtsein anhand einer repräsentativen Stichprobe für Österreich, unveröffentlichte Diplomarbeit, Wirtschaftsuniversität Wien, Wien 1992.

[12] Lienert, G. A.: Testaufbau und Testanalyse, 4. Auflage, München 1989.

[13] Kinnear, T.C./Taylor, J.R.: Marketing Research, 3rd ed., New York 1987.

[14] Potthoff, P./Schwefel, D.: Subjektive Gesundheit in einer Großstadtbevölkerung, in: Öffentliches Gesundheitswesen Jg. 47, 1985, S. 507 - 513.

Arten der Kundenbedürfnisse als Schlüssel für Betriebsformen

Christian F. Lettmayr, Peter Voithofer

Der folgende Beitrag bezieht sich auf die Ergebnisse verschiedener internationaler Forschungsprojekte, an denen das Institut für Gewerbe- und Handwerksforschung maßgeblich mitgearbeitet hat. Dies sind namentlich eine Studie über die Strategische Orientierung kleiner und mittlerer Betriebe (STRATOS) und eine 1991 begonnene Arbeit, in der es um eine jährliche Untersuchung der Internationalisierungsbestrebungen von kleinen und mittleren Betrieben in Europa geht (INTERSTRATOS).

Die hier dargestellten Ergebnisse beziehen sich auf erste Ergebnisse der letztgenannten Untersuchung, an der in der Anfangsphase acht europäische Länder (A, B, CH, GB, NL, N, SF, S) teilgenommen haben, deren Kreis sich 1993 auf elf (D, F, P) erweitern wird.

In diesem Zusammenhang wird zwischen "sehr differenzierten Kundenbedürfnissen" und "eher gleichförmigen Kundenbedürfnissen" unterschieden. Unter Betriebsformen wird hier ein unterschiedlicher Grad von Spezialisierung verstanden, der sich einerseits auf Produktgruppen, andererseits auf Kundengruppen beziehen kann.

Die diesem Beitrag zugrunde liegende Hypothese geht davon aus, daß der Grad der Spezialisierung umso höher ist, je gleichförmiger die Kundenbedürfnisse sind.

Bei der allgemeinen Darstellung des Spezialisierungsgrades wird im folgenden auch die Beziehung zwischen Spezialisierung auf Produktgruppen und Spezialisierung auf Kundengruppen näher betrachtet. Im Rahmen des INTERSTRATOS-Projektes, das ja als eine mehrjährige (longitudinal) Untersuchung mit wiederholter Befragung angelegt ist, wird hinsichtlich der Fragestellung der Kundenbedürfnisse von der Hypothese ausgegangen, daß eine zunehmende

Internationalisierung zu einer zunehmenden Spezialisierung auf Produktgruppen führen würde. Nachdem erst Ergebnisse von zwei Jahren vorliegen, wird in diesem Bericht jedoch nicht auf Entwicklungstendenzen im Zeitablauf eingegangen, dies auch deshalb, weil die Ergebnisse aus zwei Jahren für eine Feststellung allfälliger Entwicklungstendenzen und damit einer Überprüfung der obigen Hypothese nicht ausreichen.

Wie die folgende Tabelle 1 zeigt, besteht eine deutliche Abhängigkeit zwischen Betriebsgröße und Anzahl der Produktgruppen, die von dem jeweiligen Betrieb angeboten bzw. erzeugt werden. Am höchsten ist der Spezialisierungsgrad bei Kleinstbetrieben mit weniger als 10 Beschäftigten, von denen nahezu ein Viertel nur eine Produktgruppe anbietet. Mit zunehmender Betriebsgröße sinkt der Anteil dieser hochspezialisierten Betriebe auf 10 %. Umgekehrt werden nur von weniger als 10 % der kleinsten Betriebe, aber von mehr als einem Drittel der Großbetriebe mehr als fünf Produktgruppen erzeugt.

	1	2	3	4	5	> 5
bis 9 Beschäftigte	22	17	24	15	12	10
10 - 19 Beschäftigte	14	14	21	13	13	25
20 - 49 Beschäftigte	14	12	19	16	11	28
50 - 99 Beschäftigte	11	15	18	11	15	30
100 - 499 Beschäftigte	11	8	18	12	16	35
Österreich	15	12	20	13	11	29
Belgien	20	20	16	12	12	20
Niederlande	16	14	22	12	13	23
Schweiz	13	13	22	13	13	26
Großbritannien	18	14	12	14	8	34
Norwegen	12	10	15	15	17	31
Schweden	12	10	22	12	13	31
Finnland	7	14	25	17	16	21
Textil/Bekleidung	17	11	19	14	14	25
Elektronik	15	13	21	15	13	23
Nahrung/Genußmittel	11	15	18	12	13	31
Holzmöbelerzeuger	16	14	21	11	12	26
Metallverarbeitung	11	12	21	15	14	27
Durchschnitt	14	14	20	13	13	26

Tab. 1: Zahl der Produktgruppen je Betrieb nach Betriebsgrößenklassen, Ländern und Sektoren (Betriebe in Prozent)
Quelle: Institut für Gewerbe- und Handwerksforschung, INTERSTRATOS, Wien 1992

Im Ländervergleich lassen sich kaum signifikante Abweichungen feststellen, oder Abweichungen, die durch regionale Besonderheiten erklärbar wären. Ein grundsätzlich etwas höherer Spezialisierungsgrad wurde nur von den belgischen Betrieben gemeldet, bei denen einerseits der Anteil der Betriebe mit nur einer oder zwei Produktgruppen überdurchschnittlich hoch war und andererseits die Anteile der Betriebe mit drei, vier, fünf oder mehr Produktgruppen unter dem Durchschnitt lagen. Überdurchschnittlich hoch war der Anteil von Betrieben mit mehr als fünf Produktgruppen in Großbritannien, allerdings lag auch der Anteil der Betriebe mit nur einer Produktgruppe mit rd. 18 % über dem Durchschnitt.

Auch die Unterschiede zwischen den fünf untersuchten Sektoren waren nicht so groß, daß von signifikanten Abweichungen gesprochen werden kann. Nichtsdestoweniger zeigen sich bei den Möbelerzeugern und in den Sektoren Textil/Bekleidung und Elektronik etwas größere Spezialisierungstendenzen als vor allem im Sektor Nahrung/Genußmittel. Der vergleichsweise geringe Spezialisierungsgrad im Sektor Nahrung/Genußmittel könnte auch darauf zurükzuführen sein, daß die Betriebe dieses Sektors vor allem lokale Bedürfnisse befriedigen und aus diesem Grund im begrenzten Raum ein weiteres Spektrum der Bedürfnisse ihrer Kunden abdecken müssen, um entsprechende Umsatzzahlen zu erreichen.

Man darf dabei aber nicht vergessen, daß in allen Betriebsgrößen, Ländern und Sektoren von der überwältigenden Mehrheit der Betriebe deutlich mehr als 70 % des Umsatzes mit den drei wichtigsten Produktgruppen erzielt werden. Schließt man aus einer solchen Betrachtung jene Betriebe aus, die ohnehin nur drei oder weniger Produktgruppen anbieten (deren Umsatzanteil dann natürlich 100 % ausmacht und wodurch sich das Sample um knapp 47 % verringert) zeigt sich im Gesamtdurchschnitt der Betriebe die vier oder mehr Produktgruppen anbieten, daß der Anteil der wichtigsten drei Produktgruppen bei knapp drei Viertel der Betriebe über 70 % liegt. Bei knapp 30 % macht der Anteil sogar mehr als 90 % aus. Lediglich bei einer Minderheit dieser Betriebe (9 %) liegt der Anteil unter 50 %. Selbst bei den größten Betrieben liegt der Anteil derjenigen, bei denen die wichtigsten drei Produktgruppen weniger als 50 % ausmachen nur bei 12 %. Der entsprechende Anteil bei den Kleinstbetrieben liegt unter 2 %.

Eine andere Möglichkeit der Spezialisierung besteht darin, sich auf bestimmte Kundengruppen (Zielgruppen, etc.) zu beschränken. Wie aus der Tabelle 3 ersichtlich ist, ist der Spezialisierungsgrad hinsichtlich bestimmter Kundengruppen ganz generell deutlich schwächer als der nach Produktgruppen.

Eine Spezialisierung auf Kundengruppen kann als ein Indikator für marktorientierte Spezialisierungsstrategien verstanden werden, während eine Spezialisierung auf Produktgruppen eher technikorientierte Strategien signali-

	< 50	50 - 70	70 - 90	90 - 99	100
bis 9 Beschäftigte	1	3	18	15	63
10 - 19 Beschäftigte	4	8	24	15	49
20 - 49 Beschäftigte	6	9	26	14	45
50 - 99 Beschäftigte	5	11	27	13	44
100 - 499 Beschäftigte	8	12	30	13	37
Österreich	6	9	25	13	47
Belgien	2	8	23	11	56
Niederlande	4	8	24	12	52
Schweiz	6	8	23	16	47
Großbritannien	7	9	23	17	44
Norwegen	4	9	28	21	38
Schweden	5	11	28	13	43
Finnland	4	8	26	16	46
Textil/Bekleidung	5	7	25	16	47
Elektronik	4	9	23	14	50
Nahrung/Genußmittel	5	10	26	15	44
Holzmöbelerzeuger	4	10	22	13	51
Metallverarbeitung	5	9	29	14	44
Durchschnitt	5	9	25	14	47

Tab. 2: Anteil der drei wichtigsten Produktgruppen am Umsatz nach Betriebsgrößenklassen, Ländern und Sektoren (Betriebe in Prozent)
Quelle: Institut für Gewerbe- und Handwerksforschung, INTERSTRATOS, Wien 1992

siert, die durch technisches Know-how und Produktionskapazität veranlaßt werden. Schlußfolgerungen in dem Sinne, daß die Klein- und Mittelbetriebe in ihrer Produktpolitik und ihren Spezialisierungsstrategien eher produkt- und technikorientiert vorgehen und sich in einem deutlich geringeren Ausmaß an auf die Kundenbedürfnisse abgestimmte Marketingstrategien orientieren, werden zwar durch die vorliegenden Ergebnisse indiziert, bedürften aber weiterer Untersuchungen. Aufgrund des Umfangs der vorliegenden Untersuchung können Mißverständnisse in der Interpretation (noch) nicht ausgeschlossen werden.

Der relativ größte Anteil der Betriebe (27 %) bedient drei Kundengruppen. Die zweitgrößte Gruppe (22 %), gab an, mehr als fünf Kundengruppen zu haben. Auf lediglich eine Kundengruppe spezialisiert sind weniger als 10 % der Betriebe. Dieser Anteil ist nur bei den kleinsten Betrieben mit weniger als 10 Beschäftigten sowie in den Niederlanden und Schweden, mit Einschränkungen auch in Belgien und Österreich bzw. in den Sektoren Textil/Bekleidung und

Holzmöbelerzeuger deutlich höher als im Gesamtdurchschnitt. Deutlich unterdurchschnittlich sind die Anteile der auf eine Kundengruppe spezialisierten Betriebe in der Betriebsgrößenklasse mit 100 bis 499 Beschäftigten, in der Schweiz und in Großbritannien.

	1	2	3	4	5	> 5
bis 9 Beschäftigte	13	22	35	15	8	7
10 - 19 Beschäftigte	10	19	29	15	11	16
20 - 49 Beschäftigte	9	16	28	13	12	22
50 - 99 Beschäftigte	9	16	21	12	12	30
100 - 499 Beschäftigte	7	12	24	11	13	33
Österreich	11	15	31	12	11	20
Belgien	11	23	29	16	8	13
Niederlande	12	19	26	10	11	22
Schweiz	5	13	29	14	12	27
Großbritannien	6	22	24	9	10	29
Norwegen	8	17	22	16	17	20
Schweden	11	15	27	15	10	22
Finnland	7	11	26	15	13	28
Textil/Bekleidung	11	16	31	10	12	20
Elektronik	8	13	28	15	10	26
Nahrung/Genußmittel	10	21	25	14	11	19
Holzmöbelerzeuger	10	16	26	16	13	19
Metallverarbeitung	9	14	26	11	12	28
Durchschnitt	10	16	27	13	12	22

Tab. 3: Zahl der Kundengruppen nach Betriebsgrößenklassen, Ländern und Sektoren (Betriebe in Prozent)
Quelle: Institut für Gewerbe- und Handwerksforschung, INTERSTRATOS, Wien 1992

Wie die folgende Matrix (Tabelle 4) zeigt, besteht kaum eine Entsprechung zwischen Spezialisierung auf Produkt- und Kundengruppen. In dieser Matrix bezeichnen die einzelnen Zeilen jene Betriebe, die eine, zwei, drei, vier, fünf oder mehr als fünf Produktgruppen erzeugen und die Spalten jene Betriebe, die sich mit ihren Leistungen auf eine, zwei, drei, vier, fünf oder mehr als fünf Kundengruppen "spezialisiert" haben. Obwohl Betriebe, die auf eine oder zwei Produktgruppen spezialisiert sind, deutlich seltener vier, fünf oder mehr Kundengruppen bedienen und umgekehrt Betriebe, die auf eine Kundengruppe spezialisiert sind, deutlich seltener drei, vier, fünf oder mehr als fünf Produktgruppen anbieten, kann kein zwingender Zusammenhang konstruiert werden.

Dies wird auch dadurch belegt, daß die durchschnittliche Zahl von Kundengruppen jener Betriebe, die auf eine oder zwei Produktgruppen spezialisiert sind, über vier liegt. Selbst bei den Kleinstbetrieben bieten die im Produktbereich hochspezialisierten Betriebe ihre Leistungen im Durchschnitt noch zwei bis drei Kundengruppen an. Bei den produktmäßig spezialisierten Großbetrieben steigt die Zahl der Kundengruppen sogar auf rund sieben.

Umgekehrt bieten Betriebe, die auf eine oder zwei Kundengruppen spezialisiert sind, im Durchschnitt rd. vier Produktgruppen an. Nimmt man die gegenseitige Entsprechung von Produkt- und Kundengruppenspezialisierung als Maß für einen Spezialisierungsgrad, so bestätigen sich die anfangs gemachten Schlußfolgerungen: Es besteht eine umgekehrt proportionale Beziehung zwischen Spezialisierungsgrad und Betriebsgröße, d.h. je größer ein Betrieb ist, desto weniger spezialisiert ist er üblicherweise.

In einer solchen Betrachtung werden auch die Unterschiede zwischen den einzelnen Ländern klarer sichtbar. Demnach ist die Spezialisierungstendenz in den Niederlanden und der Schweiz am höchsten, gefolgt von Norwegen, Österreich und Belgien. Deutlich geringer ist der Spezialisierungsgrad in Finnland und Schweden und mit großem Abstand am geringsten in Großbritannien.

Von den einzelnen Sektoren wiesen der Sektor Textil/Bekleidung, gefolgt vom Sektor Holzmöbelerzeugung den höchsten Spezialisierungsgrad aus bzw. die Sektoren Elektronik und Nahrung/Genußmittel den geringsten.

Produkt-gruppen	1	2	3	4	5	>5	Summe
1	4,90	2,81	3,27	0,91	0,91	1,32	14,10
2	1,68	4,94	3,31	0,95	0,91	1,27	13,06
3	0,91	3,76	8,53	2,49	1,77	2,36	19,82
4	0,45	1,50	3,90	2,77	1,36	3,27	13,24
5	0,59	1,13	3,27	2,59	2,90	2,86	13,33
>5	1,00	2,27	4,76	3,54	3,63	11,25	26,44
Summe	9,52	16,42	27,03	13,24	11,47	22,31	100,00

Tab. 4: Entsprechungsmatrix zwischen Betrieben nach Zahl der Produktgruppen bzw. nach der Zahl der Kundengruppen (Betriebe in Prozent)
Quelle: Institut für Gewerbe- und Handwerksforschung, INTERSTRATOS, Wien 1992

Überraschenderweise bestätigten die Ergebnisse der INTERSTRATOS-Erhebung nicht die Hypothese, daß nicht spezialisierte Betriebe einen höheren Umsatzanteil auf ihren lokalen Märkten erwirtschaften als spezialisierte Unternehmen. Ganz im Gegenteil waren durchwegs die Anteile des lokalen Marktes am Umsatz bei den spezialisierten Unternehmen höher als bei den nicht spezialisierten Unternehmen. Der lokale Markt ist als geographisches Gebiet in einem Radius von 50 km definiert. Dies könnte seine Ursache darin haben, daß spezialisierte Unternehmen Standorte suchen, in denen Agglomerationen von Kunden (dicht besiedeltes Gebiet, Industriezonen, Branchenagglomerationen) den Vertrieb ihrer Produkte erleichtern. Diese Hypothese kann durch das vorliegende Zahlenmaterial nicht überprüft werden und bedürfte weiterer Untersuchungen.

Abgesehen davon, daß, wenig überraschend, ein deutlicher Zusammenhang zwischen Betriebsgröße und Anteil des lokalen Marktes besteht, zeigten sich deutliche Unterschiede zwischen den einzelnen Ländern und Sektoren. In Österreich ist der durchschnittliche Umsatzanteil des lokalen Marktes mit rd. 50 % deutlich höher als in allen anderen Ländern.

Von den untersuchten fünf Sektoren wiesen Nahrung/Genußmittel Betriebe den höchsten lokalen Umsatzanteil auf; am geringsten war dieser im Textil/Bekleidungssektor.

Eine Zuordnung der Kundenbedürfnisse nach den Kriterien "sehr differenziert" oder "sehr gleichmäßig" fiel den Betrieben im Rahmen der Untersuchung offensichtlich schwer, was seinen Ausdruck darin fand, daß sich mehr als 40 % der Betriebe im Gesamtdurchschnitt für keine dieser klaren Zuordnungen entscheiden konnten. Im Gesamtdurchschnitt gaben 35 % der Betriebe an, daß ihre Kunden sehr differenzierte Bedürfnisse hätten.

Die deutlichsten Unterschiede waren nach Sektoren bzw. nach Ländern festzustellen. Hinsichtlich der Betriebsgrößenklassen gaben Kleinstbetriebe im Gegensatz zu den größten Betrieben mit 100 und mehr Beschäftigten deutlich häufiger an, daß ihre Kunden sehr differenzierten Bedarf haben (41 %). In den mittleren Größenklassen schwankte der Wert zwischen 36 % und 32 %. In den einzelnen Sektoren wurde differenzierter Bedarf vor allem von den Nahrung/Genußmittel Betrieben deutlich seltener genannt, am häufigsten bejaht wurde diese Frage in den Sektoren Metallverarbeitung, Holzmöbelherstellung und Textil/Bekleidung. Von den verschiedenen Ländern weichen Österreich und die Schweiz durch wesentlich häufigere Nennung differenzierten Bedarfs vom Gesamtdurchschnitt ab (jeweils über 50 %).

Gleichförmige Kundenbedürfnisse nannten rd. 21 %. Während zwischen den einzelnen Betriebsgrößenklassen keinerlei wesentliche Unterschiede festzustellen waren, meldete ein deutlich höherer Anteil in den Niederlanden (37 %), Schweden (28 %) und Belgien (26 %) sowie im Sektor Nahrung/Genußmittel (37 %) gleichförmige Kundenbedürfnisse. Deutlich seltener meldeten die Betriebe in Österreich (12 %) und der Schweiz (12 %) und in den Sektoren

Metallverarbeitung (14 %) und Holzmöbelerzeugung (17 %) gleichförmigen Bedarf.

Dies kann als Indiz für kulturell bedingte Unterschiede im Konsumverhalten gewertet werden und unterstreicht sektorale Unterschiede.

Tendenziell sind bei sehr gleichförmigen Kundenbedürfnissen die Betriebe häufiger auf eine oder zwei Produktgruppen spezialisiert als bei sehr differenzierten Kundenbedürfnissen (siehe Tabelle 5). Obwohl die Abweichungen zum Teil nicht sehr groß sind, treten sie regelmäßig auf. Dies gilt auch hinsichtlich der Spezialisierung auf Kundengruppen und ist dort sogar etwas deutlicher ausgeprägt (siehe Tabelle 6).

	Betriebe mit ... Produktgruppen					
bei	1	2	3	4	5	> 5
sehr differenzierten Kundenbedürfnissen	12	13	19	13	15	28
sehr gleichförmigen Kundenbedürfnissen	18	16	22	11	10	23

Tab. 5: Verteilung der Betriebe nach Zahl der Produktgruppen und Arten der Kundenbedürfnisse (Betriebe in Prozent)
Quelle: Institut für Gewerbe- und Handwerksforschung, INTERSTRATOS, Wien 1992

	Betriebe mit ... Kundengruppen					
bei	1	2	3	4	5	> 5
sehr differenzierten Kundenbedürfnissen	7	12	28	15	13	25
sehr gleichförmigen Kundenbedürfnissen	16	20	25	12	11	16

Tab. 6: Verteilung der Betriebe nach Zahl der Kundengruppen und Arten der Kundenbedürfnisse (Betriebe in Prozent)
Quelle: Institut für Gewerbe- und Handwerksforschung, INTERSTRATOS, Wien 1992

Diese Ergebnisse scheinen also die eingangs angeführte Hypothese, daß der Grad der Spezialisierung umso höher ist, je gleichförmiger die Kundenbedürfnisse sind, zu bestätigen. Gleichförmige Kundenbedürfnisse ermöglichen es den Betrieben, bei entsprechender Versorgungsdichte, d.h. einer vorhandenen Zahl von "Konkurrenzbetrieben", die andere Teile des Bedarfs abdecken, sich auf einen Teilbereich erfolgreich zu spezialisieren. Unter der Prämisse, daß eine weitergehende Internationalisierung in den untersuchten Sektoren, aber auch in anderen Bereichen der Wirtschaft, die Versorgungsdichte erhöhen wird, müßte die Zahl der spezialisierten Unternehmen zunehmen, was im Rahmen der Longitudinalstudie INTERSTRATOS in den nächsten Jahren zu überprüfen sein wird.

Der größere Markt könnte auch, wie dies in verschiedenen Prognosen behauptet wird, zu einer Angleichung, d.h. gleichförmigeren Kundenbedürfnissen, führen, was ebenfalls zukünftige Spezialisierungen fördern sollte.

Die Hypothese, daß Kundenbedürfnisse, d.h. nachfrageseitige Kriterien die Spezialisierung von Betrieben wesentlich bestimmen, bedarf jedenfalls weiterer Untersuchung, wobei im Untersuchungsdesign versucht werden sollte, auch deren Verbindung mit betriebsinternen Kriterien (Betriebsgröße, Technik etc.), die nach den dargestellten Ergebnissen eine zumindest ebenso bedeutende Rolle spielen, zu erheben.

Lebensstile und Konsum: Methodische Neuerungen

Josef Mazanec, Andreas Zins

1. Lebensstil-Typen und zeitgemäßes Marketing

Die Entscheidungsqualität in der Praxis der Marktsegmentierung hängt von der Originalität und Verhaltensrelevanz der als Segmentierungskriterien gewählten Konsumentenmerkmale ab. Typologien im allgemeinen und Lebensstile im besonderen zielen in diese Richtung. Neben der Reichhaltigkeit der verfügbaren psychographischen und sozioökonomischen Informationen kommt den Datentechniken maßgebliche Bedeutung zu.

1990 erschien eines der stimulierendsten Werke der letzten Jahre zum Thema des Managements von Dienstleistungsanbietern. Die 'Service Breakthroughs' der drei Harvard-Professoren Heskett, Sasser und Hart sind eine Fundgrube für jeden Praktiker und mittlerweile auch in Europa bekannt geworden. In einer Gegenüberstellung der 'breakthrough companies' und ihrer 'merely good competitors' taucht ein Aspekt immer wieder auf: Die Branchenführer bedienen sich nicht (nur) der traditionellen Marktsegmentierung nach Demographics. Sie halten stets nach den Psychographics ihrer Klienten Ausschau. Die 'merely good competitors' hingegen sind "*... trapped by a reliance on customer demographics (such as age, location, education, or wealth) rather than the psychographics of customer lifestyles, perceived risks, and thought patterns.*"[1)]

Über jüngste methodische Fortschritte in der effizienten Verwertung der Information in psychographischen Konsumentenmerkmalen handelt dieser Beitrag.

2. Arbeiten mit standardisierten Typologien und neuralen Netzwerken als Klassifikationsinstrument: Ein 'Export' der EUROSTYLES in die USA

Das Konzept der EUROSTYLES wird in aller Kürze im Anhang erläutert. Diese in 15 europäischen Staaten verwendete Lebensstil-Typologie soll hier als Beispiel dienen. Dahinter verbirgt sich jedoch ein viel allgemeineres Szenario:

- Das künftige Euro-Marketing wird noch mehr als bisher mit Konsumenten-Typologien aus unterschiedlichen Untersuchungsansätzen und Studien zu tun haben.
- Nicht alle erforderlichen Daten stehen in allen Datensätzen (z.B. aus verschiedenen Ländern) zur Verfügung.
- Praktisch bewährte Konsumenten-Typologien sollten daher in möglichst aufwandssparender Weise von einer auf andere demoskopische Erhebungen übertragbar sein.

2.1. Ziele und methodische Vorgangsweise

Die Sommerwelle der Gästebefragung Österreich (GBÖ 1991) hatte erstmals Lebensstil-Merkmale der Gäste im Erhebungsprogramm. In der zum Einsatz gelangten, europaweit standardisierten Typologie der EUROSTYLES[2)3)] mußte die Gästenation der US-Amerikaner ausgeklammert bleiben, da die Fragebatterien auf europäische Verhältnisse zugeschnitten und für US-Bürger ungeeignet sind. Andererseits ist es für jeden österreichischen Tourismus-Werber eine reizvolle Frage, in welcher Mischung vergleichbare Lifestyle-Typen in einem Fernmarkt wie den USA auftreten. Ziel der hier kurz kommentierten Studie war daher die Adaptierung der Erhebungsinstrumente und der Typenkonstruktion in einer, für die Reisenden aus USA mit dem GBÖ-Material möglichst vergleichbaren Weise. Eine Stichprobe von 858 Flugreisenden mit mündlichen Interviews auf den beiden Abflughäfen bzw. Samplepoints New York/JFK (2/3 der Interviews) und Dallas-Fort Worth, TX (1/3), stehen zur Verfügung. Die Rekonstruktion der US-Lebensstile in einer mit den EUROSTYLES verträglichen Weise beruht auf neuesten Datentechniken neuraler Netzwerkmodelle. Dieses Thema war gleichzeitig Gegenstand eines Forschungssemesters, das der 'senior author' von März bis Juni 1992 an der Sloan School of Management des Massachusetts Institute of Technology (MIT) verbrachte.

Aus der standardisierten Batterie des EUROSTYLES-Fragenkatalogs (etwa 100 Items), die auch Dr. Fessel+GfK in Österreich verwendet, benötigt die Typenklassifikation mittels Netzwerk (vgl. die Abb. 1) 49 Variablen. Außerdem sind keinerlei Skalen, sondern lediglich Ja-nein-Antworten vonnöten. Die Befragungssituation in der Wartehalle der Flughäfen hätte eine größere Anzahl dieser allgemeinen, aus allen Bereichen des täglichen Lebens stammenden

Einstellungsfragen (Politik, Einkaufsgewohnheiten, Kultur, Medien) von vornherein nicht zugelassen. Zu berücksichtigen waren auch notwendige inhaltliche Anpassungen unter Beibehaltung der angestrebten Lifestyle-Dimension (z.B. Ersatzobjekte für Europa in den 'Kosmopolitismus'-Fragen) sowie zahlreiche sprachliche Adaptionserfordernisse (z.B. 'sedan' statt 'saloon' in der PKW-Präferenz-Frage u.a.m.).

Die Klassifikation von Respondenten anhand der Lifestyle-Fragen in die genormten EUROSTYLES ist ein 'Betriebsgeheimnis' der Europanel-Marktforschungs-Institute. Allerdings ist es zulässig, im Stil des 'reverse engineering' diese Klassifikation mit anderen Methoden nachzuvollziehen. Das neurale Netzwerk in Abb. 1 wurde anhand der europäischen Daten trainiert. Es erreicht mit nur 49 Variablen einen Wert von 67% korrekter Klassifikation (Fessel-GfK nach eigenen Angaben mit doppelt so vielen Merkmalen an die 80%). Die Klassifikationsgüte wurde nach strengen methodischen Vorschriften geprüft. Zunächst war die GBÖ-Stichprobe 1991 in zwei strukturgleiche, nach Zufallsprinzip geteilte Hälften zu splitten. Die Validierung (das 'Training') der Netzwerkmodelle erfolgte anhand einer Hälfte. Für den Test diente die zweite Hälfte, sodaß das Netzwerk Personen in Typen zu klassifizieren hatte, die noch nicht vorgegeben waren. Die Klassifikationsgüte ist für alle praktischen Zwecke ausreichend, zumal zu bedenken ist, daß nur einige wenige, schwer rekonstruierbare Typen (korrekte Klassifikation im schlechtesten Fall zu 49%) einer Mehrzahl hervorragend abgesicherter Styles (bis zu 80%) gegenüberstehen.

Abb. 1 zeigt das zur Klassifikation benutzte Netzwerk-Modell mit seinen Verbindungen zwischen den Verarbeitungselementen ('Neuronen'). Die Input-Ebene (unterste Schicht) dient dem Einlesen der 49 Merkmale je Person. Die Output-Ebene (oberste Schicht) repräsentiert die 16 Lifestyle-Typen. RMS (root mean square error) und Frequency Diagram sind diagnostische Hilfsmittel, um den Trainingsvorgang besser beobachten zu können. Durch eine vieltausendmal (hier bis 400.000) wiederholte Darbietung von Personen mit ihren Merkmalsdaten (Input) und ihrer Typenzugehörigkeit (Output) 'lernt' das Netz, die Gewichtung der Merkmale solange entsprechend einer Optimierungsvorschrift systematisch zu verändern, bis eine bestmögliche Zuordnung erreicht ist. Die Anzahl der Typen oder der Personenmerkmale unterliegt dabei keiner relevanten Beschränkung. Im Grunde handelt es sich um ein Problem der Mustererkennung, wie es z.B. in der automatisierten Verarbeitung von geschriebenen oder gesprochenen Texten zu lösen ist. Die Architektur neuraler Netzwerke leitet sich (in ungemein vereinfachter Weise) von jenen Prinzipien ab, die nach Meinung der heutigen Neurophysiologen die Leistungen des menschlichen Gehirns ermöglichen (Parallelverarbeitung, hochgradige Vernetzung, Robustheit gegenüber fehlerhaften bzw. unvollständigen Inputs)[4)].

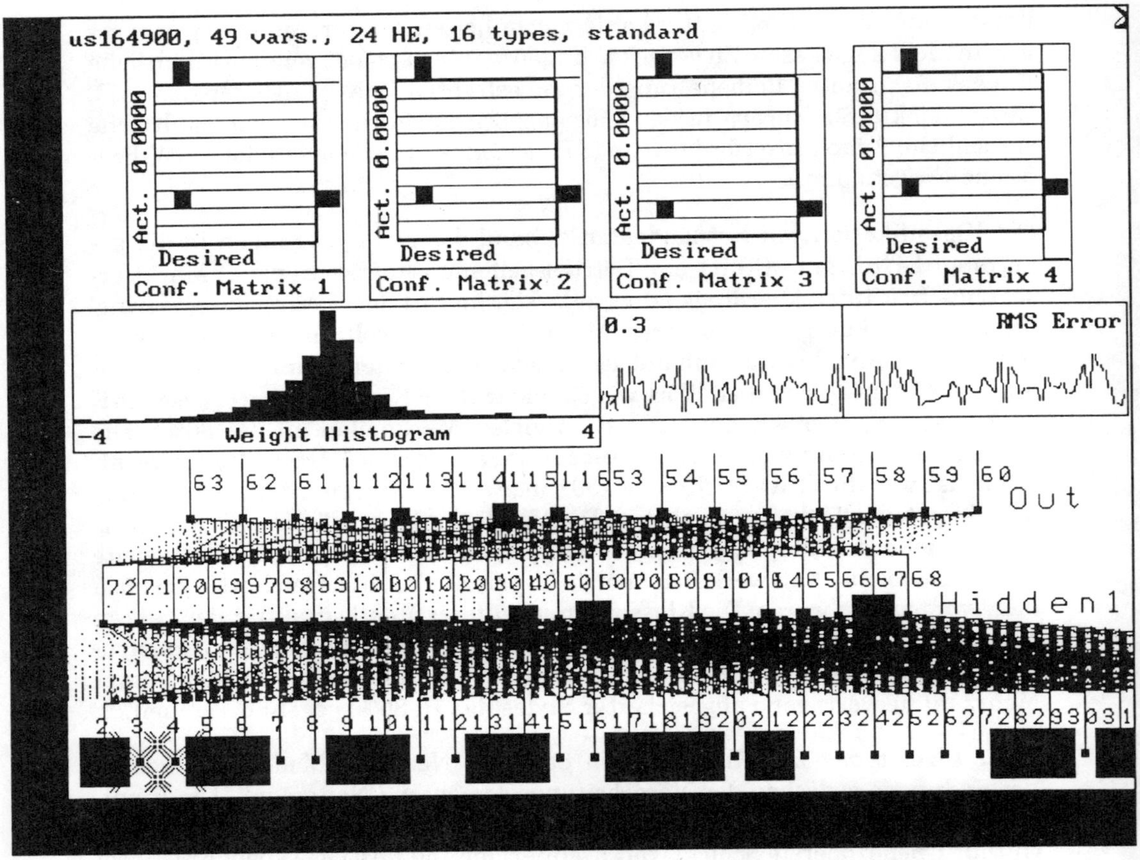

Abb. 1: USTYLES-Rekonstruktion mittels Backpropagation-Netzwerk

2.2. Ergebnisse

Wie George Day, der Direktor des Marketing Science Institute in Cambridge MA, in seinem jüngsten Buch erneut bekräftigt, besteht jede Segmentierungsaufgabe aus einem Wechselspiel zwischen den 'customer response profiles' und der Suche nach 'identifyers'[5)]. Die Lifestyle-Beschreibung ist als Teil eines solchen 'profile' anzusehen. Ähnlichkeiten im Lebensstil veranlassen (Reise-)Konsumenten zu ähnlichem (Reise-)Verhalten. Erst im zweiten Anlauf stellt sich die Frage nach 'Äußerlichkeiten' wie Alter, Beruf etc.

Unter den Flugreisenden ex USA fanden sich die Gegenstücke zu den EUROSTYLES, die USTYLES, so wie sie die Lebensstil-Landkarte in der **Abb. 2** darstellt. Der Schwerpunkt des Lifestyle-Spektrums ist besonders im Vergleich mit der Verteilung unter den europäischen Gästen Österreichs (**Abb. 3**) zum Movement-Pol hin (nach Westen) verschoben. Die tabellarische Gegenüberstellung mit den gesamteuropäischen Häufigkeiten der STYLES in % ergibt folgendes Bild:

STYLE		EUROSTYLES	USTYLES
1.	PRUDENT	4.8	7.6
2.	DEFENSE	8.5	0.8
3.	VIGILANTE	5.8	7.5
4.	OLVIDADOS	4.1	10.0
5.	ROMANTIC	7.8	0.5
6.	SQUADRA	7.2	1.2
7.	ROCKY	13.5	10.1
8.	DANDY	5.5	3.5
9.	BUSINESS	4.9	23.4
10.	PROTEST	1.9	3.5
11.	PIONEER	6.5	2.7
12.	SCOUT	5.5	19.5
13.	CITIZEN	5.3	4.8
14.	MORALIST	7.2	3.3
15.	GENTRY	5.8	0.8
16.	STRICT	4.6	0.9

Der BUSINESS-Typ und der SCOUT sind die dominierenden Erscheinungen. Andere, in Europa häufigere STYLES wie DEFENSE, ROMANTIC und SQUADRA oder PIONEER, GENTRY und STRICT finden sich viel seltener. Dies bedeutet, daß unter den befragten US-Bürgern sozusagen die 'konservative Ecke' (Süd-Ost der Lifestyle- Landkarte) deutlich schwächer besetzt ist als es in Europa oder gar unter den europäischen Gästen in Österreich der Fall ist.

Wie steht es um das Reiseverhalten der USTYLES? Hauptsächlich interessierender Punkt ist die Wahl Österreichs als Ziel. Erstaunlicherweise ist der amerikanische ROCKY unter den Österreich-Besuchern (Haupt- oder Nebenreiseziel) der stärkste, überproportional auftretende Typ. Bei tieferer Überlegung wird das Ergebnis dann plausibel: Der ROCKY als Außenseiter-Typ, den Österreich in Europa schwer ansprechen kann, entwickelt mehr Neigung zu 'exotischen' Destinationen. Diese Exotenrolle, die Österreich im innereuropäischen Reisemarketing ganz bestimmt nicht zu erfüllen vermag, übernimmt es sehr wohl in einem Fernmarkt.

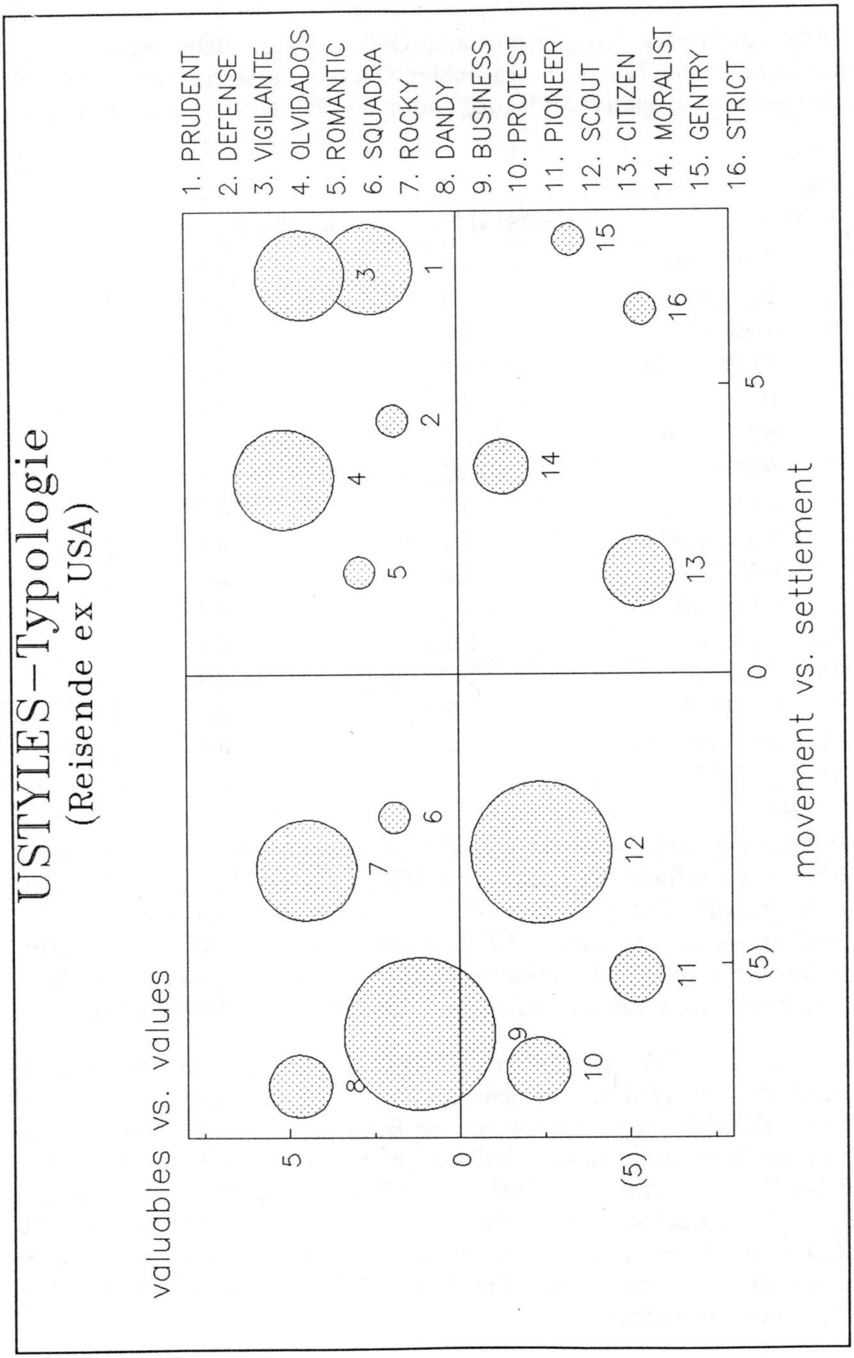

Abb. 2: USTYLES

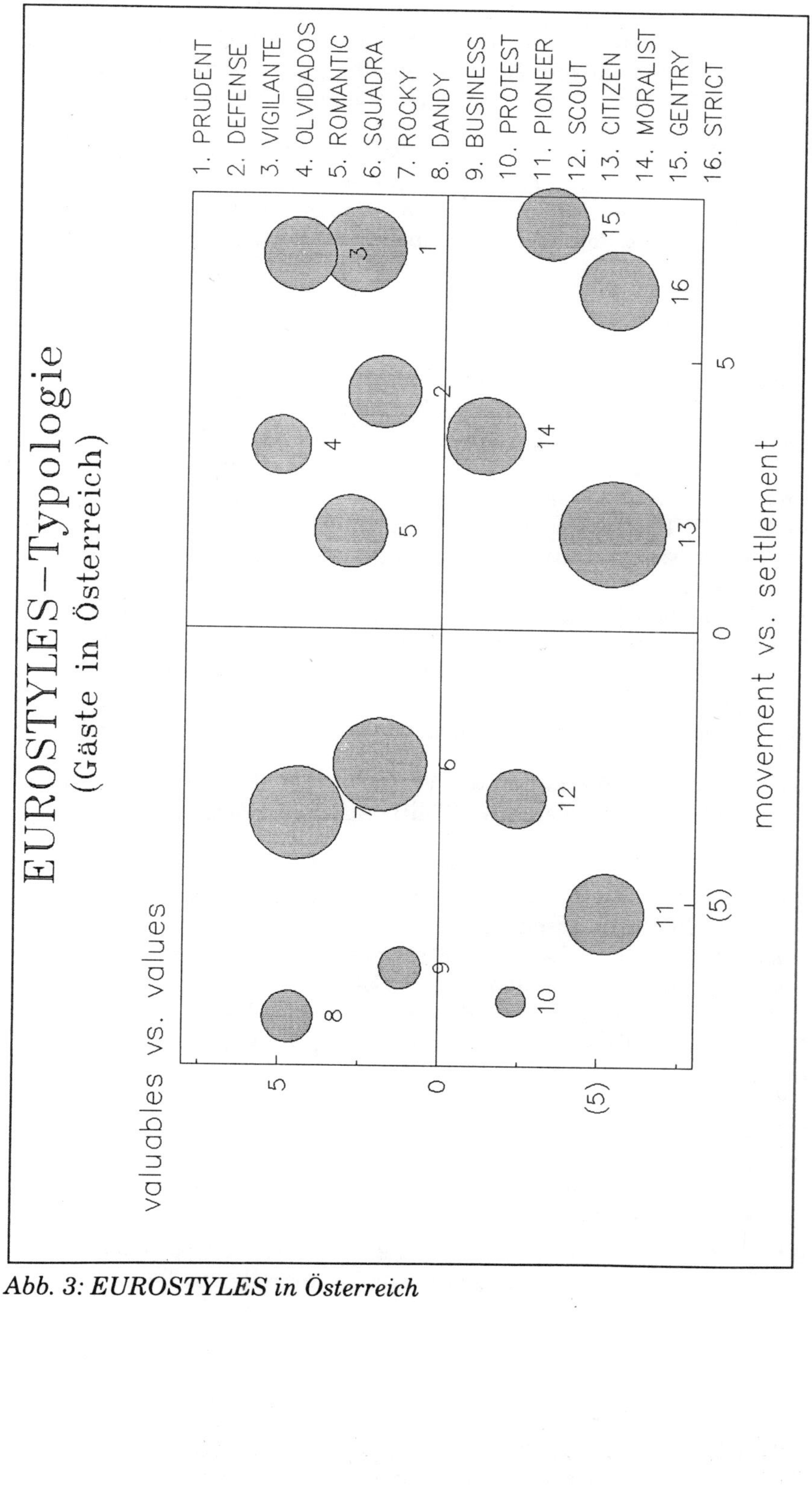

Abb. 3: EUROSTYLES in Österreich

Schließlich sind der amerikanische BUSINESS und der SCOUT zu beobachten. Beide STYLES bieten nicht nur ein zahlenmäßig großes Potential, sondern entfalten auch eine überdurchschnittliche Reiseneigung gegenüber Österreich.

Der ROCKY ist überdurchschnittlich erholungsmotiviert ('relax', 'change pace'). Der BUSINESS sucht am ehesten 'neue Erfahrungen', und der SCOUT hat überdurchschnittliche Bildungs- und Kunstambitionen. Der BUSINESS ist z.B. am leichtesten als Casino-Besucher zu gewinnen und auch für Tennis, Wassersport und Reiten zu haben.

Wie steht es um die 'identifyers'? Alter und Beruf seien betrachtet. Die entsprechenden Breaks zeigen, daß die lifestyle-mäßige Kernzielgruppe des ROCKY in der Altersgruppe 40 bis 49 Jahre besonders, ab 50 Jahre auch noch symptomatisch gehäuft in Erscheinung tritt. Ein maßgeschneidertes Promotions-Mix für den BUSINESS muß hingegen die Altersgruppen unter 29 bis 39 Jahre im Auge haben. Die Marketingpolitik findet also beides vor, eine im Lebensstil homogene Gruppe und gute Differenzierung in den 'age brackets'. Die Berufe sind nicht ganz so hilfreich. Der ROCKY-Typ harmoniert - nicht zuletzt wegen des Altersschwerpunkts - gut mit den 'senior executives' und den 'grauen Panthern' (Pensionisten). In allen lifestyle-orientierten Marketing-Programmen muß man sich von herkömmlichen Schablonen freimachen. Was zählt, ist zunächst die Lebenseinstellung, nicht die Demographie. Der europäische und der amerikanische ROCKY haben nur die psychographischen (typenerzeugenden Merkmale) gemeinsam, nicht notwendigerweise die Äußerlichkeiten! So findet sich auch der BUSINESS-Typ sowohl häufig unter den Selbständigen, wie auch unter den Facharbeitern.

Welche Lehren sind aus diesem ersten Versuch eines 'Exports' der europäischen, lifestyle-orientierten Marketing-Politik auf die USA zu ziehen?

Aus der Sicht der Urlaubs- und Reiseverhaltensforschung ist die 'transatlantische' Übertragung des Lifestyle-Konzepts möglich und sinnvoll. Natürlich stehen uns für die USA nicht die umfassenden Zusatz-Informationen zur Verfügung, die den europäischen Panel-Datenbasen zu entnehmen sind. Jedoch sind die Kenntnisse, die das Management im Umgang mit den EUROSTYLES erwirbt, auch für das USA-Marketing verwertbar. Vor allem erscheinen auch die Größenordnungen der für Europa und Österreich begeisterungsfähigen, psychographischen Marktsegmente ermutigend.

Einige Vorbehalte sind anzumelden:

- Übertragbar sind die psychographischen, auf Korrelationen von Wertsystemen, Einstellungen, Präferenzen beruhenden Zusammenhänge, nicht die Äußerlichkeiten ('identifyers').
- Österreich schlüpft am USA-Markt in eine - auf dem europäischen Reisemarkt völlig ungewohnte - Außenseiter- und Exotenrolle.

- Gerade jene Lebensstil-Segmente, mit denen sich Österreich im Euro-Marketing 'schwer tut', werden auf dem Fernmarkt USA plötzlich zu den Zielgruppen erster Wahl.
- Das Verständnis für lebensstil-orientiertes Marketing steckt - wie übrigens auch in vielen Konsumgüter-Unternehmungen - in der österreichischen Hierarchie der Tourismus-Organisationen noch in der Anfangsphase.
- Um über die infantile Phase hinweg zur ernsthaften Handhabung der neueren Marktbearbeitungskonzepte im Sinn der 'service breakthroughs' zu gelangen, bedarf es noch geduldiger Aufklärungsarbeit.
- Über Maßen verkürzte und journalistisch vereinfachte Darstellungen schaden mehr als sie nützen. Vor allem die Symbol- und Kurzbezeichnungen der Typen für sich allein, ohne tiefergehende Erläuterung, sind irreführend.

Anmerkungen und Literatur

1) Heskett, J. L./Sasser, W. E./Hart, C. W. L.: Service Breakthroughs, Changing the Rules of the Game, New York 1990, S. 34.
2) Vgl. Mazanec, J. A./Zins, A.: GBÖ '91, Gästebefragung Österreich, EUROSTYLE-Bericht, Sommer 1991, Wien 1991.
3) Vgl. Mazanec, J. A./Zins, A.: EUROSTYLES and SOCIO-TARGETS as Guest Segments: Selected Findings, A Brief Outline of the EUROSTYLES Typology, in: Revue de Tourisme, 2/1992, S. 5-8.
4) Vgl. ergänzend zu dieser 'nicht-technischen' Erläuterung eine ausführlichere und präzisere Auseinandersetzung in: Mazanec, J. A.: Market Segmentation Once Again: Exploring Neural Network Models, in: Tourist Research as a Commitment, 1990 - Year of the 40th AIEST-Congress and of the 25th Anniversary of Tourist Reserch Centre TRC, Editions AIEST, Vol. 32, St. Gall 1990, oder in: Mazanec, J. A.: Classifying Tourists into Market Segments: A Neural Network Approach, in: Journal of Travel & Tourism Marketing, Vol.1, 1/1992, S. 39-59.
5) Day, G. S.: Market Driven Strategy, Process for Creating Value, New York 1990, S. 103.
6) Vgl. Kramer, S.: Europäische Life-Style-Analysen zur Verhaltensprognose von Konsumenten, Hamburg 1991.

Anhang

Kurze Erläuterung der EUROSTYLES-Konzeption in Abb. 4

Das System der EUROSTYLES geht auf einen neuen Ansatz der Lifestyle-Segmentierung zurück, den das Centre de Communication Avancé (CCA), ein Unternehmen der französischen Gruppe HAVAS-EUROCOM, seit den 70er Jahren entwickelt hat. Seit dem Jahr 1989 wird diese Lifestyle-Typologie im Rahmen der EUROPANEL-Gruppe, einem Zusammenschluß von 15 Marktforschungsinstituten, auf Basis eines in Europa 57.000 Haushalte umfassenden Panels eingesetzt.

Im Konzept der EUROSTYLES finden sich verschiedene Kriterien der Lebensstilforschung wieder: Wie im klassischen Ansatz von Wells finden Meinungen, Interessen und Aktivitäten Berücksichtigung. Aus dem Burnett-Modell werden Lebensbedingungen sowie soziodemographische Merkmale abgefragt und durch nonverbale sowie projektive Fragen ergänzt. Aus dem kulturanthropologischen Ansatz entstammt das Werte-Konstrukt, das allerdings nicht aus einem bewährten Werte-System (z.B. Rokeach's Value Survey, LOV-List of Values nach Kahle) stammt, sondern mit Hilfe von Osgood-Skalen ad hoc gemessen wird. Die insgesamt 3.500 Variable umfassende Datenbasis wurde mit Hilfe verschiedener multivariater Datentechniken zu 16 europaweit einheitlichen Lifestyle-Portraits zusammengefaßt.[6)]

Die drei Achsen der soziologischen Karte beschreiben die ökonomischen, soziologischen und psychologischen Hauptdimensionen als Orientierungssystem für die Typologie der Europäischen Lifestyles zur Bestimmung der Unterschiede bzw. Ähnlichkeiten zwischen Personen und sozialen Gruppierungen.

Die erste Achse, Movement-Settlement, ist die Achse der sozio-kulturellen Entwicklung. Sie differenziert zwischen den Konservativen am Settlementpol und den Dynamisch-Fortschrittlichen am Movementpol.

Die zweite vertikale Achse ist ethischer Natur. Sie stellt die EUROSTYLES, die sich am Konsum materieller Güter orientieren (valuables) denen gegenüber, die sich an Werten und Ideen orientieren (values).

Eine dritte Achse (in der Graphik nicht dargestellt) beschreibt das Verhalten: Impulsiv emotionale Reaktionsmuster stehen positivistisch kalkulierenden gegenüber.

Diese drei Achsen ermöglichen die Standortbestimmung eines EUROSTYLES auf der soziokulturellen Karte. Die drei Achsen dienen auch dazu, die strategische Lage von Produkten, Marken, Vertriebswegen und Konzeptionen zu definieren.

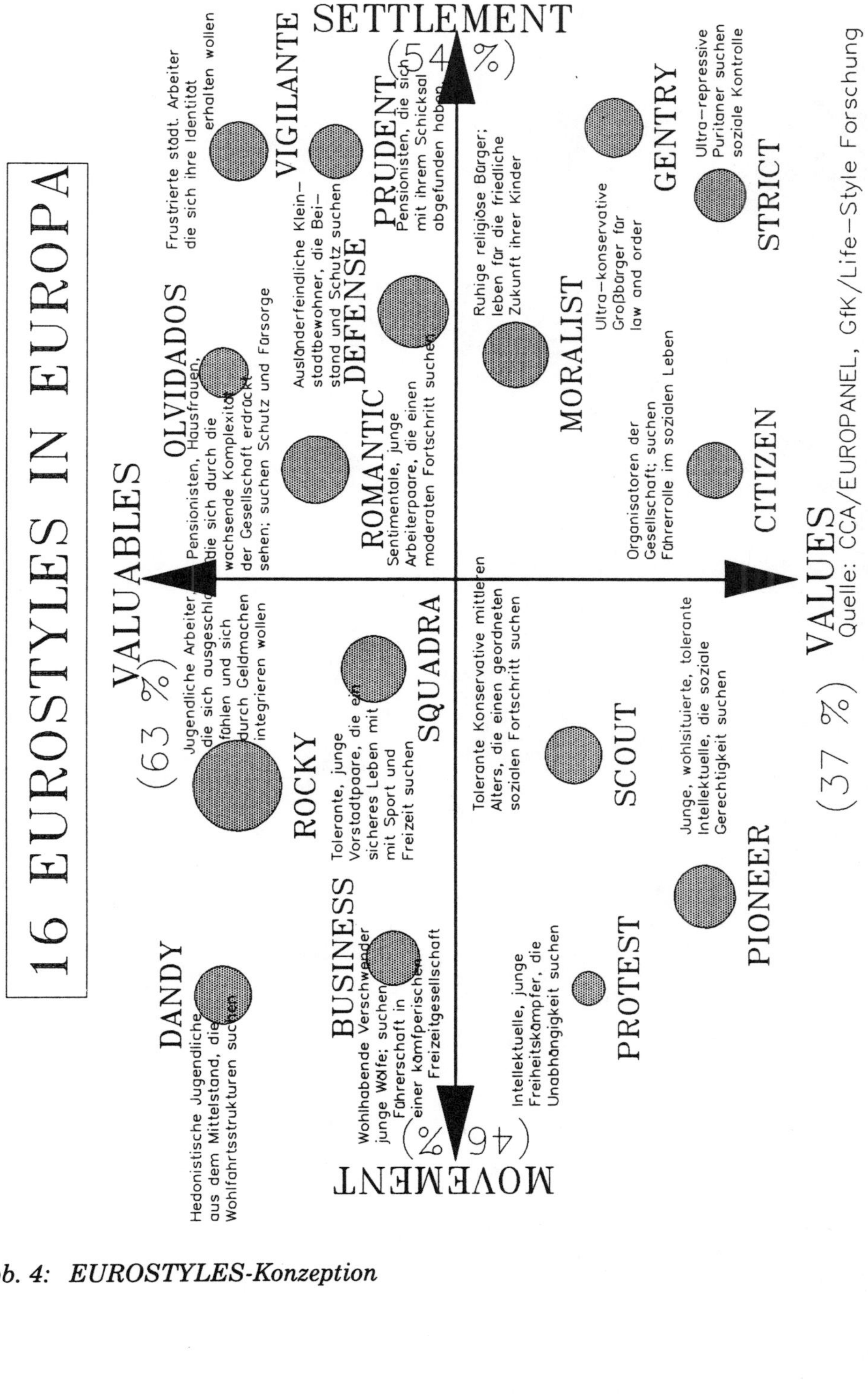

Abb. 4: EUROSTYLES-Konzeption

Kommunikation
–
Mensch
–
Wirtschaft

Wie Banken ihre Mitarbeiter/innen zur Leistung anreizen - Qualitätszirkel im Dienstleistungsbereich

Margret Beisheim

1. Problemstellung

Vor dem Hintergrund massiver Veränderungen auf dem Finanzmarkt entsteht für das Personalmanagement in Banken entsprechender Handlungsbedarf, die Mitarbeiter auf die Anforderungen des Marktes hin zu qualifizieren und einzusetzen. Dabei geht der Trend zunehmend in Richtung Gruppenarbeit in Form von Workshops, Qualitätszirkeln oder Teams. Der Beitrag will am Beispiel des Qualitätszirkelkonzepts in Banken deutlich machen, wie sich durch diese Form der Kleingruppenarbeit die Koordination der Leistungserbringung verändert und welche Effekte sie auf die Qualität der Dienstleistungen haben kann.

2. Veränderungen in der Bankenlandschaft

Ein Indiz für den Veränderungsdruck in der Branche ist die inzwischen von der industriellen Fertigung übernommene Diskussion über Qualitätsfragen. Der Begriff der Dienstleistungsqualität wird im Bankensektor zur Zeit intensiv diskutiert. Drewes unterteilt bei seiner Systematisierung des Qualitätsbegriffs in "operationale oder technische Qualität" und "strategische Qualität". Während die operationale Qualität sich eher ablauforientiert an Fehlerquoten, Schnelligkeit der Abwicklung usw. festmachen läßt, ist die strategische Qualität eher beratungsorientiert und gibt Aufschluß über

- den Zufriedenheitsgrad der Kunden
- das Vertrauensverhältnis Bank - Kunde
- den Motivationsgrad der Mitarbeiter

- die Innovationsfähigkeit
- die strategische Sensibilität usw.[1)]

Um den Begriff der Dienstleistungsqualität und seine aktuelle Relevanz noch näher zu beleuchten, sollen die Veränderungen und Trends im Bankgewerbe skizziert werden. Der Finanzmarkt befindet sich weltweit in einem starken strukturellen Wandel und fordert hohe Anpassungsleistungen von den Banken, besonders im Hinblick auf Organisationsstruktur und Personalmanagement, um flexibel und schnell auf die Markterfordernisse reagieren zu können. Die "strategische Qualität" wird aufgrund zunehmend homogener Dienstleistungen zum entscheidenden Wettbewerbsfaktor zwischen den Banken. Dem Mitarbeiterpotential kommt dabei eine Schlüsselstellung zu.

Die Anpassung an veränderte Rahmenbedingungen gelingt offenbar solchen Organisationen leichter, die folgende Merkmale aufweisen: Offene Organisationsstrukturen, intensive Kommunikation und Information - horizontal wie auch vertikal, flache Hierarchien und dezentrale Entscheidungen in Kundennähe, besonders aber mitarbeiterorientierte Personalführung. Gerade diese Kriterien machen nach einer Studie von Davis den Erfolg der bestgeführten internationalen Banken aus.[2)]

Drei große Trends zeichnen sich auf der operativen Ebene in den Kreditinstituten ab:

- **Einsatz neuer Techniken**
  In den Geschäftsstellen der Banken wird das Mengengeschäft zunehmend durch technische Hilfsmittel unterstützt, wie z. B. Automatische Kassentresore (AKT), Kontoauszugsdrucker, Bildschirmtext und Geldausgabeautomaten. Damit verändert sich die räumliche und inhaltliche Gestaltung der Arbeit. So ergibt sich beim Einsatz von Automatischen Kassentresoren die Auflösung der Kassiererfunktion und Reintegration dieser Tätigkeit bei den Service-Mitarbeiter/innen.

- **Rationalisierung**
  Im Zusammenhang mit dem verstärkten Technikeinsatz zeigen sich deutliche Rationalisierungsbestrebungen[3)] im Mengengeschäft, die zu einer starken Verdichtung der Abwicklung vor allem durch computergestützte Sachbearbeitung führen[4)]. Es verändern sich Aufgabenzuschnitte und Arbeitsinhalte der Mitarbeiter/innen; Personalabbau in den Filialen wird die Folge sein. Damit vergeben die Banken aber auch die Chance, das Personal als "Saugnäpfe"[5)] für das Privatkundengeschäft zu nutzen.

- **Dezentralisierung**
  Beratungsintensive Aufgabenbereiche werden von der abwicklungsorientierten Arbeit in den Geschäftsstellen abgekoppelt, z. B. durch die Bildung

von Beratungszentren. Die Dezentralisierung zeigt sich auch in der kompletten Auslagerung von Tochtergesellschaften, die auf besondere Produkte oder Kundensegmente spezialisiert sind.

Trotz der bereits deutlich absehbaren Umstrukturierung der Bankorganisationen halten die Banken mit ihrer konservativen Grundeinstellung jedoch an traditionellen, hierarchischen Strukturen fest. Über den dezentral gebildeten Profit Centers der Geschäftsstellen bleibt die Zentralität von Innenrevision, Organisationsabteilung und Personalmanagement erhalten. Diese zentral wahrgenommenen Funktionen schaffen Stabilität und Sicherheit - für das Unternehmen wie auch für seine Kunden. Die Gratwanderung der Banken besteht aber gerade in dem Spannungsfeld zwischen Stabilität und Sicherheit einerseits und Modernität und Flexibilität andererseits.

Für die 90er Jahre besteht das Erfordernis zur Qualifizierung der Mitarbeiter/innen zur Kooperations- und Kommunikationsfähigkeit. Stärkere Kundenorientierung, höhere Leistungsmotivation und die Entwicklung von Problemlösungsfähigkeiten sind das Ziel. Die Personalentwicklung in Banken beschränkt sich in vielen, international tätigen Großbanken daher nicht mehr nur auf Aus- und Weiterbildungsaktivitäten, sondern bezieht strategische Elemente des Personalmanagements mit ein. Laufbahnplanung, Personalcontrolling, Förder- und Rotationsprogramme für potentielle Führungskräfte sind hier keine Fremdworte mehr. Als zusätzliche Maßnahmen bieten sich in der betrieblichen Praxis vielfältige Möglichkeiten zur Verhaltensbeeinflussung der Mitarbeiter, zur Organisations- und Personalentwicklung an. Die Maßnahmen reichen dabei von Investitionen in die Corporate Identity bis zu Prozessen zur Organisationsentwicklung, die vielfach mit Hilfe von Gruppenkonzepten - Workshops oder Qualitätszirkeln - vorangebracht werden sollen.[6)]

3. Konzept und Funktionsweise der Qualitätszirkel in Banken

Die in der Literatur ausführlich behandelten Qualitätszirkel[7)] sind Kleingruppen von Mitarbeitern eines Arbeitsbereiches, die regelmäßig zusammenkommen, über Probleme des Arbeitszusammenhangs - insbesondere der Qualität - diskutieren und Lösungen erarbeiten. Bereits seit Anfang der 80er Jahre experimentieren Banken in Deutschland und Österreich mit Qualitätszirkel-Konzepten. Angeregt durch Reisen ihrer Management-Vertreter nach Japan oder Korea, versuchten sie die in der industriellen Fertigung besonders verbreiteten Kleingruppen auf Belange der Dienstleistungsbranche zu übertragen.

Die Banken erhoffen sich von der Qualitätszirkel-Arbeit unter anderem

- die Verbesserung der Dienstleistungsqualität,

- Motivation und Leistungsbereitschaft der Mitarbeiter/innen,
- Flexibilität des Arbeitseinsatzes,
- Akzeptanz der neuen Techniken,
- Kundenorientierung und
- Teamfähigkeit der Mitarbeiter/innen.

Die Problematik des Transfers industrieller Zirkelarbeit besteht allerdings darin, daß der Qualitätsbegriff für den Dienstleistungsbereich neu zu bestimmen ist, da hier die Leistungserstellung untrennbar mit dem Individuum verbunden ist. Nicht nur die Bankmitarbeiter/innen, sondern auch die Kunden wirken an der Leistungserstellung im Interaktionsprozeß mit.

Die Qualitätszirkel als Instrument der Personalentwicklung "near the job"[8)] können für das o.g. Zielbündel des Bankmanagements einen entscheidenden Beitrag leisten. Die gewünschten Qualifikationen werden über arbeitsplatzbezogenes, interaktives Lernen im Zirkel betriebsintern erworben. Gleichzeitig entstehen Prozesse der Teamentwicklung. Leistungsbeiträge der Mitarbeiter/innen können insbesondere dann erhalten werden, wenn ihnen Freiräume zur Selbststeuerung überlassen werden. Dieser Aspekt soll nachfolgend untersucht werden.

3.1 Theoretische Perspektive: selbststeuernde Elemente in der Kleingruppenarbeit

Unter den oben skizzierten Bedingungen verschärften Wettbewerbs kommt der Schnelligkeit von Kooperations-, Führungs- und Abstimmungsprozessen eine überragende Bedeutung zu. Traditionelle Leistungskoordination durch hierarchisches Anweisen wird dysfunktional angesichts komplexer Organisationszusammenhänge. Gruppenkonzepte, die den Mitarbeiter/innen erweiterte Handlungsspielräume geben, können hier Lösungsansätze bieten.

Aus personalwirtschaftlicher und organisatorischer Sicht stellt sich die Frage, ob die Unternehmensziele - und hier seien insbesondere die Ziele flexibler Personaleinsatz und Leistungssicherung genannt - durch die teilweise Rücknahme hierarchischer Steuerung und das Zulassen von Elementen der Selbstabstimmung in Form von Gruppenarbeit besser erreicht werden können als mit traditionellen Steuerungskonzeptionen.[9)]

Abbildung 1 zeigt mögliche Ausprägungen der gegensätzlichen Koordinationsformen hierarchische Steuerung und Selbststeuerung der Gruppe. Durch die Möglichkeit der Selbstabstimmung in der Gruppe, wie sie in der Qualitätszirkelarbeit gegeben ist, können einerseits die Kontrolle des Managements beibehalten,[10)] andererseits aber kreative und innovative Kräfte freigesetzt werden, die sich bei zu engem Handlungsspielraum der Mitarbeiter/innen nicht entwikkeln könnten. Feinmaschige Kontrollen und restriktive Regeln für die Gruppenarbeit sind hier eher kontraproduktiv.

HIERARCHISCHE STEUERUNG	SELBSTSTEUERUNG IN GRUPPEN
Anweisungen des Vorgesetzten	eigenverantwortlicher Aufgabenbereich
festes Regelwerk für Verhalten	erweiterte Verhaltensspielräume
Verantwortung des Vorgesetzten	Eigenverantwortung
Initiative nur nach Aufforderung	Eigeninitiative erwünscht
begrenzte Information	frei zugängliche Informationen
reduzierte, gezielte Kommunikation	intensive Kommunikation
externe Leistungskontrolle	immanente (Selbst-)Kontrolle

Abb. 1: Hierarchische Steuerung contra Selbststeuerung in Gruppen
Quelle: Eigene Darstellung

Hierarchische Strukturen bringen wir in Verbindung mit Schwerfälligkeit und Starrheit. Ökonomisch effizienter läßt sich die Leistung ohne Fremdsteuerung erbringen, da wiederholtes Anweisen und Kontrollieren der Aufgaben weitgehend entfallen. Damit lassen sich die Transaktionskosten reduzieren, die das Unternehmen aufwendet, um vertraglich vereinbarte Leistungen der Mitarbeiter/innen sicherzustellen.

Die Vorteile von Teamstrukturen bestehen darin, daß die Qualität der Entscheidungen verbessert und die Durchsetzung beschleunigt wird, weil die Maßnahmen von den beteiligten Mitarbeiter/innen voll getragen werden.[11)]

3.2 Praktische Perspektive: Erfahrungen mit Qualitätszirkeln

Welche Einfluß- und Gestaltungsmöglichkeiten werden den Mitgliedern von "Bankzirkeln" eingeräumt? Ihre Autonomiespielräume zeigen sich in der Freizügigkeit der Themenwahl, den Zugangs- und Austrittsmöglichkeiten beim Qualitätszirkel und in der Schnelligkeit der Umsetzung von Problemlösungen und Ideen. Die Gruppen suchen sich zumeist ihre Themen bzw. Probleme selbst, diskutieren und bearbeiten sie selbständig und ziehen nur bei Bedarf Informanten oder Spezialisten hinzu. Häufig versuchen die direkten Vorgesetzten der Gruppenmitglieder, Einfluß auf die Zirkelarbeit zu nehmen, indem sie Themenvorschläge machen oder sich sogar als Teilnehmer in die Gruppe drängen. Auch das mittlere Management, das vielfach als "Hemmschuh" für die QZ-Arbeit angesehen wird, versucht Einfluß zu nehmen - oftmals jedoch durch Abblocken von Vorschlägen. Die Gruppenmitglieder müssen sich auf dieser Ebene geeignete Koalitionspartner suchen. Die Grenzen der Autonomie sind erreicht, wenn es um die Umsetzung der Gruppenvorschläge geht. Hier kann zwar der direkte Draht über den Koordinator zur Steuerungsgruppe (Top-Management-Vertreter) Einfluß verleihen, um im Einzelfall ohne Einhaltung des Dienstweges zu schnellen Entscheidungen zu kommen. Die Umsetzung von Problemlösungen stößt dann auf Widerstände, wenn die Vorschläge des Qualitätszirkels unbequeme oder gar revolutionierende Folgen für die "mächtigen" Abteilungen (Revision, Organisation, Personal) haben.

Typische Themen der "Bankenzirkel" sind Fragen des Belegflusses, maschinelle Ausstattung, Service- und Ablaufverbesserungen, Raumgestaltung sowie abteilungsinterne Regelungen zur guten Zusammenarbeit. Zur Vermeidung von Konflikten gibt es für die Qualitätszirkel in manchen Bankbetrieben bestimmte Tabu-Themen. Dazu gehören die EDV, die Organisationsstruktur, Fragen der Geschäftspolitik sowie entgelt- und personalrechtliche Fragen. Die Mitarbeiter/innen der Banken sind ohnehin den Einschränkungen in Form von Verfahrensregeln, Kompetenzrahmen und Organisationsanweisungen unterworfen. Die Ausweitung ihres Handlungsspielraums im Rahmen der Koordination durch Selbststeuerung erstreckt sich hier hauptsächlich auf die selbständige Bearbeitung von Problemfeldern, die sonst zum Aufgabenbereich des Vorgesetzten gehören.

Bei den in der Praxis vorfindlichen QZ-Konzepten zeigt sich, daß die Autonomiespielräume der Gruppen vom Management oft bewußt klein gehalten werden, um Auswüchse ("Überforderung") zu vermeiden. Die Befürchtungen der Leitungsskräfte, ihre Mitarbeiter/innen würden "aus dem Ruder laufen" und die gewährten Freiräume nicht im Sinne der Unternehmensleitung nutzen, erwiesen sich bisher als ungerechtfertigt. Mitarbeiter/innen, die mit dem Qualitätszirkel erstmals Angebote zur Mitgestaltung erhalten, tendieren eher zu unternehmerischem Handeln als zur vollen Nutzung der Chancen, die die Zirkelarbeit ihnen bietet. Diese Selbstbeschränkung der Gruppen ist als impliziter Vertrag mit dem Management zu verstehen, der im gegenseitigen Vertrauen vorsieht, daß die gemeinsame Zielrichtung der Qualitätsorientierung im Dienstleistungsbereich nicht für eigennützige Interessen der Akteure einseitig verlassen wird. Andernfalls würden die Vertragspartner ihre Bereitschaft zur Zusammenarbeit aufkündigen. Das Management könnte den gewährten Partizipationsfreiraum wieder einschränken, die Mitarbeiter/innen sich weigern, im Unternehmensinteresse Ideen und Problemlösungen einzubringen. Um dieses labile Gleichgewicht aufrechtzuerhalten, bedarf es der besonderen Vertrauensbasis zwischen den Akteuren.[12)]

Die erweiterten Freiräume bleiben langfristig nicht ohne Wirkung auf die Menschen selbst, auf ihr Selbstverständnis, ihr Rollenverhalten und ihre Interessen. Mitarbeiter/innen, denen ein Mehr an Verantwortung abverlangt wird, wollen auch ein Mehr an Beteiligung an der Gestaltung ihres Arbeitsplatzes, an den wirtschaftlichen und organisatorischen Fragen des Unternehmens. Die Entwicklung von "Bankbeamten" als Befehlsempfänger und Kontenverwalter hin zu Beratern und Verkäufern von Bankdienstleistungen wird sich zukünftig auch in der Organisationsstruktur niederschlagen (müssen). Flexible Organisationen benötigen auch einen ebenso flexiblen Rahmen, in dem Gestaltungsfreiräume angelegt sind. Starre Hierarchien stellen in den Veränderungsprozessen, die für die Umgestaltung der Bank hin zu einer marktorientierten Organisation entscheidend sind, eher ein Hemmnis dar. Die vor Jahren noch verhalten geäußerten Befürchtungen des Managements, die Qualitätszirkel könnten durch Machtzuwachs die Organisation auf den Kopf stellen, haben sich nicht bestätigt. Sie wirken durch die geschickte Kanalisierung von Unmut der Beschäftigten eher systemstabilisierend, als daß sie die Hierarchie ernsthaft bedrohen könnten. Nicht zuletzt ist die Zirkelarbeit organisatorisch sorgfältig in den Aufbau des Bankunternehmens eingebunden, um die Aktivitäten in den Gruppen einerseits stützen, andererseits auch kontrollieren zu können. Um die gewünschte Flexibilität und Leistungsbereitschaft sicherzustellen, muß der Qualitätszirkel aber auch mit "Sonderrechten" ausgestattet und mit Prämien für gute Arbeit angereizt werden. Die Gruppen benötigen jedoch für ihren Fortbestand die ständige Unterstützung des Managements und spürbare Einflußmöglichkeiten.

3.3 Ökonomische und soziale Effekte der Qualitätszirkel-Arbeit

Viele Dienstleistungsunternehmen suchen im Qualitätszirkel die Lösung für eine Vielzahl von Problemen. Die Erfahrungsberichte der Praktiker weisen auf eine gesteigerte Motivation der Mitarbeiter, verbessertes Qualitätsbewußtsein, Teamdenken und zunehmende Unternehmensorientierung durch QZ-Arbeit hin.

Die Arbeit im Qualitätszirkel bereitet die Mitarbeiter/innen auf den technischen und organisatorischen Wandel vor und läßt sie ihn mitgestalten. In einer deutschen Sparkasse, in der mehrere Geschäftsstellen mit Automatischen Kassentresoren ausgerüstet werden, die eine völlig neue Form der Kooperation der Service-Mitarbeiter erfordern, ist diese Rationalisierungsmaßnahme ein wichtiger Diskussionspunkt in den Zirkelsitzungen geworden. Emanzipatorische Tendenzen und die Gefahr der Politisierung der Beschäftigten wären vom Management befürchtete Grenzüberschreitungen bei der Qualitätszirkel-Arbeit, die sich in diesem Falle jedoch nicht abzeichnen. Die Mitarbeiter/innen wollen mit der neuen Technik nur adäquat umgehen können.

Abstimmungsprozesse im Team - häufig vor Ort gemeinsam mit den Führungskräften (Geschäftsstellen- und Betriebsleiter/in) - werden über die Qualitätszirkelarbeit trainiert und lassen die traditionelle Über-/Unterstellungsbeziehung zwischen Vorgesetzten und Mitarbeitern tendenziell schwinden. Hier entsteht "Führung von unten". Die Vorgesetzten haben häufiger Kritik ihrer Mitarbeiter/innen einzustecken und sind - wenn sie nicht als gleichrangige Mitglieder an den Zirkelsitzungen teilnehmen dürfen - abhängig von den Informationen, die ihnen die Qualitätszirkel-Teilnehmer über ihre Arbeit zukommen lassen.

Die Kleingruppenarbeit bietet sich an als Selektions- und Entwicklungsinstrument für potentielle Führungskräfte. Die Mitarbeiter/innen wissen bzw. vermuten, daß erfolgreiche Moderationstätigkeit in einem Qualitätszirkel Aufstiegschancen bietet, da man sich hier in einer Führungsrolle mit sozialen/methodischen Qualifikationen präsentieren kann.

4. Ausblick

Auch in der weiteren Entwicklung scheint sich der Dienstleistungssektor an den Erfahrungen der Industrie orientieren zu wollen. Einige Kreditinstitute betreiben bereits eine Politik des Total Quality Managements (TQM), in der Qualitätszirkel nurmehr ein Baustein einer umfassenden Qualitätsstrategie sind, in der der Kunde im Mittelpunkt steht.

Die Bewältigung der genannten Probleme hängt für die Finanzdienstleistungsunternehmen zu einem erheblichen Teil davon ab, inwieweit sie in der Lage sind, in organisatorischer und personalpolitischer Hinsicht Freiräume für die Beschäftigten zu schaffen und damit die Leistungspotentiale stärker auszuschöpfen. Die Betrachtung von Marketing-Instrumenten und ihre Anwendung auf innerbetriebliche Zusammenhänge mögen eine Hilfestellung sein, die internen "Kunden-Lieferanten"-Beziehungen zwischen den Abteilungen zu verbessern und eine kundenorientierte Qualitätspolitik durchzusetzen.[13)]

Anmerkungen

1) Vgl. Drewes, W.: Qualitätsmanagement in Kreditinstituten, in: ZfB 9/1992, 941.

2) Vgl. Davis, S.I.: Excellence in Banking, London 1985, 118 f.

3) Eine gute Übersicht hierüber gibt Weiß, G.: Rationalisierung im Bankgewerbe, in: Afa-Informationen 5/85, 10 - 21.

4) Vgl. Wiethold, F.: Neue Arbeitskonzepte bei Banken und Versicherungen - neue Aufgaben für die Gewerkschaftsstrategie, in: WSI-Mitteilungen 6/1987, 363.

5) Vgl. Behrens, R.: Qualitätsmanagement in Banken: Erfolgssicherung, Qualifikation, Flexibilität, Köln 1989, 22.

6) Die Kreissparkasse Ludwigsburg beispielsweise veranstaltet "Informationsmärkte" für ihre Mitarbeiter/innen, auf denen gemeinsam mit dem Management die

Grundsätze von Führung und Zusammenarbeit diskutiert werden, vgl. Schäfer, H./Kempe, H.-J./Klier, H.-S./Klotzbücher, S.: Vom Ziel zur Realität: Einführung einer Corporate Identity. Erfahrungsbericht der Kreissparkasse Ludwigsburg, in: Sparkasse 4/1989, 172 - 176. Die Bayerische Hypotheken- und Wechselbank wendet speziell ausgearbeitete Einstellungstests und Assessment Centers an, sichert mit Hilfe der Leistungsbewertung und besonderen Förderprogrammen den Führungsnachwuchs, der langfristig und kontinuierlich entwickelt wird, vgl. Wever, U.: Personalentwicklung in einer Bank, in: Personalführung 3/86, 106 - 111.

7) Ausführliche Darstellungen des Qualitätszirkel-Konzepts finden sich z. B. bei Bungard, W./Wiendieck, G. (Hg.): Qualitätszirkel als Instrument zeitgemäßer Betriebsführung, Landsberg/Lech 1986, sowie Deppe, J.: Qualitätszirkel - Ideenmanagement durch Gruppenarbeit, Darstellung eines neuen Konzepts in der deutschsprachigen Literatur, Bern usw. 1986.

8) Vgl. Staehle, W.: Management, 3. Aufl., München 1987, 716.

9) Zu den flexibilitätsfördernden Wirkungen der Gruppenarbeit in der industriellen Fertigung vgl. Beisheim, M./v. Eckardstein, D./Müller, M.: Flexibilisierung der industriellen Fertigung durch partizipative Organisationsformen, in: Flecker, J./Schienstock, G. (Hg.): Deregulierung, Flexibilisierung, Internationalisierung, München/Mering 1991, 38 ff.

10) Kontrolle im klassischen Sinne als Überwachung durch den Vorgesetzten entfällt ohnehin angesichts der ausgefeilten Informationstechnologie.

11) Vgl. Bühler, W.: Modelltypen der Aufbauorganisation von Kreditinstituten, in: v. Stein, J. H./ Terrahe, J. (Hg.): Handbuch Bankorganisation, Wiesbaden 1991, 138.

12) Vgl. v. Eckardstein, D.: Mitarbeiterführung durch partizipative Gruppenarbeit in kontrakttheoretischer Perspektive, in: Zeitschrift für Personalforschung 3/1992, 285.

13) Bernd Stauss zeigt die Instrumente und Anwendungsmöglichkeiten eines solchen "internen Marketing" auf, vgl. Stauss, B.: Internes Marketing als personalorientierte Qualitätspolitik, in: Bruhn, M./Stauss, B. (Hg.): Dienstleistungsqualität, Wiesbaden 1992, 234 ff.

Literatur

[1] Behrens, R.: Qualitätsmanagement in Banken: Erfolgssicherung, Qualifikation, Flexibilität, Köln 1989.

[2] Beisheim, M./v. Eckardstein, D./Müller, M.: Flexibilisierung der industriellen Fertigung durch partizipative Organisationsformen, in: Flecker, J./Schienstock, G. (Hg.): Deregulierung, Flexibilisierung, Internationalisierung, München/Mering 1991, 37 - 52.

[3] Bühler, W.: Modelltypen der Aufbauorganisation von Kreditinstituten, in: v. Stein, J. H./Terrahe, J. (Hg.): Handbuch Bankorganisation, Wiesbaden 1991, 103 - 142.

[4] Bungard, W./Wiendieck, G. (Hg.): Qualitätszirkel als Instrument zeitgemäßer Betriebsführung, Landsberg/Lech 1986.

[5] Davis, S. I.: Excellence in Banking, London 1985.

[6] Deppe, J.: Qualitätszirkel - Ideenmanagement durch Gruppenarbeit, Darstellung eines neuen Konzepts in der deutschsprachigen Literatur, Bern usw. 1986.

[7] Drewes, W.: Qualitätsmanagement in Kreditinstituten, in: ZfB, 9/1992, 737-955.

[8] v. Eckardstein, D.: Mitarbeiterführung durch partizipative Gruppenarbeit in kontrakttheoretischer Perspektive, in: Zeitschrift für Personalforschung 3/1992, 272 - 286.

[9] Schäfer, H./Kempe, H.-J./Klier, H.-S./Klotzbücher, S.: Vom Ziel zur Realität: Einführung einer Corporate Identity. Erfahrungsbericht der Kreissparkasse Ludwigsburg, in: Sparkasse 4/1989, 106. Jg., 172 - 176.

[10] Staehle, W.: Management, 3. Aufl., München 1987.

[11] Stauss, B.: Internes Marketing als personalorientierte Qualitätspolitik, in: Bruhn, M./Stauss, B. (Hg.): Dienstsleistungsqualität, Wiesbaden 1992, 228 - 246.

[12] Weiß, G.: Rationalisierung im Bankgewerbe, in: Afa-Informationen 5/85, 10 - 21.

[13] Wever, U.: Personalentwicklung in einer Bank, in: Personalführung 3/86, 106 - 111.

[14] Wiethold, F.: Neue Arbeitskonzepte bei Banken und Versicherungen - neue Aufgaben für die Gewerkschaftsstrategie, in: WSI-Mitteilungen 6/1987, 362 - 370.

Maschinen zwischen Menschen. Die Auswirkungen neuer Technologien auf die Qualität der Kommunikation

Peter Handler

1. Ausgangssituation und Problemstellung

In populären Massenmedien findet der Leser heute idyllische Bilder einer zukünftigen Kommunikationswelt, etwa: "George's family is home for the night. The office won't need to know his whereabouts, so George unpins the 'active badge' that tells his employer's computer network where to reach him. [...] George's wife, Jane [...] grabs her notepad-size 'personal digital assistant' and with the push of one button zaps all the day's sales data, contacts and 'to-do' items into her computer. [...] Now, if she really hustles, she might finish that multi-media sales report in time to join George for a 30-minute 'virtual trip' down the Nile. [...]"[1)] Ein ähnliches Szenario wurde im "Pabellón de las Telecomunicaciones" der EXPO in Sevilla vorgeführt.

Solche Visionen erinnern ein wenig an die Zukunftsvorstellungen vom Jahr 2000, die in den 60er Jahren verbreitet wurden und eine futuristisch-heile Welt in Technicolor malten; inzwischen manifestieren sich jedoch unumgehbare Faktoren, auf die man in den Prophezeiungen einfach *vergessen* hatte, z.B. die Ökologie.

Auch bezüglich der Kommunikationsentwicklung meine ich, daß manches passieren mag, die kommunikative Zukunft aber wird so wie oben dargestellt sicherlich *nicht* aussehen. Bereits heute zeigt sich, daß in manchen Belangen der technisierten Kommunikation menschliche Grundvoraussetzungen *vergessen* wurden, was sich dann in Verweigerungshaltungen und Vermeidungsstrategien[2)] ausdrückt.

Dabei fehlt es nicht an Wissenschaften, die sich zuständig fühlen: Kommunikationswissenschaft, Psychologie, Informatik, ..., ja es hat sich sogar eigens ein Zweig der "Technikfolgenabschätzung" etabliert[3]. Die Sprachwissenschaft ist davon insofern betroffen, als Sprache sich bekanntermaßen mit den Bedingungen der Alltagswelt verändert. Besonders direkte Konsequenzen für die Sprache treten dann auf, wenn das Trägermedium selbst einer Veränderung unterliegt. Seitdem es das gibt, was allenthalben etwas unscharf, aber in großem Konsens als "neue Medien" bezeichnet wird[4], ist Sprache wieder (ganz wörtlich) in Bewegung gekommen.

Für die Linguistik ergibt sich die Möglichkeit, aus ihren auch philologischen Wurzeln heraus stärker als andere Disziplinen integrative Betrachtungen anzustellen[5], die den Menschen und seine kommunikativen Bedürfnisse zum Thema haben, wobei der für diesen Beitrag gesteckte Rahmen natürlich nur einige Schlaglichter erlaubt.

2. Entwicklungstendenzen

Die prinzipielle Frage nach dem Wesen und Warum kommunikativen Interagierens kann hier nur erwähnt, aber kaum diskutiert werden, bestimmte Grundeinstellungen bei ihrer (versuchten) Beantwortung führen jedoch zu sehr verschiedenen Einschätzungen der neuen Technologien. Zu deren Bandbreite vgl.:

"The computer, in short, promises by technology a Pentacostal condition of universal understanding and unity."[6] versus: "Die befürchteten Auswirkungen, die mit einer Entwicklung der technischen Medien einhergehen, konzentrieren sich darauf, daß das aktive Sprechen reduziert, das kommunikative Verhalten vernachlässigt wird, die zwischenmenschlichen Beziehungen zurückgehen und das zunehmende Verstummen der Rezipienten aufgezwungen und somit institutionalisiert wird."[7]

Der gegenwärtige Zustand im Umgang mit den neuen Technologien läßt sich m.E. am besten mit "Irritation" bezeichnen. Dies hat mit dem Hereinbrechen dieser Medien in einen sozio-historischen Kontext zu tun, d.h. die neue Entwicklung trifft auf eine Gesellschaft mit einer historisch gewachsenen Kommunikationssozialisierung, auch was die Mediennutzung in ihrem Sprachgebrauch anbelangt.

Die Veränderung durch die neuen Medien betrifft im Bereich der Sprache vornehmlich das Verhältnis von Materialität und Ephemerität. Über Jahrhunderte hinweg haben sich in Abhängigkeit vom Medium, also in einer großen Dichotomie von Schrift- oder Sprechkode, Varietäten herausgebildet, die mit zeitlichen Bedingungen verknüpft waren. Konkret bestand also eine Koppelung von schriftlich zeitversetzter und mündlich zeitkohärenter[8] Kommunikation.

Im Normalfall gab es überdies einen stabilen Konnex zum semiotischen Rahmen. Die mündliche Kommunikation geht dabei mit der Präsenz des Sprechers einher, der damit semiotisch "komplett" agiert: mit Intonation, Ad-hoc-Rückfragemöglichkeit, Gestik, etc. Demgegenüber hat sich der Schriftkode gerade durch das Fehlen dieser Begleitcharakteristika und deren teilweiser Kompensation durch Umsetzung in Sprache seine spezifische Gestalt gegeben, wobei die materielle Dauerhaftigkeit mit wiederholter, individuell rascher oder langsamer Rezeption ihrerseits wieder andere Möglichkeiten auch für die Textproduktion, wie komplexere Strukturen etc., eröffnete.

Deutliche Veränderungen erfolgten bereits mit dem Telefon, das wichtige semiotische Dimensionen ausblendet bzw. mit dem Telegraphen, der durch seine Verknappungserfordernisse den bekannten eigenen (übrigens auf einem Preiskalkül beruhenden) "Telegrammstil" mit sich bringt.

Der wesentliche Neuerungsschub in den Kommunikationsmodalitäten vollzieht sich aber erst mit dem "[...] wachsende[n] Ineinandergreifen der Computertechnologie und der Technologie der Fernkommunikation."[9)] Dies führt zur Auflösung der traditionellen Bedingungskonfigurationen in Mündlichkeit und Schriftlichkeit; es gibt eine Fülle von neuen Texttypen und eine umfassende Durchmischung, berücksichtigt man etwa, daß über Anrufbeantworter mündliche Kommunikation zeitversetzt abläuft und umgekehrt über Mailboxen zeitkohärent schriftlicher Dialog entstehen kann.

In dieser Umbruchsituation besteht weiters eine eigenartige Spannung zwischen starker Regelgebundenheit im Umgang mit den "Maschinen" (vgl. Befehlsstrukturen in Programmen) und einer konventionalisierungsbedürftigen Vielfalt an Verhaltensweisen in der Anwendung.

Genau diese Verteilung bildet m.E. das Problemfeld an der - bleiben wir im Jargon - Schnittstelle zwischen Mensch und computertechnisierten Medien: Umfassende Kommunikation bedeutet nämlich nicht nur eine möglichst reichhaltige semiotische Konfiguration, sondern auch Offenheit gegenüber Ausdrucksvarianten und Registern in der Sprache selbst. Aus der Sprechaktforschung stammt das bekannte Beispiel, auf welch vielfältige Weise eine Sprechhandlung realisiert werden kann. Wer z.B. veranlassen möchte, daß das Fenster geschlossen wird, kann dies ausdrücken durch:

Mach doch das Fenster zu! / Es zieht! / Würdest du bitte das Fenster schließen? Ich habe Schnupfen! / Willst Du, daß ich erfriere? / Jaja, mach nur auf! / etc.

Das setzt natürlich voraus, daß die jeweils dahinterstehende Basis des sozialen Beziehungsgefüges, aber auch Humor, Ironie, etc. verstanden werden. Von diesen Dimensionen ist der Mensch-Maschine-Dialog noch weit entfernt. Allenfalls sind z.B. Computerauskunftssysteme unfreiwillig komisch (da hilft auch nicht, daß sich die Technologie dahinter "künstliche Intelligenz" nennt); z.B. das Programm GRUNDY, welches bibliothekarische Beratungsgespräche ersetzen soll und jedes Buch mit den gleichen Rahmenwendungen vorstellt: "Have you ever read [...] / You might like it. It is the story of [...] / It is (very/mildly/etc.) philosophical. / [...] / Does that sound good?"[10)]

Sprechakte überschneiden sich mit der Ebene des Stils, auf der komplexere sprachliche Konfigurationen mit einer zusätzlichen Ebene, jener des Sinns, gekoppelt werden[11)]; d.h. nicht nur das, was gesagt wird, sondern auch wie es gesagt wird, beinhaltet wichtige Informationen. Dies impliziert einerseits beim Sprecher "[...] Wahlmöglichkeiten bei der Auswahl eines Zeichens oder Zeichenkomplexes [...]"[12)], andererseits beim Rezipienten das Verstehen der damit ausgedrückten Information. Bedeutungen werden aber von der Informationstechnologie weitgehend vernachlässigt.

3. Aspekte einzelner Medien bzw. Konfigurationen

Stellvertretend für eine Vielzahl von Aspekten des kommunikativen Wandels seien zwei sehr verbreitete Berührungsbereiche zwischen Sprache und Computer näher erörtert:

3.1. Textverarbeitung

In der Textverarbeitung als Grundfunktion computerunterstützten Umgehens mit der Sprache hat die amateriale Beschaffenheit und leichte Veränderbarkeit u.a. folgende Auswirkungen:

Die traditionellen Phasen des Schreibens, also Konzeption, Schreiben und Korrigieren, werden in ihrer linearen Abfolge durcheinandergebracht und überlappen einander; die Trennung von Prozeß und Produkt verschwimmt.[13)] Dies hat eine Reihe von Konsequenzen für die Textkomposition:[14)]

- Es werden häufiger Ideen niedergeschrieben, weil solche Notizen dann schon als fertig formulierte Segmente in späteren Texten dienen können.
- Die Texterstellung kann in kleineren Schritten erfolgen; Unterbrechungen werden rascher verkraftet, das Wiederhineinfinden in den Text erleichtert.
- Fortlaufendes Schreiben wird durch Herumspringen im Text abgelöst, wobei mitunter Textgliederungsfunktionen (Titel, Untertitel) als Orientierungs- und Zuordnungshilfe fungieren.

Besonders für die Textplanung und Textkohärenz lassen sich aber auch Hemmnisse erkennen:[15)]

- Während durch den Bildschirmausschnitt die Begegnung mit kleinen sprachlichen Einheiten wie Wort und Satz intensiviert wird (was auf Satzebene zu strukturellen Verbesserungen führt)[16], stößt die Überblickung des Textganzen auf Schwierigkeiten (zudem ergeben sich durch die leichte Verschiebbarkeit von Textsegmenten oft Aufsplitterungen der Textkomposition).

- Für Planungsvorgänge, die oft über "Gekritzel", Rohschemata, Pfeilzuordnungen, etc. erfolgen, gibt es keine Computerunterstützung unter Bewahrung der Spontaneität.
- Schon das bloße Lesen auf dem Bildschirm vollzieht sich langsamer als auf Papier; erst recht behäbig ist die Auffindung von bestimmten Stellen in längeren Texten, wenn man nicht wortmaterialzentriert (Stichwort: Suchbefehl), sondern inhaltsorientiert vorgehen will; die Organisation paralleler Verfügbarkeit mehrerer Texte über Fenster ist nicht zufriedenstellend.
- Textkohärenz wird noch immer gerne und besser auf dem Papier mittels Ausdruck hergestellt und überprüft; dieser Wechsel des Mediums kann den Ideenfluß jedoch stören.

In einigen Belangen ist es noch zu früh, darüber Aussagen zu treffen, ob störende Faktoren nur deshalb solche sind, weil sie auf einen anders sozialisierten Benutzerkreis treffen, oder ob sie aus einer Kollision mit Textuniversalien erwachsen.

Für den Bereich der Textkohärenz wird Abhilfe in Form von eigenen Programmen ("outline processors") angeboten, die eine Vorstrukturierung des Textes und nachträgliches Auffüllen von Abschnitten erlauben[17], m.E. ist Textproduktion aber weitaus komplexer, als solche Schemata suggerieren. Es wäre eher wünschenswert, auch von der Hardware her ein natürlicheres Produktionsumfeld zu schaffen; in Form von weitaus größer dimensionierten (ggf. Mehrfach-) Bildschirm-"Schreibtischen", die ein "Ausbreiten" von Texten, Grafiken, etc. und leichte In-situ-Manipulierbarkeit ermöglichen.

3.2. Netzkommunikation

Die Vernetzung bringt erstaunlich gegenläufige Reaktionen und Auswirkungen mit sich. Sie hat zum einen eine "Kommunikationseuphorie" ausgelöst, weil die Datenaustauschmöglichkeiten im Vergleich zur Massenkommunikation über Fernsehen, Film, etc. tendenziell eine Zweiweg-Verbindung erlauben und daher den Benutzer als aktiven Kommunikationspartner integrieren. Umgekehrt werden kritische Stimmen laut, die den Unterschied zwischen bloßer *Informationsübertragung* und *Kommunikation* betonen, wobei letztere den Beziehungsaspekt einer Botschaft mitberücksichtigt; die Gestaltung dieses Beziehungsaspektes ist wesentlich mit dem Wechselspiel von verbalem und nonverbalem Kanal verbunden, das in Netzwerken (noch) ausgeklammert ist; weiters substituiert Datenaustausch über Netze persönlichen Kontakt. Es tritt daher die Gefahr auf, daß gerade

"[...] die Dialogfähigkeit der neuen Technologien zu sozialer Isolation und damit zur Einschränkung der *menschlichen* Dialogfähigkeit führen kann."[18)]

Es ergibt sich aber auch die Möglichkeit der Gruppenbildung mit durchmischterer sozialer Strukturierung, weil statt Sozialstatusdefinition das Interesse und die Kompetenz der Benutzer ausschlaggebend ist: "Was die Medien Brief oder Telefon noch in verschlüsselter Form durchblicken bzw. - horchen ließen - Schrift, Briefpapier, Lautstärke oder Tonfall ließen zumindest eine grobe Charaktereinordnung zu - hat im digitalen Code keinen Platz mehr."[19)] Gerade das Fehlen der nichtsprachlichen Kommunikationskanäle führt auch deshalb zu demokratischerer Beziehungsgestaltung, weil autoritäres Verhalten (das stark über Augenkontakt, Körperhaltung, etc. abläuft) erschwert wird.

Wachsendes wissenschaftliches Interesse zeigt sich für die Problemlösungseffizienz von Computerkonferenzen. Bei annähernd gleicher Problemlösungsqualität, so zeigt eine Studie[20)], dauern Computerkonferenzen bedeutend länger als Vis-à-vis-Besprechungen. Während in der Konferenz mit physischer Präsenz vorwiegend Meinungen, Bewertungen und Wünsche formuliert werden, treten in der Computerkonferenz Faktenorientierung und Strukturierungsvorschläge in den Vordergrund; das Gruppenklima ist dabei sozial-emotional ausgeglichener. Für die Entscheidungsphasen gibt es keine signifikanten Unterschiede; dies wird mit einer Habitualisierung von Entscheidungsvorgängen erklärt, die über den Medienwechsel hinweg erhalten bleibt. Andernorts[21)] wurden bei Computerkonferenzen gewagtere, weniger konventionelle Entscheidungen festgestellt.

Für das Sprachverhalten in der Netzkommunikation werden u.a. folgende Tendenzen aufgezeigt:[22)]

- Das Fehlen der (großteils über andere Kodes laufenden) sozialen Einordnung des Kommunikationspartners erzeugt impulsiveres, selbstbewußteres, lockereres Kommunizieren, einen "Jugendton"[23)].
- Obwohl eigentlich Schriftkode, weist die Mailbox-Kommunikation deutliche Kennzeichen der gesprochenen Sprache auf (z.B. einfache Hauptsatzreihen).
- Die Absicht, trotz des zeitaufwendigeren Schreibmodus "schreibend zu sprechen", führt zu Zeiteinsparungstechniken: Einerseits durch Satzteileinsparungen oder (amerikanisch inspirierte) Verkürzungstechniken, die am Wortkörper ansetzen (von Apokopierung bis zum Wortspiel), z.B.: *mom (=Moment), linx (=links), 4get it (=forget it)*. Produktionstechnisch gegenläufig, doch ebenfalls zeitsparend sind über Makro abrufbare fertige Wendungen, in gewissem Sinne also individuelle Phraseologismen.
- Die Toleranz bzgl. Sprachrichtigkeit wird größer; Orthographiefehler werden als "Vertippen" verziehen (wie ganz allgemein die Medien die Grammatikalität aufweichen)[24)].

- Für die ausgeblendeten Kodes wird sprachlicher Ersatz gesucht und gefunden, z.B.: Interjektionen: *hihi*; Verschriftung von Umgangssprache: *oda* (=*oder*); Expressivität: *NEEEEIN*. Solch sprachliche Gestaltung kann auch mit negativem Sozialverhalten parallelisiert und entsprechend sanktioniert werden: Ein Teilnehmer, der seine Beiträge mit durchgehender Blockschrift hervorhob, wurde umgehend (im übrigen im Habitus der mündlichen Sprache!) gerügt: "Sei still [...]", "[...] schrei mal nicht so."[25)]

4. Zwischenbilanz und Ausblick

Das Wesen gelungener Kommunikation liegt sicherlich in einer kognitionsergonomisch zu definierenden "Natürlichkeit". So verwundert es nicht, daß Anrufbeantworter trotz ihrer Verbreitung gewaltige Akzeptanzprobleme haben (in einer Repräsentativumfrage bewerten fast 50% dieses Medium negativ): Für den Anrufer wird es ein emotional verfälschtes "Sprechen ins Leere", noch dazu unter Zeitdruck und ohne Korrekturmöglichkeit[26)]. Das Gerät sollte zumindest der Anbahnung eines direkten Gesprächs dienen, doch immer öfter wird daraus ein Austausch von Sprachkonserven, wenn der Rückruf seinerseits wieder auf ein Tonband stößt. So erklärt sich umgekehrt die breite Akzeptanz des Fax, weil es durch den Geschwindigkeitsfaktor mündlich-dialogische Qualitäten (besonders die sogenannten Aushandlungsmöglichkeiten)[27)] mit der Materialität der Schrift/Zeichnung auf Papier kombiniert und gegenüber der ohne Ausdruck ephemeren Bildschirmkommunikation von vorneherein das taktile und sogar olfaktorische[28)] Erleben miteinbezieht; Dimensionen, die auch in der klassischen Textgestaltung immer mehr als relevant erkannt werden.[29)] Die Idee vom papierlosen Büro ist also das Werk welt- und vor allem menschenfremder Träumer.

Andererseits geht allzu heftige Medienkritik ins Leere, weil die Alternative zu einer mit welchen Mängeln auch immer behafteten Medienkommunikation sehr oft nur in "Nicht-Kommunikation" bestünde. Zudem ergänzen einander die zur Verfügung stehenden Kommunikationsmittel; eine Eigenschaft, die gegenwärtig in sequentieller Nutzung wieder eine Art Ganzheit entstehen läßt, welche sogar neue Lebensformen schaffen kann: So manche Paare pflegen Raum-Zeitgrenzensprengende Beziehungen per Medienmix, die ich als "Telegamie" bezeichnen möchte. Die technischen Anstrengungen gehen nun dahin, ganzheitlichere Kommunikationsmöglichkeiten synchron zu schaffen; dazu zählt das Bildtelefon sowie die gesamte Multimediaentwicklung bis hin zum "multi-media mail".

Gegenwärtig sind wir dabei, eine neue integrative Relation Mensch - Natur/Kultur zu experimentieren und herzustellen, oft im Trial-and-error-Verfahren; vgl.:

"Right now, the industry is throwing lots of things against the wall. What will stick isn't clear."[30]

Nicht immer ist die Sache so harmlos, daß der Mensch einfach mit Nichtakzeptanz reagieren kann. Als augenscheinlichen, in seiner Aberration geradezu beispiellosen Irrtum, der dennoch möglicherweise (weil aufgezwungen) Generationen von Österreichern tagtäglich nerven wird, kann die Fehlkonzeption des neuen Zahl- bzw. Überweisungsscheines angesehen werden, der zwar maschinenlesbar ist, aber den banalsten gestaltpsychologischen Grundregeln widerspricht[31]; für jene, die dies zu verantworten haben, scheint mir die Anwendung Thomas Bernhardschen Vokabulars nicht übertrieben.

5. Zusammenfassung

Die Gegenüberstellung sprachlich-kommunikativer Bedürfnisse und neuer Technologien läßt beachtliche kommunikationsfördernde Möglichkeiten erkennen, zeigt aber auch Bruchstellen und Bereiche potentieller Ablehnung auf. Zur besseren Harmonisierung sollte stärker auf jene Dimensionen der Sprache (Sprechakte, Stilvarianten, semiotische Komplexität) zugegangen werden, die wirklich mit Kommunikation und nicht bloß mit Informationsübertragung zu tun haben. Dies kann dazu beitragen, den Einsatz der neuen Medien zum tatsächlichen Nutzen des Menschen gezielter und mit weniger "error" zu bewerkstelligen.

Anmerkungen und Literatur

1) Rebello, K./u.a.: Your digital future, in: International Business Week 7. 9. 1992, 48.

2) Vgl. besonders die Untersuchung des "dysfonctionnement" bei: Delamotte, E.: Les industries de la langue: entre l'innovation technologique et l'utilisateur, in: Cahiers de linguistique sociale 16 (1990), 28ff.

3) Vgl. Wichter, S.: Zur Computerwortschatz-Ausbreitung in die Gemeinsprache. Elemente der vertikalen Sprachgeschichte einer Sache, Frankfurt am Main/Bern/New York/Paris 1991, 49.

4) Im vorliegenden Beitrag wird "neue Technologien" und "neue Medien" alltagssprachlich-synonym gebraucht. Zur Terminologiediskussion vgl. Gunz, J.: Notizen zum Sprachgebrauch unter dem Einfluß gegenwärtiger und zukünftiger technischer Bedingungen, in: Institut für Publizistik und Kommunikationswissenschaft Univ. Wien (Hrsg.)/Haas, H. (Red.): Zukunft der Kommunikation Zukunft der Kommunikationswissenschaft, Wien/Köln/Graz 1985, 62.

5) "Immerhin leisten sich selbst Wirtschafts-Elite-Unis [...] den 'Luxus' ihrer philosophischen Abteilungen. Sie wissen warum." Steuerer, J.: Der Computer wird zum

neuen Universal-Medium. Die Folge: Revival der Geisteswissenschaften?, in: Die Presse/Spectrum 31. 10./1. 11. 1992, XII.

6) McLuhan, M., zit. nach: Geißner, H.: Das Dialogische in der Klemme, in: Zeitschrift für Literaturwissenschaft und Linguistik 79 (1991), 102.

7) Gunz, J. (Sprachgebrauch), 62.

8) Vgl. Wichter, S. (Computerwortschatz-Ausbreitung), 63ff.

9) Wichter, S. (Computerwortschatz-Ausbreitung), 50.

10) Rich, E., zit. nach: Strzolka, R.: ... und sie sind doch ersetzbar / Notate zu GRUNDY, in: Buch und Bibliothek 40/3 (1988), 259.

11) Vgl. Handler, P.: Wortbildung und Literatur. Panorama einer Stilistik des komplexen Wortes, Phil.Diss. Univ. Wien 1989, 72ff.

12) Lyons, J., zit. nach: Vitouch, P.: Neue Medien Informationsübertragung statt Kommunikation?, in: Institut für Publizistik und Kommunikationswissenschaft Univ. Wien (Hrsg.)/Haas, H. (Red.) (Zukunft der Kommunikation), 257.

13) Vgl. Smith, J.B./Smith, C.F.: Writing, thinking, computing, in: Poetics 19 (1990), 133f.

14) Vgl. Wikborg, E.: Composing on the computer: a study of writing habits on the job, in: Lindeberg, A.Ch./Enkvist, N.E./Wikberg,K.: Nordic research on text and discourse: Nordtext Symposium 1990, Åbo 1992, 264ff.

15) Vgl. Zusammenfassung verschiedener Studien in: Wikborg, E. (Composing), 266f.

16) Sofern man nicht ein Repräsentant des "Einschub-Typs" ist, der Sätze durch wiederholte Einfügungen zu syntaktisch verkorksten Gebilden aufbläht ...

17) Vgl. Smith, J.B./Smith, C.F. (Writing), 134.

18) Vitouch, P. (Neue Medien), 262.

19) Scheidl, R: Kommunikation in der telematischen Gesellschaft, Dipl.Arb. TU Wien, 68.

20) Vgl. Rüttinger, B./Sourisseaux, A.: Computergestützte Kommunikation in Gruppen, in: Spillner, B. (Hrsg.): Wirtschaft und Sprache. Kongreßbeiträge zur 22. Jahrestagung der Gesellschaft für Angewandte Linguistik GAL e.V., Frankfurt am Main/Berlin/Bern/New York/Paris/Wien 1992, 56ff.

21) Vgl. Kiesler, S., ref. in: Scheidl, R. (Kommunikation), 69.

22) Vgl. Scheidl, R. (Kommunikation), 68f. bzw. Wichter, S. (Computerwortschatz-Ausbreitung), 64 ff.

23) Vgl. Henne, H., ref. in: Wichter, S. (Computerwortschatz-Ausbreitung), 91f.

24) Vgl. Tournier, J.: Parlez-vous médiais?, in: Bulletin de linguistique générale et appliquée, 14, 1988, 25-33.

25) Mailbox-Protokolle, zit. nach: Wichter, S. (Computerwortschatz-Ausbreitung), 83.

26) Vgl. Heidel, U.: Man sagt andere Dinge, wenn man auf Band spricht, in: Salzburger Nachrichten 23. 5. 1992, II.

27) Vgl. Handler, P.: Archaismus versus Innovation im Fach- und Gebrauchstext. Chronostilistische Beobachtungen in der betrieblichen Kommunikation, (in Druck).

28) Zu den olfaktorischen Qualitäten von Papier vgl. Woisetschläger, K.: Ffhhh!, in: Die Presse/Spectrum 2./3. 6. 1990, VII.

29) Vgl. Schröder, H.: Semiotische Aspekte multimedialer Kommunikation. Am Beispiel produktvermarktender Texte, in: Schröder, H. (Hrsg.): Fachtextpragmatik, Tübingen (in Druck).

30) Dave Nagel [Apple], zit. nach: Rebello, K./u.a. (Digital future), 54.

31) Die Rede ist hier vom zweiteiligen Formular "Zahlungsauftrag"/"Auftragsbestätigung" der Banken; das P.S.K.-"Erlagschein"-Formular mit automatischer Durchschrift ist vergleichsweise "benutzerfreundlich" ausgefallen.

Kommunikative Informationsgewinnung in der Wirtschaft: Perspektiven qualitativer Sozialforschung

Karl-Michael Brunner, Gerhard Jost, Manfred Lueger

1. Einführung

Wirtschaft und Wissenschaft sind gleichermaßen auf **Informationen** angewiesen. Während Wirtschaftsunternehmen diese Informationen benötigen, um nach innen und außen handlungs- und wandlungsfähig zu sein und zu bleiben, benötigt die Wissenschaft Informationen, um "wahre" Erkenntnisse über soziale, politische und wirtschaftliche Phänomene zu gewinnen und so Verstehensleistungen und Erklärungsansätze anbieten zu können. Bei der Systematisierung der Informationsgewinnung spielt empirische Sozialforschung eine wichtige Rolle: neuzeitliche Wissenschaft ist von ihrem Erkenntnisanspruch her immer schon auf die methodisch kontrollierte Erfassung der realen und symbolischen Welt angelegt, wenn auch der spezifisch empirische Zugang zur sozialen Welt vor allem ein Merkmal der letzten beiden Jahrhunderte ist. Im Falle der Wirtschaft spielt empirische Sozialforschung eine zunehmend wichtigere Rolle. Neue technologische Entwicklungen, veränderte gesellschaftliche und kulturelle Rahmenbedingungen erfordern hinsichtlich einer erfolgreichen Marktbearbeitung eine adäquate Modellierung von Problemsituationen und eine verstärkte Flexibilisierung von Unternehmen. Die hohe interne und externe Komplexität steigert die Notwendigkeit eines permanenten Informationsaustausches und damit den Bedarf an wissenschaftlichen Erkenntnismethoden.

Aber auch in der Wissenschaft werden bisherige Selbstverständlichkeiten erschüttert: das neuzeitlich-naturwissenschaftliche Wissenschaftsmodell wird als einseitig kritisiert. Andere Wissenschaftsmodelle wie systemorientierte oder interaktionistische Ansätze werden hoffähig, und reduziert-quantitatives Denken wird zugunsten von qualitativem Denken relativiert. Dieser Wandel zu mehr "Qualität" zeigt sich auch im Wandel der Erkenntnismethoden: konnte bis vor nicht allzu langer Zeit das quantifizierende Erkenntnis- und Erhebungsmodell, das den traditionellen Naturwissenschaften nachgebaut war, fast Alleinvertretungsanspruch genießen, setzt sich in letzter Zeit ein Trend zugunsten qualitativer Sozialforschung durch.

Ziel der folgenden Ausführungen ist es zu zeigen, welche Bedeutung empirische Forschung - und hier insbesondere qualitativ orientierte Vorgangsweisen - für die Praxis unternehmerischen Handelns haben kann. Die Ausführungen konzentrieren sich dabei auf Fragen der Informationsgewinnung und Aspekte der Verständigung in diesem Prozeß sowie auf die Diskussion der Stärken qualitativer Sozialforschung.

2. Die kommunikative Basis betrieblichen und wissenschaftlichen Handelns

Wirtschaftsunternehmen beruhen wie alle Organisationen auf Kommunikation. Im Innenleben von Organisationen ist Kommunikation notwendig, um Handlungsoptionen zu regeln und um ein gemeinsames Einverständnis herzustellen. In den Außenbeziehungen braucht es Kommunikation, um am Markt bestehen, veränderte Umweltbedingungen wahrnehmen und darauf reagieren zu können. Grundsätzlich bestehen nun zwei Möglichkeiten, Daten zur Herstellung von Handlungsfähigkeit zu erlangen: Erhebungen auf der Basis quantifizierter Daten (z.B. formalisierte Personalbeurteilungen) und Erhebungen auf der Basis qualitativer Daten (z.B. Mitarbeitergespräche). Beide Datenformen werden im betrieblichen Ablauf permanent erzeugt, aber in höchst unterschiedlichem Ausmaß zur Entscheidungsfindung beigezogen. Dabei erhalten quantitative Daten vielfach eine Art "objektiven" Status, während qualitative Daten eher informell gehandhabt werden.

Die Generierung und Interpretation von Daten ist auch eine zentrale Frage des **Wissenschaftssystems**. Welche Daten dabei erzeugt werden, wie dabei vorgegangen wird, worüber mit diesen Daten Aussagen getroffen werden können, was dabei ausgeschlossen bleibt, das sind Kernprobleme empirischer Sozialforschung. Sie beschäftigt sich systematisch mit der Aufarbeitung von Informationen zur Problemlösung. In der Wissenschaft können dementsprechend idealtypisch in der Informationsgewinnung und im Datenumgang zwei Formen unterschieden werden: das quantitative und das qualitative Paradigma als grundsätzliche Konzepte empirischer Sozialforschung.

Das **quantitative Paradigma** geht von der Vorstellung aus, daß man zu einer objektiven Erkenntnis des sozialen Lebens nur durch Klassifizieren, Messen, Tabellieren und Anwenden statistischer Methoden kommen könne. Dieser Vorstellung liegt die These zugrunde, daß die soziale Welt ähnlich wie in den

Naturwissenschaften exakt erfaßt und in Form von Gesetzen formuliert werden kann. Die naturwissenschaftlichen Erkenntnisprinzipien sind demgemäß das Leitbild.

Nehmen wir den **Fragebogen** als typischen methodischen "Repräsentanten" des quantitativen Paradigmas, so zeigen sich bestimmte charakteristische Merkmale:

- die ForscherInnen prüfen damit üblicherweise bestimmte theoretische Annahmen;
- er wird hinsichtlich dieser Annahmen vorab, ohne Einbezug der untersuchten Personen, konstruiert und entspricht den Forschungsinteressen der ForscherInnen;
- es wird eine große Anzahl von Personen befragt, um statistische Repräsentativität zu erzielen;
- die Kommunikation mit den befragten Personen ist auf die vorgegebenen Antwortalternativen beschränkt, wobei andere Sichtweisen ausgeschlossen bleiben;
- die Daten werden mit statistischen Verfahren ausgewertet und dienen dazu, bestimmte Theorien zu erhärten oder zu verwerfen.

Im Unterschied dazu geht das **qualitative Paradigma** davon aus, daß Menschen auf der Grundlage von Bedeutungen handeln, die unterschiedliche Objekte für sie haben. Jedes soziale Handeln wird als sinnstrukturiert verstanden, und dieser Sinn wird von den Menschen in Interaktionsprozessen hergestellt und in konkreten Situationen modifiziert. Das interpretative Paradigma setzt beim aktiven Handeln der Menschen an, die in Kommunikationsprozessen ihre Welt interpretieren und so ihre sozialen Beziehungen herstellen. Diese Auffassung hat auch Konsequenzen für das Vorgehen bei der Forschung: Forschung wird in dieser Perspektive wesentlich als "kommunikative Sozialforschung" verstanden, d.h. bei der Untersuchung sozialer Realität geht es darum, methodisch kontrolliert mit Menschen zu kommunizieren, um die Interpretationen, Wirklichkeitsauffassungen, Handlungsmuster von Organisationen herauszufiltern.

Nehmen wir als typischen methodischen "Repräsentanten" des qualitativen Paradigmas das **offene Interview**, so können wir auch hier einige charakteristische Merkmale herausheben:

- die ForscherInnen wollen verstehen, wie und warum Menschen in einer bestimmten Weise handeln, und daraus Annahmen und Theorien über diese Lebenswelt treffen;
- sie lassen sich im Interview auf die Welt der befragten Personen ein, die ExpertInnen ihrer Lebenswelt sind;
- die Anzahl der befragten Personen wird erst im Forschungsverlauf zur Verfeinerung und Prüfung der Erkenntnisse festgelegt;

- die behandelten Themen bleiben in hohem Ausmaß den befragten Personen überlassen;
- die Auswertung konzentriert sich auf die Entwicklung von verallgemeinerbaren Aussagen.

An diesem Beispiel zeigt sich der offene, kommunikative und flexible Charakter qualitativer Vorgangsweisen. Wenn wir die Erfordernisse von Organisationen in der heutigen Zeit mit diesen Merkmalen vergleichen, so ergeben sich Ähnlichkeiten mit neuen Unternehmenskonzepten. Sie sind durch eine flexible, offene Organisation und Selbstorganisation in Projektgruppenstrukturen gekennzeichnet und verstehen Organisierung als Problem der Informationsvermittlung. Von den klassischen Organisationsvorstellungen der rationalen, bis ins Detail gehenden Planung, der klaren betrieblichen Hierarchie und der stabilen Arbeitsteilung heben sie sich damit deutlich ab: Aspekte, die auch das quantitative Paradigma charakterisieren.

3. Kommunikative Verständigung

Mit der unterschiedlichen Art der Sammlung und Verarbeitung von Datenmaterial in den beiden Paradigmen werden auch unterschiedliche **soziale Beziehungen** zwischen "Datenlieferanten" (oft gleichzeitig Betroffene einer praktischen Umsetzung) und denjenigen aufgebaut, die diese Daten sammeln, aufbereiten und verwenden.

Im Rahmen des **quantitativen Paradigmas** verschwinden die Menschen hinter den Zahlen: Es interessiert nicht, was sie bewegt, was sie denken oder mit ihrem Handeln tatsächlich verbinden. Wissenschaftliche Studien oder Betriebe, die sich quantitativer Daten bedienen, bewegen sich auf der Basis ihrer eigenen Vorannahmen, die ihre Erhebungen anleiten. Die Beziehung ist daher asymmetrisch, mit der Definitionsmacht auf Seiten der Wissenschaft oder der Betriebe, die "anerkannte" und "objektive" Zahlen zur Legitimation von Entscheidungen brauchen. Daraus können zwei unangenehme Folgen resultieren: zum einen ergibt sich ein hohes Ablehnungspotential von Maßnahmen, die derart autokratisch ohne Berücksichtigung kollektiver Abwehrstrategien durchgesetzt werden. Zum anderen besteht die Gefahr, sich auf vermeintlich sicherem Terrain zu bewegen, die realen Probleme dabei jedoch zu verkennen, weil die Distanz zu den untersuchten Menschen den Blick auf ihre alltäglichen Probleme und Handlungsstrategien und deren Auswirkungen auf die kollektive Leistungserbringung verstellt. Die "Logik des Mißlingens" bei der Optimierung der Organisation ist dann vorprogrammiert.

Qualitative Daten erfordern als minimale Voraussetzung zumindest direkte Kommunikation und die Auseinandersetzung mit den Menschen. Hier steht das

Verständnis der in den Daten ausgedrückten Perspektive im Vordergrund. WissenschaftlerInnen und Betriebe, die sich auf dieses Paradigma einlassen, müssen sich in ihrer Vorgangsweise von den untersuchten Menschen anleiten lassen, was die Beziehungsasymmetrie reduziert. Damit ergeben sich vielfältige Möglichkeiten, das Organisationspotential aller Beteiligten zu nutzen: So besteht die Möglichkeit der Früherkennung von Problemlagen, die frühzeitige Einbindung von Betroffenen in gemeinsame Bewältigungsprozesse und durch die Entlastung des sozialen Klimas auch eine erhöhte Chance zur Implementation spezifischer betrieblicher Maßnahmen.

Die systematische Sammlung und Umsetzung von Daten in organisiertes Handeln mag zwar in beiden Fällen demselben Zweck dienen, jedoch unterscheiden sie sich in der Art der Verständigung zwischen den Beteiligten bzw. Betroffenen im kommunikativen Prozeß sowie in der Art der verfügbar gemachten Information:

- Art der **Verständigung**: Die Entwicklung von Handlungsstrategien in komplexen Systemen beruht darauf, die Vielfalt von Deutungs- und Handlungsmöglichkeiten zu reduzieren und Einzelhandlungen in komplexe Handlungszyklen zu integrieren. Dies setzt eine Verständigung darüber voraus, weshalb Personen in bestimmter Weise handeln oder denken und welche Überlegungen sie damit verbinden. Quantitative Daten stellen ein solches Verständnis nur partiell her, weil Daten nach den Perspektiven der Datensammler verkürzt werden. So reduziert der standardisierte Fragebogen die Antwortmöglichkeiten auf bestimmte Vorgaben. In qualitativen Vorgangsweisen verstehen sich die Datensammler als Lernende und erhalten dadurch eine bessere Chance, ihre eigenen Handlungsstrategien dem externen oder internen Umfeld entsprechend konsensfähig zu machen.
- Art der **Information**: Generell verständigt man sich in allen kommunikativen Akten auf zumindest zwei Ebenen. Auf sozialer Ebene drückt die Art der Datensammlung die Qualität einer sozialen Beziehung aus. Quantitative Verfahren vermitteln häufig den Eindruck, daß nicht einzelne Persönlichkeiten interessieren, sondern formale Angaben - ein Beispiel entfremdeter Kommunikation. Die qualitative Betrachtungsweise analysiert dagegen die Einzelperspektiven der Menschen in ihrer Einbindung in einen sozialen und wirtschaftlichen Gesamtkontext. Befragte fühlen sich dadurch in höherem Maße ernstgenommen und sind eher zu Kooperationen bereit. Die Unterschiede, die sich auf sachlicher Ebene der Informationsinhalte ergeben, sind im nächsten Abschnitt erläutert.

4. Stärken qualitativer Sozialforschung im Kontext von Organisationen

Grundsätzlich kann in allen Gegenstandsbereichen (wie etwa Produktpolitik, betriebliche Entscheidungsprozesse, Marketing, Personalwirtschaft) qualitativ vorgegangen werden. Qualitative Sozialforschung ist allerdings mit einem spezifisch anderen **Erkenntnisinteresse** verbunden als die quantitative. Sie eignet sich vor allem zur Analyse der vielfach unbewußt ablaufenden Logik und Dynamik sozialen Handelns, der Entstehung und Aufrechterhaltung sozialer Strukturen und der Bedingungen für Veränderungsprozesse. Wichtige Anwendungsgebiete sind daher beispielsweise innerbetriebliche Problemfelder, Kommunikationsprozesse in Unternehmen, Fragen der Entscheidungsfindung und -umsetzung, die Bearbeitung von Schnittstellen zur Umwelt (Umgang mit Kunden, Lieferanten oder Partnern).

Die Analyse von Prozessen und von sozialem Wandel kann zwar prinzipiell auch mit quantitativen Verfahren betrieben werden (z.B. Längsschnitt oder Trendstudien), allerdings können im quantitativen Paradigma nur Veränderungen, Verteilungen und Zusammenhänge zu bestimmten Zeitpunkten erfaßt werden und nicht die Bedeutung subjektiven Erlebens oder der Umgang mit sich wandelnden sozialen Tatbeständen. Damit verbunden ist eine partikularisierende Vorgangsweise der quantitativen Sozialforschung, d.h. der Mensch wird nicht ganzheitlich als aktiv Handelnder aufgefaßt, sondern als reiner "Datenlieferant". Eine Perspektivenverkürzung auf Variablen, Zusammenhänge von Variablen und den Menschen als Datum ist die Folge.

In der qualitativen Sozialforschung erfolgt die Problemdefinition im Zusammenspiel mit den untersuchten Personen während des Forschungsprozesses. Diese **empirische Vorgangsweise** ermöglicht eine hohe Anschlußfähigkeit an flexible, dynamische Betriebe, deren Entscheidungsstrukturen dezentral und mitarbeiterorientiert aufgebaut sind. Durch diese Offenheit im Forschungsprozeß werden die grundlegenden Weichen für die Relevanz, aber auch Gültigkeit und Akzeptanz bei der Umsetzung von Forschungsergebnissen gestellt. Dieses Vorgehen bedingt eine eingeschränkte Planbarkeit und erfordert eine vertrauensvolle Kooperationsbasis zwischen Wirtschaft und Wissenschaft. Gleichzeitig ist sie eine Voraussetzung, um praxisrelevante Erkenntnisse zu erlangen, da Problemperspektiven und Relevanzgesichtspunkte der Betroffenen einbezogen werden. Dies fördert zusätzlich die betriebliche Kommunikation nach innen und außen.

Auch bedürfen qualitative Informationen einer anderen Art der **Verwertung** als quantitative. So werden mit quantitativem Vorgehen vorrangig Ergebnisse produziert, die für die hierarchisch-zentralistisch strukturierte Planung einsetzbar sind. Qualitative Sozialforschung stellt hingegen Erkenntnisse zur

Verfügung, die das Handeln im sozialen Kontext begreifbar und verstehbar machen. Damit besteht für die im Rahmen des quantitativen Paradigmas produzierten Erkenntnisse eher die Anschlußfähigkeit an klassisch rational organisierte Betriebe, während sich Ergebnisse qualitativer Sozialforschung besser in systemorientierte Modelle betrieblicher Organisation integrieren lassen. Der Grund liegt darin, daß im Prozeß der Datengenerierung und der Informationsbearbeitung vielfältige Beteiligungsmöglichkeiten im kollektiven Aushandlungsprozeß geschaffen werden und die Ergebnisse Handlungsrelevanz für alle Beteiligten haben.

5. Zusammenfassung

Wie gezeigt wurde, besteht eine hohe Anschlußfähigkeit der qualitativen Sozialforschung an neuere systemorientierte Organisationsmodelle: zum einen gibt es eine hohe Affinität zwischen beiden Konzepten (Offenheit, Flexibilität und Prozeßhaftigkeit), zum anderen können qualitativ gewonnene Informationen in solche Unternehmen eher integriert werden, weil beide auf das kommunikative Potential bezugnehmen. In diesem Sinne kann qualitative Sozialforschung für unternehmerisches Handeln systematisch Informationen anbieten, die zum einen den Aspekt der Verständigung entsprechend berücksichtigen, zum anderen die Dynamik und den Prozeß des Handelns in Organisationen in den Mittelpunkt stellen und damit unbewußt erzeugte Strukturen, deren Genese, Aufrechterhaltung und Veränderung analysieren. Da qualitative Sozialforschung auf diese Weise auch Informationen bieten kann, die für alle Beteiligten Handlungsrelevanz haben, kann sie auch zur Demokratisierung betrieblicher Entscheidungsfindung beitragen.

Literatur

[1] Arbeitsgruppe Bielefelder Soziologen: Kommunikative Sozialforschung, München 1976.

[2] Clegg, St.R.: Modern Organizations. Organization Studies in the Postmodern World, London 1990.

[3] Dörner, D.: Die Logik des Mißlingens, Reinbek 1991.

[4] Flick, U./ v. Kardorff, E./ Keupp, H./ v. Rosenstiel, L./ Wolff, St. (Hrsg.): Handbuch Qualitative Sozialforschung, München 1991.

[5] Froschauer U./ Lueger M.: Das qualitative Interview zur Analyse sozialer Systeme, Wien 1992.

[6] Gomez, P./ Zimmermann, T.: Unternehmensorganisation, Frankfurt 1992.

[7] Königswieser, R./ Lutz, Ch. (Hrsg.): Das systemisch evolutionäre Management, Wien 1992.

[8] Lamnek, S.: Qualitative Sozialforschung, Band 1: Methodologie, München-Weinheim 1988.

[9] Reed, M./ Hughes, M. (ed.): Rethinking Organization. New Directions in Organization Theory and Analysis, London 1992.

[10] Türk, K.: Neuere Entwicklungen in der Organisationsforschung, Stuttgart 1989.

[11] Ulrich, H./ Probst, G.J.B. (Hrsg.): Unternehmensorganisation, Bern-Stuttgart 1985.

[12] Weick, K.E.: Der Prozeß des Organisierens, Frankfurt 1985.

Urteilsverzerrungen bei der Beurteilung von Mitarbeitern. Gibt es Möglichkeiten der objektiven Beurteilung?

Günter Lueger

Ein unmöglicher aber doch möglicher Fall:

Herr Wassermann ist seit nunmehr zwei Jahren Mitarbeiter einer Forschungsgruppe in einem pharmazeutischen Betrieb und auf dem Weg zu einem Kongreß in London. Er besteigt gerade als einer der ersten Passagiere die Abendmaschine nach London und läßt sich nach einem anstrengenden Tag gemütlich auf seinem Sitz nieder. Er läßt den Tag und vor allem sein mehr als erfolgreiches Beurteilungsgespräch mit seinem Vorgesetzten, Herrn Zweig, noch einmal vor seinem geistigen Auge Revue passieren und gerät dabei in einen angenehmen Entspannungszustand. Wie hat doch sein Vorgesetzter, Herr Zweig, abschließend sein Urteil zusammengefaßt? "Er freue sich, einen so engagierten Mitarbeiter zu haben, der sich unmittelbar nach Universitätsabschluß in so kurzer Zeit eingearbeitet hat. Es zeigt sich halt wieder einmal, ein Mitarbeiter, dem die Arbeit wichtiger ist als das Getratsche mit Kollegen, kommt auch zum Erfolg. Vor allem seine Idee der Modifizierung der Versuchsanordnung habe der Abteilung zum lange erhofften Durchbruch verholfen. Auch glaube er, in Wassermann ein beträchtliches Maß an Führungspotential und damit hervorragende Zukunftsaussichten zu erkennen. Er sei zwar eher ein Einzelgänger, aber eine gewisse Distanz zu anderen Menschen sei ja eine wichtige Voraussetzung für eine Führungskraft..." Wassermann verfällt in einen leichten Tagtraum und es tauchen Bilder seiner beruflichen Zukunft auf.

Plötzlich wird Wassermann aus seinen Tagträumen gerissen und glaubt seinen Namen genannt zu hören. Richtig, jemand in der Reihe hinter ihm hat soeben "ja, ja der Wassermann" gesagt. Er blickt vorsichtig durch den Schlitz der Sitze in die Reihe hinter ihm und sieht Herrn Pribitza, den Leiter des gesamten Forschungsbereiches und damit Chef seines Chefs, der mit seiner Assistentin spricht. Da sich das Flugzeug aber gerade in der Startphase befindet, kann Wassermann nicht aufstehen um Herrn Pribitza zu begrüßen und so beschließt er - mit einem insgeheim hämischen Grinsen - die beiden etwas zu belauschen. "Ja, ja der Wassermann", wiederholt Herr Pribitza, "mit dem werden wir noch einige Schwierigkeiten kriegen". Wassermann verspürt kurz einen leichten Stich in der Magengegend, blickt nochmals verstohlen nach hinten und erkennt wieder Herrn Pribitza. "Wenn der so weitertut, der Wassermann, mit seinem Profilierungsgehabe, dann wird er bald der einzige Mitarbeiter in dieser Forschungsgruppe sein" fährt Pribitza fort. "Er ist zwar talentiert, aber ich glaube, für den Erfolg geht der über Leichen. Seine Kollegen hat er ja alle ausgetrickst und es geschafft seinem Chef, dem Zweig, mit dem er ja ständig beisammen ist, einzureden, daß er es war, der die Idee mit der Versuchsanordnung gehabt hat, obwohl in Wirklichkeit alle Kollegen an der Idee mitbeteiligt waren. Na, ja, typisch, diese jungen Karrieretypen sind immer unfähig zur Zusammenarbeit. Und seine ewige Distanziertheit geht mir ganz schön auf die Nerven, der glaubt wohl, er ist etwas Besseres, nur weil sein Vater Universitätsprofessor war. Wenn der sich nicht ändert, wird er bei uns nicht viel werden".

Wassermann glaubt plötzlich das Gefühl zu verspüren, daß die Krawatte etwas zu eng sitzt. Ein Gedanke geht ihm vor allem durch den Kopf: er muß jetzt nachdenken, die Situation einmal analysieren (schließlich ist er Naturwissenschafter) und vor allem auch nachdenken, wie er aus dem Flugzeug kommt, ohne gesehen zu werden.

1. Das Problem

Fälle wie dieser werden in solcher Extremform in der Praxis seltener, das damit beschriebene Grundproblem jedoch häufig auftreten: Zwei oder mehrere Personen geben ein Urteil über ein und dieselbe Person ab und dabei treten zum Teil beträchtliche Abweichungen zwischen den einzelnen Beurteilungen auf. Solche Unterschiede sind im Rahmen der betrieblichen Personalbeurteilung von enormer Bedeutung: Je nachdem wer die Beurteilung des Mitarbeiters verfaßt (in diesem Fall Herr Zweig oder Herr Pribitza) ergeben sich höchst unterschiedliche Konsequenzen für den Mitarbeiter und das Unternehmen.

Personalbeurteilung stellt - wie neuerdings in der Literatur betont wird (vgl. [6], S. 145) - eine zentrale Aufgabe des Personalmangements dar und ist somit Voraussetzung für andere personalwirtschaftliche Funktionen wie (vgl. z.B. [13], S. 28, [16], S. 400 f., [11], S. 17 ff.) Personalplanung Personaleinsatzentscheidungen, Personalentwicklungsentscheidungen, Beratung und Förderung des Mitarbeiters, Evaluierung personalpolitischer Entscheidungen (z.B. der Personalauswahl), Entlohnung und Arbeitskontrolle und Überwachung.

Diese Aufgabengebiete sind daher von den durch die Personalbeurteilung gewonnen Mitarbeiterdaten und damit der Qualität der Urteile abhängig. Ist die Qualität des Urteils gering und stellt eine starke Verzerrung des tatsächlichen Leistungsverhaltens des Mitarbeiters dar, so werden die mit der Beurteilung verbundenen Maßnahmen wie z.B. Versetzungen oder Entscheidungen über Entwicklungsmaßnahmen wenig effektiv sein. Daher ist an Urteile, die im Rahmen der betrieblichen Personalbeurteilung generiert werden u.a. die Forderung zu stellen, daß sie möglichst nicht oder nur gering durch die Person des

Beurteilers verzerrt sind und eine möglichst genaue Abbildung des tatsächlichen Leistungsverhaltens des Mitarbeiters darstellen[1)].

Die Frage der Verzerrung von Urteilen bzw. Möglichkeiten der verzerrungsfreien Beurteilung sollen hier im weiteren diskutiert werden. Dabei soll vorerst der Prozeß der Verarbeitung und Verzerrung von Informationen dargestellt und im Anschluß daran Gestaltungsempfehlungen zur Reduktion von Verzerrungen erörtert werden.

2. Objektivität als Maß für Beurteilerübereinstimmung

Im Rahmen der Forschungen zur Personalbeurteilung wird mit dem Begriff "Objektivität" (auch: "interindividuelle Urteilskonkordanz" und "Inter-Rater-Reliabilität") das Ausmaß der Übereinstimmung von mehreren Beurteilern in ihrem Urteil über einen bestimmten Mitarbeiter bezeichnet (vgl. [15], S. 156). Vollkommene Übereinstimmung ist gegeben, wenn die üblicherweise korrelationsanalytisch berechnete Maßzahl den Wert 1 annimmt; der Grad der Übereinstimmung ist um so geringer, je mehr sich der Wert der Zahl 0 annähert.

Die Berechnung der Übereinstimmungsindizes erfolgt durch den Vergleich der Werte der einzelnen Probanden mit Kriterienscores. Diese Scores werden durch den Einsatz von Beurteilungsexperten gewonnen, die unter möglichst günstigen Bedingungen dieselbe Leistungssequenz beurteilen wie die Probanden[2)].

Untersuchungen zeigen ein wenig optimistisches Bild hinsichtlich Übereinstimmung von Beurteilern. Die Mehrzahl der Werte liegen im Bereich von 0.4 bis 0.7 (vgl. [16], S. 426 und noch ein anderes) und zeigen somit einen geringen Grad an Übereinstimmung. Exemplarisch sei hier die Untersuchung von BORMAN (vgl. [3], S. 23 ff.) angeführt, der unter idealtypischen Bedingungen wie sorgfältigste Skalenkonstruktion, Einsatz von Beurteilungsexperten u.a.m. versuchte, einen möglichst hohes Ausmaß an Urteilsübereinstimmung zu erreichen. Selbst unter diesen in der Unternehmenspraxis kaum vorfindbaren Bedingungen konnte er lediglich Werte um 0.8 erreichen.

Somit zeigt die Forschungsliteratur deutlich, daß die Übereinstimmung mehrerer Urteiler zu wünschen übrig läßt. In diesem Zusammenhang ist die bisher in der Beurteilungsforschung wenig diskutierte Frage interessant, welche Ursachen eine mangelnde Übereinstimmung bestimmen. Solche Forschungsergebnisse sollen im weiteren dargestellt werden.

3. Ursachen für mangelnde Beurteilerübereinstimmung

Welche Faktoren beeinflussen und verzerren die Urteilsbildung von Beurteilern wie in unserem Eingangsbeispiel: Welche Mechanismen bewirken das positive Urteil von Herrn Zweig bzw. das negative Bild von Herrn Pribitza über Herrn Wassermann?

In der Literatur herrscht mittlerweile Übereinstimmung (vgl. [14], S. 193), daß bei Beurteilungsfehlern der wesentlichste Einfluß von der jeweiligen Wahrnehmung und v.a. den Wahrnehmungsverzerrungen des jeweiligen Beurteilers ausgeht. Forschungsergebnisse zeigen deutlich, daß eine Fülle von Faktoren die Wahrnehmung lenkt und verzerrt. Im Rahmen des vorliegenden Beitrages sollen Ergebnisse der Kognitionsforschung zum Verständnis des Wahrnehmungsprozesses bei der Personalbeurteilung dargestellt werden[3)]:

1. Die Informationsverarbeitung eines Beurteilers: d.h. durch seine persönliche Art, Informationen über Menschen zu verarbeiten.
2. Die Attributionsfoschung: d.h. auf welche Ursachen ein Beurteiler das Leistungsverhalten eines Mitarbeiter zurückführt.

3.1. Die Informationsverarbeitung eines Beurteilers

Beurteiler wie z.B. Vorgesetzte müssen im Rahmen der Personalbeurteilung eine immense Fülle von Informationen über ihre Mitarbeiter verarbeiten. Dabei laufen in der Regel folgende Prozesse bei der Informationsverarbeitung ab (vgl. [7], S. 46 f.):

- **Informationsaufnahme**: der Beurteiler muß den Mitarbeiter und sein Leistungsverhalten beobachten und die relevanten Daten in sein Gedächtnis aufnehmen
- **Informationsverarbeitung**: da der Beurteiler ja eine Fülle von zum Teil unterschiedlichen Informationen im Zeitablauf erhält, muß er diese Informationen verarbeiten
- **Erinnerung**: zum Zeitpunkt einer Beurteilung muß er sich an die vorher aufgenommenen und verarbeiteten Informationen erinnern, um sich ein Urteil bilden zu können.

Bei diesen Teilaufgaben treten nun jeweils Verzerrungseffekte auf, durch die die Informationen selektiert werden. Damit stellen die Teilaufgaben Informationsaufnahme, -verarbeitung und Erinnerung Filter dar, den die Informationen durchlaufen.

3.1.1. Informationsaufnahme

Informationen wie Leistungsergebnisse, Verhalten gegenüber Kunden und Kollegen u.a.m. eines oder gar mehrerer zu beurteilender Mitarbeiter stellen eine derartige Fülle von Informationen dar, daß alle relevanten Daten von einem Beurteiler nicht mehr aufgenommen werden können. Die Informationen müssen daher reduziert werden, wodurch zwar die Informationsverarbeitungskapazität ökonomischer eingesetzt werden kann, aber Verzerrungen in Kauf genommen werden müssen, da bestimmte Informationen leichter aufgenommen bzw. ausgeblendet werden.

Wodurch wird jedoch die selektive Auswahl von Informationen geleitet? Welche Informationen werden leichter aufgenommen bzw. ausgeblendet?

Die stärkste wahrnehmungslenkende Wirkung geht von "**Schemata**"[4)] aus: damit sind innere Abbildungen und Vorstellungen eines Beurteilers gemeint, wie die Menschen, die sie beurteilen sollen, sind bzw. sein sollten. Solche "Schemata" beinhalten:

- Wissenselemente eines Beurteilers über "Arten" von Menschen (z.B. Karrieremensch, Intellektueller, Betriebsrat...)
- die die wichtigsten Merkmale angeben, wie diese "Art von Menschen" kennzeichnen (z.B. kritisch, machtgierig, naiv...)
- sowie festlegen, welche Kombinationen von Merkmalen möglich oder unwahrscheinlich sind.

Nehmen wir als Beispiel das Schema "guter Mitarbeiter" von Herrn Zweig im einführenden Fallbeispiel: Herr Zweig ist der Meinung, daß gute Mitarbeiter die Merkmale "sind engagiert", "arbeiten sich schnell ein" und "tratschen nicht" aufweisen. Durch seine innere Annahme - eben das Schema - ist er überzeugt, daß diese drei Merkmale miteinander kombiniert sind. Dieses Schema lenkt nun seine Beobachtung: Wenn er versucht festzustellen, ob ein Mitarbeiter "gut" ist, lenkt er die Beobachtung verstärkt auf diese Merkmale. Dadurch beobachtet er diese Merkmale leichter und blendet andere Merkmale, die gute Mitarbeiter auch aufweisen können (z.B. Ideenreichtum) mit höherer Wahrscheinlichkeit aus.

Eine weitere Wirkung bei der Informationsaufnahme geht von **Vorinformationen**, die ein Beurteiler erhält, aus. In Experimenten (vgl. zusammenfassend [2], S. 185 f.) konnte nachgewiesen werden, daß Individuen vorwiegend jene Informationen sammeln, die die Vorinformationen über eine Person bestätigen und weniger solche, die sie widerlegen.

3.1.2. Informationsverarbeitung des Beurteilers

Eine weitere Ursache für Verzerrungen liegt in der Verarbeitung der Informationen, die im Anschluß an die Informationsaufnahme erfolgt. Bei der Informationsverarbeitung werden einzelne Informationen zueinander in Beziehung gesetzt, wodurch Wechselwirkungen entstehen, die wiederum zu Verzerrungen der Informationen führen.

Den bekanntesten dieser Wechselwirkungseffekte stellt der in der Literatur vieldiskutierte **Halo-Effekt** (=Korrelationsfehler) dar (vgl. z.B. [12], S. 91 ff.). Er bezeichnet einen Verzerrungsmechanismus, wo ein Beurteiler einen Zusammenhang zwischen zwei Merkmalen herstellt (z.B. schöne Menschen sind erfolgreich), der nicht mit dem tatsächlichen Auftreten beider Merkmale übereinstimmt. Durch diesen Informationsverarbeitungsfehler verbindet ein Beurteiler mit einem Merkmal, das er bei einem Mitarbeiter beobachtet, ein zweites Merkmal, das er gar nicht beobachten muß und das daher oft gar nicht oder nur gering vorhanden ist.

Ein weiterer verzerrender Faktor bei der Informationsverarbeitung geht von der Reihenfolge der Sammlung der einzelnen Leistungsinformationen aus. Personalbeurteilungen beziehen sich auf längere Zeiträume und daher ist die Frage wesentlich, wie sich die Reihenfolge des Auftretens von Informationselementen auf die Informationsverarbeitung auswirkt. Zwei Effekte konnten hier experimentell (vgl. [2], S. 146 ff.) bestätigt werden: **Primacy-Effekt** und **Recency-Effekt**.

Als Primacy-Effekt bezeichnet man das Phänomen des stärkeren Einflusses der im Zeitablauf zuerst erhaltenen Informationen auf die Eindrucksbildung eines Beurteilers. Recency-Effekt hingegen bezeichnet den stärkeren Einfluß von zuletzt und daher kurz vor dem Beurteilungszeitpunkt gesammelten Informationen. Damit besteht bei der Informationsverarbeitung die Tendenz, zuerst (v.a. bei neuen Mitarbeitern) und zuletzt erhaltenen Informationen stärkeres Gewicht zukommen zu lassen.

Wesentliche Verzerrungen bei der Informationsverarbeitung sind auch wieder durch die "Schemata" eines Beurteilers bedingt. Der dadurch bedingte Prozeß der Verzerrung läuft dabei folgendermaßen ab (vgl. [5], S. 376 f.): Ist ein Mitarbeiter einmal schematisiert (z.B. das Schema "erfolgreicher Mitarbeiter" von Herrn Zweig"), so werden die Informationen über diesen Mitarbeiter in Richtung der Merkmale des Schemas verzerrt. Somit können Informationen, die in der Realität gar nicht vorhanden, aber innerhalb des Schemas des Beurteilers miteinander verbunden sind, für diesen Mitarbeiter mitgespeichert werden. Auch häufig vorzufindende mehrdeutige Situationen und Informationen werden in Richtung des Schemas, das dem Mitarbeiter zugeordnet ist, verarbeitet und interpretiert. So wird beispielsweise eine Unterhaltung eines

Mitarbeiters mit einem Kollegen bei einem als "guten Mitarbeiter" schematisierten Mitarbeiter als "informeller Informationsaustausch" bei einem anderen jedoch als "Getratsche" interpretiert.

3.1.3. Erinnerung von Informationen

Um sich ein Urteil über einen Mitarbeiter bilden zu können, ist die Erinnerung der leistungsrelevanten Information notwendig. Auch hier geht von den Schemata wieder ein verzerrender Einfluß aus. Untersuchungen zur Personenwahrnehmung zeigen (vgl. [4], S. 135 f.), daß jene Informationen über einen Mitarbeiter leichter erinnert werden, die dem mit diesem Mitarbeiter verbunden Schema entsprechen. Darüberhinaus konnte auch gezeigt werden, daß jene Informationen leichter erinnert werden, die in deutlichem Widerspruch zu dem Schema des Mitarbeiters stehen.

Insgesamt kann daher vor dem Hintergrund der Informationsverarbeitung eines Beurteilers folgendes gesagt werden: Der Beurteiler bildet sich sein Urteil aufgrund seines inneren Bildes vom Beurteilten, das zwar vom tatsächlichen Leistungsverhalten des Mitarbeiters beeinflußt wird, jedoch keinesfalls mit demselben identisch ist. Damit sind in einem Urteil auch wesentliche Anteile der Persönlichkeitsstruktur eines Beurteilers enthalten oder pointierter formuliert: Überall wo der Beurteiler hinsieht, sieht er sich (auch) selbst.

Auch wird aus den bisherigen Ausführung deutlich, warum viele Menschen so sicher sind "gute Menschenkenner" zu sein. Sie ordnen die Menschen ihrer Umgebung immer wieder einigen wenigen Schemata zu und sammeln, verarbeiten und erinnern Informationen in Richtung dieser Schemata. Damit haben Schemata einen sich selbst stabilisierenden Charakter.

3.2. Attributionen und Verzerrungen der Ursachenzuschreibung

Ergebnisse der Attributionsforschung leisten einen weiteren Beitrag zum Verständnis von Verzerrungen. Attribution bezeichnet jenen Prozeß, durch den der Einzelne sozialen Ereignissen Gründe bzw. Ursachen zuschreibt (vgl. [17], S. 122). In unserem Eingangsbeispiel werden solche unterschiedlichen Ursachenzuschreibungen deutlich: Während Herr Zweig den Erfolg für den Durchbruch im Projekt Herrn Wassermann zuschreibt, sieht Herr Pribitza die Erfolgsursache eher in den Kollegen von Herrn Wassermann. Welche Möglichkeiten der Ursachenzuschreibung bestehen grundsätzlich und wie kommen solche Unterschiede zustande?

WEINER et al. (vgl. [18], S- 95 ff.) haben sich mit **Ursachenschlüssen in Leistungssituationen** insbesondere bei Erfolg und Mißerfolg beschäftigt. Sie postulieren, daß das Ergebnis leistungsbezogener Ereignisse entweder einem stabilen oder variablen Faktor der Person oder einem stabilen oder variablen Faktor der Situation zugeschrieben werden kann. Tatsächlich zeigen Untersuchungen, daß sich im wesentlichen alle vorgebrachten Ursachen auf diese Faktoren zurückführen lassen (vgl. [8], S. 425).

Auch im Rahmen der Personalbeurteilung werden Erfolg und Mißerfolg eines Mitarbeiters als personbedingt bzw. situationsbedingt kategorisiert. In Abhängigkeit von der vermuteten Ursache werden dabei jeweils unterschiedliche Maßnahmen ergriffen. Wird auf die Person attribuiert, so werden Beratungsgespräche, Aus- und Weiterbildungsmaßnahmen u.a.m. ergriffen, während bei situativen Ursachen Maßnahmen wie z.B. Veränderungen der Arbeitsstrukturierung oder der Sozialbeziehungen im Vordergrund stehen. Daher ist eine genaue Ursachenzuschreibung notwendig, um nicht unwirksame Konsequenzen an die Personalbeurteilung zu knüpfen.

Empirische Ergebnisse zeigen jedoch, daß auch die Ursachenzuschreibung eines Beurteilers durch eine Reihe von Faktoren verzerrt wird (vgl. zusammenfassend [11], S. 124 ff.). Dazu zählen insbesondere:

1. Die "**Akteur-Beobachter Verzerrung**": Sie besagt, daß ein Akteur (z.B. der zu beurteilende Mitarbeiter) und ein Beobachter (z.B. der Vorgesetzte) zu unterschiedlichen Ursachenschlüssen neigen, wobei es bei einem Akteur die Tendenz gibt, die Ursache seiner Handlungen in den Anforderungen der Situation zu sehen, während der Beobachter zur Tendenz neigt, die Ursache für dieselbe Handlung eher in der Person des Akteurs zu sehen (vgl. [10], S. 80).

2. Die **Auffälligkeitsverzerrung**: Ursachenzuschreibungen eines Beobachters folgen auch seinem Aufmerksamkeitsfokus, indem besonders auffälligen und gut beobachtbaren Akteuren größerer kausaler Einfluß zugeschrieben wird (vgl. [9], S. 159).

3. Attributionsverzerrung durch **Sympathie-Effekte**: Positive Handlungen von sympathischen Menschen werden eher auf die Person und negative Handlungen eher auf die Situation attribuiert, wobei bei unsympathischen Menschen eher die entgegengesetzte Tendenz feststellbar ist (vgl. [9], S. 160).

Vor diesem Hintergrund läßt sich auch die unterschiedliche Attribuierung von Herrn Zweig und Herrn Pribitza bezüglich der erfolgreichen Veränderung der Versuchsanordnung erklären. Herr Zweig sieht, bedingt durch sein häufiges Zusammensein mit Herrn Wassermann, diesen als (besonders auffälligen) Akteur und damit eher als Ursache, während Herr Pribitza - bedingt durch seine größere Distanz zu dieser Forschungsgruppe - eher die Gruppe insgesamt als Akteur und somit als verantwortlich für den Erfolg sieht. Auch die deutlich erkennbare Antipathie von Herrn Pribitza beeinflußt möglicherweise seine situative Attribution (die Kollegen waren maßgeblich bei der Versuchsveränderung) während die Sympathie des Herrn Zweig eher eine Personenattribuierung bewirkt.

4. Gestaltungsempfehlungen zur Reduktion von Verzerrungen

Bei der Ausgestaltung von Personalbeurteilungssystemen stehen den Konstrukteuren mehrere Alternativen bei der Konkretisierung der Gestaltungsparameter (Ziele, Beurteilungskriterien und -verfahren) zur Verfügung. Im weiteren sollen Vorschläge zur Reduktion der vorher diskutierten Verzerrungen beschrieben werden:

1. Der Einsatz von Beurteilungstrainings, die eine Bewußtmachung der Schemata der Teilnehmer ermöglichen, bewirkt eine differenzierte kognitive Wahrnehmung.

2. Die Zahl der Beurteilungsdimensionen sollte möglichst gering gehalten werden (möglichst nicht über 10), um den Einfluß von Halo-Effekten hintanzuhalten.

3. Da sich Eigenschaftsskalen als besonders anfällig für Verzerrungseffekte zeigen, sollten verhaltensverankerte Skalen eingesetzt werden.

4. Systematische Aufzeichnungen über das Leistungsverhalten schon während der Beurteilungsperiode verringern die Wahrscheinlichkeit selektiver Informationsverarbeitung.

5. Zur Vermeidung von Attributionsverzerrungen sollte eine umfassendere Informationsbasis geschaffen werden (z.B. Einbezug von Kollegen- oder Selbstbeurteilungen).

6. Einsatz von Mehrfachbeurteilungen um Urteilstendenzen auszugleichen.

Durch die Berücksichtigung der Gestaltungsvorschläge lassen sich Wahrnehmungsverzerrungen reduzieren und eine höhere Beurteilerübereinstimmung erreichen. Trotzdem werden Wahrnehmungen bei der Personalbeurteilung von inneren Repräsentationen wie z.B. Schemata und von Attributionsprozessen gelenkt, wodurch Anteile der Persönlichkeitsstruktur des Beurteilers in das

Urteil einfliessen. Somit sind zwar weniger subjektive keinesfalls aber objektive Urteile möglich.

Anmerkungen

1) Selbstverständlich werden an Personalbeurteilungssysteme auch andere Anforderungen wie Validität, Akzeptanz, Praktikabilität usw. gestellt, die hier nicht diskutiert werden - vgl. z.B. [1], S. 128 ff., [16], S. 423 ff.
2) Selbstverständlich stellen auch Expertenurteile keine meßunabhängigen Indizes dar.
3) Wegen der Kürze des Beitrages können hier nur wesentlichste Faktoren diskutiert werden. Für eine umfassendere Darstellung der Verzerrungsfaktoren vgl. [11].
4) Andere, die Wahrnehmung lenkende kognitive Strukuren wie Stereotype oder implizite Persönlichkeitstheorien können an dieser Stelle nicht diskutiert werden, folgen aber denselben Mechanismen. Vgl. dazu [11].

Literatur

[1] Bernardin, H. / Beatty, R.: Performance Appraisal: Assessing Human Behavior at Work, Boston: Kent Publishing 1984.
[2] Bierhoff, H.W.: Personenwahrnehmung: Vom ersten Eindruck zur sozialen Interaktion, Berlin et al.: Springer 1986.
[3] Borman, W.: Erkundung oberer Reliabilitäts- und Validitätsgrenzen bei beruflichen Leistungsbeurteilungen, in: Hampp, R. / Hilgenfeld, Ch. (Hrsg.): Beurteilungspersonal, Grosshesselohe: Hampp 1985, S. 23-44.
[4] Borman, W.: Implications of Personality Theory and Research for the Rating of Work Performance in Organizations, in: Landy, F. / Zedeck, S. / Cleveland, J.: Performance Measurement and Theory, Hillsdale: Lawrence 1983, S. 127-165.
[5] DeNisi, A. / Cafferty, T. / Meglino, B.: A cognitive view of the performance appraisal process: a model and research propositions, in: Organizational Behavior and Human Performance 1984, Vol. 33, S. 360-396.
[6] Eslik, W.: Strategisches Personalmanagement, München und Mering: Hampp 1992.
[7] Feldman, J.: Jenseits der Attributionstheorie: Kognitive Prozesse in der Personalbeurteilung, in: Hampp, R. / Hilgenfeld C. (Hrsg.): Beurteilungspersonal, Großhesselohe: Hampp 1985, S. 45-90.
[8] Heckhausen, H.: Motivation und Handeln, 2. völlig überarb. und ergänzte Auflage, Berlin u.a.: Springer 1989.
[9] Ilgen, D. / Feldman, J.: Performance Appraisal: A Process Focus, in: Cummings, L. / Staw, B.(eds.) Research in Organizational Behavior 1983, S. 141-197.
[10] Jones, E. / Nisbett, R.: The Actor and the Observer: Divergent Perceptions of the Causes of Behavior, in: Jones, E. / Kanouse, D. / Kelley, H. / Nisbett, R. / Valins, S. / Weiner, B.: Attribution: Perceiving the Causes of Behavior, Morristown: General Learning Press 1972, S. 79-94.

[11] Lueger, G.: Die Bedeutung der Wahrnehmung bei der Personalbeurteilung. Zur psychischen Konstruktion von Urteilen über Mitarbeiter, München und Mering: Hampp 1992.

[12] Nathan, B./ Lord, R.: Kognitive Kategorisierung und Dimensionsschemata: Ein Prozeßansatz zur Untersuchung von Halo bei Leistungschätzungen, in: Hampp, R. / Hilgenfeld C. (Hrsg.): Beurteilungspersonal, Großhesselohe: Hampp 1985, S.91-118.

[13] Neuberger, O.: Rituelle (Selbst-) Täuschung, in: Die Betriebswirtschaft 1980, Vol. 40, S. 27-43.

[14] Rübling, G.: Verfahren und Funktionen der Leistungsbeurteilung in Unternehmen, Konstanz: Hartung-Gorre 1988.

[15] Schuler, H.: Leistungsbeurteilung in Organisationen, in: Mayer, A. (Hrsg.): Organisationspsychologie, Stuttgart: Poeschel 1978, S.137-169.

[16] Schuler, H.: Leistungsbeurteilung, in: Roth, E. (Hrsg.): Organisationspsychologie, Göttingen: Hogrefe 1989, S. 399-430.

[17] Six, B.: Attribution, in: Frey, D./ Greif, S.(Hrsg.): Sozialpsychologie, 2. erw. Aufl., München: Psychologie Verlags-Union 1987, S. 122-135.

[18] Weiner, B. / Frieze, I. / Kukla, A. / Reed, L. / Rest, S. / Rosenbaum, R.: Perceiving the Causes of Success and Failure, in: Jones, E. / Kanouse, D. / Kelley, H. / Nisbett, R. / Valins, S. / Weiner, B.: Attribution: Perceiving the Causes of Behavior, Morristown: General Learning Press 1972, S. 95-120.

Verhandeln mit Russen: Interkulturelle Aspekte

Renate Rathmayr, Guido Kappel

1. Einleitung

Verhandlungsgespräche dienen dazu, die Verhandlungspartner auf zukünftiges Handeln festzulegen. Sie sind institutionell gebunden (der einzelne Verhandlungsteilnehmer spricht nicht als Privatperson, sondern als Vertreter seiner Institution) und öffentlich (im Gegensatz zu privat), allerdings ist die Öffentlichkeit streng auf die Beteiligten und ihre Vorgesetzten beschränkt.

In Verhandlungsgesprächen gibt es ein gemeinsames Globalziel, z. B. den Abschluß eines Vertrages, die Gründung eines Joint-venture o.ä; in der allgemeinen Taxonomie von koordinativen, komplementären und kompetitiven Dialogtypen (vgl. [1], S. 85ff.] müssen die Verhandlungsgespräche dem koordinativen Typ zugeordnet werden, auch wenn einzelne Etappen durchaus kompetitive Züge aufweisen. In erfolgreichen Verhandlungen gibt es sozusagen zwei Sieger, da sie für jeden Partner mit der Überzeugung enden, das Beste für seine Institution erreicht zu haben. Bei der Argumentation für den eigenen Standpunkt geht es also darum, im Hinblick auf den angestrebten globalen Konsens die in einzelnen Punkten bestehenden unterschiedlichen Meinungen auszugleichen. Die Interessenskonstellation bei Verhandlungsgesprächen wird durch Abb. 1 veranschaulicht.

Die Kommunikationssituation "Verhandlungsgespräch" wird hier anhand deutsch-russischer interkultureller Verhandlungen analysiert, wobei wir von der Prämisse ausgehen, daß sich der deutschsprachige Verhandlungspartner der Sprache seines Gegenübers bedient.

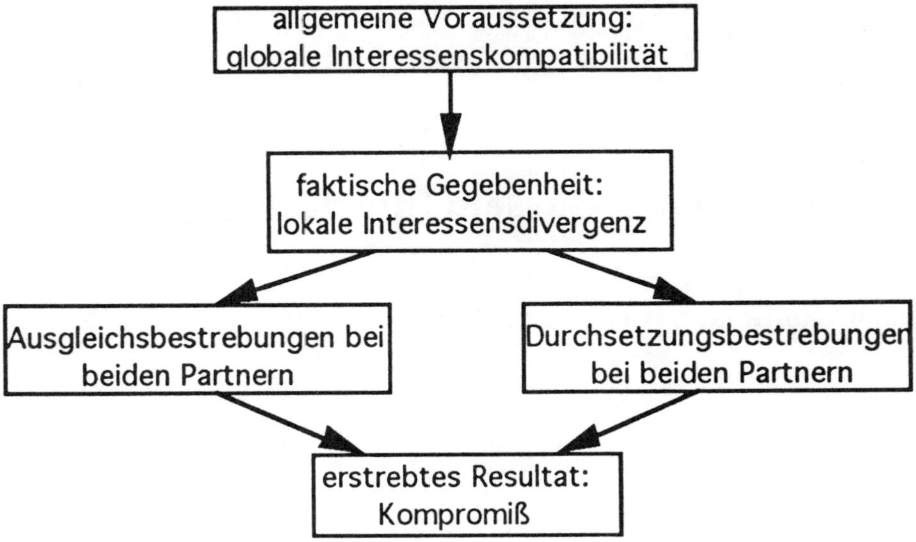

Abb. 1: Interessenskonstellation bei Verhandlungsgesprächen

2. Fremdspachenkompetenz in Hinblick auf interkulturelles Verhandeln

Verhandeln muß als komplexer kommunikativer Vorgang verstanden werden, in den nicht allein sprachliche, sondern auch interaktive Komponenten eingehen. Dabei stellt das sprachliche Grundwissen (das Vokabular, die grammatikalischen Regeln etc.) jenen unabdingbaren Kern dar, der hier nicht näher ausge- führt werden muß. Wie ein konzentrischer Kreis schließt sich daran der Bereich des mit der Sprachverwendung verbundenen Wissens an, und daran wiederum der Bereich des nichtsprachlichen enzyklopädischen Wissens. Diese drei Wissensbereiche sind nicht scharf voneinander abgegrenzt, sondern in vielfältiger Wechselwirkung eng miteinander verbunden und am besten als Kontinuum zu verstehen. Sie sind in unterschiedlichem Maße kulturspezifisch geprägt, wobei im Kernbereich der kulturspezifischen Prägung z. B. die konkreten sprachlichen Realisierungen lexikalischer und grammatikalischer Kategorien liegen (also die jeweilige Sprache an sich) und an der Peripherie die sprachlichen Universalien. Im enzyklopädischen Bereich ist das alltagsbezogene Wissen über konkrete Abläufe stark kulturspezifisch geprägt, während fachspezifisches Wissen an der Peripherie liegt und die größten interkulturellen Überschneidungen aufweist. Doch auch in diesem Bereich können die Unterschiede, die durch politische und wirtschaftliche Entwicklungen in bestimmten Kulturräumen (wie in dem der früheren UdSSR) hervorgerufen wurden, beträchtlich sein.

2.1. Enzyklopädisches Wissen als Teil der Verhandlungskompetenz

Die folgenden Bereiche enzyklopädischen Wissens sind als Grundvoraussetzung einer erfolgreichen Kommunikation bei interkulturellen Verhandlungen mit wirtschaftlicher Thematik anzusehen (die Übersicht folgt dem Prinzip der Darstellung in konzentrischen Kreisen, von den am wenigsten kulturspezifisch ge- färbten äußeren bis zu den stark kulturspezifisch geprägten inneren Schichten):

a) allgemeine wirtschaftliche Kenntnisse;

b) Kenntnisse der wirtschaftlichen Situation des Partnerlandes;

c) genaue Kenntnisse der Situation und Absichten der eigenen Firma;

d) möglichst genaue Kenntnisse der Situation und Absichten der Firma des Partners;

e) psychologische Kenntnisse über den Partner.

3. Spezifisches der russisch-deutschen interkulturellen Verhandlungen

3.1. Enzyklopädisches Wissen über Rußlands Wirtschaft

Die Aneignung des nötigen Wissens über die Wirtschaft des Partnerlandes und die Situation der Partnerfirma ist, konkret auf Rußland als Partnerland bezogen, problematisch. Schwierigkeiten bereiten nicht allein die Unwägbarkeiten des zur Zeit ablaufenden Umbruchprozesses, denn schon die Informationsbeschaffung an sich stellt ein Problem dar. Dieser Umstand führte zur Gründung einer Reihe von privaten Consulting-Firmen in Rußland, die die benötigten Informationen verkaufen. Die in Rußland traditionelle Form ist freilich die Vermittlung von Kontakten durch Dritte, denen beide Seiten vertrauen. Die so zustandegekommene Empfehlung wird als eine Art Garantie für die Seriosität angesehen.

3.2. Enzyklopädisches Wissen über die russischen Geschäftsleute

Auch hinsichtlich des psychologischen Wissens über Persönlichkeit und Motivation des Partners sind westliche Geschäftspartner einem schwierigen Lernprozeß unterworfen. Nach dem Umsturz in den Ländern der ehemaligen UdSSR haben sich im Westen als Folge der Ungewißheit der politischen und ökonomischen Situation zunächst Zweifel und Mißtrauen breitgemacht. Fast hat es den Anschein, als trauere man dem "leichteren Umgang" mit den ehemaligen staatlichen Wirtschaftsfunktionären nach. Sich auf die pragmatische Grundeinstellung der friedlichen Koexistenz stützend, akzeptierte man die in den langen Jahren der "Stagnation" (der Ära Brežnevs) entstandenen Eigenheiten und das wirtschaftspolitische Anderssein der Gegenseite, sofern das Geschäft "lief" - das Image der UdSSR als verläßlicher Zahler wird erst jetzt, sozusagen posthum, erschüttert. Auf der anderen Seite haben die Russen eigentlich nach dem im Westen mit Befriedigung aufgenommenen Umsturz mit mehr Entgegenkommen gerechnet.

Ein westlich orientierter Typ von Manager oder Eigentümer ist in Rußland erst im Entstehen begriffen. Um keinerlei Fehleinschätzung zu unterliegen, wird ein westlicher Wirtschaftsmann daher erkennen müssen, wie die Persönlichkeitsstruktur seines Gegenübers beschaffen ist, welchen Typ von russischsprachigem Geschäftsmann er repräsentiert, wobei die Unterschiede nicht nur eine Generationenfrage sind. Es gibt ein recht breit gestreutes Spektrum von Typen russischer Geschäftsleute zwischen zwei Polen: den Vertretern der Schicht von Wirtschaftsfunktionären, die das Wirtschaften nicht im westlichen, kapitalistischen Sinne begreifen, und den Vertretern der neuen Generation von Managern, die sich am Gewinnstreben orientieren und repräsentativ wirken wollen. Die gesellschaftliche Stellung der neuen Unternehmerschicht ist umstritten, da die Tradition des Kaufmannstandes in den Jahren der kommunistischen Herrschaft ausgerottet worden war und ihm nun das Image des Gaunertums anhaftet.

Eine besondere Rolle kann der Frage der Fachkompetenz zukommen. Man ist in Rußland und in den anderen Staaten der GUS dabei, die Enzyklopädien, insbesondere im politischen und ökonomischen Bereich, umzuschreiben, was ein enormes Problem für die in früheren Epochen ausgebildeten Fachleute und das Lehrpersonal an den Fachhochschulen darstellt. Man muß damit rechnen, daß man auf russischsprachige[1)] Manager trifft, die neue Begriffe verwenden, ohne sie richtig zu verstehen oder sie zum eigenen Nutzen umdeuten. Am Beispiel des seit Oktober 1992 forciert laufenden Prozesses der Privatisierung kann man erkennen, wie geschickt alte hierarchische Strukturen, insbesondere die wohlbekannte Nomenklatura, Neuerungen zur Festigung ihrer Positionen nützen und genützt haben. Es muß sich im Verlauf der Verhandlung erweisen, ob man eigentlich "von denselben Dingen" spricht. Dem westlichen Verhandlungspartner kann nur empfohlen werden, eine aktive Rolle zu spielen und durch entsprechende Fragen das Terrain zu sondieren.

Ein krampfhaftes Suchen nach neuen (alten) Werten spürt man auf der russischsprachigen Seite nicht nur auf dem Fachgebiet der Ökonomie, sondern es sind auch psychische Einstellungen und kommunikative Fähigkeiten, die nun neu erlangt werden sollen. In den 70 Jahren der Geschichte der UdSSR wurde die Kultur des Ver- und Aushandelns verlernt, da richtige Lösungen und wichtige Entscheidungen von "oben" kamen und ohne Infragestellung exekutiert werden mußten. Zwar kann den Vertretern der früheren sowjetischen Außenhandelsgesellschaften und den Diplomaten niemand Verhandlungserfolge absprechen, doch basierten diese eben auf dem geschlossenen administrativen Kommandosystem; echte Verhandlungsgespräche, deren Ausgang offen und Produkt gemeinsamer Anstrengungen der Partner ist, sind somit für das Russische eine neue Textsorte, die sich erst konstituieren muß.

Entscheidende Komponenten in der psychischen Disposition scheinen z. B. die Bereitschaft, Verantwortung zu übernehmen, persönliche Initiative, die Fähigkeit zum Kompromiß und die Beherrschung der Skala der Deeskalation konflikthafter Situationen zu sein.

Abgesehen von der Frage der fachlichen Kompetenz des Verhandlungspartners besteht auch das Problem seiner Zuständigkeit und Entscheidungsvollmacht. Damit Enttäuschungen über die Umsetzung erzielter Verhandlungserfolge in die Tat vermieden werden, muß man einem westlichen Verhandlungspartner raten, sich der nötigen Vollmachten seines Gegenübers zu vergewissern.

3.3. Wissen über die konkrete Sprachverwendung - die Verhandlungsstrategien

Basierend auf dem enzyklopädischen Wissen, dem Wissen über die konkrete Sprachverwendung und ausreichenden Sprachkenntnissen eröffnen sich interkulturell begründete Strategien und Taktiken, die sich in russisch-deutschen Verhandlungsgesprächen als erfolgreich erwiesen haben.[2)] Anhand ausgewählter Strategien werden diese nun exemplarisch aufgezeigt.

3.3.1. Die Strategie "Schaffen einer günstigen Gesprächsatmosphäre"

Eine gut funktionierende Gesprächsachse unter den Verhandlungsteilnehmern ist konstruktivem Verhalten förderlich. Unsere Umfragen[3)] und persönlichen Erfahrungen belegen, daß bei einem Menschen des russischsprachigen Kulturkreises die persönliche Beziehung zum Gesprächspartner keine geringe Rolle für seine Motivation spielt.

Der Bogen der Realisierung der Strategie "Schaffen einer günstigen Gesprächsatmosphäre" spannt sich von der Auswahl der passenden Anrede des Verhandlungspartners bis zu richtigem Verhalten bezüglich allgemeiner Konversationsthemen, die insbesondere in der Eröffnungsphase behandelt werden können. Bei der Anredeetikette ergeben sich recht große interkulturelle Unterschiede; die passendste Form der Anrede eines namentlich bekannten Verhandlungspartners ist im Russischen bei Wahrung der Sie-Distanz die mit Vor- und Vatersnamen, z. B. Ivan Petrovič. Die hierzulande dominierende Form der Anrede bei Sie-Distanz mit "Herr/Frau + Titel/Dienstgrad + Familienname" ist im Prinzip unüblich; nach dem Zerfall des sozialistischen Systems scheinen die zuvor verpönten Äquivalente für "Herr/Frau" (gospodin/gospoža) allerdings im Vormarsch zu sein.

Was allgemeine Konversationsthemen betrifft, kann man bei bereits bestehender Bekanntheit im allgemeinen das Verlangen russischsprachiger Verhandlungspartner konstatieren, persönliche Themen abzuhandeln, ohne strenge Trennung der dienstlichen und privaten Sphäre, wobei der russische Gesprächspartner recht häufig negative Seiten der Existenz beklagt. Es läßt sich aber auch belegen, daß der westlich ausgerichtete Managertyp neuester Prägung zu erkennen gibt, wie knapp seine Zeit bemessen ist, womit er signalisiert, daß Privatunterhaltung eher unerwünscht ist.

Um die Gesprächsatmosphäre nicht zu trüben, muß man auf Empfindlichkeiten russischsprachiger Verhandlungspartner Rücksicht nehmen. Nach Auskunft der Interviewpartner neigen Angehörige der russischen Kultur zu Minderwertigkeitsgefühlen, die westlichen Partner hingegen kehren oftmals ihre wirtschaftliche Überlegenheit heraus und geben sich herablassend, was für das ohnehin belastete Selbstwertgefühl der russischen Geschäftsleute eine schwere Beleidigung darstellt. Damit hängt zusammen, daß auch die Bewertung von Flexibilität oder Nachgiebigkeit nach unterschiedlichen Normen funktioniert, denn ein Verhandlungspartner aus der russischsprachigen Kultur leidet in seiner Selbstachtung normalerweise mehr darunter, nachgeben zu müssen, als ein deutschsprachiger.

3.3.2. Die Strategie "Optimale Argumentation" und das Aushandeln des Preises

Um einen Gesprächspartner dazu zu bringen, der geäußerten Ansicht zuzustimmen, können grundsätzlich drei Typen von Überzeugungsstrategien angewendet werden: der quasilogische Typ (Pochen auf die Logik der Argumente), der Präsentationstyp (Beeinflussung des Gegenübers durch Gefühle, die durch eine lebendige Erzählweise hervorgerufen werden) und der Analogietyp (Setzen auf die Wirkung vorbildhafter Beispiele).[4)]

Keine dieser Strategien kann für den Einsatz mit russischsprachigen Verhandlungspartnern als alleinig erfolgversprechend angesehen werden. Eine genaue Untersuchung dazu steht noch aus, doch zeichnet sich ab, daß der quasilogische Typ als der den Menschen des westlichen Kulturkreises zugeschriebene Überzeugungsstil keine prominente Rolle spielt.

Wichtig ist, dem russichsprachigen Verhandlungspartner das Rederecht gebührend einzuräumen, statt ihn durch langatmige Präsentationen zu ermüden, und durch verschiedene zusammenfassende Fragen und Feststellungen die Wirkung der eigenen Argumente und das Verstehen durch den Partner zu überprüfen.

Das Versprechen reziproken Berücksichtigens von Interessen, die Berufung auf Autoritäten als Hervorstreichen des Gewichts eines Arguments und die Darlegung der Einzigartigkeit des eigenen Angebots müssen als überzeugungsauslösende Faktoren in flexibler Weise und zur Situation passend eingesetzt werden; die eigenen Stärken müssen zwar betont werden, doch kann ein unflexibles Versteifen auf die eigene Sichtweise eine Einigung verhindern. Flexibilität ist eine von der russischen Seite am westlichen Geschäftsmann sehr geschätzte Eigenschaft; die Kunst dabei besteht im geschickten Präsentieren von Alternativen, die keine Selbstaufgabe der eigenen Position bedeuten und die die Entscheidung des Partners in eine erwünschte Richtung lenken.

Traditionell nimmt als Kernbereich der Verhandlungen mit russischsprachigen Partnern das Aushandeln des Preises einen sehr hohen Stellenwert ein und wird von russischsprachigen Partnern oft gegenüber anderen Themen wie der Qualität der Ware überbewertet.

3.3.3. Die Strategie "Richtige Verständnissicherung"

Wie auch Analysen der Tonbandaufnahmen interkultureller Verhandlungsgespräche[5)] gezeigt haben, stellt bei unterschiedlichem Sprachbeherrschungsniveau die beiderseitige aktive Verständnissicherung einen wesentlichen Faktor dar; sehr häufig läuft diese in Form klärender Einschübe ab, die auch direkt in die Rede des Verhandlungspartners hineingesetzt, aber in diesem Fall nicht als unhöfliches Unterbrechen empfunden werden.

Die in einer Sprache gegebenen Ausdrücke mit dehnbarer Bedeutung stellen ein weiteres Problem für das richtige Verstehen dar. Die Ergebnisse einer Befragung von Muttersprachlern des Russischen erlauben, wie in [2], S. 96-106 dargelegt, eine Gliederung von dehnbaren Ausdrücken der Zeit und des Ortes vom nächstliegenden zum fernsten.[6)]

Ausdrücke der Zeit: nemedlenno (unverzüglich) - sejčcas že (sofort) - tut že (auf der Stelle) - srazu že (sogleich) - sejčas/ sročno (sofort/dringend) - srazu (sogleich)

- skoro (bald) - sovsem skoro (recht bald) - v bližajšie dni (in den nächsten Tagen) - čut' popozže (etwas später) - v bližajšee vremja (in der nächsten Zeit).

Ausdrücke des Ortes: v dvuch-trech šagach (ein paar Schritte weg) - rjadom (nebenan) - v neskol'kich šagach (einige Schritte entfernt) - sovsem rjadom (gleich nebenan) - rukoj podat' (ein Katzensprung) - blizko (nahe) - poblizosti (in der Nähe) - sovsem nedaleko (recht nahe) - pošti rjadom (fast nebenan) - nedaleko (nicht weit).

4. Zusammenfassung

Der Fachsprachenforscher R. Picht hat gemeint: "Bei der schärfer werdenden Konkurrenz kann nur der (wirtschaftlich) erfolgreich sein, der in der Lage ist, Kultur und Affekte der Kunden, Partner und Rivalen zu erfassen und sie mit seinen eigenen Interessen zu vermitteln." ([4], S. 1.] Der Weg dazu führt über die Kenntnis der in Form konzentrischer Kreise dargestellten Bereiche jenes sprachlichen und nichtsprachlichen enzyklopädischen Wissens, die die Kompetenz in einer Fremdsprache im Hinblick auf interkulturelles Verhandeln beschreiben.

Anmerkungen

1) Wir verwenden den Terminus *russischsprachig*, weil Russisch einerseits als lingua franca in den meisten Ländern der GUS fungiert, andererseits hier angesprochene kulturspezifische Faktoren nur auf Russen, nicht aber auf Ukrainer, Letten u. a. zutreffen.

2) "Unter einer Strategie kann ein Handlungsmuster oder auch eine Sequenz von Handlungsmustern verstanden werden, mit dem bzw. der ein Teilnehmer einer Interaktion erfahrungsgemäß ein spezifisches Ziel oder Teilziel im Rahmen eines Handlungsplans realisieren kann." [5], S. 68

3) Die Umfrage wurde von den Teilnehmern an einem Seminar für Russische Wirtschaftssprache im Wintersemester 1990/91 bei Frau Prof. R. Rathmayr an der Wirtschaftsuniversität Wien durchgeführt.

4) Nach [3], S. 139-156.

5) Im Winter 1992 wurden mit Zustimmung der Teilnehmer einige Tonbandaufnahmen deutsch-russischer Wirtschaftsverhandlungen in Wien, Moskau und Vladimir hergestellt.

6) Die deutsche Übersetzung ist nur behelfsmäßig, Sprecher des Deutschen würden diese Ausdrücke möglicherweise anders reihen.

Literatur

[1] Franke, W: Taxonomie der Dialogtypen. Eine Skizze, in: Hundsnurscher, F. G./Weigand, E. (Hrsg.), Dialoganalyse. Referate der 1. Arbeitstagung Münster, Tübingen 1986

[2] Kappel, G./Rathmayr, R./Diehl-Želonkina, N.: Verhandeln mit Russen. Gesprächs- und Verhaltensstrategien für die interkulturelle Geschäftspraxis, Wien 1992

[3] Johnstone, B.: Linguistic Strategies and Cultural Styles for Persuasive Discourse, in: Language, Communication and Culture, hgg. von Ting.Toomey, S./Korzenny, F. (=International and Intercultural Communication Annual, Bd. 13), Newbury Park/London/New Dehli 1989

[4] Picht, R.: Deutsch für die Wirtschaft. Fragen zur Überprüfung einer Strategie, in: Jahrbuch Deutsch als Fremdsprache 13 (1987)

[5] Schank, G./Schwitalla, J.: (Hrsg.), Konflikte in Gesprächen, Tübingen 1987

Mensch-im-Mittelpunkt. Konnotationen einer Metapher

Karl Sandner, Renate Meyer

1. Problemstellung

Entstehungszusammenhang, Begründungszusammenhang und Verwertungszusammenhang sozialwissenschaftlicher Konzepte und Theorien sind ohne den je spezifischen Kontext, der den Konzepten und Theorien erst ihre Bedeutung verleiht, nicht denkbar. Dies gilt auch für den sog. Fortschritt[1)] der verhaltensorientierten Betriebswirtschaftslehre.

Die Metapher "Mensch-im-Mittelpunkt", als eine regelmäßig wiederkehrende Thematik der Betriebswirtschaftslehre, hat in den letzten Jahrzehnten unterschiedliche Bedeutungsinhalte durchlaufen. Im heutigen Alltagsgebrauch wird dabei häufig auf den Bedeutungsinhalt der frühen 70er Jahre - aber ohne dessen damalige politische Implikation - rekurriert. Da sich jedoch die politisch-ökonomischen Rahmenbedingungen verändert haben, hat sich auch die spezifische Bedeutung der Metapher gewandelt. Die Gebrauchsfähigkeit der Sprachhülse, d.h. ihre Beliebtheit oder Beliebigkeit, spiegelt im Lauf der letzten Jahrzehnte unterschiedliche politische, ökonomische und wissenschaftliche Positionen wider. Dies illustriert u.a. die Ridikülisierung der 70er Jahre: "Der Mensch ist Mittel. Punkt".

So unterschiedlich die Metapher (re-)interpretiert wurde, so unterschiedlich die jeweiligen Entstehungs-, Begründungs- und Anwendungszusammenhänge auch sind - es lassen sich dennoch unübersehbare Gemeinsamkeiten innerhalb der jeweiligen Entwicklungsphasen identifizieren. Aufgabe dieses Beitrags ist es, die unterschiedlichen Bedeutungsinhalte der Mensch-im-Mittelpunkt - Metapher je nach politisch-ökonomischer, unternehmenspraktischer sowie wissenschaftlicher Ausgangsposition des Metaphergebrauchs herauszuarbeiten[2)]. Gleichsam parallel dazu wird damit auch die Verwobenheit des betriebswirtschaftlichen Wissenschaftsfortschritts mit dem ökonomischen Umfeld und der konkreten Unternehmenspraxis verdeutlicht.

2. Mensch-im-Mittelpunkt I: Die sog. Humanisierung der Arbeit

2.1. Das politisch-ökonomische Umfeld

Gegen Ende der 60er und zu Beginn der 70er Jahre hatte die *wirtschaftliche Entwicklung* die Nachkriegs- und Wiederaufbauphase längst hinter sich gelassen und eine eigenständige Dynamik entwickelt. Die Wirtschaft befand sich in einer Phase der Hochkonjunktur. Der Arbeitsmarkt für qualifizierte Arbeitskräfte war praktisch ausgetrocknet. Die größte Schwierigkeit für viele Unternehmen bestand darin, genügend *Arbeitskräfte* auf dem erwünschten Ausbildungsniveau zur Verfügung zu haben. Die Dependenz der Unternehmen von der angebotenen Arbeit äußerte sich in beachtlichen Absentismus- und Fluktuationsraten.

Die Dependenz der Unternehmen von der Verfügbarkeit von Arbeitskraft fand ihre Entsprechung im *politischen Umfeld,* wo "Arbeit" als politische Kategorie thematisiert wurde. Einerseits verlangte man dabei die *Aufwertung des Faktors Arbeit* gegenüber dem Faktor Kapital ("Gleichwertigkeit von Arbeit und Kapital"), was in der Forderung nach Mitbestimmung im betrieblichen Leistungsprozeß mündete. Andererseits wurde gefordert, die *Arbeitsbedingungen zu verbessern* ("Humanisierung der Arbeit"), wobei man trachtete, nicht mehr den Menschen an die Arbeit, sondern die Arbeit an den Menschen anzupassen.

Die Mensch-im-Mittelpunkt - Metapher erfährt hier somit zwei Varianten:

1) Das *politische Umfeld* forderte für den *Menschen als Subjekt*

   a) die *Aufwertung* des Faktors menschliche Arbeit gegenüber dem Faktor Kapital, ausgedrückt in der Forderung nach Mitbestimmung, und
   b) die stärkere Berücksichtigung der menschlichen Bedürfnisse und Besonderheiten, ausgedrückt in der Forderung nach Verbesserung der Arbeitsbedingungen, der Forderung nach *Humanisierung* der Arbeit.

2) Das *ökonomische Umfeld* rückte - neben mitunter durchaus vorfindbaren Übereinstimmungen mit den Forderungen des politischen Umfeldes - den *Menschen als Objekt,* d.h. als *knappe Ressource* Arbeitskraft, in den Mittelpunkt, wobei es galt, neue Wege zu finden, um diese "kritische Unsicherheit" ([8]) zu bewältigen.

2.2. Die Unternehmenspraxis

Vor dem Hintergrund dieser politischen und ökonomischen Gegebenheiten stand für das *einzelne Unternehmen* der Mensch vor allem als *Objekt,* d.h. als knapper Produktionsfaktor Arbeit, im Mittelpunkt. Die Forderungen des politischen Umfeldes konnten jedoch nicht ignoriert werden. Für deren Berücksichtigung eignete sich, weil in den Auswirkungen auf das betriebliche Herrschaftsgefüge wesentlich weniger weitreichend, die Forderung nach Humanisierung der Arbeit. Diese wurde von den Unternehmen im allgemeinen auch akzeptiert und umgesetzt.

Der Forderung nach Aufwertung des Produktionsfaktors Arbeit wurde dagegen eher auf verbaler bzw. *symbolischer* Ebene nachgekommen. Sehr selten wurden die Unternehmensverfassungen tatsächlich um entsprechende Mitbestimmungsregelungen erweitert. Als auf der Symbolebene verbleibende Aktivitäten wurden dagegen viele Unternehmensleitbilder umgeschrieben und die Wichtigkeit der Mitarbeiter für das Unternehmensgeschehen hervorgehoben. Im wesentlichen blieb es aber bei ritualistischen Verbaldeklarationen hinsichtlich der Mensch-im-Mittelpunkt - Forderung nach politischer Aufwertung des Faktors Arbeit.

Worum es in der Unternehmenspraxis bei solchen Aktivitäten in ihrem betriebswirtschaftlichen Kern tatsächlich ging, war, die politischen Forderungen derart in die strategisch und operativ notwendigen Aktivitäten zu integrieren, daß beiden Seiten (dem politischen Umfeld und den ökonomischen Unternehmenszielen) scheinbar gleichermaßen Rechnung getragen wurde. Denn auch auf der Grundlage eines sog. weichen ökonomischen Determinismus kann nicht darüber hinweggesehen werden, daß die primären Überlebenskriterien von Unternehmen Liquidität und Gewinn bleiben. In diesem Sinn wurden job enrichment und job enlargement eingeführt, motivierende Einzelarbeitsplätze geschaffen und schließlich die Arbeitsgestaltung auch auf Arbeitsgruppen auf der Grundlage von teilautonomer Gruppenarbeit erweitert.

Aus betriebswirtschaftlicher Sicht ging es vornehmlich darum, sowohl menschliche Arbeitskraft zur Verfügung zu haben als auch Leistungsreserven zu mobilisieren. D.h. wenn es sich als sinnvoll erweist, "Humanisierungsaktivitäten" zu setzen, den "Menschen-in-den-Mittelpunkt" zu stellen, dann entspricht es der unternehmerischen Rationalität, dies auch zu tun. Humanisierung wird so - unbeschadet der positiven Auswirkungen auf die Arbeitnehmer - ein Mittel zum Zweck.

2.3. Die verhaltensorientierte Betriebswirtschaftslehre

Die verhaltensorientierte *Betriebswirtschaftslehre* sowie die angewandte Sozialpsychologie und Soziologie haben für die "Humanisierung des Arbeitslebens" zahlreiche brauchbare Konzepte und Theorien angeboten. In der Tradition des Human Relations Ansatzes beschäftigten sich diese mit dem Arbeitsumfeld, intrapersonellen Aspekten und der Interaktion zwischen den Arbeitenden. Dies reicht von sog. humanistischen Motivationstheorien über veränderte Menschenbilder, mitarbeiter- (und sach-)orientierte Führungsstile bis hin zu elaborierten job design - Konzepten sowie psychologischen und soziotechnischen Gruppenmodellen (siehe z.B. die Zusammenstellungen bei [15] oder [17]).

	POLITISCH - ÖKONO-MISCHES UMFELD	UNTERNEHMEN	VERHALTENSORIENTIERTE BETRIEBSWIRTSCHAFTSL.
MENSCH-IM-MITTELPUNKT	polit. Forderung nach Partizipation, Humanisierung. MiM: Mensch als Subjekt ("für mich/uns"). Ökon. Forderung nach Mobilisierung knapper Ressourcen. MiM: Mensch als Objekt ("zu welchen Bedingungen ist Arbeitskraft verfügbar"?).	Ausrichtung an der relevanten Umwelt. MiM: Mittel zum Zweck ("wie einsetzen?").	z.B. job design MiM: Mensch als Gestaltungsobjekt ("richtig motivieren"). z.B. sozio-techn. System MiM: Mensch als scheinbar gleichberechtigtes Subjekt ("Produktivität und Zufriedenheit").

Abb. 1: Konnotationen der Mensch-im-Mittelpunkt I - Metapher

3. Mensch-im-Mittelpunkt II: Die Rückkehr zum Individuum

3.1. Das politisch-ökonomische Umfeld

Der Zusammenhang zwischen der "Humanisierung der Arbeit" und den spezifischen politisch-ökonomischen Randbedingungen wurde spätestens gegen Ende der 70er Jahre deutlich. Die Konjunktur ging spürbar zurück, die Arbeitslosenraten stiegen, es wurde genügend Arbeitskraft am Arbeitsmarkt angeboten; die Abhängigkeit der Unternehmen vom Faktor Arbeit reduzierte sich. Vor allem anspruchsvollere Humanisierungskonzepte wurden kaum mehr verwirklicht. Parallel dazu nahmen auch Berichte von Einführungen oder Erfolgen teilautonomer Gruppenmodelle deutlich ab. Die Forderung nach Partizipation i.S. einer rechtlichen Verankerung der Mitbestimmung der Arbeitnehmer ("Kapital *und* Arbeit") trat in den Hintergrund.

Eine zur Entwicklung der frühen 70er Jahre beinahe gegenläufige Tendenz zeigte sich: Mit dem Aufblühen von "Reaganomics" und "Thatcherismus", mit der stärkeren Kapitalorientierung trat auch das (einzel-)kämpferische Element kapitalistischen Wirtschaftens wieder mehr in den Vordergrund. Berufliche Leistung und beruflicher Erfolg wurden wieder zur individuellen und auch herzeigbaren Tugend. Diese Rückkehr zum Individuum, die sich z.B. in der sog. Yuppie-Generation manifestierte, rückte den einzelnen mit seinen Interessen, seinen beruflichen Erfolgen und seiner Ego-Orientierung in den Mittelpunkt.

3.2. Die Unternehmenspraxis

Die Unternehmen hatten auf der Basis eines weichen ökonomischen Determinismus trotz anderslautender symbolischer Beteuerungen den normativen Anteil der "Humanisierung" v.a. als strategisches Kalkül begriffen. Der führungstechnische Anteil (Aufgaben- *und* Mitarbeiterorientierung; auch z.B. Kommunikations-, Motivations- und Konfliktlösungstechniken) wurde jedoch als erfolgsnotwendiges Element der Mitarbeiterführung beibehalten.

Das veränderte politisch-ökonomische Umfeld fand (in dem hier diskutierten Kontext der Mensch-im-Mittelpunkt - Metapher) in der Unternehmenspraxis in der Figur des *Intrapreneurs* seine Entsprechung. Auf diesen wurden die mit dem unternehmerischen Handeln in Zusammenhang gebrachten spezifischen Qualitäten des Entrepreneurs übertragen. Besonders die Vorstellung des aktiven, vorwärtsorientierten, die anderen mitziehenden, zielorientierten und für die Durchsetzung seiner Ziele auch kämpfenden Akteurs meinte man mit dem Intrapreneur für den Prozeß der betrieblichen Leistungserstellung nutzbar machen zu können.

Wenn dieser Intrapreneur derjenige war, der am besten geeignet schien, die jeweiligen (Sub-)Ziele des Unternehmens erfolgreich zu realisieren, dann konnte im Konnex mit der Ego-Orientierung angenommen werden, daß dieser Akteur neben den Unternehmenszielen auch *seine eigenen Ziele* verfolgen würde. Gerade die sog. Yuppie-Generation zeichnete sich dadurch aus, daß sie ihre Ego-Interessen unmißverständlich deklarierte. Natürlich handelt es sich um keine neue Entdeckung, daß Mitarbeiter in Unternehmen auch ihre eigenen Ziele realisieren, sie haben das schon immer getan. Aber die bisherige Vorstellung des Unternehmens als naturwissenschaftlich erklärbare Rationalmaschine hatte ein derartiges Handeln als Abweichung, als Störelement, als etwas, das zwar tatsächlich existierte, offiziell aber entweder tabuisiert oder pejorativ verdrängt wurde, abgetan: Es waren ja auch immer die Interessen(-realisierungen) der anderen, die störten.

Die "Entdeckung" von Ego-Orientierung und Mikropolitik in Unternehmen bedeutete nicht, daß derartige Handlungen nunmehr normativ akzeptiert worden wären. Es galt zu akzeptieren, daß in Unternehmen eben mehrere Interessenebenen zu berücksichtigen sind, daß "pay offs" und Motivationstechniken nicht ausreichen, um Unternehmen als soziale Gebilde, in denen und mit denen *multiple Ziele* verfolgt werden, zu begreifen.

3.3. Die verhaltensorientierte Betriebswirtschaftslehre

Die angewandten Verhaltenswissenschaften, v.a. an den US-amerikanischen Business Schools, wurden von der Tatsache, daß die Nachfrage nach den Ergebnissen ihrer Wissenschaftsproduktion so eng an die politisch-ökonomische Entwicklung der Gesellschaft gekoppelt war, tief getroffen. Führte in der Phase der "Humanisierung" die Praxisnachfrage zu einer institutionellen Blüte, so wurden nun - nur einige Jahre später - gesamte Universitätsdepartments aufgelassen. In der damaligen Krise der angewandten Verhaltenswissenschaften gelang es kaum, neue Themen- bzw. Forschungsbereiche zu etablieren. Eines der wenigen Themen, die sich programmatisch im Wissenschaftsbereich stärker durchsetzen konnten, und hier wird der Bezug zur Ego-Orientierung offenkundig, war das Thema der Macht in Unternehmen. Mit dieser Thematik stellte die wissenschaftliche Diskussion ebenfalls den *strategischen, erfolgsorientierten Akteur*, der seine Ziele und Interessen zu realisieren trachtet, in den Mittelpunkt: Wie kann ich mich durchsetzen?, welcher Machtgrundlagen bedarf es, um meine Ziele und Interessen gegenüber anderen, konkurrierenden Zielen und Interessen erfolgreich durchzusetzen? ([3]; [16]; [14]).

	POLITISCH - ÖKONOMISCHES UMFELD	UNTERNEHMEN	VERHALTENSORIENTIERTE BETRIEBSWIRTSCHAFTSL.
MENSCH-IM-MP.	Rückkehr zum Individuum, Ich-Orientierung. MiM: "Ich".	Intrapreneur, multiple Ziele. MiM: "Meine Ziele".	strategischer, erfolgsorientierter Akteur. MiM: "Wie setze ich mich durch?".

Abb. 2: Konnotationen der Mensch-im-Mittelpunkt II - Metapher

4. Mensch-im-Mittelpunkt III: Komplexitätsreduktion durch neue Steuerungsmodalitäten

4.1. Das politisch-ökonomische Umfeld

Im Gefolge des technischen Fortschritts, i.b. auf Grund der durch die Mikroelektronik geschaffenen Möglichkeiten, eröffneten sich für Unternehmen neue Handlungsräume, die jedoch mit einem hohen *Komplexitätszuwachs* verbunden waren.

Etwa zur gleichen Zeit, Ende der 70er Jahre bzw. Anfang der 80er Jahre, mußten viele US-amerikanische und europäische Unternehmen akzeptieren, daß sich ihre internationale Wettbewerbssituation gegenüber japanischen Unternehmen deutlich verschlechtert hatte. Den Grund hiefür meinte man in der Besonderheit innerbetrieblicher Interaktionsmuster der japanischen Unternehmen zu finden. Als für die Unternehmenspraxis handhabbar wurde daraus das Konzept der (starken) Unternehmenskultur abgeleitet.

Beide Argumentationslinien, technischer Fortschritt bzw. Komplexitätszuwachs sowie (starke) Unternehmenskulturen, scheinen prima vista weder den Menschen in den Mittelpunkt zu rücken noch seine Individualität zu thematisieren. Erst in einem zweiten Schritt wird deutlich, daß damit - was die Menschen im Unternehmen betrifft - auch die Frage nach *neuen Steuerungsmethoden* in den Vordergrund gerückt war.

4.2. Die Unternehmenspraxis

Als Folge des Komplexitätszuwachses und um die durch den technischen Fortschritt geschaffenen Möglichkeiten zu nutzen, mußten den Mitarbeitern größere Handlungsspielräume als bisher eingeräumt werden. Aus der Warte der Steuerung von Unternehmen trat damit eine problematische Situation ein: Das innerbetriebliche Dependenzgefüge verschob sich zugunsten der Mitarbeiter, und die bislang angewandten Steuerungsmodi der bürokratischen und der psychologischen Steuerung schienen nicht mehr auszureichen, um das Herrschaftssystem zu kontrollieren.

Der Unternehmenspraxis schien Unternehmenskultur, v.a. als sog. "starke" Unternehmenskultur, ein geeignetes Konzept zu sein, sowohl der Wettbewerbsproblematik als auch dem internen und externen Komplexitätszuwachs zu begegnen. Mit der "richtigen" Unternehmenskultur überlappen sich Fremd- und Selbststeuerung; Unternehmenskultur fungiert für die Mitarbeiter als *sinn- und identitätsstiftend*. Sie wissen dadurch nicht nur, was sie sollen, sondern: Gelänge es, den dem Unternehmenskulturkonzept impliziten Totalitätsanspruch zu realisieren, *dann wollen sie auch, was sie sollen.* Der einzelne Mitarbeiter würde zum dem Gestaltungswillen der Unternehmenskultur-Macher ausgelieferten Objekt, das zur Reflexion seiner Verankerung in der "richtigen" Unternehmenskultur kaum mehr in der Lage wäre. Anzufügen ist, daß das Konzept Unternehmenskultur diese Hoffnungen bisher nicht einzulösen imstande war.

4.3. Die verhaltensorientierte Betriebswirtschaftslehre

Zweifellos war in den 80er Jahren Unternehmenskultur auch das Modethema der verhaltensorientierten Betriebswirtschaftslehre. Während sich die Unternehmenspraxis mit Unternehmenskultur fast ausschließlich unter funktionalistischen Aspekten befaßte, trat in den Sozialwissenschaften neben die auch dort dominante funktionalistische Ausrichtung die interpretative Organisationskulturforschung. Beide Richtungen betonen den besonderen Stellenwert des normativen Kontextes; der funktionalistische Unternehmenskulturansatz bemüht sich v.a. um die Gestaltung der *"richtigen"* Unternehmenskultur durch *"Herstellung"* des *"richtigen"* normativen Kontextes, während sich die interpretative Unternehmenskulturforschung v.a. mit dem *Prozeß der Entstehung von Sinn- und Bedeutungssystemen* befaßt (z.B. [4]; [19]; [5]; [9]; [6]).

	POLITISCH - ÖKONOMISCHES UMFELD	UNTERNEHMEN	VERHALTENSORIENTIERTE BETRIEBSWIRTSCHAFTSL.
MENSCH-IM-MITTELPUNKT	technischer Fortschritt & Komplexitätsbewältigung, Wettbewerbsdruck. MiM: "Wie steuern?".	"starke" Unternehmenskultur als Wettbewerbsvorteil. Mitarbeiter als Steuerungsobjekte. MiM: "Wollen was sie sollen".	funktionalistische Unternehmenskulturforschung - Steuerungsobjekte: MiM: "Du sollst". Interpretative Unternehmenskulturforschung - interpretierende Subjekte: MiM: "Du bist".

Abb. 3: Konnotationen der Mensch-im-Mittelpunkt III - Metapher

5. Mensch-im-Mittelpunkt IV: Der einzelne und das Ganze

5.1. Das politisch-ökonomische Umfeld

Bereits in den 70er Jahren sahen sich die Unternehmensvertreter vor dem damaligen gesellschaftspolitischen Hintergrund veranlaßt, im "Davoser Manifest" der Problematik der gesellschaftlichen Verantwortung von Unternehmen Rechnung zu tragen. Im politisch-ökonomischen Kontext der anschließenden Jahre verlor diese Thematik wieder an Relevanz. Etwa ab Mitte der 80er Jahre tauchte die Frage der Verantwortung von Unternehmen als Diskussion um die *Unternehmensethik* aus einer um die vormals politische Dimension entschärften Perspektive wieder auf. Möglicherweise repräsentiert die Ethikdiskussion, da sie im wesentlichen von den Unternehmen selbst kommt bzw. eine wirtschafts-akademische Diskussion darstellt, das schlechte Gewissen gegenüber den Resultaten des ungezügelten Ge- und Verbrauchs unserer natürlichen Umwelt[3)]. Im *politischen Umfeld* dagegen wird diese Thematik vordringlich unter dem Aspekt der konkreten Lebensbedingungen im Zusammenhang mit der *(natürlichen) Umwelt* und weniger als abstraktes und abgehobenes Ethikproblem diskutiert.

5.2. Die Unternehmenspraxis

Den Unternehmen präsentierten sich die veränderten Rahmenbedingungen nicht nur in Form neuer rechtlicher Bestimmungen, sondern auch in Forderungen von mit dem öffentlichen Interesse argumentierenden Anspruchsgruppen. *Unternehmensintern* führte diese Diskussion v.a. dazu, daß Unternehmensleitbilder um den Passus der "gesellschaftlichen Verantwortung" bereichert sowie "Ökologiebeauftrage" eingerichtet wurden.

Technologische Veränderungen wurden dennoch v.a. auf Grund legistischer Vorgaben und aus *strategischem Kalkül,* kaum jedoch auf Grund ethischer Überlegungen durchgeführt. Auch hier gilt das bereits weiter oben erwähnte: Aus betriebswirtschaftlicher Sicht ist die Ökologiethematik ein strategisches Problem, das es i.S. der Überlebensfähigkeit des Unternehmens entsprechend zu berücksichtigen gilt. Obwohl die Ethikdiskussion den Menschen, seine Verantwortung und die Frage nach seinem "richtigen" Handeln thematisiert, verschiebt sich diese Diskussion auf der Ebene des Unternehmens zur Frage des *strategisch "richtigen" Umgangs* mit der Ethik- bzw. Ökologieproblematik.

5.3. Die Betriebswirtschaftslehre

In der Wissenschaft war es vor allem die Systemtheorie, die in ihren kybernetischen, organismischen, evolutionären, konstruktivistischen etc. Varianten die jeweilige Vorstellung von Ganzheit und Interdependenz der Subsysteme widerspiegelte (z.B. [11]; [18]; [20]; [10]).

Die Strategieforschung, die bereits ihren Beitrag zur Komplexitätsbewältigung leistet, erfährt hier ihre normative Wende: Wenn individuelles Überleben nur unter der Bedingung des gemeinsamen Überlebens möglich scheint, dann wird unter betriebswirtschaftlichen Gesichtspunkten der Übergang vom "Ich" zum "Wir" zu einer Strategiefrage.

Manche wirtschaftswissenschaftlichen Fakultäten vermeinten, der Ethikproblematik durch Einrichtung von Ethik-Lehrveranstaltungen oder gar von Ethik-Lehrstühlen gerecht zu werden.

	POLITISCH - ÖKONOMISCHES UMFELD	UNTERNEHMEN	VERHALTENSORIENTIERTE BETRIEBSWIRTSCHAFTSL.
MENSCH-IM-MITTELPUNKT	gesellschaftliche Verantwortung, Ethik und Bewußtsein gegenüber (natürlicher) Umwelt -> Handlungserwartungen. MiM: "Wie handeln?".	gesellschaftliche Verantwortung, Ethik und Ökologie v.a. als strategische Kalküle. MiM: "Wie behandeln?".	Legitimation des Handelns. MiM: "Das Richtige tun". Praktische Vernunft: Interdependenz. MiM: "Vom Ich zum Wir".

Abb. 4: Konnotationen der Mensch-im-Mittelpunkt IV - Metapher

6. Nichts dazugelernt?

Die Mensch-im-Mittelpunkt - Metapher eignet sich offenkundig für viele Zwekke. Je nach politisch-ökonomischem, unternehmenspraktischem und wissenschaftlichem Standpunkt erhält sie für unterschiedliche Sinnzusammenhänge unterschiedliche Bedeutungen.

Kommt diese Metapher heute wieder als Aufforderung aus der *Praxis der Unternehmensführung,* so erweckt das den Anschein, als würde hier eine Diskussion mit zwanzigjähriger Verspätung aufgegriffen. Nun, es ist richtig, daß hier eine Diskussion, die vor zwanzig Jahren bereits wesentlich akzentuierter geführt wurde, als dies heute der Fall ist, wieder aufgenommen wird. Aber der *Kontext* hat sich *grundsätzlich geändert.* Eine unternehmenspraktische Diskussion, die den Menschen wieder (bzw. nach wie vor) in den Mittelpunkt stellen will, braucht *heute* keine Rücksicht auf die *politischen* Implikationen zu nehmen, die diese Forderung zu Beginn der 70er Jahre zweifellos hatte. Im derzeitigen politisch-ökonomischen Kontext bedeutet aus unternehmenspraktischer Perspektive die Mensch-im-Mittelpunkt - Forderung die nüchterne Einsicht, daß es, um Leistungsreserven zu mobilisieren, um den technischen Fortschritt entsprechend zu nutzen und um die gestiegene Komplexität zu bewältigen, in der weiterentwickelten Tradition der Human Relations der Pflege des menschlichen Faktors bedarf. Ist dieses "Mensch-in-den-Mittelpunkt-Stellen" im angestrebten Sinn erfolgreich, so erweist sich eine derartige Vorgangsweise als betriebswirtschaftlich vernünftig und legitimiert sich selbst. In diesem Sinn definiert auch die dominante Wirklichkeit (unter den mehreren möglichen Realitätskonstruktionen) *ihre* Wirklichkeitsinterpretation und damit die "*richtige* " Bedeutung der Mensch-im-Mittelpunkt - Metapher.

Anmerkungen

1) "Fortschritt" meint hier keine normative Kategorie i.S. von "besser als zuvor", sondern eine Abfolge von Sinnzusammenhängen.

2) Zweifellos läßt sich die Mensch-im-Mittelpunkt - Metapher weiter zurückverfolgen, als dies hier erfolgt. Die hier vorgenommene Beschränkung auf die letzten zweieinhalb Jahrzehnte erfolgt unter dem Aspekt der Konzentration auf einen einigermaßen überschaubaren Zeitraum.

3) In der politischen Diskussion der 70er Jahre stand dagegen die Arbeits-Umwelt im Vordergrund, die in dieser Diskussion (vorläufig noch) ausgeklammert bleibt. Erste zaghafte Versuche, und hier wird die Humanisierungsdiskussion der 70er Jahre - in ihrer politisch entschärften Variante - wieder aufgenommen, zeigen sich in der "ecology of workplace" - Diskussion.

Literatur

[1] Blake, R.R., Mouton, J.S.: The Managerial Grid. Houston 1964

[2] Braverman, H.: Labor and Monopoly Capital. New York und London 1974 (Die Arbeit im modernen Produktionsprozeß. Frankfurt 1977)

[3] Crozier, M., Friedberg, E.: Macht und Organisation. Königstein 1979

[4] Deal, T.E., Kennedy. A.A.: Corporate Cultures - Rites and Rituals of Corporate Life. Reading Mass. 1982

[5] Frost, P.J., Moore, L.F., Louis, M.R., Lundberg, C.C., Martin, J. (Hrsg.): Organizational Culture. Beverly Hills 1985

[6] Heinen, E. (Hrsg.): Unternehmenskultur. München/Wien 1987

[7] Herzberg, F., Mausner, B., Snyderman, B.: The Motivation to Work. New York 1959

[8] Hickson, D.J., Hinings, C.R., Lee, C.A., Schneck, R.E., Pennings, J.M.: A Strategic Contingencies' Theory of Intraorganizational Power. In: Administrative Science Quarterly 16. Jg. 1971, 2, S. 216 - 229

[9] Kilman, R.H., Saxton, M.J., Serpa, R., and Associates (Hrsg.): Gaining Control of the Corporate Culture. San Francisco 1985

[10] Königswieser, R., Lutz, Ch.: Das systemisch-evolutionäre Management. Wien 1990

[11] Luhmann, N.: Soziale Systeme. Frankfurt/Main 1984

[12] Maslow, A.H.: Motivation and Personality. New York 1954

[13] McGregor, D.: The Human Side of Enterprise. New York 1960

[14] Mintzberg, H.: Power in and around Organizations. Englewood Cliffs 1983

[15] Neuberger, O.: Messung der Arbeitszufriedenheit. Stuttgart 1974

[16] Pfeffer, J.: Power in Organizations. Boston 1981

[17] Rosenstiel, L., Molt, W., Rüttinger, B.: Organisationspsychologie. 7. Auflage. Stuttgart 1988

[18] Schmid, S. (Hrsg.): Der Diskurs des radikalen Konstruktivismus. Frankfurt 1987

[19] Smircich, L.: Concepts of Culture and Organizational Analysis. In: Administrative Science Quarterly 28. Jg 1983, 3, S. 339-358

[20] Ulrich, H., Probst, G.J.B.: Anleitung zum ganzheitlichen Denken und Handeln. Ein Brevier für Führungskräfte. Bern und Stuttgart 1988

[21] Ulrich, P.: Die Transformation der ökonomischen Vernunft. Bern und Stuttgart 1986

Fremdsprache - Fachsprache - Fachkommunikation: Konsequenzen für die Sprachausbildung

Johannes Schnitzer

1. Einleitung

Die Feststellung, daß Fremdsprachenkenntnisse für die Wirtschaft wichtig sind, ist mittlerweile derart banal geworden, daß ich nicht näher darauf eingehen will. Unbestritten ist auch, daß die Fremdsprachenausbildung folglich integraler Bestandteil eines Wirtschaftsstudiums zu sein hat, und tatsächlich ist ja für die Studenten der Wirtschaftsuniversität die Belegung einer Fremdsprache - für Studenten der handelswissenschaftlichen Studienrichtung zweier Sprachen - verpflichtend. Weit weniger evident sind jedoch die Konsequenzen, die sich aus dieser Einbindung des Sprachunterrichts in ein primär wirtschaftlich orientiertes Curriculum ergeben. Zwei grundlegende Fragen müssen in diesem Zusammenhang beantwortet werden: Erstens ist es notwendig, den Fremdsprachenunterricht in diesem Rahmen näher zu präzisieren, d.h. die Ziele genau abzugrenzen, denn es ist klar, daß man im zur Verfügung stehenden Stundenrahmen keine unbeschränkten Kenntnisse vermitteln kann. Ist dies einmal geschehen, so wird man sich zweitens der Frage zuwenden, wie diese Ziele erreicht werden können.

2. (Fremd-)Sprache = Vokabel + Grammatik?

Das Erlernen einer Sprache wird nach wie vor weitgehend folgendermaßen gesehen: Die Dinge haben einen Namen, der von Sprache zu Sprache variiert. Um eine Sprache sprechen zu können, muß man: a) diese Namen erlernen, b) sie untereinander irgendwie verbinden, damit Sätze entstehen. Dementsprechend erhält man, stellt man z.B. in einem Einführungskurs die Frage, was beim Erlernen einer Fremdsprache das eigentlich Wesentliche ist, meist die Antwort: "Vokabel und Grammatik", wobei unter Grammatik Muster verstanden werden, mit denen man Verben konjugieren und Sätze bilden kann. Diese Vorstellung, die in etwa derjenigen vom gymnasialen Lateinunterricht entspricht, ist leider nicht nur für den linguistischen und sprachdidaktischen Laien typisch, sie findet ihren Niederschlag auch in teilweise sogar als besonders modern geltenden Lehrwerken. Wäre Sprachunterricht jedoch so einfach, dann könnten wir uns darauf beschränken, eine Grammatikvorlesung anzubieten und eine Vokabelliste zu erstellen, die dann bei den jeweiligen Prüfungen abgefragt wird. Jeder, der einmal eine Fremdsprache einigermaßen erlernt hat, müßte wissen, daß dies natürlich Unsinn ist. Diese naive Vorstellung übersieht nämlich, daß das Entscheidende an der Sprache nicht darin besteht, daß sie aus Vokabeln und Grammatik besteht, sondern darin, daß sie Mittel der Kommunikation ist (- der kognitive Aspekt von Sprache, d.h. die Tatsache, daß man auch sprachlich denkt, soll hier außer acht bleiben). Sprache ist ein Werkzeug, mit dem man mit anderen in Kontakt tritt. Eine Sprache erlernen bedeutet nicht, isolierte Wörter und Verbformen zu lernen, sondern in einer fremden Sprache zu kommunizieren, zu handeln - natürlich auf Basis von Vokabeln und syntaktischen Strukturen. Es geht jedoch grundsätzlich darum, zu verstehen und sich verständlich zu machen.[1)]

Dieses In-Kontakt-Treten mit anderen, das sprachliche Handeln, vollzieht sich auf ganz bestimmte Arten, die sich typisieren lassen: Man spricht und schreibt, liest und hört zu. Neben dieser - zugegebenermaßen banalen - Grobgliederung kann die Sprachverwendung jedoch auch nach bisweilen fast normiert erscheinenden Kommunikationsprozessen und Handlungstypen unterteilt werden - man denke nur an Grußformeln, Geschäftsbriefe etc. Daraus geht bereits hervor, daß Sprache kein immer gleichförmiges, quasi monolithisches Gebilde ist, sondern sich in den verschiedenen kommunikativen Kontexten jeweils anders manifestiert - eben als Gruß, Brief, Zeitungsartikel etc. Abhängig von den Situationen, in denen ein Sprecher üblicherweise sprachlich handeln muß, variieren dann auch seine sprachlichen Bedürfnisse. Ein Atomphysiker muß sowohl in der Lage sein, mit seinem Hauswart ein paar Worte zu wechseln als auch einen Vortrag vor Fachkollegen zu halten. Ein Automechaniker wird ebenfalls mit dem Hauswart sprechen, er wird jedoch kaum je in einem wissenschaftlichen Kongreß referieren, kann aber in die Lage kommen, mit einfachen Worten erklären zu müssen, was ein geschmolzener Zylinderkopf mit einem gerissenen Keilriemen zu tun haben kann etc.

Gerade was berufsspezifische Kommunikation betrifft, wird von Laien die Meinung vertreten, es handle sich dabei einfach um ein spezielles Vokabular, das den Fachmann vom Nicht-Fachmann unterscheidet. Ohne hier die Bedeutung der Terminologie schmälern zu wollen, sind es jedoch gerade auch bestimmte kommunikative Handlungen, die die beruflich-fachliche von der alltäglichen Sprachverwendung unterscheidet, wie ja obiges Beispiel zeigt. Eine Fachsprache, so der in der Linguistik verwendete Terminus für die berufliche und wissenschaftliche Sprachverwendung, charakterisiert sich durch bestimmte Sprachverwendungstypen - die Linguistik spricht hier von Texttypen bzw. Textsorten -, in denen eine spezifische Terminologie und spezielle morphologische bzw. syntaktische Strukturen zum Einsatz kommen können.[2)]

3. Zielvorstellungen des Sprachunterrichts an der WU

Wenn oben gesagt wurde, daß im Fremdsprachenunterricht Ziele definiert werden müssen, dann bezieht sich dies genau auf die soeben angeschnittene Frage nach den Bedürfnissen der Lerner bzw. - in unserem Fall - nach den Ansprüchen, die an die Absolventen einer Wirtschaftsuniversität gestellt werden. Nun wird normalerweise von jemandem, dem von einer Fachuniversität bescheinigt wird, daß er über Kenntnisse in einer bestimmten Fremdsprache verfügt, erwartet werden, daß er sich einerseits in alltäglichen Kommunikationssituationen zurechtfindet, er wird sich aber auch in fachspezifischen Kontexten, also in seinem Berufsfeld, sprachlich behaupten müssen. Es herrscht dementsprechend unter den Sprachinstituten der Wirtschaftsuniversität Einigkeit darüber, daß die sprachliche Ausbildung über den Bereich der Allgemeinsprache hinausgehen muß und fachsprachliche Aspekte im höchstmöglichen Maß zu berücksichtigen hat. Das erste Grobziel unserer Sprachausbildung beinhaltet also den Erwerb beziehungsweise die Vertiefung und Perfektionierung allgemeiner Sprachkenntnisse und die Einführung in die Wirtschaftsfachsprache. Angestrebt wird "sprachliche Handlungsfähigkeit"[3)] sowohl im Alltag als auch im Beruf. Naturgemäß unterscheiden sich die verfolgten Ziele je nach unterrichteter Sprache, denn eine Sache ist es, auf eine in den allermeisten Fällen mehrjährige Sprachausbildung aufzubauen, wie dies im Fach Englische Wirtschaftssprache der Fall ist, und eine gänzlich andere, Studenten in eine hierzulande kaum bekannte, faktisch nicht unterrichtete und darüber hinaus äußerst schwer zu erlernende Sprache wie Japanisch einzuführen.

Solide allgemeine Sprachkenntnisse müssen in jedem Fall aus zweierlei Gründen gegeben sein: Zunächst stellen sie die Grundlage für jegliche Fachsprache dar, da diese auf dem allgemeinen Sprachsystem beruht. Eine rein fachsprachlich orientierte Sprachausbildung ist nur für sehr spezifische Zwecke vorstellbar, wenn es etwa darum geht, ausländischen Studenten in kurzer Zeit die Teilnahme an speziell orientierten Vorlesungen - wie z.B. technische Übungen und dergleichen - zu ermöglichen. In diesem Fall wird man manche allgemeinsprachlich wichtige Aspekte eher vernachlässigen können, denn es ist bei dieser Interessenslage weitgehend unerheblich, ob der betreffende Student fähig ist, in der fremden Sprache Geburtstagswünsche zu äußern, oder im Gebrauch der Vergangenheitszeiten sattelfest ist, man wird jedoch fachsprachliche Kompetenzen, die in der Alltagskommunikation nicht von Bedeutung sind, also z.B. die sprachliche Wiedergabe und Interpretation mathematischer Gleichungen, behandeln. Im Bereich der Wirtschaftsfachsprache allgemein ist diese Beschränkung auf rein Fachsprachliches deshalb nicht möglich, weil sie dafür erstens eine viel zu starke Heterogenität aufweist und eben von der Interpretation einer Bilanz bis zum Verfassen eines Werbetextes reichen kann und zweitens die aktive und auch passive Auseinandersetzung mit den meisten wirtschaftlichen Textsorten eine hohe allgemeinsprachliche Kompetenz voraussetzt.[4)] Darüber hinaus können gerade für das spätere Bestehen und Vorwärtskommen im beruflichen Leben eines Wirtschaftsstudenten allgemeinsprachliche Fertigkeiten von großer Wichtigkeit sein. Man denke nur an den besonderen Stellenwert, den die Fähigkeit, ein Telefongespräch zu führen - eine in der Fremdsprache absolut nicht banale Kompetenz -, im Geschäftsleben hat. Sogar die im obigen Fall als irrelevant bezeichnete Geburtstagsgratulation kann z.B. im Rahmen eines Traineeprogramms in einer ausländischen Niederlassung eines Konzerns enorm an Bedeutung gewinnen. Aus diesen Gründen setzt der Fachsprachenunterricht an der Wirtschaftsuniversität erst nach dem Erreichen eines ausreichenden Niveaus alltagssprachlicher Sprachbeherrschung ein, wobei dieses, wie gesagt, entweder durch entsprechende Schulkenntnisse gegeben sein oder an der Universität erworben werden muß.

Auf die Frage, welches nun die fachsprachlichen Fertigkeiten sind, die von uns geschult werden sollen, wird weiter unten noch ausführlicher eingegangen. Für einen fachsprachlich orientierten Sprachkurs, der sich an ein bestimmtes Publikum wendet, ist diese Frage jedenfalls weit konkreter zu beantworten, als dies hier gelingen kann, denn selbst innerhalb des Bereichs der wirtschaftlichen Kommunikation sind die Bedürfnisse unterschiedlich. Eine Sekretärin, die in erster Linie fremdsprachliche Briefe verfassen muß, hat andere Prioritäten als jemand, der an Tagungen teilnimmt oder ausländische Gäste zu empfangen hat etc. Je klarer die kommunikativen Bedürfnisse sind, desto spezifischer kann man auf sie hinarbeiten. Wir stehen vor dem Problem, Studenten, also Menschen in Ausbildung, zu unterrichten, die in den meisten Fällen noch keine klare berufliche Perspektive haben. Das Spektrum an späteren Verwendungsmöglichkeiten für die Fremdsprache reicht von einem Nie-Wieder - und damit vom raschen Vergessen - bis zu jemandem, der in einem Betrieb alles, was in der fremden Sprache so anfällt, zu erledigen hat. Die Lösung dieses Problems kann nur darin liegen, eine möglichst breite Ausbildung an wirtschaftsfachsprachlichen Kommunikationsformen anzubieten und zugleich den Studenten das notwendige Rüstzeug, um sich gegebenenfalls in spezifischere sprachliche Anforderungen einarbeiten zu können, zu vermitteln. Es hat m.E. absolut keinen Sinn, eine bestimmte Kommunikationsform (Beispiel: Handelskorrespondenz) oder auch die Terminologie eines bestimmten wirtschaftlichen Bereiches (Beispiel: Bankwesen) besonders zu betonen, wenn dadurch alles andere vernachlässigt wird.

4. Wege der fachspezifischen Sprachausbildung

Aus dem bisher Gesagten sind einige der wichtigsten Leitlinien für den Sprachunterricht an der Wirtschaftsuniversität bereits direkt ableitbar. Aus der Charakterisierung von Sprache und Fachsprache als Kommunikationsmittel ergibt sich, daß ihr Unterricht im Rahmen reeller Sprachverwendung erfolgen muß. Nur so können die für das spätere berufliche Leben eines WU-Absolventen eventuell notwendigen kommunikativen Kompetenzen erworben und geübt werden. Daß diese Kompetenzen sich nicht von selbst nach Erlernung von Vokabular und Grundgrammatik einstellen, wird deutlich, wenn man sich vor Augen hält, daß sie sogar in der Muttersprache geübt werden müssen, will man in den entsprechenden Situationen bestehen. Man denke nur daran, daß das Verfassen von Geschäftsbriefen im Lehrplan für Handelsakademien aufscheint, oder an den regen Zuspruch, dessen sich Rhetorikseminare, Kurse über Diskussions- und Verhandlungsführung sowie Präsentationstechnik erfreuen. Dazu kommen bestimmte Textsorten, also Sprachverwendungstypen, die in der eigenen Sprache vielleicht tatsächlich banal erscheinen mögen, die aber in der Fremdsprache naturgemäß mehr Schwierigkeiten bereiten. Eine Textzusammenfassung beispielsweise verlangt nicht nur analytisches Denken, sondern auch bestimmte sprachliche Muster, die in der jeweiligen Sprache erlernt und geübt werden müssen, was eben nur in der Verwendung möglich ist. Damit sind jetzt bereits einige Texttypen, deren Strukturen in unserem Unterricht behandelt werden müssen, genannt. Es ist auch angeklungen, daß zu ihrer Umsetzung, d.h. zu ihrer Realisierung, neben der Kenntnis des globalen Modells ganz konkrete sprachliche Handlungsformen wie: Zusatzinformationen erbitten, Einwände vorbringen, die Meinung anderer wiedergeben etc., beherrscht werden müssen.[5)]

Die Arbeit an realen Kommunikationsmustern und die Behandlung derartiger globaler Textmuster ist naturgemäß auch für die Schulung der rezeptiven Kompetenz von Bedeutung. Lesestrategien erwirbt man ausschließlich durch das Lesen von Texten und nicht z.B. von Sätzen; globales Lesen, d.h. eine rasche Orientierung über einen Text, ist nur möglich, wenn man die Struktur, den zugrundeliegenden Plan kennt.

Der textuelle Zusammenhang ist weiters nicht nur für die Behandlung von spezifisch fachsprachlichen syntaktischen Strukturen (Passivkonstruktionen etc.)[6)], deren Verwendung naturgemäß nur im Kontext erlernbar ist, sondern auch für die Vermittlung der Fachterminologie unabdingbar. Nur im Text wird der tatsächliche Gebrauch, werden also die typischen Begleiter eines Terminus - im Fall eines Substantivs z.B. Verben und Präpositionen - sichtbar. Natürlich ist es denkbar, anhand einer reinen Vokabelliste zu lernen, daß für *Zinssatz* im Spanischen *tipo de interés* oder *tasa de interés* steht und für *Arbeitlosenrate tasa de paro* aber keinesfalls **tipo de paro* verwendet werden darf. Man wird diesen

Unterschied aber nach einem reinen Auswendiglernen bestenfalls kurzfristig im Gedächtnis behalten. Damit im kommunikativen Gebrauch dann jedoch automatisch die richtige Kombination gebraucht wird, ist ein oftmaliges Wiederholen, welches aus motivationalen Gründen nicht in einem steoreotypen Durchgehen ein- und derselben Liste erfolgen kann, notwendig.[7)] Ähnlich verhält es sich bei Wörtern, die sich in den verschiedenen Sprachen bloß formal entsprechen, in ihrer Bedeutung jedoch differieren, wie deutsch *Filiale* und spanisch *filial*. Die Unterschiede in der Bedeutung müssen im Unterricht klargestellt werden, wodurch zwangsläufig eine inhaltliche Auseinandersetzung mit dem einzelnen Terminus, aber auch mit dem Text als Ganzem provoziert wird. Diese Beschäftigung mit inhaltlichen Aspekten darf keineswegs als eher zweitrangiger Aspekt der Sprachausbildung verstanden werden. Sie ist vielmehr eine absolute Notwendigkeit, wenn es wirklich darum gehen soll, Kommunikationsstrategien zu erwerben. Sowohl um einen Text zu verstehen, als auch um einen kohärenten Text zu produzieren, bedarf es zumindest genauso viel inhaltlichen wie formalsprachlichen Wissens. In vielen Fällen scheitert das Verständnis nicht an der Komplexität der Termini und Strukturen, sondern aufgrund des Mangels an spezifischem Wissen.[8)] Wenn im Fachsprachenunterricht daher wirtschaftliche Inhalte behandelt werden, so geschieht dies nicht aus Abenteuerlust einer zumeist philologisch ausgebildeten Schar von Sprachlehrern, sondern weil nur so ein sinnvoller Unterricht möglich ist. Ein weitgehendes Ausklammern des inhaltlichen Aspekts würde einem Jonglieren mit leeren Worthülsen entsprechen und den Sprachunterricht von der kommunikativen Realität abheben, ganz abgesehen davon, daß genuin sprachliche Tätigkeiten nicht durchführbar wären. Eine Übersetzung beispielsweise ist, wenn das Original nicht verstanden wird, schlichtweg unmöglich.[9)]

Mißt man den Erfolg oder Mißerfolg einer sprachlichen Ausbildung daran, in welchem Maße Kommunikation ermöglicht wird, so muß man sich vor Augen halten, daß der Fortschritt der Lerner in der Fähigkeit, sich in kohärenter Form auszudrücken, das entscheidende Kriterium ist.

Dies bedeutet, daß es eben nicht nur um - im schulischen Sinne - grammatikalische Korrektheit und umfangreiches Vokabular geht, sondern ganz wesentlich darum, keine unsinnigen Texte zu produzieren und sich der jeweiligen kommunikativen Situation anzupassen. Eine mündliche Beschwerde über die Arbeitsbedingungen wird man seinem Vorgesetzten gegenüber anders vorbringen als man eine schriftliche Reklamation über zu lange Lieferfristen verfaßt. Es ist dies ein Aspekt, der weit über rein Sprachliches hinausgeht und allgemein kommunikative Fähigkeiten betrifft und in dem außerdem kulturelle Elemente von höchster Relevanz sein können. Die Wahl der Anredeformen, Diskussionsverhalten, Verhandlungstechnik etc. variieren von Sprache zu Sprache und bisweilen sogar innerhalb einer Sprachgemeinschaft je nach Sprachvarietät.[10)]

Die Vermittlung dieser zuletzt behandelten allgemein kommunikativen Elemente ist im Prinzip wesentlicher als formalsprachliches Wissen, werden doch grammatikalische Schwächen, solange das Verständnis nicht darunter leidet, eher toleriert als die Unfähigkeit, Sätze in einen kohärenten Zusammenhang zu bringen, oder ein nicht situationsadäquates Verhalten.[11)]

5. Zusammenfassung

Auf den vorhergehenden Seiten wurden einige der Konsequenzen, die sich für die Fremdsprachendidaktik aus der Einbindung des Unterrichts in ein Wirtschaftsstudium ergeben, besprochen. Nach einer kurzen Charakterisierung von Sprache und Fachsprache wurden die Ziele und Methoden der Sprachausbildung an der WU dargestellt. Dabei wurden Erwerb und Vertiefung der kommunikativen Handlungsfähigkeit in alltäglichen und beruflichen Situationen als primäre Ziele, die Schulung in und mit tatsächlichen Kommunikationsprozessen als wichtigste Methode thematisiert.

Anmerkungen und Literatur

1) Vgl. Christ, H.: Fremdsprachenunterricht für das Jahr 2000: sprachenpolitische Betrachtungen zum Lehren und Lernen fremder Sprachen, Tübingen 1991, 86.

2) Vgl. Fluck, H.-R.: Didaktik der Fachsprachen (Aufgaben und Arbeitsfelder, Konzepte und Perspektiven im Sprachbereich Deutsch), Tübingen 1992, 8f.

3) Buhlmann, R./Fearns, A.: Handbuch des Fachsprachenunterrichts (Unter besonderer Berücksichtigung naturwissenschaftlich-technischer Fachsprachen), Berlin u.a. 1987, 9.

4) Vgl. Buhlmann, R./Fearns, A. (Handbuch), 323.

5) Vgl. Christ, H. (Fremdsprachenunterricht), 82.

6) Vgl. Spillner, B.: Methodische Aufgaben der Fachsprachenforschung und ihre Konsequenzen für den Fachsprachenunterricht, in: Kelz, H.P. (Hrsg.): Fachsprache (1: Sprachanalyse und Vermittlungsmethoden), Bonn 1983, 20.

7) Vgl. Ickler, T.: Zur Semantik der Fachsprachen, in: Kelz, H.P. (Fachsprache), 150.

8) Vgl. Hüllen, W.: The Teaching of English for Special Purposes: A Linguistic View, in: Freudenstein, R./Beneke, J./Pönisch, H. (Hrsg.): Language Incorporated (Teaching Foreign Languages in Industry), Oxford u.a. 1981, 59.

9) Vgl. Fluck, H-R.: Fachsprachen (Einführung und Bibliographie), (3.Auflage), Tübingen 1985, 136-138.

10) Vgl. Schröder, H.: Fachtext, interkulturelle Kommunikation und Aufgaben einer spezialisierten Didaktik/Methodik des fachbezogenen Fremdsprachenunterrichts, in: Gnutzmann, C. (Hrsg.): Fachbezogener Fremdsprachenunterricht, Tübingen 1988, 107-124.

11) Vgl. Freudenstein, R.: Introduction, in: Freudenstein, R./ Beneke, J./Pönisch, H. (Hrsg.) (Language Incorporated), 11.

Linguistik in der Wirtschaft: Kontakt - Konflikt - Kooperation

Gerlinde Hardt-Mautner

0. Problemstellung

Die Sprachwissenschaft gehört nicht zu jenen Disziplinen, die sich in der Öffentlichkeit außerhalb der Universität besonderer Aufmerksamkeit oder gar Beliebtheit erfreuen. Während die Medien laufend über neue Erkenntnisse der Medizin, der Psychologie und der Umweltwissenschaften berichten, und während die Analysen und Prognosen von Wirtschaftswissenschaftlern öffentlich Gehör finden, erreicht die Linguistik, von wenigen Ausnahmen abgesehen, mit ihren Forschungsergebnissen nur ein Fachpublikum. Daß viele dieser Ergebnisse durchaus öffentliches Interesse verdienen würden, ändert nichts daran, daß sich die Linguistik, um im Jargon der Wirtschaft zu sprechen, "schlecht verkauft".

Außerhalb geisteswissenschaftlicher Fakultäten treten Akademiker mit linguistischer Hochschulausbildung in erster Linie als Sprachlehrer und Übersetzer/Dolmester in Erscheinung. Auch für die Linguist/inn/en an den drei Sprachinstituten der Wirtschaftsuniversität Wien ist der überwiegende Teil ihrer Lehrtätigkeit auf die Vermittlung praktischer Fertigkeiten in der jeweiligen Fremdsprache konzentriert.

Für die Graduierten, die Positionen im mittleren und letztlich im höheren Management anstreben, muß die Linguistik somit zwangsläufig - so sie überhaupt als eigenständige wissenschaftliche Disziplin wahrgenommen wird - fast ausschließlich in Beziehung zur Fremdsprachenvermittlung und zur Übersetzer-/Dolmetschertätigkeit erscheinen. Im vorliegenden Papier werde ich (als Linguistin *pro domo*) argumentieren, daß über eine erweiterte Sichtweise die Linguistik einen nützlichen Beitrag zum Verständnis von wirtschaftlicher Kommunikation zu leisten imstande ist. Etwas griffiger formuliert: Wer es gelernt hat, sich professionell mit Sprache auseinanderzusetzen, kann für die Wirtschaft mehr tun als "nur" Fremdsprache(n) unterrichten oder übersetzen.[1)]

1. Kontakt

> Maître de Philosophie: ... il n'y a pour s'exprimer que la prose ou les vers.
> Monsieur Jourdain: Il n'y a que la prose ou les vers?
> Maître de Philosophie: Non, monsieur: tout ce qui n'est point prose est vers; et tout ce qui n'est point vers est prose.
> Monsieur Jourdain: Et comme l'on parle, qu'est-ce que c'est donc que cela?
> Maître de Philosophie: De la prose.
> Monsieur Jourdain: Quoi! quand je dis: "Nicole, apportez-moi mes pantoufles, et me donnez mon bonnet de nuit", c'est de la prose?
> Maître de Philosophie: Oui, monsieur.
> Monsieur Jourdain: Par ma foi! il y a plus de quarante ans que je dis de la prose sans que j'en susse rien; et je vous suis le plus obligé du monde de m'avoir appris cela.
>
> (Jean-Baptiste Molière: le bourgeois gentilhomme, 2. Akt, 4. Szene)

Die Innen- und Außenbeziehungen von Unternehmen sind ohne mündliche und schriftliche Kommunikation nicht denkbar. Diese Binsenweisheit bedürfte kaum der Wiederholung, wäre da nicht die verblüffend kursorische Behandlung, die der Unternehmenskommunikation in mancher betriebswirtschaftlicher Standardliteratur bisweilen widerfährt. Dem Informationsaustausch im Unternehmen wird, etwa in Wöhes *Einführung*, zwar durchaus eine zentrale Rolle bei der "Ausübung der Teilfunktionen des dispositiven Faktors"[2)] zugeschrieben, Fragen der sprachlichen Umsetzung werden dann jedoch nicht näher diskutiert. Dies sei wohlgemerkt nicht als Kritik an betriebswirtschaftlicher Fachliteratur verstanden, sondern lediglich als ein Hinweis darauf, daß der Zugang zu kommunikativen Prozessen durch die Wirtschaftswissenschaften ein grundlegend anderer - und in der Regel weniger detaillierter - ist als durch jene Disziplinen, die an Kommunikation um ihrer selbst willen interessiert sind. Es ist nur der erste Schritt festzustellen, daß "Information und Kommunikation ... indirekte Führungsmittel zur positiven Beeinflussung der Motivation der Mitarbeiter"[3)] darstellen, oder daß auch "Konfliktsteuerung" und "Förderung der Integration"[4)] als Führungsinstrumente eingesetzt werden. Wird eine Optimierung der betrieblichen Kommunikation angestrebt, so muß ein weiterer Schritt folgen, nämlich zu analysieren, **wie** die genannten Funktionen über das Medium Sprache ausgeübt werden; wie in mündlicher und schriftlicher Interaktion Mitarbeiter beeinflußt, Konflikte gesteuert und Integration gefördert werden - oder wie, dem Idealbild entgegengesetzt, mittels Sprache Machtverhältnisse im Unternehmen demonstriert, Hierarchien perpetuiert und Motivation im Keim erstickt werden können.

Für diese Analyse und für die Beratung bringen Linguisten das nötige Rüstzeug mit. Längst hat sich die Sprachwissenschaft von ihrer ursprünglich fast ausschließlich historischen (etwa an Fragen der Etymologie interessierten) Orientierung gelöst; längst hat sich neben der theoretischen Beschreibung des Sprachsystems die Analyse des tatsächlichen Sprachgebrauchs anhand authentischer Daten als legitimes Forschungsinteresse etabliert. Linguisten befassen sich nicht mehr nur mit Lauten, Wörtern und Sätzen, sondern untersuchen zusammenhängende schriftliche und mündliche Textformen unter Berücksichtigung der Situation, in der sie gesprochen oder geschrieben wurden.

Die innerbetriebliche Kommunikation ist nur eines der Gebiete, in denen sich die Interessen der zeitgenössischen Sprachwissenschaft mit den Gegebenheiten und der Bedarfslage in der Wirtschaftspraxis decken. Ein weiterer Bereich, in dem Unternehmen mit sprachlichen Problemen konfrontiert werden, sind Außenkontakte verschiedenster Art - von Werbung und Public Relations über technische Dokumentationen und Geschäftsbriefe (in traditioneller oder elektronischer Form) bis hin zu mündlichen Verhandlungen. Ob diese Kontakte in der Muttersprache oder einer Fremdsprache ablaufen, sie werfen Fragen der zielwirksamen sprachlichen Gestaltung auf. Werbebotschaften sollen adressatenadäquat, Gebrauchsanweisungen verständlich und Verträge unzweideutig sein; der sachbezogene Teil von Interaktionen soll sich durch terminologische Klarheit und der interpersonelle Teil durch kooperative Strategien auszeichnen. Daß Unternehmen bei ihren Mitarbeiter/inne/n Defizite bei der Bewältigung dieser sprachlichen Probleme orten, ist nicht zuletzt durch den Markt für Management-Ratgeberliteratur belegt. Handreichungen wie *Rhetorik für Führungskräfte*,[5] *Wie Sie Menschen überzeugen. Kommunikation für Führungskräfte*[6] oder auch *Kommunikation für Manager*[7] deuten darauf hin, daß die "normale" muttersprachliche Sozialisation keineswegs immer den kommunikativen Anforderungen in der betrieblichen Praxis entspricht.

Im Bereich der betrieblichen Außenkommunikation ist die Linguistik nicht zuletzt dort auf den Plan gerufen, wo den Gesprächspartnern interkulturelle Kompetenz abgefordert wird, die Fähigkeit also, neben einer Fremdsprache im engeren Sinne auch die Denk- und Verhaltensmuster einer fremden Kultur zu kennen und mit ihnen fair und möglichst vorurteilsfrei umgehen zu können. Probleme des interkulturellen Kontakts, die für Manager über den Erfolg oder Mißerfolg von Verhandlungen entscheiden können, gehören auch zu den Interessensgebieten der jüngeren kontrastiven Linguistik, die durch entsprechende empirische Arbeit die Grundlagen für eine Optimierung interkultureller Kommunikation legen kann.[8]

Das Verhältnis von Sprache, Linguistik und Wirtschaft stellt sich demnach als Beziehungsdreieck dar. Für die eine Seite, die Wirtschaft, ist Sprache ein (oft unreflektiertes) Instrument, für die andere Seite, die Lingustik, ist sie ein Untersuchungsobjekt. Diese Tatsache allein stellt jedoch noch keinen interdisziplinären Impuls dar, garantiert noch keine fruchtbare Zusammenarbeit. Um die Hindernisse, die der Kooperation zwischen Wirtschaft und Linguistik im Wege stehen, soll es im nächsten Abschnitt gehen.

2. Konflikt

Claire Zachanassian: ... Denk nach, Moby.
Gatte VII denkt nach.
Claire Zachanassian: Fester.
Gatte VII denkt fester nach.
Claire Zachanassian: Noch fester.
Gatte VII: Aber ich kann nicht mehr fester nachdenken, Mausi, wirklich nicht.
Claire Zachanassian: Natürlich kannst du es. Probier's nur.
Gatte VII denkt noch fester nach.
Glockenton.
Claire Zachanassian: Siehst du, es ging.
...

Claire Zachanassian: ... Komm Zoby, verneig dich. Mein neunter Mann. Nobelpreisträger.
Ill: Sehr erfreut.
Claire Zachanassian: Er ist besonders eigenartig, wenn er nicht denkt. Denk mal nicht, Zoby.
Gatte IX: Aber Schatzi ...
Claire Zachanassian: Zier dich nicht.
Gatte IX: Also gut.
Er denkt nicht.
Claire Zachanassian: Siehst du, jetzt schaut er aus wie ein Diplomat.
...
Geh forschen, Zoby, die historische Ruine findest du links.
Gatte IX geht forschen.
(Friedrich Dürrenmatt: Der Besuch der alten Dame, 1. Akt / 3. Akt)

Die Forderung nach fächerübergreifenden Kontakten ist ebenso schnell erhoben, wie die Hoffnungen auf eine rasche und problemlose Umsetzung schnell enttäuscht sind. Wenn schon innerhalb der Universitäten die Realisierung interdisziplinärer Forschungsprojekte eher die Ausnahme als die Regel darstellt, um wieviel schwieriger muß es dann erst sein, die Theoretiker einer Disziplin - in diesem Falle der Linguistik - mit den Praktikern einer anderen - der Wirtschaft - zusammenzubringen. Die Chance ist gering, daß ein in seinem Fach konventionell sozialisierter Linguist und ein ebenfalls konventionell sozialisierter Manager von Anfang an "die gleiche Sprache sprechen", und entsprechend schwierig gestaltet sich die Verständigung.

Ein Grundproblem, das sich noch vor Beginn der eigentlichen Kooperation stellt, betrifft die unterschiedliche Wahrnehmung, mit der die Vertreter der beiden Disziplinen die soziale Realität erfassen. Eine Situation im Unternehmen, sei es ein Bewerbungsgespräch, eine Verhandlung oder ein Vertragsentwurf, ist für einen beobachtenden Linguisten primär ein kommunikatives Ereignis; ein und dieselbe Situation kann sich jedoch in den Augen des beteiligten Managers als primär organisatorisches oder rechtliches Problem darstellen. Daß solcherart konträre Sichtweisen nicht prinzipiell unvereinbar, sondern im Gegenteil komplementär sein sollten, tut hier nichts zur Sache: Worauf es ankommt, ist die subjektive Bewertung durch die beteiligten Personen. Solange die sprachliche Komponente von Handlungsabläufen von den Praktikern mit Entscheidungskompetenz nicht erkannt wird, solange wird sich die Frage nach der Kooperation mit der Linguistik erst gar nicht stellen.

Wenn diese Hürde genommen ist und es tatsächlich zu einem Kontakt zwischen Wirtschaft und Linguistik kommt, bleibt immer noch das Problem der praktischen Realisierung des Forschungsprojektes. Ein Unternehmen, das von Linguisten erwartet, daß sie ihre Expertise für die Optimierung betrieblicher Kommunikationsprozesse einsetzen, wird nicht darum herumkommen, Einblick in diese Prozesse zu gewähren. Ob es sich dabei nun um das interne Berichtswesen, die telefonische Beschwerdeannahme oder sprachliche Aspekte der Mitarbeiterführung handelt: in jedem Fall wirft das Sammeln von Daten diffizile psychologische, ethische und rechtliche Probleme auf. Ist es etwa zulässig, Telefongespräche mit Kunden zum Zweck der Analyse mitzuschneiden? Wenn beide Gesprächspartner von den Bandaufzeichnungen informiert werden, wie stark ändern die Beteiligten dadurch gerade jenes Sprachverhalten, das man untersuchen möchte? Welche Elemente aus internen Memos müßten getilgt werden, um den Datenschutz nicht zu verletzen? Und wenn all diese Elemente getilgt werden, bleibt überhaupt genug übrig, um dem linguistischen Konsulenten eine sinnvolle Analyse zu ermöglichen? Eine Patentlösung, die beide Seiten gleichermaßen zufriedenstellt, wird es kaum geben, stehen einander doch die Bedürfnisse der Manager und jene der Linguisten diametral gegenüber - der Wunsch nach optimaler Vertraulichkeit in der Handhabung der Daten auf der einen Seite und die methodisch begründete Forderung nach umfassender und systematischer Dokumentation auf der anderen. Nichtsdestoweniger ist im Rahmen beider Standpunkte noch Spielraum für Kompromisse, sodaß sich, den entsprechenden Goodwill vorausgesetzt, auch potentiell heikle Forschungsvorhaben durchführen lassen sollten. Daß in den meisten Fällen empirische Vorarbeiten nötig sind, um für ein sprachliches Problem Lösungen anbieten zu können, darüber besteht kein Zweifel. Wer von Linguisten eine Therapie verlangt, ohne ihnen die Möglichkeit einer fundierten Diagnose zu geben, zwingt sie zu unseriösem Vorgehen und darf sich nicht wundern, wenn die gewünschten Erfolge ausbleiben. Praxisrelevante Ergebnisse setzen Einblick in die Praxis voraus.

Das Stichwort "Praxisrelevanz" - längst ein Topos des öffentlichen Diskurses über Universitäten - drängt sich auch in einer Diskussion des Verhältnisses von Linguistik und Wirtschaft unweigerlich auf. Im Kontakt mit Geldgebern sind akademische Disziplinen unter Rechtfertigungsdruck; sie sind angehalten, die unmittelbare ökonomische Verwertbarkeit ihrer Ergebnisse unter Beweis zu stellen. Dem nach Gewinn strebenden Unternehmen kann man es gewiß nicht übelnehmen, daß es auf angemessene Investitionsrentabilität bedacht ist. Dies allein ist nicht das Problem. Der potentielle Konflikt mit den Interessen der Linguistik liegt eher darin, daß "Praxisrelevanz" in der öffentlichen Diskussion vielfach so eng definiert wird, daß für eine Weiterentwicklung der methodischen und theoretischen Grundlagen kein Platz - und damit kein Geld - übrig bleibt. Ohne die Kultivierung dieser Wurzeln wird es allerdings auf Dauer immer schwieriger, die geforderten Früchte mit praktischem Nutzen hervorzubringen. Das anwendungsorientierte Produkt, wie etwa ein Sprachkurs oder ein Fachwörterbuch, mag sich aus Rücksicht vor dem Zielpublikum als theorielos präsentieren; de facto wird es aber sehr wohl auch auf theoretischen Grundlagen und auf nicht praxisorientierten Forschungsarbeiten basieren. In letzter Konsequenz ist die Entwicklung von derartigen Produkten ohne entsprechenden linguistischen "Unterbau" nicht denkbar, und es scheint daher legitim zu fordern, daß die Wirtschaft nicht nur die Früchte erntet, sondern auch ihren Beitrag zur Pflege der Wurzeln leistet. Es ist freilich zu befürchten, daß sich Vertreter der Wirtschaft, von einigen visionären Unternehmern abgesehen, allein von einer malerischen Bio-Metapher nicht genügend beeindrucken lassen, um ohne viel Umschweife den Geldbeutel für Grundlagenforschung zu öffnen.

Selbst wenn Linguistik und Wirtschaft für ein Projekt zueinander gefunden haben, stellt sich die Frage, wie stark die Einflußnahme der Wirtschaft auf die von ihr finanzierten Projekte sein darf und soll. Der an die "geschützte Werkstätte" Universität gewöhnte Forscher hegt dabei die Sorge, daß Unternehmen in Versuchung geraten könnten, mit dem Forschungsauftrag die gewünschten, für positive Publicity geeigneten Ergebnisse gleich mitbestellen zu wollen. Das stärkste Argument, das Wissenschaftler diesem Ansinnen entgegensetzen können, ist wohl, daß das Output in Form von erfolgreicher Beratertätigkeit steht und fällt mit der methodischen Sauberkeit und Unbestechlichkeit des Input, der zugrundeliegenden empirischen Untersuchungen. Auch hier gilt: *garbage in, garbage out*.

Eine Diskussion der möglichen Spannungen zwischen Linguistik und Wirtschaft wäre unvollständig, würde sie sich allein auf sachliche Probleme beschränken. Nicht minder wichtig und entscheidend für die tatsächliche Umsetzung von Kooperationsvorhaben sind die schwer faßbaren, aber sehr präsenten Unterschiede in den Meinungen und Einstellungen, häufig auch in der Lebensgestaltung, die die Vertreter von Linguistik und Wirtschaft trennen. Von seltenen "Grenzgängern" abgesehen - Linguisten etwa, deren familiäre Sozialisation ein Naheverhältnis zur Wirtschaft erzeugt hat - "paßt" der prototypische Sprachwissenschaftler ebenso wenig in den Alltag eines Wirtschaftsunternehmens wie der prototypische Manager in das Umfeld einer geisteswissenschaftlichen Fakultät. Klischeehafte Vorstellungen vom jeweils anderen Lebensbereich können leicht den Blick auf gemeinsame Interessen verstellen. Der (zumindest in der Selbstdarstellung) "dynamische" und risikofreudige Praktiker aus der Wirtschaft nimmt Sprachwissenschaftler als in Spitzfindigkeiten verbissene Hüter des Elfenbeinturmes war, deren emsiges Schaffen durch seine, des dynamischen Managers, exorbitante Steuerleistung finanziert wird. Umgekehrt erschauert der von klassischen humanistischen Bildungsidealen geprägte Linguist bei dem Gedanken, in seiner Lehr- und Forschungstätigkeit von der geballten Finanzmacht eines Unternehmers abhängig zu sein und als "Bahlsen-Stipendiat" oder "Almdudler-Professor" von einer Auftragsarbeit in die nächste gestürzt zu werden. So überzogen diese Ängste auch sein mögen, für den eingefleischten Geisteswissenschaftler ist das Schreckgespenst einer millionenschweren Claire Zachanassian, die dem Forscher das Anknipsen und Abschalten seines Geistes befiehlt, eine sehr reale und sehr bedrohliche Gestalt.

3. Kooperation

> "...what we need to do is to arrange marriages, or rather to bring back into their originally married state, the different departments of knowledge and feeling which have been arbitrarily separated and made to live in their own monastic cells, in isolation. We can parody the Bible and say, 'That which nature has brought together let no man put asunder'; let not the arbitrary academic division into subjects tear apart the closely knit web of reality and turn it into nonsense."
>
> (Aldous Huxley: The Human Situation. Lectures at Santa Barbara 1959, London etc. 1980, S. 14.)

Die Hindernisse, die der Linguistik den Blick auf die Wirtschaft und der Wirtschaft den Blick auf die Linguistik verstellen, sind symptomatisch für den gesamtgesellschaftlichen Trend zur Aufsplitterung von Wissensbeständen. Nur mit der Forderung nach einem interdisziplinären Brückenschlag ist es nicht getan; um einen fruchtbaren Dialog zu ermöglichen, werden beide Seiten, grundlegende Lernbereitschaft und -fähigkeit vorausgesetzt, Konvergenz in der benützten Terminologie ebenso finden müssen wie in der Vorstellung von den durch die Kooperation anzustrebenden Zielen.

Ein-Bereich, von dem Impulse für die gegenseitige Verständigung zweifelsohne ausgehen könnten, sind die Universitäten, sind sie es doch, die sowohl die Linguisten als auch die Führungskräfte in der Wirtschaft heranbilden. Sowohl im Rahmen der allgemeinen Sprachwissenschaft wie auch der speziellen Philologien sollte die Befassung mit der Wirtschaftssprache - im weitesten, nicht nur terminologischen Sinne - verstärkt gefördert werden. Linguistische Teildisziplinen bzw. methodische Ansätze wie etwa die Soziolinguistik oder die Diskursanalyse, die für die Analyse betrieblicher Kommunikation von unmittelbarer Relevanz sind, sollten unabhängig von der theoretischen Ausrichtung der jeweiligen Ordinarien in den Curricula zumindest peripher präsent sein. Desgleichen müßte es im Rahmen der Fremdsprachenausbildung für Wirtschaftsakademiker möglich sein, über die Vermittlung reiner Sprachfertigkeiten hinaus zumindest in bescheidenem Maße auch generelle Sensibilität für sprachliche Probleme zu wecken. Das durch die Reflexion über Sprache gesteigerte Sprachbewußtsein würde auch die Linguistik stärker ins Blickfeld der Studierenden rücken und würde ihre Disposition erhöhen, nach ihrem Berufseinstieg mögliche Kooperationsfelder zu erkennen und in ihnen aktiv zu werden. Für eine intensive, die Meta-Ebene einbeziehende Form der Sprachvermittlung bietet die Wirtschaftsuniversität Wien im übrigen einzigartige Voraussetzungen, ist sie doch mit ihren vollwertigen Sprach-Ordinariaten in der Lage, mehr als nur "Sprachkurse" anzubieten. Angesichts der zentralen Bedeutung, die auch in der Wirtschaft der Entwicklung der kommunikativen Kompetenz in der Muttersprache beikommt, wäre (mit Mut zur budgetären Utopie) darüber hinaus zu fragen, ob nicht auch ein Lehrstuhl für allgemeine bzw. germanistische Sprachwissenschaft durchaus seinen Platz an einer Wirtschaftsuniversität haben könnte.

Noch sind die Kooperationen zwischen Wirtschaft und Linguistik selten institutionalisierter Natur. Das Berufsbild des "Betriebslinguisten", von Pogarell in mehreren Publikationen dargestellt,[9)] hat sich bis dato nicht etabliert. Eine wachsende Zahl von Forschungsarbeiten dokumentiert jedoch, daß zumindest auf der Basis von Einzelinitiativen linguistische Untersuchungen von Wirtschaftskommunikation möglich und fruchtbringend sind.[10)] Sollen diese Kontakte ausgeweitet und verfestigt werden, sind Einstellungsänderungen auf beiden Seiten nötig. Die Linguistik muß sich nolens volens der Frage nach der vielzitierten "Praxisrelevanz" ihrer Forschung stellen, nicht zuletzt um sich nicht ausgerechnet jenen Bereich der Unternehmensberatung aus der Hand nehmen zu lassen, für den sie so spezielle Kompetenzen aufweist.[11)]

Die stärkere Betonung praxisorientierter Forschungsvorhaben in der Linguistik muß keinen "Ausverkauf" dieser Disziplin und Kompromittierung der Grundlagenforschung bedeuten - jedenfalls nicht solange der Rückhalt des staatlichen Universitätserhalters garantiert ist. Im Gegenzug sollte sich die Wirtschaft dazu durchringen, die Kompetenz von Linguisten nicht nur punktuell zuzukaufen, etwa für Übersetzungen, Rhetorik-Trainings oder Fremdsprachenkurse, sondern auch umfangreichere Forschungsprojekte zu fördern, die eine längerfristige und fundiertere Beratungstätigkeit seitens der Linguisten ermöglichen.

4. Zusammenfassung

Aufgrund der zentralen Rolle, die Sprache in der internen und externen Unternehmenskommunikation spielt, müßte der Sprachwissenschaft in der Wirtschaft im Grunde weit größere Bedeutung beigemessen werden, als dies tatsächlich der Fall ist. Der Grund für die Berührungsängste auf beiden Seiten liegt sowohl in sachlichen Schwierigkeiten bei der Durchführung von gemeinsamen Forschungsprojekten als auch in Divergenzen im sozio-psychologischen Bereich, die die Vertreter von Wirtschaft und Linguistik bisweilen voneinander trennen können. Wenn es gelingt, über klischeehafte Fremdeinschätzungen hinweg das Interesse der Linguistik und der Wirtschaft aneinander zu fördern, dann wäre der Weg geebnet für spannende und gesamtgesellschaftlich sehr nützliche Kooperation.

Anmerkungen und Literatur

1) Dem Dialog zwischen Wirtschaft und Linguistik wäre ein schlechter Dienst erwiesen, wenn sich ein Beitrag wie der vorliegende des üblichen fach**internen** linguistischen Diskurses befleißigen würde. Linguisten-Kolleg/inn/en, die sich zu dieser Publikation oder der Tagung selbst verirren, mögen meine Ausführungen in diesem Lichte bewerten.

2) Wöhe, G.: Einführung in die Allgemeine Betriebswirtschaftslehre, 16. Auflage, München 1986, 89.

3) Wöhe, G. (Allgemeine Betriebswirtschaftslehre)[16], 120.

4) Wöhe, G. (Allgemeine Betriebswirtschaftslehre)[16], 121.

5) Blum, K.: Rhetorik für Führungskräfte, Landsberg am Lech 1985.

6) Goldmann, H.: Wie Sie Menschen überzeugen. Kommunikation für Führungskräfte, Düsseldorf/Wien/New York 1990.

7) Lay, R.: Kommunikation für Manager, Düsseldorf/Wien/New York 1989.

8) Jüngstes Beispiel einer Publikation aus diesem Bereich (hervorgegangen aus Forschungsarbeiten am Institut für Slawische Sprachen der Wirtschaftsuniversität Wien) ist Kappel, G.; Rathmayr, R.; Diehl-Zelonkina, N.: Verhandeln mit Russen. Gesprächs- und Verhaltensstrategien für die interkulturelle Geschäftspraxis, Wien 1992.

9) Vgl. Pogarell, R.: "Linguistische Fragestellungen in der betrieblichen Praxis". In: Weber, H. und R. Zuber, Linguistik Parisette, Akten des 22. Linguistischen Kolloquiums Paris 1987, Tübingen 1988, 319-329.

10) Für einen Überblick über neuere Arbeiten vgl. Pogarell, R.: Linguistik im Industriebetrieb, Aachen 1988. Aus den aktuellsten Publikationen zu diesem Themenkomplex sei exemplarisch folgender Sammelband herausgegriffen: Fiehler, R.; Sucharowski, W. (Hrsg.): Kommunikationsberatung und Kommunikationstraining. Anwendungsfelder der Diskursforschung. Opladen 1992.

11) Vgl. Brünner, G.: "'Wenn gute Reden sie begleiten, dann fließt die Arbeit munter fort.' Zum Verhältnis von Kommunikation und Arbeit in Wirtschaftsunternehmen". In: Spillner, B. (Hrsg.): Wirtschaft und Sprache. Kongreßbeiträge zur 22. Jahrestagung der Gesellschaft für Angewandte Linguistik GAL e.V., Frankfurt am Main, etc. 1992, 40.

Ökologiebewegung und Wirtschaft: Eine Beziehung zwischen Mißverständnis und Unverständnis

Manfred Lueger, Ulrike Froschauer

1. Einführung

Die Beziehung zwischen Wirtschaftsunternehmen und Ökologiebewegung ist gespannt: Auf der einen Seite werden ökonomische Stabilität, technischer Fortschritt, die Steigerung des Lebensstandards und Arbeitsplatzsicherheit beschworen - auf der anderen Seite wird das Bild eines umweltfressenden Molochs gemalt, der die Lebensgrundlage der Menschen zerstört. Ökologische Probleme avancierten in den letzten Jahrzehnten zunehmend zum politisch brisanten Thema und internationale Kongresse befassen sich mit der zerstörerischen Wirkung industrieller Produktion und Lebensweise. In Österreich sind die Auseinandersetzungen um Zwentendorf und Hainburg nicht nur Marksteine im Naturschutz, sondern führen auch das Mobilisierungspotential ökologischer Bewegungen drastisch vor Augen. Bürgerinititativen, die den Ausbau von Autobahnen, Wintersportparadiesen oder Mülldeponien verhindern wollen, sind keine Seltenheit mehr.

Die Konkurrenz um das bessere Umweltbewußtsein wird zum Markenzeichen: Kaum eine Waschmittelreklame verzichtet auf "grüne" Hinweise, Recyclingpapier steigt zum Imageträger auf, Batterien und leere Flaschen finden immer häufiger Zugang zur demonstrativen Wiederverwertung, gesetzliche Regelungen sollen Schranken setzen. Die Wirtschaft macht Ökologie zu Geld, Politik behängt sich mit grünen Mänteln, ohne vielfach ökologische Prinzipien tatsächlich ernst zu nehmen. Ökologie wird zum umsatz- und stimmenträchtigen "Ökoschmäh". Trotz auffälligen Umwelteifers werden aber die Probleme weltweit keineswegs geringer, sondern schaukeln sich bedrohlich auf.

All dies sind Hinweise auf ein gewaltiges **Konfliktpotential**. Interessengegensätze und Verständnisprobleme verhindern nicht nur wirkungsvolle Maßnahmen, sondern fördern auch gesellschaftliche Polarisierungen. VertreterInnen der Wirtschaft und der Ökologiebewegung werfen sich wechselseitig Ignoranz und Verantwortungslosigkeit vor. Diese Arbeit greift die Kommunikationsprobleme zwischen Ökologiebewegung und Wirtschaft auf und stellt einen Erklärungsansatz zum Verständnis dieser konfliktären Beziehung vor. Dieser geht davon aus, daß Prozesse sozialer Differenzierung strukturell die Bearbeitung ökologischer Probleme erschweren. Im weiteren Verlauf werden in groben Zügen Operationsweisen von Wirtschaft und Ökologiebewegung dargelegt, wobei die Frage der Verständigungsmöglichkeit zwischen beiden einen zentralen Stellenwert einnimmt.

2. Der Ausgangspunkt: Soziale Differenzierung

Der Übergang zur Neuzeit zeichnet sich durch eine verstärkte Differenzierung aus, die zu einer enormen Leistungssteigerung führte. Auf gesellschaftlicher Ebene brachte dies die Herausbildung von Funktionssystemen (wie Wirtschaft, Politik, Wissenschaft) mit sich, die unter anderem folgende, für moderne Industriegesellschaften typische Besonderheiten aufweisen:

- **Funktionale Autonomie**: Die Spezialisierung der Problembewältigung erhöht zwar die Problemlösungskapazität durch die Konzentration auf spezifische Problemlagen, führt aber andererseits zu einer Entkoppelungstendenz von anderen Funktionssystemen.
- **Wachstumsorientierung**: Funktional spezialisierte Systeme sind auf die Verbesserung der effizienten und raschen Lösung bestimmter Probleme hin orientiert. Die Betonung der eigenen Problemlage und die Bevorzugung der darauf abgestimmten Operationsweise zielt auf den Versuch, das Primat unter den Funktionssystemen zu erreichen. So strebt die Wirtschaft genauso wie Wissenschaft, Politik etc. expansiv danach, die Gesellschaft nach ihren jeweils eigenen Prinzipien zu strukturieren.
- **Nichtsubstituierbarkeit**: Kein Funktionssystem kann aufgrund der Spezialisierung der internen Operationsweisen die Funktionen eines anderen erfüllen. Genau deswegen ist jedes davon auf die anderen angewiesen (Interdependenz).

Gesellschaftliche Funktionssysteme, die durch diese Merkmale gekennzeichnet sind, produzieren spezifische Folgewirkungen, die im Verhältnis zwischen Wirtschaft und Ökologiebewegung deutlich zutage treten.

3. Wirtschaft und Ökologiebewegung: eine symbiotische Feindschaft

Wirtschaftsunternehmen als Trägerorganisationen der Wirtschaft orientieren ihre Aktivitäten bevorzugt an Zahlungen als präferiertes Entscheidungskriterium. Diese spezifische Ausrichtung erschwert den gesellschaftlichen Integrationsprozeß und kann externe Folgeerscheinungen nicht bearbeiten. Falls diese Folgen nicht durch die Operationsweise anderer Funktionssysteme aufgenommen werden können, führt dies zu Problemen, die sich gesellschaftlicher Kontrolle entziehen und langfristig auch die Existenzgrundlage der Wirtschaft zerstören können. Eines dieser Folgeprobleme ist die Bedrohung des natürlichen Lebensraumes durch die Ausbeutung nichtersetzbarer Ressourcen, toxische Belastungen der Umwelt oder umweltgefährdender Produktionsverfahren.

Soziale Bewegungen fungieren nun als gesellschaftlicher Regulator von solchen Steuerungsproblemen im Sinne einer Reaktion auf Vergesellschaftungsprozesse. Ausgelöst werden sie durch die unmittelbare Betroffenheit in der Bevölkerung, weshalb sie sich bevorzugt auf lokaler Basis als Protestgruppen gegen "übermächtige" Funktionssysteme etablieren (z.B. Bürgerinitiativen). Dafür gibt es jedoch keine institutionalisierte Unterstützung, sondern sie müssen diese über Mobilisierung erst aufbauen. Die **Ökologiebewegung** als funktionale Ausdifferenzierung sozialer Bewegungen greift dabei die Umweltthematik auf. Grundsätzlich repräsentiert die Ökologiebewegung ein Teilsystem des politischen Funktionssystems und dient der Beobachtung und Kommunikation ökologischer Problemstellungen. Daraus ergeben sich allgemein folgende Zielsetzungen: Die Reduktion und Verhinderung von Umweltgefährdungen; die Sensibilisierung der Bevölkerung zu umweltbewußtem Handeln; die Etablierung neuer Organisationsformen in Abgrenzung zu jenen Einrichtungen, denen Umweltprobleme kausal zugerechnet werden; die Kontrolle relevanter Umweltsysteme.

Die Genese der Ökologiebewegung beruht daher auf zwei Voraussetzungen: auf der Vernachlässigung der Umweltthematik (funktionale Spezialisierung) und auf der gesellschaftlichen Wahrnehmung und Identifikation dieser Problemlagen (Betroffenheit). Folgeprobleme der Wirtschaft schaffen die Existenzgrundlage der Ökologiebewegung. Sie bietet Betroffenen ein Forum, das deren Aktivitäten in einen gesellschaftsrelevanten Kontext stellt und in den Prozeß politischer Auseinandersetzung einführt.

Die interne Organisation und die Mitteilungsform nach außen formiert sich um den Protest, wobei die Leitdifferenz bezüglich der Beobachtung, der Kommunikation und der Mobilisierung die Unterscheidung umweltschädlich/nicht umweltschädlich darstellt. Als eine Art gesellschaftsimmanentes

Immunsystem hat die Ökologiebewegung zwei besondere Kennzeichen: Sie macht die als Problem erkannte Umweltthematik bearbeitbar, wodurch Konflikte provoziert und eingefahrene Gesellschaftsverhältnisse destabilisiert werden. Gleichzeitig schafft diese Destabilisierung und die Fortführung des Konflikts die Voraussetzungen, effektive Mechanismen zur Problembewältigung zu etablieren und damit die Gesellschaft langfristig auf einem qualitativ neuen Niveau zu stabilisieren.

VertreterInnen der Wirtschaft werden für die identifizierten Umweltprobleme verantwortlich gemacht. Die Ökologiebewegung prangert sie als Umweltzerstörer an und schreibt dem Wirtschaftssystem als Ganzem das gesellschaftliche Primat zu (Geld regiert die Welt), das sie in Gestalt von Unternehmen bekämpft. Paradoxerweise bilden beide Systeme jedoch eine **Symbiose**, indem die Ökologiebewegung langfristig die Wirtschaft stabilisiert, im Gegenzug aber Fehlleistungen der Wirtschaft die Existenz der Ökologiebewegung absichern.

Um die konkrete Ausformung dieser Beziehung zu verstehen, muß man die Eigenschaften der Kommunikation als basalen Prozeß des Aufbaus sozialer Systeme kennen. Damit befaßt sich der nächste Abschnitt.

4. Kommunikation: das Basiselement sozialer Systeme

Kommunikation ist mehr als nur eine einfache Übertragung von Informationen zwischen Akteuren. Eine systemtheoretische Betrachtungsweise macht deutlich, weshalb Verständigungsprobleme zwischen relativ autonom agierenden Systemen durchaus den Normalfall darstellen. Die Schwierigkeiten, die VertreterInnen der Wirtschaft und VertreterInnen der Ökologiebewegung miteinander haben, werden deutlich, wenn man die Kommunikation zwischen beiden Systemen als Synthese dreier Komponenten auffaßt:

- Die beiden Systeme generieren **Informationen** bevorzugt nach ihren systemeigenen Beobachtungsschemata (Wirtschaft: Geld; Ökologiebewegung: Umweltschädigung) und vernachlässigen andere Aspekte. Für die Wirtschaft kann daher Ökologie nur dann relevant sein, wenn sich daraus ökonomische Problemlagen ergeben, während für die Ökolgiebewegung die Wirtschaft in erster Linie aufgrund der angerichteten Schäden bedeutsam ist.
- Im Kommunikationsprozeß muß darüber entschieden werden, auf welche Weise die selektierten Informationen **mitgeteilt** werden. In diesen Prozeß gehen eine Reihe von strategischen Überlegungen ein, wie Mitteilungen in einen externen Kontext eingebettet werden können (z.B. Protestaktionen, offizielle Betriebsbesichtigungen).
- **Verstehen** beruht auf der Beobachtung der Differenz zwischen Information und Mitteilung: Ein System muß erkennen, warum welche Information in

einer bestimmten Weise mitgeteilt wurde (Reflexion des Kontextes), wobei es im Verstehensprozeß eigene Informationen generiert. Im Sinne dieses reflexiven Verstehens muß sich jedes der beiden Systeme in die Logik des anderen hineinversetzen und den Unterschied zum eigenen System akzeptieren. Aufgrund der verschiedenen Beobachtungsschemata ist dies jedoch unwahrscheinlich, wodurch sich die Basis für Verständigung reduziert.

Kommunikationsprobleme zwischen Wirtschaft und Ökologiebewegung stammen daher aus verschiedenen Differenzschemata, strategisch ausgerichteten Mitteilungsformen und der strukturellen Erschwerung von Kontextreflexion.

5. Zur Genese von Mißverständnis und Unverständnis

Die bisherigen Ausführungen verdeutlichen, daß funktionale Differenzierung und die Charakteristika sozialer Kommunikation Verständnisprobleme zwischen beiden Systemen produzieren. Beide Systeme gewinnen ihre Identität durch spezifische Abgrenzungen zur Umwelt: sie produzieren intern Konsens und setzen dadurch soziale Grenzen der Mitgliedschaft, sie rücken verschiedene Themen in den Vordergrund (erfolgreiches Wirtschaften vs. Verhindern von Umweltzerstörung) und beziehen sich auf unterschiedliche Zeithorizonte (kurzfristige ökonomische Notwendigkeiten vs. langfristiger Erhalt der Natur über die nächsten Jahrhunderte). Dementsprechend zeichnen sich beide Systeme durch inkompatible Werthaltungen, Zielorientierungen und zeitliche Argumentationen aus (reduzierte wechselseitige Akzeptanz). Wie bereits oben erwähnt, weist die Beziehung von Wirtschaft und Ökologiebewegung einige Besonderheiten auf:

- Die Ökologiebewegung ist in ihrer Entstehungsgeschichte ein Produkt von Problemen, deren Entstehung sie der Wirtschaft kausal zuschreibt. Damit ist klar, daß die Wirtschaft den existenziellen Bezugspunkt für Aktivitäten der Ökologiebewegung darstellt.
- Beide Systeme zerstören latent durch die ihnen immanente Expansionstendenz nach dem Maximierungsprinzip ihre eigenen Reproduktionsgrundlagen: die Wirtschaft durch Zerstörung ihrer natürlichen Basis; die Ökologiebewegung durch Zerstörung ihrer Mobilisierungsgrundlage (ohne Umweltprobleme keine Ökologiebewegung). Maximale Durchsetzung der eigenen Logik, d.h. Erfolg, ist der sichere Weg in den eigenen und gesellschaftlichen Ruin.
- Beide Systeme können aufgrund ihrer Eigenlogik und ihrer expansiven Tendenz das eigene Selbstzerstörungspotential nicht erkennen. Aber indem sie den Kontrahenten bekämpfen, tragen sie unbemerkt zur eigenen und fremden Reproduktion bei. Die Ökologiebewegung stabilisiert langfristig die Wirtschaft, wenn sie Schutzmaßnahmen durchsetzen kann (und fördert dadurch sogar die Legitimität ökologisch orientierter Unternehmen). Die

Wirtschaft stärkt in ihrer Ablehnung von ökologischen Prinzipien (die prinzipiell grenzenlos ausweitbar sind) das Mobilisierungspotential der Ökologiebewegung.

Beide Konfliktparteien können daher kein unmittelbares Interesse an einem Konsens haben. Aus dieser Beziehung ergeben sich zwei typische Phänomene:

- Da beide Systeme auf der Basis unterschiedlicher Operationsweisen Informationen mitteilen und verarbeiten und daher divergierende Deutungsmuster generieren, kann dies im Extremfall zu völligem **Nichtverstehen** führen. In der Praxis findet jedoch Kommunikation auf anderer Ebene statt: Menschen gehören vielfach beiden Systemen gleichzeitig an, sind von Aktionen beider Seiten betroffen und pflegen untereinander systemüberschreitende Kontakte. So finden sich etwa manche ManagerInnen zu Hause von ihren Kindern als ökologische ÜbeltäterInnen angeprangert, AktivistInnen von Bürgerinitiativen arbeiten in Betrieben mit problematischen Produktionsmethoden. Auch Organisationen vermitteln vielfach zwischen verschiedenen Funktionssystemen. Strukturell bleiben jedoch **Mißverständnisse** vorprogrammiert: Auch wenn sich beispielsweise die Wirtschaft um ökologisches Verständis bemüht - wirtschaftliche Prinzipien kann sie deswegen nicht aufgeben, ohne sich selbst in Frage zu stellen.
- Da sich beide Systeme wechselseitig bekämpfen, bedroht das Sicheinlassen auf den anderen die eigene Integrität. Im kommunikativen Prozeß verwandeln sich Mißverständnisse tendenziell in fundamentales **Unverständnis** als Schutz gegen mögliche externe Beeinflussungen. Dieses Unverständnis beruht auf zwei Funktionsweisen von Abgrenzungen:
  - Die eigene Systemintegrität wird abgeschirmt, wobei andere Sichtweisen und Logiken als Gefahren für den eigenen Bestand abgewehrt werden.
  - Dies ist besonders wirkungsvoll, wenn eigene negative Anteile (z.B. Formen der Verantwortungslosigkeit) auf das andere System projiziert werden können. Das jeweils andere System erscheint dann als besonders uneinsichtig und unzugänglich, was davor bewahrt, die Argumente, Aktivitäten und Vorschläge der anderen erst nehmen zu müssen.

Daß die beiden Systeme einander nicht verstehen, hat aber auch seine funktionale Seite: Der Konflikt bleibt virulent (z.B. erzwingt der permanente Konflikt um Mülldeponien Überlegungen zur Müllvermeidung).

Die Konsequenz ist gestörte Kommunikation, die nicht nur zu einer zunehmenden Polarisierung und Konfliktverschärfung führt, sondern zugleich ein Konfliktsytem mit hoher Interdependenz ausbildet. Dies verhindert Reflexionsprozesse, während sich gleichzeitig die Systeme im Verhältnis zueinander radikalisieren. Mögliches Entgegenkommen wird einseitig interpretiert und konsistent mit Vorurteilen generalisiert (Täuschung, Sonderfall etc.). Während die Annahmen über den Gegner aufrecht bleiben, verschwindet die Verständigungsbasis in einem wechselseitigen Aufschaukelungsprozeß.

6. Fazit: die produktive Nutzung von Dissens?

Die bisherigen Ausführungen haben gezeigt, daß die Kommunikation zwischen Wirtschaft und Ökologiebewegung durch Mißverständnis und Unverständnis charakterisiert ist. Gesellschaftsbedingte und systemimmanente Gründe machen daher Konsens zwischen beiden Systemen unwahrscheinlich. Wenn man schon keinen Konsens herstellen kann, dann stellt sich die Frage nach der Möglichkeit der Dissensbearbeitung. Hierbei ist eine Reihe von intervenierenden Faktoren zu berücksichtigen:

- Wenn beide Parteien im Konfliktsystem in ihrer Polarisierung aneinander gebunden sind, so bedarf es **Vermittlungsinstanzen** zur Förderung wechselseitigen Verständnisses. In der Praxis bedienen sich beide Seiten unfreiwilliger VermittlerInnen (z.B. PolitikerInnen, RichterInnen, wissenschaftliche GutachterInnen). Diese sind jedoch direkt in das Konfliktsystem eingebunden, was einer vermittelnden Funktion zuwider läuft. Für eine erfolgreiche Vermittlung kommen daher nur Instanzen in Frage, die auf unabhängiger Basis eine solche Funktion übernehmen können und Akzeptanz auf beiden Seiten finden.
- Inhaltlich kann sich eine solche Vermittlung auf zwei Aspekte konzentrieren: Zum einen auf die Steigerung der systeminternen **Reflexionsfähigkeit** hinsichtlich der Einschätzung und Einbeziehung der Konsequenzen eigenen Handelns für die Umwelt. Zum anderen hinsichtlich einer kontextuellen Intervention in beide Systeme, bei der Anschlußfähigkeit an die Operationsweisen der betroffenen Systeme erzeugt wird.
- In zeitlicher Hinsicht können Reflexionsprozesse dann eine Basis finden, wenn bei einem Vorhandensein von Flexibilitätsressourcen die Nichtbeachtung des anderen Systems die eigenen Operationsweisen gefährdet. Dies können etwa Marktprobleme aufgrund von ökologischen Fragestellungen oder auf der anderen Seite Mobilisierungsprobleme sein. Da die Problemlagen aber nicht synchronisiert auftreten, existiert **kein allgemeiner idealer Zeitpunkt** für erfolgreiche Interventionen oder Verhandlungen.

All dies macht eines klar: Eine "Lösung" des Konflikts ist weder möglich noch erstrebenswert. Es wäre jedoch schon ein Erfolg für das wechselseitige Verständnis, wenn in der Auseinandersetzung auch die durch die eigene Handlungsweisen erzeugten Probleme für andere erkannt, ernstgenommen und bearbeitet werden. Für diesen gesellschaftlich-integrativen Prozeß braucht es **Kommunikationsforen** und **unabhängige Vermittlung**.

Literatur

[1] Baecker, D./ Markowitz, J./ Stichweh, R./ Tyrell, H./ Willke, H. (Hg.): Theorie als Passion, Frankfurt 1987.

[2] Froschauer, U.: Zur Struktur und Dynamik der Ökologiebewegung, Diss. Wien 1992.

[3] Glagow, M./ Willke, H./ Wiesenthal, H. (Hg.): Gesellschaftliche Steuerungsrationalität und partikulare Handlungsstrategien, Pfaffenweiler 1989.

[4] Luhmann, N.: Soziologie des Risikos, Berlin-New York 1991.

[5] Luhmann, N.: Ökologische Kommunikation. Kann die moderne Gesellschaft sich auf ökologische Gefährdungen einstellen? Opladen 1986.

[6] Willke H.: Systemtheorie entwickelter Gesellschaften. Dynamik und Riskanz moderner gesellschaftlicher Selbstorganisation, Weinheim und München 1989.

[7] Yearley, St.: The Green Case. A Sociology of Environmental Issues, Arguments and Politics, London 1991.

Marketing
–
Mensch
–
Wirtschaft

Wörterbuch der neuesten Wirtschaftsterminologie. Deutsch-Russisch

Renate Rathmayr, Paul Schobel

1. Begründung des Projekts

1.1. Grunddaten (Motiv, Gegenstand und Ziel des Projekts)

Die seit mehreren Jahren laufenden internen Veränderungen in der Wirtschaftspolitik der Sowjetunion und ihrer Nachfolgestaaten, die offenen Diskussionen um die Einführung marktwirtschaftlicher Grundsätze und die tatsächliche Verstärkung der Ost-West-Wirtschaftskontakte haben zu einem merklichen Erneuerungsprozeß der russischen Wirtschaftssprache geführt. Die lexikographische und terminologiewissenschaftliche Erfassung dieser Veränderungen auf verläßlicher empirischer sowie sprach- und wirtschaftswissenschaftlicher Basis ist Gegenstand dieses Projekts. Ziel ist die Herausgabe eines deutsch-russischen Wörterbuchs mit etwa 6000 - 7000 Stichwörtern, die entweder in keinem bestehenden Wörterbuch verzeichnet sind oder eine Bedeutungsänderung erfahren haben; durch die Heranziehung moderner Methoden der Datenverarbeitung ist eine spätere Herausgabe als Computerwörterbuch auf Diskette (CD-ROM) geplant. Als Sprachinstitut an der Wirtschaftsuniversität Wien hat das Institut für Slawische Sprachen sowohl den wissenschaftlichen und institutionellen Auftrag als auch ausbildungsbezogene und forschungsleitende Gründe für dieses Vorhaben.

1.2. Praktische Bedeutung des Projekts

Der potentielle Benutzerkreis des geplanten Wörterbuchs erstreckt sich von Studenten und Absolventen wirtschaftswissenschaftlicher Studienrichtungen über Dolmetscher und Übersetzer bis hin zu Veranstaltern von Fortbildungsseminaren für sowjetische Betriebsleiter und Teilnehmer an Wirtschaftsgesprächen.

Die Lage auf dem Wörterbuchsektor (nur ein deutsch-russisches Wirtschaftswörterbuch sowjetischer Herkunft mit 45.000 Stichwörtern aus dem Jahr 1977 ([3]) und ein deutsches Lehrwörterbuch der russischen Wirtschaftssprache aus dem Jahr 1969 ([1])) verdeutlicht die Aktualität des Projekts.

1.3. Ausbildungsbezogene Bedeutung des Projekts

Die gestiegene Nachfrage nach Ökonomen mit Fremdsprachenkenntnissen, die als sprachlich-kulturelle Experten für die Nachfolgestaaten der UdSSR und die nunmehr Reformländer genannten früheren Oststaaten fungieren können, hat die Bedeutung des Russischen und der anderen slawischen Sprachen neuerlich ins Zentrum gerückt. Dementsprechend groß ist der Zustrom von Studenten zu den entsprechenden Sprachlehrveranstaltungen. Neben der Forderung, für den Unterricht auch moderne Fachliteratur und ein modernes Nachschlagwerk zur Verfügung zu haben, ist die aktive Beschäftigung mit der aktuellen Terminologie und den damit verbundenen Realien auch Gegenstand von Seminar- und Diplomarbeiten, die in das Projekt eingebracht bzw. durch das Projekt unterstützt werden können.

1.4. Linguistische Bedeutung des Projekts

1.4.1. Der soziolinguistische Aspekt

In den GUS-Staaten läuft vor unseren Augen eine umfassende Umwertung ideologisch besetzter Begriffe ab. Die damit verbundenen sprachlichen Veränderungen geschehen in den Medien, die auf der Perestroika-Linie liegen, - und das sind fast alle.

Die Umwertungen betreffen insbesondere den politischen und den ökonomischen Bereich. Im Zuge der Aufarbeitung der eigenen sowjetischen Vergangenheit werden Begriffe, die früher exklusiv zur Verteufelung des Westens verwendet wurden, zur Darstellung der negativen Seiten der eigenen jüngsten Vergangenheit und Gegenwart eingesetzt. Beispiele dafür sind "pogrom", "terror", "administrativno-kommandnaja sistema" (administratives Weisungssystem). Andererseits werden Begriffe wie "liberalizm", "pravovoe gosudarstvo" (Rechtsstaat), "pljuralizm", "parlamentarizm", die in 70 Jahren Sowjetherrschaft stets nur negativ wertend auf den Westen angewendet wurden, nun plötzlich positiv wertend als politische Ziele verwendet.

Im ökonomischen Bereich erleben Begriffe wie "konkurencija", "plan", "sobstvennost'" (Eigentum) u.v.a. eine deutliche Umwertung.

Hat diese von oben inszenierte Umwertung Breitenwirkung? Kann man sie als Veränderung in der russischen Kultur bezeichnen? Auf diese Fragen gibt die mit dem Wörterbuch geleistete Analyse der aktuellen Wirtschaftstermini und ihrer Bedeutungen Antworten.

1.4.2. Der lexikologisch-lexikographische Aspekt

Wesentliches Anliegen des Projekts ist zunächst die Sammlung und sachgemäße Präsentation der neuesten Wirtschaftsterminologie (insbesondere im nominalen Bereich). Neben echten russischen Neubildungen werden dabei auch folgende drei Quellen der Schaffung eines marktwirtschaftlichen Wortschatzes berücksichtigt:

- Wiederbelebungen von Begriffen und Termini aus der vorrevolutionären Zeit (Musterbeispiel: "kommersant");
- die bereits angesprochenen Umwertungen bisher negativ besetzter Termini (Musterbeispiel: konkurencija);
- Übernahmen aus dem Englischen (Musterbeispiel: džast-in-tajm-postavki (Lieferungen just in time)).

Als eigene Gruppe werden im Deutschen verwendete Übertragungen moderner Sowjetismen (Musterbeispiel: "samofinansirovanie" Selbstfinanzierung) behandelt, wobei hier Kommentare zur dahinterstehenden Realität besondere Bedeutung haben.

Die Materialbeschaffung kann in kurzer Zeit nur durch koordinierte Zusammenarbeit von praktizierenden Sprachmittlern (Dolmetscher und Übersetzer), durch Auswertung von Periodika und Gebrauchstexten sowie durch "Feldstudien" in realen Kommunikationssituationen (Fortbildungsseminare, Expertengespräche u. ä.) erfolgen.

Zwei wichtige, in terminologischen Wörterbüchern vielfach vernachlässigte Bereiche werden verstärkt berücksichtigt: einerseits die terminologischen Verbalbildungen, und andererseits die festen Wortverbindungen (vom Typ "Aktien herausbringen" u. ä.). Der letztgenannte Aspekt schließt an die modernen, insbesondere von sowjetischen Linguisten entwickelten Konzeptionen eines "kombinatorischen Wörterbuchs" an - vgl. Melčuk I. A., Žolkovskij, A. K.: Tolkovo-kombinatornyj slovar' sovremennogo russkogo jazyka, Wien 1984.

Das Wörterbuch, das zur Buchmesse 1993 am Markt sein soll, stellt einen brauchbaren Kompromiß zwischen einem Übersetzungswörterbuch (mit deutsch-russischem Hauptteil und russischem Index) einerseits und einem konfrontativ aufgebauten deutsch-russischen Definitionswörterbuch der modernen Wirtschaftssprache andererseits dar.

1.5. Besondere Voraussetzungen für die Durchführung des Projekts am Institut für Slawische Sprachen der Wirtschaftsuniversität

Am Institut wurde seit seiner Gründung im September 1989 einschlägige Literatur einschließlich zahlreicher Periodika beschafft und teilweise mit der Auswertung begonnen.

Bereits im Jahr 1989 wurde ein Partnerschaftsvertrag mit der Plechanow-Wirtschaftshochschule in Moskau geschlossen, in dessen Rahmen die Zusammenarbeit mit russischen Sprachmittlern und Wirtschaftsfachleuten praktiziert wird. Darüber hinaus arbeiten wir auch mit zahlreichen anderen russischen Ökonomen zusammen.

2. Projektorganisation und verwendete Methoden

2.1. Personelle und zeitliche Ressourcen

Ein fünfköpfiges Projektteam ist ständig am Projekt tätig:

- Projektleiterin: o. Univ. Prof. Dr. Renate Rathmayr
- Übersetzerin: Mag. Ruth Berg (freiberufliche Übersetzerin und Dolmetscherin, Lektorin am Institut für Slawische Sprachen der WU)
- Wirtschaftswissenschaftliche Assistentin mit Russischkenntnissen: Mag. Anna Madner
- Slawist mit Computerkenntnissen: Mag. Paul Schobel
- Wirtschaftswissenschaftlicher Assistent mit Russischkenntnissen: Mag. Christoph Schöfböck.

Weiters werden noch Fachleute verschiedener Bereiche (fachliche Konsultationsmöglichkeiten im Bereich der Wirtschaftsuniversität), eine Lexikologin mit Praxiserfahrung (Dr. Barbara Kunzmann-Müller, Berlin) und Übersetzer mit Russisch als Muttersprache zu kurzfristiger Mitarbeit herangezogen.

Das für zwei Jahre geplante und vom Fonds zur Förderung der wissenschaftlichen Forschung finanzierte Projekt (Projektbeginn: 8.4.1991) läßt sich in folgende Phasen unterteilen:

1. Erarbeitung einer deutschen Stichwortliste,

2. Übersetzen der deutschen Stichwortliste,

3. Korrekturlesen und Überarbeiten der erstellten Äquivalente, wobei die Regel ist, daß eine von einem deutschen Muttersprachler erstellte Übersetzung von einem russichen Muttersprachler korrigiert wird und umgekehrt,
4. Endredaktion.

2.2. Methoden

2.2.1 Lexikologischer Apparat

2.2.1.1 Wortliste

Die Wortliste genügt folgenden Kriterien:

a) Vollständigkeit in der Anzahl der Stichwörter,
b) Ausführlichkeit bei der Angabe der möglichen Bedeutungspunkte des deutschen Stichwortes,
c) möglichst umfassende Angabe der für das Wörterbuch vermutlich relevanten textlichen Realisierungen.

Die gesamte Wortliste wird auf Ausgewogenheit bezüglich der Vertretung der einzelnen Bereiche und der diesen Bereichen entstammenden Wortschatzanteile abgestimmt, wobei der sogenannte ökonomische Allgemeinwortschatz nicht erläutert wird.

2.2.1.2 Äquivalenz

Der selten anzutreffende Idealfall ist, daß einem deutschen Stichwort ein russisches Äquivalent entspricht. Er tritt in der Fachsprache häufiger auf als in der Allgemeinsprache, z. B.: **Ausfuhrdeklaration - eksportnaja deklaracija, Marktorientierung - orientacija na rynok.**

Meistens gibt es für ein deutsches Stichwort nicht ein, sondern mehrere Teiläquivalente, die hinsichtlich ihrer Bedeutung, ihrer Verwendung oder bezüglich des Sachgebietes, dem sie angehören, gekennzeichnet werden. Diese Kennzeichnungen bezeichnen wir als Bedeutungspunkte, die die lexikologischen Einheiten für die Übersetzung sind. Einem Bedeutungspunkt soll in der Regel ein Äquivalent entsprechen. So wird das Wort **abgabenfrei**. wenn es sich um Abgaben im Sinne von Steuern handelt, mit **ne oblagajemyi nalogom** übersetzt und wenn es sich um Zollabgaben handelt, **mit bespošlinnyj**. Hier lautet also Bedeutungspunkt 1: Steuerwesen und Bedeutungspunkt 2: Zollwesen. Das Wort **marktfähig** wird, wenn es sich ausschließlich auf das Aussehen bezieht, mit **tovarnyj** übersetzt. Wenn es um Wertpapiere geht, lautet die Übersetzung

kotirujuščijsja in allen anderen Fällen wird "marktfähig" mit **prodažesposobnyj** übersetzt.

Wenn ein echtes Äquivalent bzw. mehrere Teiläquivalente (noch) nicht existieren, kann mit einer oder mehreren textlichen Realisierungen (Anwendungsbeispielen) auf mögliche Äquivalenzbeziehungen hingewiesen werden. Z.B.: **marktwirtschaftlich denken und handeln: myslit' i dejstvovat' rynočnymi kriterijami**. Für Teilbereiche des Wortschatzes von einerseits großer Aktualität, die andererseits noch ausgeprägte Züge von Instabilität zeigen, wird versucht, gute Äquivalente zu finden, z.B.: **Corporate Identity - firmennyj stil'**.

2.2.2. EDV-technischer Lösungsweg

In diesem Projekt wird von der üblichen Präsentation der Daten im Textformat abgegangen. Die Daten sollen in einer Struktur gespeichert sein, die die oben formulierten lexikologischen Prinzipien so weit wie möglich vorwegnimmt, wobei die in Graphik 1 (siehe folgende Seite) dargestellte Struktur in einer relationalen Datenbank ausgewählt wurde

3. Bilanz

Das Projekt steht kurz vor dem Abschluß. Zwei renommierte Verlage sind an der Herausgabe des Wörterbuchs interessiert, wobei die Herausgabe als CD sich etwas verzögern dürfte. Der Organisationsplan und die Zusammenarbeit mit einer erfahrenen Lexikologin haben sich sehr bewährt. Ebenso zufriedenstellend ist die Kooperation mit den russischen Mitarbeitern.

Als einziges organisatorischen Problem, das nur unter großem Einsatz bewältigt werden konnte, hat sich die Umsetzung der relationalen Strukturen in bedienerfreundliche und effiziente Maskenprogramme im Sinne eines effizienten lexikologischen Werkzeuges erwiesen. Es wäre hier die Mitarbeit eines Informatikers schon von Beginn an angeraten gewesen.

Literatur

[1] Grischin, N., Haensch, G., Renner, R.: Deutsch-russische Wirtschaftssprache. München 1969

[2] Melčuk I. A., Žolkovskij, A. K.: Tolkovo-kombinatornyj slovar' sovremennogo russkogo jazyka. Wien 1984

[3] Nemecko-russkij ekonomičeskij slovar'. Moskva, Berlin 1977

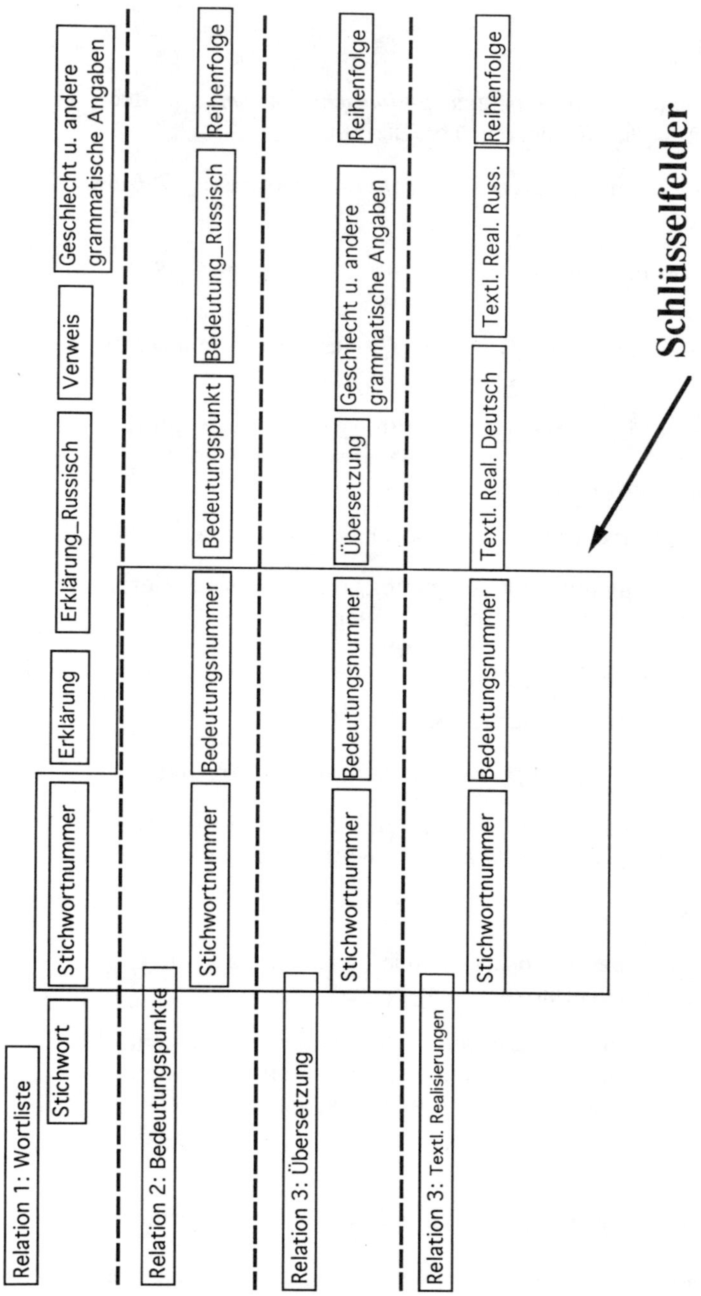

Graphik 1: Struktur der Datenbank

Anhang: Musterartikel

Marktbericht *m* обзор *m* (состояния) рынка *periodisch* отчет *m* о рынке <о рыночной ситуации> *offiziell* торговый бюллетень *m*

marktfähig **1** продажеспособный *Aussehen* товарный **2** *B ö* котирующийся

marktführend ведущий <лидерующий> на рынке - sein вести <лидеровать> на рынке

Marktführer *m* ведущий *adj* < лидерующий *adj*> на рынке - sein вести <лидеровать> на рынке

marktgerecht отвечающий <соответствующий, удовлетворяющий> требованиям <запросам> рынка - produzieren производить в соответствии с требованиями рынка

Marktnische *f* ниша *f* (в потребительском спросе), экономическая ниша

marktorientiert ориентирующийся на рынок *nachg* - produzieren производить с ориентацией <ориентируясь> на рынок

marktorientiert *s.* **marktgerecht**

Marktorientierung *f* ориентация *f* на рынок

Marktsegmentierung *f* сегментация *f* <сегментирование *n* > рынка

Marktsegment *n* [*homogene Käufergruppe mit best. Merkmalen z. B. Alter, Bildungsgrad, soziale Kriterien, Geschlecht etc.*] сегмент *m* рынка

Marktstruktur *f* структура *f* рынка

Marktwirtschaft *f* рыночная экономика *f* freie - свободная рыночная экономика soziale - социальная рыночная экономика

marktwirtschaftlich относящийся к рыночной экономике, рыночной экономики *nachg* - er Mechanismus механизм рыночной экономики - denken und handeln мыслить и действовать рыночными критериями

Literaturhinweise

Grischin, N., Haensch, G., Renner, R.: Deutsch-russische Wirtschaftssprache. München 1969
Mel'čuk I. A., Žolkovskij, A. K.: Tolkovo-kombinatornyj slovar' sovremennogo russkogo jazyka. Wien 1984
Nemecko-russkij ėkonomičeskij slovar'. Moskva, Berlin 1977

Fraktales City-Marketing in Österreich und Ungarn
Überlegungen zu umfassendem City-Marketing, fraktaler Theorie, dem Fall Wolfsberg sowie dem Glacis mitteleuropäischer Migration

Michael F. Schreiber

1. Problemstellung

Arbeitslosigkeit, Migration und Umweltschäden gefährden die Stabilität mitteleuropäischer Wirtschafts- und Gesellschaftsordnungen. City-Marketing verharrt deshalb nicht bei der Positionierung von Innenstädten, sondern betreibt umfassende Strategieentwicklung für Wettbewerbsräume.

1.1 Vorgangsweise

Um ganze Städte oder sogar Regionen durch City-Marketing-Projekte aufzuwerten, bedarf es der Entwicklung geeigneter Konzepte und Werkzeuge.

Dementsprechend zu skizzierende fraktale Überlegungen haben nun ihre Feuerprobe - nämlich die praktische Anwendung - bestanden. Wolfsberg, eine Stadt im Kärtner Lavanttal, liefert unser Fallbeispiel, Spekulationen über eine Region am Rande "Transsylvaniens" den Hintergrund für einen internationalen Ausblick.

1.2 Darstellungsweise

In dieser Kurzdarstellung wird aus Gründen des knappen verfügbaren Raums auf die Einarbeitung der im Rahmen des Vortrags einzusetzenden Illustrationen verzichtet.

2. City-Marketing der "City" überlassen?

City-Marketing im üblichen Sinne beschäftigt sich mit den Geschäftsleuten und Behörden von Innenstädten, die von Einkaufszentren an Stadträndern bzw. Umfahrungsstraßen belagert werden. (Vgl. [2], S. 34 ff.)

Umfassendes City-Marketing aber benötigt einen weiteren Bezugsrahmen.

2. 1 Entstehung des Problemlösungsdrucks

Verkehrsprobleme in der Innenstadt erzwingen Entlastungsstraßen, dort siedeln sich Einkaufszentren an, die abgesaugte Kaufkraft fehlt der Innenstadt. Interessengemeinschaften der sich in ihrer Existenz bedroht sehenden Geschäftsleute werben. Doch dies ist nicht genug, auch die Nachbarstädte und die Einkaufszentren rühren die Trommel.

Da setzt sich die Idee durch, die rivalisierenden Cities durch ganzheitliche Marketingstrategien differenziert zu positionieren.

2. 2 Umfassendes City-Marketing

Strategische Haltungen im City-Marketing sind um so schwerer zu kopieren bzw. zu unterlaufen, je mehr Rückhalt sie in der Stadtpolitik und im regionalen Gefüge finden. Damit aber erweitert sich das zu berücksichtigende Spannungsfeld um die Interessenlagen der betroffenen Bevölkerungsgruppen. Fremdenverkehrsorte können darüberhinaus auch die Anliegen ihrer Gäste in die Entwicklung von Strategien einarbeiten.

Umfassendes City-Marketing betrifft also
- alle lokalen bzw. regionalen bzw. "fremden" Personengruppen, die Zeit und/oder Ressourcen investieren, sowie
- den gesamten sozio-ökologischen Bezugsraum solcher Investitionen.

3. Politische, soziale und natürliche Wirtschaftsrahmen

Umfassendes City-Marketing setzt sich zwar weiterhin für Innenstädte ein, wählt aber die Verflechtung der ganzen Stadt mit deren Umgebung zum Ausgangspunkt der Auseinandersetzung mit den Sichtweisen der Betroffenen. Es nimmt deshalb politische, soziale und ökologische Belange ebenso ernst wie die wirtschaftlichen Interessen der Innenstädter.

3.1 Stadt, Natur und Soziales

Obwohl die Ausweitung von Städten als Bedrohung der Natur gesehen werden kann, ist sie doch auch eine Chance für die Natur. Öffentliche Verkehrsmittel, Fernwärme oder Abwässerklärung beispielsweise sind im Rahmen der Stadt deutlich billiger und leichter bereitzustellen, als in weitläufigeren bzw. spärlicher besiedelten Gebieten.

Und obwohl sich verfehlte Sozialpolitik in Städten rascher und deutlicher bemerkbar macht, ist doch die Stadt der Ort, wo medizinische und andere soziale Einrichtungen - insbesondere Bildungs- und Kulturstätten - am ehesten ihre Zielgruppen erreichen.

3.2 Positionierende Kopplungen städtischer Wirtschaft

Strategisches City-Marketing trachtet danach, ökologisch und sozial sinnvolle Projekte mit wirtschaftlichen Initiativen der Innenstadt zu koppeln. Die dabei zu berücksichtigenden lokalen Besonderheiten liefern die Ansatzpunkte für die differenzierte Positionierung der Stadt und ihrer City.

4. Fraktale Analyse im umfassenden City-Marketing

Wenn sich City-Marketing nicht nur auf die City, sondern auf das ganze Gefüge ineinander verschachtelter ökologischer, sozialer, wirtschaftlicher und politischer Bezugsrahmen einläßt, braucht es einen entsprechenden theoretischen Gesichtskreis.

Obwohl diesbezüglich natürlich vielfältige Grenznutzenüberlegungen angestellt werden können, soll hier ein anderer Blickwinkel skizziert werden, nämlich die Anwendung fraktaler Theorie. Diese läßt sich nämlich nicht nur im Rahmen naturwissenschaftlicher bzw. offensichtlich quantifizierbarer Problemstellungen nutzen, sondern auch im umfassenden Feld der Beschäftigungspolitik und in den darin regional bzw. urban konkretisierten Problembereichen. (Vgl. [7], S. 63 ff.)

4.1 Fraktale Analyse

Fraktale Theorie analysiert Systeme, die sich dadurch entwickeln, daß sie die eigenen Entwicklungsbedingungen verändern.

Der Kernbegriff fraktaler Analyse ist der fraktale Generator, der seine eigene Form in die Initiatorraum genannte Umgebung einfügt, und diese Form dann in verkleinertem Ausmaß schrittweise immer wieder dem Ergebnis aufprägt.

Ein gutes Beispiel dafür ist die wechselseitige Spiegelung zweier Spiegel. Die fraktale Geometrie beschäftigt sich insbesondere mit der sogenannten fraktalen Dimension, die der Generator in den Initiatorraum hineinarbeitet. Diese Dimension muß nicht wie etwa die eines Würfels drei oder auf einer Ebene zwei, also ganzzahlig, sondern kann vielmehr gebrochen also "fractal" sein.

4.2 Voraussetzungen fraktaler Analyse

Das rein quantitative Wachstum von Städten wurde durch Anlagerungen von Generatorelementen an Infrastrukturen simuliert. (Vgl. [1], S. 43 ff.)

Voraussetzung für die Anwendung fraktaler Theorie auf unsere Problemstellung - umfassendes City-Marketing - ist, daß die Entwicklung von Städten als Ergebnis einer elementaren sich wiederholenden Formbildung rekonstruiert wird. (Vgl. [3], S. 114)

Um die Aufgabenstellungen der Stadt- bzw. Regionalentwicklung so zu rekonstruieren, kann insbesondere beim Begriff der Wettbewerbsumgebung angeknüpft werden. Die auf den ersten Blick unübersichtliche Problematik eines umfassenden City-Marketing gliedert sich dann in ein Gefüge verschachtelter Wettbewerbsumgebungen, die ökologische Umfelder gesellschaftlich ordnen und verändern.

4.3 Fraktal organisierte Zeit im City-Marketing

Als Schlüsselgröße des City-Marketing gilt im hier vertretenen Ansatz die menschliche Zeit bzw. deren arbeitsteiliger Einsatz in diversesten Formen. Diese Überlegung führt zu einer vollständig rekursiven Aufschlüsselung:

Zeiteinsatz leitender Zeiteinsatz erzeugt die Wettbewerbsräume weiteren Zeiteinsatzes.

So gesehen entspricht die fraktale Dimension des entstehenden sozio-ökologischen Systems der Differenzierung der darin organisierten Beschäftigung. Der fraktale Generator ist ein Generator von Beschäftigung.

City-Marketing formt also Räume für rivalisierende Beschäftigung. Anzumerken ist, daß diese Vorgangsweise vorzüglich zu den neueren Erkenntnissen der Wettbewerbstheorie paßt. Denn Porter zeigte, daß nationale bzw. regionale Wettbewerbsfähigkeit hauptsächlich von der Gestalt der jeweiligen Wettbewerbsumgebung abhängt, statt wie früher angenommen von deren komparativen Vorteilen wie etwa günstigen Faktorpreisen. (Vgl. [4], z.B. S. 656)

4.4 Heuristiken

Diese Denkbewegung führt zu zwei einfachen Heuristiken:

(1) Das System wird umso flexibler und wettbewerbsfähiger, je differenzierter die Wettbewerbsräume von Beschäftigung werden bzw. je einfacher derartige Differenzierung von Beschäftigung vorangetrieben werden kann.

(2) Je vollständiger die Komplexität der jeweiligen Umgebung in den zu differenzierenden Systemen abgebildet wird, desto vollständiger entsprechen die Differenzierungen den verschachtelten Bedingungs- und Interessenlagen der Teilsysteme.

Die theoretische Ausarbeitung dieses Gedankenganges ist derzeit noch im Gange, bevor Hypothesen festgelegt und empirisch geprüft werden können, bedarf es geeigneter Pilotprojekte und eines aus pragmatischer Sicht für sinnvoll zu erachtenden Kontextes weiterer Untersuchungen.

5. Fallbeispiel Wolfsberg: Das Paradies im Paradies

Theoretische Ideen reifen in der Begegnung mit konkreten Entwicklungsfragen. Eine erste Erprobung der gerade skizzierten Theorieperspektive wurde kürzlich abgeschlossen. In Zusammenarbeit mit den Managementconsultants der Firma CAST wurde ein Leitbild für Wolfsberg bzw. eine Serie von Maßnahmen zur Positionierung dieser Stadt erarbeitet. Dabei waren nicht nur Lösungen für die Probleme der Stadt zu finden, sondern auch die Problemlösungsfähigkeiten dortiger Akteure zu steigern.

Anhand dieses Fallbeispiels ist nun zu plausibilisieren, daß

- die Akteure durchaus in der Lage waren, ein umfassendes Problemverständnis zu erwerben und in Lösungsvarianten umzusetzen, und daß
- die skizzierten Heuristiken einen auch praktisch bedeutsamen Bezugsrahmen für umfassendes City-Marketing abgeben.

5.1 Projektüberblick

Das Projekt "Zukunft Wolfsberg" wurde zunächst vom Land Kärnten, von der Handelskammer Kärnten und von der Stadtgemeinde finanziert. Nun beteiligt sich auch die lokale Interessengemeinschaft der innerstädtischen Wirtschaftstreibenden (vgl. die Anmerkung unter dem Gliederungspunkt 8.2.).

Nach der Projektvorbereitung und einem Kick-Off-Workshop, indem drei Projektarbeitsgruppen (Ökologie, Wirtschaft und Soziales) in den Kontext einer

Projektorganisation (Projektbeirat, Steuergruppe, Projektkoordinationsgruppe, Arbeitsgruppen) gestellt wurden, folgten drei weitere Projektphasen.

5.1.1 Analysephase

Die Analysephase umfaßte:

- eine Aufarbeitung diverser Sekundärdaten,
- von Mitgliedern der Projektarbeitsgruppen durchgeführte Interviews mit Experten und ausgewählten Betroffenen,
- Verdichtung und kreative Interpretation sowie Präsentation der Ergebnisse durch das Beraterteam in einer Ist-Analyse der Bereiche
  - Ökologie (Demographie/Ökologie),
  - Wirtschaft/Beschäftigung (Landwirtschaft, Industrie/Gewerbe, Handel/Dienstleistung/Tourismus, Verkehr/Infrastruktur),
  - Soziales (Wohnen/Freizeit/Sport/Kultur, Gesundheit/Sicherheit, Bildung),
  - Politik.

5.1.2 Leitbilderstellungsphase

Die Leitbilderstellungsphase inkludierte:

- Workshop zur Verarbeitung der Ergebnisse der Analysephase,
- Ausarbeitung wichtiger Leitbildelemente durch die Arbeitsgruppen,
- Workshop zur Verabschiedung des Leitbildes sowie der Planung der Kommunikation nach außen sowie der Erstellung von Detailkonzepten für die Verankerung des aus den folgenden Abschnitten bestehenden Leitbildes:
  - Kernelement der Identität von Wolfsberg (der Stadt im Paradies Lavanttal),
  - ökologische, wirtschaftliche und soziale Vision sowie Gesamtvision,
  - ökologische, wirtschaftliche, soziale bzw. gemeinsame und politische Stoßrichtungen
  - sowie Maßnahmenvorschlägen, die sich auf drei spezifische Kompetenzen Wolfsbergs stützen bzw. diese organisatorisch kontrolliert in die Wirklichkeit umsetzen.

5.1.3 Implementierungsplanungsphase

Die Phase der Implementierungsplanung beinhaltete:

- Erstellung des Detailkonzepts für die nächsten drei Jahre, welches inzwischen mehr als 30 Maßnahmen beinhaltet, die nach folgendem Schema charakterisiert wurden:
  - was, wann, wer,

  - Zeiteinsatz des City-Managers,
  - Kosten und Mittelherkunft,
  - verwendete Kommunikationsmedien.
- sowie einen Abschlußworkshop.

5.2 Im Projekt Wolfsberg angewandte Heuristiken

Die drei Arbeitsgruppen und die von der Projektkoordinationsgruppe betreute Ideenbox lieferten eine Fülle von Ideen, die in Zusammenarbeit zwischen Betroffenen und Beratern zu einem sozio-ökologisch qualifizierten Leitbild verdichtet wurden. Dabei ging es im Sinne der beiden genannten Heuristiken um die möglichst vollständige Abbildung der relevanten Komplexität in möglichst einfachen und flexiblen Organen der fortschreitenden Differenzierung der regionalen und innerstädtischen Wettbewerbsumgebung.

Zentrale Idee der angestrebten Positionierung ist die Schaffung überschaubarer Paradiese in der Stadt, die den quasi-paradiesischen Charakter des Lavanttales in der City bzw. in städtischen Entwicklungskernen manifestieren und so zu Angelpunkten wirtschaftlicher und sozialer Entwicklung werden, ohne dabei in Konflikt mit ökologischen Anliegen zu geraten.

5.3 City-Manager in der lernenden Stadt

Dem City-Manager ist dabei eine Schlüsselrolle zugedacht. Er fungiert als parteipolitisch ungebundene, über wirtschaftlichen und sozialen Einzelinteressen stehende Koordinationsinstanz der Verflechtung von Zeit- und Ressourceninvestitionen in lokale Projekte im Zuge der angestrebten Differenzierung der Wettbewerbsumgebung.

Langfristig wird eine möglichst rasche und reibungsarme Umsetzung von Vorschlägen (Ideenbox) in Projekte bzw. entsprechende Maßnahmen angestrebt. Die Stadt lernt, Zeit- und Ressourceninvestitionen nach Maßgabe des selbstgeschaffenen und kontinuierlich adaptierten Leitbildes zu tätigen.

Die das Projekt ursprünglich moderierenden Wissenschaftler und Berater machen sich bewußt überflüssig.

6. Silberstreif am Horizont der Migration

Vor dem Hintergrund des skizzierten fraktal-theoretischen Bezugsrahmens und der ersten praktischen Erfahrungen wird abschließend über weiterreichende Perspektiven eines umfassenden City-Marketing spekuliert.

6.1 Paradox der Problemlösung im Migrationskontext

Lediglich auf die Integration der Zuwanderer am Zielort bezogene Konzepte haben kaum Aussichten auf Erfolg. Je länger und besser die Bewältigung des Ansturms gelingt, desto attraktiver wird das jeweilige Migrationsziel für Neuzuwandernde. (Vgl. [6])

Deshalb ist offensichtlich ein gestaffeltes Abfangen der Wanderungsströme anzustreben. Eine Möglichkeit wäre die Einrichtung eines Gürtels von attraktiven Ansiedlungszielen zwischen Wanderungsursprüngen und Zielregionen bzw. die Bindung des Wanderungspotentials am Ursprung. Da letzteres aufgrund politischer und ökonomischer Rahmenbedingungen nicht immer möglich scheint, wären entsprechende Zwischenregionen ausfindig zu machen und durch Mobilisierung internationaler Mittel soweit aufzuwerten, daß sie Pufferrollen übernehmen können.

6.2 Pragmatik weiterer Forschungsprojekte

Mittelfristiges Ziel von Forschungen und Pilotprojekten wäre demnach die Entwicklung von modularen Konzepten, die geeignete lokale Wettbewerbsumgebungen bei der Bewältigung damit zusammenhängender Aufgaben unterstützen und dahingehende politische, wirtschaftliche und technologische Initiativen konsensfähig werden lassen. (Vgl. [5], S. 5 ff.)

6.3 Beispielhafte Chance an der Grenze Transsylvaniens

Ein diesbezüglich besonders interessantes Gebiet ist Debrecen bzw. die Umgebung dieser ungarischen Stadt. Im 17. Jahrhundert unabhängig, zwischen Ungarischem Königreich, Osmanischem Reich und Transsylvanien gelegen, ist die Stadt heute ein relativ unterentwickeltes peripheres Zentrum Ungarns. Ungarn allein kann kaum die Mittel aufbringen, die diese neuralgische Region zu einem Attraktor für Migrationsströme ausbauen kann. Andererseits böten beispielsweise bislang planwirtschaftlich geleitete Industrien, Eisenbahnlinien und eine aufgelassene sowjetische Luftbasis sowie die dortigen Universitäten interessante Anknüpfungspunkte für Entwicklungen. (Vgl. [8], S. 3 ff.)

6.4 Fraktale Interpretation und Verallgemeinerung

Aus der Metaperspektive fraktal auf Selbstähnlichkeiten abstellender Überlegungen zu Zeit- und Mitteleinsatz kann die Einrichtung einer Wettbewerbsumgebung für umfassende City-Marketing-Projekte vertreten werden. Diese müßte Zeit- und Mitteleinsatz in internationalem Maßstab in multiple regionale Ausprägungen ökologischer, sozialer, wirtschaftlicher und politischer Rahmenbedingungen einspeisen, um so geeignete Wettbewerbsumgebungen für Versuche zu schaffen, differenzierte Stadtpositionierungen durch eine entsprechende Fülle von partizipativ entwickelten Detailprojekten voranzutreiben.

Fraktale Überlegung abrundend fragt sich diese Verallgemeinerung letztlich, warum die Treuhand lieber tausende Betriebe "saniert", statt in Kooperation mit den Gebietskörperschaften die überschaubarere Zahl der städtischen Wettbewerbsräume in den neuen Deutschen Bundesländern zu differenzieren.

7. Zusammenfassung

Umfassendes City-Marketing strebt die partizipative Gestaltung von Wettbewerbsumgebungen für den Einsatz von Zeit und Mitteln an. Es trachtet danach, die jeweilige Komplexität der Lage möglichst vollständig in den Projektinstanzen abzubilden und die Prozesse der Differenzierung der jeweiligen Rivalitätsumgebung bzw. der Positionierung der Stadt möglichst zu vereinfachen. Aus fraktaler Perspektive geht es um die Differenzierung von Zeiteinsatz durch Zeiteinsatz. Im demographisch-politischen Kontext europaweiter Migration ist die Einrichtung von Wettbewerbsumgebungen für derartige umfassende City-Marketing-Initiativen ins Auge zu fassen.

8. Anmerkungen und Literatur

Diese Kurzdarstellung erlaubt keine detaillierte Aufschlüsselung der einschlägigen Literatur. Die mit * markierten Literaturhinweise führen zu weiteren Quellen.

8.1 Literaturhinweise

[1] * Batty, M.: Cities as Fractals: Simulating Growth and Form, in: Crilly, A.J./ Earnshaw, R.A./Jones H.: Fractals and Chaos, New York 1991.

[2] * Hörschgen, H./Froböse M.: Arbeitspapier Nr. 26 Beiträge zum regionalen Marketing, Stuttgart-Hohenheim 1991.

[3] * Mandelbrot, B.: The Fractal Geometry of Nature, New York 1983.

[4] * Porter, M.: The Competitive Advantage of Nations, London 1990.

[5] Schreiber, M./Werdigier W.: A City-Marketing Concept for Communication Enterprise Zones (The Case of Economies in Transition), in: der Markt, Wien 1991/1.

[6] Schreiber, M.: Multikulturelle Entfaltung von Städten, in: Marcher, B. (Hrsg.): Hallo Nachbar! Österreich auf dem Weg in die multikulturelle Gesellschaft. Dokumentation einer Studientagung zum interkulturellen Lernen im Dr. Karl-Renner-Institut, Wien 1991.

[7] * Schreiber, M.: Fraktale Differenzierung ursprünglicher Vollbeschäftigung, in: Kurswechsel, Heft 2, Wien 1992.

[8] Süli-Zakar, I./Béres, C.: Debrecen and Hajdú-Bihar Country. Conditions and Possibilities for Regional Development, Debrecen 1991.

8.2 Anmerkungen

Zeitgleich mit dem Projekt Wolfsberg wurden von anderen Beratern bzw. Wissenschaftlern im Auftrage der ARGE Ortsmarketing des Landes Kärnten und der fünf Gemeinden Wolfsberg, St. Veit, Feldkirchen, Arnoldstein und Oberdrauburg unter der Geschäftsführung der Handelskammer Kärnten Sektion Handel auch Leitbilder für die vier anderen genannten Gemeinden erarbeitet. Eine Evaluation dieser Projekte liegt allerdings bislang nicht vor.

Kulturloses Marketing? - Über den Stellenwert von Kulturkonzepten im Internationalen Marketing

Arnold Schuh

1. Einleitung

1.1. Problemstellung

Seit Beginn der achtziger Jahre läßt sich eine zunehmende Dynamik in der internationalen Unternehmenstätigkeit und im weltweiten Wettbewerb beobachten, die mit dem Terminus "Globalisierung" umschrieben wird. In bisher ungeahnter Intensität begannen Unternehmen, ihre Produkte und Dienstleistungen auf existierenden und neuen ausländischen Absatzmärkten anzubieten, ihre internationale Präsenz in Form von Produktions- und Vertriebsniederlassungen auszubauen und mit ausländischen Partnern zusammenzuarbeiten. Im Verlauf der Globalisierung wurden die Unternehmen nun aber in einer Vielzahl von Ländermärkten tätig, die sich hinsichtlich ihrer Umwelt- und Marktcharakteristika zum Teil erheblich unterschieden. Gleichzeitig stellte sich aber die Aufgabe, die weltweit gestreuten Unternehmensaktivitäten zu koordinieren und zu integrieren, um Kostenvorteile, Lerneffekte und Imagevorteile zu realisieren.

Insbesondere Marketing-Manager im Konsumgüterbereich sehen sich mit der Entscheidungssituation konfrontiert, inwieweit auf markt- und kulturbedingte Unterschiede in der Gestaltung des Marketing-Programms einzugehen ist. Gerade in der Nahrungsmittel-, Bekleidungs- oder Möbelbranche haben kulturelle Einflüsse eine große Bedeutung. Verfolgt man die Globalisierungsdiskussion, dann fällt aber die Dominanz ökonomischer gegenüber kultur- bzw. verhaltensbezogenen Faktoren auf. Nationale Marken, an den Kulturraum angepaßte Werbekampagnen und Produktkonzepte werden durch extrem standardisierte, länderübergreifende "Euro-" oder Weltkonzepte ersetzt. Obwohl sich in den letzten Jahren eine differenziertere Vorgangsweise bei den Globalisierungsstrategien erkennen läßt, stellt sich die grundsätzliche Frage, wie sich der Global-Marketing-Begriff mit dem traditionellen Marketingverständnis, bei dem die Kundenbedürfnisse und -wünsche Ausgangspunkt der Gestaltungsentscheidungen sind, deckt.

1.2. Zielsetzung und Methodik

Im Rahmen dieses Beitrags soll untersucht werden, welche Bedeutung Kulturkonzepten gegenwärtig im Internationalen Marketing zukommt. In einem zweiten Schritt werden vermutete Ursachen für die Vernachlässigung kulturbezogener Ansätze im sogenannten Global-Marketing diskutiert und ein praktikables Kulturkonzept für das Internationale Marketing vorgestellt. Die Ausführungen basieren auf einer Aufarbeitung der vorliegenden Literatur zum Internationalen bzw. Globalen Marketing.

2. Evolution der Internationalen Marketing-Konzeption: Vom Internationalen zum Globalen Marketing

Das Global-Marketing-Konzept stellt eine Neuorientierung der Internationalen Marketing-Konzeption dar. Während in der Marketingliteratur der 60er und 70er Jahre (vgl. [3]; [10]) die länderspezifischen Rahmenbedingungen und Besonderheiten von Märkten die Konzeption des Internationalen Marketing bestimmten, wurden durch den Global-Marketing-Ansatz unternehmensstrategische Überlegungen in den Vordergrund gestellt (vgl. [16]; [17]; [18]; [26]). Bereits 1968 beschäftigte sich Buzzell in seinem Artikel "Can You Standardize Multinational Marketing?" mit den Möglichkeiten eines integrierten Ansatzes im multinationalen Marketing ([2]). Aber erst Levitts Plädoyer "The Globalization of Markets" leitete im Internationalen Marketing eine fast als Paradigmawende bezeichenbare Auffassungsänderung ein (vgl. [18]).

Im Gegensatz zur bis dahin vorherrschenden Auffassung, daß internationale Marketing- und auch Unternehmensstrategien als lokales Problem gesehen werden, das auch am besten vom lokalen Management gelöst werden kann, kommt es im Globalen Marketing zu einer Betonung der Weltmarktorientierung. Globales Marketing wird als Prozeß aufgefaßt, der die Fokussierung der Zielsetzungen und Ressourcen eines Unternehmens auf die Nutzung von sich weltweit bietenden Marktchancen umfaßt (vgl. [17]). Die Identifizierung von weltweit ähnlichen Anwendungssituationen bzw. sich im Kaufprozeß ähnlich verhaltenden Kundengruppen bietet die Möglichkeit, bestehende oder neu zu entwickelnde Problemlösungen in Form von Produkten oder Dienstleistungen in einer Vielzahl von Ländern und in hohem Maße standardisiert zu offerieren. Eine ausgeprägte Koordination und Integration der weltweiten Aktivitäten ist erforderlich, um die mit der Globalisierung zusammenhängenden Kostendegressions-, Synergie- und Ausstrahlungseffekte zu nutzen.

Diese Neuorientierung ist aber nur im Kontext der Veränderungen in der internationalen Unternehmensumwelt zu verstehen. Die Erleichterung des internationalen Warenhandels durch den Abbau von tarifären und nichttarifären Barrieren (z.B. Vollendung des EG-Binnenmarktes) , die Verbesserung der Kommunikations- und Transporttechnologien, die Herausbildung regionaler Medien- und Handelsstrukturen sowie international feststellbare Angleichungstendenzen im Kauf- und Beschaffungsverhalten von Kunden schaffen die Voraussetzungen für die Umsetzung von Globalisierungskonzepten (Kritische Einwände dazu bei [9]). Levitt ([18], S.92) hebt die vereinheitlichende Kraft der Technologie hervor: "A powerful force drives the world toward a converging commonality, and that force is technology. .... The result is a new commercial reality - the emergence of global markets for standardized consumer products on a previously unimagined scale of magnitude". Die meisten in der Literatur zitierten Erfolgsbeispiele (vgl. [14]; [18]; [26]) beziehen sich tatsächlich auf sogenannte "technology-driven products" (z.B. Kraftfahrzeuge, Computer, Unterhaltungselektronik, Kunststoffe).

3. Zum Stellenwert kulturbezogener Ansätze im Internationalen Marketing

Untersucht man die gängige Literatur zum Internationalen Marketing ([3]; [6], [15]; [16]; [17]; [20]; [27]) hinsichtlich der verwendeten Kulturkonzepte, dann stößt man vorwiegend auf soziokulturelle Ansätze. Diese Ansätze gehen davon aus, daß Kultur und Sozialsystem einen integrierten, untrennbaren Gesamtkomplex bilden und daß sich Kultur in bestimmten sozialen Verhaltensweisen und materiellen Kulturprodukten manifestiert (vgl. [7], S.59). Der Begriffsumfang wird meistens willkürlich vom Autor festgelegt, es existiert weder ein theoretisches noch ein operationales konzeptionelles Kulturmodell. Eine Ausnahme stellte das "Model of Cross-Cultural Consumer Behavior" von Sheth/ Sheti ([25], S.369ff.) dar, das die Kulturfrage analog dem Adoptionsverhalten bei Innovationen abhandelt. Die Wirkungsbeziehungen zwischen kulturellen Faktoren und Gestaltungsmaßnahmen im Marketing werden anhand von einzelnen Fallbeispielen (z.B. Auswirkung des Koran auf die Werbegestaltung) und kulturbezogenen Fallgruben ("pitfalls") demonstriert. Eine gezielte Erforschung und Aufarbeitung, die über das Anektodenhafte hinausgeht (vgl. [22]) und eine theoriegestützte Marketingplanung erlaubt, liegt jedoch im Bereich des Internationalen Marketing nicht vor.

Versucht man zu ergründen, warum Kulturkonzepten im Internationalen Marketing eine so geringe Bedeutung beigemessen wird, dann lassen sich meines Erachtens folgende Ursachen anführen:

- Theoriedefizit
- Methodische Probleme
- Global-Marketing-Paradigma
- Pragmatismus

a) Theoriedefizit

Grundsätzlich ist festzuhalten, daß der Fachbereich Internationales Marketing bzw. Internationales Management generell an einem Theoriedefizit leidet (vgl. [4], S.52; [19], S.122). Trotzdem ist auffällig, daß unter den im Zusammenhang mit dem Internationalen Marketing bzw. Management angeführten Theorien (siehe z.B. Überblick bei [19], S.114ff.) kaum verhaltenswissenschaftliche zu finden sind. Bezeichnend ist die Aussage von Buckley ([1], S.9), daß Kultur von Ökonomen vielfach mit der nicht interpretierbaren Restgröße in ihren Modellen gleichgesetzt wird. Am ehesten zeichnet sich noch der Managementbereich ("Comparative Management") durch empirische Untersuchungen aus (z.B. [11]). Auch Holzmüller konstatiert einen Mangel an forschungsleitenden Theorien, willkürliche Problemauswahl, einen Hang zu eklektischen Forschungsdesigns sowie unzureichende Grundlagendiskussionen im methodischen und theoretischen Bereich ([13], Sp.1152). Der Stand der Forschung kann als fragmentarisch und empiristisch beschrieben werden, was allerdings auch charakteristisch für junge Wissenschaften ist.

b) Methodische Probleme

Der hohe Aufwand (Zeit, Kosten, internationale Teamarbeit, Überwindung von Sprachbarrieren), der mit interkultureller Forschung verbunden ist, behindert ebenfalls eine umfangreiche Betätigung auf diesem Gebiet (vgl. [1], S.12). Auch gilt es noch, spezifische Methodenprobleme in der Datengewinnung (Meßinstrumente, Erhebungseinheiten und -situationen) zu lösen (vgl. [12]).

c) Global-Marketing-Paradigma

Wie schon erwähnt, führt die durch das Global-Marketing-Konzept eingeleitete Auffassungsänderung im Internationalen Marketing zu einer Vernachlässigung von Kulturfragen. Inhaltlich kommt es beim Global-Marketing zu einer Betonung der strategischen Aspekte des Internationalen Marketing und, wie gerade in den letzten Jahren beobachtbar, zur Beschäftigung mit organisatorischen Aspekten im Zusammenhang mit der Koordination und Umsetzung von Globalisierungsstrategien. Die Reduzierung des Kulturfaktors auf ein nachrangiges Prüfkriterium, anhand dessen die Akzeptanz eines Produktes in anderen Kulturräumen beurteilt wird, ist aber nicht gerechtfertigt. So ist beispielsweise für die Bildung der "Global Market Segments" (Weltzielgruppen), also jenen Kundengruppen, die in verschiedenen Ländern bzw. Kulturräumen ein ähnliches Kaufverhalten aufweisen, die Kenntnis der Kulturunterschiede, die das individuelle Verhalten prägen, fast Voraussetzung. Gleiches gilt für die Datenerhebung. Die Vergleichbarkeit der länderspezifischen Erhebungsergebnisse ist im Grunde nur dann sichergestellt, wenn vorher die kulturellen Einflüsse auf die Erhebungssituation (z.B. kulturtypische Reaktions- und Antworttendenzen wie Höflichkeitsantworten oder Auskunftsverweigerung) ermittelt wurden (vgl. [12]). Auch im Strategiebereich zeigen mehrere Studien, daß der Kulturfaktor bei internationalen Marken-, Werbe- und Verkaufsstrategien nicht unterschätzt werden darf (vgl. u.a. [5]; [21]; [29], S.22ff.).

d) Pragmatismus

Das internationale Marketing-Management hat immer schon ein hoher Pragmatismus im Entscheidungsverhalten ausgezeichnet. Bereits Douglas/Wind ([9], S.2) beklagen die bei international tätigen Unternehmen beobachtbare Ablehnung gegenüber der Beschäftigung mit den Gegebenheiten des Auslandsmarkts und gegenüber der Auslandsmarktforschung. "Trial-and Error"-Methoden sind in der Export-Praxis häufiger anzutreffen als systematische Markterkundungen. Die unzähligen in den Lehrbüchern zum Internationalen Marketing vorzufindenden Heuristiken (z.B. Checklists für die Auswahl der Markteintrittsvariante, für internationale Produktgestaltung oder für die Prüfung der Übertragbarkeit von Werbekampagnen) sind ein Beispiel dafür, wie der theorielose Zustand in Lehre und Praxis gemeistert wird. Immer dann, wenn bei Handlungsempfehlungen auf keine theoretischen Grundlagen zurückgegriffen werden kann, erfolgt die Anwendung von Erfahrungsgrundsätzen bzw. heuristischen Prinzipien (vgl. [23], S.7). Weiters ist im Umsetzungsbereich ein Eingehen auf marktspezifische Besonderheiten zu erkennen, also ein realitätsnäheres Managerverhalten als durch das Global-Marketing-Konzept suggeriert wird. Über organisatorische Lösungen wie z.B. Koordinationsgruppen, Einbeziehung lokaler Experten in die Marketingprogramm- entwicklung, Prototype bzw. Pattern Standardization oder internationale Job-Rotation wird die Anpassung an die sozialen, politischen und kulturellen Gegebenheiten im Auslandsmarkt vorgenommen.

Faßt man die Überlegungen zusammen, so bietet sich (überhaupt aus der Sicht eines Marketingwissenschafters) nur die Suche nach bzw. die Erarbeitung eines geeigneten Kulturkonzepts als Lösung an. Ein konzeptionell und empirisch gut abgestütztes Theoriegebäude kann dann als Basis für Handlungsempfehlungen bei kulturüberschreitenden Entscheidungen herangezogen werden.

4. Das Konzept der subjektiven Kultur - Vorschlag für ein praktikables Kulturkonzept im Internationalen Marketing

Ein für das Internationale Marketing geeignetes Kulturkonzept glauben Schuh/ Holzmüller ([24]) in jenen Ansätzen gefunden zu haben, die Kultur als Ideensystem verstehen. Kultur ist dabei als ein System gemeinsamer Ideen zu

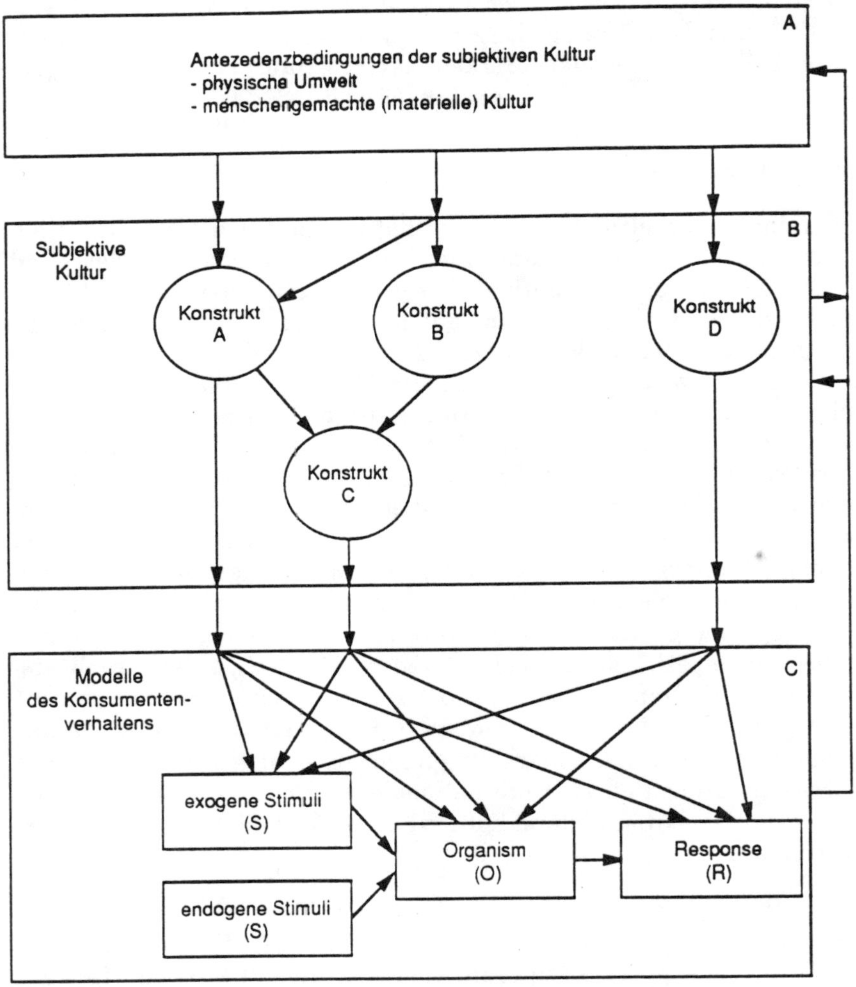

Abb. 1: Subjektive Kultur und Konsumentenverhalten

begreifen, das den Kulturmitgliedern eine Orientierung in der sozialen Welt ermöglicht und von unbewußt bleibenden Denkstrukturen geprägt ist (vgl. [7]). Im Gegensatz zum materiellen Kulturbegriff stehen in diesem "kognitiven Ansatz" die kollektiven Kognitionen von Menschen, also die gedanklichen Gemeinsamkeiten von Personen, im Mittelpunkt des Interesses.

Ein weithin akzeptierter kognitiver Ansatz ist das Konzept der subjektiven Kultur nach Triandis ([28]), das unter Kultur die charakteristische Art versteht, in der eine Personenmehrheit ihr soziales Umfeld wahrnimmt. Im Unterschied zum - im internationalen Marketing typischerweise verwendeten - nationalen bzw. regionalen Kulturbegriff, der eine Gruppenbildung nach Ähnlichkeiten in Sprache, Religion und sozialen Gegebenheiten vornimmt, setzt die subjektive Kultur bei geteilten Wahrnehmungen, Wertvorstellungen und Normen- bzw. Rollensystemen an. Abb. 1 stellt den Zusammenhang zwischen subjektiver Kultur und Verhaltensdimensionen dar ([24]).

Nach Triandis ([28], S.10) lassen sich folgende zentrale Elemente der subjektiven Kultur unterscheiden, die sowohl "pancultural" sind als auch "variations across culture" zulassen (marketingbezogenen Beispiele vom Verfasser hinzugefügt):

Kulturelemente	Beispiele aus dem Marketing
Assoziationen	Farbbedeutung, Werbewirkung
Einstellungen	Produktbezogene Einstellungen
Überzeugungen	Fortschrittsglaube, Technologiegläubigkeit
Konzepte/Kategorien	Intimität, Hygiene, Freundschaft
Rollenwahrnehmung	Geschlechtsspezifische Rollenverteilung im Kaufentscheidungsprozeß
Bewertungen	Qualitätsbeurteilung von beworbenen Produkten
Erinnerungen	Modezyklen (Stilelemente, Schrifttypen)
Stereotype	Country-of-Origin-Effekte, Markenbilder
Erwartungen	Preisentwicklung, Produktqualität, Kundenservice
Werte	Materialismus, Vergnügen, Sicherheit

Diese einzelnen Konstrukte, die in Beziehung zueinander stehen können, sind als Filterebene (Ebene B in Abb. 1) zwischen den eher objektivierbaren Bedingungen in einem Kulturkreis (Ebene A in Abb. 1) und den korrespondierenden Kaufentscheidungsprozessen (Ebene C in Abb. 1) zu sehen.

Als hypothetisches Marketing-Beispiel sei der Kauf von Oberbekleidung dargestellt. Ausgehend von bestimmten klimatischen Verhältnissen, sozialen Normen, Assoziationen und bedingt durch geschichtliche Entwicklung entsteht in einer Personenmehrheit über die Jahre eine grundsätzliche Auffassung (Konzept, Bewertung, Überzeugung) über die Art der Bekleidung in bestimmten sozialen Situationen, die regional zugeschrieben werden kann. Diese subjektive, kulturbedingte Sichtweise wirkt als intervenierende Variable auf die Produktgestaltung (Managementaspekt) sowie auf die Einstellungen gegenüber einzelnen Stilen, Stoffen, Schnitten, Farben und Marken, auf die Anzahl der Kleidungsstücke, die jemand besitzen soll, und auf das Kleidungswechselverhalten ein (Konsumentenebene). Dieses Modell würde die kulturübergreifende Analyse einzelner Konstrukte der subjektiven Kultur ermöglichen. Mit Hilfe dieses Modells könnte der Grad der Kulturgebundenheit von Kaufentscheidungen in verschiedenen Ländern bzw. Kulturräumen ermittelt werden und es könnten - im Zusammenhang mit internationalen Marketingentscheidungen - kulturbedingte Fehlerquellen im vorhinein erkannt und ausgeschlossen werden.

5. Zusammenfassung

Die derzeit im Internationalen Marketing vorherrschende Global-Marketing-Philosophie vermittelt den Eindruck, daß kulturbezogene Verhaltensunterschiede in der internationalen Marktbearbeitung zu vernachlässigen seien. Die dem Global-Marketing inhärente anbieterbezogene und vom ökonomischen Kalkül geprägte Denkweise steht im krassen Widerspruch zum traditionellen Marketingverständnis. Im Beitrag wird aufgezeigt, daß Verhaltens- bzw. Kulturaspekte weiterhin Gültigkeit besitzen. Jedoch ist es notwendig, den Faktor Kultur theoretisch-konzeptionell stärker in der Internationalen-Marketing-Konzeption zu verankern. Dazu wird das Konzept der subjektiven Kultur präsentiert, das der Autor für geeignet hält, als Erklärungsgrundlage für Konsumenten- und Managemententscheidungen in unterschiedlichen Kulturräumen zu dienen.

Literatur

[1] Buckley, P. (1991): The Frontiers of International Business Research, Management International Review, Special Issue 1991, S.7.

[2] Buzzell, R. (1968): Can You Standardize Multinational Marketing?, Harvard Business Review, November-December, S.102.

[2a] Cateora, Ph. (1966): International Marketing, Homewood, IL.

[3] Cateora, Ph. (1978): International Marketing, 6th ed., Homewood, IL.

[4] Cavusgil, T./Nevin, J. (1986): The State of the Art in International Marketing: An Assessment, In: Jain, S./Tucker, L. (Eds.): International Marketing - Managerial Perspectives, 2nd ed., Boston, MA, S.27.

[5] Chasin, J./Holzmüller, H./Jaffe, E. (1988): Stereotyping, Buyer Familiarity and Ethnocentrism: A Cross-Cultural Analysis, Journal of International Consumer Marketing, Vol.1, No.2, S.9.

[6] Czinkota, M./Ronkainen, I. (1988): International Marketing, Chicago.

[7] Dormayer, H.J./Kettern, Th. (1987): Grundlagen konzeptioneller Überlegungen zur Unternehmenskultur, In: Heinen, E. (Hrsg.): Unternehmenskultur, München, S.50.

[8] Douglas, S./Craig, S. (1983): International Marketing Research, Englewood Cliffs, NJ.

[9] Douglas, S./Wind, Y. (1987): The Myth of Globalization, Columbia Journal of World Business, Vol.22, No.4, Winter, S.19.

[10] Fayerweather, J. (1965): International Marketing, Englewood Cliffs, NJ.

[11] Hofstede, G. (1991): Cultures and Organizations - Software of the Mind, London.

[12] Holzmüller, H. (1986): Grenzüberschreitende Konsumentenforschung, In: Marketing ZFP, Februar, S.45.

[13] Holzmüller, H. (1989): Konsumentenforschung, interkulturelle, In: Macharzina, K./Welge, M. (Hrsg.): Handwörterbuch Export und Internationale Unternehmung, Stuttgart, Sp. 1143.

[14] Hout, Th./Porter, M./Rudden, E. (1982): How Global Companies Win Out, Harvard Business Review, September-October, S.98.

[15] Jain, S. (1990): International Marketing Management, 3rd ed., Boston.

[16] Jeannet, J.P./Hennessey H. (1992): Global Marketing Strategies, Boston, MA.

[17] Keegan, W. (1989): Global Marketing Management, 4th ed., Englewood Cliffs, NJ.

[18] Levitt, Th. (1983): The Globalization of Markets, Harvard Business Review, May-June, S.92.

[19] Macharzina, K. (1982): Theorie der internationalen Unternehmenstätigkeit - Kritik und Ansätze einer integrativen Modellbildung, In: Lück, W./Trommsdorf, V. (Hrsg.): Internationalisierung der Unternehmung, Berlin, S.111.

[20] Majaro, S. (1978): International Marketing - A Strategic Approach to World Markets, London.

[21] Martenson, R. (1989): International Advertising in Cross-Cultural Environments, Journal of International Consumer Marketing, Vol.2, No.1, S.7.

[22] Ricks, D. (1983): Big Business Blunders: Mistakes in International Marketing, Homewood, IL.

[23] Scheuch, F. (1989): Marketing, 3. Auflage, München.

[24] Schuh, A./Holzmüller, H. (1992): Internationales Marketing im Spannungsfeld zwischen kulturgebundenen und globalen Konsummustern, Campus Verlag.

[25] Sheth, J./Sethi, P. (1977): A Model of Cross-Cultural Buyer Behavior, In: Woodside, A./Sheth, J./Bennett, P. (Eds.): Consumer and Industrial Buyer Behavior, New York, S.369.

[26] Takeuchi, H./Porter, M. (1989): Die drei Aufgaben des internationalen Marketing im Rahmen einer globalen Unternehmensstrategie, In: Porter, M. (Hrsg.): Globaler Wettbewerb, Wiesbaden, S.127.

[27] Terpstra, V. (1987): International Marketing, 4th ed., Chicago.

[28] Triandis, H. (1972): The Analysis of Subjective Culture, New York.

[29] Yaprak, A./Parameswaran, R. (1986): Strategy Formulation in Multinational Marketing: A Deductive, Paradigm-Integrating Approach, In: Cavusgil, T. (Ed.): Advances in International Marketing, Volume 1, Greenwich, CT, S.21.

Umwelt
–
Mensch
–
Wirtschaft

Ökologische Problemwahrnehmung und Manageridentität. "Umwelt" in den Lebenswelten von Wiener Industriemanagern

Karl-Michael Brunner, Horst Reiger

1. Problemstellung

Die gesellschaftlich produzierte Naturzerstörung ist in den letzten Jahrzehnten immer stärker in das Blickfeld öffentlichen Interesses gerückt. Die Schattenseiten des industriellen Fortschritts wie Naturausbeutung, Gefährdung des Überlebens und Vergrößerung des Arm-Reich-Gegensatzes werden zunehmend sichtbar.Viele Faktoren wie z.B. quantitatives Wirtschaftswachstum oder fehlende ökologische Kostenwahrheit werden für diese negativen Entwicklungen verantwortlich gemacht. In diesem Zusammenhang geraten auch Industrieunternehmen ins Kreuzfeuer der Kritik. Besonders die Entscheidungsträger in solchen Organisationen, die Manager, stehen zunehmend unter Handlungsdruck. Kritisiert werden z.B. gesellschaftliche Verantwortungslosigkeit, ökonomische Kurzsichtigkeit bzw. das Denken in quantitativen Dimensionen auf Kosten von Qualität. Aufgrund dieser Vorwürfe, aber auch aus längerfristigen marktstrategischen Überlegungen bzw. ökologischer Verantwortlichkeit haben viele Unternehmen und Führungskräfte die ökologische Dimension wirtschaftlichen Handelns entdeckt und schrittweise auch zur Grundlage einer erneuerten Unternehmensstrategie gemacht. Oft liegen aber zwischen Ansprüchen, Zielsetzungen und deren Realisierung, zwischen Bewußtsein und Handeln große Kluften: ökologische Rhetorik und konkretes unternehmerisches Handeln gehen zumeist nicht Hand in Hand. Demoskopische Untersuchungen in den hochindustrialisierten Ländern zeigen zwar, daß Umweltschutz einen steigenden Stellenwert in den Zielvorgaben von Unternehmen einnimmt, die konkreten Umsetzungsschwierigkeiten, Barrieren unterschiedlichster Art, Lernhemmnisse und Unvereinbarkeiten treten jedoch oft zugunsten von wohlfeil und widerspruchsfrei präsentierten ökologischen Leitbildern zurück. An diesem Punkt setzt ein Forschungsprojekt an, das am Institut für Soziologie der

Wirtschaftsuniversität gemeinsam von den Autoren und Johann August Schülein durchgeführt worden ist.

2. Projektdesign

Im Zentrum des Forschungsprojekts steht die Frage, wie Manager als Führungskräfte von Unternehmen in ihrem beruflichen Handeln mit der ökologischen Problematik konfrontiert werden und welche Wahrnehmungsmuster und Handlungsstrategien sie dabei ausbilden. Außer der beruflichen sind auch die private Lebenswelt der Manager sowie ihre Einschätzungen zur Entwicklung (welt)gesellschaftlicher Rahmenbedingungen in die Untersuchung einbezogen worden, und zwar aus zwei Gründen:

1. weil ökologische Fragen alle Lebensbereiche gesellschaftlicher Akteure tangieren, und
2. weil sich - so unsere These - in den einzelnen Lebenswelten typische Rationalitätsmuster und Wirklichkeitssichten herausbilden, die es erlauben, mit der Umweltthematik umzugehen.

Da besonders Industrieunternehmen im Zusammenhang mit Umweltverschmutzung gesehen werden, wurden Industriemanager als Untersuchungsgruppe festgelegt. Konkret sind 16 Manager der 1. und 2. Ebene von Wiener Industriebetrieben mit mehr als 500 Beschäftigten befragt worden.

Rekonstruktion und Analyse der wechselseitigen Beeinflussung von Lebenswelten und den Schwierigkeiten, die sich durch die "ökologische Herausforderung" für die Identität von Managern ergeben (können), erfordern ein qualitatives Forschungsdesign. Damit wird sowohl ein differenziertes Eingehen auf die Interviewpartner als auch eine umfassende Erörterung von Themen und Fragestellungen aus ihrer Sicht gewährleistet - auch und gerade in ihren Widersprüchlichkeiten und Komplexitäten. Mit den Managern wurden daher offene Tiefeninterviews durchgeführt, die mit inhaltsanalytischen und tiefenhermeneutischen Interpretationsverfahren ausgewertet worden sind.

3. Ausgewählte Ergebnisse

3.1. Die betriebliche Lebenswelt

Wahrnehmung und Interpretation ökologischer Belange in der betrieblichen Lebenswelt sind in bestimmte **Identitätsmuster** und Selbstsichten eingebettet. Aufschluß über diese geben die Selbstbeschreibungen der Manager, die sich als eine Gruppe charakterisieren, für die

- Engagement,
- Festlegen von und Identifikation mit bestimmten Zielen,
- Selbstkontrolle und -disziplin sowie immer wieder zu erneuernde Motivation sowie
- Gestaltbarkeit und zum Ziel führende Organisation

typische und - aus ihrer Sicht - für die Erfüllung betrieblicher (Führungs-)Funktionen notwendige Attribute darstellen. Dem entspricht eine bestimmte Art von **Rationalität** und Wirklichkeitszugang: Zweck-Mittel-Kalkulationen, Planbarkeits- und Berechenbarkeitskalküle, Umsetzbarkeit und Finanzierbarkeit sind wesentliche Kriterien dafür, wie (auch) Umweltbelange wahrgenommen und eingeschätzt werden. Das bedeutet, daß ökologisches Denken und Handeln im betrieblichen Kontext nicht als Wert an sich, als sinn- und verantwortungsvoller Beitrag der Unternehmen zur Gesellschaftsentwicklung verstanden wird, sondern ausschließlich mit den zentralen Aufgaben der Betriebe verknüpft gesehen wird. So kann umweltgerecht(er)es Handeln für ein Unternehmen zum einen erhöhten Kostenaufwand (durch erhöhten Arbeitsaufwand, mehr umwelttechnikbezogene Investitionen, Veränderungen der Organisationsstruktur), zum anderen mehr "Geschäft" bedeuten, indem z.B. umweltverträglichere Technologien entwickelt und den Mitkonkurrenten als Umwelt-Know-How angeboten werden, ökologischere Produkte mehr Anklang beim Kunden, mehr Absatz und damit verbesserte Marktchancen mit sich bringen können. Hier zeigt sich also ein einseitiges Wahrnehmungs- und Interpretationsmuster, das sich **durch ökonomische und technische Abwägungen und Überlegungen** auszeichnet.

Diese reduzierte Sichtweise von (ökologischer) Wirklichkeit läßt die von den Managern betriebene **ökologische Selbstdarstellung** der Unternehmen in einem etwas anderen Licht erscheinen. Nach ihrer Einschätzung

- sind die Unternehmen ständig bemüht, bei ihrem Schaffen die Umwelt so wenig als nötig zu belasten (gemeint sind fast ausschließlich gesetzlich vorgeschriebene Umweltschutzinvestitionen im technischen und baulichen Bereich),
- haben die Unternehmen den Umweltschutzgedanken in Unternehmensleitbild und -politik bereits eingebaut bzw. werden ihn in Zukunft stärker berücksichtigen,
- sind sie selbst gegenüber ihren Mitarbeitern Vorreiter und Antreiber in Umweltschutzangelegenheiten, zumindest unterstützen sie derartige Bemühungen.

Betriebsexterne Gruppen bzw. Bereiche, die in ökologischer Hinsicht Druck auf die Unternehmen ausüben, werden ebenfalls nach rational ökonomischen Kosten-Nutzen-Überlegungen interpretiert. So werden umweltpolitische Vorgaben in Form von **Gesetzen** fast ausschließlich nach ihrer zeitlichen

Planbarkeit, finanziellen Kalkulierbarkeit und technischen Machbarkeit beurteilt; ob die in den Vorschriften enthaltenen inhaltlichen Zielvorgaben sinnvoll sind, d.h. die Umwelt vor weitergehender Verschmutzung bzw. Zerstörung effektiv zu schützen in der Lage sind, bleibt bei einer derartigen Betrachtungsweise fast gänzlich ausgeblendet bzw. spielt eine untergeordnete Rolle. Ziemliche **Schwierigkeiten** ergeben sich mit jenen Gruppen, die sich - aus der Sicht der Befragten - nicht an rationale Kriterien halten: **Umweltschützer, Anrainer und die Medien**. Ihnen allen wird unterstellt, daß sie einem rationalen Diskurs (mit der Industrie) abhold und nicht diskussionsfähig sind, letztlich irrationale und nicht umsetzbare Vorstellungen und Ansinnen vorbringen; ihnen gehe es nicht um die Sache, sondern darum, ins öffentliche Rampenlicht zu treten; noch dazu verstünden sie nichts von den wirklichen Problemen des Umweltschutzes. Das potentielle **Bedrohungspotential**, das diese Gruppen für die Industrieunternehmen symbolisieren, wird differenziert wahrgenommen: Umweltschützer und Anrainer stellen keine wirkliche Gefährdung für die Unternehmen dar, da sie entweder für ihre oft jeder Grundlage entbehrenden Anschuldigungen eine nur beschränkte öffentliche Aufmerksamkeit erhalten oder durch PR-Maßnahmen der Betriebe "richtig informiert" werden und einsehen, daß ihre Vorbehalte unangebracht sind. Bedrohlicher werden die Medien wahrgenommen, die in ihrer Berichterstattung das ökologische Fehlverhalten "vereinzelter schwarzer Schafe" dem gesamten Industriesektor anlasten und minimale Vorkommnisse zum Anlaß nehmen, der gesamten Industrie den "ökologischen Schwarzen Peter" zuzuschreiben. Am bedrohlichsten erscheint den Befragten eine Kombination aus Umweltschützern und Medien, wobei sich letztere v.a. für Zwecke der grünen, "weltfremden Fundamentalisten" instrumentalisieren lassen.

Der von den Managern antizipierte ökologische Druck des betrieblichen Umfelds hat dazu geführt, daß in der unternehmerischen Lebenswelt eine Fülle von **umweltschützenden Maßnahmen** getätigt werden mußten, "freiwillig" eingeführt wurden bzw. behauptet werden. Als zentraler Modus ist wiederum die ökonomische Rationalität zu nennen: politische Vorgaben in Form von Gesetzen bzw.Verordnungen werden ebenso wie Entscheidungen darüber, ob umweltbezogene Maßnahmen aus Markt- und Konkurrenzgründen eingeführt werden sollen, danach interpretiert bzw. getroffen, ob sie sich als mit unternehmensstrategischen Zielen (z.B. für Zwecke der Imageförderung des Betriebs) und/oder mit den damit zusammenhängenden Kosten bzw. Mehrausgaben kompatibel erweisen. Ökologisch orientierte Maßnahmen betreffen besonders die Bereiche Produktion und Abfall (fast ausschließlich aufgrund gesetzlicher Bestimmungen), Produktgestaltung (Recycling), Marketing (Information der Konsumenten), die betriebliche Organisationsstruktur (Schaffen eines Umweltschutzbeauftragten) sowie die Mitarbeiter (Schulungen an umweltverträglicheren Geräten, Weiterbildungskurse).

3.2. Die private Lebenswelt

Aufgrund der intensiven beruflichen Belastung und zeitlicher Absenz ist den Managern eine bloß geringe faktische Teilnahme am Familienleben möglich. Für ihre Identität und in ihrer Biographie kommt der **Familie** aber **normativ und emotional** eine herausragende Bedeutung zu. Die Haushaltsführung wird im allgemeinen der Ehefrau überlassen, die - so die vorherrschende Einschätzung - tendenziell ökologisch wirtschaftet. Das konstatierte ökologische Engagement von Ehefrau und Kindern wird unterschiedlich beurteilt: Die Reaktion oszilliert zwischen Respekt und Bewunderung auf der einen, Kopfschütteln und Ablehnung auf der anderen Seite. Vor allem die **Kinder** werden als Träger eines Wertewandels identifiziert, der im wesentlichen als Abkehr von bzw. Kritik an der Leistungsnorm wahrgenommen wird.

Die Familie ist jener Ort im Leben der Manager, wo sie mit anderen, alternativen Lebensperspektiven und Identitätsentwürfen konfrontiert werden und sich damit in irgendeiner Form auseinandersetzen müssen. Es lassen sich zwei Typen von Bewältigungsstrategien ausmachen: einmal eine **Verunsicherung** der in der beruflichen Lebenswelt ausgebildeten und als selbstverständlich angesehenen rationalen und ökonomischen Bewußtseinsstruktur, mit der Möglichkeit, eingefahrene Problemsichten zu erweitern; zum anderen ein striktes **Abwehrverhalten** gegenüber derartigen Konzepten. In jedem Fall scheint aber ein Einsickern ökologischer Werthaltungen in die berufliche Identität der Manager stattzufinden.

Die **Brüchigkeit** der nach hochgradig betriebswirtschaftlichen Gesichtspunkten konstruierten beruflichen Identität und Wirklichkeitssicht wird noch gesteigert, wenn sich der Manager selbst in der Rolle des **Konsumenten** erlebt, der den Versprechungen der Warenproduzenten hinsichtlich umweltgerechter Produkte skeptisch gegenübersteht. Auch im **Freizeitbereich** (z.B. beim Schifahren) erfährt er, daß die in der betrieblichen Welt vorherrschenden rationalen Instrumente der Steuerung und Kontrolle nur begrenzt vor weiterer Umweltzerstörung schützen, ja oftmals das Gegenteil hervorrufen.

Die private Lebenswelt wird von den Managern vor allem wegen der Möglichkeit, mit anderen Weltsichten konfrontiert zu werden, eher als Problem erlebt. Hier scheinen die die berufliche Identität stiftenden Vorstellungen der technischen Machbarkeit, der Arbeitsdisziplin, der Steuerung, Organisierbarkeit und Planbarkeit nicht mehr zu greifen und problemlösend zu wirken, weshalb eine **resignative Distanzierung** von diesem Lebensbereich als typische Grundhaltung zutage tritt. Der private Lebensbereich läßt die im Beruf vorherrschende rationale Weltsicht brüchig werden, in ihm werden den Managern die Grenzen und die eingeschränkte Problemlösungskapazität einer ökonomischen und technischen Rationalität bezüglich ökologischer Fragen deutlich vor Augen geführt. Der Privatbereich bietet aber zugleich die **Möglichkeit**, neue und andere Perspektiven hinsichtlich der Umweltproblematik kennenzulernen, denn

- in der Familie sind die Manager am ehesten für eine qualitativ andere Sensibilisierung für das Umweltthema empfänglich,
- als private Konsumenten können sie am ausgeprägtesten Umweltschäden und -zerstörung sowie deren Folgen sinnlich wahrnehmen.

3.3. Politik, Technik und Weltentwicklung

Wie sehen die Manager die **gesellschaftlichen Rahmenbedingungen** ökologischer Entwicklung? In diesem Zusammenhang spielt das **politische System** eine entscheidende Rolle. Generell wird dem politischen System begrenzte Handlungsfähigkeit attestiert, da es wegen struktureller Mängel (Rücksichtnahmen auf Lobbies, kurzfristige Wahlinteressen, Rekrutierungsdefizite, Ziellosigkeit der Politiker, Populismus usw.) nicht in der Lage sei, den Erfordernissen ökologischer Politik Rechnung zu tragen und deshalb für viele Handlungsbarrieren in ökologischer Hinsicht verantwortlich gemacht wird. Zwar werden im politischen System schwere Defizite geortet, gesetzliche Regelungen werden jedoch bei der Umsetzung ökologischer Anliegen als unverzichtbar angesehen. Umweltpolitische Vorgaben werden durchgehend gefordert, einerseits wegen der Möglichkeit langfristiger unternehmerischer Planung, andererseits wegen ihrer potentiell egalitären Wirkung, da sie für alle Betriebe gelten und daher auch möglichen Wettbewerbsnachteilen entgegenwirken.

Während die Rationalität politischen Handelns den Managern nur begrenzt einsichtig erscheint, erweisen sich **Wissenschaft und Technik** als die Hoffnungsträger hinsichtlich der Lösbarkeit ökologischer Probleme. Der "Stand der Technik" und die technische Beherrschbarkeit werden zum non plus ultra ökologischer Problemlösung. Sollten bestimmte Probleme zum jetzigen Zeitpunkt noch nicht lösbar sein, so werden wirtschaftliches Wachstum und technischer Fortschritt in Zukunft auch hier Abhilfe schaffen. Man kann von einer technikoptimistischen "Vorwärtsphilosophie" sprechen: Umweltschutz soll prinzipiell mit Hilfe von Technik betrieben werden. Dahinter steht die Vorstellung, daß auf technische Realität mehr Verlaß ist als auf politische.

Zweckrationalität, Kosten-Nutzen-Überlegungen, Planbarkeit, Entemotionalisierung - diese Aspekte haben für Manager eine wichtige identitätsstabilisierende Funktion. Wie werden nun ökologische Fragen in Zusammenhängen thematisiert, die sich diesen Kriterien weitgehend oder zumindest teilweise entziehen? Auf die Ambivalenz der Befragten gegenüber der privaten Lebenswelt wurde bereits hingewiesen. Ein Bereich, der sich für die Manager ebenfalls rationaler Überlegung und Handhabbarkeit entzieht, ist die **globale Perspektive**, die ökologischen Probleme eingeschlossen. Zumeist erscheint die "Weltproblematik" den Befragten als überbordend, als nicht mit rationalen Mitteln faßbar und damit als angsterzeugend. Bezogen auf Weltprobleme (Überbevölkerung, globale Naturzerstörung, Arm-Reich-Unterschiede usw.) zeigt sich in den Interviews fast durchgehend eine "katastrophische Weltsicht". Diese äußert sich in Vorstellungen über Naturkatastrophen, Hungersnöte und Seuchen, die gleichsam regulierend eingreifen werden und dadurch als "natürliche Lösungen" der Probleme gesehen werden). Hinter derartigen Negativvisionen steht ein im Grunde negatives Menschenbild, viele der Entwicklungen werden gleichsam "anthropologisiert". Diese Argumentationsmuster treten typischerweise immer dann auf, wenn es darum geht, nicht rational faßbare Zusammenhänge zu erklären: das (unabänderliche) menschliche Wesen wird dafür verantwortlich gemacht, daß - im schlimmsten Fall - die Menschheit in die Katastrophe steuert bzw. - im weniger schlimmen Fall - Menschen auch im Alltag ressourcenvergeudend handeln. Wenn Österreich, Europa und die Dritte Welt miteinander verglichen werden, so zeigt sich eineWahrnehmung im Sinne konzentrischer Kreise: Österreich und Westeuropa werden von den Managern als Vorreiter in ökologischer Hinsicht dargestellt; Osteuropa erscheint als wirtschaftliches Hoffnungsland, das seine (auch ökologischen) Probleme unter anderem mit Hilfe österreichischer Unternehmen in ca. zehn Jahren bewältigt haben wird; die Dritte Welt dürfte jedoch weitgehend dem Untergang geweiht sein. Auch bei dieser Einschätzung werden Reichweite und Grenzen der ökonomischen Rationalität sichtbar: was in wirtschaftlichen und technischen Kriterien faßbar scheint, fordert die Aktivität und den Enthusiasmus der Manager heraus; was sich jedoch dieser Wirklichkeitssicht entzieht, wird ausgeblendet oder letztlich mit naturalistischen Interpretationen ins Unabänderliche abgeschoben. So fällt auf, daß im Hinblick auf ökologische Weltprobleme die Vernetzung der eigenen Industrie überhaupt nicht thematisiert wird, viele Probleme monokausal gesehen sowie Kreativität und Ideenreichtum nur insoweit präsentiert werden, als das eigene unternehmerische Handeln reicht.

4. Fazit

Ökologische Probleme werden von Industriemanagern vornehmlich nach betriebswirtschaftlichen Rationalitätskriterien gesehen. Im Vergleich der unterschiedlichen Lebenswelten zeigt sich, daß diese reduzierte Wirklichkeitssicht der Manager nicht überall anwendbar ist. Diese Erfahrungen als Privatmensch, Konsument und Staatsbürger nicht auszuklammern, sondern produktiv zu nützen, könnte auch Lernmöglichkeiten in Richtung betrieblichen Handelns eröffnen und die gesellschaftliche und ökologische Verantwortlichkeit von Managern und Unternehmen steigern. Einsicht in die Komplexität der ökologischen Problematik - wie sie sich zum Teil auch bei den Managern finden läßt -, insbesondere ihre Einbettung in gesellschaftliche Prozesse und Strukturen, müßte die Voraussetzung dafür bilden.

Literaturhinweise

[1] Beck, U.: Risikogesellschaft, Frankfurt 1986

[2] Beck, U.: Gegengifte, Frankfurt 1988

[3] Beck, U.: Politik in der Risikogesellschaft, Frankfurt 1991

[4] Brunner, K.-M./ Reiger, H.: Ökologische Wissensbestände und Handlungsstrategien von Industriemanagern. In: Österreichische Zeitschrift für Soziologie 1/1992

[5] Brunner, K.-M./ Reiger, H./ Schülein, J.A.: Manager und Ökologie. Zum ökologischen Bewußtsein von Industriemanagern. In: Eisendle,R./ Miklautz, E. (Hrsg.): Produkt-Kulturen, Frankfurt 1992

[6] Eberwein, W./ Tholen, J.: Managermentalität. Industrielle Unternehmensleitung als Beruf und Politik, Frankfurt 1990

[7] Glauber, H./ Pfriem, R. (Hrsg.): Ökologisch wirtschaften, Frankfurt 1992

[8] Meadows, D.H./ Meadows, D.L./ Randers, J.: Die neuen Grenzen des Wachstums, Stuttgart 1992

[9] Worldwatch Institute Report: Zur Lage der Welt - 1992. Daten für das Überleben unseres Planeten, Frankfurt 1992

Umweltinvestitionen und -perspektiven im Gewerbe und Handwerk

Karl-Heinz Schmidt, Erwin Fröhlich

1. Theoretische Grundlegung

Walter Heinrich hoffte schon vor 20 und mehr Jahren, was bis heute erst teilweise erreicht wurde, nämlich, "daß sich die Überzeugung ... durchsetzt, der Wirtschaft seien doch höhere Ziele vorgegeben als etwa die Vermehrung der äußerlich-materiellen Güter, so wichtig diese auch sind. Die Überzeugung, daß zum echten Wohlstand und zur wirklichen Gesundheit von Gesellschaft und Wirtschaft auch das gehört, was wir unter dem Begriff der Umwelt zusammenfassen: auch die Güter der Muße, schöne Landschaft, saubere Luft, Lärmfreiheit, gutes Wasser, gesunde Arbeits- und Wohnbedingungen."[1)] Und als "Therapie" sah er, im Grunde schon in der ersten Auflage seiner Wirtschaftspolitik (I. Band, Wien 1948) die Notwendigkeit einer "Naturgrundlagenpolitik" zur Erhaltung unserer Lebensräume sowie zur Beseitigung von Umweltschäden in der Natur, um künftigen Generationen die natürliche Lebensgrundlage zu sichern, als zentrale Anliegen der Gesellschaft und Wirtschaft. Aufwendungen zur Verhütung von Umweltschäden, also verbessernde und vorbeugende Umweltpolitik, stellen eine bessere Investition dar als die nachträgliche Wiedergutmachung bereits eingetretener Schäden. Hilfestellung für die Vermeidung von Umweltschäden hat in den meisten Fällen Vorrang vor einer Hilfe zur Wiedergutmachung."[2)]

Umweltschutz ist notwendig, weil die Umwelt als öffentliches Gut nicht zu volkswirtschaftlichen Knappheitspreisen gehandelt und genutzt wird.[3)] Im Grenzfall gilt weder das Ausschlußprinzip noch das Prinzip der Realität im Konsum, auch sind private Eigentumsrechte nicht definiert.[4)] Daher ist die Umwelt der Gefahr der Übernutzung ausgesetzt. Nicht beim Nutzer, sondern bei "Dritten" schlagen sich die volkswirtschaftlichen Kosten der Umweltnutzung nieder. Diese "externen Effekte" haben einzelwirtschaftliche Vorteile, aber volkswirtschaftliche Nachteile zur Folge.[5] Beide Wirkungen betreffen auch den Wirtschaftsbereich Gewerbe und Handwerk.[6] Die Nachteile ergeben sich durch negative externe Effekte in Produktion und Konsum. Vorteile können infolge positiver externer Effekte, z.B. der Forschung und Entwicklung, Ausbildung, Standortwahl u.a., eintreten.[7]

Die grenzüberschreitenden Auswirkungen einer *Umweltsünde* werfen die Frage nach möglichen globalen Lösungen auf.

Die Möglichkeit, Umweltprobleme ihrem Charakter entsprechend global oder wenigstens kontinental zu lösen, stellt eine Herausfordeung für die Europäische Gemeinschaft dar.

Die EG-Vorschriften im Umweltbereich sind für die österreichische Wirtschaft sicherlich kein Problem, da in Österreich weitgehend strengere Vorschriften bestehen. Durch das konstruktive Engagement der österreichischen Gewerbe- und Handwerksbetriebe am Umweltschutz und in der Umwelttechnik sollte für die österreichischen Betriebe in diesem Bereich sogar ein Wettbewerbsvorteil gesehen werden.

Aus dem Vergleich der Vor- und Nachteile und der zunehmenden Umweltnutzung in den arbeitsteiligen, hochindustrialisierten Volkswirtschaften sind Umweltperspektiven für Gewerbe und Handwerk ableitbar: steigende Umweltschäden, sinkende Umweltqualität, zunehmende Entropie, abnehmende Vorräte erschöpfbarer natürlicher Ressourcen, wachsende Verzerrungen der intertemporalen Ressourcenallokation: die gegenwärtigen Generationen leben auf Kosten der zukünftigen[8]. Doch es sind auch positive Perspektiven der Umweltnutzung erkennbar.[9]

Die Unternehmungen des Gewerbes und Handwerks können dazu beitragen, daß (1) der Verbrauch natürlicher Ressourcen in der Gegenwart eingeschränkt wird und (2) Umweltschäden vermindert oder gar verhindert werden. Folgende Strategien kommen dafür in Betracht:

(a) erschöpfbare natürliche Ressourcen sparen (Sparstrategie),

(b) diese durch nicht erschöpfbare oder substituierbare Ressourcen ersetzen (Substitutionsstrategie),

(c) neue Ressourcen erfinden, entwickeln, entdecken (Innovationsstrategie),

(d) verwendete Ressourcen wiederaufbereiten (Recyclingstrategie),

(e) das Umweltbewußtsein innerhalb der Unternehmungen steigern (Mitarbeiter-Überzeugungsstrategie),

(f) das Umweltbewußtsein der Kunden als kompetente Berater fördern (Verbrauchsbeeinflussungsstrategie).

Voraussetzung für die Anwendung dieser Strategien ist jedoch die Planung und Durchführung zielkonformer Umweltinvestitionen. Sie werden entweder unmittelbar auf die Senkung des Ressourcenverbrauchs ausgerichtet oder mittelbar, d.h. durch Erhöhung des Umweltschutzes im betrieblichen Transformationsprozeß. Dabei steht die Unternehmensführung vor noch größeren Problemen als bei der Investitionsplanung im allgemeinen: denn Umweltinvestitionen können nicht (allein) nach den Kriterien der betrieblichen Investitionsrechnung bestimmt werden, weil ihre einzelwirtschaftliche Produktivität nicht (vollständig) gemessen werden kann, oder weil der Investitionszweck, etwa Abwasserreinigung, z.T. auch noch durch "kostenlose" Nutzung öffentlicher Güter, z.B. der öffentlichen Wasserver- und -entsorgung, erreicht werden kann. Solange die volkswirtschaftlichen Kosten der Nutzung öffentlicher Güter nicht verursachungsgemäß zugerechnet werden, bleibt demzufolge ein Unbestimmtheitsbereich der betrieblichen Umweltinvestitionen bestehen. Daher die Notwendigkeit eines verbindlichen Umweltschutzrechts auch im Interesse der Unternehmer.

Insgesamt tragen die Unternehmungen des Gewerbes und Handwerks auf mindestens vier Wegen zu den Umweltinvestitionen bei:

(a) Angebot von Anlagen und Einrichtungen des Umweltschutzes,

(b) Nachfrage nach Investitionsgütern für den Umweltschutz,

(c) Humankapitalinvestitionen durch Aus- und Fortbildung,

(d) Förderung des Umweltbewußtseins infolge der dezentralen Standortverteilung und Kundennähe der Unternehmungen.

Die Umweltinvestitionen im Gewerbe und Handwerk umfassen verschiedene Prozesse: Einführung umweltschonender neuer Produkte, Anwendung neuer Rohstoffe und Materialien und ressourcensparender Produktionsmethoden, Durchführung umweltorientierter Aus- und Fortbildung, überschaubare Gestaltung der Arbeitsbedingungen, zielkonforme Forschung und Entwicklung sowie umweltorientierte Unternehmensorganisation. Die betrieblichen Umweltinvestitionen schließen daher überwiegend technischen Fortschritt ein; darüber hinaus rufen sie zusätzliche - z.T. positive - externe Effekte hervor. Das gilt z. B. für die Ausbildung in einem Handwerksberuf über die eigene Nachfrage nach Facharbeitskräften in diesem Beruf hinaus; nach der Ausbildungsphase in andere Wirtschaftszweige abwandernde Facharbeitskräfte senken dort die Ausbildungskosten.

Weitere mittelbare oder indirekte (Neben-)Wirkungen der Umweltinvestitionen entsprechen den Einkommens- und Kapazitätseffekten von Nettoinvestitionen; dabei kann es sich um Erweiterungs- oder Rationalisierungsinvestitionen handeln. Die Umweltinvestitionen werden komplementär, häufig jedoch erst nachträglich zu den Erweiterungs- oder Rationalisierungsinvestitionen durchgeführt. Die Kapazitätseffekte der Umweltinvestitionen sind indessen nicht oder schwer meßbar. Wenn z.B. die Abgasbelastung der Luft in einer Region abnimmt, können viele "Verursacher" dazu beitragen. Eher sind die Einkommenseffekte der Umweltinvestitionen nachweisbar: Löhne und Zinsen müssen in jedem Fall für die Durchführung der Investitionen aufgewendet werden. Dagegen können Beschäftigungs- und Produktivitätsveränderungen oft nicht eindeutig den Umweltinvestitionen zugerechnet werden. Deshalb muß man versuchen, diese Wirkungen der Umweltinvestitionen aufgrund mikroökonomischer Untersuchungen zu ermitteln.

Ausgangspunkt ist die Unternehmung in unsicherer Handlungsumgebung.[10) Die Unternehmensführung strebt nach "Stabilisierung der Umwelt" und "Flexibilisierung der Inwelt", d.h. der internen Organisationsstruktur der Unternehmung.[11) Im Gewerbe und Handwerk hat dies angesichts unterschiedlicher Risikoeinschätzungen, Standortbedingungen, Kosten der Umweltnutzung und Erlöse durch Umweltschutzangebote unterschiedliche Verhaltensweisen der Unternehmensführung und Differenzierung der Umweltinvestitionsneigung zur Folge. Jedes Merkmal ist in unterschiedlicher Intensität in den Wirtschaftszweigen erkennbar. Dennoch zeichnen sich bestimmte Typen von Unternehmungen ab. Darauf kann sich die Analyse der Umweltinvestitionen und -perspektiven stützen.

Das gilt erstens für die Unterscheidung von Unternehmertypen: Pioniere, Allrounder, Organisatoren, Routiniers.[12) Zweitens sind Funktionstypen der Unternehmungen zu beachten: Produktions-, Dienstleistungs-, Nahversorgungs-, Fernabsatz-, Zulieferunternehmungen. Drittens - und hier besonders wichtig - sind auf Umweltschutz spezialisierte, ferner umweltflexible und umweltinflexible Unternehmungen zu unterscheiden. Das Abgrenzungsmerkmal der Umweltflexibilität drückt die Änderung des Unternehmerverhaltens im Verhältnis zur Änderung der Handlungsumgebung einer Unternehmung aus.[13) Dabei wird die Verhaltensänderung als Reaktion der Unternehmensführung auf Änderungen der Handlungsumgebung interpretiert. Die Änderungen der Handlungsumgebung werden vor allem in drei Formen betrachtet: zunehmende externe Effekte in der Produktion und im Konsum, Markterweiterung und Marktdurchdringung sowie Forschung, Entwicklung und Innovationen.

Mit Hilfe der Unternehmungsanalysen kann gezeigt werden[14), daß im Gewerbe und Handwerk

(1) die umweltorientierte Unternehmensführung weiter verbreitet ist als bisher angenommen wurde;

(2) daß zu den umweltflexiblen oder auf Umweltschutz spezialisierten Unternehmern, vor allem die "Pioniere" oder "Innovatoren" und "Allrounder", die Zuliefer- und Fernabsatzunternehmungen zählen;

(3) daß die Umweltinvestitionen Unterschiede nach Wirtschaftszweigen, Standorten, Zeitpunkten und Unternehmungsgrößen aufweisen, jedoch mit einer hohen Umweltinvestitionsneigung in Unternehmen zu rechnen ist, die
   (a) Anbieter von Umweltschutzanlagen bzw. -ausrüstungen sind, oder die
   (b) als Verursacher bzw. Betroffene von Umweltschäden neue Umweltschutzanlagen und -ausrüstungen nachfragen, oder die
   (c) Vorsorge gegen mögliche Umweltschäden und steigenden Umwelt-Verbrauch treffen wollen.

Eine weitere Frage betrifft die Wirkung der Umweltschutzpolitik auf die Umweltinvestitionen des Gewerbes und Handwerks.[15)] Einerseits klagen Unternehmungen über hohe Kosten der Umweltschutzpolitik, andererseits werden Mitnahmeeffekte der Investitionsförderung, Überwälzung von Umweltschutzabgaben, Umgehung von Auflagen des Umweltschutzes oder die Fortsetzung umweltschädigenden Verhaltens beobachtet. Dagegen haben die theoretisch untersuchten Instrumente[16)] - Umweltzertifikate, Zusammenschlüsse von schädigenden und geschädigten Unternehmungen oder Kompensationsverhandlungen zwischen diesen Beteiligten - für die praktische Unternehmensführung im Gewerbe und Handwerk geringere Bedeutung. Entscheidend ist ihre Ausrichtung auf die Ziele der Unternehmungspolitik, und diese entsprechen in zunehmendem Maße einer "umweltorientierten Unternehmensführung".[17)]

Zunehmende Umweltinvestitionen und die Entwicklung und Anwendung umweltfreundlicher Produkte und Materialien lassen auf eine zunehmende "Ökologisierung" der Unternehmensführung schließen. Sie zeichnet sich besonders in jenen Wirtschaftszweigen ab, für die der Umweltsschutz neue Absatzmöglichkeiten eröffnet.

2. Empirische Untersuchungen und Datenvergleiche

Der Anteil der Umweltschutzausgaben am Bruttosozialprodukt betrug 1991 in Österreich 1,9 %, in Westdeutschland 1,7 %, womit beide Länder mehr als alle anderen Industrieländer für den Umweltschutz aufgewendet haben und in den letzten Jahren den stärksten Ausgabenzuwachs aufweisen. Rd. 2 Drittel der gesamten Umweltschutzausgaben wurden in beiden Ländern von der Privatwirtschaft geleistet[18)].

Die Investitionen für Umweltschutz machten 1990 in der österreichischen Industrie rd. 14 %, im Gewerbe 1991 rd. 10 % der Gesamtinvestitionen aus.[19)]

Umweltinvestitionen je Beschäftigten 1990 und 1991 im Gewerbe nach Bundesländern und Fachverbänden in öS

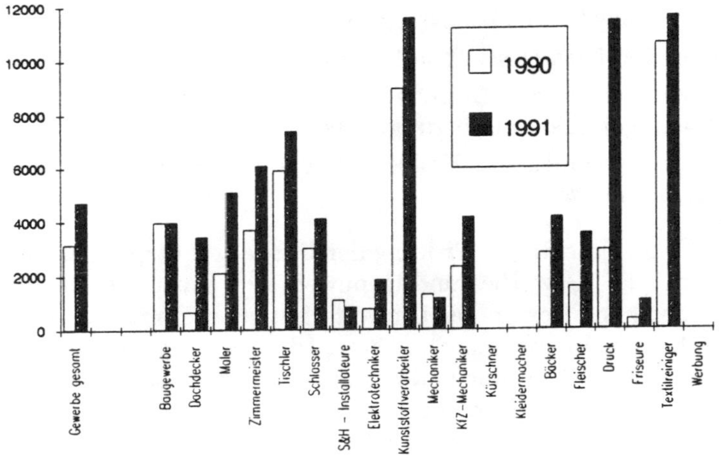

IfG-Grafik

Die beträchtlichen Unterschiede von Branche zu Branche (0 - 20.000 je Beschäftigten) zeigen u.a., daß Globalbesteuerungen - z.B. generelle steuerliche Umweltschutz-Investitionsanreize - nicht problemadäquat wären, sondern wahrscheinlich sektor- oder branchenspezifische, also primär im Selbstverwaltungsbereich zu suchende Problemlösungen notwendig sein werden. Denn ein Blick auf die Umweltinvestitionen der einzelnen Branchen zeigt, daß die höchsten Aufwendungen wahrscheinlich ebensowenig gewährleisten, daß in dieser Branche schon das Nötige getan wurde, wie keine oder geringe Investitionen anzeigen, daß in dieser Branche Umweltschutz vernachlässigt wird.

Einschlägige Erhebungen des IfG ergaben, daß im Durchschnitt allein von 1990 auf 1991 die Zahl der Betriebe mit Umweltinvestitionen um mehr als 40 % gestiegen ist; ebenso nahmen die durchschnittlichen Umweltinvestitionen je Beschäftigten um nahe 50 % zu.[20)]

Innerhalb der einzelnen Sektoren kam es - je nach dem Grad ihrer Umweltflexibilität - zu unterschiedlichen Entwicklungen:

	Erhöhung der Anzahl der in Umweltschutz investierenden Betriebe 1990/1991	Erhöhung der Umweltinvestitionen je Beschäftigten 1990/1991
Bauhauptgewerbe	+ 92 %	0 %
Baunebengewerbe	+ 82 %	+ 139 %
Holz	+ 19 %	+ 25 %
Metall	+ 26 %	+ 40 %
Chemie, Kunststoff	+ 30 %	+ 29 %
Nahrung	+ 63 %	+ 104 %
Druck, Papier	+ 21 %	+ 293 %
Dienstleistungen	+ 22 %	+ 83 %
Gesamt	**+ 42 %**	**+ 49 %**

In einer anderen Untersuchung des IfG[21)] wurde versucht, eine voraussichtliche Auswirkung der Umweltproblematik auf das Gewerbe als ganzes und der einzelnen Branchen abzuschätzen. Daraus einige der Ergebnisse:

1. Von einer verschärften Umweltschutzgesetzgebung erwarten im Durchschnitt rd. 70 % gewerblicher Unternehmen mehr Behinderungen als Impulse - selbst unter günstigen Umfeldbedingungen; mit kaum nennenswerten Unterschieden hinsichtlich Betriebsgrößen, wohl aber zwischen Sektoren.

   Branchen, die mehr Impulse als Behinderungen erwarten, waren z.B. Gärtner und Blumenbinder, Sanitär- und Heizungsinstallateure, Unternehmensberater, Kleidermacher, Elektroinstallateure, Technische Büros.

   Branchen, die mehr Behinderungen als Impulse erwarten, waren z.B. Tischler, Drucker, Kfz-Mechaniker, Kunststoffverarbeiter, Maler.

   Branchen, in denen Chancen und Risiken relativ ausgeglichen sind oder noch nicht hinreichend deutlich absehbar, sind: Dachdecker, Mechaniker, Baugewerbe, Zimmermeister.

2. Im Durchschnitt erwarten rd. 50 % gewerblicher Unternehmen von der Entwicklung umweltgerechter Technologien mehr Chancen als Risiken; 30 % waren (noch) unentschieden; 20 % erwarten mehr Risiken.

   Größenklassen und Branchen mit überwiegender Zustimmung zur "Chancen-Hypothese" waren: allgemein Kleinbetriebe; sektoral Bau- und Baunebengewerbe, metallverarbeitende und Dienstleistungsbranchen.

Negative Einflüsse befürchteten die Sektoren Nahrungsmittel, Textil/Bekleidung und holzverarbeitende Gewerbe.

"Eine kontinuierlich größer werdende Zahl umweltbewußter Konsumenten, die Nachfrage nach dauerhaften Produkten, welche recyclingfähig sind oder bereits aus wiederverwerteten Materialien bestehen, bedeutet für Gewerbe- und Handwerksbetriebe einen verstärkten Einsatz umweltorientierter Techniken zur Erzeugung. Charakteristische Eigenschaften des Gewerbes wie Flexibilität, Vielfalt, Kreativität und Zusammenarbeit erlauben in der Regel eine rasche Umstellung der Betriebe, die zusätzlich durch kurze Entscheidungswege erleichtert wird.
Je mehr die umweltbezogenen Verbesserungsmaßnahmen im Entscheidungsprozeß des Unternehmens angesiedelt und vom Gesetzgeber klare Rahmenbedingungen festgelegt werden, desto eher wird man von der nachträglichen Wiederherstellung zur ungleich wertvolleren vorbeugenden Erhaltung einer gesunden Umwelt gelangen."[22)]

Anmerkungen und Literaturhinweise

1) Heinrich, W.: Umweltfragen nationalökonomisch betrachtet, in: Zeitschrift für Ganzheitsforschung, II. Heft, Wien 1972, bzw. in: Die Ganzheit von Wirtschaft, Staat und Gesellschaft, Pichler, J.H. (Hrsg.), Berlin 1977, S. 437.

2) Heinrich, W.: a.a.O., S. 434.

3) Siebert, H.: Ökonomische Theorie der Umwelt, J.C.B. Mohr, Tübingen 1978, 19 f; Kemper, M.: Das Umweltproblem in der Marktwirtschaft, Duncker & Humblot, Berlin 1989, p. 9 ff.

4) Pearce, D.W./Turner, R.K.: Economics of Natural Resources and the Environment, Harvester Wheatsheaf, New York a.o., 1990, p. 17 f.

5) Frank, H./Plaschke; G./Rößl, D. (Hrsg.): Umweltdynamik. Beiträge aus wirtschaftlicher und rechtlicher Sicht, Springer-Verlag, Wien, New Yortk, S. 105 ff.

6) Nach einer Untersuchung des IFO-Instituts gehören in der Bundesrepublik Deutschland (West) fast drei Viertel der Anbieter auf dem Umweltschutzmarkt der Investitionsgüterindustrie, und zwar überwiegend der Maschinenbauindustrie an. Bereits Mitte der 80-er Jahre hat der Umweltschutzmarkt vor allem kleinen, innovativen, flexiblen Unternehmen große Marktchancen geboten. Zentrum für Energie-, Wasser- und Umwelttechnik (ZEWU) der Handwerkskammer Hamburg (Hrsg.): Umweltschutz im Unternehmen. Ökonomie durch Ökologie, Deutscher Sparkassenverlag GmbH, Stuttgart 1991, S. 24 f.

7) Pieroth, E./Wicke, E.: Chancen der Betriebe durch Umweltschutz, Rudolf Haufe-Verlag, Freiburg i.Br., 1988; Cramer, G.: Umweltschutz - ein Thema für Handwerker, in: Internationales Gewerbearchiv 1988, S. 145 - 156; Schmidt, K.-H.: Innovation, Internationalisierung, Ökologisierung kleiner und mittlerer Unternehmungen, in: Internationales Gewerbearchiv 4/1990, S. 236 - 251.

8) Modern Economics lacks what we call an existence theorem: a guarantee that any economic optimum is accociated with a stable ecological equilibrium". Pearce, D.W./Turner, R.K., 1990, p. 24.

9) Schmidt, K.-H.: Innovationen und Umweltflexibilität im Gewerbe, Arbeitspapiere des Fachbereichs Wirtschaftswissenschaften, N.F. Nr. 26, Paderborn 1991, S. 102; Dto.: Innovationen, Internationalisierung und Oekologisierung kleiner und mittlerer Unternehmungen, IGW Impulse 2, Schweizerisches Institut für gewerbliche Wirtschaft, St. Gallen, 1991, S. 18 f; Dto.: Strategien innovativer kleiner und mittlerer Unternehmen in der Schweiz, IGW Impulse 5, St. Gallen 1989.

10) Knight, F.H.: Risk, Uncertainty and Profit, Chicago - London 1971 (Erstveröff. 1921); Stigler, G. J./Boulding, K.E. (Hrsg.): Readings in Price Theory, London 1953; Mugler, J.: Betriebswirtschaftslehre des Gewerbes und der Klein- und Mittelbetriebe I, Unternehmungen gründen und führen, Service-Fachverlag an der Wirtschaftsuniversität Wien, 1986, S. 2 ff.

11) Schmidt, K.-H.: Uncertainty, Innovations and Firm-Size, Department of Economics, University Paderborn; 1992; Bamberger, I.: et al.: STRATOS, Strategic Orientations fo Small and Medium -Sized Enterprises Institute-Report 97-01, European Institute for Advanced Studies in Management, Brussels 1987.

12) Bamberger, I.: et. al.: 1987; Fröhlich, E./Pichler, J.H.: Werte und Typen mittelständischer Unternehmer, Beiträge zur ganzheitlichen Wirtschafts- und Gesellschaftslehre, Band 8, Berlin 1989; Haake, K.: Strategisches Verhalten in europäischen Klein- und Mittelunternehmen, Berlin, et. al. 1987.

13) Schmidt, K.-H.: Innovationen und Umweltflexibilität ..., 1991, S. 68 f.

14) Dto., S. 101 ff.

15) Umwelt-Bundesamt (Hrsg.): Umweltorientierte Unternehmensführung, Bericht 11/91, Erich Schmidt Verlag Berlin, 1991.

16) Pearce, D.W./Turner, R.K., 1990; Kemper, M., 1989; Weimann, W.: Umweltökonomik, Berlin u.a. 1990.

17) Umwelt-Bundesamt (Hrsg.), 1981, S. 70 ff.

18) Institut der deutschen Wirtschaft, Köln, iwd Nr. 15 v.9.4.92.

19) IfG/WIFI(Hrsg.), Gewerbe und Handwerk 2000, Wien 1992, S. 107.

20) Konjunkturdatenbank des IfG 1990/91.

21) Delphi-Expertenbefragung im Rahmen der Studie Gewerbe und Handwerk 2000, Basis insges. 370 überdurchschnittlich informierte Brancheninsider.

22) IfG/WIFI(Hrsg.), Gewerbe und Handwerk 2000, Wien 1992, S. 111 f.

Umweltschutz und Betriebsanlagenrecht Anmerkungen zur Gewerbeordnungsnovelle 1992

Herbert Haller

Im Vorblatt der Regierungsvorlage zur Gewerbeordnungsnovelle 1992 [1] ist als Problem genannt, daß den Bemühungen um den weiteren Ausbau des Umweltschutzes zum Teil die gesetzliche Grundlage fehlt. Als Ziel der Novelle wird die gesetzliche Verankerung von Maßnahmen, den weiteren Ausbau des Umweltschutzes im Betriebsanlagenrecht betreffend, vorgestellt. Als Inhalt der Novellierung wird schließlich angegeben: Weiterer Ausbau des Umweltschutzes insbesondere durch die Einbeziehung von Anlagen zur Ausübung von Nebengewerben der Land- und Forstwirtschaft in das gewerbliche Betriebsanlagenrecht und weitere Störfallregelungen. Diese beiden Veränderungen sind im Nationalrat beschlossen worden.

Jeder Kenner der Materie Betriebsanlagenrecht wird dazu die Frage stellen: Ist das alles, was dem Gesetzgeber zum Ausbau des Umweltschutzes eingefallen ist? Zwar läßt das Wörtchen "insbesondere" bei der Inhaltsangabe noch ein wenig hoffen, doch liegt auch die Befürchtung nahe, daß durch andere Regelungen - Deckmantel "Vereinfachungen" - ein Abbau des Umweltschutzes erfolgt ist. Läßt sich ein Abwandern der Betriebe in Ostländer, die mit geringeren Anforderungen erfolgreich locken, denn wirklich nicht anders verhindern?

Eine kurze Durchsicht der beschlossenen Veränderungen soll die Fragen beantworten oder beantworten helfen.

1. Die angekündigten Umweltschutzverbesserungen

Dem Bereich Gastgewerbe ist mit den Privatzimmervermietern in einem begrenzten Sektor Konkurrenz entstanden, die je nach der Sicht der Dinge schmerzt oder - sehr heilsam ist. Das Gastgewerbe ist bundeseinheitlich in der Gewerbeordnung geregelt und die Privatzimmervermieter fallen unter landesrechtliche Regelungen; diese enthalten das Erforderliche, u.a. auch die Minimalausstattung und schaffen eine faire Konkurrenzsituation [2]. Die Nebengewerbe der Landwirtschaft haben sich in den letzten Jahren ebenfalls zu einer veritablen Konkurrenz für einige gewerbliche Erzeugungs- und Handelsbetriebe entwickelt. Seitens der Gewerbebetriebe wird darauf hingewiesen, daß die landwirtschaftlichen Nebengewerbe so gut wie ohne belastende Vorschriften ausgeübt werden könnten, daß vor allem ein Betriebsanlagenrecht fehlt. Schon mit der Gewerbeordnungsnovelle des Jahres 1988 sollte deshalb das gewerbliche Anlagenrecht auch auf die Betriebe der landwirtschaftlichen Nebengewerbe ausgedehnt werden. Verfassungsrechtliche Bedenken erheblichen Gewichts [3] sorgten jedoch dafür, daß die Realisierung des Vorhabens unterblieb. Nunmehr wagte der Nationalrat eine Regelung in der Gewerbeordnung, obgleich Landeskompetenz vorliegen dürfte.

Die Belastung der landwirtschaftlichen Nebengewerbe mit dem gewerblichen Anlagenrecht wird freilich im Bereich des Umweltschutzes kaum etwas bringen. Es ist eher ein "Bauernärgern" und die Energie für Nachschau der Gewerbebehörden am Bauernhof sollte eher aufgewendet werden, um das Wegschauen bei heiklen Industriebetrieben zu beenden. Damit wäre der Umwelt sicherlich mehr gedient. Möge dieser Schritt jedoch dazu dienen, daß die Landesgesetzgeber sich ihrer Aufgabe bewußt werden und das Anlagenrecht der landwirtschaftlichen Nebenbetriebe so regeln, daß unter Ausklammerung von Bagatellen die wenigen für die Umwelt störenden Anlagen für die Umwelt schonend und fair im Sinne des Wettbewerbs erfaßt werden.

Die zweite "Umweltverbesserung" verstünde sich auch ohne Regelung von selbst. Es wird nunmehr angeordnet, daß die zur Genehmigung von gefahrengeneigten Anlagen zuständige Behörde entsprechende Unterlagen den Behörden zur Kenntnis zu bringen hat, die im Störfall die betroffene Bevölkerung zu alarmieren haben. Wer das als Fortschritt verkauft, der ist wahrlich ein guter Verkäufer. Es ließe sich dort von Unfähigkeit reden, wo diese Informationen nicht schon bisher übermittelt oder gefordert wurden.

Zusammenfassend: Als Umweltschutzverbesserung können die beiden Regelungen kaum gewertet werden. Die eine erwächst dem bloßen Konkurrenzdenken und wird Energien von wichtigeren Umweltaufgaben abziehen, die zweite ist die pure Regelung einer an sich selbstverständlichen Vorgangsweise.

2. Der Verlust der Drittkontrolle

Mit der Gewerbeordnungsnovelle des Jahres 1988 wurde den Betriebsinhabern die Verpflichtung auferlegt, alle fünf Jahre ihren Betrieb von qualifizierter dritter Stelle daraufhin prüfen zu lassen, ob er dem Genehmigungsbescheid und den sonst für die Anlage geltenden gewerberechtlichen Vorschriften entspricht.

Diese Vorschrift erwuchs aus dem Umstand, daß die Gewerbebehörden überlastet waren und kaum die notwendigen Genehmigungsverfahren bewältigen konnten. Für Kontrollen blieb kaum ausreichend Kapazität; vor allem fehlte und fehlt es an Amtssachverständigen. Ungeachtet der mit dieser neuen Verpflichtung verbundenen Belastung der Wirtschaft wurde die Regelung weitestgehend positiv beurteilt und als erster Schritt in Richtung eines ernsthaft verfolgten Umweltschutzes im Anlagenrecht gesehen [4]. Nunmehr, nach vier Jahren, in denen eine Vielzahl von Unternehmen die Prüfung ihrer Betriebe hat durchführen lassen, geht man mit der Gewerbeordnungsnovelle von der Drittprüfung mit all ihren Vorzügen zur Selbstprüfung über. In der Zeit, in der man keine seriöse Zeitung aufschlagen kann, ohne von "Umweltpannen" bei Gewerbebetrieben zu lesen, setzt man auf Selbstkontrolle. Das noch rechtzeitig im letzten Jahr des ersten Prüfungszeitraumes, in dem auch die Anlagen hätten überprüft werden müssen, die man bislang wohlweislich noch nicht prüfen ließ. Im Sinne einer fairen Konkurrenz hätte man eine Selbstkontrolle erst nach einer Fremdkontrolle aller Anlagen ermöglichen sollen und zwar nur für die Betriebe, bei denen keine erheblichen Mängel zutage traten.

Mit der Aufgabe der Fremd- oder Drittkontrolle durch besondere Anstalten, Ziviltechniker oder Gewerbetreibende (hier wohl zumeist technische Büros) hat der Gesetzgeber dem Umweltschutz einen schweren Schlag versetzt. Diese Maßnahme wird denn auch im Vorblatt der Regierungsvorlage dezent verschwiegen. Einen Engpaß bei den Prüfern hätte man durch eine Erstreckung des ersten Prüfungszeitraumes um ein Jahr unschwer vermeiden können. Wenn die so besonders erfahrenen Betriebsangehörigen die Prüfung durch den objektiven Dritten entsprechend vorbereiten und unterstützen, dann sind auch die Kosten der Prüfung nicht allzu hoch. Zusammenfassend muß damit festgestellt werden: Die Abschaffung einer echten Kontrolle durch verantwortliche Dritte ist aus der Sicht der Umwelt - und das sind auch die Menschen rundum - nicht zu verantworten. Alle schönen Worte können darüber nicht hinwegtäuschen.

3. Die Vereinfachung - für oder gegen Umweltschutz?

Im Jahre 1984 wurde die Abkürzung des dreigliedrigen Instanzenzuges bereits vehement gefordert [5] und schien auch in Vorentwürfen der Gewerbeordnungsnovelle 1988 auf: Der Dreiinstanzenzug sollte lückenlos zum Zweiinstanzenzug werden. Damit kämen Gewerbetreibende bei Neugenehmigungen, vor allem aber bei den laufend nötigen Änderungsgenehmigungen schneller zur endgültigen Entscheidung. Entsprechend der Regierungsvorlage entschied der Gesetzgeber jedoch anders. Er verkürzte den Instanzenzug auf Nebenschauplätzen und behielt die drei Instanzen für Neu- und Änderungsgenehmigungen. Inzwischen ist es unabweislich geworden, die Verfahren schneller zum Endpunkt gelangen zu lassen. Die Gewerbeordnungsnovelle führt als Regel den Zweiinstanzenzug ein. Nur für die Fälle, in denen die Entscheidung der beiden Instanzen im Grundsätzlichen divergent ist (Abweisung/Stattgebung oder Stattgebung/Abweisung), soll der Bundesminister noch als dritte Instanz angerufen werden können, bevor man sich an die Höchstgerichte wendet. Auch diese Ausnahme ist keinesfalls nötig und auch nicht sinnvoll - in Österreich genügt es jedoch manchmal, daß eine Abteilung eines hochwohllöblichen Ministeriums nicht so ohne weiteres ihrer liebgewonnenen Aufgaben entkleidet werden kann. Außerdem, würde man den Zweiinstanzenzug jetzt lückenlos einführen, dann wäre noch deutlicher, daß jene Recht gehabt haben, die ihn schon lange fordern. Fortschritt, aber bitte nur nicht zu schnell!

Ungeachtet der Kritik ist deutlich zu betonen, daß die Verkürzung des Instanzenzuges aus der Sicht des Umweltschutzes außerordentlich positiv zu bewerten ist. Wenn man der Wirtschaft keine akzeptabel schnelle Entscheidung gibt, drängt man sie in die Illegalität. Jeder Gewerbereferent weiß ein Lied davon zu singen, daß erst zu genehmigende Änderungen längst durchgeführt sind und Strafverfahren erforderlich wären.

Da die Judikatur des Verwaltungsgerichtshofes so gut wie jede Betriebsanlage als eine genehmigungspflichtige bewertet und im Genehmigungsverfahren in aller Regel eine Vielzahl von Parteien (Nachbarn) beträchtlichen Zeitaufwand erfordert, gibt es seit langem die Forderung nach einem vereinfachten Genehmigungsverfahren für "harmlose" Betriebsanlagen [6]. Dieser Forderung wurde mit der Novelle des Jahres 1988 Rechnung getragen und Betriebe mit lediglich "Haushaltsgefährdung" oder Kleinbetriebe (150 m^2 Fläche, 50 kW nicht übersteigende Anschlußleistung) ohne besondere Gefährdungen können in einem vereinfachten Verfahren ohne Nachbarn zugelassen und ohne Genehmigung geändert werden. Diese Erleichterungen werden von der Gewerbeordnungsnovelle 1992 deutlich erweitert. Die neuen Meßgrößen sind 300 m^2 und 100 kW nachdem in der Regierungsvorlage bereits 500 m^2 und 150 kW angeboten waren.

Überlegt man diese Vereinfachung unter Umweltgesichtspunkten, kann man sie dann positiv sehen, wenn frei werdende Energien der Behörden in wichtige Aufgaben mit größerer Umweltrelevanz einfließen. Hier jedoch müssen Zweifel angemeldet werden.

Wo immer im Betriebsanlagenrecht Kritik geübt wird, hört man den Einwand, daß durch die Möglichkeiten des § 79 Gewerbeordnung keine Gefahr bestünde. Nach dessen Regelungen hat die Behörde andere oder zusätzliche Auflagen dann vorzuschreiben, wenn sich zeigt, daß die bisherigen Vorschreibungen nicht ausreichen. Das praktische Problem dieser Regelung liegt nun vor allem darin, daß die Behörde zwar von Amts wegen vorzugehen hat, jedoch die betroffenen Nachbarn kein Antragsrecht auf Einleitung des Verfahrens haben [7].

Durch die Gewerbeordnungsnovelle 1988 hat man dem Bundesminister für Umwelt, Jugend und Familie ein derartiges Antragsrecht gegeben, wenn aufgrund von Nachbarbeschwerden oder Meßergebnissen anzunehmen ist, daß der Betrieb der Anlage zu einer über die unmittelbare Nachbarschaft hinausreichenden beträchtlichen Umweltbelastung führt. Damit wäre sichergestellt, daß nur ein qualifizierter Antragsteller und nicht querulatorische Nachbarn ein Verfahren erzwingen können.

Was aber geschieht? Will der Umweltminister seine durch eigene Messungen abgesicherten Anträge stellen, so wird seinen Sachverständigen vielfach das Betreten von Betrieben verwehrt. Anregungen, durch entsprechende Klarstellung im Gesetz diese rechtswidrige Abwehr von Messungen deutlich zu brandmarken, wurden im Gesetzgebungsprozeß abgelehnt [8]. Ebenso war man nicht bereit, dem Umweltminister in einem Verfahren nach § 79 GewO über die Antragstellung hinaus Parteirechte einzuräumen. Das zeigt den Ungeist, mit dem man wünscht, daß selbst die umweltfreundlichen Regelungen der Gewerbeordnung nicht vollzogen werden. Es ist deshalb kein Wunder, wenn die Volksanwaltschaft in ihrem letzten Bericht formuliert: "Die jahrelange Untätigkeit der Gewerbebehörden in diesem Bundesland trotz Kenntnis von Umweltbeeinträchtigungen ist leider eher der Normalfall als die Ausnahme. Es entsteht vielfach der Eindruck, daß die Unternehmer durch das Nichteinschreiten der Gewerbebehörden geradezu ermuntert werden, ihren Betrieb ohne die notwendigen Investitionen für den Schutz der Nachbarn zu führen bzw. die Gebote des Umweltschutzes zu mißachten." [9]

Im Lichte dieser Ausführungen - sie ergingen an die Gewerbebehörden Oberösterreichs, lassen sich jedoch zum Teil verallgemeinern - müssen alle Vereinfachungen und Beschleunigungen gesehen werden. Dort, wo sie korrekt vollzogen werden, können sie durchaus zu einer befriedigenden Umweltsituation beitragen. Wehe jedoch, wenn das Recht nur manipulativ eingesetzt werden sollte.

Auch bei zwei weiteren Regelungen ist nicht von der bloßen Gesetzeslage her zu entscheiden, ob Vereinfachungen nur der Vereinfachung und damit akzeptablen Abläufen dienen sollen oder ob sie auch dazu bestimmt sind, widerstrebende Nachbarn mit ihren Umwelteinwendungen möglichst elegant zur Bedeutungslosigkeit zu verdammen.

Bislang konnte ein Genehmigungswerber schon vor Rechtskraft eines Bescheides mit der Erreichung und dem Betrieb der Anlage beginnen, wenn er nur gegen die Genehmigung berufen hatte und einstweilen alle vorgeschriebenen Auflagen erfüllte. Das führte dazu, daß Nachbarn sich ihre Berufungen nur dann versagten, wenn sie durch einen strengen Bescheid voll zufriedengestellt wurden. Nunmehr kann der Bescheid auch dann ausgenützt werden, wenn die Anlage vom Landeshauptmann genehmigt wurde - das wird zwar selten eine erst- und ebenso selten eine nicht letztinstanzliche Entscheidung sein, doch kann sie für den Genehmigungswerber außerordentlich liebenswürdig gefaßt sein. Die Nachbarn können in diesen Fällen nur darauf hoffen, daß zumindest ihren Beschwerden von den Höchstgerichten aufschiebende Wirkung beigemessen wird. Diese ist freilich nur unter ganz speziellen Umständen erreichbar [10].

Eine weitere Regelung ist vom Grundgedanken her außerordentlich bestechend: Wenn ein Genehmigungsbescheid von einem Gerichtshof des öffentlichen Rechts aufgehoben wird, dann soll der Genehmigungswerber die Anlage noch weiter betreiben dürfen. Das ist notwendig, um nicht einen Betriebsstillstand auch bei Aufhebung des Bescheides nur wegen geringerer Verfahrensmängel in Kauf nehmen zu müssen. Für den Fall freilich einer Lebens- oder Gesundheitsgefährdung durch das Ausnützen dieses Bescheides dürfte die Regelung nicht gelten - da sie jedoch nicht unterscheidet, ist sie gleichheitswidrig, weil unsachlich. Sie ist jedoch aus einem weiteren Aspekt her nicht ausreichend bedacht: Das Ende des Betreibungsrechtes kann sinnvoll nur durch den Ersatzbescheid bestimmt werden. Wer auf dessen Rechtskraft abstellt - und das tut der Gesetzgeber -, der hat die Umstellungsfrist nicht bedacht, die für den Umbau der Anlage auf die vom Ersatzbescheid geforderte Gestaltung nötig ist.

Sieht man die beiden Regelungen zusammen, so erkennt man, daß ein Genehmigungswerber spätestens von der Entscheidung des Landeshauptmannes an bis zum Ersatzbescheid "rechtswidrig" betreiben können soll. Derlei Möglichkeiten können für Nachbarn außerordentlich demotivierend wirken - werden sie den Kampf ums Recht auch aufnehmen und durchstehen? Vielleicht ergreift der Gesetzgeber nach einer Aufhebung der eben erwähnten gleichheitswidrigen Regelung die Gelegenheit, die heiklen Fragen eines Errichtens und Betreibens vor endgültiger Klärung der Sach- und Rechtslage differenzierter zu regeln. Es wären die möglichen Umweltgefahren stärker zu berücksichtigen als Formalkriterien.

Zusammenfassend sei festzuhalten, daß die Gewerbeordnungsnovelle keine Verbesserung des Umweltschutzes bringt. Kleinigkeiten werden durch den massiven Einbruch bei der Kontrolle mehr als wettgemacht. Vereinfachungen im Anlagenverfahren könnten sich segensreich auswirken und auch für den Umweltbereich positiv wirken. Die Erfahrungen mit dem Gesetzesvollzug sprechen jedoch in vielen Fällen dafür, daß manche Regelung nur "wirtschaftsfreundlich", jedoch "umweltfeindlich" gehandhabt werden wird. Unter den Auspizien eines Wirtschaftsabschwunges hat der Gesetzgeber des Jahres 1992 leider die treffende Verbindung beider Aspekte nicht anzudeuten vermocht [11].

Anmerkungen und Literatur

[1] 635 BlgNr XVIII GP.

[2] Bilek, Die Privatzimmervermietung - eine Darstellung der rechtlichen Situation, Diplomarbeit der WUW 1986.

[3] Vgl. Massauer, Die Land- und Forstwirtschaft in der GewO einschließlich der Erwerbs- und Wirtschaftsgenossenschaften, in: Rill (Hrsg.), Gewerberecht, 1978, S. 27 ff.

[4] Vgl. Haller, Die Reform des gewerblichen Betriebsanlagenrechts, Journal für Betriebswirtschaft 1986, S. 195 ff. und 242 ff. (245 f.) sowie derselbe, Regelungsdefizite und Vollzugsdefizite im Betriebsanlagenrecht, in Raschauer (Hrsg.), Beiträge zum Verfassungs- und Wirtschaftsrecht 1989, S. 191 ff.

[5] Haller, Vorschläge zu einer Reform des gewerblichen Betriebsanlagenrechts, der markt 1984, S. 98 ff.

[6] Siehe Anm. [5].

[7] Vgl. Schäffer - Wendl, Die Nachbarn und ihre Stellung, in: Stolzlechner - Wendl - Zitta (Hrsg.), Die gewerbliche Betriebsanlage, 2. Aufl. 1991, S. 142 ff. (167 f.).

[8] Die Berechtigung ergibt sich bereits aus § 338 GewO.

[9] Zitat aus den Salzburger Nachrichten vom 21.4.1992, vgl. auch Zsifkovits, Ökonomische Aspekte der Volksanwaltschaft, Diplomarbeit der WUW 1984.

[10] Puck, Die aufschiebende Wirkung bei Beschwerden vor den Gerichtshöfen des öffentlichen Rechts, ZfV 1982, S. 359 ff. und 464 ff.

[11] Das mag auch darin seinen Grund haben, daß die Novelle in nur 5 Unterausschußsitzungen behandelt wurde, obgleich sie 293 Seiten umfaßt und während der Behandlung von den Regierungsfraktionen noch über 380 Seiten Abänderungen vorgelegt wurden. Mit den Abänderungen der Opposition waren weit über 400 Seiten Änderungen zu erfassen und es blieb von der Regierungsvorlage nur etwa 1/3 unberührt. Material und Zeit standen in keinem Verhältnis zu einer gedeihlichen Bearbeitung.

Umweltschutz in der Sowjetunion anhand des Beispiels der Luftverschmutzung in Moskau - Bearbeitung sowjetischer Daten und Emissionsquellenanalyse

Lotte Krisper

1. Warum ist die ökologische Situation im Osten interessant für einen westlichen Ökonomie-studenten?

Oder: Wie kommt die Moskauer Luft dazu, an der **Wirtschaftsuniversität** Wien als Diplomarbeitsthema abgehandelt zu werden?

Die Verbrüderung zwischen **Ökonomie** und **Ökologie** hat sich im sogenannten Westen dieser Welt im Laufe der 80er Jahre eindrucksvoll vollzogen - zumindest auf verbaler Ebene. Kaum ein "Öko"-Symposion (Vortrag, Artikel etc.) ohne die Koketterie der beiden Anhängsel "nomie" & "logie". Es wird gelehrt, daß die Ökonomie langfristig ohne die Ökologie nicht überleben könne, umgekehrt jedoch der Ökologie nur unter Berücksichtigung der ökonomischen Gesetzmäßigkeiten zu helfen sei.

Auch zwischen "**Ost**" und "**West**" hat in den 80ger Jahren - etwas später aber wesentlich rascher - eine Entpolarisierung stattgefunden, in Form eines Umkippprozesses, die Vorkommnisse des Sowjetimperiums widerspiegelnd. Auch hier hinkt die Realität mit ihren unzähligen praktischen Problemen der verbalen Verbrüderung nach.

An diesen **zwei Schnittstellen** ist die diesem Text zugrundeliegende Diplomarbeit anzusiedeln, und wie immer die Ergebnisse dieser Arbeit auch einzuschätzen sind, so bestand die größte Herausforderung in diesem Projekt im Erlernen mehrerer Sprachen (Russisch nur im engeren Sinne): der Sprachen

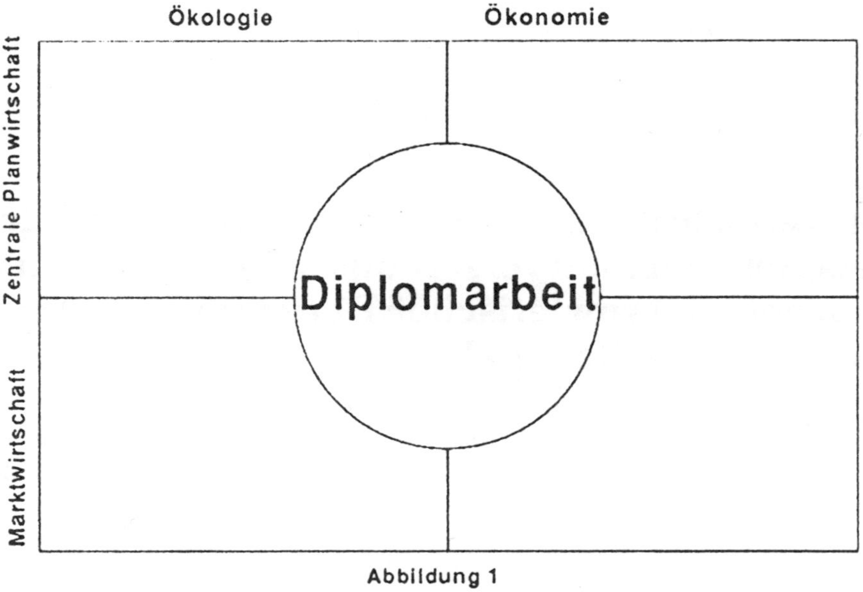

Abbildung 1: Kontext der Diplomarbeit

der Ökonomen & Ökologen in Ost & West und der Versuch, deren Konzeptionen und Einstellungen zu erfassen. Es ist sehr erfreulich, daß sich die Wirtschaftsuniversität als eine "Schnittstelleninstitution" zur Verfügung stellte, und auch an anderen Diplomarbeitsthemen der letzten Sponsionstermine konnte der "Trend zur Schnittstelle" nicht übersehen werden.

2. Grundlegende Gedanken

Ökonomen und Ökologen beschreiten ja bis zu einem gewissen Punkt einen - **wenn auch kurzen - gemeinsamen Weg** (siehe Abb.2). Beiden geht es um Ressourcenschonung, mit dem Unterschied, daß der Ökonom den Begriff "Ressource" wesentlich enger faßt, und zwar nur insoweit er einen Geldwert besitzt. Dadurch wird in der Kostenrechnung nur ein verzerrtes Abbild der Realität wiedergegeben, und ein beträchtlicher Teil der Ressourcenvernichtung wird gar nicht in Betracht gezogen. Auf theoretischer Ebene ist dieses Problem durch das Konzept der **Internalisierung der externen Kosten**, wenn auch nicht gelöst (Bewertungsprobleme), so doch vom Prinzip her verstanden worden. Auf praktischer Ebene kommen zu den Bewertungsproblemen noch enorme Durchsetzungsprobleme hinzu, auf die hier nicht näher eingegangen werden soll.

Man könnte nun meinen, daß in einer **zentral gelenkten Planwirtschaft Umweltschutz leichter durchzusetzen** sei als in einer dezentralen Marktwirtschaft, es müßte die Internalisierung der externen Kosten nur von oben angeordnet werden. Im Gegensatz dazu spürt man im Land bereits als einfacher Beobachter ohne jeglichen wissenschaftlichen Hintergrund, daß die Kostenrechnung in Planwirtschaften **wesentlich weiter von der Realität entfernt** sein muß als in den sogenannten marktwirtschaftlichen Systemen: Autobusse werden nach Dienstschluß von den Chauffeuren als Taxis (Einzelpersonenbeförderung!) verwendet, um ein Zubrot zu verdienen. Der einzige Regulator im Heizungssystem ganzer Stadtviertel ist das Fernwärmekraftwerk - entweder es wird geheizt oder nicht. Dem Individuum bleibt somit zur Regulierung nur das Fenster. Im ganzen Land wird Knappheit an Ziegeln beklagt. Unmittelbar vor dem Studentenheim verrottet ein ganzer Berg davon auf der Straße. Undichte Wasserhähne mit ausströmendem heißen Wasser werden zwei Monate lang nicht repariert. Die Liste von solchen handfesten Beispielen ist endlos.

Vereinfacht gesagt: die Wege der Ökonomen und der Ökologen trennen sich um einiges früher als in den westlichen Systemen.

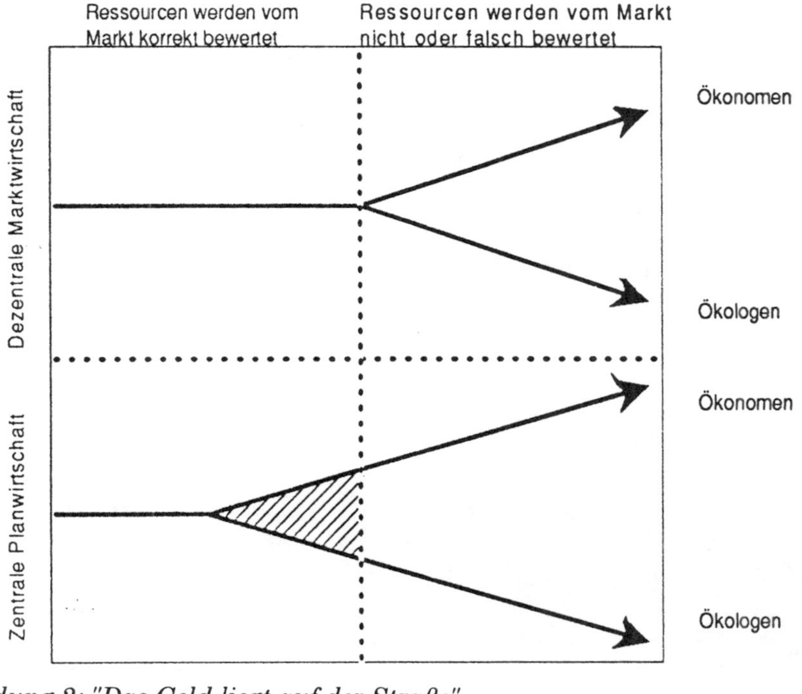

Abbildung 2: "Das Geld liegt auf der Straße"

Die schraffierte Fläche stellt, so paradox dies klingen mag, ein Hoffnungsgebiet dar: das Geld liegt gewissermaßen auf der Straße. Wem immer es auch gelingen mag, dieses Geld aufzuheben, er wird quasi als Nebenprodukt einen Beitrag zur Ressourcenschonung leisten und sich damit in den Dienst der Ökologie stellen.

Diese Überlegungen sollen keine Verniedlichung der gravierenden Probleme darstellen, sie sind vielmehr als eine mögliche Sichtweise gedacht. Sie veranschaulichen den bereits bekannten Gedanken, daß es durchaus zielführender wäre, im Osten in den Umweltschutz zu investieren, wo im Westen die ökonomischen Einsparungen vergleichsweise ausgereizt sind (z.B. Verbesserung der Effizienz im Energieverbrauch), beziehungsweise die Kosten pro zusätzlicher Einheit "Umweltverbesserung" im oberen Abschnitt der exponentiellen Wachstumskurve liegen (vor allem im Bereich der End of pipe-Technologien, z.B. beim Herausfiltern von Schadstoffen).

Es darf in diesem Zusammenhang nicht übersehen werden, daß absolut und global betrachtet der "Osten" wesentlich weniger an der Ressourcenvernichtung beteiligt ist als der "Westen", und zwar nicht aufgrund des effizienten Umgangs (zur Beheizung eines Quadratmeters Wohnfläche wird in der UdSSR doppelt soviel Energie benötigt als z.B. in Schweden), sondern aufgrund von "Bescheidenheit" (der durchschnittliche Sowjetbürger begnügt sich z.B. mit einem Viertel der Wohnfläche eines Durchschnittsamerikaners)[1]. Folgende Darstellung[2] (Abb.3) veranschaulicht dies am Beispiel des weltweiten Gesamtenergieverbrauchs: absolut betrachtet verbraucht der Westen unverhältnismäßig mehr Energie als der Osten, jedoch haben die Krisen 1973 und 1978 zu einem Umdenken und somit einem reduzierten Wachstum des Energieverbrauchs geführt, während in den Ostblockländern diese Krisen nichts am Energieverbrauch geändert haben.

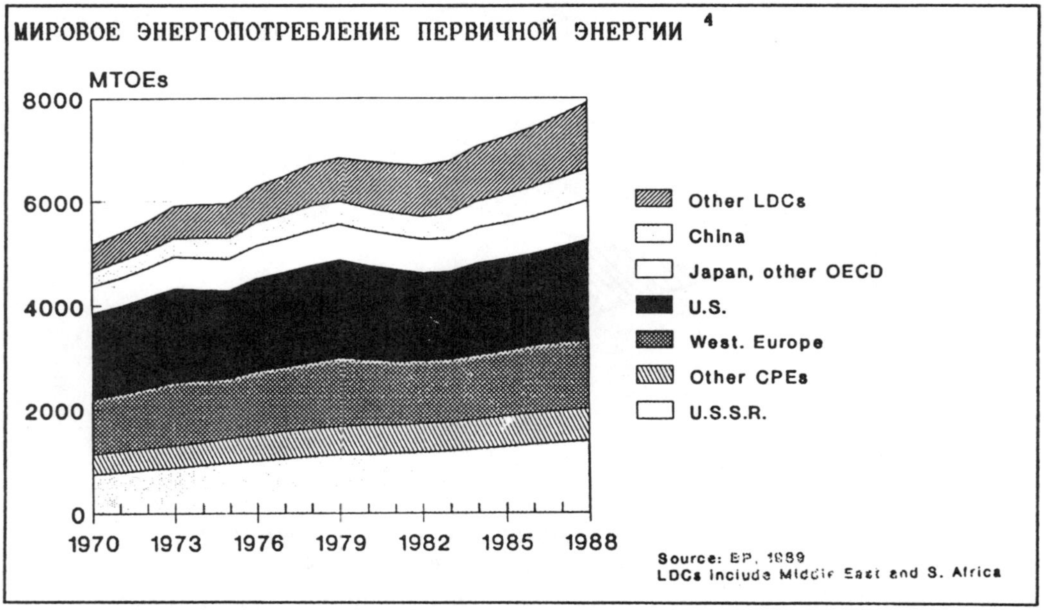

Abbildung 3: Weltenergieverbrauch

3. Problemstellung dieser Diplomarbeit

In dieser Diplomarbeit wurde der Versuch unternommen, in der begrenzt zur Verfügung gestellten Zeit möglichst viele sowjetische Daten zum Thema Luftverschmutzung zu sammeln und zu einer **Momentaufnahme aus verschiedensten Perspektiven (soziale, demographische, ökonomische, ökologische, meteorologische, medizinische** usw.) einzufrieren. Die Leistung besteht also nicht in einer wissenschaftlichen Höchstleistung in einer der oben genannten Disziplinen, sondern in der Erlangung, kritischen Durchsicht, visuellen Komprimierung und anschaulichen Gegenüberstellung von Daten, die vermutlich noch niemals **in ihrem Zusammenhang und graphisch dargestellt** wurden.

Die **Informationssuche** gestaltete sich insgesamt leichter als ursprünglich angenommen. Wurde in einer Institution einmal eine Vertrauensperson gefunden, so war die Hilfsbereitschaft enorm groß, völlig unklar war jedoch der Grund für plötzliches Vertrauen. Es konnte also nicht systematisch vorgegangen werden, sondern war eher ein **stochastischer, kafkaesker Prozeß**. So z.B. gelangte das wertvollste Material - die Emissionsstatistik der einzelnen Moskauer Betriebe - erst drei Monate nach meiner Abreise aus Moskau über nicht bekannte Kanäle in meine Hände.

4. Allgemeines zur Stadt

Die Moskauer Ringautobahn umfaßt ein Gebiet von rund **1000m^2**. Neun Millionen Einwohner sind in dieser Stadt offiziell registriert, die tatsächliche Einwohnerzahl wird auf 11-12 Millionen geschätzt. Zusammen mit den täglichen Pendlern (ca. zwei bis drei Millionen) sind also ungefähr **13-15 Millionen Menschen** vom "Ökosystem Moskau" betroffen[3)]. (Zur grafischen Darstellung der Bevölkerungsdichte siehe Bild A Abb.4).

Moskau ist ein **Industriezentrum**, führend vor allem auf den Gebieten der Elektronik, des Maschinen- und Werkzeugbaus, und beherbergt unter anderem das **Automobilkombinat SIL** beinahe im Zentrum der Stadt und eine Ölraffinerie am Rande der Stadt. Auf einen Anteil von 3,1% der Gesamtbevölkerung der Sowjetunion entfallen z.B. 28% aller metallverarbeitenden Maschinen der Sowjetunion[4)].

Die **Lebenserwartung** der Bewohner dieser Stadt liegt um 6-8 Jahre unter dem Durchschnitt von Wien, Paris oder Tokio. Die Kindersterblichkeit ist doppelt so hoch wie in London, Toronto oder Sydney, beziehungsweise dreimal so hoch wie in Madrid, Oslo oder Tokio. Gemäß dem regierungsinternen Dokument, dem diese Daten entnommen wurden, wird der Grund für 20% aller Erkrankungen der

Moskoviter in der Luftverschmutzung gesehen[5]. (Eine "Landkarte der Kinderbronchialerkrankungen" ist in Bild C in Abb.4 zu sehen).

Welche Bedeutung mißt die Bevölkerung selbst den Umweltproblemen bei? **Meinungsumfragen** zu diesem Thema - im Jahre 1990 noch eine völlige Neuheit in der Sowjetunion - führten zu teilweise äußerst unterschiedlichen Ergebnissen:

Das Soziologische Institut der Akademie der Wissenschaften ersuchte die Befragten, verschiede Problemgebiete nach deren Wichtigkeit zu beurteilen, und veröffentlichte die erstaunlichen Ergebnisse in der populären liberalen Zeitung "Moskauer Nachrichten"[6] (500 Befragte, in % der Antworten):

	sehr wichtig	wichtig	nicht sehr wichtig	unwichtig
Umweltverschmutzung	74,4	23,7	1,4	1,2
Anstieg der Kriminalität	71,8	22,9	3,6	1,2
Mangel an Nahrungsmitteln	69,4	25,0	4,4	1,2
Mangel an tägl. Gebrauchsgütern	63,2	30,2	5,8	0,2
Inter-/Nationale Konflikte	58,8	27,2	6,8	5,0
Alkoholismus	43,3	28,0	43,3	10,9
Mangel an langlebigen Produkten	41,0	45,1	12,5	1,0
Antisemitismus	21,3	20,3	25,4	0,2

Eine andere Umfrage jedoch zeichnete ein orientierungsloseres Bild der Moskoviten, die die offene Frage "Welches sind die größte Problem unseres Landes? Nennen Sie die wichtigsten drei." am häufigsten (15,4%) mit "**Alles wurde zum Problem**" beantwortete. Die ökologische Situation nahm bei dieser Umfrage einen nicht nennenswerten Rang ein[7].

Eine dritte Umfrage[8] zu diesem Thema, beschränkt auf den "Oktober"-Bezirk, bestätigte wiederum die Ergebnisse der ersten Umfrage: 85% der Bevölkerung registrierten eine Verschlechterung der Umweltsituation, 70% bezeichnen dabei die Luftverschmutzung als am charakteristischsten, 61,7% machen die Industrie dafür verantwortlich, wobei interessanterweise 40% gar nicht wissen, ob die Produktionsstätten in ihrem Bezirk als umweltgefährdend einzustufen sind. Ebenso ist interessant, daß der Verkehr nicht als Verursacher von Umweltverschmutzung erwähnt wird. Von der öffentlichen Verwaltung wird in diesen Angelegenheiten keine Hilfe erwartet, die **Hoffnungen** richten sich hingegen auf die **Intelligenz** (Journalisten, Schriftsteller, Gelehrte), die **Medien** (Radio, Fernsehen, Zeitung) und **informelle grüne Gruppierungen**.

Anscheinend gewinnt jedoch die Meinung der Bevölkerung zunehmend an Bedeutung auch für die staatlichen Einrichtungen. Das Moskauer Umweltamt (Moskompriroda) verwendet z.B. eine graphisch aufbereitete "**Landkarte der Beschwerden**"(siehe Bild F Abb.4)[9)], die durch die Auswertung einlangender Beschwerdebriefe an das MosZGHS (Moskauer Hygieneüberwachungsinstitut) erstellt wurde.

Betrachtet man nun die "**Windkarte**" (siehe Bild B in Abb.4), eine Visualisierung der Hauptwindrichtungen, entnommen aus dem Moskauer Umweltplan 2010, so erkennt man eine gewisse Korrelation zwischen den Beschwerden der Bevölkerung und der Tatsache, daß der Südosten Moskaus gewissermaßen das Luftabzugsgebiet darstellt, während der Westen mit Frischluft versorgt wird und demnach auch kaum zu Beschwerden veranlaßt.

Der **wirtschaftliche Schaden** für Moskau aus der Luftverschmutzung betrug nach sowjetischen Schätzungen im Jahre 1989 ca. **460 Millionen Rubel**, wobei 20% dem Autoverkehr zugeschrieben wurde und 80% den stationären Quellen[10)]. Aus diesem Grund sowie aus der einfachen Tatsache, daß über den Autoverkehr kein brauchbares Material gefunden werden konnte, ist der Schwerpunkt dieser Arbeit auf stationäre Emissionsquellen gelegt worden.

5. Immission

Bei uns im Westen weitverbreitete **Schlagwörter** wie "Saurer Regen, Waldsterben, Ozonloch etc." sind im alltäglichen russischen Sprachgbrauch noch **nicht zu finden** (Stand Juli 1990). Ozon wird beispielsweise gar nicht regelmäßig gemessen, die Gesetzgebung kennt noch keinen Begriff wie "Smog". Es erstaunt daher umso mehr zu erfahren, daß die **Sowjetunion in den 50er Jahren wissenschaftlicher Vorreiter** auf dem Gebiet der Luftreinhaltung war: 1949 stellte die SU z.B. als erstes Land Konzentrationshöchstwerte auf, und bis 1948 kamen 65% der Weltliteratur über Luftverschmutzung aus der Sowjetunion[11)]. Auch heute gehören die gesetzlich zugelassenen Höchstgrenzwerte (sogenannte PDK) der Sowjetunion und des Ostblocks zu den strengsten der Welt (NO_2 - 0,085 mg/m^3, SO_2 - 0,05 mg/m^3, CO -5,0Mikrogramm/m^3)[12)].

Insgesamt gibt es für mehr als 500 Schadstoffe gesetzliche **Höchstgrenzwerte.** 15 davon werden in Moskau regelmäßig an **19 dafür vorgesehenen Meßstationen** registriert. Die Daten für April 1990 konnten direkt von der meteorologischen Datenbank für Moskau (Goskomgidromet) unverfälscht übernommen werden (zehn Minuten werden für eine händische Abschrift gewährt) und stellen somit auch ein sehr wertvolles Dokument dar. Die Posten mit den meisten registrierten Maximalkonzentrationen konnten identifiziert (siehe E in Abb.4) und mit den anderen Darstellungen verglichen werden. Im wesentlichen stimmen die Gebiete mit Maximalkonzentrationen mit den Gebieten der meisten Beschwerden und den Gebieten, die im Luftabzug der Moskauer Betriebe liegen, überein (vgl. Bilder B, E, F, G in Abb. 4). Die Immissionsstruktur der Stadt Moskau unterscheidet sich vor allem durch folgende strukturelle Bedingungen von z.B. Wien: es gibt fast keinen individuellen Hausbrand, sondern geheizt wird durch TEZ, zentrale Heizkraftwerke. Deren Umstellung von zuerst Kohle auf Öl und dann Erdgas hat erst in den letzten Jahren begonnen. Nur zwei dieser mehr als zehn TEZ besitzen überhaupt Filter, wobei deren Effizienz nicht festgestellt werden konnte. Weiters verwenden Kraftfahrzeuge keinen Diesel, dadurch ist die SO_2-Belastung der Stadt vergleichsweise gering, jedoch der Ausstoß an Ruß etc. höher.

6. Emission

Jedem in Moskau angesiedeltem Betrieb wird von den Behörden die Erlaubnis erteilt, eine **bestimmte Höchstmenge an Schadstoffen (sogenannte PDV)** zu emittieren. Am Ende des Jahres muß der Betrieb seine Emissionen deklarieren und seit 1.4.1990 sind - je nach Gefährlichkeitsgrad des Schadstoffes - Geldstrafen für Überschreitungen der Normen zu bezahlen. Aus diesem "**Luftfonds**" sollen Investitionen zur Luftreinhaltung finanziert werden. In Gesprächen mit Mitarbeitern des Moskauer Umweltamtes wurden jedoch Zweifel am Erfolg dieses als "Ökonomisches Experiment" bezeichneten Systems bekundet, wirtschaftliche und soziale Zwänge würden vermutlich dazu führen, die erlaubten Höchstgrenzen einfach anzuheben, beziehungsweise die deklarierten Emissionen "anzupassen". Dar Schadstoffausstoß wird nämlich nicht gemessen, sondern berechnet. In welcher Weise, konnte im Rahmen dieser Arbeit nicht genau eruiert werden, jedoch beruhen die Berechnungen auf Produktionsmengen und Erfahrungswerten bei der Anwendung der jeweiligen Technologien und Inputfaktoren.

Bei genauerer Durchsicht der gesammelten Emissionsdeklarationen[13)] kann man sich des Eindrucks nicht erwehren, daß viele der **Zahlen hingetrimmt** wurden, wenn z.B. der Jahresausstoß auf Kilogramm genau dem erlaubten Höchstwert entspricht. Geht man davon aus, daß solche Manipulationen nicht nur von einzelnen Betrieben angewendet werden, sondern normalverteilt "handelsüblich" sind, so ermöglicht diese Emissionsstatistik zumindest eine Annäherung an die Realität. Anstatt auf die **absoluten** Werte näher einzugehen, wurde versucht, die **relativ** größten Emittenten zu ermitteln, und zwar für jeden einzelnen in der Gesamtstatistik ausgewiesenen Schadstoff (SO_2, NO_2, CH, Staub, H_2SO_4, CO und einem "allgemeinen Ausstoßkoeffizienten", der eine gewichtete Summe aus allen Schadstoffen darstellt, wobei die Methode der Gewichtung hier nicht näher untersucht wurde).

In einer Art **ABC-Analyse** wurden nun aus über 500 Betrieben jene herausgefiltert, die zumindest in einem dieser Schadstoffe zu mehr als 1% der Emissionen beteiligt sind.
So konnte eine kleine Anzahl von Betrieben identifiziert (siehe Tabelle auf nachstehender Seite) werden, die für einen erstaunlich hohen Anteil an Emissionen verantwortlich sind:
z.B. 3 Betriebe (2 TEZ und die Ölraffinerie) für 90% des SO_2-Ausstoßes, wobei stationäre Quellen laut Statistik zu 100% für den SO_2-Ausstoß verantwortlich sind;
3 TEZ für fast die Hälfte des gesamten NO_2-Austoßes, wobei stationäre Emittenten zu 70% und der Autoverkehr zu 30% beteiligt sind;
Der größte Teil von stationären CH-Emissionen kommt ebenfalls von der Raffinerie.
Ein extremer Staub-, H_2SO_4- und CO-Emittent ist die Autofabrik SIL.

Es blieben so **33 Betriebe** übrig, die nun auch auf ihre **Standortqualität** auf einer Skala von 1-5 (von äußerst ungünstig bis äußerst günstig) hin beurteilt wurden. Dazu wurden folgende (teilweise in diesem Artikel bereits erwähnte) Kriterien herangezogen:

A **Bevölkerungsdichte** im jeweiligen Bezirk[14)]

B Verteilung der Emissionen durch die **Hauptwindrichtungen**[15)]

C Nähe zu Gebieten mit erhöhten Meldungen von **Kinderatemwegserkrankungen**[16)]

D **Durschnittliche Emission** pro Quadratmeter im jeweiligen Bezirk[17)]

E Nähe zu den Meßstellen mit registrierten **Konzentrationshöchstwerten**[18)]

F Nähe zu den Gebieten mit dem höchsten Eingang an **Beschwerdebriefen** aus der Bevölkerung[19)]

In einer Übersichtstabelle wurden all diese Daten komprimiert und zusätzlich auf **Klarsichtfolien** graphisch aufbereitet, sodaß **durch Übereinanderlegen** der Folien **Zusammenhänge ersichtlich** sind, wodurch der Komplexität des Problemes zumindest teilweise Rechnung getragen wurde. Darstellung **G**[20)] schließlich zeigt die **Standorte und den prozentuellen Ausstoß der einzelnen Moskauer Betriebe** und Darstellung **H** einen **Stadtplan Moskaus** zur Orientierung. In dieser Kurzzusammenfassung kann auf die einzelnen Parameter nicht eingegangen werden, es sollte nur kurz die Methode des visuellen Vergleichs veranschaulicht werden. Insgesamt konnte dadurch für zukünftige Studien eine Schwerpunktsetzung erreicht werden, zur Erstellung eines Maßnahmenkataloges könnte die Arbeit jedoch nicht herangezogen werden: dazu sind die Daten zu unscharf und bedürfen einer realen Überprüfung.

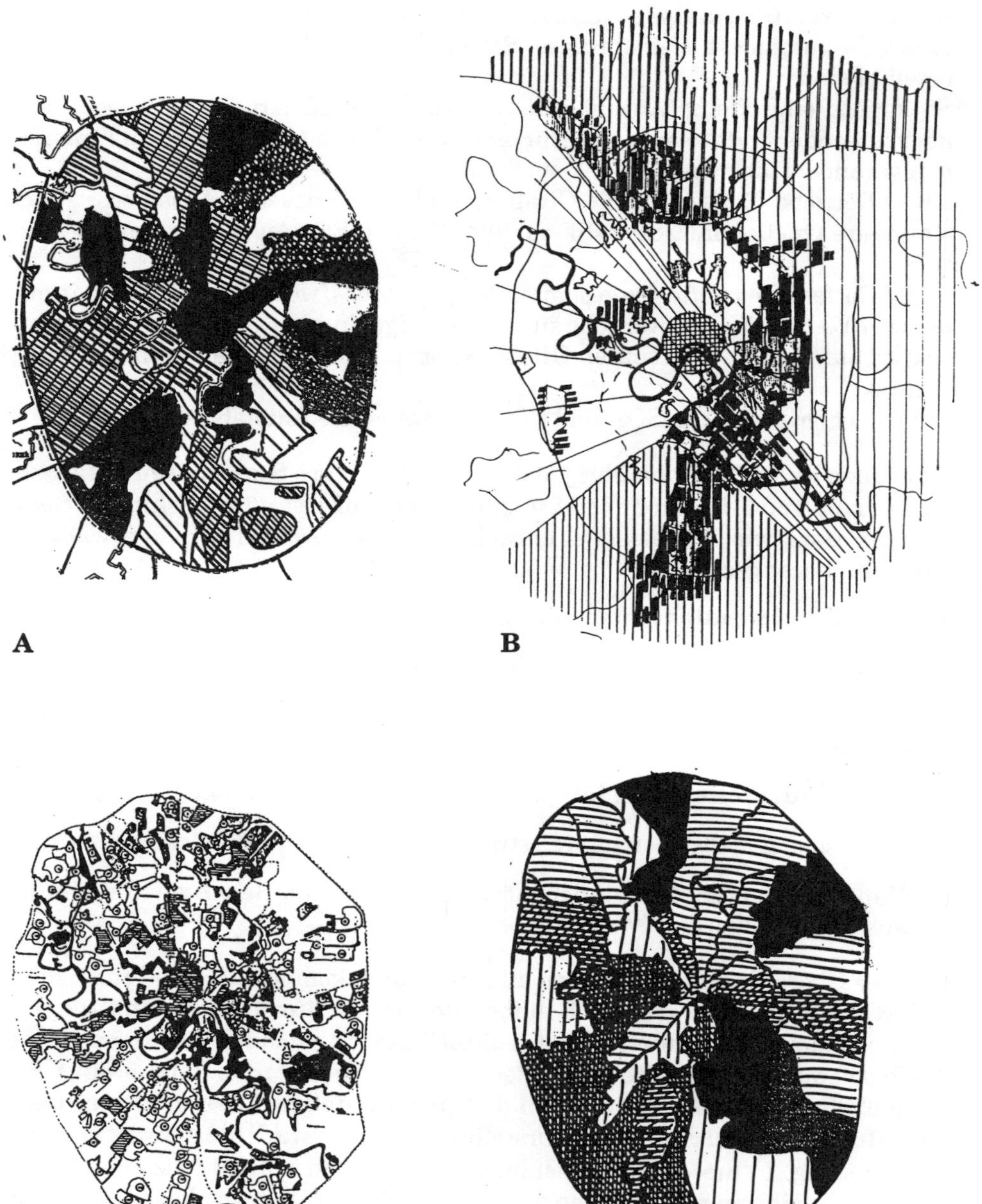

A B C D

Abbildung 4

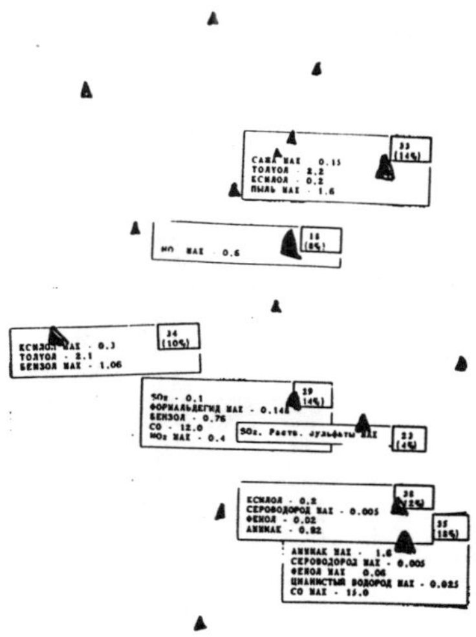

E

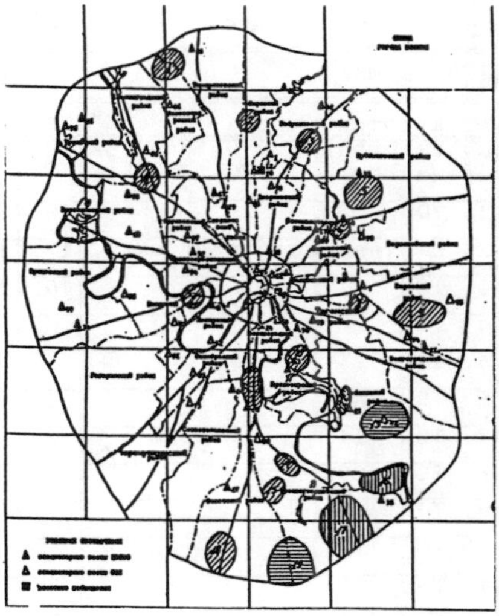

F

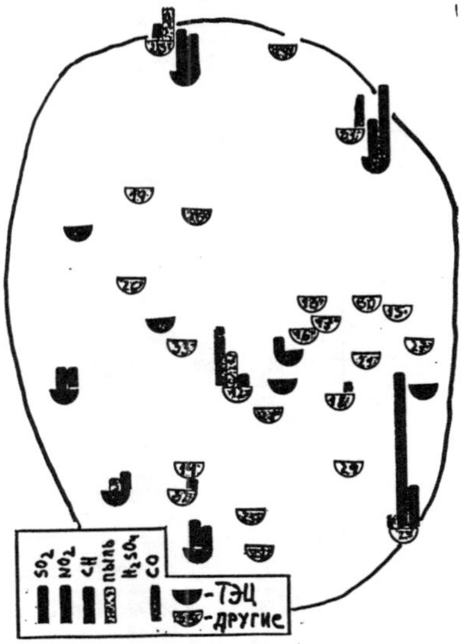

G

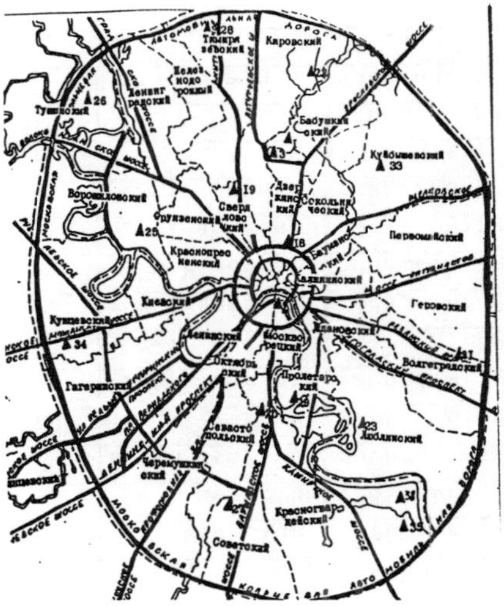

H

Abbildung 4

СВОДНАЯ ТАБЛИЦА:
Относительные количества выбросов вредных веществ за 1990г по предприятиям (все цифры в процентах) и качество место расположения предприятий (критерии 1-6 определяются во фолиях 1-6)

КРИТЕРИИ	ALLGEM AUSSTOSSKOEFFIZIENT	SO_2	NO_2	CH	STAUB	H_2SO_4	CO	1A	2B	3C	4D	5E	6F
от автотранспорта	70	0	30	67	0	0	96						
от стационарных источников из них от:	30	100	70	33	100	100	4						
1. ТЭЦ 23	12	32	16					⊞	▥	□	■	■	▣
2. Нефтеперерабат-ий з-д	17	18		69			6	⊞	□	■	■	■	■
3. ТЭЦ 21	10	16	18					▥	■	▣	■	⊞	▣
4. ТЭЦ 26	6	9	11					⊞	⊞	▥	▣	⊞	▣
5. ТЭЦ 25	5	9	9					▥	▥	▥	▣	▣	□
6. ТЭЦ 8	3	3	5					■	■	■	■	▣	▣
7. ТЭЦ 11	2	2	4					▣	□	▣	⊞	□	⊞
8. ТЭЦ 20	4	2	7		5			■	⊞	▣	▣	⊞	□
9. ТЭЦ 16	2	1	4					▣	■	⊞	▥	⊞	□
10.ТЭЦ 12			4					▥	■	■	▣	⊞	▥
11.ТЭЦ 9			2					■	■	■	■	■	▣
12.ЗИЛ + ТЭЦ ЗИЛА	4		2	5	14	5	16	■	■	■	■	■	▣
13."Серп и молот"					1	15		▣	■	■	▣	▥	▣
14."Мосэлектрофольга"						10		■	▥	▣	▥	⊞	⊞
15.Прожектор						9		■	⊞	▥	▥	⊞	▣
16.Шинний завод						8		▣	■	■	■	▥	▣
17.ГПЗ 1						7		▣	■	■	■	▥	▣
18.АЗЛК				1			5	▥	▣	■	■	▣	▥
19.Химзавод им.Войкого						3		▥	■	■	⊞	▥	▥
20."Свобода"						2		■	■	■	▥	□	□
21.Карачаровский мех.з-д						2		▣	▥	■	⊞	▥	▣
22.ОЭЗ Механизация"						2		▥	□	▣	□	▣	■
23.ПО "Москерамзитобетон"	2				13		7	▥	■	■	■	□	■
24.Лосионостровский з-д					3	5	4	■	▣	■	⊞	□	□
25.ПО "Асфальтобетон"ф-л 3					2			▥	⊞	■	□	▣	■
26. ф-л 1					2			▣	■	■	▣	⊞	▥
27.Асфаьлтобетонный з-д-2					2			■	⊞	▥	▥	⊞	▣
28.Бетонный завод-3					2			■	□	▣	■	⊞	■
29.Люблниски лит.механ.з-д					2			□	⊞	▣	■	■	■
30.Электродный завод					1		3	▣	▥	▥	▥	⊞	▥
31.Мех.завод метростроя							14	⊞	▥	□	⊞	■	▣
32."Чайка"				5				▣	▥	▣	▣	□	⊞
33."Каучук"				2				▣	■	■	⊞	⊞	▣
	67	92	82	82	47	66	55						

Tabelle

Abschließend kann erwähnt werden, daß die Diplomarbeit zu einem Zeitpunk fertiggestellt wurde, wo gerade sämtliche bilateralen Projekte mit diesem - inzwischen zur GUS gewordenen - Land aufgrund des Putsches zum 18. August 1991 ins Stocken geraten waren. Das österreichische Interesse an dieser Arbeit war also nicht überwältigend groß (zudem ist die Arbeit in russischer Sprache verfaßt). Mit großem Interesse hingegen wurde die Arbeit von Moskauern aufgenommen, die im Umweltbereich tätig sind (z.B. im Umweltamt Moskau, Sozial-Ökologische Vereinigung).

Anmerkungen und Literatur

1) Vgl. Schipper,L./Cooper,C.: Energy Use and Conservation in the USSR, Patterns, Prospects and Problems, (draft), Lawrence Berkeley Laboratory, Berkeley 1990, S.14ff.
2) Schipper,L./Cooper C. (Energy Use), Abb.1.
3) Vgl. USSR Yearbook '89, APN, Moskau 1989.
4) Moskau in Zahlen (Moskva v zifrach), Moskau 1989, S.14.
5) Vgl. Umfassender Territorialplan des Umweltschutzes der Stadt Moskau bis 2010 (Territorialnaja kompleksnaja schema ochranij prirodij g. Moskvij na period do 2010 g.), Band VI, Teil 3, Moskauer Stadtverwaltung, Moskau 1988, S. 17-28.
6) Genadij Denisovskij, Moskovskije Novosti, Moskau 22/1990.
7) Vladimir Andreenkov, Institut fuer Vergleichende Sozialwissenschaften, Akademie der Wissenschaften, Moskau 1989
8) Semjonov, L.A., Soziologisches Institut, Akademie der Wissenschaften, Moskau November 1989
9) Die Umweltsituation Moskaus und Maßnahmen zu deren Verbesserung, Informationsschrift des Moskauer Umweltamtes, Moskau 1989, S.13.
10) Vgl.Umweltplan 2010, S.84ff.
11) Hünermann, G.: Umweltprobleme und Umweltpolitik in der Sovietunion, aktualisierte Auflage, FU Berlin 1988, S. 29.
12) Vgl. Umweltsituation Moskaus und Massnahmen, S.41.
13) Vgl. Luftreinhaltung in Moskau im Jahre 1989, Nr.28(444), Goskomstat, Moskau 1990.
14) Daten entnommen aus: Moskau in Zahlen 1989.
15) Darstellung entnommen aus Umweltplan Moskau 2010, Anhang.
16) Darstellung entommen aus Umweltplan Moskau 2010, S.28.
17) Daten entnommen aus: Moskau in Zahlen 1989
18) Daten abgeschrieben direkt vom Messdaten-Ausdruck fuer April 1990 vom Goskomgidromet
19) Darstellung aus: Umweltsituation Moskaus und Massnahmen, S.13.
20) Die Standorte der 33 Betriebe von der komprimierten Tabelle wurden ausfindig gemacht und der prozentuelle Emissionsanteil der einzelnen Schadstoffe proportional dargestellt

Umweltmanagement in Österreich - State of the Art und Entwicklungstendenzen

Christof Müller

1. Vorbemerkungen

Unter dem Titel **UMWELTMANAGEMENT IN ÖSTERREICH - State of the Art und Entwicklungstendenzen** lief im Wintersemester 1991/92 am Institut für Unternehmensführung an der Wirtschaftsuniversität Wien unter der Leitung von o. Univ. Prof. Dipl.-Ing. Dr. Rolf Eschenbach und Univ.-Lektor Mag. Christof Müller ein Projektseminar. Das Seminar erfolgte in Zusammenarbeit mit dem B.A.U.M. (Bundesweiter Arbeitskreis für Umweltbewußtes Management) Österreich. Dieser ist ein Verein österreichischer Unternehmen und Manager, der 1989 als Schwesterorganisation von B.A.U.M. Deutschland ins Leben gerufen wurde, mittlerweile mehr als 80 Mitgliedsunternehmen zählt und dessen Ziel es ist, Unternehmen zu poolen, die bestrebt sind, umweltbewußtes Management in die Tat umzusetzen.

Die Ergebnisse dieses Projektseminars wurden im Herbst 1992 vom Verlag Manz in Buchform veröffentlicht.

2. Problemstellungen

Im Mittelpunkt des Seminars standen folgende Aufgabenstellungen:

- Erarbeitung des theoretischen Hintergrunds und Begriffserklärung,
- Ermittlung des Istzustandes der umweltorientierten Unternehmensführung in Österreich,
- Erarbeitung von Entwicklungstendenzen,
- Ableitung von Handlungsempfehlungen,
- Darstellung der Durchsetzungsproblematik.

3. Zum Istzustand umweltorientierter Unternehmensführung in Österreich

3.1. Vorgangsweise

Die Ermittlung des Istzustandes erfolgte auf zweifache Art:

- Einerseits wurden mit Repräsentanten von 22 B.A.U.M.-Mitgliedsunternehmen (BU) ausführliche persönliche Interviews durchgeführt.
- Um andererseits einen Querschnitt der diesbezüglichen Aktivitäten österreichischer Unternehmen (NBU) zu erhalten, wurde 441 der 3800 größten österreichischen Unternehmen ein zweiseitiger Fragebogen zugesandt. Die für diese Unternehmen gewählte Abkürzung "NBU" steht für Nicht-B.A.U.M.-Mitgliedsunternehmen. Da die Befragung anonym erfolgte und die Auswahl der befragten Unternehmen per Zufallsgenerator erfolgte, ist allerdings nicht auszuschließen, daß auch BU den anonymen Fragebogen beantworteten.

3.2. Auswertung

Das erhaltene Datenmaterial wurde qualitativ und quantitativ ausgewertet. Folgende wesentliche Aussagen haben sich daraus ergeben:

- Das Unternehmensziel "Umweltschutz" war außer bei den BU zumeist von unterdurchschnittlicher Bedeutung.

- Alle BU und fast alle NBU (über 90 %) sahen im Umweltmanagement eine Chance für ihr Bestehen im Wettbewerb.

- BU nannten als primären Impulsgeber für Umweltschutzmaßnahmen das eigene Unternehmen, während NBU diese Rolle in erster Linie dem Gesetzgeber zuordneten.

- Mehr als 70 % der BU waren der Ansicht, daß weitere gesetzliche Auflagen weder die wirtschaftliche Existenz der Betriebe gefährden noch die internationale Wettbewerbsfähigkeit beeinträchtigen würden. In diesem Zusammenhang gaben 90 % der BU an, daß sie eine Übererfüllung der gesetzlichen Bestimmungen leisten.

- Haupthindernisse bei der Durchsetzung von Umweltschutzmaßnahmen in den Unternehmen sind zu hohe Kosten. Weitere Hemmnisse stellen fehlende Technologie sowie fehlende Information dar. Probleme im eigenen Management sehen vor allem die BU, die hinsichtlich der Durchsetzung von Umweltschutzmaßnahmen einen Erfahrungsvorsprung vorweisen.

Gegenüberstellung: - Umweltmanagement - Risiko oder Chance? - Beeinflussung der Wettbewerbsstärke durch Umweltmanagement				
Beeinflussung der Wettbewerbsstärke		Risiko	Chance	TOTAL
Positiv	absolut:	1	61	62
	in %:	0,8 %	49,6 %	50,4 %
Negativ	absolut:	3	9	12
	in %:	2,4 %	7,3 %	9,7 %
Kein Einfluß	absolut:	6	43	49
	in %	4,9 %	35,0 %	39,9 %
TOTAL	absolut:	10	113	123
	in %:	8,1 %	91,9 %	100,0 %

Abb. 1: Analyse der Abhängigkeit der Wettbewerbsstärke von der Einstufung des Umweltmanagements als Risiko oder Chance

- Bei der Auswertung mittels einer Clusteranalyse (Gruppenbildung aufgrund mehrerer gemeinsamer Eigenschaften) stechen aus der Masse der Unternehmen vier Extremtypen hervor, die in Summe über ein Drittel der erfaßten Unternehmen ausmachen und sich in unterschiedlicher Weise von der durchschnittlichen Umweltorientierung sowie Beurteilung des Umweltziels der restlichen Unternehmen abheben (siehe Abb. 2)

- Bei den "Pseudos" (6 % der Unternehmen) entsprechen die Umweltaktivitäten nicht dem hohen Stellenwert, der dem Umweltziel in der Unternehmenspolitik beigemessen wird (vgl. Abbildung 2, Cluster 4).

Um detaillierte Informationen über die in ihnen enthaltenen Unternehmen zu erhalten, wurden die Cluster 1 bis 3 in Subcluster A, B und C bzw. D und E sowie F und G aufgespalten (siehe Abb. 3).

- "Tiefstapler" (5 %) setzen viele Umweltaktivitäten, obwohl sie sich nicht ausdrücklich für Umweltschutz als wichtiges Unternehmensziel aussprechen (vgl. Abbildung 3, Cluster C).
- Die "Umweltmuffel" (12 %) hinken bezüglich ihrer umweltbezogenen Aktivitäten hinter den übrigen Unternehmen her, in ihrer Zielhierarchie spielt die Umwelt eine untergeordnete Rolle (vgl. Abbildung 3, Cluster E).

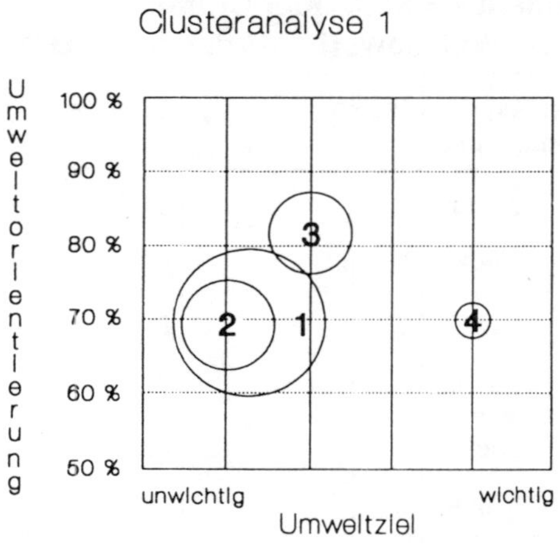

Abb. 2: Clusteranalyse 1 (Die Größe der Kreise entspricht der Anzahl der im Cluster enthaltenen Unternehmen)

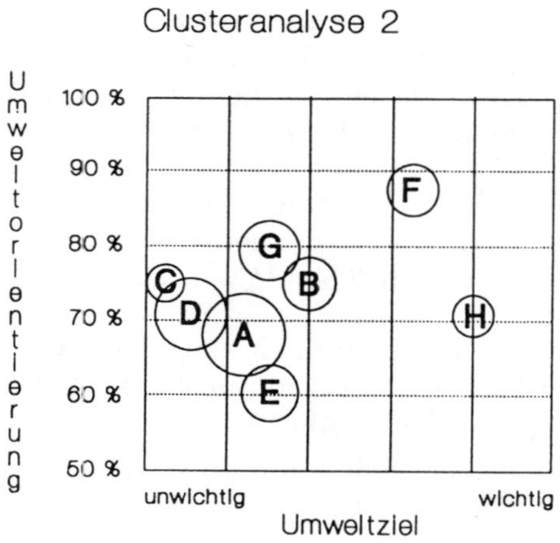

Abb. 3: Clusteranalyse 2 (Die Größe der Kreise entspricht der Anzahl der im Cluster enthaltenen Unternehmen)

- Die "Umweltstars" (11 %) nehmen eine Vorreiterrolle beim Realisieren von umweltorientierten Maßnahmen ein, der Umweltschutzgedanke ist in die Unternehmensplanung in hohem Maß integriert. (vgl. Abbildung 3, Cluster F)

Von der Einführung eines Umweltmanagements erwarteten sich die Unternehmen insbesondere Wettbewerbsvorteile, Existenzerhaltung sowie Imageverbesserung. Diese Erwartungen haben sich bei den meisten Unternehmen, die bereits über ein Umweltmanagement verfügen, erfüllt.

4. Zukunftsperspektiven - Handlungsempfehlungen - Durchsetzungsproblematik

4.1. Entwicklungstendenzen

Für das Aufzeigen von Entwicklungstendenzen wurden zwei Extremszenarien erstellt. Der Betrachtungshorizont erstreckt sich bis zum Jahr 2010. Die Szenarienanalyse stützte sich auf die sechs wesentlichen, für das Thema Umweltmanagement relevanten, externen Einflußbereiche:
Technologie, Gesellschaft, Wirtschaft, Ökologie, Wettbewerb, Recht.

Entsprechend den möglichen Zukunftsentwicklungen in den einzelnen Bereichen konnten ein bezüglich der Umweltqualität äußerst positives ("Glück gehabt") und ein äußerst negatives ("Apokalypse") Szenario abgeleitet werden. Der Szenarioanalyse nach Reibnitz unterliegt die Annahme, daß die Situation, die tatsächlich eintreten wird, im Rahmen der beiden Extremszenarien liegen wird. Strategie- und Handlungsempfehlungen, die aufgrund der Szenarioanalyse abgeleitet werden, sollen für beide Extremszenarien gelten, denn dann - so die zugrunde liegende Annahme - haben sie auch für jede Situation, die zwischen den beiden Szenarien liegt bzw. Elemente beider Szenarien aufweist, Gültigkeit.

Es ist allerdings anzumerken, daß der augenblicklich beobachtbare Trend zu einer allgemeinen Umweltorientierung kurz- bis mittelfristig (drei bis fünf Jahre) anhalten wird. Auch aus diesem Grund läßt sich eine Leitstrategie mit dem Grundtenor "Wir wollen ein umweltbewußtes Unternehmen sein" ableiten.

4.2. Handlungsempfehlungen

Entsprechen künftige Entwicklungen im Umfeld des Unternehmens dem positiven Szenario, wird eine diesbezügliche Leitstrategie zweifelsohne zur *conditio sine qua non*. Um den Bedürfnissen der Verbraucher gerecht zu werden, den gesetzlichen Bestimmungen zu entsprechen und sich generell am Markt behaupten zu können, wird es in diesem Fall keine alternativen Strategien zu umweltbewußter Unternehmensführung geben. An diese Überlegungen knüpfen auch die in unserer Arbeit getroffenen Handlungsempfehlungen an.

Sollte sich mittel- bis langfristig das Szenario "Apokalypse" realisieren, zwingen neben der sozialen Verantwortung auch Kosteneinsparungs- und Rationalisierungspotentiale zur Verfolgung oben genannter Strategie. Die abgeleiteten Handlungsempfehlungen sind einerseits in die Funktionalbereiche Forschung und Entwicklung, Materialwirtschaft, Produktion, Absatz und Verwaltung und andererseits in die Querschnittsbereiche Logistik, Controlling sowie Personal und Organisation gegliedert.

Im Vordergrund steht die Auflistung möglichst umfassender und universell anwendbarer Handlungsempfehlungen.

4.3. Durchsetzungsproblematik

Zur Bewältigung der Widerstände bei der Durchsetzung von umweltorientierten Maßnahmen kann ein Umweltbeauftragter durch seine fachliche Kompetenz einen wesentlichen Beitrag leisten. Wie die Praxis zeigt, ist für eine glaubwürdige Umweltpolitik eine wirksame, sprich in der Hierarchie möglichst hoch angesiedelte und mit Weisungskompetenz ausgestattete Position des Umweltbeauftragten in der Organisation des Unternehmens notwendig. Der Umweltbeauftragte koordiniert und induziert die Umweltmaßnahmen. Als typische Querschnittsfunktion kann Umweltmanagement allerdings nicht auf eine Person oder Abteilung "abgeschoben" werden, sondern ist auf jeder Hierachiestufe von jedem einzelnen im Rahmen seiner Möglichkeiten umzusetzen.

5. Zusammenfassung

Die vorliegende Arbeit zeigt, daß grundsätzlich ein Bewußtseinswandel, bezogen auf umweltorientiertes Verhalten bzw. umweltorientiertes Management, im Gange ist.

Diese Arbeit soll helfen, das Bewußtsein für Umweltfragen in österreichischen Unternehmen zu wecken und zu verstärken.

"Es ist nicht genug zu wissen, man muß auch anwenden;
es ist nicht genug zu wollen, man muß auch tun."
(J.W. von Goethe)

6. Autorenverzeichnis:

Die diesem Beitrag zugrundeliegende Arbeit wurde gemeinsam von folgenden Autoren, alle Studenten am Institut für Unternehmensführung der WU Wien, unter der Seminarleitung von o. Univ. Prof. Dipl.-Ing. Dr. Rolf Eschenbach und Univ.-Lektor Mag. Christof Müller sowie der Koordination von Georg Dreger und Martina Gerstenmayer verfaßt:

Helmut Bernthaler
Claudia David
Georg Dreger
Martina Gerstenmayer
Andreas Gratschmeier
Gerhard Grötschnig
Susanne Heinl
Doris Hochholdinger
Gernot Kranabetter
Stefan Kukacka
Stefan Kurz
Arthur Lehner
Christopher Mc Lean
Petra Münster
Rudolf Naschenweng
Eva Schinkinger
Renate Schneller
Gerald Schwab
Arno Weinländer
Can Yalginer
Werner Zappe
Dr. Ulrich Zrunek

7. Literaturverzeichnis

ad Szenarioanalyse:

Reibnitz, U.: (Szenarien) Szenarien - Optionen für die Zukunft, Hamburg 1987

Das umfangreiche Literaturverzeichnis zu dieser Arbeit ist in der den Ausführungen zugrunde liegenden Publikation angeführt:

Eschenbach R., Müller C. (Hrsg.): Umweltmanagement in Österreich: State of the Art und Entwicklungstendenzen; eine empirische Untersuchung in Zusammenarbeit mit B.A.U.M.-Österreich; Wien 1992

Die Innenwelt der Außenwelt Ansätze für ein umweltorientiertes Management

Thomas Böckle, Harald Glieder

1. Einleitung

In den letzten Jahren fand die Diskussion ökologischer Aspekte verstärkt Eingang in die betriebswirtschaftliche Forschung, Lehre und Praxis. Verschiedenste Faktoren bzw. deren Kombination wie z.B. geänderte Gesetzesbestimmungen, gesellschaftlicher Wertewandel sowie strategische Grundsatzentscheidungen erfordern eine stärkere ökologische Absicherung unternehmerischen Handelns.

Die betriebswirtschaftlichen Theorien bieten derzeit kaum einen geeigneten Rahmen, ökologisch orientierte Problemstellungen adäquat zu integrieren. Dieselbe Problematik ist auch in der praktischen Unternehmensführung feststellbar, wo umweltbewußte Aktivitäten zwar zahlreich, nicht jedoch das Ergebnis einer ökologisch fundierten Unternehmensgesamtkonzeption sind[1)]. Wird bei der Strategieentwicklung dem Unternehmensumfeld, unter besonderer Berücksichtigung der Umwelt, mehr Beachtung geschenkt, so kann dies dem Unternehmen zu langfristigen Wettbewerbsvorteilen verhelfen. Bei der Integration von Umweltschutz in die Unternehmensstrategie lassen sich zwei grundsätzliche Verhaltensmuster erkennen. Demzufolge werden in diesem Beitrag einerseits die Nachteile eines *adaptiven* Strategieansatzes erörtert und andererseits Beispiele einer erfolgreichen Umsetzung eines *interpretativen* Strategieansatzes beschrieben.

2. Adaptiver Strategieansatz

Die Etablierung des Strategischen Management zu einer selbständigen Disziplin innerhalb der Managementwissenschaft war lange Zeit, und ist teilweise noch immer, umstritten (Vgl. [8], 50ff). Die zahlreichen wissenschaftlichen Beiträge zum Strategischen Management der letzten Jahrzehnte - so unterschiedlich sie im Detail auch sein mögen - weisen großteils ein gemeinsames Charakteristikum auf: die "Grundphilosophie", daß durch entsprechend formulierte und implementierte Strategien ein "fit" hinsichtlich Unternehmen und Umfeld erreicht werden soll, wobei "fit" als die Anpassung (Adaption) des Unternehmens an das Umfeld verstanden wird[2)]. Um diesen "fit" erreichen zu können, bedarf es des Einsatzes diverser strategischer Analyse- und Planungsinstrumente[3)]. Dabei wird jedoch ein hohes Maß an Planungsrationalität unterstellt[4)]. Die Ergebnisse einer Studie von Emery und Trist bezüglich der Frage, inwieweit die Manövrierfähigkeit von Unternehmen das Resultat strategischer Entscheidungen ist, zeigen, daß in einem "ruhigen" Umfeld kaum, in einem "turbulenten" Umfeld jedoch sehr häufig strategische Aktivitäten zu erwarten sind (Vgl. [3], 21-32). Hierbei wird das Umfeld implizit als objektiv gegeben angenommen, womit der adaptive Strategieansatz bestätigt wird. Zentraler Kernpunkt eines adaptiven Strategieansatzes ist die Überzeugung des Managements, das Umfeld und insbesondere das zukünftige Umfeld objektiv erfassen bzw. prognostizieren zu können (Vgl. [17], 725). Die primäre Aufgabe des "Strategischen Managers" ist es demnach, die organisationalen Bedürfnisse des Unternehmens hinsichtlich der unternehmenseigenen Ressourcen sowie der Beschränkungen der Handlungsmöglichkeiten des Unternehmens durch das Umfeld aufeinander abzustimmen. In sogenannten ruhigen Gewässern, also in stabilen Umfeldern stellt dies kein sonderliches Problem dar. Je komplexer sich jedoch das Umfeld entwickelt, desto schwieriger wird es, die "tatsächlichen" Bedürfnisse des Unternehmens sowie die "tatsächlichen" Beschränkungen durch das Umfeld wahrzunehmen.

Es finden sich zahlreiche Beispiele für Unternehmen, deren strategisches Handeln in Umweltschutzbelangen als eindeutig adaptiv zu klassifizieren ist. Unternehmen haben gelernt, mit behördlichen Umweltschutzauflagen zu leben, und die Zahl derjenigen Unternehmen, die Arbeitsschutzerfordernissen, dem Druck von Bürgerinitiativen oder einem sich ändernden Konsumentenverhalten dadurch Rechnung tragen, daß sie ihre Produkte als "grün" vermarkten, wird immer größer. In einer im Herbst 1988 durchgeführten Studie der Vereinigung Österreichischer Industrieller (VÖI) nannten noch 47% der befragten Unternehmen legistische und behördliche Auflagen und weitere 13% Anrainerbeschwerden als Grund für Umweltinvestitionen (Vgl. [5], 24).

Ob sich die Unternehmen mit dieser passiven Verhaltensweise aber wirklich Wettbewerbsvorteile verschaffen können, muß bezweifelt werden. Denn neben anderen Kritikpunkten (siehe Kapitel 3) bietet ein adaptiver Strategieansatz auch keine Antwort auf die Frage, wie eine Anpassung an zukünftige Anforderungen aussehen muß. Mit der Anpassung an bereits eingetretene Anforderungen wird das Unternehmen zum vielfach kritisierten "Reagierer", anstatt selbst die treibende und gestaltende Kraft zu sein.

3. Interpretativer Strategieansatz

Der interpretative Strategieansatz bezweifelt die Hypothese, daß die "tatsächlichen" Bedürfnisse des Unternehmens sowie die "tatsächlichen" Beschränkungen durch das Umfeld überhaupt objektiv erfaßbar sind (Vgl. [17], 726). In einem interpretativen Ansatz wird davon ausgegangen, daß das Umfeld jeweils eine Konstruktion der einzelnen Organisationsteilnehmer darstellt. Die Managementforschung bedient sich hierbei der Ergebnisse soziologischer, sozialpsychologischer und im besonderen systemtheoretischer Forschungsarbeiten, die darauf hinauslaufen, daß das von Unternehmen wahrgenommene Umfeld das Ergebnis von Interaktion und subjektiver Wahrnehmung ist[5)]. Die daraus resultierende Konsequenz ist eine Absage an simple Ursache-Wirkungs-Modelle.

In einem interpretativen Weltverständnis existieren keine von den Subjekten unabhängigen und objektiven Umfelder, vielmehr gilt: "that organization and environment are created together (enacted) through the social interaction processes of key organizational participants" ([17], 726). Abgeleitet aus einer interpretativen Sichtweise, lassen sich einige wichtige Konsequenzen für ein *umweltorientiertes Management* zusammenfassen:

1. Die Vorstellung, Unternehmen hätten sich an das Unternehmensumfeld anzupassen, ist aufzugeben.
2. Umweltschutz soll nicht als Beschränkung, sondern als Chance begriffen werden.
3. Umweltschutz muß sich auf die Unternehmensorganisation auswirken.

3.1. Die Vorstellung, Unternehmen hätten sich an das Unternehmensumfeld anzupassen, ist aufzugeben.

Insbesondere entscheidungsbefugte Organe müssen die Vorstellung aufgeben, daß das Umfeld an sich (unabhängig von ihnen selbst) existiert und erkennen, daß ihre Aktivitäten das Umfeld mitgestalten können. Ein Wegkommen vom bloßen Reagieren hin zu aktivem Gestalten verschafft dem Unternehmen einen zeitlichen Vorsprung und im Idealfall entscheidende Wettbewerbsvorteile.

Wenn ab 1. Juli 1993 alle Unternehmen mit mehr als 100 Arbeitnehmern ein Abfallwirtschaftskonzept vorlegen müssen, so wird sich die Römerquelle Ges.m.b.H., Österreichs größter Mineralwasserhersteller, darum nicht mehr sonderlich zu kümmern haben, da - neben anderen Aktivitäten - bereits jetzt von Verschlüssen und Kisten über Folien, Etiketten und Kartons bis zum Glas selbst alles der Wiederverwertung zugeführt wird. Indem die Römerquelle Ges.m.b.H. weit früher als der Gesetzgeber agiert hat, übt sie nicht vorauseilenden Gehorsam, sondern streicht im Gegenteil Pioniergewinne ein, alleine 1991 aus Recycling- und Umweltschutzaktivitäten 5,6 Mio. S (Vgl. Standard 13/03/1992, 13). Darüber hinaus wird die Nachfrage nach dem Know-How des Unternehmens immer größer. Und genau das ist es, was der interpretative Strategieansatz in diesem Kontext vermitteln soll: Ökologische Postulate als Markt- und Innovationschance zu begreifen.

Die Abfallverwertung bzw. -verringerung einstweilen perfektioniert hat die Firma Biopac - Biologische Verpackungssysteme Ges.m.b.H., der Gewinner des von Girozentrale und der Zeitschrift GEWINN ausgeschriebenen Umweltpreises 1991. Das innovative Unternehmen erzeugt Verpackungsmaterial aus Industriestärke, wie sie z.B. in Kartoffeln, Mais oder Weizen vorkommt. Die hergestellten Trays, Tassen, Becher, Teller, Boxen, Schachteln und Eierkartons werden - da aus rein pflanzlichen Rohstoffen - bei der Kompostierung innerhalb einiger Wochen zu 100% abgebaut, d.h. das Verpackungsmaterial löst sich restlos auf.

Hier wird der Kontrast zwischen dem adaptiven und dem interpretativen Strategieansatz auf einer anderen Ebene sichtbar. Während adaptive Unternehmen in Reaktion auf Umweltschutzauflagen ihre sogenannte "end-of-pipe" Technologien verbessern (meist mit erheblichen Kosten, denen kein unmittelbarer monetärer Ertrag gegenübersteht) und so z.B. mit nachgeschalteten Reinigungsanlagen ihre Emissionen zu verringern versuchen, setzt die Biopac Ges.m.b.H. beim begin-of-pipe an und läßt bei der Beschaffung und Produktion erst gar keine Problemstoffe entstehen.

3.2. Umweltschutz soll nicht als Beschränkung, sondern als Chance begriffen werden.

Beschränkungen durch das Unternehmensumfeld werden oft als gegeben betrachtet und nicht weiter hinterfragt. Oft "leiden" Branchen- und Unternehmensanalytiker an einer, wie Weick es bezeichnet, "collective ignorance" ([20]). Führungsorgane müssen aber vielmehr ihre eigenen Entscheidungen und die daraus resultierenden Handlungen als Erklärung für ihre Situation heranziehen und dürfen sich nicht auf die Analyse des Umfeldes beschränken.

Eine interpretative Umweltstrategie beeinflußt somit bereits konstitutive Rahmenentscheidungen wie z.B. standortpolitische Überlegungen. Statt einer Beschränkung mutiert der Standort zu einem strategischen Gestaltungsmittel. Für die im burgenländischen Edelstal ansässige Römerquelle Ges.m.b.H. ist die

Umwelt dadurch quasi ein Produktionsfaktor geworden. Um die Reinheit dieses Produktionsfaktors und in Folge des Mineralwassers zu gewährleisten, wurden daher vom Unternehmen in den letzten Jahren mehr als 140.000m^2 Grund in unmittelbarer Nähe der Quelle gekauft. Damit konnte einer Überdüngung der landwirtschaftlichen Nutzflächen vorgebeugt und so der Nitratgehalt des Mineralwassers (0,6mg/l) weit unter dem zulässigen Höchstwert (30mg/l) gehalten werden (Vgl. [19], 43).

3.3. Umweltschutz muß sich auf die Unternehmensorganisation auswirken.

Damit Umweltschutz im Unternehmen auch umgesetzt werden kann, bedarf es der Sensibilisierung aller Organisationsmitglieder, einer erhöhten Aufmerksamkeit der Führungsorgane sowie umweltbewußter Managementwerte.

Solche umweltbewußten Managementwerte existieren z.B. bei der Alcatel Austria AG[6)]. Dies genügt aber nach Ansicht der Autoren dieses Beitrages nicht. Vielmehr verlangt ein solches Führungsverständnis zu seiner Umsetzung nach einer geeigneten Aufbau- und Ablauforganisation im Unternehmen. Bei der Alcatel Austria AG hat sich auf Vorstandsebene die Position eines Umweltbeauftragten etabliert. Damit bekennt sich die Geschäftsführung zum Umweltschutz, d.h. dazu, daß Umweltschutz als gleichwertiges Ziel neben Gewinnmaximierung, Mitarbeiterzufriedenheit, u.ä. anzusehen ist und die dafür hauptverantwortliche Stelle im Unternehmen auch mit der entsprechenden Anweisungsbefugnis auszustatten ist, um die Umsetzung von Beschlüssen gewährleisten zu können.

Die Auseinandersetzung mit Umweltschutz bei der Alcatel Austria AG geschieht auf drei Ebenen: Im Bereich *Reaktiver Umweltschutz* beschränkt man sich lediglich auf die Einhaltung von Gesetzen. Viel wichtiger ist jedoch der Bereich *Aktiver Umweltschutz*, in dem man vor allem im Produktionsprozeß sehr innovativ ist und so z.B. schon frühzeitig bei der Leiterplattenherstellung die FCKW-Reinigung nach dem Lötprozeß durch ein umweltfreundliches Verfahren substituiert hat, ein Verfahren zur Rückgewinnung von Kupfer gefunden hat und bei der Metallverarbeitung auf Raps- statt Mineralöl setzt. Des weiteren wird versucht, Umweltschutz auch im *Kommunikativen Bereich* zu verankern. Das bezieht sich sowohl auf die unternehmensinterne als auch auf die -externe Kommunikationsebene. Obiger Aspekt kann anhand der Funktionen des Umweltschutzbeauftragten verdeutlicht werden (Vgl. [18], 236): Unternehmensintern hat er für die Weiterbildung der Mitarbeiter zu sorgen und sie für die Umweltschutzproblematik zu sensibilisieren. Aber auch auf den Kommunikationsfluß in die umgekehrte Richtung wird bei der Alcatel Austria AG Wert gelegt. Die Mitarbeiter können ihren Umweltschutzbeauftragten über ein sogenanntes "grünes Telefon" kontaktieren. Daneben wird jährlich der beste Umweltschutzvorschlag von Mitarbeitern prämiert. Weiters wird zur Entwicklung eines Umweltinformationssystems zusammen mit der Technischen Universität an der Erstellung einer Ökobilanz gearbeitet. Was unternehmensexterne Adressaten betrifft, so erfüllt der Umweltschutzbeauftragte unter anderem eine Sprecherfunktion gegenüber Behörden und der interessierten Öffentlichkeit.

In ablauforganisatorischer Hinsicht werden als Ausgangspunkt ökologische Schwachstellenanalysen durchgeführt, um die Notwendigkeit und Dringlichkeit von Änderungen zu erkennen. In Übereinstimmung mit den Unternehmensleitlinien wird hierauf eine Basisstrategie zur Bewältigung des Umweltschutzproblems geschaffen und deren Umsetzung durch operative Maßnahmen für einzelne Unternehmensbereiche wie z.B. für die Produktion angestrebt.

4. Zusammenfassung

Dem herkömmlichen Konflikt zwischen Ökonomie und Ökologie kann also auf betriebswirtschaftlicher Ebene dadurch entgegengewirkt werden, daß Unternehmen in ihren langfristigen Strategien sowohl die ökologischen Aspekte der Wirtschaft als auch die wirtschaftlichen Aspekte der Ökologie erkennen. Es würde nicht verwundern, sollten sie damit Probleme handhabbar machen, deren Lösung auf politischer Ebene vielleicht gescheitert oder noch in weiter Ferne ist, deren Beseitigung von der Bevölkerung aber umso mehr gewünscht wird. Diese Wünsche der Gesellschaft finden derzeit jedoch kaum ein Sprachrohr. Umso wichtiger ist es für die Unternehmen, diese Frühindikatoren gesellschaftlichen Wandels zu erkennen.

Aufgabe der Wissenschaft wird es sein, die Unternehmen in ihrem Bemühen zu unterstützen und Zielharmonien zwischen Ökonomie und Ökologie aufzuzeigen. Die Vision muß sein, Umweltschutz gleichwertig neben dem dominanten Ziel der Gewinnmaximierung in den Zielsystemen der Unternehmen zu integrieren. Daß dies möglich ist, zeigen die Beispiele einiger, wenn auch noch weniger Unternehmen. Viele andere Unternehmen aber, so meinen die Autoren des Beitrags, werden diesen Vorreitern in naher Zukunft folgen.

Anmerkungen

1) Was die Begriffe in diesem Beitrag betrifft, so wird der Ausdruck *Umwelt* nur für das ökologische Umfeld des Unternehmens verwendet, der Begriff *Umwelt* also als Unterbegriff des Wortes *Umfeld* gebraucht.
2) Vgl. Bain (1956), Galbraith/Nathanson (1978), Hill (1988), Porter (1980, 1981, 1985)
3) Vgl. Kreikebaum (1981), Schreyögg (1984), Porter (1980), Buzzel/Gale (1986)
4) Vgl. Schreyögg (1984)

5) Vgl. Weick (1979), Morgan (1983), Jauch/Kraft (1986), Mintzberg/Waters (1985), Smircich/Stubbart (1985), Yvette/Mintzberg (1988)

6) Vgl. Plescher, H.: Interview vom 30. Oktober 1992.

Literatur

[1] Bain, J. S.: Barriers to new competition, Cambridge 1956.

[2] Buzzell, R. D./Gale, B. D.: The PIMS Principles: Linking Strategy to Performance, New York/London 1986.

[3] Emery, F. E./Trist, E. L.: "The Causal Texture of Environment." Human Relations, 1965, Vol. 18, No. 1, 21-32.

[4] Galbraith, J. R./Nathanson, D. A.: Strategy Implementation: The Role of Structure and Process, St. Paul 1978.

[5] Gottlieb, G.: Umweltmanagement in Österreich, Wien 1989.

[6] Hill, C. W. L.: "Differentiation versus low cost or differentiation and low cost: A contingency framework." Academy of Management Review, 1988, Vol. 13, No. 3, 401-412.

[7] Jauch, L. R./Kraft, K. L.: "Strategic management of uncertainty." Academy of Management Review, 1986, Vol. 11, No. 4, 777-790.

[8] Klaus, P.: "Durch den Strategie-Theorien-Dschungel." DBW 47 (1987) 1, 50-68.

[9] Kreikebaum, H.: Strategische Unternehmensplanung, Stuttgart 1981.

[10] Mintzberg, H./Waters, J. A.: "Of strategies, deliberate and emergent." Strategic Management Journal, 1985, 6, 257-272.

[11] Morgan, G.: "Rethinking corporate strategy: A cybernetic perspective." Human Relations, 1983, 36, 345-346.

[12] Peters, T./Waterman, R.: In Search of Excellence. Lessons from America's Best-Run Companies, New York 1982.

[13] Porter, M.: Competitive Strategy: Techniques for Analyzing Industries and Competitors, New York 1980.

[14] Porter, M.: "The contributions of industrial organization to strategic management." Academy of Management Review, 1981, Vol. 6, No. 4, 609-620.

[15] Porter, M.: Competitive Advantage, New York 1985.

[16] Schreyögg, G.: Grundfragen einer Theorie der strategischen Unternehmensführung, Berlin/New York 1984.

[17] Smircich, L./Stubbart, C.: "Strategic Management in an Enacted World." Academy of Management Review, 1985, Vol. 10, No. 4, 724-736.

[18] Steger, U.: Umweltmanagement: Erfahrungen und Instrumente einer umweltorientierten Unternehmensstrategie, Frankfurt 1988.

[19] Steinsberg, A.: Der ökologische Imperativ in der Betriebswirtschaft, Diplomarbeit, Wien 1992.

[20] Weick, K. E.: The Social Psychology of Organizing, 2. Aufl., Reading 1979.

[21] Yvette, M./Mintzberg, H.: "Strategy making as craft." in: Urabe, K./Child, J./Kagono, T.: The competitive challenge, Cambridge 1988, 159-184.

Wirtschaftlichkeit
–
Mensch
–
Wirtschaft

Verhaltenswissenschaftliche Gütekriterien für grafikgestützte Planungsinstrumente

Walter Aigner

1. Zum Umfeld dieses Fragenkreises

Der Einsatz von Grafiken im Rahmen von Informationsprozessen zur Entscheidungsvorbereitung nimmt stark zu - nicht zuletzt auch durch die Verbreitung der modernen Büroinfrastruktur (PC-Arbeitsplätze, elektronisch lesbare Datenbestände mit vielfältigen Datenaustauschmöglichkeiten). Unser Wissensstand zur Wirkung und Lesbarkeit dieser Grafiken ist jedoch äußerst dürftig. Es existiert auch keine Grammatik vergleichbar unseren Regelungen für die geschriebene Sprache. Auch unsere ästhetische Ausbildung hält den neuen Möglichkeiten vielfach nicht stand.

Die Erwartungen an den Einsatz von Grafiken sind im wesentlichen folgende:

- Aus der Sicht des Adressaten ist die Information kurz (keine verbalen Längen).
- Aus der Sicht des Erstellers werden "Fakten" kommuniziert (ohne diplomatische Umwege).
- Standardmanagementsituationen lassen sich effizient überwachen (insbesondere im Rahmen des Management by Exception).
- Der Ersteller muß sich seiner Gedanken und der gewünschten Aussage tendenziell klarer bewußt sein als bei verbalen Reports.
- Dargestellt werden "Fakten", sodaß unterschiedliche Interpretationen durch unterschiedliche Betrachter möglich sind. Dies birgt ein kreatives Potential in sich. ("Ein Bild sagt mehr als tausend Worte.") (vgl. dazu [1])

Demgegenüber bestehen zumindest unausgesprochen vielfach folgende Vorbehalte, die grafikgestützten Informationen anzunehmen:

- Es sind unterschiedliche Interpretationen durch unterschiedliche Betrachter möglich. Diese Mehrdeutigkeit kann die Effizienz von arbeitsteiligen Prozessen verringern.
- Die verbreitete Angst, Grafiken wie Statistiken seien verfälscht oder gar gefälscht.
- Eine mengenmäßige Überflutung mit automatisch erstellten Standardgrafiken ohne Vorselektion und oft mit wenig Informationswert.
- Die Gefahr, in die Erstellung von Grafiken unverhältnismäßig viel Zeit zu investieren.

Im Rahmen von zahlreichen Seminaren zum Themenkreis Prognose konnte der Autor erleben, wie Trendextrapolationen in Geschäftsgrafiken von den Teilnehmern subjektiv hohe Prognosegüte zugeschrieben wurde. Eine statistische Analyse der Prognosegüte ergab jedoch vernichtende Ergebnisse. Bei bestimmten Datenverläufen wurde eine Trendgerade mit einem Bestimmtheitsmaß (R^2) von 0,14 als ausgezeichnete Annäherung empfunden. Die wenigsten Standardsoftwarepakete weisen diese statistischen Gütekriterien jedoch auf. Besonders "irreführend" waren grafische Darstellungen, in denen die Trendgerade eingezeichnet war. Frei nach Watzlawick liegt die Hypothese nahe, wo ein Muster angeboten / gefunden ist, wird dieses Muster hartnäckig gegen abweichende Informationen verteidigt.

Auch im Bereich der Prozeßsteuerung durch grafische Simulationssysteme steht die Softwareergonomie vor einem weitgehend unerforschten Wissenshintergrund (vgl. dazu [18]).

Die Illusion vom selbsterklärenden Bild wächst. Als Indiz dafür sei die Verbreitung von Geschäftsgrafiken ohne inhaltliche Interpretation in Publikationen und Medien genannt.

Aufgrund der ungelösten Probleme bei der grafischen Visualisierung von mehrdimensionalen Tabellen werden zahlreiche Standardmarktforschungsberichte nur noch als geschlossene Softwarelösungen am Computer angeboten. Der Einsatz von komplexen "Flowchartprogrammen" zur Darstellung von Abläufen wirft ebenfalls das Problem der Kommunizierbarkeit der Inhalte auf. Die Ergebnisse können nicht mehr sinnvoll zu Papier gebracht werden. Somit wäre jenes Maß an Informationsverdichtung erreicht, das dem geschulten Anwender in Standardsituationen effizient Informationen zur Entscheidungsvorbereitung bietet, jedoch in arbeitsteiligen Entscheidungsprozessen kaum noch Nutzen bringt.

Im vorliegenden Beitrag soll der Begriff grafikgestützte Planungsinstrumente durchaus im weiteren Sinne verstanden werden (Geschäftsgrafiken, Balkenpläne (vgl. dazu als einführende Information z.B. [20], S. 24 ff.), Netzpläne, Flußdiagramme, komplexe Ablaufpläne, auch sogenannte Textgrafiken etc.).

Auch der Begriff der Güte dieser Darstellungen ist breit angelegt, stellt jedoch von der Zielsetzung her auf die beiden Komponenten Effizienz und Effektivität des Grafikeinsatzes ab.

2. Problemstellung / Forschungsfragen

Zum gegenwärtigen Zeitpunkt wurden folgende Fragenkreise als vorrangig definiert:

- Welche Wahrnehmungsverzerrungen von Geschäftsgrafiken sind bei welchen Adressatenkreisen antizipierbar?
- Inwieweit sind Geschäftsgrafiken Tabellendarstellungen überlegen?
- Welche antizipierbaren situativen Variablen bestimmen die Vorteilhaftigkeit von Geschäftsgrafiken vs. Tabellendarstellungen?
- Inwieweit führen grafische Projektinformationssysteme (Netzpläne, Balkendiagramme, ...) zu Fehlinterpretationen?
- Welche unterschiedlichen Erwartungen haben die Ersteller von Geschäftsgrafiken?
- Welche unterschiedlichen Präferenzen haben die Adressaten von Geschäftsgrafiken?
- Inwieweit ist das Ausmaß der Erfüllung von Präferenzen der Adressaten verhaltensrelevant?
- Welche Gestaltungselemente von Geschäftsgrafiken sind unter Effizienzgesichtspunkten relevant? Welche Gestaltungselemente erfüllen vorwiegend andere (z.B. ästhetische) Aufgaben?

3. Auswahl bestehender Ansätze der Literatur

Die Forschung zum Thema Geschäftsgrafiken wurde vor allem in den Vereinigten Staaten unter dem Gesichtspunkt der Gestaltung von Auswertungen nach Zahlentabellen vorangetrieben. Beispielhaft seien hier die Beiträge von Jarvenpaa, S. ([11]), Kilman, R. / Mitroff, I. ([12]), Lucas, H. jr. / Nielsen, N. ([14]), Remus, W. ([17]) genannt. Im wesentlichen wurde jeweils versucht, in Experimentalsituationen Unterschiede in der Informationsaufnahme aufgrund von unterschiedlich aufbereitetetem Datenmaterial aufzudecken. Es wurden durchwegs keine Hilfskonstrukte eingesetzt, sondern kausale Wirkungsbeziehungen in Form von "Black Box"-Modellen unterstellt.

Nicht zuletzt aus diesem Grund finden sich wenige dieser Ergebnisse in Umsetzungsprojekten wieder. Im Rahmen von Überlegungen zum Design von Managementinformationssystemen war und ist der Gedanke stark verbreitet, sich an den Anwendern zu orientieren. Als Ausdruck der Verzweiflung ob des wenig tragfähigen Hypothesengebäudes zu diesem Themenkreis kann stellvertretend der Beitrag von Huber ([10]) gewertet werden.

Er kommt zum Schluß, daß

(1) "the currently available literature on cognitive style is an unsatisfactory basis for deriving operational design guidelines, and

(2) further cognitive style research is unlikely to provide a satisfactory body of knowledge from which to derive such guidelines."

Aus der Werbewirkungsforschung ist der Ansatz bekannt, den Prozeß der Informationsaufnahme und -verarbeitung in einzelne Phasen zu zergliedern (vgl. als Beispiel [19], S. 421). Jeder dieser Phasen entspricht ein theoretisches Hilfskonstrukt. Diesen Konstrukten lassen sich Indikatoren zuordnen, mit deren Hilfe Kommunikationsbarrieren aufgespürt werden können. In Anwendung dieser Ausrichtung gibt es im hier dargestellten Zusammenhang bereits Blickaufzeichungsstudien von Bilanzanalytikern bei der Betrachtung von Jahresabschlüssen.

Im Bereich des Kommunikationstrainings (besonders bei Verkaufsschulungen) hat der Denkraster des Neurolinguistischen Programmierens (NLP) Eingang zur Beurteilung der Adäquanz von Kommunikationsmustern gefunden. Als Grundlage dient hier die Beobachtung, daß jeder Mensch bevorzugte Kommunikationskanäle (Sprache, Bilder, Motorik, ...) hat (für nähere Details siehe [2]). Der in einer Situation individuell bevorzugte Kommunikationskanal läßt sich für den geschulten Beobachter anhand äußerlicher Kriterien wie Augenbewegungen, Körperhaltung etc. feststellen. Nach dem Ansatz des Neurolinguistischen Programmierens gilt der Satz "Ein Bild sagt mehr als tausend Worte" ganz eindeutig nicht generell. Von der wissenschaftlich orientierten Forschung werden diese Erfahrungen aber mangels theoretischer Fundierung weitgehend ignoriert.

4. Theoretischer Bezugsrahmen

Obgleich es in der Literatur vereinzelt Ansätze gibt, theoretische Bezugsrahmen für weitergehende Forschungsaktivitäten zu erarbeiten, soll hier ein eigener, breiterer Bezugsrahmen skizziert werden.

Bereits erwähnt wurde der Ansatz der Werbewirkungsforschung, mit unterschiedlichen Methoden an die Messung von Hilfskonstrukten bei Informationsverarbeitungsprozessen heranzugehen. Im vorliegenden Projekt werden Elemente der Blickaufzeichnung nicht weiterverfolgt. Vielmehr wird als zentrales Konstrukt die Informationsaufnahme angesehen. Dies läßt sich nach gängiger Meinung über Befragungen messen. Als situative Variable kommt dabei die Zeit zum Tragen, vor allem der subjektiv wahrgenommene Zeitdruck.

Aus dem Bereich der prozeßorientierten Gruppendidaktik wurde der Ansatz entlehnt, daß die Eignung der Datenbasis zur Visualisierung und Diskussion in Gruppenmeetings eine eigene Gütekategorie darstellt.

Aus dem Forschungsbereich "Diffusion von Innovationen" lassen sich Erkenntnisse zur Übernahme neuer Verfahren durch Abteilungen, Unternehmen, aber auch Individuen in die Erarbeitung der Gütekriterien integrieren.

Aus der Käuferverhaltensforschung im Marketing sind Partialmodelle bekannt, die den Gesichtspunkt der subjektiven Risikowahrnehmung bei der Kaufentscheidung in den Vordergrund stellen. In Analogie zum täglich praktizierten Risikoverhalten von Käufern werden daraus Ansätze für die Evaluierung von Grafiken abgeleitet.

Die Ansätze des Neurolinguistischen Programmierens wurden bereits dargelegt. Wenngleich ihnen kein theoretisches Modell zugrundeliegt, zeichnen sie sich durch klare Vorgaben und weitgehend antizipierbare persönliche Präferenzen aus. So wurden alle bisher durchgeführten Projekte auf ihre Gültigkeit hin überprüft. Alle Ergebnisse waren plausibel, und deshalb ist NLP als ein Teil des Bezugsrahmens anzusehen.

Auch die weitgehend technologischen "Black Box"-Zutritte der Operations Research Forschung werden sowohl in den Untersuchungsdesigns als auch bei der Bildung von Güteindikatoren herangezogen.

Das Konstrukt Zufriedenheit wird aus der Forschung zur Messung von Dienstleistungsqualität entlehnt. Dadurch wird das Gütekriterium um die beiden Dimensionen Unternehmenskultur und Ästhetik erweitert.

Als Kontrollgröße wird jedoch auch die von Watzlawick unterstellte Beobachtung herangezogen, Menschen neigten dazu, einmal gefundene Muster zu bestätigen. Damit sind konkret (sowohl erwünschte als auch unerwünschte) Wahrnehmungsverzerrungen als eigener Bestandteil der Güte berücksichtigt.

Aus dem Bereich der Optik werden Ansätze wie "Figur-Grund-Differenzen" als theoretische Basis in den eigenen Bezugsrahmen eingearbeitet.

5. Untersuchungsdesigns

Das bisherige Untersuchungsdesign umfaßt neben einer Aufarbeitung der Literatur aus dem Bereich des Operations Research die Suche nach alternativen Ansätzen in anderen Wissensgebieten. Bisher wurden zwei Projektlehrveranstaltungen des 2. Studienabschnittes als Foren zur Diskussion verschiedener Ansätze herangezogen. In diesem Rahmen wurden dann zu Detailaspekten Replikationen und Erweiterungen mit Kleinststichproben durchgeführt. Ziel davonn war die Erarbeitung tragfähigerer Hypothesengebäude für weitere empirische Projekte. Zwei derartige Diplomarbeiten wurden als empirische Projekte vergeben und 1992 fertiggestellt. Im einen Fall wurde ein erster Modellierungsversuch zu unterschiedlichen Aspekten von Balkengrafiken an 718 StudentInnen des 2. Studienabschnittes an der Wirtschaftsuniversität Wien überprüft. Im zweiten Fall wurden mit rund 30 Adressaten von Projektzwischenberichten zur Planung der "EXPO 92" - Weltausstellung in Wien Experteninterviews zu ihrem Nutzungsverhalten von Balken- und Netzplänen durchgeführt.

6. Erste Zwischenergebnisse

Als Zwischenergebnisse im schriftlichen Tagungsband werden hier die beiden 1992 am Institut für Absatzlehre abgeschlossenen Diplomarbeiten dargestellt. Weitere Ergebnisse werden bis März 1993 erwartet.

Die Diplomarbeit von Thomas Wolfsberger ([25]) beschäftigt sich mit der Lesbarkeit und Interpretation von Geschäftsgrafiken anhand einer empirischen Erhebung bei StudentInnenen der Wirtschaftsuniversität Wien. Gegenübergestellt werden unterschiedliche Ausprägungsformen von Balkengrafiken sowie eine Zahlentabelle.

Im ersten Teil legt der Autor ausführlich den Entdeckungszusammenhang der Arbeit offen und widmet sich der Abgrenzung des Untersuchungsgegenstandes "Geschäftsgrafik". Der zweite Teil ist der Darstellung der empirischen Erhebung als Projekt gewidmet. Ausführlich werden die Projektphasen der Hypothesenformulierung, Fragenformulierung und der Ablauf der Befragung dokumentiert. Die inhaltlichen Ergebnisse bilden vom Umfang (S 66 - 118) den Hauptteil der Arbeit.

Ausgangspunkt für die Arbeit war die berufliche Tätigkeit des Autors als Trainer für Geschäftsgrafiksoftware. Vor allem bei der Hypothesengenerierung fließt in großem Umfang die Expertise aus mehrjähriger Berufserfahrung ein. Dadurch werden die inhaltlich und quantitativ dürftigen Aussagen der einschlägigen Literatur stark angereichert.

Zahlreiche Gedankengänge des Autors werden durch die umfangreichen Dokumentationsarbeiten zum Entdeckungszusammenhang und zur Fragebogengenese erst nachvollziehbar. Dieser Dokumentationsteil der Arbeit ist von außergewöhnlich guter Qualität. Auch die Durchführung der 718 Befragungen und das dazugehörige Projektmanagement illustrieren den hervorragenden

Charakter der Arbeit. Diesen hohen Qualitätsstandard kann der Autor bei der Dokumentation der Ergebnisse jedoch nicht halten. Wenngleich außergewöhnliche Komplexität der dargestellten Zusammenhänge konzediert werden muß, so bleiben die Versuche, die Lesbarkeit und Nachvollziehbarkeit der Darstellungen auf ein allgemein akzeptables Niveau zu heben, nicht von Erfolg gekrönt. Dieser Umstand ist zwar eventuell auf die nahezu zweijährige Dauer des Projektes zurückzuführen, die Intention der Arbeit wird jedoch in zweierlei Hinsicht konterkariert: Eine Diffusion der Forschungsergebnisse wird durch die geringe Nachvollziehbarkeit der Darstellungen ebenso erschwert wie durch die hohen Eintrittsbarrieren, die durch die inhaltsleere Syntax in Inhaltsverzeichnis, Abbildungen und im Text geschaffen werden. Gerade bei einer Grundlagenarbeit zur Lesbarkeit von Informationen ist dies schade.

Die Ergebnisse weisen durchwegs hohen Neuheitswert auf und können Ausgangspunkt für zukünftige Forschungsarbeiten sein. Dafür sind in rudimentärem Ausmaß Anregungen vorhanden. Die Arbeit ist daher ein Baustein in der empirischen Planungsforschung. Der Autor liefert eine hervorragende, engagierte Pionierarbeit, die er durch Schwierigkeiten bei der Dokumentation nicht ins Scheinwerferlicht stellt.

Die Diplomarbeit von Bernd Lechner ([13]) beschäftigt sich mit dem Einsatz von Balkenplänen als Kommunikations- und Informationsinstrument im Rahmen eines Terminplanungssystems. Es werden anhand eines konkreten Projektes (EXPO-VIENNA Wiener Weltausstellungs AG) Zielsetzungen erhoben und im Rahmen einer ablauforganisatorischen Reorganisation Expertengespräche mit Adressaten der Balken- und Netzpläne geführt.

Breiter Raum wird in der Arbeit der empirischen Zielforschung gewidmet, wobei die Erhebungssituation als Realexperiment bezeichnet werden kann. Damit ist verdienstvollerweise auch ein hohes Maß an Validität der Ergebnisse gewährleistet. Das gesamte Projekt wird in Form einer betriebswirtschaftlichen Fallstudie dokumentiert. Leider ist der Dokumentation der Erhebungsergebnisse in der schriftlichen Arbeit wenig Raum gewidmet. Dies liegt auch am vom Kooperationspartner als sensitiv empfundenen Datencharakter. Dennoch kann auch der mit dem Projekt nicht näher vertraute Leser aus der Darstellung der Auswirkungen des Reorganisationsprojektes viele Rückschlüsse auf das konkrete Informationsnutzungsverhalten und auf Kategorien wie Zufriedenheit und Verständnis der dargebotenen Grafiken ziehen.

7. Forschungsausblick

Die weiteren Forschungsaktivitäten werden sich nach dem derzeitigen Stand auf folgende Bereiche konzentrieren. Das Konzept der Gütekriterien ist theoriegeleitet weiterzuentwickeln.

Aus dem Bereich der Forschung zum Bildverstehen durch Computer sind in nächster Zeit weitere Ansätze zu erwarten (vgl. dazu [7] und [4]). Die dabei zum Einsatz gelangenden Heuristiken können interessante Anregungen für die empirische Überprüfung mittels Partialmodellen liefern.

Die mittlerweile zusammengetragene Basis von Detailergebnissen der empirischen Forschung soll lesbar aufbereitet werden. Damit wird einerseits der rasche Einstieg für interessierte neue Projektmitarbeiter möglich. Andererseits handelt es sich dabei auch um Vorarbeiten für die Ausgestaltung eines regelbasierten Expertensystems.

Zum Themenkreis "Marketing in Krisensituationen" werden ex-post Analysen von Wahrnehmungsverzerrungen aufgrund von grafikgestützten Informationsmaterialien untersucht.

Ausgewählte Ergebnisse eines Forschungsprojektes am Institut zum Thema "Evaluierung von Dienstleistungen" sowie das dabei angewandte Evalierungsverfahren werden hinsichtlich ihrer Übertragbarkeit auf den Bereich der grafikgestützten internen Kommunikation geprüft.

Im Rahmen des von Kollegen am Institut betreuten Forschungsschwerpunktes "interkulturelle Unterschiede bei Managern" werden methodische Synergien gesucht sowie eine gemeinsame Weiterentwicklung des theoretischen Bezugsrahmens angestrebt.

8. Zusammenfassung

Der vorliegende Beitrag versteht sich als Instrument für verschiedene Zielsetzungen:

- Die umfangreichen, jedoch nur verstreut publizierten Ergebnise empirischer Forschung zum Themenkreis werden zusammengefaßt, gegenübergestellt und hinsichtlich ihrer Übertragbarkeit auf konkrete Anwendungssituationen bewertet.
- Es wird ein eigener Bezugsrahmen zur Beurteilung der Güte von grafischen Informationen erarbeitet. Dieser Bezugsrahmen integriert unterschiedliche Wissensbereiche und kann daher auch dem interessierten "Laien" als Denkanstoß für die Überprüfung der eigenen Arbeit dienen.
- Es werden Beispiele aus aktuellen, empirischen Forschungsprojekten gezeigt.
- Die referierten Zwischenergebnisse sowie die Zielsetzung sollen vor einer weiteren Vertiefung des Projektes einer kritischen Diskussion ausgesetzt

werden. Die Präsentation wird damit zu einem integrativen Bestandteil des laufenden Projektes.

- Für Interessenten aus Unternehmen sowie aus der Erwachsenenbildung und der akademischen Forschung wird ein Rahmen präsentiert, wie zukünftige Kooperationen ablaufen könnten.

Literatur

[1] Aigner, W.: PC-Einsatz im fallstudiengestützten Marketingunterricht; in: Der Markt, Zeitschrift für Absatzwirtschaft und Marketing, Heft 3-4 1987.

[2] Bandler, R.: Veränderung des subjektiven Erlebens; Fortgeschrittene Methoden des NLP, Paderborn 1987.

[3] Barabba, V. / Zaltman, G.: Hearing the Voice of the Market, Cambridge, MA 1991.

[4] Baur, C. / Beer, S.: Graphics Visualization and Artificial Vision; in: Thalmann, D. (Ed.): Scientific Visualisation and Graphics Simulation, Chichester, UK 1990.

[5] De Bono, E.: Atlas of Management Thinking, London 1983.

[6] Fenker, R.: Stopp Studying, Start Learning; or how to jump-start your brain, Fort Worth, TX, 1981.

[7] Gagalowicz, A.: Collaboration between Computer Graphics and Computer Vision; in: Thalmann, D. (Ed.): Scientific Visualisation and Graphics Simulation, Chichester, UK 1990.

[8] Hahn, M. / Lawson, R. / Guy Lee, Y.: The Effects of Time Pressure and Information Load on Decison Quality, in: Psychology & Marketing, Vol 9(5) September / October 1992, 365 - 378.

[9] Hierhold, E.: Sicher präsentieren - wirksamer vortragen, Wien 1992.

[10] Huber, G.: Cognitive Style as a basis for MIS and DSS designs: Much Ado about Nothing, in: Management Science Vol 29, May 1983.

[11] Jarvenpaa, S.: The effect of task demands and graphical format on information processing strategies, in: Management Science Vol 35, March 1989, 285ff.

[12] Kilman, R. / Mitroff, I.: Qualitative vs. Quantitative Analysis for Management Science: Different Forms for Different Psychological Types. in: Interfaces Vol 6, February 1976, 17 - 27.

[13] Lechner, B.: Einsatz von Balkenplänen als Kommunikations- und Informationsinstrument im Rahmen eines Terminplanungssystems, dargestellt am Beispiel der EXPO-Vienna Wiener Weltausstellungs AG, Diplomarbeit, Wirtschaftsuniversität Wien 1992.

[14] Lucas, H. jr. / Nielsen, N.: The Impact of the Mode of Information Presentation on Learning and Performance, in: Management Science Vol 26, October 1980, 982ff.

[15] Merazzi, S. / Bonomi, E.: Graphic Representations of Numerical Simulations; in: Thalmann, D. (Ed.): Scientific Visualisation and Graphics Simulation, Chichester, UK 1990.

[16] Moorman,: Ch.: /: Zaltman,: G.: /: Deshpande,: R.: Relationships between Providers and Users of Market Research: The Dynamics of Trust within and between

Organisations, in: Journal of Marketing Research, Vol XXIX (August 1992), 314 - 328.

[17] Remus, W.: A study of graphical and tabular displays and their interaction with environmental complexity, in: Management Science Vol 33, September 1987, 1200ff.

[18] Richter, R. / Vos, J.B. / Bottaro, A. / Gavrilakis, S.: Visualization of Flow Simulations; in: Thalmann, D. (Ed.): Scientific Visualisation and Graphics Simulation, Chichester, UK 1990.

[19] Scheuch, F.: Marketing, München 1987, 2. Auflage.

[20] Schwarze, J.: Netzplantechnik. Eine Einführung in das Projektmanagement, 6. Auflage, Berlin 1990.

[21] Snowdon, P.: Perception, Vision and Causation, in: Dancy, J.: Perceptual Knowledge, Oxford 1988, 192ff

[22] Thalmann, D. (Ed.): Scientific Visualisation and Graphics Simulation, Chichester, UK 1990.

[23] Watzlawick, P.: Wie wirklich ist die Wirklichkeit? Wahn, Täuschung, Verstehen, München 1976.

[24] Wilhelms, J.: Visualizing Sampled Volume Data; in: Thalmann, D. (Ed.): Scientific Visualisation and Graphics Simulation, Chichester, UK 1990.

[25] Wolfsberger, W.: Eine empirische Erhebung zur Lesbarkeit von Geschäftsgrafiken. Diplomarbeit, Wirtschaftsuniversität Wien 1992.

Möglichkeiten zur Erfassung betrieblicher Personalstrategien

Wolfgang Elšik

1. Problemstellung

Die rege Diskussion zu Personalstrategien, die in den letzten Jahren in Wissenschaft und Praxis geführt wird, ist durch die Dominanz normativer Konzepte und den eklatanten Mangel an empirischen Überprüfungen gekennzeichnet. Der vorliegende Beitrag verfolgt das Ziel, Möglichkeiten der Erfassung betrieblicher Personalstrategien aufzuzeigen und damit die Voraussetzungen für ihre empirische Erforschung zu verbessern. Dazu sind zwei Grundfragen zu klären, die auch den Aufbau dieses Beitrags vorgeben:

- Was ist eine Personalstrategie? (konzeptionelle Ebene)
- Wie können Personalstrategien empirisch erhoben werden? (methodische Ebene)

2. Konzeptionelle Erfassung betrieblicher Personalstrategien

Eine empirische Untersuchung von Personalstrategien setzt die konzeptionelle Klärung des Untersuchungsgegenstandes voraus. In der einschlägigen Literatur wird eine Vielzahl von z.T. höchst unterschiedlichen Personalstrategien beschrieben (vgl. [3], S. 85 ff.). Weitgehende Anerkennung erfährt die an Mintzberg ([6], S. 935) angelehnte Definition, in der eine Personalstrategie als ein Muster in einer Abfolge von personalbezogenen Entscheidungen und Handlungen bezeichnet wird. Die nähere Erläuterung erfolgt anhand zweier Fragen:

- Wie entstehen diese Muster (Prozeß)?
- Woraus bestehen diese Muster (Inhalt)?

2.1. Der Prozeß der Personalstrategie-Entstehung

Zumeist wird die Entstehung von Personalstrategien als "strategische Personalplanung" in Analogie zum strategischen Planungsprozeß auf Unternehmensebene konzipiert und umfaßt folgende Teilschritte (vgl. [3], S. 66 ff.): Den Anfang bildet die strategische Analyse des personalwirtschaftlich entscheidungsrelevanten Umfelds und des Personalbereichs. Das unternehmensexterne Umfeld umfaßt z.B. demographische, technologische, rechtliche oder ökonomische Faktoren und deren Veränderungen. Das unternehmensinterne Umfeld stellen vor allem die Unternehmensziele bzw. die Strategien zu deren Erreichung, die Unternehmensstruktur sowie die Kultur des Unternehmens dar. Im Personalbereich selbst sind Merkmale des Personals (z.B. Qualifikations- und Motivationspotential, Altersaufbau der Belegschaft etc.), der personalwirtschaftlichen Programme und Systeme (z.B. Anreiz- und Beurteilungssystem) sowie die originären, d.h. nicht aus übergeordneten Unternehmenszielen abgeleitete personalwirtschaftliche Ziele, Gegenstand der strategischen Analyse. Die Gegenüberstellung der einzelnen Analyseergebnisse verdeutlicht sowohl die Anforderungen als auch die Möglichkeiten strategischen Handelns im Personalbereich. Aufgrund dieser Lagebeurteilung werden strategische Ziele generiert und Personalstrategien zu ihrer Erreichung geplant. Die Kontrolle der Zielerreichung nach erfolgter Umsetzung bildet den Abschluß des personalstrategischen Planungszyklus.

Empirische Untersuchungen zur Verbreitung und Erfolgswirksamkeit der strategischen Unternehmensplanung fielen jedoch mehrheitlich enttäuschend aus (vgl. [8], S. 139 ff.) und führten dazu, den zugrundegelegten Strategiebegriff als zu eng zu erkennen und nach geeigneteren theoretischen Konzepten Ausschau zu halten, die den Prozeß der strategischen Entscheidungsfindung in Unternehmen besser abzubilden in der Lage sind.

Strategiebildung mittels Planung ist ein bewußter und zielorientierter Prozeß. Dieser Konzeptionalisierung steht die Erfahrung entgegen, daß zum einen nicht jede geplante Strategie verwirklicht wird und zum anderen auch dann konsistente Handlungsmuster erkennbar sind, wenn in einem Unternehmen gar keine strategische Planung betrieben wird. In diesen Fällen entsteht das Muster nicht vorab intendiert, sondern entwickelt sich im Fortlauf der einzelnen Handlungen. Solcherart entstandene Personalstrategien werden als emergent bezeichnet. Dabei schließen Intention und Emergenz einander bei der Herausbildung von Strategien nicht aus. Realisierte und damit empirisch erfaßbare Strategien können in unterschiedlichem Ausmaß intendierte und emergente Anteile enthalten. Dies kann etwa dadurch geschehen, daß die Unternehmensleitung ihre Intentionen durch das Setzen von allgemeinen Rahmenzielen und Restriktionen artikuliert und es ansonsten den Akteuren überläßt, innerhalb dieses Rahmens tätig zu werden; oder die Intention wird durch die Vorgabe bestimmter Entscheidungsabläufe oder die Auswahl bestimmter

Entscheidungsträger deutlich, wobei die Inhalte der Entscheidungen offen bleiben (vgl. [5]).

Die Betrachtung unterschiedlicher Prozeßverläufe bei der Strategiebildung liefert zwar wichtige Hinweise im Hinblick auf die empirische Erfassung von Personalstrategien, sie sagt aber noch nichts darüber aus, worauf sich diese Entscheidungsmuster inhaltlich beziehen.

2.2. Inhalte von Personalstrategien

Eine inhaltliche Beschreibung von Personalstrategien umfaßt gemäß der eingangs vorgestellten Definition zweierlei: die personalbezogenen Handlungen und das sie verbindende Muster (vgl. Abb. 1). Dieses Muster kann inhaltlich durch die Handlungssituation, die handelnden Akteure und/oder die (intendierte) Wirkung der Handlungen auf personalwirtschaftliche Sachverhalte geprägt sein (vgl. ähnlich [2], S. 21 ff.).

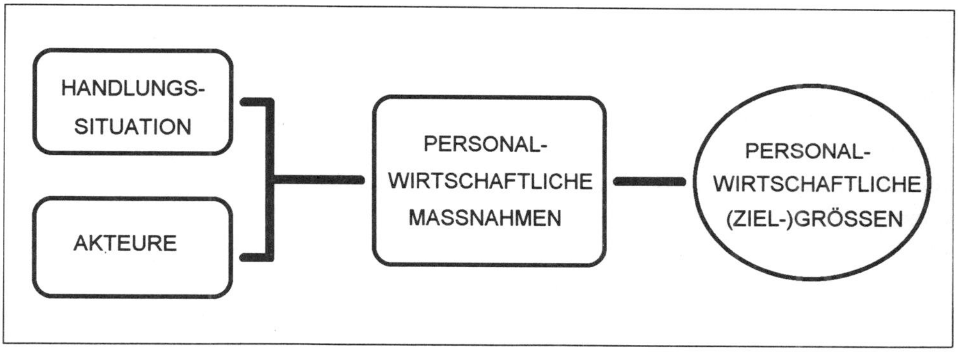

Abb. 1: Inhalte von Personalstrategien

Welche personalbezogenen Entscheidungen getroffen werden, hängt einerseits von der Entscheidungssituation, andererseits von den Entscheidungsträgern ab. Die Situation stellt sich als Geflecht unternehmensinterner und -externer Bedingungen dar, die sowohl zu Entscheidungen auffordern, als auch den Entscheidungsspielraum beschränken. Beispiele für interne Faktoren sind die verfolgte Unternehmensstrategie oder die Entwicklungsstufe, in der sich das Unternehmen gerade befindet. Beispiele für externe Faktoren sind Branchenmerkmale, das sozio-kulturelle Umfeld oder der Arbeitsmarkt. Der Zusammenhang zwischen diesen situativen Bedingungen und den Entscheidungen und Handlungen im Personalbereich ist unterschiedlich eng, aber nicht deterministisch. Im Regelfall kann ein Problem, das durch eine bestimmte Umweltkonstellation entsteht, mit unterschiedlichen Maßnahmen bearbeitet werden.

Welches Maßnahmenbündel schließlich ergriffen wird, hängt von den Akteuren ab.

Die Akteure beeinflussen den Inhalt der gesetzten Handlungen dadurch, daß sie auf der Basis ihrer Werthaltungen, Einstellungen, Motive und Qualifikationen die Handlungssituation wahrnehmen, sie als Problem interpretieren und sich dann für konkrete Handlungen entscheiden. Beispiele für solche personalen Einflußfaktoren sind Menschenbilder, persönliche Interessen oder die fachliche Ausbildung.

Anforderungen und Restriktionen der Handlungssituation sowie persönliche Merkmale der Akteure schlagen sich in konkreten Einzelmaßnahmen auf den verschiedenen personalwirtschaftlichen Funktionsfeldern nieder. Regelmäßig zu erfüllende Aufgaben sind Personalbeschaffung und -auswahl, Gestaltung von Lohn- und Anreizsystemen, Personalbeurteilung, Personalentwicklung, Arbeitsstrukturierung und Personalführung. In jedem Bereich stehen unterschiedliche Instrumente und Handlungsalternativen zur Verfügung.

Die so getroffenen Entscheidungen für bestimmte Gestaltungsmaßnahmen im Personalbereich wirken auf personalwirtschaftlich relevante Größen ein. Wird diese Wirkung bewußt angestrebt, so können sie als Ziele des Personalmanagements bezeichnet werden. Solche Ziele können auf unterschiedlichen Abstraktionsebenen beschrieben werden. Das allgemeine Ziel des Personalmanagements ist die Versorgung des Unternehmens mit der erforderlichen menschlichen Arbeitsleistung. Aus einer personalstrategischen Perspektive soll damit insbesondere ein Beitrag zur Erhöhung der Wettbewerbsfähigkeit des Unternehmens geleistet werden. Dies soll dadurch erreicht werden, daß die Mitarbeiter qualifiziert, motiviert, mit dem Unternehmen verbunden sind, hohe Leistungsstandards erfüllen und dabei möglichst geringe Personalkosten verursachen. Damit können Qualifikation, Motivation und Personalkosten als bedeutsame Größen bezeichnet werden, die von den ergriffenen Gestaltungsmaßnahmen auf den einzelnen Aufgabenfeldern beeinflußt werden (vgl. z.B. [10]).

3. Methodische Erfassung betrieblicher Personalstrategien

Die bisherigen Ausführungen bezogen sich darauf, was bei Personalstrategien erfaßt werden soll. Über diesen konzeptionellen Aspekt hinaus sind jedoch vor der empirischen Erhebung von Personalstrategien auch methodische Fragen zu klären. Dazu wird im folgenden in zwei Schritten vorgegangen. Zunächst wird ein allgemeiner Bezugsrahmen vorgestellt, in dem die verschiedenen, für die empirische Erfassung von Strategien relevanten Aspekte aufgezeigt werden.

Vor diesem Hintergrund werden danach die Besonderheiten für die Personalstrategie-Forschung diskutiert.

3.1. Bezugsrahmen für die empirische Strategieforschung

Ginsberg ([4]) legt seinem integrativen Bezugsrahmen eine Systembetrachtung zugrunde und unterscheidet zwischen Input, Throughput und Output bei der Operationalisierung von Unternehmens- und Wettbewerbsstrategien (vgl. Abb. 2).

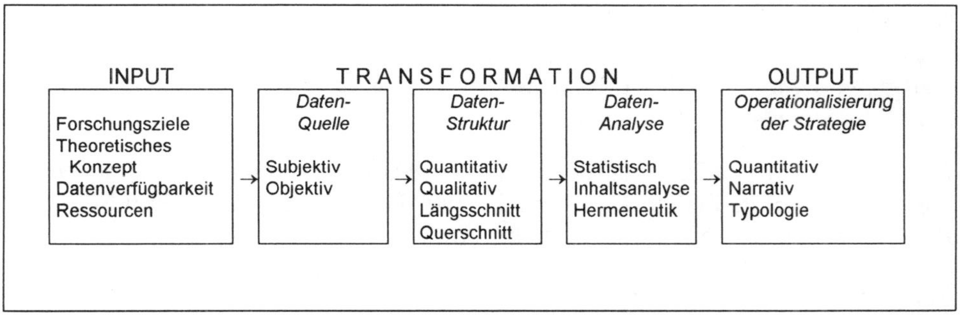

Abb. 2: Bezugsrahmen zur Operationalisierung von Strategien (Quelle: Ginsberg 1984, S. 555 (leicht modifiziert))

Bei den Forschungszielen ist zu entscheiden, ob die Ergebnisse allgemein, genau oder einfach sein sollen, da alle drei Ziele gleichzeitig nicht erreicht werden können (vgl. [9], S. 54 ff.). Das theoretische Konzept gibt Auskunft über die zu untersuchenden Variablen und deren Beziehungen untereinander und schafft die Grundlage für eine sinnvolle Interpretation der erhobenen Daten. Schließlich sind die Zugänglichkeit zu den erforderlichen Daten sowie die verfügbaren finanziellen und personellen Ressourcen als mögliche Restriktionen in die Erhebungsplanung miteinzubeziehen.

Um Strategien erfassen zu können, müssen Daten erhoben, transformiert und analysiert werden. Informationen können aus objektiven (z.B. Marktstatistiken) oder subjektiven Quellen (z.B. Aussagen von Führungskräften, Jahresberichte) gewonnen werden. Diese Informationen können quantitativ (z.B. Einstufungsskalen) oder qualitativ (z.B. Gesprächsprotokolle) dargestellt werden. Außerdem können sie sich auf einen Zeitraum (Längsschnitt) oder einen Zeitpunkt (Querschnitt) beziehen. In einem weiteren Transformationsschritt erfolgt die Auswertung der Daten mit Hilfe statistischer Verfahren (z.B. Faktorenanalyse), strukturierter Inhaltsanalyse oder hermeneutisch (Interpretation durch den Forscher).

Das Ergebnis ist die Beschreibung und/oder Erklärung von empirisch vorfindbaren Strategien. Dies kann in unterschiedlicher Form erfolgen. Narrative Konzepte beschreiben fallstudienartig möglichst viele Aspekte der konkreten Strategien in den untersuchten Unternehmen. Quantitative Konzepte enthalten zahlenmäßige Darstellungen der Strategien. Typologien klassifizieren Strategien anhand bestimmter, kennzeichnender Merkmale.

3.2. Besonderheiten für die Personalstrategie-Forschung

Die oben genannten Elemente des allgemeinen Bezugsrahmens spannen den "Möglichkeitsraum" für die empirische Personalstrategie-Forschung auf. Welche Kombination dieser Elemente bei einer Untersuchung gewählt wird, hängt weitgehend vom jeweiligen Einzelfall ab. Trotzdem sollen abschließend einige generelle Überlegungen angestellt werden.

Eine wichtige Vorbedingung für die Wahl der Untersuchungsart und -methode stellt der jeweilige Forschungsstand dar (vgl. [1], S. 26). Dieser ist im Falle der Personalstrategie-Forschung noch im Anfangsstadium, und es liegen kaum empirische Untersuchungen zu dieser Thematik vor. Daher sollten sich die Forschungsziele vorwiegend auf die genaue und möglichst umfassende Beschreibung und Erklärung empirisch vorfindbarer Personalstrategien konzentrieren. Von vorschnellen Herleitungen von Gestaltungsempfehlungen für die Praxis ist derzeit abzuraten, da sie noch zu wenig abgesichert wären und zu theoretisch wenig fundierten "Breitband-Rezepten" verführten (vgl. [7], S. 193 f.).

Besondere Bedeutung kommt der theoretischen Grundlage zu, um eine begründete und möglichst umfassende Auswahl der zu untersuchenden Variablen treffen zu können. Vor dem Hintergrund der Ausführungen in Kapitel 1 ist daher von der bloßen Erfassung von Umfang und Intensität der betriebenen Personalpraktiken abzuraten, da sich damit der verbindende Sinn dieses Handlungsmusters nicht erschließen läßt. Demzufolge ist die Einbeziehung von Kontext- und Wirkungsvariablen zu empfehlen.

Personalstrategien sind Abstraktionen von konkreten Handlungen, die entweder ex ante als Intention oder ex post als rekonstruiertes Muster erfolgen. Die gleichen Maßnahmen werden von den Beteiligten (Forscher, Praktiker) in unterschiedlicher Weise wahrgenommen und mit Sinn belegt. Daher empfiehlt sich für die empirische Erfassung die Nutzung mehrerer, objektiver und subjektiver Datenquellen. Insbesondere bei Befragungen sollten Vertreter verschiedener Gruppen im Unternehmen angeprochen werden, d.h. nicht nur Mitglieder der Personalabteilung oder der Geschäftsleitung, sondern auch Linienmanager oder Belegschaftsvertreter.

Die angestrebte Erfassung von komplexen, tieferliegenden Phänomenen (Sinnzuschreibungen) in Verbindung mit einer noch wenig ausgebauten und abgesicherten Theorie der Personalstrategie legt es nahe, im Sinne eines explorativen Vorgehens zunächst stärker qualitativ orientierte Erhebungs- und Analysemethoden einzusetzen. Eine quantitative Erfassung und Auswertung kann bei gut strukturierten "Oberflächenvariablen", wie dies hinsichtlich der verschiedenen personalpolitischen Instrumente der Fall ist, erfolgen. Nochmals sei jedoch darauf hingewiesen, daß damit alleine der tieferliegende Sinn des Handlungsmusters nicht erfaßt wird.

Die so gewonnenen Beschreibungen und/oder Erklärungen betrieblicher Personalstrategien hätten zumeist eine narrative, fallstudienartige Form und könnten auch im Rahmen von Typologien klassifiziert werden. In diesem Zusammenhang wäre es auch sinnvoll, die zahlreichen normativen Personalstrategie-Typologien empirisch zu überprüfen, sofern sie über die erforderliche konzeptionelle Komplexität verfügen bzw. dahingehend weiterzuentwickeln.

4. Zusammenfassung

In diesem Beitrag werden die Möglichkeiten zur empirischen Erfassung betrieblicher Personalstrategien auf konzeptioneller und methodischer Ebene erörtert. In konzeptioneller Hinsicht werden Personalstrategien als Muster in einer Abfolge von Einzelmaßnahmen auf den personalwirtschaftlichen Aktionsfeldern beschrieben, die sowohl die jeweilige Handlungssituation und die persönlichen Merkmale der Akteure reflektieren, als auch beabsichtigte oder unbeabsichtigte Auswirkungen auf personalwirtschaftlich relevante (Ziel-)Größen aufweisen. Methodisch wird für eine dem aktuellen Forschungsstand angemessene Vorgehensweise plädiert, die durch einen konzeptionell geleiteten, explorativen und eher qualitativ orientierten Zugang gekennzeichnet ist.

Literatur

[1] Bortz, J.: Lehrbuch der empirischen Forschung für Sozialwissenschaftler, Berlin u.a.: Springer 1984.

[2] v.Eckardstein, D. / Greife, W.: Die Qualifikation der Arbeitnehmer in neuen Entlohnungsmodellen, Frankfurt am Main u.a.: Lang 1988.

[3] Elšik, W.: Strategisches Personalmanagement. Konzeptionen und Konsequenzen, München und Mehring: Hampp 1992.

[4] Ginsberg, A.: Operationalizing Organizational Strategy: Toward an Integrating Framework, in: Academy of Management Review Vol. 9 (1984), 3, S. 548 - 557.

[5] Mintzberg, H. / Waters, J.A.: Of Strategies, Deliberate and Emergent, in: Strategic Management Journal Vol. 6 (1985), S. 257 - 272.

[6] Mintzberg, H.: Patterns in Strategy Formation, in: Management Science Vol. 24 (1978), 9, S. 934 - 948.

[7] Montgomery, C.A. / Wernerfelt, B. / Balakrishnan, S.: Strategy content and the research process: a critique and commentary, in: Strategic Management Journal Vol. 10 (1989), S. 189 - 197.

[8] Schreyögg, G.: Unternehmensstrategie. Grundfragen einer Theorie strategischer Unternehmensführung, Berlin, New York: de Gruyter 1984.

[9] Weick, K.: Der Prozeß des Organisierens, Frankfurt am Main: Suhrkamp 1985.

[10] Wright, P.M. / Snell, S.A.: Toward an integrative view of strategic human resource management, in: Human Resource Management Review Vol. 1 (1991), 3, S. 203 - 225.

Ziele des Absatzcontrolling im Versicherungsunternehmen

Karl C. Ennsfellner

1. Einleitung

Der vorliegende Artikel analysiert die Ziele der innerbetrieblichen Funktion "Absatzcontrolling" im Versicherungsunternehmen. In der versicherungsbetrieblichen Praxis ist in letzter Zeit ein steigendes Interesse an den Problembereichen des Absatzcontrolling erkennbar. Dies ist auf der einen Seite auf Änderungen in den Umweltbedingungen der europäischen Versicherungsunternehmen zurückzuführen, welche schneller ablaufen, als dies in der Vergangenheit der Fall war.[1)] Auf Veränderungen politischer Natur, auf die Globalisierung und Intensivierung des Wettbewerbs auf Versicherungsmärkten einerseits und zwischen Banken und Versicherungsunternehmen andererseits[2)] sowie auf die Verlangsamung des Wachstums auf Teilbereichen der Versicherungsmärkte sei nur hingewiesen.[3)] Auch auf internationaler Ebene entsteht ein größerer Konkurrenzdruck, der sich insbesondere aus den Zielen der Europäischen Integration ergibt.[4)] Das zunehmende Bedürfnis der Kunden nach individueller Betreuung[5)] und nach umfassender Befriedigung finanzwirtschaftlicher Bedürfnisse aus "einer Hand" führen zu neuartigen Problemstellungen, mit denen die Versicherungsunternehmen konfrontiert sind.

Andererseits kann die verstärkte Diskussion des Absatzcontrolling in der Versicherungswirtschaft mit Wachstumsprozessen im Versicherungsunternehmen[6)] und mit der zunehmenden Komplexität der Produkt-Markt-Beziehungen erklärt werden. Von diesen Entwicklungen gehen nämlich auch erhöhte Anforderungen an die Abstimmung der Teiltätigkeiten im Versicherungsunternehmen aus.

Bei der Lösung dieser Adaptions- und Koordinationsprobleme knüpft die Controllingkonzeption an. Es wird daher in zahlreichen Versicherungsunternehmen versucht, die Implementierung eines Controllingsystems durchzuführen. Aufgrund der konstitutiven Bedeutung der Absatzfunktion im Versicherungsunternehmen ist dabei das Controllingsubsystem, welches die Führung dieser Teilfunktion unterstützt, als konstitutives Subsystem für die Wirkungsweise des gesamten Controllingsystems des Versicherungsunternehmens zu sehen. Gerade bei der Implementierung dieses Absatzcontrollingsystems im Versicherungsunternehmen herrschen jedoch häufig Unklarheiten über die Ziele, welche mit dem Absatzcontrolling erreicht werden sollen. Unsicherheiten bei den betroffenen Mitarbeitern im Absatzbereich - insbesondere bei den Versicherungsvermittlern - sind häufig die Folge, wobei dadurch die Funktionsfähigkeit des gesamten Controllingsystems vermindert wird.

Ausgangshypothese für die nachfolgenden Ausführungen ist, daß eine Orientierung des Absatzcontrollingsystems an klar definierten Zielsetzungen eine Verbesserung der Funktionsweise des gesamten Controllingsystems im Versicherungsunternehmen bewirkt.

2. Der Absatzcontrollingbegriff

Die intensive Auseinandersetzung mit dem Problembereich Controlling hat bisher noch nicht zu einer einheitlichen Begriffsdefinition geführt.[7] Nach Sichtung der vorliegenden Literatur kann angemerkt werden, daß trotz der unterschiedlichen betriebswirtschaftlichen Sichtweisen des Controllingbegriffs[8] Schwerpunkte des Begriffsinhaltes erkennbar sind, welche als unverzichtbare Definitionsbestandteile anzusehen sind. Somit kann Absatzcontrolling als eine die Führung im Absatzbereich unterstützende Funktion angesehen werden, welche einerseits Regelungen zur Entwicklung und Weiterentwicklung des Absatzplanungs- und Absatzkontrollsystems und zur Verbindung dieser Teilbereiche schafft und andererseits die Versorgung der Führung im Absatzbereich mit absatzplanungs- und absatzkontrollrelevanten Informationen sicherstellt. Damit werden Koordinationsfunktionen wahrgenommen, die eine Verbesserung der Führung im Absatzbereich und damit auch der gesamtunternehmensbezogenen Führung des Versicherungunternehmens bewirken.[9]

3. Ableitung der Absatzcontrollingziele

Das Controllingsystem kann seine Funktionen nur dann vollkommen erfüllen, wenn es sich an Zielen orientiert, d.h. es verlangt von der Leitung der Unternehmung eine klare, verbindliche und auch erreichbare Zielsetzung durch eindeutige Zielformulierung.[10] Diese Ziele werden dabei wiederum von den Zielen des Versicherungsunternehmens abgeleitet. In der vorliegenden allgemeinbetriebswirtschaftlichen Literatur wird häufig davon ausgegangen, daß das Controllingsystem ausschließlich zur Erreichung des Gewinnziels der Unternehmung beiträgt.[11] Dieser Ansicht soll hier nicht gefolgt werden. Einerseits ist zwar die Erzielung eines als ausreichend angesehenen Gewinns langfristig die Voraussetzung für die Existenzerhaltung der Versicherungsunternehmung, jedoch bedeutet der Aufbau zukunftsträchtiger Erfolgspotentiale in der Regel, "daß kurzfristig zumindest teilweise auf Gewinn verzichtet werden muß."[12] Andererseits ist in der Versicherungswirtschaft auch das Gewinnziel durch aufsichtsrechtliche Vorschriften nur beschränkt verfolgbar (z.B. Gewinnanteilsrechte von Versicherungsnehmern, Existenzsicherheit des Versicherungsunternehmens muß gegeben sein, etc.).[13] Außerdem verfolgt das Versicherungsunternehmen üblicherweise eine Vielzahl von verschiedenen Zielsetzungen.[14] Somit erscheint es ungerechtfertigt, daß Controlling nur zur Erreichung des Gewinnziels beitragen soll. Vielmehr erscheint eine Orientierung des Versicherungscontrolling am gesamten Zielbündel des Versicherungsunternehmens nötig. Dabei ist zu beachten, daß eine direkte Zurechnung der Leistungen des Controlling zu den einzelnen Unternehmenszielen des Versicherungsunternehmens jedoch kaum möglich erscheint. Controlling kann "nur mittelbar über die Erfüllung der Controllingziele ... zur Erreichung der Unternehmensziele beitragen."[15]

Nach Durchsicht der vorliegenden allgemeinbetriebswirtschaftlichen sowie der versicherungsbetrieblichen Literatur zum vorliegenden Themenbereich kann festgehalten werden, daß Publikationen über Absatzcontrollingziele nahezu vollständig fehlen. Daher müssen als Ausgangspunkt für die Ableitung dieser Ziele Aussagen der allgemeinbetriebswirtschaftlichen Literatur herangezogen werden. In Anlehnung an Welge[16] können diese Aussagen in drei Gruppen zusammengefaßt werden:

- Sicherstellung der Planung und Integration von Planung und Kontrolle
- Sicherstellung der Informationsversorgung
- Sicherstellung der Koordinationsfähigkeit der Unternehmensführung

Diese Zielsetzungen sind für das gesamte Controllingsystem gültig. Da das Absatzcontrollingsystem als Subsystem eines funktional gegliederten Controllingsystems aufgefaßt werden kann, gelten diese Leitlinien, die fixieren, was mit dem Controlling erreicht werden soll, auch für das Absatzcontrolling. Somit können dem Absatzcontrolling folgende Zielsetzungen übertragen werden:

- Sicherstellung der Absatzplanung und der Integration von Absatzplanung und Absatzkontrolle
- Sicherstellung der Informationsversorgung
- Sicherstellung der Koordination der Führung im Absatzbereich

4. Sicherstellung der Absatzplanung und der Integration von Absatzplanung und Absatzkontrolle

Im Versicherungsunternehmen ist "der Anfall ... planungsbedürftiger Probleme überdurchschnittlich groß."[17] Die Planung einer Aktivität wird um so notwendiger, je langfristiger ihre Konsequenzen in die Zukunft reichen. Das Wirtschaften im Versicherungsunternehmen ist aus produktionstechnischen, aufsichtsrechtlichen und auch ökonomischen Gründen nur langfristig möglich.[18] Produkt- und sortimentspolitische Entscheidungen sind in der Versicherungswirtschaft langfristig wirksam. Einerseits wird der Risikoausgleich im Kollektiv durch die Art des Produktangebots unmittelbar berührt. Andererseits bedingt schon alleine die Langfristigkeit der überwiegenden Anzahl von Versicherungsverträgen (insbesondere in den Abteilungen Lebens- und Krankenversicherung aber auch in weiten Bereichen der Schaden-/Unfallversicherung) langfristige Konsequenzen von Entscheidungen. Wenn nun zu beobachten ist, daß in der Versicherungswirtschaft häufig Entscheidungen getroffen werden, die zum großen Teil nicht geplant sind bzw. einer rationalen Grundlage entbehren,[19] so birgt dieses Vorgehen Gefahren für die Sicherheit des Versicherungsunternehmens und damit auch für die Versicherungsnehmer. Durch Planung im Versicherungsunternehmen[20] scheint es möglich, die Aktivitäten und Entscheidungen der Führung im Versicherungsunternehmen auf eine rationalere Grundlage zu stellen und eine verbesserte "Richtungsstabilität der Unternehmenspolitik"[21] zu erreichen. Diesen Zweck versucht das Absatzcontrolling mit der Zieldimension "Sicherstellung der Absatzplanung und der Integration von Absatzplanung und Absatzkontrolle" im Absatzbereich des Versicherungsunternehmens zu erfüllen. Danach besteht das Ziel des Absatzcontrolling darin, Voraussetzungen zu schaffen, durch welche die Durchführung der Planung im Absatzbereich des Versicherungsunternehmens ermöglicht wird. Dazu ist es wesentlich, die Träger der Absatzplanung vorerst von der Notwendigkeit der Planung zu überzeugen. Die Förderung eines entsprechenden Planungsbewußtseins und die Schaffung der Überzeugung, "Planung und Pläne als Hilfsmittel zur besseren Beherrschung und Gestaltung künftiger Realität nutzen zu können"[22], sind wesentliche Unterziele des Absatzcontrolling im Versicherungsunternehmen.

Planung ist durch Kontrolle zu ergänzen.[23] Jede Teilphase des Planungsprozesses ist mit Kontrollen verknüpft,[24] wobei die erfaßten Kontrollinformationen die Voraussetzung für den nächsten Planungs- und Entscheidungsschritt bilden. Aufgrund dieser untrennbaren funktionalen Verbindung wird die Planung und Kontrolle im Versicherungsunternehmen als Einheit betrachtet. Institutional gesehen ist es natürlich von Vorteil, Planungs- und Kontrollaufgaben unterschiedlichen Aufgabenträgern zuzuordnen. Damit ist die Unabhängigkeit der Kontrolle gesichert.[25]

Diese institutionelle Trennung von Planung und Kontrolle macht es nötig, daß Kontrollerfordernisse mit den Planungserfordernissen abgestimmt werden. Im

Rahmen der Integration von Absatzplanung und Absatzkontrolle ist es das Ziel des Absatzcontrolling, die funktionale Einheit der Absatzplanung und Absatzkontrolle - trotz deren institutionalen Trennung - sicherzustellen.

5. Sicherstellung der Informationsversorgung

"Die Effizienz der betrieblichen Ressourcenkombination und die Konkurrenzposition der Unternehmung werden in entscheidendem Maße durch die Verfügbarkeit von Informationen und deren anwendungsorientierte Transformation beeinflußt."[26] Diskrepanzen zwischen Informationsbeschaffung und Informationsbedarf kommen als primäre Störfaktoren in Betracht, welche die Erreichung der angestrebten Ziele verhindern.[27] Auch die Unbrauchbarkeit von Informationen, die vom Informationssystem geliefert werden, stellt ein großes Problem dar.[28]

Hier setzt nun das Controlling an. Die Zieldimension "Sicherstellung der Informationsversorgung" beinhaltet die Forderung, daß das Absatzcontrolling die Erfassung der Informationen, welche einerseits die innerbetrieblichen Zustände und Abläufe im Absatzbereich und andererseits die Entwicklung der Umwelt der Unternehmung abbilden, sicherstellt. Dabei ist zu berücksichtigen, daß die Informationen in der erforderlichen Qualität und Quantität, zum richtigen Zeitpunkt und Ort in systematischer Weise zur Verfügung stehen, ohne die Kosten-Nutzen-Aspekte zu vernachlässigen. Mit dem Absatzcontrolling wird damit versucht, die informatorische Basis für die zielgerichtete Erfüllung der Führungsaufgaben im Absatzbereich zu schaffen,[29] indem die Entwicklung und Implementierung unternehmensadäquater Absatzinformationssysteme gewährleistet wird.

Um die Zielsetzung der "Sicherstellung der Informationsversorgung" eindeutig abgrenzen zu können, ist es nötig, das Informationssystem des Versicherungsunternehmens in folgende Bestandteile zu differenzieren:[30]

- Operatives Informationssystem
- Dispositives Informationssystem

Diese Notwendigkeit ergibt sich aus der Tatsache, daß Versicherungsprodukte Informationsprodukte sind. Daher kann die Versicherungsproduktion zum Großteil als Informationsverarbeitung angesehen werden. Die Gesamtheit dieser Informationsprozesse, die sich auf die Ausführung der Versicherung-, Kapitalanlage- und sonstigen Geschäfte des Versicherers beziehen, werden als operatives Informationssystem bezeichnet.[31]

Die für die Führung des Versicherungsunternehmens benötigten Informationen werden dagegen durch das dispositive Informationssystem zur Verfügung gestellt.[32] Im Rahmen der Zieldimension "Sicherstellung der Informationsversorgung" bezieht sich die betriebliche Funktion Absatzcontrolling ausschließlich auf das dispositive Informationssystem des Absatzbereiches des Versicherungsunternehmens. Dabei beinhaltet diese Zielsetzung die aktive Informationsversorgung[33] der Absatzplanungs- und Absatzkontrollträger.[34] Das oftmals nur latent vorhandene Bedürfnis nach Informationen ist der Führung im Absatzbereich vom Absatzcontrolling bewußt zu machen und anschließend durch entsprechende Informationen zu befriedigen. Absatzcontrolling hat daher neben der Bildung eines dispositiven Absatzinformationssystems auch noch die Teilzielsetzung, die zur Führung des Absatzbereichs der Versicherungsunternehmung benötigten Informationen aufzubereiten und zu liefern.

6. Sicherstellung der Koordination der Führung im Absatzbereich

Koordination wird in der betriebswirtschaftlichen Literatur als wesentliche Funktion der Führung angesehen.[35] Um eine Abgrenzung des Anteils des Controlling an dieser Funktion geben zu können, ist es nötig, die Koordinationsfunktion in die Primärkoordination und die Sekundärkoordination zu differenzieren.[36] Die Primärkoordination wird dabei als Koordinationsaufgabe der Führung angesehen, wobei sie sich vor allem auf das operative Informationssystem (also auf das Basissystem) des Versicherungsunternehmens bezieht. Diese Koordination des Leistungsvollzugs im Sinne der festgelegten Ziele benötigt jedoch selbst eine übergeordnete Koordination, welche die arbeitsteilig differenzierten Prozesse und Strukturen innerhalb der Führung des Absatzbereiches des Versicherungsunternehmens abstimmt. Auf die Abstimmung innerhalb der Führung bezieht sich die Aufgabe der Sekundärkoordination. Während die Primärkoordination von der Führung im Absatzbereich wahrgenommen wird, ist die Sekundärkoordination in diesem Zusammenhang eine Aufgabe des Absatzcontrolling. Da die Sekundärkoordination die Primärkoordination erst ermöglicht,[37] ist Absatzcontrolling notwendige Voraussetzung für die Durchführung der Führungsaufgabe im Absatzbereich des Versicherungsunternehmens.

7. Schlußbemerkungen

Die immer raschere Veränderung der Rahmenbedingungen der Versicherungsunternehmen wurde als Ausgangspunkt für die vorliegende Abhandlung angeführt. Der Mangel an Quellen in der versicherungsbetrieblichen Literatur zu diesem Themenbereich machte es nötig, die allgemeinbetriebswirtschaftlich Literatur zu diesem Problembereich auf die Versicherungsunternehmungen zu übertragen. Die Zielsetzungen "Sicherstellung der Absatzplanung und der Integration von Planung und Kontrolle", "Sicherstellung der Informationsversorgung" und "Sicherstellung der Koordination der Führung im Absatzbereich" wurden abgeleitet und analysiert. Diese Ziele bilden nun den Ausgangspunkt für die Ableitung der Aufgaben, welche vom Absatzcontrollingsystem des Versicherungsunternehmens wahrgenommen werden können.

Anmerkungen und Literatur

1) Hinweise auf die Geschwindigkeit der Veränderungen auf den europäischen Versicherungsmärkten finden sich bei Fink, B.: Die europäische Herausforderung aus der Sicht des Industrieversicherers, in: Zeitschrift für Versicherungswesen 8/1992, S. 190 - 195, hier: S. 195.

2) Vgl. dazu auch Schwebler, R.: Finanzdienstleistungen - Kooperationschance oder Konfliktpotential zwischen Kredit- und Versicherungswirtschaft?, in: Die Versicherungsrundschau 2/1992, S. 33 - 43, hier: S. 33; Kraft, R.: Finanzdienstleistungen durch Versicherungsunternehmen - Vorteil für Kunden und / oder Unternehmen?, in: Die Versicherungsrundschau 2/1992, S. 44 - 56, hier: S. 48.

3) Vgl. Kuhn, M.: Strukturwandel im schweizerischen Lebensversicherungsmarkt - Konzentration, Wettbewerbsdruck und Allfinanz, in: Schweizerische Versicherungs-Zeitschrift 5/6 1992, S. 111 - 115, hier: S. 113.

4) Vgl. Farny, D.: Chancen österreichischer Versicherer im EG-Binnenmarkt und im Allfinanzgeschäft, in: Die Versicherungsrundschau 7/8 1992, S. 193 - 206, hier: S. 205 (in der Folge zit. als Farny, D.: (Chancen)); vgl. dazu auch die Ausführungen von Farny, D.: Strukturelle Stabilität verabschiedet sich, in: Versicherungsvermittlung 8/1992, S. 342 - 353, hier: S. 343ff (in der Folge zit. als Farny, D.: (Stabilität)).

5) Vgl. Wichers, R.: Erfolg durch Zielgruppen-Vertrieb, in: Versicherungskaufmann 1/1992, S. 53 - 55, hier: S. 55.

6) Vgl. o.V.: Der europäische Versicherungsmarkt im Wandel - Ergebnisse einer Studie von Arthur Andersen Consulting: Insurance in a Changing Europe 1990 - 1995, in: Die Versicherungsrundschau 5/1991, S. 163 - 169, hier: S. 168.

7) Vgl. Brüggemeier, M. / Küpper, W.: Controlling als Steuerungskonzept für die öffentliche Verwaltung?, in: Zeitschrift für Betriebswirtschaft 5/1992, S. 567 - 577, hier: S. 568.

8) Einen zusammenfassenden Überblick über die unterschiedlichen Sichtweisen und die einzelnen Definitionsversuche gibt z.B. Welge, M.K.: Unternehmensführung, Band 3: Controlling, Stuttgart 1988, S. 1ff.

9) Vgl. dazu allgemein auch Serfling, K.: Controlling, Stuttgart, Berlin, Köln, Mainz 1983, S. 42.

10) Vgl. Preißler, P.R.: Controlling, 2., unwesentlich veränderte Auflage, München, Wien 1989

11) Vgl. z.B. Freiling, D.: Budgetierung und Controlling-Praxis, Wiesbaden 1980, S. 3.

12) Welge, M.K.: (Controlling), S. 22.

13) Vgl. Farny, D.: (Versicherungsbetriebslehre), S. 262; vgl. auch Farny, D.: Unternehmerische Ziel- und Mittelentscheidungen in der Versicherungswirtschaft, in: Zeitschrift für die gesamte Versicherungswissenschaft 1966, S. 129 - 159, hier: S. 145.

14) Zu den verschiedenen vom Versicherungsunternehmen verfolgten Zielsetzungen vgl. näher Kaluza, B.: Entscheidungsprozesse und empirische Zielforschung im Versicherungsunternehmen, Karlsruhe 1979, S. 647ff.

15) Welge, M.K.: (Controlling), S. 24.

16) Welge, M.K.: (Controlling), S. 26ff.

17) Farny, D.: Produktions- und Kostentheorie der Versicherung, Karlsruhe 1965, S. 38 (in der Folge zit. als Farny, D.: (Produktionstheorie)).

18) Vgl. Delisle, E.: Marketing in der Versicherungswirtschaft, 2., überarbeitete Auflage, Karlsruhe 1981, S. 144.

19) Diese Problematik wird von Farny, D.: Betriebswirtschaftliche Planungs- und Entscheidungsprobleme der VU in den achtziger Jahren, in: Versicherungsbetriebe 6/1980, S. 7 - 14, hier: S. 11 (in der Folge zit. als Farny, D.: (Planungsprobleme)) besonders für die Produktgestaltung des Versicherungsunternehmens festgestellt.

20) Über die Bedeutung der Planung im Versicherungsunternehmen berichtet z.B. Schwebler, R.: Inhalte unternehmerischer Tätigkeit in der Versicherungswirtschaft, in: Versicherungswirtschaft 5/1982, S. 274 - 280, hier: 279.

21) Farny, D. (Planungsprobleme), S. 10.

22) Szyperski, N. / Winand, U.: Grundbegriffe der Unternehmensplanung, Stuttgart 1980, S. 66.

23) Vgl. Hauschildt, J.: Banken-Controlling in unterschiedlichen Instituten und Situationen, in: Controlling-Praxis, Hrsg.: Reichmann, T., München 1988, S. 355 - 365, hier S. 363.

24) Vgl. Horvath, P.: Controlling, 3. Auflage, München 1990, S. 166; Egger, A. / Winterheller, M.: Kurzfristige Unternehmensplanung, 5. Auflage, Wien 1990, S. 34.

25) Vgl. dazu auch Gogg, F.: Interne Kontrolle bei Versicherungen, in: Die Versicherungsrundschau 7/8 1987, S. 214 - 222, hier: S. 219f.

26) Welge, M.K.: (Controlling), S. 35.

27) Vgl. Müller, W.: Die Koordination von Informationsbedarf und Informationsbeschaffung als zentrale Aufgabe des Controlling, in: Schmalenbachs Zeitschrift für betriebswirtschaftliche Forschung 1974, S. 683 - 693, hier: S. 689.

28) Buchner, M.: Controlling - Ein Schlagwort?, Frankfurt am Main 1981, S. 42.

29) Vgl. allgemein Richmann, T. / Scholl, H.J.: Kosten- und Erfolgscontrolling auf der Basis von Umsatzplänen, in: Die Betriebswirtschaft 3/1984, S. 427 - 437, hier: S. 428.

30) Vgl. Farny, D.: (Versicherungsbetriebslehre), S. 141.

31) Das operative Informationssystem des Versicherers ist mit dem Fertigungssystem eines Sachgüterproduzenten vergleichbar.

32) Vgl. Farny, D: (Versicherungsbetriebslehre), S. 142.

33) Die aktive Informationsversorgung umfaßt dabei auch die Vitalisierung des Informationsverhaltens; vgl. Witte, E.: Informationsverhalten, in: Handwörterbuch der Betriebswirtschaft, 4., völlig neu gestaltete Auflage, Hrsg.: Grochla, E. / Wittmann, W., Stuttgart 1975, Sp. 1915 - 1924, hier: Sp. 1922.

34) Vgl. Allgemein Deyhle, A.: Controller und Informations-Manager - Spannungsfelder?, in: controller magazin 1/1989, S. 1 - 4, hier: S. 2.

35) Vgl. dazu beispielsweise Lechner, K. / Egger, A. / Schauer, A.: Einführung in die Allgemeine Betriebswirtschaftslehre, 13., überarbeitete Auflage, Wien 1990, S. 62.

36) Vgl. Horvath, P.: (Controlling), S. 127.

37) Vgl. Horvath, P.: (Controlling), S. 127.

Der Wechsel ins Ausland. Auf der Suche nach einem neuen Bezugspunkt personalwirtschaftlichen Handelns beim Auslandseinsatz.

Wolfgang Mayrhofer

1. Problemstellung

Die Entsendung von Mitarbeiterinnen und Mitarbeitern ins Ausland nimmt an Häufigkeit und Bedeutung zu. Durch die zunehmende internationale Verflechtung und die Tendenz zu supranationalen Wirtschaftsräumen[1)] ergibt sich sowohl auf weltweiter als auch auf europäischer Ebene immer öfter die Notwendigkeit, Organisationsmitglieder für mehrere Jahre ins Ausland zu entsenden. Mit Auslandsentsendungen verbinden Unternehmen drei zentrale Zielsetzungen: Bereitstellung lokal nicht vorhandener Qualifikationen (Personalbereitstellungsfunktion), Ausbau der Qualifikationen bei den Entsandten (Personalentwicklungsfunktion) und - vor allem bei der Entsendung von Stammhausdelegierten - Kontrolle und Koordination der internationalen Unternehmensaktivitäten (Steuerungsfunktion).[2)]

Auslandsentsendungen sind kostenintensiv. Auf der individuellen Ebene entstehen erhebliche psychische und finanzielle Kosten durch die mit dem Wechsel verbundenen Entscheidungsprozesse, Umsiedlungsaktivitäten, Herauslösen aus sozialen Netzen usw. Auch für das Unternehmen sind Auslandsentsendungen teuer.[3)] Finanzielle Anreiz- bzw. Ausgleichspakete, monetäre und nicht-monetäre Kosten für Auswahl und Vorbereitung, Nachbesetzung und Wiedereingliederung[4)] sind hier in erster Linie zu nennen. Die hohen Kosten werden dann akzeptiert, wenn der Wechsel ins Ausland und der Aufenthalt dort relativ reibungslos und planmäßig abläuft. In der Praxis stellt das die Ausnahme dar. Die Regel ist ein als schwierig empfundener Übergangsprozeß und eine hohe vorzeitige Abbruchsrate.[5)] Als einer der Hauptgründe wird von den Betroffenen der private Bereich, insbesondere die Schwierigkeiten in der Familie und vor allem der betroffenen (Ehe-)Partner und Partnerinnen[6)] genannt.[7)]

Nachstehend beschäftige ich mich mit der Frage, worin die besonderen Schwierigkeiten der (Ehe-)Partnerinnen im Vergleich zu den Entsandten liegen. Dahinter steht die Überlegung, daß der derzeitige primäre Fokus personalwirtschaftlichen Handelns - der Entsandte - zu eng ist. Erst die Einbeziehung der (Ehe-)Partnerinnen bzw. der gesamten Familie ermöglicht eine umfassende(re) Problemsicht und gestattet wirksame Interventionen zur höheren Effektivität und (Kosten-)Effizienz von Auslandseinsätzen für alle Beteiligten.

2. Das Konzept der Statuspassage

Theoretischer Bezugsrahmen bei der Beantwortung der gestellten Frage ist ein rollentheoretisch orientiertes Konzept zur Analyse von Positions- und Statuswechseln.[8)] Es geht davon aus, daß sich Statuspassagen[9)] anhand von sechs Hauptcharakteristika beschreiben und analysieren lassen. Umkehrbarkeit ('reversibility') bezieht sich auf die Frage, inwieweit der Statusübergang unwiderruflich ist oder durch die 'agents', die sozialen Agenten des Übergangs und/oder die 'passagees', die direkt Betroffenen, wieder umgekehrt werden kann. Zeitlichkeit ('temporability') thematisiert, inwieweit mit einem Statusübergang eine bestimmte Geschwindigkeit und ein transparenter Zeitplan, Übergangsstatusse und legitime zeitliche Erwartungen verbunden sind. In Verbindung mit der Form des Statusübergangs ('shape') werden Fragen der Kontrolle von bestehenden und neu zu schaffenden bzw. entdeckenden Rollenwechseln diskutiert. Erwünschtheit des Statusübergangs (desirability') wird im Hinblick auf die unterschiedlichen Kombinationen von Erwünschtheit und Nicht-Erwünschtheit bei den am Statusübergang beteiligten Personen (direkt Betroffene, soziale Agenten) behandelt. Mit den zahlenmäßigen strukturellen Bedingungen ('circumstantiality') werden die unterschiedlichen zahlenmäßigen Relationen zwischen direkt Betroffenen und sozialen Agenten (Individuen, Kohorte, d.h. Vielzahl mit Zusammenhalt, Aggregat, d.h. Vielzahl ohne Zusammenhalt, auf Seiten der 'passagees'; Individuen, Kollektive, Aggregate auf seiten der sozialen Agenten) angesprochen. Die Berücksichtigung multipler Statusübergänge ('multiple status passage') stellt darauf ab, daß z.T. mehrere Statusübergänge gleichzeitig ablaufen. Diese bzw. ihre Beziehung untereinander werden bezüglich Interdependenz, Konkurrenz, Priorität und Unterstützung diskutiert.

3. Vorgehen und Methode

Auf der Basis des vorgestellten Konzepts der Statuspassage werden im folgenden konzeptionell begründete Vermutungen im Hinblick auf die Unterschiedlichkeit der Belastungen bei Auslandsentsendungen formuliert. Gemeinsamer Tenor der Vermutungen ist, daß sich aus den Unterschiedlichkeiten zwischen Entsandten und ihren (Ehe-)Partnerinnen stärkere Belastungen für letztere ergeben und der Wechsel ins Ausland für sie schwieriger ist.

Die Vermutungen werden mit den vorläufigen Zwischenergebnissen einer laufenden empirischen Untersuchung zu den Wechselwirkungen zwischen familiärer und beruflicher Situation im Rahmen von Anpassungsprozessen beim beruflich bedingten Wechsel ins Ausland kontrastiert.[10)] In dieser Untersuchung werden ca. 20 (Ehe-)Paare im Zuge von Intensivinterviews zu diesem Problemkreis befragt. Bei den Befragten handelt es sich um deutschsprachige (Ehe-)Paare, von denen einer oder beide derzeit im Großraum London als Entsandte leben und arbeiten. Männer und Frauen wurden normalerweise getrennt befragt.[11)]

4. Der Wechsel ins Ausland: Unterschiede zwischen Entsandten und ihren (Ehe-)Partnerinnen

Ausgehend von vier theoretisch gegründeten Vermutungen sollen wesentliche Unterschiede zwischen der Situation von Entsandten und ihren (Ehe-)Partnerinnen beim Wechsel ins Ausland herausgearbeitet werden.

4.1. Vermutung 1: Die (Ehe-)Partnerin nimmt Auslandsentsendungen eher als irreversible Statuspassage wahr.

Statuspassagen sind gerichtete Prozesse. Der Grad der subjektiv wahrgenommenen Umkehrbarkeit hat Auswirkungen auf verschiedene Bereiche. Als irreversibel und damit weitgehend unbeeinflußbar eingeschätzte Statuspassagen erhöhen die Zentralität (was z.B. die Auswirkungen von Problemen verschärft) und verursachen durch die geringen Kontrollmöglichkeiten erhöhte psychische Belastungen.

Für den Entsandten hat der Wechsel nur in geringem Maß Züge von Irreversibilität. Die Entsendung ins Ausland bedeutet für ihn auch ganz wesentlich Kontinuität im Sinn einer Fortsetzung seiner beruflichen Karriere, die Anschlußfähigkeit bei der Rückkehr in das Heimatland ist zumindest potentiell gegeben. Er ist auch meist gegenüber den zentralen sozialen Agenten in einer relativ starken Verhandlungsposition über die Richtung der Statuspassage.

Für die (Ehe-)Partnerinnen von Entsandten scheint der Wechsel ins Ausland zumindest in zweifacher Hinsicht unumkehrbar. Erstens werden durch die Übersiedlung die bestehenden Kontakte, Einbindungen in soziale Netze, beruflichen Positionen etc. unwiderruflich aufgegeben. In dieser Form können sie selbst bei einer Rückkehr nach ein paar Jahren nicht mehr aufgebaut werden. Zweitens erscheint die abrupte Umkehrung eines einmal eingeleiteten Übergangs ins Ausland (zunächst) undurchführbar. Die Initiative für einen Wechsel ins Ausland geht meist vom Entsandten bzw. dem Unternehmen aus. Den (Ehe-)Partnerinnen muß der Wechsel häufig durch ausgelegte 'Köder', Überzeugungs- und Überredungsstrategien schmackhaft gemacht werden. Ist ihre Zustimmung erfolgt und sind erste praktische Schritte eingeleitet, so sehen sie auf Grund ihrer persönlichen Verpflichtungen vor allem ihrem (Ehe-)Partner und eventuell vorhandenen Kindern gegenüber wenig Spielraum für ein Rückgängigmachen der Entscheidung. In gleicher Weise wirken die sozialen Umstände. Ein bereits angekündigter Aufenthalt im Ausland, eine durchgeführte Übersiedlung, der erfolgte Wechsel der Kinder in die neue Schule, die Aufgabe der alten Wohnmöglichkeit etc. ist nur schwer wieder 'graduell' rückgängig zu machen. Der einzige Weg zur Veränderung eines sich als nicht anstrebenswert herausstellenden Übergangs wird dann häufig in einem vollständigen Ausbruch, in der Flucht aus dem Feld, konkret im vorzeitigen Abbruch des Auslandsaufenthalts gesehen. Insbesondere bei nicht in eigenen Karrieren tätigen Frauen[12)] werden durch die Entsendung ins Ausland die wesentlichen und zentralen Lebenszonen unwiderruflich verändert. Mehrere Hinweise aus der Untersuchung gehen in diese Richtung (vgl. Beleg 1).

Empirischer Beleg 1
Ich habe Flexibilität signalisiert durch diesen Aufenthalt. ... Man hat mich sofort gefragt, ob ich bereit wäre, woanders hinzugehen. (Entsandter, o.J.)
Ich vermisse eine Vertrauensperson, eine richtige Freundin, wie ich sie in Deutschland habe. (Ehefrau, 45)
Die Idee war, ich geh' voraus, seh' mich um und sie kommt nach. Nach einem Jahr kam sie nach. ... Sie hatte wenig Einfluß, war aber dafür. (Entsandter, 61)
Das Angebot kam von der Firma. ... Sie hat das Haus gesehen, die Umgebung gesehen, sich ein Bild gemacht. Ich hoffe, daß sie bestätigt, daß sie einen Einfluß auf die Entscheidung hatte. (Entsandter, 40)
Die Kontakte verlagert man teilweise auf den Ehemann oder zu Lasten der Telefonrechnung, teilweise fällt's weg. (Ehefrau, 36)

4.2. Vermutung 2: Für die (Ehe-)Partnerin ist die Gewinnung von sozialen Agenten zur Begleitung des Übergangsprozesses ins Ausland schwieriger.

Soziale Agenten haben die Aufgabe, Übergangsprozesse zu begleiten, zu kontrollieren und bei auftretenden Abweichungen von einer vorgegebenen oder sich entwickelnden Normalform in Richtung auf eine Wiederherstellung der 'richtigen' Form zu intervenieren. Insbesondere in zu entdeckenden Statuspassagen, wo ein dem Namen nach bekannter Übergang konkret erfahren wird, ist die Bereitstellung von Information und Wissen durch die sozialen Agenten rund um den Wechsel von großer Bedeutung.

Bei den Entsandten gibt es zumindest formal für die sie zentral betreffenden Zonen der Veränderungen - den beruflichen Wechsel auf die neue Position im Ausland - soziale Agenten, die diesen Wechsel begleiten. Meist sind die entsprechenden Stellen im Stammhaus Ansprechpartner für die mit dem Auslandseinsatz verbundenen Fragen. Sie stellen Informationen über berufsrelevante Sachverhalte zur Verfügung, können für bestimmte Probleme Lösungen anbieten oder erarbeiten, liefern Signale im Hinblick auf die erwünschte Dauer und den gegenwärtigen Stand des Anpassungsprozesses usw. Darüberhinaus verfügen sie über Basisinformationen in den üblicherweise im Privatbereich grundsätzlich auftretenden Problemfeldern wie Unterkunft, Schule, Gewinnung von sozialen Kontakten durch Klubs. Sie können teilweise auch Angebote zur Bewältigung der Probleme machen: Firmeneigene Unterkünfte, Kontakte zu Immobilienmaklern, finanzielle Unterstützung bei der Bezahlung von Schulgeld oder vorhandene Netzwerke von Entsandten sind dafür Beispiele.

Die Situation bei den (Ehe-)Partnerinnnen der Entsandten unterscheidet sich davon deutlich, vor allem, wenn sie primär für den häuslich-familiären Bereich zuständig sind (was in der großen Mehrzahl der Fall ist). Zentrale Bereiche der Statuspassage werden von den sozialen Agenten des Unternehmens nicht oder nur ansatzweise erfaßt. Die Umstellung in den alltäglichen Bereichen des Einkaufens, der ärztlichen Versorgung, der Aufbau neuer sozialer Netze in der unmittelbaren Nachbarschaft, die Eingliederung in soziale, karitative oder religiöse Aktivitäten, der Aufbau von gewohnten Freizeitaktivitäten oder entsprechenden Substituten, das Kennenlernen der lokalen Infrastruktur im Hinblick auf Handwerker, öffentliche Einrichtungen wie Stromversorgung, Telefongesellschaft usw. erfordert erhebliche Anstrengungen. Die wichtigen Informationen über die offiziellen und inoffiziellen Regeln, Besonderheiten usw. sind nicht ohne weiters zugänglich und in die Praxis umsetzbar. Soziale Agenten, welche den Übergangsprozeß in diesem Bereich begleiten, sind - anders als in der beruflichen Sphäre des Entsandten - auch nicht ohne weiteres zu finden. Häufig entwickeln sich für die (Ehe-)Partnerinnen von Entsandten aus 'zufälligen' Kontakten in der Nachbarschaft, in Kindergärten und Schulen oder bei Freizeitaktivitäten engere Beziehungen zu Personen, die als soziale Agenten des Übergangs in den angesprochenen Bereichen fungieren.

Auch der Entsandte selbst ist als (Ehe-)Partner ein sozialer Agent bei der Begleitung des Übergangs. Durch häufig bereits vorauslaufenden Aufenthalt im Entsendungsland verfügt er über einen Wissensvorsprung, über seine berufliche Tätigkeit erwirbt er wertvolle Informationen für die Bewältigung von praktischen Problemen, der sozialen Eingliederung etc. Zudem ist er vor allem am Beginn des Auslandsaufenthalts oft der einzige regelmäßige Ansprechpartner für die mit dem Übergang zusammenhängenden Probleme seiner (Ehe-)Partnerin. Gerade in der Anfangszeit ist er jedoch oft nicht in dem Maß verfügbar wie notwendig. Lange Arbeitstage, häufige Reisetätigkeiten mit längerdauernden Abwesenheiten u.ä. bewirken eingeschränkte Kontaktmöglichkeiten. Dazu kommt, daß auf Grund der eigenen Schwierigkeiten des Entsandten bei der

Anpassung und der komplementären Rolle der (Ehe-)Partnerin als seinem sozialen Agenten ein Teil der verfügbaren Interaktionszeit für seine eigenen Bedürfnisse 'verlorengeht'.

In jedem Fall ist davon auszugehen, daß die Existenz sozialer Agenten für die (Ehe-)Partnerinnen nicht selbstverständlich ist. Sie müssen erst - z.T. mühsam - gesucht und zur Übernahme einer solchen Funktion gewonnen werden. Dafür lassen sich bei den Befragten einige Hinweise finden (Beleg 2).

Empirischer Beleg 2
Die sozialen Kontakte der Familie ergaben sich erst im Lauf der Zeit, mit Irrungen und Wirrungen, ein mühsamer Entstehungsprozeß, oft über den Hund, die Kinder. Ich habe meine Frau ermutigt, soziale Kontakte zu knüpfen. Vom zu Hause rumsitzen und sich beklagen kommt nichts, man muß aktiv werden. (Entsandter, 41)
Der Umzug wurde von der Firma organisiert, die hat das gut gemacht. Ich habe aber auch Unterstützung vermißt, bei den Schulen, habe mich selbst umgeguckt und über andere Mütter erfahren, daß die Schulpflicht hier früher beginnt. ... Man muß auch punkto Einkaufen einfach rumfahren und fragen. Eine Hilfsperson mit Informationen wäre eine große Hilfe gewesen, aber im Endeffekt sucht man sich's ja eh selbst aus. (Ehefrau, 31)
Man braucht mehr Aufmerksamkeit, Zuneigung, man verlangt mehr, für den Partner ist es ja auch nicht einfach, wegen des Berufs, der Belastungen. ... Dadurch gibt's wohl auch mal hie und da Auseinandersetzungen, wenn beide einen schlechten Tag haben, jeder erwartet, daß der andere zuhört und man fühlt sich vernachlässigt. ... Am Anfang war es schwierig. Er war durch den Beruf sehr angespannt. ... Für mich war alles neu, keine Freunde, niemand zum ausquatschen. Man fixiert sich zu arg auf den Partner, man verlangt zu viel. ... Man kann sich da auch reinsteigern, habe ich auch gemacht, es war alles recht trübe. (Ehefrau, 31)
Für die Familie ist es schwierig, hinter die Kultur zu sehen, wenn man keine wohlgesinnte Person hat, die diese Einblicke verschafft. (Entsandter, 56)
Es gab keine Beratung: Health, Versicherung, Pension, Führerschein etc. - wir haben uns strafbar gemacht. (Ehefrau, 45)

4.3. Vermutung 3: Auslandsentsendungen sind für die (Ehe-)Partnerin mit einem geringe(re)n Grad an Erwünschtheit verbunden.

Die Erwünschtheit von Statuspassagen schafft die motivationale Basis für Handlungen im Rahmen des Übergangsprozesses. Sie bezieht sich sowohl auf die Statuspassage insgesamt als auch auf einzelne Teilaspekte und ist nichts Statisches, sondern kann sich im Zeitablauf verändern.

Für die Entsandten ist es die typische Konstellation, daß sowohl für sie als auch für die sie begleitenden sozialen Agenten der Wechsel ins Ausland erwünscht ist. Hauptcharakteristik einer solchen Konstellation ist die Zusammenarbeit zwischen Entsandten und sozialen Agenten zur Bewältigung der mit dem Auslandseinsatz zusammenhängenden Probleme. Die sich ergebenden Konflikte entstehen in Detailbereichen, z.B. ob die Unternehmung ein Haus kaufen, einen Mietzuschuß geben oder eine einmalige Abschlagzahlung zur Abdeckung der Such- und Betriebskosten leisten sollte, wie oft es Heimaturlaub zusätzlich zum gesetzlichen Anspruch gibt, etc.

Für die (Ehe-)Partnerinnen stellt sich die Situation anders dar. In aller Regel geht der Anstoß zu einem Auslandsaufenthalt vom Unternehmen bzw. vom (Ehe-)Partner aus. In Einzelfällen kann sich das mit den Wünschen der Frau treffen, die aber meist am 'reaktiven' Ende ist und auf von außen kommende Überlegungen reagiert. Dazu kommt, daß der unmittelbare und der mittelbare Nutzen für die (Ehe-)Partnerinnen nicht gesehen wird bzw. tatsächlich nicht vorhanden ist und die Nachteile und Unannehmlichkeiten überwiegen. Insgesamt kann daher sowohl aus Gründen des Entstehungsprozesses der Entscheidung als auch wegen der konkreten, meist als mühsam eingeschätzten Konsequenzen eines Umzugs ins Ausland davon ausgegangen werden, daß seitens der (Ehe-)Partnerinnen der Auslandsaufenthalt tendenziell mit weniger positiven Konnotationen versehen ist als für den Entsandten. Dazu kommt, daß auch zentrale Bezugspersonen aus dem sozialen Netz rund um die (Ehe-)Partnerinnen einen Wechsel ins Ausland meist nicht begrüßen. Gerade diese Personen aber sind potentielle soziale Agenten der (Ehe-)Partnerinnen, welche vor allem den Loslösungsprozeß aus dem Heimatland begleiten. Diese Konstellation aber - die Statuspassage ist sowohl für die betroffenen (Ehe-)Partnerinnen als auch für einzelne soziale Agenten nicht besonders erwünscht - hat negative Konsequenzen für die Haltung der (Ehe-)Partnerinnen zum Wechsel ins Ausland und die Abbruchbereitschaft. Einige dieser Überlegungen werden von den Ergebnissen der Untersuchung gestützt (vgl. Beleg 3).

Empirischer Beleg 3
Der Vorschlag kam vom Unternehmen, in der Familie gab es keinen Diskussionsbedarf, sie waren einverstanden. (Entsandter, 41)
Im Sommer 89 erfuhr ich von der Absicht; meine erste Reaktion: grundsätzlich ja. (Ehefrau, 31)
Es war mein Wunsch, im Ausland zu bleiben, Auswahl traf ich. Die Familienreaktion: Sie haben es durchaus begrüßt. (Entsandter, 50)
Die Frau hatte immer Schwierigkeiten, einen Job zu finden. In Dänemark haben wir drei Jahre auf die Genehmigung gewartet. ... Meine Frau ist sicher nicht glücklich darüber, ständig übersiedeln zu müssen. (Entsandter, 50)

4.4. Vermutung 4: Die (Ehe-)Partnerin ist von der Vielfalt auftretender und der Dominanz einzelner Sub-Statuspassagen stärker betroffen.

Der Wechsel ins Ausland kann zwar als singuläre Statuspassage konzeptionalisiert werden. Dahinter verbirgt sich jedoch eine Mehrzahl von Statuspassagen, die sich auf die verschiedenen durch den Auslandseinsatz berührten Bereiche beziehen. Dazu gehören z.B. der berufliche Bereich, der Bereich der sozialen Kontakte, der Bereich von Wohnung und Nachbarschaft, der Freizeitbereich oder der Bereich von Schule/Kindergarten und der sozialen Kontakte der Kinder. Es kann also von multiplen Statuspassagen beim Wechsel ins Ausland gesprochen werden. Damit stellt sich die Frage nach dem Ausmaß der Betroffenheit durch diese multiplen Statuspassagen und dem Verhältnis der einzelnen Statuspassagen zueinander.

Für die Entsandten ist der berufliche Bereich - trotz aller damit verbundenen Veränderungen - vor allem im Vergleich zu den Umwälzungen in den sonstigen Bereichen oft von relativer Stabilität und Vertrautheit gekennzeichnet. Ein im Verhältnis zum fremden Land oft relativ vertrautes berufliches Umfeld, eine im Extremfall weitgehend ähnliche Unternehmenskultur wie in der vorherigen Tätigkeit, bei aller Unterschiedlichkeit an der Oberfläche vergleichsweise gewohnte Ziele, Prozeduren und Abläufe o.ä. führen dazu, daß in dem zentralen Bereich des Wechsels für den Entsandten zumindest eine Gemengelage von Unbekanntem und Vertrautem, im Extremfall sogar weitgehend Gewohntes vorzufinden ist. Dazu kommt, daß dem beruflichen Bereich im Potpourri der verschiedenen Statuspassagen meist selbstverständliche Priorität zugeordnet wird. Da berufliche Gründe der Auslöser für den Wechsel ins Ausland waren, übt dieser Bereich auch Dominanz aus und drängt andere Ansprüche - z.T. nur vorübergehend - überwiegend oder teilweise zurück.

Bei den (Ehe-)Partnerinnen der Entsandten gibt es keine dem beruflichen Bereich vergleichbare relative Zone der Vertrautheit. In den meisten Fällen werden buchstäblich alle Bereiche ihres Lebens von grundlegenden Veränderungen erfaßt. Auch die 'selbstverständlichen', alltäglichen Verrichtungen können in der neuen Umgebung schwierig werden und auf Grund der kulturellen und länderspezifischen Besonderheiten zu unerwarteten Resultaten führen. Sie benötigen insgesamt mehr Energie. Damit ergibt sich in Summe eine erheblichen Belastung der (Ehe-)Partnerinnen. Dazu kommt die Dominanz des beruflichen Bereichs, der sowohl in der (ehe-)paarinternen Prioritätenliste als auch in der aktuellen Handhabung stark im Vordergrund steht und an dem sich die anderen, primär die (Ehe-)Partnerinnen betreffenden Bereiche weitestgehend zu orientieren haben. Dieser Tatbestand erschwert deren Handhabung zusätzlich. Einige Hinweise aus dem verfügbaren empirischen Material stützen diese Überlegungen (vgl. Beleg 4).

Empirischer Beleg 4
Für die Familie ist es schwerer als für den Mann, er hat durch den Beruf die gleiche Umgebung (Ehefrau, 31)
Ich erlebe einen Zeit- und Energiekonflikt zwischen Beruf und Familie. ... Die Methoden, internen Prozeduren im Unternehmen haben meine Handschrift, es ist die individuelle, nicht kulturelle, Ausprägung dessen, der diese Firma macht, sie entsprechen meinen Charakterzügen. (Entsandter, 41)
Er hat weniger Zeit als früher, ist länger unterwegs, jetzt auch über Nacht weg, ist bestimmt 12 Stunden am Tag weg. ... Ist ja auch ein Zwiespalt für den Mann, er weiß, daß die Familie mehr Zeit brauchte, es aber mit dem Beruf nicht hinkriegt. Man könnte zwar sagen, was ist Dir wichtiger, aber das ist auch nicht richtig, nicht fair. (Ehefrau, 31)
Das berufliche Leben ist dominanter als zu Hause. Im Ausland viel mehr Zeit für den Beruf, das Berufsleben spielt eine entschieden wichtigere Rolle. Von der Frau verlange ich volles Mittun, volles Verständnis und Identifizierung. ... Das Berufsleben erlaubt wesentlich weniger Zeit für die Familie als in Österreich. Meine Frau ist hier über Vorgänge im Beruf sicher wesentlich besser informiert als wie wenn wir in Österreich wären, weil sich ihr ganzes Leben um den Beruf fokussiert. (Entsandter, 50)
Die Frauen werden nie angeguckt - aber viele Beispiele, wo Kollegen scheiterten, weil die Frau ungeeignet war. Die Frau muß sich selbst zurückstellen, sich dem Beruf des Manns unterordnen können. (Ehefrau, 47)

5. Zusammenfassung und Konsequenzen

Sowohl die theoretisch fundierten Vermutungen als auch die Hinweise aus dem empirischen Material legen es nahe, die (Ehe-)Partnerinnen der Entsandten als durch den beruflich bedingten Wechsel ins Ausland stärker belastet einzuschätzen.

In Verbindung mit der Tatsache, daß bei mißglückten Auslandseinsätzen (z.B. vorzeitige Rückkehr) häufig private Probleme als Ursache angegeben werden, scheint es notwendig, die mit dem Auslandseinsatz von Mitarbeiterinnen und Mitarbeitern verbundenen personalwirtschaftlichen Aufgaben bzw. deren Umfang neu zu definieren. Gegenwärtig geschieht die Einbeziehung der (Ehe-)Partnerinnen der Entsandten allenfalls in der Entscheidungs- und Vorbereitungsphase und selbst das nur zu einem geringen Teil. Trifft die obige Analyse zu, so ist nicht primär der Entsandte, sondern die Dyade 'Entsandter - (Ehe-)Partnerin' bzw. die soziale Einheit 'Kernfamilie des Entsandten' (neuer) Referenzpunkt personalwirtschaftlicher Überlegungen und Betreuungsmaßnahmen. Diese Ausweitung der Betreuung scheint notwendig, um die unter Bedachtnahme auf psychische und monetäre Kosten teuren Auslandsaufenthalte effektiv und effizient für alle Beteiligten gestalten und vorzeitig abgebrochene Entsendungen verringern zu können.

Anmerkungen und Literatur

1) Vgl. Kebschull, D.: Internationalisierungsmotive, in: Macharzina, K./Welge, M.K. (Hrsg.): Handwörterbuch Export und internationale Unternehmung, Stuttgart 1989; Schanz, G./Klein, M./Wunderlich L.: Europäisierung der Unternehmenstätigkeit und Gestaltung von Anreizsystemen, in: Schanz, G. (Hrsg.): Handbuch Anreizsysteme in Wirtschaft und Verwaltung, Stuttgart 1991; Becker, F.: Managementprobleme für Industrieunternehmen durch den Europäischen Binnenmarkt, in: Berthel, J./Becker, F. (Hrsg.): Unternehmerische Herausforderung durch den Europäischen Binnenmarkt, Berlin u.a. 1990.

2) Galbraith, J.R./Edström, A.: International transfer of managers: Some important policy considerations, in: Columbia Journal of World Business, 11(1976), S.100-112; Edström, A.; Galbraith, J.R.: Transfer of Managers as a Coordination and Control Strategy in Multinational Organizations, in: Administrative Science Quarterly, 22(1977)Jun., S.248-263.

3) Vgl. Harris, zit.n. Black, S.: Work role transitions: A study of american expatriate managers in Japan, in: Journal of International Business Studies(1988)Summer, S.277; Misa, K.F./Fabricatore, J.: Return on investment of overseas personnel, in: Financial Executive, 47(1979)April, S.42.

4) Zu den Feldern des internationalen Personaleinsatzes vgl. z.B. Butler, J.E.; Ferris, G.R.; Napier, N.K.: Strategy and Human Resources Management, Cincinnati, Oh. u.a., 1991; zur spezifisch europäischen Situation vgl. Mayrhofer, W.: Ethnozentrierte Personaleinsatzstrategien im vereinten Europa? Plädoyer für einen rückständigen Ansatz, in: Marr, R. (Hrsg.): Euro-strategisches Personalmanagement, München, Mehring 1991, S.121-145.

5) Vgl. Tung, R.L.: Selection and Training of Personnel for Overseas Assignments, in: Columbia Journal of World Business, 16(1981), S.68; Black, S. (Work Role Transitions), S.277 und die dort jeweils zitierte Literatur.

6) Wechseln Organisationsmitglieder mit ihren Familien ins Ausland, so ist der Entsandte normalerweise männlich. Die Frau begleitet ihn. Auf diese Standardkonstellation (vgl. Adler, N.: International Dimensions of Organizational Behavior, 2.Aufl., Boston, Mass. 1991, S.257 ff.) beziehen sich auch die weiteren Ausführungen.

7) Vgl. Hays, R.D.: Ascribed Behavioral Determinants of Success-Failure among U.S. Expatriate Managers, in: Journal of International Business Studies, 2(1971), S.40-46; Hays, R.D.: Expatriate Selection: Insuring Success and Avoiding Failure, in: Journal of International Business Studies, 5(1974), S.25-37.

8) Glaser, B.G./Strauss, A.L.: Status Passage, Chicago 1971.

9) Glaser, B.G./Strauss, A.L. (Status Passage) haben ein durchaus weites und nicht immer klares Verständnis des Statuspassage-Begriffs. Im vorliegenden Zusammenhang sind mit Statuspassage, Rollen- und Positionswechsel die mit dem Wechsel vom In- ins Ausland verbundenen Prozesse gemeint. Die Begriffe werden synonym verwendet.

10) Vgl. Hackl, S.: Die Rolle der Familie bei Auslandsaufenthalten von Entsandten, Dipl.Arb. Wirtschaftsuniversität Wien 1992.

11) Da nicht alle Interviewten einen Tonbandmitschnitt erlaubten bzw. z.T. nur sinngemäße Transskripte vorliegen, ist ein Teil der zitierten Aussagen kein Originalwortlaut, jedoch so nah wie möglich am Originalwortlaut formuliert.

12) Zur speziellen Problematik von sog. 'dual-career couples' vgl. den Überblick bei Mayrhofer, W.: (Ehe-)Paare mit zwei Karrieren, in: Wirtschaftswissenschaftliches Studium, 18. Jg., Heft 8, 1989, S.419-421.

Dezentrale Leitstandskonzepte

Philipp Mittermaier, Anton Nußbaumer

Murphys Doppelgesetz von der komplexen Hardware:
1. Komplexe Systeme neigen zu komplexen Fehlern
2. Einfache Systeme hingegen neigen zu komplexen Fehlern

1. Problemstellung

Das Problem einer möglichst optimalen Aufteilung des Arbeitsvorrates bei Unternehmen mit mehreren verstreuten Produktionsstätten wird zur Zeit praktisch ausschließlich manuell gelöst.

Der vorliegende neue Ansatz verbindet eine vollautomatische dynamische und optimale Ressourcenaufteilung mit einer für den/die Systembenutzer/in verbundenen Reduktion der Entscheidungskomplexitäten.

Weitere positive Aspekte wie erhöhte Flexibilität bei Maschinenausfällen, Terminvorhersagbarkeit und Ressourcenauslastung unterstreichen den Vorteil von dezentralen und insbesondere verteilten Konzepten.

2. Der Leitstand und die aktuelle Problematik

In einem PPS (Produktionsplanungs- und Steuerungs-) System wird die Funktion der kurzfristigen Produktionssteuerung (Vgl. [5], S. 11ff.) in der Regel durch einen sogenannten Leitstand (Vgl. [12], S. 277ff.) realisiert. Dieser Leitstand folgt der Programmplanung (i.e. Wieviele Endprodukte wann fertiggestellt sein müssen), der Mengenplanung (i.e. Welche Zwischenprodukte in welcher Menge zu welchen Losgrößen gefertigt werden müssen) und der Terminplanung (i.e. In welchem Zeitfenster was gefertigt werden kann, sodaß Termine eingehalten werden können).

Von Interesse ist hier vor allem das Scheduling der Fertigungsaufträge, für die der Leitstand, neben Verwaltungsaufgaben, verantwortlich ist. Scheduling beschreibt dabei die Tätigkeit, abzuarbeitende Fertigungsaufträge bestimmten Fertigungsmaschinen in einer bestimmten Reihenfolge zuzuweisen (Vgl. [4], S. 26.).

Zusätzlich bewegen wir uns im Bereich CIM (Computer Integrated Manufacturing), gehen also von der Annahme einer Automatisierung insbesondere der Produktion aus. Dies schließt auch das PPS System ein, das an sich ja auch konventionell manuell gestaltet sein könnte. Die Leitstandsfunktion wird von einem Computer wahrgenommen. Als Produktionsmodell liegt eine variantenreiche Kleinserien- bzw. diskrete Teilefertigung vor, was uns allgemein zu einem Job-Shop Problem führt. Selbstverständlich sind als Produktionsmaschinen flexible Fertigungssysteme im Einsatz.

Üblicherweise befindet sich nun in jeder Produktionsstätte eines Betriebes mindestens ein eigener Leitstand. Je nach organisatorischer Zweckmäßigkeit besitzen einzelne geographisch getrennte Betriebe einer Unternehmung sogar eigene PPS Systeme. Die jeweiligen Leitstände sind in jedem Fall einzig den lokalen Produktionsmaschinen zugeordnet. Ordnet der Leitstand einem Fertigungssystem einen Auftrag zu, so wird angenommen, daß alle dafür notwendigen Ressourcen zeitgerecht bereitgestellt werden können.

Im klassischen Fall existiert pro Produktionsstätte nur ein Leitstand(-scomputer), der zentral das Scheduling durchführt und laufend die Betriebsdaten aufnimmt, um gegebenenfalls (in der Regel mit menschlicher Unterstützung) ein Rescheduling durchzuführen. Ein solches Rescheduling ist insbesondere bei sogenannten Eil- oder Generaldirektoraufträgen notwendig.

Diese kurze Skizzierung der Situation läßt schon auf einige Schwachstellen einer solchen Konzeption schließen.

Die Unwissenheit über die Verfügbarkeit bzw. Ausfallswahrscheinlichkeit von Produktionsressourcen ist eines der größten Probleme, mit dem das Scheduling zu kämpfen hat. Ganz abgesehen von der Vorhersagbarkeit wirklicher Rüst- und Bearbeitungszeiten und des damit bedingten Versagens exakter Lösungsverfahren.

Bei variantenreicher Produktion kleiner Losgrößen steigt die Relation der Planungszeit, die für das Scheduling bzw. Rescheduling benötigt wird, zur Produktionszeit stark an. Produktionsstillstand aufgrund langatmiger Schedulingentscheidungen kann sich ein Unternehmen zunehmend kaum leisten.

Bei Ausfall des zentralen Leitstandsrechners kann der Produktionsbetrieb ganz zusammenbrechen. Hier können nun auch alle Nachteile einer streng hierarchi-

schen Organisation angeführt werden. Insbesondere der als modern geltende Drang zu mehr Dezentralisation führt zu einem Überdenken einer solchen Struktur.

3. Dezentrale Leitstände

3.1. Das Lösungskonzept

Eine Reihe von Konzepten versuchen die im vorigen Kapitel angerissenen und weiterführende Problematiken der Produktionsplanung und insbesondere der Produktionssteuerung, also der Leitstandsfunktion, zu lösen.

Eine vielversprechende Alternative bietet das Konzept der dezentralen Produktionsplanung und -steuerung, indem lang- und mittelfristige Planungsaufgaben inklusive Lagerverwaltung, Betriebsmittelverwaltung und Auftragsverwaltung nach bestimmten Gesichtspunkten dezentralisiert werden (Vgl. [11], S. S1-S4.).

Wir betrachten hier aber im Kern die Schedulingfunktion des Leitstandes und dessen Dezentralisation.

Ein weiterer Ansatz, der starke Ähnlichkeit mit dem hier vorgestellten Ansatz hat, ist in der KI (Künstlichen Intelligenz) zu finden. Es ist dies das Konzept der DAI (Distributed Artificial Intelligence), wo mehrere intelligente Einheiten an der Lösung eines Problems arbeiten (Vgl. [8], S. 225-251, Vgl. [6]).

Wir gehen davon aus, daß eine Unternehmung eine Mehrzahl von intelligenten Leitständen besitzt, die untereinander durch ein leistungsfähiges Kommunikationsnetz verbunden sind. Jeder Leitstand ist für das Scheduling, für die Steuerung und für die Überwachung eines, diesem Leitstand ausschließlich zugewiesenen, Produktionssystems verantwortlich. (In der Regel wird dies ein multifunktionelles DNC (Direct Numerical Control) gesteuertes Fertigungssystem sein.)

Im Gegensatz zu einer rein zentralen Steuerung, wo ein Leitstand alle Produktionssysteme nach Maßgabe ihrer Freiwerdung mit Aufträgen versorgt, besitzt jeder Leitstand für sich eine Warteschlange, in der die von dem zugewiesenen Produktionssystem abzuarbeitenden Aufträge anstehen. Ist das Produktionssystem frei, so wird der als erster wartende Auftrag an dieses weitergegeben.

Alle Leitstände besitzen dieselbe Funktionalität, die einzelnen Produktionssysteme müssen sich bezüglich ihrer Arbeitsfunktionen überlappen.

Produktionsaufträge werden nun von einem oder mehreren Produktionsplanungssystemen an die Leitstände übertragen. Dies geschieht nach Maßgabe eines a-priori Planes, kann aber auch vollkommen zufallsartig geschehen. Ein besonderer Extremfall ist derjenige, wo typischerweise geographisch weit entfernten Leitständen ein eigener Auftragsfluß zugeleitet wird.

Ab dem Eintreffen eines Auftrages in das *Leitstandsnetz* hängt es von der Lastverteilungsstrategie ab, wo und wann der Auftrag letztendlich bearbeitet wird. Die Lastverteilung wird nun von den mit Autonomie ausgestatteten, Leitständen durchgeführt.

Die Lastverteilung wird dynamisch durchgeführt. Das bedeutet, daß die endgültige Zuweisung eines Auftrages an ein Produktionssystem von zeitlich veränderbaren Zustandsgrößen abhängt. Dies sind hauptsächlich die aktuelle Maschinenauslastung, die wirkliche Arbeitszeit für Aufträge oder die Verfügbarkeit von Produktionsressourcen.

Die nun erwähnten Merkmale der Vielzahl von funktionsvielfältigen Leitständen bzw. Produktionssystemen, der dynamischen Auftragszuordnung, des Nachrichtenaustausches, der Autonomie und der Vorlage eines integrierenden Masterplanes ergeben die Bezeichnung verteilte Leitstände (Vgl. [3], S. 13.). Eine Besonderheit dieses Ansatzes ist im übrigen die Einheit, als die das Leitstandsnetz von dem darüberliegenden Produktionsplanungssystem wahrgenommen wird.

Eine bereits realisierte Ausprägung dieses Lösungsansatzes ist YAMS (Yet Another Manufacturing System) (Vgl. [9], S. 285-310.), wo die einzelnen Leitstände mithilfe des contract-net Protokolls eine Auftragszuweisung durchführen. Eine Auswahl weiterer dynamischer, aus dem Gebiet der Informatik entspringender Strategien bietet [7], S. 108ff. oder auch [1], S. 141-154. Der Isomorphismus von Informatik und Produktionswirtschaft ist hier, von geringfügigen Abweichungen abgesehen, zumindest durch die Gleichsetzung von Computern und Produktionsmaschinen bzw. von Rechen- und Arbeitsaufträgen gewährleistet.

Erwähnenswert ist vielleicht noch die Tatsache, daß in einem Computernetz ein einziges Kommunikationsmedium existiert, in einem Produktionsbetrieb jedoch zwischen dem Datenübertragungs- und dem Gütertransportnetz unterschieden werden muß. Allerdings kann durch eine Auftragszuweisung eine gleichgerichtete Güterzuweisung von einem Produktionssystem zu einem anderen erfolgen.

Zur Illustration wollen wir kurz die Threshold Strategie von Eager et al. (Vgl. [2], S. 662-675.) skizzieren. Diese bezieht sich ursprünglich auf verteilte Computersysteme, wo die Aufträge Rechenjobs sind, wird aber hier auf die Situation einer Produktionssteuerung übertragen.

Gelangt ein Auftrag zu einem Leitstand, der nicht mehr als T Aufträge in seiner Warteschlange hat, so wird dieser Auftrag in diese Warteschlange gereiht. Stehen mehr als T Aufträge in der Warteschlange, so werden nacheinander eine bestimmte Anzahl von Leitständen nach ihrer Warteschlangenlänge befragt. Hat ein Leitstand nicht mehr als T Aufträge, so wird der disponierbare Auftrag dorthin übertragen. Besitzen alle befragten Leitstände mehr als T Aufträge, so wird der Auftrag letztendlich doch in der ursprünglichen Warteschlange eingereiht.

3.2. Voraussetzungen und Vorteilhaftigkeit dezentraler (verteilter) Leitstände

Dieses verteilte Leitstandskonzept kann selbstverständlich nicht ohne Veränderungen auf klassische, das sind zentrale oder auch unvernetzt-dezentrale, Leitstandskonzepte aufgesetzt werden.

Auf der Produktionsebene ist zusätzlich zu der schon eingangs erwähnten Forderung nach mehreren, sich funktionell überlappenden, Bearbeitungsmaschinen die Forderung nach einem flexiblen Gütertransportsystem zu stellen. Je nach Strategieimplementation könnte sogar eine Wiederzuweisung von Betriebsmitteln notwendig werden. Beispielsweise kann dieses Materialübertragungsnetz mittels AGVs (Automated Guided Vehicles) realisiert werden. Prinzipiell könnte übrigens auch ein MGV (Manually Guided Vehicle) System zusätzlich eingesetzt werden.

Auf der Ebene der Hardware besteht die Notwendigkeit der Existenz eines leistungsstarken Datenübertragungsnetzes und mehrerer intelligenter und multiprozeßfähiger Leitstandsrechner. Eine solche Struktur kann durchaus schon existieren, ohne daß an verteilte Leitstände bisher gedacht wurde. Anderenfalls wird eine solche Struktur durch fortschreitenden Preisverfall bei gleichzeitigem Leistungsboom von EDV-Ausstattung leicht zu verwirklichen sein.

Auf der Softwareebene ist nun bloß für den Einsatz einer verteilten Leitstandslogik, selbstverständlich mit geeignetem Betriebssystem, Netzwerksoftware etc., zu sorgen.

Was sind nun die Vorteile einer solchen Konzeption?

Zuallererst, und dies soll die Bedeutung dieses Ansatzes für das Tagungsthema Mensch hervorheben, ist an die Planungsproblematik von Schedulingproblemen zu denken. Der Mensch ist in Hinblick auf Komplexität Schedulingentscheidungen der oben skizzierten Problemsituation kaum gewachsen. Dies umso mehr, da seine Entscheidungen zu lange Zeit bräuchten. Exakte Lösungsverfahren, die zudem in annehmbarer Zeit bewältigt werden können, existieren nur für sehr beschränkte, und damit meist unrealistische, Problemsituationen. Dieser Lösungsansatz versucht sich also als weitere Heuristik.

Durch die Einfachheit verteilter Strategien (siehe oben angeführtes Beispiel) ist die Akzeptanz durch den Menschen recht wahrscheinlich, der natürlich die Möglichkeit haben sollte, ihm uneinsichtige Schedulingentscheidungen zu revidieren und eventuell umzustoßen.

Durch den Charakter der Autonomie der einzelnen Knoten ist es möglich, eine *graceful degradation* zu verwirklichen. Nicht nur können einzelne Produktionssysteme samt Leitstand kurzfristig(!) ab-, sondern auch hinzugezogen werden.

Im Anschluß daran ist auch die Störanfälligkeit des Gesamtsystems anzusprechen. Fällt ein Produktionssystem aus, so bietet der zuständige Leitstandsrechner sofort die abzuarbeitenden Aufträge anderen an. Einzig bei Ausfall eines Leitstandes entsteht die Problematik der Bearbeitung vorgesehener Aufträge und eventuell des Stillstandes der zugewiesenen Produktionsressource.

Die Produktionsmaschinen können ganz unterschiedliche Leistungsgrade haben. Demgemäß können einem Leitstand sogar manuelle Produktionsressourcen zugeschrieben sein. Selbstverständlich ist diese Information dem Leitstand mitzuteilen.

Welche Situationen erscheinen nun für den Einsatz des verteilten Leitstandskonzeptes sinnvoll?

Können die Arbeitsanforderungen (Anzahl und Volumen) größtenteils langfristig und sicher vorhergesagt werden, gewinnen existierende Algorithmen zur Berechnung des Schedulings immer mehr an Sinnhaftigkeit. Oder anders ausgedrückt (Vgl. [8], S. 236.): *If a system is known to be stable, negotiation is an inefficient way to manage it*. Dies vor allem deswegen, da dann sehr viel Zeit, die ja für die Berechnung notwendig ist, verfügbar ist und keinen Nachteil mehr darstellt.

Wie in (Vgl. [7], S. 130-166., [10], S. 65-75.) nachgewiesen, eignen sich insbesondere heterogene Systeme für einen solchen Ansatz. Diese Heterogenität beinhaltet Lastanforderungen an einzelne Leitstände, Leistung der Produktionsmaschinen und Länge der Arbeitszeit für die einzelnen Aufträge.

Weiters darf die Arbeitszeitlänge bzw. die Zeit zum Transport der Betriebsmittel nicht allzu groß sein, da dann die Trägheit des Produktionssystems die Flexibilität und Dynamik des Entscheidungssystems relativiert. Vorteilhaft wäre beispielsweise eine rasche und nicht mit großem Planungsaufwand verbundene Bereitstellbarkeit benötigter Betriebsmittel.

In diesem Sinn können noch folgende Beispiele aufgezählt werden:

- Friseurkette
- Fotoausarbeitungskette
- Verstreute Sekretariate, wie es beispielsweise in Universitäten der Fall ist
- Allgemein Produktionsunternehmen

Die Realisierbarkeit hängt sehr stark von rechtlichen Möglichkeiten, menschlichen Faktoren und im Vergleich zu Produktivitäts- und Verfügbarkeitszielen höheren Zielen ab.

4. Zusammenfassung

Das Konzept der dezentralen Leitstände kann bei Betrieben mit geographisch verstreuten Produktionsressourcen entscheidende Verbesserungen von Zielkriterien, wie Termintreue oder Ressourcenauslastung, bewirken.

Die gleichmäßige Aufteilung des Arbeitsvorrates gelingt umso besser, je größer das Verhältnis von Arbeitszeit zu Transportzeit ist. Die Akzeptanz beim Bedienungspersonal wird sich durch die Vereinfachungen der Problemstellung im allgemeinen ebenfalls verbessern.

Nicht zu unterschätzen ist jedoch der Einfluß des Endverbrauchers, vor allem bei Dienstleistungsbetrieben. So wird sicher nicht jedem/r egal sein, wer ihre/seine Haare schneidet, wo sein/ihr Auto repariert wird oder wo ihre/seine Filme entwickelt werden.

Der Einsatzbereich des dezentralen Leitstandskonzeptes ist also eher in der Produktion des technologisch beherrschten anonymen Kleinserienproduktes und nicht beim Statussymbol zu suchen.

Anmerkungen und Literatur

[1] Casavant, T./Kuhl J.: A Taxonomy of Scheduling in General Purpose Distributed Coputer Systems in: IEEE Transactions on Software Engineering 14/2, S. 141-154.

[2] Eager D./Lazowska E./Zahorjan J.: Adaptive Load Sharing in Homogeneous Distributed Systems in: IEEE Transactions on Software Engineering 12/5, S. 662-675.

[3] Enslow, Ph.: What is a "Distributed" Data Processing System? in: Computer 11/1

[4] French, S.: Sequencing and Scheduling, 1982 New York

[5] Hackstein, R.: Einführung in die technische Ablauforganisation, 2. überarbeitete Auflage, München 1988.

[6] Meixner, A.: Künstliche Intelligenz in der Produktion (Diplomarbeit an der WU-Wien), 1991 Wien

[7] Mittermaier, Ph.: Optimale Lastverteilung in verteilten Systemen (Dissertation an der WU-Wien), 1992 Wien

[8] Parunak, H.: Distributed Artificial Intelligence Systems in: Artificial Intelligence in Industry, 1988 Berlin

[9] Parunak, H.: Manufacturing Expierience with the Contract Net in: Distributed Artificial Intelligence, 1987 Pitman, S. 285-310

[10] Ramamritham, K./Stankovic J.: Dynamic task scheduling in hard real-time distributed systems in: IEEE Software July 1984, S. 65-75.

[11] Scheer, A.-W.: Neue Architekturen für PPS-Systeme in: CIM Management 1/92, 1992 München

[12] Zäpfel, G.: Produktionswirtschaft, Berlin 1982

Das Bankwesen Rußlands

Georg Ruckenbauer

1. Problemstellung

Das Bankensystem der ehemaligen Sowjetunion durchlebte Ende der 80er Jahre einem starken Wandlungsprozeß, in dessen Verlauf die alten planwirtschaftlichen Kreditinstitutionen größtenteils aufgelöst wurden und selbstständige Banken, sog. "Kommerzbanken" und "Kooperativbanken", entstanden. Da weder über den Verlauf der Veränderungen noch über die neuen Institutionen Literatur vorhanden war, war es das Ziel meiner Diplomarbeit:

- den Umwandlungsprozeß zu beschreiben,
- das neue Bankensystem darzustellen,
- die neuen juristischen Rahmenbedingungen zu analysieren und
- die Tätigkeiten der Banken (Kreditvergabe, Zahlungsverkehr usw.) zu untersuchen.

Als Grundlagen für diese Arbeit dienten das Material, das ich im Rahmen eines einmonatigen Praktikums an einer russischen Bank, der Lenpromstrojbank, gesammelt hatte, sowie Zeitungsberichte, hpts. aus der russischen Presse. Die Diplomarbeit ist in russischer Sprache verfaßt.

2. Das russische Bankensystem seit 1987

2.1. Die Ausgangslage

Im Jahr 1987 wurden in einer umfassenden Reform fünf staatliche Spezialbanken geschaffen:

- Außenwirtschaftsbank (Vnesheconombank)
- Industrie- und Baubank (Promstrojbank)

- Landwirtschaftsbank (Agroprombank)
- Bank für Kommunalwirtschaft und soziale Entwicklung (Shilsozbank)
- Bank für Spareinlagen und für die Kreditvergabe an die Bevölkerung

Alle Kreditinstitute waren der Staatsbank (Gosbank) unterstellt und mußten die von der Gosbank vorgegebenen Kreditpläne erfüllen. Dabei hatte jedes Unternehmen Anspruch auf eine bestimmte Kreditsumme zu einem bestimmten Zinssatz, mit der es seine bereits im Produktionsplan festgelegte Produktion finanzierte. Die dafür notwendigen Geldmittel wurden den Spezialbanken von der Staatsbank zur Verfügung gestellt.

Die einzige Erleichterung, die die Reform des Jahres 1987 brachte, war, daß die Banken Gelder, die Unternehmen nicht in Anspruch genommen hatten, obwohl sie ihnen nach Plan zugestanden wären, selbstständig verleihen konnten. Außerdem wurden die Spezialbanken auf das System der "wirtschaftlichen Rechnungsführung" (chosrastshjot) umgestellt, wodurch sie erstmals Einnahmen und Ausgaben einander gegenüberstellen mußten.

2.2. Entstehen des neuen Bankensystems

2.2.1. Kommerzbanken und Kooperativbanken

Durch die Wirtschaftsreformen der "Perestrojka" wurde es möglich, private Banken zu eröffnen. Kooperativbanken basieren auf dem bei uns unbekannten Gesellschaftsmodell der Kooperative, das im "Gesetz der UdSSR über Kooperativen in der UdSSR" geregelt ist. Kommerzbanken sind laut Gesetz juristische Personen und müssen daher eine geeignete Gesellschaftsform (GmbH oder AG) haben.

Der private Bankensektor wurde schnell zu einer ernsthaften Konkurrenz der Spezialbanken, da er an keine Kreditpläne oder ähnliche staatliche Anordnungen gebunden war. Die staatlichen Banken, denen es aufgrund ihrer Plangebundenheit und aufgrund innerer Schwierigkeiten fast unmöglich war, rentabel zu arbeiten, drängten nun auch auf Privatisierung. Dieser Prozeß begann, als die Spezialbanken einige ihrer Filialen in die Selbstständigkeit entließen und endete, als praktisch alle staatlichen Banken in Kommerzbanken verwandelt worden waren. Die Zeitung "Der Standard" berichtete am 23.12.1991, daß zu diesem Zeitpunkt am Territorium der ehemaligen UdSSR 1215 Kommerzbanken arbeiteten, die gemeinsam über ein Grundkapital von 31.593 Mrd. Rubel verfügten. Ein Drittel dieser Banken waren neugegründete Kommerzbanken, zwei Drittel ehemalige Spezialbanken oder deren Filialen.

Es ist schwer zu beurteilen, in welchem Ausmaß diese Banken noch einer staatlichen Führung unterworfen sind:

- Neue Kommerzbanken wurden oft von einzelnen Wirtschaftszweigen (z.B. Bank "Aeroflot") oder von ähnlichen Unternehmensverbänden mit dem Ziel gegründet, deren Finanzierung sicherzustellen. Sie befinden sich daher im Besitz von staatlichen Betrieben und müssen diesen günstige Kredite zur Verfügung stellen.

- Spezialbanken, die in Kommerzbanken umgewandelt wurden, wurden oft von staatlichen Betrieben erworben, da kein privates Kapital zur Verfügung stand. Diese Staatsbetriebe üben natürlich auch einen gewissen Einfluß auf die Führung der Banken aus.

- Der Staat selbst hält noch an vielen Banken Anteile. So haben nach Meinung des russischen Gesetzgebers die Sparbank und die Außenwirtschaftsbank eine so wichtige Bedeutung für die Volkswirtschaft, daß der Staat gesetzlich verpflichtet ist, die Aktienmehrheit an ihnen zu halten.

Prinzipiell ist jedoch festzustellen, daß sich die Handlungsfreiheit der Banken, auch wenn sie in Staatsbesitz oder im Besitz von staatlichen Unternehmen sind, wesentlich vergrößert hat, da sie nicht mehr direkt staatlichen Planungsstellen unterworfen sind.

2.2.2. Die Zentralbank

Im Dezember 1990 wurde das "Gesetz über die Zentralbank der RSFSR" beschlossen. Die Bank Rußlands, wie die Zentralbank genannt wird, erhielt dadurch mehr Freiheiten als früher, als sie bloß als Filiale der Staatsbank der UdSSR fungierte. Inzwischen gibt es die Gosbank nicht mehr und die Bank Rußlands ist eine vollkommen selbstständige Zentralbank. Als Besonderheit erweist sich, daß der Rubel, den sie verwaltet, das offizielle Zahlungsmittel mehrerer Nachfolgestaaten der UdSSR ist.

Das oben erwähnte Gesetz bestimmt die Aufgaben der Bank Rußlands und legt explizit deren Unabhängigkeit vom Staat fest. Bekanntlich verfügt der Staat jedoch trotzdem über genügend Einflußmöglichkeiten auf die Zentralbank, um eine äußerst inflationäre Politik zu steuern.

2.2.3. Die Börsen

Die Börsen gehören zwar nicht direkt zum Bankensystem, eine Beschreibung des russischen Bankwesens wäre jedoch ohne sie unvollständig. Erstens ist der Gang an die Börse eine zusehends attraktivere Alternative zur Kreditfinanzierung, und zweitens sind die Banken selbst in einem immer größerem Maß mit Börsengeschäften beschäftigt.

Die ersten Börsen entstanden im Jahr 1990, im Jänner 1991 gab es bereits 46 Börsen, und bis Ende 1991 hatte sich ihre Zahl auf 700 erhöht. Die meisten davon sind jedoch Warenbörsen, und für den Handel mit Wertpapieren stehen nur wenige Börsen zur Verfügung, wie z.B die "Moskovskaja zentralnaja fondovaja birscha". Schwierigkeiten ergeben sich hauptsächlich durch das geringe Volumen der gehandelten Wertpapiere.

2.3. Gesetze

Abgesehen vom oben erwähnten Gesetz über die russische Zentralbank wird die Tätigkeit der russischen Banken durch das "Gesetz über Banken und Bankentätigkeit" bestimmt. Das Gesetz war notwendig geworden, da die Banken bis dahin in einem gesetzfreien Raum agiert hatten und nur einigen Bestimmungen der Staatsbank unterlagen. Es bestimmte daher erstmals die Gesellschaftsform der Banken, die Details der Gründung, die Bedingungen der Vergabe einer Banklizenz usw. Zudem ist in diesem Gesetz ausdrücklich die Unabhängigkeit der Banken vom Staat festgelegt.

Zusätzlich müssen die Banken Normen, die die Bank Rußlands erläßt, einhalten, wie z.B. Mindestkapital, Liquidität, Mindestreserve usw.

3. Banktätigkeiten

3.1. Die Passivseite

Die wichtigste Quelle der russischen Banken für finanzielle Mittel sind Unternehmen. Diese müssen bei einer Bank ihrer Wahl ein Verrechnungskonto halten, über das der gesamte Zahlungsverkehr abgewickelt wird. Eine andere Möglichkeit zur Geldanlage für Unternehmen ist das sogenannte "Deposit", eine Art Sparanlage. Die Zinsen für diese Konten und Deposite ändern sich aufgrund der steigenden Inflation ständig.

Die Annahme von finanziellen Mitteln der Bevölkerung ist praktisch noch immer ein Monopol der Sparbank, da sie als einzige über die entsprechende Infrastruktur verfügt.

Die letzte und häufig genutzte Möglichkeit zur Beschaffung von Geldern ist der Zwischenbankkredit.

3.2. Die Aktivseite

Seitdem die Banken nicht mehr an Kreditpläne gebunden sind, haben sich verschiedene Formen der Kreditvergabe entwickelt.

Neben den üblichen Krediten ist das Factoring sehr beliebt, wobei die Bank Forderungen (und evt. auch Verbindlichkeiten) eines Unternehmens aufkauft. Eine wichtige Rolle spielt auch die Kreditvergabe unter Zurverfügungstellen eines Pfandes durch den Kreditnehmer.

Eine Schwierigkeit bei der Vergabe von Krediten war anfangs der Mangel an geeigneten juristischen Hilfsmitteln, wie z.B. standardisierte Verträge, allgemeine Geschäftsbedingungen usw. Diese Lücke konnte jedoch inzwischen geschlossen werden.

Ein anderes Hindernis sind die Schwierigkeiten bei der Einschätzung der Kreditwürdigkeit von Schuldnern. Diese ergeben sich aus der ungewöhnlichen Struktur von russischen Bilanzen (auch wenn inzwischen Methoden ausgearbeitet wurden, um relevante Zahlen zu erhalten) und aus der Unzuverlässigkeit des darin enthaltenen Zahlenmaterials.

3.3. Andere Aktivitäten

3.3.1. Ausländische Währungen

Eine wichtige Tätigkeit von Banken ist das Führen von Konten in ausländischer Währung und der Handel mit Devisen und Valuten. In Rußland ist das Geldwechseln bereits vollkommen frei, was viele Banken nützen und entsprechende Dienstleistungen anbieten. Ein Problem ist die Steuerflucht vieler Unternehmen, die ihre Devisen lieber im Ausland deponieren, wodurch den russischen Banken diese Mittel entgehen.

3.3.2. Der Zahlungsverkehr

Der Großteil der Zahlungen in Rußland erfolgt durch Einzugsaufträge. Dabei verwaltet die Bank das Verrechnungskonto selbständig, und sobald genügend Gelder eingelangt sind, wird die nächste der chronologisch gereihten Verbindlichkeiten beglichen. Das Unternehmen wird dabei im Regelfall erst im nachhinein informiert.

4. Zusammenfassung

In Rußland hat sich in den letzten fünf Jahren ein selbstständiger Bankensektor entwickelt, der zwar teilweise noch im Staatsbesitz, jedoch von staatlichen Planungsstellen unabhängig ist. Diese Diplomarbeit versucht den Wandlungsprozeß sowie die neuen Institutionen zu beschreiben.

Women Resource Management Personalstrategien zur Förderung der Chancengleichheit von Frauen und Männern im Unternehmen

Martina Scheinecker

Einleitung

Die Personalpolitik einiger europäischer Großunternehmen läßt neuerdings aufhorchen: Gezielte Programme für Chancengleichheit werden dort praktiziert: Personalpolitische Maßnahmen, die dazu beitragen sollen, jene Barrieren abzubauen, denen sich Frauen aufgrund ihrer gesellschaftlichen Rolle gegenübersehen, wenn sie versuchen, in Berufen Fuß zu fassen, die traditionell Männern vorbehalten waren.

Was bedeutet das konkret? Ich werde vorweg allgemein darstellen, was von verschiedenen Beratungsstellen, Initiativen und wissenschaftlichen Arbeiten zum Thema als Schwerpunkte betrieblicher Personalpolitik für Chancengleichheit zusammengefaßt wird (Vgl. [3], [4], [6]).

Zur Illustration werde ich im Anschluß noch einige praktische Beispiele sowie die wesentlichsten Motive skizzieren, die Unternehmen zu einer derartigen Personalpolitik veranlassen. Den Abschluß bilden Überlegungen, unter welchen Voraussetzungen Personalpolitik für Chancengleichheit erfolgreich in einem Unternehmen eingeführt werden kann.

1. Welche Personalstrategien zur Förderung der Chancengleichheit werden bereits heute von Unternehmen praktiziert?

1.1. Schwerpunkte einer Personalpolitik zur Förderung der Chancengleichheit von Frauen und Männern im Unternehmen

1.1.1 Unternehmenspolitik

- Explizites Bekenntnis der Unternehmensleitung, daß die Förderung der Entwicklungschancen von Frauen ein wichtiges Unternehmensziel ist.
- Einrichtung einer "Beauftragten für Chancengleichheit" und/oder einer Projektgruppe zur Verwirklichung dieses Zieles.

1.1.2. Interne und externe Kommunikation, Corporate Identity

- Sensibilisierung der Zuständigen (Empfehlungen, klare Richtlinien, Trainings).
- Aktive Information über den aktuellen Stand der Entwicklungschancen von Frauen sowie über den Sinn und erste Erfolge von Verbesserungsmaßnahmen in persönlichen Gesprächen, Abteilungs- und Betriebsversammlungen, Rundbriefen, Betriebszeitung.
- Werbung nach außen, Firmenbroschüren etc.: Darstellung von Frauen in nicht traditionellen Funktionen.
- Verankerung von Chancengleichheit in Führungsgrundsätzen.

1.1.3. Personalpolitik

Rekrutierung

- Bemühungen zum Abbau von Vorurteilen bei jenen, die Rekrutierungen durchführen.
- Verwendung moderner Rekrutierungsverfahren, die eine Beurteilung durch mehrere Personen vorsehen, (z.B. Assessment Centers mit Frauen, qualifizierte Formen von Einstellungsinterviews).
- Überprüfung der Einstellungskriterien auf frauendiskriminierende Elemente.
- Geschlechtsneutrale Formulierung von Stellenanzeigen, expliziter Hinweis, daß Bewerbungen von Frauen erwünscht sind.
- Klare statistische Dokumentation (Anzahl und Qualifikation der Frauen unter den Rekrutierungen).

- Festlegung von quantitativen Zielen für die Rekrutierung. Besonders praktikabel: Orientierung des Anteils der einzustellenden Frauen am Anteil der Frauen unter den AbsolventInnen jener regionalen Fach- oder Hochschulen, in denen die betrieblich benötigten Qualifikationen vermittelt werden.

Personalbeurteilung

- Einrichtung von Beurteilungsverfahren mit Möglichkeit des Konfliktausgleichs durch Dritte.
- Anpassung der Beurteilungskriterien für Frauen und Männer an die Familienphase. Geringere Gewichtung von Faktoren wie der Bereitschaft, Überstunden zu leisten und kurzfristig mobil zu sein in einer Lebensphase, in der kleine Kinder zu betreuen sind.
- Aufnahme des Kriteriums: "Förderung von weiblichem und männlichem Führungsnachwuchs" in den Katalog der Beurteilungskriterien für Führungskräfte.

Arbeitsbewertung, Entlohnung

- Überprüfung der Bewertung der von Frauen ausgeübten Tätigkeiten.
- Ausschöpfung aller betrieblichen Möglichkeiten zur Höherbewertung und Eingruppierung in höhere Lohngruppen.

Weiterbildung / Förderung / Karriereplanung

- Berücksichtigung der Belastungssituation von Männern und Frauen mit Kindern bei der Organisation der gesamten betrieblichen Weiterbildung.
- Integration von Trainings(-bestandteilen) zum Thema "Kooperation zwischen Frauen und Männern im Betrieb" in die reguläre betriebliche Führungskräfteschulung.
- Schaffung von Möglichkeiten, sich über dritte Stellen, d.h. nicht nur über den direkten Vorgesetzten, um Weiterbildung oder Versetzung zu bewerben.
- Etablierung eines transparenten Systems der Potentialentwicklung und Karriereplanung einschließlich statistischer Dokumentation, quantitativer Zielgrößen.

Wiedereinstieg

- Möglichkeiten zu verlängertem Karenzurlaub für Mütter und Väter, verbunden mit Wiedereinstellungszusagen.
- Möglichkeiten der Weiterbildung während der Berufsunterbrechung.
- Maßnahmen zur Pflege des Kontakts zwischen Betrieb und MitarbeiterInnen während des Karenzurlaubs (z.B. durch Zusendung von aktuellen Mitteilungen, Einladungen zu Informationsveranstaltungen u.ä.).
- Installierung eines Kontaktsystems für Zeiten der Berufsunterbrechung, z.B. MitarbeiterInnenlisten, auf die bei Personalbedarf zurückgegriffen werden kann.
- Erarbeitung von Modellen individuell gestalteter Arbeitszeiten.

Familie und Beruf

- Überprüfung bzw. Einführung der gleitenden Arbeitszeit.
- Erarbeitung von Modellen der Teilzeitarbeit sowie flexibler Arbeitszeiten, die sich an den Bedürfnissen von Personen mit Betreuungspflichten orientieren. Dies auf allen betrieblichen Ebenen, insbesondere auch in qualifizierten Tätigkeitsbereichen für Männer und Frauen.
- Maßnahmen zur Unterstützung der Kinderbetreuung wie etwa Einrichtung eines Firmenkindergartens bzw. Zusammenschluß mehrerer Firmen oder Beteiligung an einem Kindergarten.
- Überprüfung der Verkehrsverbindungen zu bestimmten Tageszeiten zwischen Betrieb und Wohnort.

1.2. Praktische Beispiele

In vielen ausländischen Großunternehmen, insbesondere der Schweiz und Deutschlands, wird Personalpolitik zur Förderung von Chancengleichheit schon seit mehreren Jahren praktiziert.

Sie enthält in der Regel folgende Elemente:

a) Eine explizite **Struktur** zur Realisierung von Chancenverbesserungsprogrammen: Eine Beauftragte für Chancengleichheit und eine spezifische Projektorganisation. In der konkreten Ausgestaltung dieser Strukturen zeigen sich selbstverständlich große Variationen.

b) **Betriebsvereinbarungen**, in denen Ansprüche festgelegt sind, die direkt der besseren **Vereinbarkeit von Familie und Beruf** dienen: Längerer Karenzurlaub, Wiedereinstellungszusage, Arbeitszeit-Flexibilisierungsmöglichkeiten. Von Ch.Lippmann, der Frauenbeauftragten der MBB Messerschmitt-Bölkow-Blohm GmbH wurde eine Zusammenstellung aller Betriebsvereinbarungen deutscher Unternehmen erstellt, die die Wiedereinstellung nach verlängerter Karenzzeit regeln (vgl. [5]). Die Aufstellung, die zum Jänner 1990 Vollständigkeit beanspruchte, umfaßt 16 deutsche Großunternehmen. Zusätzlich existieren in der BRD bundesweite Tarifverträge für Handel und Banken, die eine über das Gesetz hinausgehende Karenzzeitdauer mit Wiedereinstellungszusage regeln.
Zwischen den Betriebsvereinbarungen der analysierten 16 Großunternehmen bestehen Unterschiede
   - beim Kreis der Anspruchsberechtigten (d.h. wie lange Betriebszugehörigkeit ist Voraussetzung? Güligkeit nur für bestimmte Mitarbeitergruppen, z.B. Fachpersonal, oder für alle? u.ä.),
   - bei der Dauer der möglichen Berufsunterbrechung mit Rückkehrrecht: (Schwankungen in der Dauer: 3 bis 7 Jahre nach der Geburt),

- bei den verbindlichen Rahmenbedingungen bezüglich **finanzieller Ansprüche**, die an **Betriebszugehörigkeit** gebunden sind sowie bezüglich der Art des Arbeitsplatzes, der bei Wiedereinstieg garantiert wird (gleiche Stundenzahl? gleiches Einkommen? gleiches Qualifikationsniveau? gleicher Standort oder Versetzungsmöglichkeit?...),
- bei den Regelungen bezüglich des Kontakthaltens während der Karenzzeit.

c) Management-letters, Absichtserklärungen, spezielle Programme für bestimmte Beschäftigungsgruppen, die nicht in Form einer Betriebsvereinbarung regelbar sind. Als Beispiel kann hier die Schweizerische Kreditanstalt angegeben werden, die eine spezielle **Laufbahnplanung für Sekretärinnen** entwickelt hat oder Daimler Benz mit **Stipendien** für Mädchen in technischen Studienrichtungen sowie einer expliziten Deklaration des Top-Managements, daß Mädchen für **unkonventionelle Ausbildungsgänge** gewonnen werden sollen, Führungskräfte ihr Verhalten gegenüber weiblichen Kandidaten bei **Einstellungen und Beförderungen** überprüfen sollen, versucht werden soll, auch für qualifiziertere Tätigkeiten **Teilzeitarbeitsplätze** zu ermöglichen. Ebenso gibt es ein **offizielles Bekenntnis des Top-Managements**, daß der derzeit nur 2%ige **Anteil von Frauen unter den Führungskräften viel zur gering** ist.

2. Motive der Unternehmen, Personalstrategien zur Förderung der Chancengleichheit von Frauen und Männern zu praktizieren

2.1. Anteil der Frauen am gesamten Arbeitskräfteangebot

Die Erwerbsquote der Frauen ist in Österreich in den letzten 30 Jahren um rund 20 % gestiegen und ist weiter expansiv, während die der Männer im selben Zeitraum um etwa 10 % gesunken ist, wobei der Rückgang weiterhin anhält (vgl. [2], S. 64).

Bezogen auf die Wohnbevölkerung im erwerbsfähigem Alter (15 - 64-jährige) waren erwerbstätig (vgl. [8]):

	1980	1990
Frauen	48,4 %	55,3 %
Männer	82,5 %	80,0 %

Blickt man über die Grenzen, so sieht man, daß der Trend steigender Erwerbsquoten der Frauen international noch wesentlich deutlicher ist: 1989 betrug die Erwerbsquote der 15 - 65-jährigen Frauen in Schweden rund 83 %, in den USA rund 68 % und in Großbritanniern rund 65 % (vgl. [1], S. 1).

Die Unternehmen sehen sich also einem immer größer werdenden Angebot an weiblichen Arbeitskräften gegenüber.

2.2. Qualifikationsentwicklung der Frauen

Das Qualifikationsniveau der weiblichen Arbeitskräfte steigt beständig.

Noch Anfang der 60er-Jahre waren nur rund ein Drittel der MaturantInnen weiblich.

Heute sind unter den jüngeren Frauen und Männern (20 bis unter 30-jährige) bei beiden Geschlechtern gleich große Anteile an MaturantInnen und UniversitätsabsolventInnen (vgl. [9], S. 310).

Wenn auch die Mädchen und Burschen bzw. jungen Frauen und Männer nach wie vor sehr unterschiedliche Ausbildungsinhalte wählen und damit die geschlechtsspezifische Arbeitsmarktsegmentierung reproduzieren, zeigen sich doch deutliche Tendenzen in Richtung eines breiteren Ausbildungsspektrums von Frauen.

Dennoch: Noch immer konzentrieren sich 80 % aller Mädchen bei ihrer Berufsausbildung auf die 10 häufigsten Lehrberufe, sogar fast 60 % auf die drei Berufe Einzelhandelskauffrau, Friseurin und Bürokauffrau! Mächen haben also ein weniger breites Berufsspektrum und konzentrieren sich noch dazu auf Berufe mit schlechteren Berufsaussichten (vgl. [7]).

2.3. Mit der qualifizierten Erwerbstätigkeit der Frauen einhergehende geänderte Arbeitsorientierungen von Frauen und Männern

Das steigende Qualifikationsniveau der Frauen und die wachsende Erwerbsbeteiligung (2 Faktoren, die ihrerseits wechselseitig voneinander abhängig sind) haben auch Auswirkungen auf zentrale Institutionen, Normen und Rollengefüge unserer Gesellschaft.

Für Unternehmen sind vor allem Auswirkungen auf die Orientierungen zur Arbeit relevant: Dauerhaftigkeit der Erwerbstätigkeitsperspektive, Intensität der Arbeitsbereitschaft.

Als besonders wichtige sind zu nennen:

- Die "Fruchtbarkeitsrate" ist rückläufig - Frauen bekommen tendenziell weniger Kinder (vgl. [1], S. 6)
- Frauen bekommen ihre Kinder tendenziell in einem höheren Alter - nämlich nach Abschluß länger dauernder Ausbildungsgänge oder nach einer ersten Phase der Berufstätigkeit.
- die mit qualifizierter Berufstätigkeit einhergehende Freude an der Arbeit und ökonomische Unabhängigkeit führen zu einer
  - sinkenden Bereitschaft, die Berufstätigkeit zugunsten der Kinderbetreuung für längere Zeiträume zu unterbrechen und zu
  - neuen Anforderungen an die Partnerschaft bzw. an das Rollenverhalten des Mannes. Auch von Männern wird daher stärker gefordert, Verpflichtungen bei der Kinderbetreuung zu übernehmen.

Frauen und Männer müssen daher in stärkerem Ausmaß als früher Möglichkeiten finden, Familie und Beruf zu kombinieren.

2.4. Demografische Entwicklung

Bei insgesamt prognostiziertem steigendem Bevölkerungswachstum (wonach Österreich im Jahr 2020 um 6,6 % mehr Einwohner hätte als 1990) wird der **Anteil der Jugendlichen an der Gesamtbevölkerung kontinuierlich sinken** (von 17,4 % im Jahr 1990 auf 14,2 % im Jahr 2020) (vgl. [10]).

Wenn in Zukunft der Anteil der Jugendlichen an der Gesamtbevölkerung insgesamt zurückgehen wird, muß die Wirtschaft das Potential der weiblichen Jugendlichen gezielter nutzen als bisher.

3. Die Einführung von Personalpolitik zur Förderung der Chancengleichheit. 6 Thesen.

Die Einführung von Personalpolitik zur Förderung der Chancengleichheit ist in der Regel nur bei bestimmten, "günstigen" Voraussetzungen möglich. Von (wirtschaftlichen und politischen) Umwelten können niemals Zwänge, sondern höchstens Impulse ausgehen. Die internen Strukturen des Unternehmens bestimmen, welche Impulse von außen aufgegriffen werden (vgl. [11]).

Als wesentlichste interne Bedingungen dieser Art erscheinen mir:

1. der Entwicklungsstand der Personalentwicklung
   (Hat die Personalentwicklung strategischen Charakter? Wie weit ist ihr Planungshorizont? Werden Arbeitsmarktprognosen für einen Zeitraum von

10 Jahren bereits heute wahrgenommen und sind Anlaß für Maßnahmen? Wird Personalentwicklung als Instrument gesehen, das Unternehmen für Innovationen auf neuen Märkten (Kundinnen) vorzubereiten?)

2. der bereits bestehende Anteil an weiblichen Beschäftigten

Darüberhinaus muß auch die **Gestaltung der Einführungsprozesse** selbst speziellen Anforderungen genügen.

Ich möchte meine diesbezüglichen Überlegungen in 6 Thesen zusammenfassen (die ich in meinem mündlichen Referat ausführlicher erläutern werde):

1. **Förderung der "Chancengleichheit" muß als Lösung für Unternehmensprobleme gesehen werden können.**

2. **Strategien zur Chancenverbesserung von Frauen müssen von der Geschäftsleitung unterstützt werden.**

3. **Die Entscheidungsbefugten (Männer) müssen überzeugt sein, daß die Vorteile für das Unternehmen mögliche Nachteile für einige Männer überwiegen.**

4. **Personalstrategien zur Chancenverbesserung von Frauen sind immer einmalig und nicht kopierbar. Für ihre Qualität ist entscheidend, wie sie erarbeitet werden.**

5. **Entwicklungsprozesse, die auf die Veränderung von tradierten Rollenvorstellungen abzielen, brauchen Zeit, sie sind meist um Klassen langsamer als die (Linien-) Management-Prozesse im Unternehmen.**

6. **Bei der Realisierung und Praktizierung von Personalstrategien zur Chancenverbesserung von Frauen sind Unterschiede in den Entwicklungsniveaus und Widerstände unvermeidbar und "normal". Widerstände zeigen neue Entwicklungsfelder auf.**

Zusammenfassung

Mein Beitrag befaßte sich mit Personalpolitik zur Förderung von Chancengleichheit, wie sie seit einigen Jahren von einigen deutschen und schweizer Großunternehmen praktiziert wird. Es wurde gezeigt, daß Unternehmen damit auf Veränderungen am Arbeitsmarkt und den damit verbundenen Wandel in arbeitsrelevanten Wertorientierungen reagieren. Abgeleitet aus praktischen Erfahrungen wurden Überlegungen formuliert, unter welchen Voraussetzungen Personalpolitik zur Förderung von Chancengleichheit erfolgreich in einem Unternehmen eingeführt werden kann. Die wesentlichsten Erfolgsvoraussetzungen sind demnach, daß bereits generell eine hochentwickelte Personalpolitik etabliert ist, der Anteil der Frauen an der Gesamtbelegschaft hoch ist. Ebenso wichtig ist, daß die Einführung solcher personalpolitischer Strategien primär ökonomisch motiviert ist und daß der Prozeß der Einführung einem Organisationsentwicklungs-Prozeßverständnis folgt.

Literatur

[1] Biffl, G.: Women in Austria: Their Work in the Labour Market and in the Household: WIFO Working Papers Nr. 41/1991

[2] Biffl, G.: Arbeitsmarkt 2000, BMAS (Hg.) 1988.

[3] Demmer, Ch. : Frauen ins Management. Von der Reservearmee zur Begabungsreserve, Gabler, Wiesbaden, 1988.

[4] Krebsbach-Gnath, Camilla/ Schmid-Jörg, Ina, Wissenschaftliche Begleituntersuchung zu Frauenförderungsmaßnahmen. Schriftenreihe des Bundesministeriums für Jugend, Familie und Gesundheit. Band 180. Kohlhammer, Stuttgart, Berlin, Köln, Mainz, 1985

[5] Lippmann, Ch., Technik ist auch Frauensache - Berichtsstand zum Thema Frauenförderung in Unternehmen, in: Erika Bock-Rosenthal (Hg.), Frauenförderung in der Praxis, Campus, Frankfurt - New York 1990

[6] Michel-Alder, E.: Eine schweizerische Initiative: "Taten statt Worte", in: Demmer, Ch. (1988).

[7] ÖAKT, Lehrlinge in Österreich. Bericht zur Lehrlingsstatistik der Arbeiterkammer, Wien (1975, 1981 und 1991)

[8] ÖSTAT, Österreichisches Statistisches Zentralamt. Beiträge zur österreichischen Statistik, Heft 1023 (Heft 623) Mikrozensus Jahresergebnisse 1990 (1980), Wien 1991 (1981)

[9] ÖSTAT, zitiert nach: Thum-Kraft, M.: Veränderungen des Qualifikationsniveaus bei Frauen und deren Auswirkungen auf die Berufstätigkeit, in: Erziehung und Unterricht. Österreichische Pädagogische Zeitschrift, Heft 4, April 1991

[10] ÖSTAT, 1991: Statistische Nachrichten, 46. Jg., 1991, Heft 9, S. 804 und 805

[11] Wimmer, R.: Der systemische Ansatz - mehr als eine Modeerscheinung, in: Dokumentation der Expertentagung "Systemische Personal- und Organisationsentwicklung", Hernstein 1990 (Hernstein International Management Institute, Wien)

Der organisatorische Rahmen für CIM

Werner Jammernegg, Sabine Lang

1. Problemstellung

Viele Industriebetriebe sehen sich seit einiger Zeit mit geänderten Wettbewerbsbedingungen konfrontiert. Schnellere Reaktion auf Marktanforderungen, größere Produktvielfalt bei gleichzeitig kleineren Losgrößen, kürzere Produktlebenszyklen erfordern eine Abkehr von reinen Konzepten der Massenfertigung (economies of scale). Stattdessen bekommen Konzepte wie economies of scope (Variantenvielfalt) und economies of speed (Schnelligkeit) eine immer größere Bedeutung. Es gilt also die Vorteile der Massenfertigung (hohe Produktivität) mit den klassischen Vorteilen der Werkstattfertigung (hohe Flexibilität, geringe Störanfälligkeit) zu verknüpfen.

Ein Konzept, das in der Lage ist, die Verknüpfung zu bewerkstelligen, ist Computer Integrated Manufacturing (CIM). Flexible Fertigungstechnik soll gepaart mit der informationstechnischen Integration unterschiedlicher Unternehmensbereiche für schnellere Informations- und Materialflüsse sorgen und eine variantenreiche Produktion ermöglichen.

Sehr oft hat sich jedoch bei der Einführung von CIM-Systemen in der Praxis gezeigt, daß die Unternehmen zu wenig oder überhaupt nicht auf den Einsatz von moderner Informations- und Fertigungstechnologie vorbereitet sind. Dies gilt sowohl für die Unternehmensorganisation, wie auch für die Mitarbeiter. So impliziert die Einführung eines computergestützten Produktionsmanagementsystems (z.B. ein PPS-System) eine Änderung der Aufbau- und Ablauforganisation einerseits, und andererseits auch entsprechend geschultes und damit qualifiziertes Personal.

Integration ist für ein Unternehmen zwar eine wichtige Aufgabe, die jedoch nicht nur darin gesehen werden kann, daß bestehende Abläufe automatisiert werden. Informations- und fertigungstechnische Integration erfordert eine zeitlich gesehen zumindest parallele Optimierung der Organisationsstruktur des Unternehmens. Organisatorische Integrationsmaßnahmen sind weit mehr als bloße Notlösungen, da mitunter die Hälfte der erzielten Nutzeffekte auf vereinfachte Abläufe und Strukturen zurückzuführen sind. Bei der Ausrichtung der Unternehmensstrategie auf die Einführung von CIM kommt diesen organisatorischen und personellen Aspekten eine große Bedeutung zu. Die CIM-Realisierung kann also bei weitem nicht nur als informations- und fertigungstechnisches Problem aufgefaßt werden (vgl. [5]).

Die organisatorischen Rahmenbedingungen zur Erzielung eines größeren Integrationspotentials in einem Unternehmen sind nicht nur auf den Fertigungsbereich selbst beschränkt, sondern schließen auch den Entwicklungsbereich und die für fast alle Unternehmensbereiche wichtige Qualitätssicherung mit ein.

Die weiteren Ausführungen setzen sich mit den organisatorischen Integrationsanforderungen in der Entwicklung und in der Qualitätssicherung auseinander. Vor allem soll auch die "CIM-Relevanz" von Modebegriffen wie Simultaneous Engineering und Total Quality Management untersucht werden.

2. Integrationsstrategien im Entwicklungsbereich

Um am Markt erfolgreich bestehen zu können, muß ein Unternehmen die Kundenwünsche erkennen, Produkte entwickeln, die diesen Anforderungen entsprechen, und Fertigungssysteme haben, die eine profitable Produktion dieser Produkte ermöglichen. Von den drei angesprochenen Unternehmensbereichen - Marketing, Entwicklung, Fertigung - ist zum Bestehen im Wettbewerb nicht nur eine marktorientierte Unternehmensstrategie erforderlich. In letzter Zeit hat sich die bislang passive Rolle der Fertigung im Rahmen der strategischen Unternehmensführung etwas gewandelt, was vor allem in flexiblen Fertigungskonzepten zum Ausdruck kommt.

2.1. Strategisches Management in der Entwicklung

Zur Komplettierung der Kette Marketing - Entwicklung - Fertigung, die den Kunden, das Produkt und den Produzenten verbindet, ist auf der Ebene der strategischen Unternehmensführung das strategische Management des Entwicklungsbereichs bisher praktisch nicht existent. Dabei kann ein Unternehmen sicherlich nur dann erfolgreich im Wettbewerb bestehen, wenn Produkte angeboten werden, die den Konkurrenzprodukten überlegen sind.

Die Notwendigkeit der strategischen Betrachtung von Qualitätssicherung kommt bereits in der Definition von "Qualität" selbst zum Ausdruck: Qualität ist die Gesamtheit von Eigenschaften und Merkmalen eines Produkts, eines Prozesses oder einer Dienstleistung bezogen auf deren Eignung zur Erfüllung vorgegebener Erfordernisse, und zwar aus der Sicht des Kunden sowie im Vergleich zur Qualität der Konkurrenz.

Aus der im letzten Teil zum Ausdruck gebrachten Relativität des Qualitätsbegriffs als Faktor im Wettbewerb, folgt unmittelbar die Relevanz für die Unternehmensstrategie. Untermauert wird diese Feststellung auch durch zahlreiche empirische Befunde (z.B. durch die PIMS-Studie), wo das Anbieten entsprechender Qualität mit Abstand als der wesentlichste Konkurrenzvorteil im (internationalen) Wettbewerb angesehen wird.

Die zentrale Aufgabe der strategischen Qualitätsplanung im Rahmen der Produktentwicklung besteht in der Ermittlung der kaufentscheidenden Dimensionen der Qualität.

Ausgehend von der angestrebten Position des Unternehmens und seiner Produkt/ Marktkombinationen (Preis- und/oder Qualitätswettbewerb) sind Schritte zur Anpassung des Qualitätspotentials zu setzen: Investition in Anlagen, Ausgaben für Forschung und Entwicklung, Schulung/Motivation der Mitarbeiter und Organisationsänderungen.

Die einzelnen Schritte im Produktentwicklungsprozeß von der Konzepterstellung bis zur Produktion werden üblicherweise sequentiell nach dem Motto "Throw it over the wall" abgearbeitet. Integrationsaspekte innerhalb des Entwicklungsbereichs werden primär auf fertigungs- und montagegerechtes Design, sowie auf die Reduktion von Entwicklungszeit und -kosten abgestellt. Letzteres sollte durch simultane oder zumindest überlappende Durchführung von Entwicklungsaufgaben erreicht werden, was im Konzept des Simultaneous (Concurrent) Engineering zum Ausdruck kommt. Das erste Ziel (Design for Manufacturability) soll durch den Einsatz von multifunktionalen Projektteams auf allen Entwicklungsstufen bewerkstelligt werden.

Die strategische Bedeutung des Entwicklungsbereichs soll durch die folgenden Wettbewerbsdimensionen beleuchtet werden:

- Bis zu 80% der Produktionskosten können im Rahmen der Entwicklung festgelegt werden.
- Durch eine McKinsey-Studie wurde der Geschwindigkeitsaspekt deutlich zum Ausdruck gebracht (time-based competition): Eine sechsmonatige Verspätung bei der Produkteinführung führt zu 33% weniger Gewinn, während eine Überschreitung des Budgets für Produktentwicklung um 50% den Gewinn nur um 4% reduziert. Weiters ist im Zeitwettbewerb zwischen

evolutionären im Vergleich zu revolutionären Produktinnnovationen abzuwägen.

- Im Rahmen der Prozeßentwicklung spielt das Flexibilitätspotential, das durch den Einsatz von Informations- und Fertigungstechnologie erzielt werden kann, eine große Rolle (flexible Fertigungssysteme, CIM-Systeme).

- Maßnahmen zur aktiven, präventiven Qualitätssicherung im Rahmen der Produkt- und Prozeßentwicklung kommt eine immer größere Bedeutung zu. Qualität kann bei der Qualitätskontrolle (passive Qualitätssicherung) nicht in Produkte "hineingeprüft" werden. Durch aktive Qualitätssicherung (Qualitätsplanung, Qualitätsdesign) ist es möglich, in der Entwicklung die Qualität "aktiv zu gestalten", um die Kundenanforderungen möglichst genau zu erfüllen. Die sogenannte Zehnerregel der Fehlerkosten bringt dies auch deutlich zum Ausdruck. Ein nicht entdeckter Fehler führt zu Fehlerbeseitigungskosten, die sich von Stufe zu Stufe verzehnfachen.

2.2. Integrierte Qualitätssicherung

Ein integriertes Qualitätssicherungssystem kann den Qualitätsaspekt direkt in die einzelnen Unternehmensbereiche verankern. Das ist auch eines der Hauptanliegen von Total Quality Management (TQM). Die Grundprinzipien von TQM sind:

- Identität von Aufgabendurchführung und Ergebnisverantwortung durch die Integration der Qualitätskontrolle in die Fertigung.

- Eine an Prozeßketten und nicht an Funktionen orientierte Unternehmensorganisation (dasselbe gilt auch für CIM).

- Stärkere Betonung der präventiven Qualitätssicherung durch Qualitätsplanung in der Entwicklung von Produkten und Prozessen und durch Qualitätsverbesserung in der Produktion.

- Die kundenorientierte Sicht von Qualität wird durch das Prinzip des internen Kunden zum Ausdruck gebracht. Jede in der Wertschöpfungskette nachgelagerte Stelle - nicht nur der eigentliche Kunde - wird von der vorgelagerten Stelle als Kunde betrachtet, dem das Ergebnis des Wertschöpfungsprozesses so zur Verfügung gestellt wird, daß es den Anforderungen der nachfolgenden Stelle entspricht.

Ein umfassendes organisatorisches Konzept wie TQM kann natürlich nur in kleinen Schritten eingeführt werden. Ein möglicher Ausgangspunkt für eine erfolgreiche TQM-Einführung ist die Implementierung eines integrierten bereichs- und abteilungsübergreifenden Qualitätssicherungssystems nach DIN

(Önorm) ISO 9001 auf Basis der Qualitätsspirale (vgl. [4], S. 5) und einer möglichen Zertifizierung durch eine unabhängige Institution. Das Qualitätssicherungssystem nach ISO 9001 umfaßt die Bereiche Beschaffung, Entwicklung, Produktion, Montage, Vertrieb und Kundendienst. Zum Vergleich: In der Bundesrepublik Deutschland gab es bis Mitte des Jahres bereits mehr als 400 Zertifikate, in Österreich nur etwa 50. Die vornehmlichen Branchen sind Chemie, Elektro und Maschinenbau.

Das international anerkannte Normensystem ISO 900x besteht aus drei Hauptgruppen:

- Normen, die zur Unterstützung der Auswahlentscheidungen und Interpretation der Elemente dienen (ISO 9000 Teil 1-3).
- Normen zur internen Gestaltung der Qualitätssicherungssysteme (ISO 9004 Teil 1-6).
- Normen, die zur externen Nachweisführung dienen und als Vertragsinhalte Verwendung finden (ISO 9001-9003).

Der Gegenstand der ISO-Norm ist die innerbetriebliche Umsetzung von (externen) Forderungen an das Qualitätssicherungssystem hinsichtlich Motivation (Qualitätspolitik), Schulung und vor allem der Schaffung von transparenten Abläufen, Verantwortungs- und Kompetenzaufteilungen. Empirische Fallstudien haben gezeigt, daß Prozeßinnovationen dieser Art die Möglichkeit zur Feststellung eines organisatorischen Status Quo, zur Standardisierung von Abläufen, aber auch zur Identifizierung und Verbesserung der vertikalen und horizontalen Schnittstellen bieten. Es wird aber nicht zuletzt auch ein Grundgerüst für eine weiterführende TQM-Einführungsstrategie (vgl. ISO 9004 Teil 4 - Entwurf) zur Verfügung gestellt, um den oft berechtigten Vorwurf einer zu starken Erstarrung von Prozessen oder Bürokratisierung entgegenzuwirken . Das Leitbild für eine darauf aufbauende TQM-Einführungsstrategie kann mit dem Motto "Never ending quality improvement" umschrieben werden. Dazu taugliche Ansätze sind das Deming-Rad, auch PDCA-Zyklus genannt (Plan, Do, Check, Act) und der Gedanke des KAIZEN, eine kontinuierliche Verbesserung in kleinen Schritten, welcher auf allen betrieblichen Ebenen und Bereichen anwendbar ist und von allen Mitarbeitern getragen wird (vgl. [2], S. 33 ff.).

Empirische Untersuchungen haben eindeutig belegt, daß Maßnahmen zur präventiven Qualitätssicherung - eines der TQM-Grundprinzipien - in der betrieblichen Praxis kaum anzutreffen sind. Das gilt sowohl für die Qualitätsplanung als auch für das Qualitätsdesign. Der Gegenstand der Qualitätsplanung ist die Umsetzung der meist in verbaler Form vorliegenden Kundenwünsche in quantifizierbare technische Produktmerkmale und die Ableitung von Sollwerten für die technischen Merkmale. Beim Qualitätsdesign geht es um die Optimierung des Produktionssystems (Simulation, Prototyptests) mit der Versuchsplanung, die die Einhaltung der Sollwerte der technischen Produktmerkmale ermöglicht; Optimierung bezieht sich dabei auf die Durchführung möglichst weniger Versuche.

Ein effizientes Instrument zur Qualitätsplanung ist Quality Function Deployment (QFD). Empirische Erhebungen haben gezeigt, daß QFD einen hohen Wirkungsgrad hinsichtlich der Produkt-, Prozeß- und Potentialqualität erzielt. Nach Einschätzung der Befragten bewirkt QFD, daß die Produkte relativ genau den Leistungsanforderungen der Kunden entsprechen, daß durch den Einsatz multifunktionaler Projektteams relativ kurze Entwicklungszeiten erzielt werden, und daß die Kenntnisse und die Motivation der Mitarbeiter hinsichtlich Qualität verbessert werden (vgl. [6]).

QFD wird üblicherweise als vierstufiger Prozeß gesehen, der mit der Bildung eines abteilungsübergreifenden Teams beginnt. Auf der ersten Prozeßstufe, der Produktkonzeption, wird die "Sprache des Kunden" in die technischen Produktanforderungen mit Hilfe des House of Quality übersetzt. Dabei erfolgt auch eine Gewichtung der Kundenforderungen sowie eine Beurteilung von Konkurrenzprodukten. Damit wird genau das Konzept der relativen Qualität verfolgt. Auf den Stufen zwei und drei, der Teile- und Prozeßentwicklung, erfolgt dann im Sinne von Design for Manufacturability und Simultaneous Engineering die Entwicklung und Konstruktion der Komponenten des Produkts und des Produktionssystems im Hinblick auf die Einhaltung der Sollwerte der technischen Produktmerkmale. Hier können unterstützend CAD, Simulation und Versuchsplanung eingesetzt werden. Nach dieser Optimierung erfolgt auf der vierten Stufe, Produktions- und Prozeßplanung, die Festlegung der Produktionsanforderungen. Damit sind Stammdaten wie das geometrische Produktmodell, Stücklisten, Arbeits- und Prüfpläne gemeint (vgl. [3]).

QFD ist damit ein organisatorischer Ansatz, der die Informationsbedürfnisse von Marketing, Entwicklung und Fertigung integriert mit dem Ziel, die Kundenanforderungen weitgehend zu befriedigen. Betrachtet man jedoch den Qualitätsregelkreis, so ist festzustellen, daß computergestützte Qualitätssicherungssysteme sich weitgehend auf die Qualitätskontrolle und mit Abstrichen auf die Qualitätsverbesserung konzentrieren. Dies spiegelt sich auch im Funktionsumfang sehr vieler CAQ-Systeme wider. Die wichtigen Aufgaben der präventiven Qualitätssicherung, d.h. Qualitätsplanung und Qualitätsdesign, weisen jedoch einen sehr geringen Grad an Computerunterstützung auf (vgl. [7]).

Für die Einführung von CIM-Systemen scheint es unerläßlich zu sein, die skizzierten integrierten Organisationskonzepte teilweise auch durch Computerunterstützung mit den traditionellen computergestützten CIM-Komponenten zu verbinden.

3. Ex - Post Analyse zur Einführung integrierter Organisationskonzepte

Die Betrachtung des Erfolges von Innovationen und die damit verbundene Problematik der Datenerfassung und -analyse hat gerade in den letzten Jahren die Forschung stark beschäftigt. Leider beziehen sich die zugrundeliegenden empirischen Untersuchungen, von wenigen Ausnahmen abgesehen - z. B. das Projekt Columbus (vgl. [8]) -, auf die Untersuchung des Produktinnovationserfolges und weniger auf so komplexe Prozeßinnovationen wie die Einführung eines integrierten Qualitätssicherungsyssystems als Rahmenkonzept für CIM. Zudem besteht über die Definition von Erfolg oder Mißerfolg höchste Uneinigkeit, was die Validität von vergleichenden Betrachtungen empirischer Forschungsergebnisse beeinträchtigt (vgl. [1]). Als Beispiel ist hier der Entwurf zur ISO 9004 Teil 4 (Qualitätsmanagement und Elemente eines Qualitätssicherungssystems, Leitfaden zur Verbesserung) angeführt, der als Kriterien zur Messung der Qualitätsverbesserung sehr global "Kundenzufriedenheit, Prozeßeffizienz, qualitative und gesellschaftliche Verluste" formuliert.

3.1. Ex-Post Analyse einer ISO 9001-Zertifizierung

Die Effizienz eines organisatorischen Rahmenkonzepts soll anhand der näheren Betrachtung einer ISO 9001 Einführung untersucht werden, da ihr normativer Charakter eine gewisse Vergleichbarkeit indiziert.
Betrachtet man diese Ex-Post Analyse als eine Beschreibung und Betrachtung von verfügbaren Daten, so stellt sich zunächst die Frage nach dem Untersuchungsgegenstand und dem Datenzugang.

Der Untersuchungsgegenstand läßt sich nach den Inhalten und Zielen der ISO 9001 unter dem Gesichtspunkt der Wirtschaftlichkeit folgendermaßen untergliedern:

- Organisationsziel
- Motivationsziel
- Qualitätsziel.

Als Instrumente der innerbetrieblichen Datenerhebung sind in Betracht zu ziehen:

- Dokumentenanalyse
- Analyse von Kontrolldaten
- Expertenbefragung
- Mitarbeiterbefragung.

Die Untersuchung ist im wesentlichen dreistufig. Im Vorfeld dient eine Analyse der Qualitätsdokumente neben einer Expertenbefragung der Schaffung einer fundierten Ausgangsbasis. Allerdings führt die Situationsbeschreibung durch eine Expertenbefragung auf Grund der meist aktiven Teilnahme der Experten am Einführungsprozess selbst zu verzerrten Ergebnissen. Eine Analyse anhand von Kontrolldaten scheidet meist durch mangelnde Aufzeichnungen aus der Zeit vor der ISO-Einführung aus. Als Kontrollinstrument bietet die Mitarbeiterbefragung neben allen Nachteilen eines schwer handzuhabenden Analyseinstrumentes besonders die Möglichkeit einer umfassenden Informationsgewinnung mit dem nicht zu vernachlässigenden Vorteil einer unternehmensweiten Partizipation.

Aus Erfahrungswerten bei ISO 9001-Einführungen erscheint im Rahmen einer Mitarbeiterbefragung die Überprüfung der folgenden Hypothesen von Bedeutung zu sein:

- Schulungen und andere flankierenden Maßnahmen wirken sich sowohl auf das Wissen wie auch auf die Einstellung zur Qualitätspolitik und zur ISO 9001 im speziellen positiv aus.
- Die ISO 9001 wirkt dualistisch auf den Arbeitsalltag ein. Einerseits schafft ISO 9001 mehr Transparenz, andererseits erzeugt sie aber Bürokratie.
- Das Auditwesen wird akzeptiert und als funktionierend erachtet.

3.2 Zusammenfassung

Beschränkt sich ein Industriebetrieb bei der Einführung eines Qualitätssicherungssystems auf die ISO-Zertifizierung, so hat dieser Akt rein statischen Charakter, der die kontrollorientierte Organisationsstruktur nicht ändert. Die skizzierte Ex-Post Analyse stellt jedoch den Ausgangspunkt für eine dynamische, prozeß- und mitarbeiterorientierte Unternehmensorganisation in Richtung TQM dar.

Damit ist aber die Basis des organisatorischen Rahmens für die Einführung eines CIM-Systems geschaffen, da eines der Hauptanliegen von CIM auch in der Schaffung einer auf Prozeßketten ausgerichteten Fertigungsorganisation liegt. Dies soll durch die Bildung von kleinen, sich weitgehend selbststeuernden Regelkreisen erreicht werden.

Literatur

[1] Hauschildt, J.: Zur Messung des Innovationserfolges, In: Zeitschrift für Betriebswirtschaft 61, 1991, S. 451-476.

[2] Imai, M.: Kaizen, München 1992.

[3] Jammernegg, W.: Integriertes Qualitätsmanagement: Konzepte und Methoden, In: Total Quality Management als Strategie im internationalen Wettbewerb, Köln 1992, S. 147 - 156.

[4] Juran, J./Gryna, F.: Quality Planning and Analysis, New York 1980.

[5] Scheer, A.-W. (Hrsg.): CIM-Strategie als Teil der Unternehmensstrategie, CIM-Fachmann, Heidelberg 1990.

[6] Specht, G./Schmelzer H.: Qualitätsmanagement in der Produktentwicklung, Stuttgart 1991.

[7] Westkämper, E. (Hrsg.): Integrationspfad Qualität, CIM-Fachmann, Heidelberg 1991.

[8] Witte, E./Hauschildt, J./Grün, O.: Innovative Entscheidungsprozesse: Die Ergebnisse des Projektes Columbus, Tübingen 1988.

Dynamische Ressourcenbelegungsplanung bei flexiblen Montagesystemen

Anton Nußbaumer, Georg List

1. Problemstellung

Eine wichtige Barriere für die Erhöhung der Produktivität eines Fertigungs-, wie auch eines Montagesystems ist eher das effiziente Management bereits existierender Technologien, als die Entwicklung verbesserter Hardware. Ein großes Manko bestehender PPS-Systeme ist, daß die Belegung der Ressourcen off-line (d.h. statisch) erfolgt. Um jedoch die Durchlaufzeiten der Erzeugnisse zu verkürzen und damit die Produktivität des Systems zu erhöhen, ist eine dynamische Ressourcenbelegungsplanung, die on-line in Abhängigkeit vom Systemzustand erfolgt, erforderlich.

2. Aufbau von Montagesystemen

Moderne flexible Fertigungs- und Montageanlagen (FMS, FAS) bestehen im wesentlichen aus den folgenden Komponenten:

a) einer gegebenen Anzahl von Maschinen (Handhabungsmaschinen, Montageeinrichtungen, Montagezentren), die über verschiedene Werkzeuge verfügen,

b) einem automatischen Transportsystem, das die zu bearbeitenden Werkstükke zwischen den Maschinen befördert,

c) Zwischenlagern, die als Pufferspeicher dienen,

d) einer Kontrolleinheit, die den Fluß der Werkstücke innerhalb der Anlage steuert.

Das Zusammenspiel der vier genannten Komponenten bewirkt in den meisten Fällen ein äußerst komplexes dynamisches Systemverhalten. Hinzu kommt noch, daß einige oder alle der erwähnten Komponenten fehleranfällig sein können, sodaß das System nicht deterministisch abläuft.

3. Fertigungsstruktur

Montagesysteme zeichnen sich zusätzlich durch die spezielle Art der Fertigungsstruktur (Baumstruktur, seriell-paralleles Netzwerk) und den wegen der Gleichzeitigkeit strengeren zeitlichen Restriktionen gegenüber Fertigungssystemen aus. Daraus ergibt sich, daß aus der Sicht des Schedulings Fertigungssysteme nur Spezialfälle von Montagesystemen sind[1)].

4. Echtzeit-Planung

Aus der Tatsache, daß die Planungsgenauigkeit mit zunehmendem Abstand vom Planungszeitpunkt abnimmt, läßt sich die Schlußfolgerung ableiten, Entscheidungen erst zum spätestmöglichen Zeitpunkt festzulegen, um die jeweils neuesten Informationen einbeziehen zu können[2)]. Dies führt zur Forderung nach einer echtzeitfähigen Betriebsmittelbelegungsplanung[3)]. In der Produktionswirtschaft bedingt das Attribut "Echtzeitfähigkeit" eine Reaktionsfähigkeit des Kontrollsystems im Minutenbereich (z.B. 10 Minuten). Innerhalb dieses Zeitraums können auch relativ komplexe Problemstellungen schon befriedigend gelöst werden.

Mit Hilfe der dynamischen Betriebsmittelbelegung kann auf Veränderungen in einem betrachteten Produktionssystem jedoch nur dann geeignet und zeitgerecht reagiert werden, wenn genügend Information rechtzeitig zur Verfügung steht.

5. Struktur des Modell-FAS

Als Grundmodell wird ein flexibles Montagesystem mit mehreren, teilweise parallelen Montagezentren untersucht.

Die Grundlage für unsere Überlegungen bildet folgende Problemdarstellung:

- Die Bearbeitungszeiten an den parallelen Maschinen sind voneinander unabhängig.

- Vor jedem Montagezentrum befindet sich ein genügend großer Puffer.
- Die Versorgung der Maschinen mit Aufträgen erfolgt über ein automatisiertes Transportsystem (Stetigförderer, flurgebundene Unstetigförderer).
- Die Transportzeiten zwischen den einzelnen Maschinen werden bei der Ablaufplanung berücksichtigt.
- Üblicherweise besteht ein solches System aus bis zu 10 Montageeinrichtungen, die teilweise gleichartige Funktionen erfüllen können.
- Jede Maschinenart wird durch die erfüllbaren Arbeitsgänge charakterisiert, wobei innerhalb einer Art die Bearbeitungszeiten unterschiedlich sein können. Die Bearbeitungszeiten ergeben sich aus dem Auftrag und der gewählten Maschine.
- Die Auftragsstruktur entspricht in der Darstellungsform einem seriell-parallellen Netzwerk.

Der Versuchsaufbau ist so angelegt, daß er an die in der Realität vorkommenden Schnittstellen ohne großen Aufwand angepaßt werden kann. So ist eine Schnittstelle zwischen Steuerung und PPS (Auftragsdaten, Routing, Stammdaten, Rückmeldung) ebenso vorhanden wie eine Schnittstelle zwischen Steuerung und Montagesystem (BDE/MDE, Steuersignale). Die Zielvorgaben können über eine Benutzerschnittstelle manipuliert werden.

6. Zielgrößen

Die Güte der Ablaufsteuerung beeinflußt wesentlich die laufenden Kosten der Montage. Als Kostengrößen werden *Bestandskosten*, *variable Produktionskosten* und Kosten von *Lieferterminüberschreitungen* angesehen. Die genannten Kostengrößen sind meist nur schwer direkt meßbar. Somit muß auf Ersatzgrößen wie *Durchlaufzeit*, *Kapazitätsauslastung*, Einhaltung von *Lieferterminen* und *Fertigungsbeständen* ausgewichen werden. Für flexible Fertigungssysteme ist eine Reihe von Methoden und Modellen zur dynamischen Ressourcenbelegungsplanung bekannt[4)].

7. Gewählte Methodik

Die Aufgabe besteht in der Identifikation von Strukturen, bei denen bestimmte Schedulingregeln besser sind als andere.

Einen Ansatz zum Lernen von Schedulingregeln für den Echtzeiteinsatz von Simulationen findet man bei Davis[5)]. Über die Verwendung von genetischen Algorithmen zur Erzeugung von Scheduling-Heuristiken berichten Hilliard und Liepins[6)].

Die meisten dieser Verfahren sind jedoch für den off-line Betrieb entwickelt worden.

Im Rahmen dieser Arbeit werden zur Zeit verschiedene Lösungsansätze zur Echtzeitsteuerung flexibler Montagesysteme entwickelt und einander gegenübergestellt, wie etwa:

- heuristische Suchverfahren der kombinatorischen Optimierung (genetische Algorithmen, Tabu-Search, Simulated Annealing, etc.)
- Neuronale Netze
- Fuzzy-Sets
- kombinierte Ansätze daraus.

Durch die Verwendung einer formalen Darstellung der getesteten Prioritätsregeln können beliebige Kombinationen untersucht werden.

Die einzelnen Ansätze greifen dabei jeweils auf die gleichen Datenstrukturen mit definierten Schnittstellen zu. Zur Modellierung des flexiblen Montagesystems wird der Ansatz der Prozeßorientierung, einer speziellen Sichtweise der diskreten Simulation, gewählt. Das Modell wird dabei entweder durch ein System von Blockdiagrammen oder durch Aufteilung der "functional operations" dargestellt. Die Diagramme stellen ein lineares Flußbild dar, welches die Bewegung der Werkstücke (Entities) durch das System zeigt. Der Ablauf zwischen den Blöcken wird durch Pfeile angezeigt, welche den Fluß der Entities von Block zu Block innerhalb des Diagramms kontrollieren.

Die Blöcke repräsentieren eine Reihe von Funktionen, die die Veränderung des Systemzustandes beschreiben.

Ein zweiter Ansatz für diskrete Modelle ist die Ereignisorientierung. Sie wird zur Ergänzung der Blockdiagramme eingesetzt. Der Simulationslauf wird hier durch den Zeitfortschritt kontrolliert.

8. Sensitivitätsanalyse

Um die Robustheit eines Verfahrens zu überprüfen, wird das Modell-FAS unter dem jeweils zu testenden Algorithmus mit verschiedenen Parametereinstellungen (geänderter Produkt-Mix, andere Produktstruktur, Zielkriterien etc.) betrieben.

9. Zusammenfassung

Ein großer Nachteil existierender PPS-Systeme ist die statische Belegung der vorhandenen Ressourcen. Die vorliegende Arbeit stellt eine Test-Umgebung vor, mit deren Hilfe Prioritätsregeln zur dynamischen Belegungsplanung speziell von flexiblen Montagesystemen umfassend getestet, weiterentwickelt und klassifiziert werden können. Die Modellierung des Montagesystems erfolgt mittels einer prozeßorientierten Simulationsumgebung.

Ziel wird es sein, in Zukunft möglichst viele solcher (nach Möglichkeit real existerende) flexiblen Montagesysteme abzubilden, um die entwickelten Verfahren unter möglichst "allen" Gesichtspunkten testen zu können und dadurch eine gute Clusterung der Prioritätsregeln zu erreichen.

Anmerkungen und Literatur

1) Vgl. Kusiak, A.: "Aggregate scheduling of a flexible machining and assembly system", in IEEE Transactions on Robotics and Automation, Vol. 5, N0. 4, Seiten 451 - 459.

2) Biendl, P.: Ablaufsteuerungen von Montagefertigungen, Bern 1984, S. 18f.

3] Vgl. Zäpfel, G.: Produktionswirtschaft - Operatives Produktionsmanagement, Berlin - New York 1982, S. 292f.

4) Vgl. Stecke, K.E./Suri, R.: Proceedings to the second ORSA/TIMS Conference on Flexible Manufacturing Systems. Operations Research Models and Applikations, Amsterdam 1986.

5) Vgl. Davis, W.J.: On-Line Concurrent Simulation in Production Scheduling. In K. Stecke und R. Suri, editors, Flexible Manufacturing Systems. Operations Research Models and Applications. Amsterdam 1989.

6) Vgl. Hiliard, M.R./Liepins, G.E.: A classifier-based system for discovering scheduling heuristics. In J.J. Grefenstette, editor, Genetic algorithms and their applications: Proceedings of the second international Conference on genetic algorithms, Hillsdale, New Jersey 1987.

Die Relevanz der Risiko-Nutzenfunktionen zur Modellierung des menschlichen Verhaltens

A. Höger, A. Sapusek, P. Steiner

1 Einleitung

Mit Hilfe von Risiko-Nutzenfunktionen versucht man, menschliches Verhalten in Situationen, bei denen die Konsequenzen dieses Verhaltens unsicher sind, zu erklären. Zentrale Fragen sind z.B.: Warum werden Versicherungen abgeschlossen? Wieviel ist man bereit, für eine Versicherung zu bezahlen? Warum nehmen viele Leute an Lotterien teil? Für welche von mehreren risikobehafteten Alternativen wird bzw. soll man sich entscheiden? In diesem Beitrag soll dargestellt werden, in welchem Ausmaß Risiko-Nutzenfunktionen zur Klärung dieser Fragen beitragen können, wo Schwachstellen bei diesem Konzept liegen und welche alternativen Ansätze es zur Klärung dieser Fragen gibt.

2 Risiko-Nutzenfunktionen

2.1 Der Friedman/Savage Ansatz

Friedman/Savage (1948) versuchten die Existenz von Versicherungen und Lotterien durch folgende Hypothesen zu erklären:

i) Jeder Mensch handelt so, daß er angesichts bekannter Wahrscheinlichkeitsverteilungen über der Menge der möglichen Vermögenszustände seinen erwarteten Nutzen maximiert. Voraussetzung dafür ist, daß jedes Individuum jedem Vermögensniveau eine (reelle) Zahl, den sogenannten Nutzen, zuordnen kann.

ii) Die Nutzenfunktion ist eine stetige Funktion, die konkav unter A und über B, und konvex zwischen A und B ist (siehe Abbildung 1).

Wird nun ein Spiel eingeführt, bei dem mit Wahrscheinlichkeit p nach dem Spiel ein Vermögen (wealth) von w_1 und mit Wahrscheinlichkeit (1-p) ein Vermögen von w_2 erzielt wird, dann wird das erwartete Vermögen mit E[W] bezeichnet. Existiert ferner eine Nutzenfunktion $U(\cdot)$, dann kann das erwartete Vermögen in den erwarteten Nutzen aus diesem Vermögen transformiert werden: $E[W] \rightarrow E[U(W)]$. Der erwartete Nutzen liegt sodann auf der Geraden, die $U(w_1)$ mit $U(w_2)$ verbindet. Ist der Nutzen des Erwartungswerts - also U(E[W]) - größer als der Erwartungswert des Nutzens (= E[U(W)]), so wird im konkaven Bereich der Funktion das sichere Spiel vorgezogen. Friedman/Savage bezeichnen das als eine mögliche Versicherungssituation. Individuen, die in diesem Bereich der Funktion agieren, werden als risikoavers bezeichnet. Gilt umgekehrt $E[U(W)]>U(E[W])$ - das ist im konvexen Bereich der Funktion der Fall -, dann kann das als Spielsituation interpretiert werden und Individuen, die in diesem Bereich agieren, werden als risikofreudig bezeichnet. Sie werden das Spiel dem Erhalt des sicheren Erwartungswertes vorziehen. Die Friedman/Savage Hypothesen erklären somit das Kaufen von Versicherungskontrakten ebenso wie das Kaufen von Lotterielosen,etc.

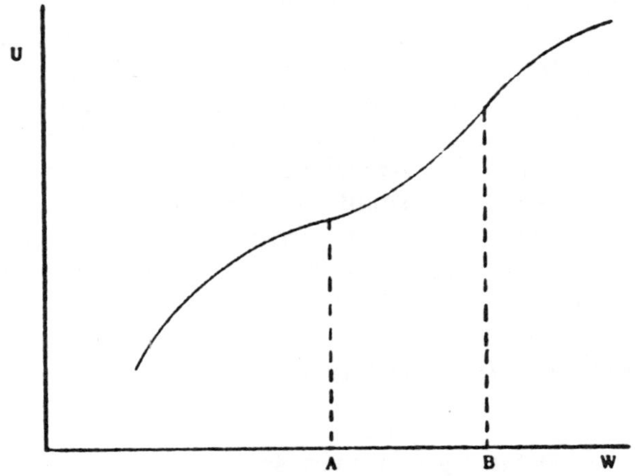

Abb. 1: Nutzenfuktion
(Quelle: Markowitz (1952), S. 151)

Markowitz (1952) weist in seinem Artikel auf Beobachtungen des menschlichen Verhaltens hin, die den Friedman/Savage Hypothesen jedoch widersprechen. So implizieren diese Hypothesen u.a., daß Individuen mit niedrigem Einkommen (das impliziert den unteren konkaven Bereich der Nutzenfunktion) nicht bereit sind, faire Lotterien (das sind solche, bei denen der Erwartungswert Null ergibt bzw. sogenannte Null-Summen Spiele) zu spielen, was mit empirischen

Beobachtungen widersprüchlich ist. Viele sind sogar bereit, leicht unfaire Lotterien (also Spiele mit einem negativen Erwartungswert) zu spielen (ein typischen Beispiel wäre in Österreich das "Lottofieber": Alles ist ja möglich). Diesen und andere Widersprüche bereinigt Markowitz durch Modifikationen der Friedman/Savage Hypothesen. Markowitz selbst bezeichnet seine Darstellung als das "Plausibelmachen einer Hypothese", und keinesfalls als Beweisführung im streng mathematischen Sinn (vgl. Markowitz,H. (1952), S. 158).

2.2 Der Von Neumann/Morgenstern Ansatz

Eine der obengenannten Hypothesen von Friedman/Savage war, daß Individuen danach trachten, den erwarteten Nutzen zu maximieren. Das bedeutet, daß die Alternative a_1 der Möglichkeit a_2 dann und nur dann vorgezogen wird, wenn der erwartete Nutzen der Alternative a_1 größer ist jener von a_2. Von Neumann/Morgenstern (1944) schufen den axiomatischen Unterbau für diese Hypothese, die eigentlich auf Bernoulli (1738) zurückgeht. Bernoulli beobachtete Leute beim St. Petersburger Spiel (vgl. z.B. Bamberg/Coenenberg (1991), S. 73) und schloß daraus, daß (ausschließlich) der Erwartungswert der Auszahlungen des Spiels keine geeignete Größe sein kann, das Verhalten der Individuen hinreichend zu erklären. Bei diesem Spiel wird eine ideale Münze solange geworfen, bis zum ersten mal "Kopf" erscheint. Es wird auf die Anzahl n der dafür notwendigen Würfe gewettet. Die Auszahlung beträgt 2^n Geldeinheiten. Der Erwartungswert dieses Spiels strebt gegen unendlich, trotzdem wird kaum jemand bereit sein, im Sinne eines fairen Spiels einen beliebig hohen Wetteinsatz zu leisten. Als Voraussetzung für die nachfolgenden Axiome wird folgende Situation und Terminologie (vgl. Kreps (1990), S. 72) angenommen: S bezeichnet die Menge der möglichen Spiele, und P ist die Menge der Wahrscheinlichkeitsverteilungen über S (zur Problematik von einer unendlichen Anzahl von möglichen Auszahlungen innerhalb eines Spiels vgl. Kreps (1990), S. 81). Ferner wird vereinfachend angenommen, daß die Anzahl der möglichen Spiele endlich ist. Diesem Ansatz liegen objektive Wahrscheinlichkeiten zugrunde (zur Verwendung von subjektiven Wahrscheinlichkeiten siehe u.a. Savage (1954) bzw. Anscombe/Aumann (1963)).

2.2.1 Axiome und Schlußfolgerung

Um Alternativen rational miteinander vergleichen zu können, ist eine Präferenzrelation $\succcurlyeq$ nötig, die eine transitive und vollständige binäre Relation ist (vgl. dazu beispielsweise Huang/Litzenberger (1988)). Die Frage ist nun, ob eine solche Präferenzrelation durch das Prinzip des erwarteten Nutzens einer Risiko-Nutzenfunktion dargestellt werden kann. Folgende drei Axiome sind notwendig und hinreichend für eine solche Darstellung:

Axiom 1: $\geqslant$ ist eine Präferenzrelation auf P.

Axiom 2 (Substitutionsaxiom): Seien $a_1,a_2,a_3 \varepsilon$ P und p ε [0,1]. Aus $a_1 \geqslant a_2$ folgt dann $p \cdot a_1+(1-p) \cdot a_3 \geqslant p \cdot a_2+(1-p) \cdot a_3$.

Axiom 3 (Archimedisches Axiom): Seien $a_1,a_2,a_3 \varepsilon$ P. Wenn $a_1 \geqslant a_2 \geqslant a_3$ gilt, dann existieren p,q ε [0,1], die folgende Relation erfüllen: $p \cdot a_1+(1-p) \cdot a_3 \geqslant a_2 \geqslant q \cdot a_1+(1-q) \cdot a_3$

Nach diesen drei Axiomen kann die Präferenzrelation durch eine Nutzenfunktion U dargestellt werden, sodaß die Relation $a_1 \geqslant a_2$ dann und nur dann gilt, wenn $E[U(a_1)] \leq E[U(a_2)]$ (zum Beweis siehe beispielsweise Huang/Litzenberger (1988), S.9ff.). Den verschiedenen Alternativen (Spielen) kann somit ein numerischer Wert (ein Nutzen) zugeordnet werden, mittels dem diese Alternativen verglichen werden können. Diese numerischen Werte sind bis auf eine wachsende lineare Transformation eindeutig festgelegt (vgl. Kreps (1990), S. 76f.).

2.2.2 Kritik

Eine Folgerung aus der Erwartungs-Nutzentheorie ist, daß die Nutzenfunktion U beschränkt sein muß, daß also ein unendlicher (erwarteter) Nutzen nicht zugelassen ist. Andernfalls wird gegen das Archimedische Axiom verstoßen, wie das z.B. beim St. Petersburger Spiel der Fall ist. Da viele Nutzenfunktionen in ökonomischen Anwedungen unbeschränkt sind, wie z.B. exponentielle Nutzenfunktionen, wäre das eine ziemliche Eingrenzung der Anwendungsmöglichkeiten der Theorie. Z.B. bei Huang/Litzenberger (1988), S. 13 f., wird gezeigt, wie man diesem Problem begegnen kann. Das Allais'sche Paradoxon zeigt weitere Schwächen der Von Neumann/Morgenstern Nutzenfunktion auf. Zu dieser Variante des Paradoxons vgl. Kreps (1990), S.116:

Fall 1: Zwischen den Spielen S1 und S2 ist zu wählen. Bei Spiel 1 erhält man mit einer Wahrscheinlichkeit von 33% 27,5 Geldeinheiten (GE), mit 66%-iger Wahrscheinlichkeit 24 GE, und 0 GE mit einer Wahrscheinlichkeit von 1%. Spiel 2 zahlt 24 GE mit Sicherheit aus.

Fall 2: Man kann wiederum zwischen zwei Spielen (S3 bzw. S4) wählen. Spiel 3 zahlt 27 GE mit einer Wahrscheinlichkeit von 33% und 0 GE mit einer Wahrscheinlichkeit von 67%. Bei Spiel 4 erhält man mit 34%-iger Wahrscheinlichkeit 24 GE und mit einer Wahrscheinlichkeit von 66% 0 GE.

Die meisten Individuen werden im Fall 1 Spiel 2 und im Fall 2 Spiel 3 wählen. Dieses Verhalten entspricht aber nicht dem geforderten Substitutionsaxiom. Machina (1982) hat sich damit beschäftigt, welche Auswirkungen die Verletzung des Substitutionsaxioms auf das Konzept des Erwartungs-Nutzens hat. Bei Kreps (1990), S. 112 ff., findet man weitere problematische Fälle aufgelistet.

Zusammenfassend kann gesagt werden, daß der Erwartungs-Nutzen Ansatz einen bedeutenden Stellenwert in der Beschreibung menschlichen Verhaltens bei risikobehafteten Situationen hat, obwohl die empirische Evidenz (siehe beispielsweise Kahneman/Tversky (1979),S. 263-291)) teilweise gegen dieses Konzept spricht.

3 Dreiecksdiagramme zur Visualisierung des Risikoverhaltens

Dreiecksdiagramme sind ein leistungsfähiges Hilfsmittel zur Visualisierung gewisser Eigenschaften und Implikationen der Erwartungs-Nutzentheorie. Marschak (1950) hat sie erstmals in die wissenschaftliche Diskussion eingeführt; weitere Anwendungen finden sich bei Machina (1982) und Conlisk (1989).

3.1 Konzept

Zur graphischen Darstellung sind Vereinfachungen der Erwartungs-Nutzentheorie notwendig. Die wesentlichste Simplifikation ist, daß nur drei Ereignisse in das Modell Eingang finden (diese Beschränkung ist allerdings weit weniger restriktiv, als dies vielleicht den Anschein hat). Der Nutzen wird auf das Intervall [0,1] normiert und der Erwartungsnutzen wird nach dem Konzept von Von Neumann/Morgenstern (1944) als die mit den Wahrscheinlichkeiten p_i gewichtete Summe der Nutzen der einzelnen Ereignisse berechnet (vgl. dazu Schauenberg (1990)):

$$E[U(W)] = \sum_{i=1}^{3} p_i \cdot U(w_i) .$$

Da die Summe über alle p_i Eins ergeben muß, kann anstelle von p_2 auch $1\text{-}p_1\text{-}p_3$ geschrieben werden. Der Erwartungsnutzen läßt sich daher auch folgendermaßen darstellen:

$$E[U(W)] = p_1 \cdot U(w_1) + (1-p_1-p_3) \cdot U(w_2) + p_3 \cdot U(w_3) .$$

In Abhängigkeit von der Wahl von p_1 und p_3 sind unendlich viele Verteilungen und somit unendlich viele Lotterien konstruierbar, welche in einem einfachen Dreiecksdiagramm dargestellt werden können (siehe Abbildung 2). Die Wahrscheinlichkeit p_1 wird auf der Ordinate, die Wahrscheinlichkeit p_3 auf der Abszisse aufgetragen. Die Wahrscheinlichkeit p_2 ergibt sich als Horizontale zur

Hypothenuse des rechtwinkligen und gleichschenkligen Dreiecks. Die Eckpunkte des Dreiecks repräsentieren Lotterien, bei denen man ein Ergebnis mit Sicherheit erhält (bei Schauenberg enstpricht α einer bestimmten Wahrscheinlichkeit p_1, β entspricht p_2 und für ein bestimmtes p_3 wird τ geschrieben).

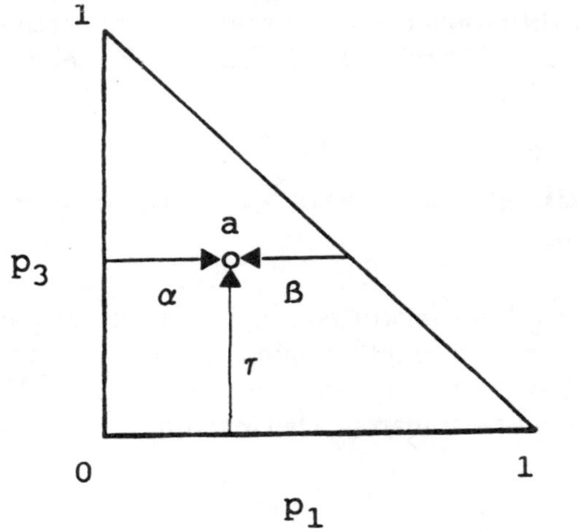

Abb. 2: Konzept des Dreiecksdiagramms (Quelle: Schauenberg (1990), S. 137)

3.2 Darstellung von Isoerwartungsnutzenlinien

Von besonderem Interesse ist es, Isoerwartungsnutzenlinien oder Indifferenzkurven im Dreiecksdiagramm darzustellen (siehe Abbildung 3; unterschiedliche Nutzenniveaus werden mit $\overline{u}$ bzw. $\overline{\overline{u}}$ bezeichnet, wobei $\overline{u} > \overline{\overline{u}}$ gilt). Dabei werden der Erwartungsnutzen auf ein konstantes Niveau gesetzt und die Wahrscheinlichkeiten in einen linearen Zusammenhang gebracht. Faßt man die Koeffizientenausdrücke zusammen, so ist die Darstellung als Geradengleichung ersichtlich. Auf die Linearität in den Wahrscheinlichkeiten hat insbesondere Machina (1982) hingewiesen. Höhere Nutzenniveaus liegen weiter oberhalb im Dreiecksdiagramm und bilden parallele Isoerwartungsnutzenlinien. Die obere linke Ecke enthält stochastisch dominierende Lotterien, welche das Kriterium der stochastischen Dominanz erster Ordnung erfüllen. Die Risikoeinstellung manifestiert sich in der Steigung der Isoerwartungsnutzenlinie.

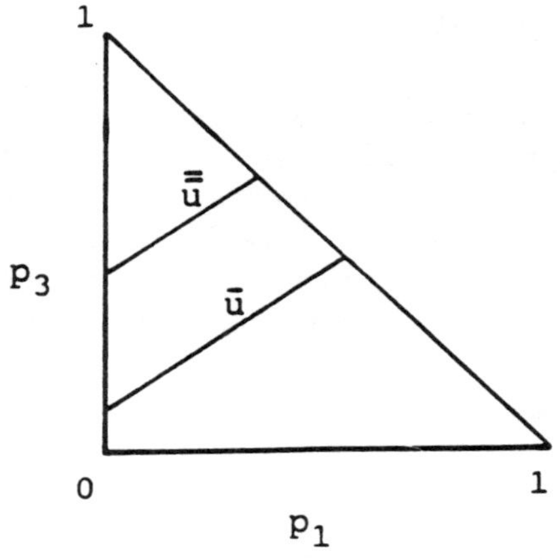

Abb. 3: Isoerwartungskurven im Standardfall (Quelle: Schauenberg (1990), S. 139)

3.3 Das Allais'sche Paradoxon im Rahmen der Dreiecksdiagramme

Wird das Allais'sche Paradoxon im Rahmen der Dreiecksdiagramme graphisch verdeutlicht, so führt dies dazu, daß die Isoerwartungsnutzenlinien nicht mehr parallel verlaufen (vgl. dazu Abbildung 4; a_1 und b_1 bzw. a_2 und b_2 sind Alternativen bei Spiel 1 bzw. Spiel 2). Bei Anwendung verallgemeinerter Erwartungsnutzenmodelle ist es jedoch möglich, parallele, jedoch gekrümmte Indifferenzkurven zu ermitteln.

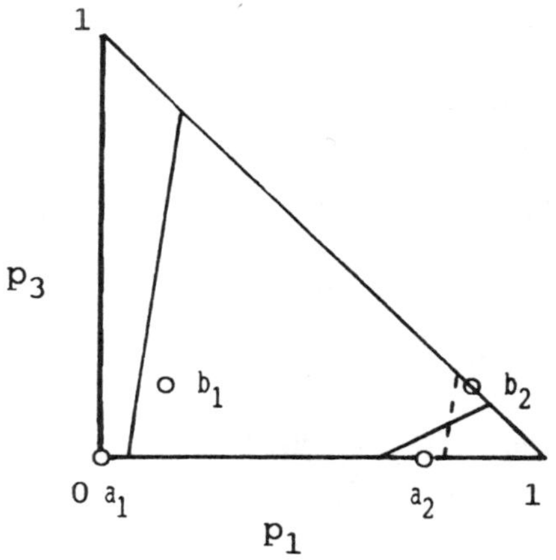

Abb 4: Isoerwartungskurven beim Allais'schen Paradoxon (Quelle: Schauenberg (1990), S. 145)

4 Alternative Risikomaße

Im Gegensatz zum Markowitz-Konzept - hier wird der erwartete Nutzen mit dem Nutzen aus dem Erwartungswert verglichen - wurde von Pratt (1964) bzw. Arrow (1971) eine Maßzahl für die absolute Risikoaversion ARA(W) und für die relativen Risikoaversion RRA(W) ermittelt. Diese Maßzahlen verdeutlichen zwar weitaus übersichtlicher das Risikoverhalten, haben aber den Nachteil, daß sie indirekt "kleines Risiko" (small risk) bei annähernd symmetrischer Verteilung unterstellen:

$$\mathrm{ARA}(W) = -\frac{U''(W)}{U'(W)}$$

Die relative Risikoaversion RRA(W) ergibt sich aus der Multiplikation der absoluten Risikoaversion mit dem Vermögen bzw. Reichtum oder Einkommen W:

$$\mathrm{RRA}(W) = \mathrm{ARA}(W) \cdot W = -\frac{U''(W)}{U'(W)} \cdot W.$$

Empirische Resultate (z.B. Friend/Blume (1975)) zeigten folgende Eigenschaften der Nutzenfunktion:

- der Grenznutzen ($=U'(W)$) ist positiv, jedoch fallend (d.h. $U''(W)<0$)
- die absolute Risikoaversion nimmt mit zunehmendem W ab, d.h. $d\mathrm{ARA}(W)/dW<0$
- die relative Risikoaversion ist (annähernd) konstant 2, d.h. $\mathrm{RRA}(W)\approx 2$; $d\mathrm{RRA}(W)/dW=0$.

"Plausible" Nutzenfunktionen müssen daher aus jener Klasse von Funktionen stammen, die obige Eigenschaften implizieren. Die gebräuchlichsten sind (c_0 und c_1 stellen beliebige Konstante dar, während a als (Risiko-)Parameter der Nutzenfunktion angesehen werden kann):

Die *Power-Utility Function* $U(W) = c_0 - c_1 \cdot W^{-a}$, $c_0, c_1, a > 0$; daraus folgt

$$\begin{aligned} U'(W) &= c_1 \cdot a \cdot W^{-a-1} > 0, & U''(W) &= -c_1 \cdot a(1+a)W^{-a-2} < 0; \\ \mathrm{ARA}(W) &= (1+a)W^{-1}, & \mathrm{RRA}(W) &= (1+a); \\ d\mathrm{ARA}(W)/dW &< 0, & d\mathrm{RRA}(W)/dW &= 0. \end{aligned}$$

Die *Narrow-Power-Utility Function* $U(W) = [a/(a-1)]W^{1-1/a}$, $a > 0$; daraus folgt

$$\begin{aligned} U'(W) &= W^{-1/a} > 0, & U''(W) &= -(1/a)W^{-1-1/a} < 0; \\ \mathrm{ARA}(W) &= (1/a)W^{-1}, & \mathrm{RRA}(W) &= 1/a; \\ d\mathrm{ARA}(W)/dW &< 0, & d\mathrm{RRA}(W)/dW &= 0. \end{aligned}$$

Die *logarithmische Nutzenfunktion* $U(W) = c_0 \cdot \ln(W)$, $c_0 > 0$; daraus folgt

$$\begin{aligned} U'(W) &= c_0 \cdot W^{-1} > 0, & U''(W) &= -c_0 \cdot W^{-2} < 0; \\ ARA(W) &= W^{-1}, & RRA(W) &= 1; \\ dARA(W)/dW &< 0, & dRRA(W)/dW &= 0. \end{aligned}$$

Nicht hingegen erfüllen die in der Literatur oft verwendeten quadratischen oder exponentiellen Nutzenfunktionen obige Eigenschaften. Für die *exponentielle Nutzenfunktion* $U(W)= 1-e^{-W\cdot a}$ gilt z.B.:

$$\begin{aligned} U'(W) &= a\cdot e^{-W\cdot a} > 0, & U''(W) &= -a^2\cdot e^{-W\cdot a} < 0; \\ ARA(W) &= a = \text{const.}, & RRA(W) &= a\cdot W; \\ dARA(W)/dW &= 0, & dRRA(W)/dW &= a > 0. \end{aligned}$$

Typisch für exponentielle Nutzenfunktionen ist, daß die absolute Risikoaversion unabhängig von W und somit konstant ist; sie gehört in die Klasse der CARA-Funktionen (Constant Absolute Risk Aversion). Bei dieser Funktion kann direkt aus dem Parameter a auf den Grad der (absoluten) Risikoaversion rückgeschlossen werden.

5 Alternative Modelle zur Risiko-Nutzenbeurteilung

5.1 Problemstellung

Das Konzept der Erwartungs-Nutzentheorie ist nicht in der Lage, bestimmte Phänomene des Entscheidungsverhaltens von Individuen, wie z.B. das Allais'sche oder das St. Petersburger Paradoxon, zu erklären. Nicht immer wird der Erwartungsnutzen maximiert. Alternative Konzepte, die nicht auf dem Erwartungswertprinzip beruhen, sind möglicherweise bessere Modellierungsansätze. Machina (1989) nennt drei Zielsetzungen, die es sinnvoll erscheinen lassen, sich mit alternativen Ansätzen auseinanderzusetzen.

1) *Empirisches Ziel:* Alternative Nutzenmodelle sollen besser geeignet sein, empirische Phänomene zu erklären.

2) *Theoretisches Ziel:* Die alternativen Modelle stellen eine Weiterentwicklung der Standardentscheidungstheorie bei Unsicherheit dar und sind zumindest eine Annäherung an die klassische Nutzentheorie von Von Neumann/ Morgenstern und Bernoulli.

3) *Normatives Ziel:* Individuen, die den nicht erwarteten Nutzen maximieren, verhalten sich dynamisch konsistent und sind daher nicht manipulierbar.

5.2 Beispiele für alternative Konzepte

Neben der Erwartungs-Nutzentheorie ist es durchaus denkbar, das Entscheidungsverhalten bei Unsicherheit durch alternative Ansätze zu modellieren, die die Problemsituation unterschiedlich strukturieren. Nachfolgende Tabelle (entnommen aus Machina (1989)) gibt einen Überblick über die in der Literatur am häufigsten verwendeten Alternativen.

Hey (1984) entwickelt einen alternativen Ansatz, der Entscheidungsträger in Kategorien einteilt. Der Optimist ordnet positiven Ausgängen höhere Wahrscheinlichkeiten zu als den ungünstigen Entwicklungen. Der Realist bewertet alle Ausgänge mit denselben Wahrscheinlichkeiten (hier ist sicherlich ein Schwachpunkt dieses Ansatzes zu sehen: Wie ist ein "Realist" zu definieren?) und der Pessimist hält den Eintritt negativer Umweltzustände für wahrscheinlicher.

Die *Prospect Theory* als weitere Alternative zur Erwartungs-Nutzentheorie geht insbesondere auf Kahneman/Tversky (1979) zurück. Den einzelnen Möglichkeiten können (leider nur?) subjektive Wahrscheinlichkeiten zugeordnet werden. Der (verhaltensorientierte) Entscheidungsprozeß wird in zwei Phasen unterteilt: Einerseits in eine Auswahlphase, im Rahmen derer die Wahrscheinlichkeiten und Alternativen gebildet werden, und in eine Bewertungsphase, in der die einzelnen Alternativen evaluiert und diejenige mit dem höchsten Wert ausgewählt wird.

Bezeichnung des Ansatzes	**Autoren**
Subjective Expected Utility	Kahneman/Tversky (1979)
Subjectively Weighted Utility	Kamarkar (1978, 1979)
Weighted Utility	Chew/MacCimmon (1972, 1979), Chew (1983)
Anticipated Utility	Quiggin (1982)
General Quadratic	Chew, Epstein, Segal (1988)
Optimism / Pessimism	Hey (1984)
Ordinal Interdependence	Segal (1984) Grenn/Julien (1988)

6 Zusammenfassung

Nutzenfunktionen haben in erster Linie eine Transformationsaufgabe: Beliebige Größen (Realisationen) werden in Nutzeneinheiten umgewandelt. Daraus ergibt sich die wesentliche Eigenschaft, daß nun ein Ranking - d.h. ein Alternativenvergleich - durchgeführt werden kann. Sowohl die Wahl zwischen Konsumgütern als auch die Entscheidung zwischen Konsum und Investition sowie die (subjektive, in gewissen Fällen sogar objektive) adäquate Risikoübernahme unter Berücksichtigung eines erwarteten Rückflusses kann quantifiziert werden. Besonderes Augenmerk ist jedoch auf die *Gestalt* der Nutzenfunktion zu legen. Nicht der Modellbauer darf erwarten, daß Individuen nach "seinem" Modell agieren, sondern beobachtbare Verhaltensstrukturen sind in einer geeigneten Funktion abzubilden. Die Relevanz der Risiko-Nutzenfunktionen zur Modellierung des menschlichen Verhaltens ist somit genau dann gegeben, wenn es gelingt, jene Eigenschaften des Menschen - insbesondere bei Alternativen und in Situationen der Ungewißheit bzw. der Unsicherheit - der Tendenz nach nachzubilden. Von untergeordneter Bedeutung ist die explizite Ermittlung einer Nutzenfunktion - wesentlich ist, daß sie gewisse Eigenschaften erfüllt, die dem menschlichen Verhalten entsprechen. Dieser Beitrag soll einen Überblick über die Stärken und Schwächen solcher Modelle liefern, wobei auf einzelne Teilbereiche nicht näher eingegangen werden konnte.

7 Literaturverzeichnis

[1] Anscombe, F.; R. Aumann (1963): A Definition of Subjective Probability. Annals of Mathematical Statistics 34, 199-205.

[2] Arrow, K.J. (1971): Essays in the Theory of Risk-Bearing. North-Holland, Amsterdam.

[3] Bernoulli, D. (1738): Specimen Theoriae Novas de Mensura Sortis. Commentarii Academiae Scientiarum Imperialis Petropolitanae 5, 175-192.

[4] Bamberg, G.; A.G. Coenenberg (1991): Betriebswirtschaftliche Entscheidungslehre. Vahlen, München.

[5] Conlisk, J. (1989): Three Variants on the Allais Example. The American Economic Review 79, 392-407.

[6] Friedman, M.; L.J. Savage (1948): The Utility Analysis of Choices Involving Risk. Journal of Political Economy 56, 279-304.

[7] Friend, I.; M. Blume (1975): The Demand for Risky Assets. American Economic Review 65, 900-922.

[8] Hey, J.D. (1984): The Economics of Optimism and Pessimism. Kyklos 37, 181-205.

[9] Huang, Ch.; R.H. Litzenberger (1988): Foundations for Financial Economics. North-Holland, Amsterdam.

[10] Kahneman, D.; A. Tversky (1979): Prospect Theory: An Analysis of Decision under Risk. Econometrica 47, 263-291.

[11] Kreps, D. (1990): A Course in Microeconomic Theory. Harvester, New York u.a.

[12] Machina, M.J. (1982): Expected Utility Analysis Without the Independence Axiom. Econometrica 50, 277-323.

[13] Machina, M.J. (1989): Dynamic Consistency and Non-Expected Utility Models of Choice Under Uncertainty. Journal of Economic Literature 27, 1622-1668.

[14] Markowitz, H. (1952): The Utility of Wealth. Journal of Political Economy 60, 151-158.

[15] Marschak, J. (1950): Rational Behavior, Uncertainty Prospects, and Measurable Utility. Econometrica 18, 111-141.

[16] Pratt, J.W. (1964): Risk Aversion in the Small and in the Large. Econometrica 32, 122-136.

[17] Savage, L.J. (1954): The Foundations of Statistics. Wiley, New York.

[18] Schauenberg, B. (1990): Dreiecksdiagramme in der Diskussion um die Erwartungsnutzentheorie. ZfbF 42, 135-151.

[19] Von Neumann, J.; O. Morgenstern (1944): Theory of Games and Economic Behavior. Princeton University Press, Princeton, N.J.

Abfertigungszusagen an das Management und deren Auswirkungen auf die Handels- und Steuerbilanz

Klaus Hirschler, Gottfried Sulz

1. Einleitung

Abfertigungszusagen an das Management von Gesellschaften, worunter wir hier den Vorstand einer Aktiengesellschaft (AG), die Geschäftsführung einer Gesellschaft mit beschränkter Haftung (GmbH) und die Geschäftsführung einer Personengesellschaft (PG) verstehen, werden weniger aus Gründen der sozialen Absicherung als vielmehr als Mittel zur Stärkung der Unternehmensloyalität gemacht. Dies wird dann noch verstärkt, wenn das Management an der Gesellschaft beteiligt ist.

Auf handelsrechtliche und steuerrechtliche Probleme, die nun mit der Zusage einer Abfertigung (A) an das Management verbunden sind, wird im folgenden eingegangen.

2. Die Abfertigungsrückstellung im Handelsrecht

2.1. Der Ansatz der Abfertigungsrückstellung (ARSt)

Die grundsätzliche Verpflichtung zur Berücksichtigung der Abfertigungszusage durch Ansatz der ARSt in der Bilanz ergibt sich einerseits aus dem Vollständigkeitsgebot (vgl. § 196 (1) HGB)[1)] und andererseits aus dem kaufmännischen Vorsichtsprinzip (§ 201 (1) Z 4 HGB)[2)], wobei auch die Frage zu behandeln ist, wer eine derartige Zusage erteilen kann.

2.1.1. Die Rückstellung für den Vorstand einer AG

Durch die Vereinbarung zwischen dem Vorstandsmitglied und dem Aufsichtsrat der AG (§ 75 (1) AktG) über die zukünftige Zahlung einer A entsteht für die AG ein Schuldverhältnis, das zur Passivierung der zukünftigen A verpflichtet. Dies gilt wegen der eigenen Rechtspersönlichkeit der AG unabhängig davon, ob das Vorstandsmitglied Aktionär der AG ist.

2.1.2. Die Rückstellung für den Geschäftsführer (GF) einer GmbH

Für die Zusage einer A an den GF ist hingegen auf Seite der GmbH die Gesellschafterversammlung zuständig[3)]. Nach herrschender Ansicht[4)] darf der Gesellschafter-GF an der Willensbildung der Gesellschafterversammlung auch insoweit mitwirken, als es um "zu erwartende Gehaltsansprüche" geht. Die A, zumindest soweit sie den Regelungen des § 23 AngG entspricht, ist uE ein zu erwartender Gehaltsanspruch.[5)]

Durch die Zusage der A entsteht bei der GmbH eine Drittschuld unabhängig davon, ob der GF Gesellschafter der GmbH ist. Dies bedeutet also jedenfalls auch Passivierungspflicht des (zukünftigen) Anspruchs auf A des Gesellschafter-Geschäftsführers.

2.1.3. Die Rückstellung für den GF einer Personengesellschaft

a) GF ohne Gesellschaftereigenschaft

Der GF, der nicht zugleich auch Gesellschafter der PG ist, steht aufgrund der bestehenden Weisungsgebundenheit gegenüber Gesellschafterbeschlüssen in einem Verhältnis persönlicher Abhängigkeit zu den Personengesellschaftern[6)].

Es sind bei ihm daher alle Merkmale eines Dienstnehmers und damit eines Schuldverhältnisses erfüllt, weshalb eine ARSt auf Grund des Gesetzes zwingend zu bilden ist.

b) Der voll haftende Gesellschafter-GF

Wird dem Gesellschafter-GF eine A zugesagt, so ist vorerst zu fragen, wem die Kompetenz für diese Zusage zukommt. Zwei Möglichkeiten sind dabei vorstellbar: Der vertretungsbefugte Gesellschafter-GF schließt selbst mit einem vertretungsbefugten Organ der Gesellschaft den entsprechenden Vertrag; oder der Gesellschafter-GF benötigt für die Gewährung der A-Zusage einen Beschluß der Gesellschafter. Unseres Erachtens entspricht nur die zweite Möglichkeit den Vorschriften des Gesellschaftsrechts, da nur ein Gesellschafterbeschluß die Verletzung von Interessen der übrigen Gesellschafter aus dem Gesellschaftsverhältnis verhindern kann. Die Gefahr der Verletzung der Interessen der übrigen Gesellschafter ergibt sich dabei z.B. durch das dem vertretungsbefugten Gesellschafter-GF mögliche Insichgeschäft.[7)]

Ein weiteres Argument für die Beschlußfassungspflicht der übrigen Gesellschafter liegt im Wesen der PG. Soweit nicht anders vereinbart, ist jeder Gesellschafter zur Geschäftsführung und Vertretung befugt bzw. verpflichtet, wobei grundsätzlich kein Gesellschafter Anspruch auf besondere Abgeltung seiner Tätigkeit für die Gesellschaft hat.[8)] Jede Änderung dieser dem Grundsatz der Selbstorganschaft entspringenden gesetzlichen dispositiven Regelung ist daher nur durch Gesellschaftsvertrag möglich (§ 110 HGB).

Einer gesellschaftsvertraglichen Vereinbarung bedarf daher auf Basis dieser Grundsätze uE auch die Übertragung einer leitenden Funktion an einen durch den Gesellschaftsvertrag von der Geschäftsführung ausgeschlossenen Gesellschafter. Dies gilt auch für eine damit verbundene Gewährung eines Gehalts sowie für die Erteilung einer A-Zusage. Soweit der Gesellschaftsvertrag nichts anderes bestimmt, kann die Änderung nur einstimmig erfolgen[9)].

Nachdem herausgearbeitet wurde, wann die Zusage einer A an einen Gesellschafter-GF wirksam vereinbart wird, stellt sich nun weiters die Frage, ob auf Seiten der Gesellschaft eine Passivierungspflicht besteht.

Der Anspruch des Gesellschafter-Geschäftsführers ist uE jedenfalls zu passivieren, da der Gesellschafter nach allgemein herrschender Meinung auch Gläubiger der Gesellschaft sein kann. Obwohl die Zusage der A einen Anspruch aus dem Gesellschaftsverhältnis darstellt, erlangt er damit Gläubigerposition, weil ausschließlich die Gesellschaft Schuldnerin aus der A-Vereinbarung ist[10)].

Daran anknüpfend stellt sich die Frage, ob für diese Schuld gegenüber dem Gesellschafter eine RSt angesetzt werden muß. Jedenfalls besteht bei Vorliegen einer Verbindlichkeitsrückstellung grundsätzlich eine Passivierungspflicht.[11)] Wesentliches Indiz für das Vorliegen einer Verbindlichkeit ist neben der Heranziehung eines Postens zur Verlustabdeckung die konkursrechtliche Behandlung der Forderung des Gesellschafters[12)]. Sollte die Forderung des Gesellschafters als Konkursforderung zu behandeln sein, so stellt die Verbindlichkeit der Gesellschaft eine Fremdverbindlichkeit dar, wofür eine RSt anzusetzen ist. Durch Auslegung des Gesellschaftsvertrages ist also zu ermitteln, ob die Forderung eines Gesellschafters gegen die Gesellschaft wie eine Drittforderung zu behandeln ist. Liegt hingegen keine Verbindlichkeit vor, so kann uE ein Ansatz[13)] einer sogenannten Aufwandsrückstellung aus dem Grundsatz der periodengerechten Gewinnermittlung erforderlich sein. Die Gesellschaft hat daher uE idR für den (zukünftigen) A-Anspruch des Gesellschafters - in voller Höhe ohne Berücksichtigung des Gesellschaftsanteils - durch Ansatz einer RSt vorzusorgen.

c) Der beschränkt haftende Gesellschafter (Kommanditist) als GF

Besondere Beachtung verdient auch die Möglichkeit, einen Kommanditisten mit der Geschäftsführung und der Vertretung der Kommanditgesellschaft (KG) zu betrauen und ihm dafür ein Geschäftsführergehalt samt A zu gewähren.

Grundsätzlich sind die Kommanditisten von der Geschäftsführung ausgeschlossen, doch ist diese Bestimmung bloß dispositiver Natur (§§ 163 iVm 164 HGB). Dem Kommanditisten kann daher durch den Gesellschaftsvertrag oder durch Einzelvertrag die Geschäftsführung übertragen werden[14)].

Erfolgt die Bestellung nicht im Gesellschaftsvertrag, so liegt bei bloß geringer Beteiligung des Kommanditisten an der KG und bei weisungsgebundener Erfüllung der Geschäftsführung ein Dienstverhältnis im Sinne des AngG vor[15)]. Daraus ergibt sich die Pflicht zum Ansatz der ARSt.

Soweit der Kommanditist jedoch aufgrund vertraglicher Regelungen keiner Weisungsbindung unterliegt oder selbst Weisungen erteilen kann, kommen die Regelungen über den voll haftenden Gesellschafter zur Anwendung.

Leitet sich die GF-Bestellung jedoch aus dem Gesellschaftsvertrag ab, so wird die Tätigkeit des Kommanditisten als Ausfluß seiner gesellschaftsrechtlichen Stellung gesehen; ein gesonderter Entgeltanspruch entsteht dann in diesem Fall nur aufgrund gesonderter Vereinbarung[16)]. Diese Differenzierung zur einzelvertraglichen Vereinbarung ist uE jedoch problematisch. Denn unter sonst gleichen Bedingungen (Weisungsgebundenheit, geringe Beteiligung) sollte keine Unterscheidung danach erfolgen, ob die GF-Bestellung im Gesellschaftsvertrag oder in einem Einzelvertrag vorgenommen wurde[17)]; die gesellschaftsrechtliche Bestellung ändert nichts an der inhaltlichen Ausgestaltung des Vertragsverhältnisses. Dies wird insbesondere dann gelten, wenn die Abberufungsmöglichkeiten im Gesellschaftsvertrag weitgehend jenen eines Dienstvertrages entsprechen.

Ein Entgeltanspruch des Kommanditisten entsteht aber auch dann, wenn seine gesellschaftsrechtliche Bestellung als Dienstverhältnis iSd AngG anzusehen ist. Daraus ergibt sich auch die Pflicht zum Ansatz der ARSt.

Ansonsten wird auf die Ausführungen zu Pkt. 2.1.3.b) verwiesen.

2.2. Die Bewertung der Abfertigungsrückstellung

Gemäß § 211 (2) HGB ist die ARSt mit dem nach versicherungsmathematischen Grundsätzen ermittelten Wert anzusetzen. Laut Weilinger darf unter diesem Wert jedoch nicht ein abgezinster Barwert der zukünftigen A-Verpflichtung verstanden werden, da die Ermittlung des Barwertes seiner Ansicht nach auf Grund zu vieler Unbekannter nicht möglich ist[18)]. Deshalb vertritt Weilinger den Ansatz der ARSt in Höhe des fiktiven A-Anspruches am Bilanzstichtag abzüglich statistischer Abschläge für Nichtentstehen eines A-Anspruches[19].

UE ist jedoch trotz aller damit verbundenen Schwierigkeiten der versicherungsmathematische Wert zu ermitteln[20]. Soferne keine erheblichen Bedenken bestehen, ist auch der Ansatz eines bestimmten Prozentsatzes der fiktiven Ansprüche zulässig (vgl. § 211 (2) 2. Satz HGB). Der Übergang auf das RLG wird durch Art X Abs 1 RLG erleichtert.[21]

2.3. Der Ausweis in der Gewinn- und Verlustrechnung

2.3.1. Der Ausweis bei der AG und GmbH

Bei Kapitalgesellschaften ist aufgrund des Trennungsprinzips von Gesellschaft und Gesellschafter der Abfertigungsaufwand jedenfalls als Personalaufwand auszuweisen.

2.3.2. Der Ausweis bei Personengesellschaften

Für die Darstellung der Zuführung zur ARSt in der Gewinn- und Verlustrechnung (G&V) gibt es zwei Möglichkeiten: entweder den Ausweis als Personalaufwand bei Ermittlung des Jahresüberschusses oder den Ausweis als Teil der Gewinnverwendung. Nach dem Gutachten des HFA 1/1976[22] kann jede Leistungsbeziehung zwischen Gesellschaft und Gesellschafter neben anderen Möglichkeiten auch nur auf der Ebene der Gewinnverwendung dargestellt werden. Der Vorteil besteht uE darin, daß ein vom Gesesllschafterzusammenschluß gemeinschaftlich erwirtschaftetes Ergebnis dargestellt werden kann. Diese Vorgangsweise kann der dem Steuerrecht zuzurechnenden Gewinnermittlung nach der Bilanzbündeltheorie entsprechen.

Für solche Leistungen, bei denen sich die Leistung des Gesellschafters als die eines Dritten darstellt, ist jedoch bei der Gliederung der Gewinnverwendung gesondert auf den Aufwandscharakter im betriebswirtschaftlichen Sinn hinzuweisen[23].

Gegen diese Darstellung spricht, daß darunter die Vergleichbarkeit mit Jahresabschlüssen anderer Gesellschaften leidet. Unter dem Gesichtspunkt der Generalnorm eines möglichst getreuen Bildes der Lage der Gesellschaft ist diese Darstellungsform uE bedenklich, weshalb wir den Ausweis als Personalaufwand bevorzugen.

3. Die Abfertigungsrückstellung im Ertragsteuerrecht

Während die Rückstellungsbildung im Handelsrecht in sehr weitem Umfang möglich bzw. verpflichtend ist, hat das Steuerrecht für die Bildung einer ARSt relativ enge Grenzen gesetzt.

Denn eine ARSt darf nach dem Einkommensteuergesetz (§ 14 EStG) nur gebildet werden für (zukünftige) Ansprüche

1. von Arbeitnehmern auf Grund
   - gesetzlicher Anordnung
   - eines Kollektivvertrages
2. von anderen Personen auf Grund gesetzlicher Anordnung.

3.1. Der Ansatz der Abfertigungsrückstellung

Obwohl § 14 EStG dem Steuerpflichtigen scheinbar ein Wahlrecht zum Ansatz der ARSt einräumt, ergibt sich aus dem Maßgeblichkeitsprinzip des § 5 Abs 1 EStG iVm § 198 Abs 7 HGB die grundsätzliche Pflicht zum Ansatz der ARSt[24)]. Das Maßgeblichkeitsprinzip gilt jedoch nur insoweit, als nicht das Steuerrecht zwingende Einschränkungen wie die oben angeführten vorsieht[25)].

So kennt z.B. das Steuerrecht für den Begriff des Arbeitnehmers im § 47 EStG eine eigene Definition. Danach ist Arbeitnehmer jemand, der Einkünfte aus nichtselbständiger Arbeit bezieht (vgl. § 47 (1) Satz 2). Anknüpfungspunkt ist also die Zuordnung von Einnahmen zu einer bestimmten Einkunftsart. Zu den Einkünften aus nichtselbständiger Arbeit zählen ua Bezüge aus einem bestehenden Dienstverhältnis im Sinne des § 47 (2) EStG. Charakteristika dieses Dienstverhältnisses sind neben der persönlichen Arbeitsverrichtung[26)] die Weisungsgebundenheit und die Eingliederung in den betrieblichen Organismus.

Arbeitsrechtlich sind Abfertigungen an alle Arbeiter und an Angestellte iSd AngG[27)] unabhängig von der steuerlichen Qualifizierung der Einkünfte zu leisten (vgl. § 2 ArbAbfG und § 23, 23a AngG). Dieser gesetzliche A-Anspruch setzt also grundsätzlich arbeitsrechtliche - nicht hingegen steuerliche - Arbeitnehmereigenschaft voraus. Danach ist Arbeitnehmer, wer eine Tätigkeit auf Dauer[28)] aufgrund eines Dienstvertrages in persönlicher und wirtschaftlicher Abhängigkeit[29)] verrichtet. Unbeachtlich ist dabei die steuerliche Behandlung des Entgelts.

Die Prüfung der Arbeitnehmereigenschaft kann auch beim Management nur an den oben genannten Kriterien erfolgen. Ergibt sich dabei, daß keine Arbeitnehmereigenschaft im steuerlichen Sinne vorliegt, so kann dennoch Arbeitnehmereigenschaft im arbeitsrechtlichen Sinne vorliegen. Dafür kann steuerlich die Bildung einer RSt für die "anderen Personen aufgrund gesetzlicher Anordnung" (§ 14 Abs 1 Zi 2 EStG) zulässig sein.

3.1.1. Rückstellung für den Vorstand einer AG

Der Vorstand einer AG unterliegt in Ausübung seiner Tätigkeit keinen Weisungen von anderen Organen der AG[30)], weshalb keine persönliche Abhängigkeit der Vorstandsmitglieder von anderen vorliegt. Daher liegt keine arbeitsrechtliche Arbeitnehmereigenschaft vor, sondern der Vorstand agiert auf Unternehmerseite[31)] (als Unternehmer).

Steuerlich ist hingegen zu differenzieren:
Steuerlich gesehen kann das einzelne Vorstandsmitglied Dienstnehmer im Sinne des § 47 (2) EStG sein[32)]Die Unterscheidung ist entsprechend den Abgrenzungen von Arbeitnehmer und Arbeitgeber nach § 47 (2) EStG zu treffen. Arbeitnehmer ist danach, wer dem Arbeitgeber seine Arbeitskraft schuldet und kein Unternehmerwagnis trägt[33)] dies trifft vor allem auf nicht an der AG beteiligte Vorstandsmitglieder zu. Ist das Vorstandsmitglied an der AG beteiligt, so ist die Abgrenzung entsprechend den Regelungen der §§ 22 Z 2 und 25 (1) Z 1 lit. b EStG vorzunehmen (vgl. dazu unten 3.1.2. b)

3.1.2. Rückstellung für den GF einer GmbH

Etwas differenzierter ist die Situation bei einem GF einer GmbH zu sehen.

Die Generalversammlung der GmbH hat idR mehr Kompetenzen als die Hauptversammlung der AG; dies offenbart sich vor allem im verbindlichen Weisungsrecht der Generalversammlung gegenüber dem GF (vgl. § 20 (1) GmbHG)[34)].

Für die Feststellung der Arbeitnehmereigenschaft des Geschäftsführers einer GmbH ist zu unterscheiden, ob der GF Gesellschaftsanteile hält oder nicht:

a) GF ohne Gesellschaftereigenschaft

Der GF, der nicht zugleich auch Gesellschafter der GmbH ist, steht aufgrund der bestehenden Weisungsgebundenheit gegenüber Generalversammlungsbeschlüssen in einem Verhältnis persönlicher Abhängigkeit zu den GmbH-Gesellschaftern. Es sind bei ihm daher alle Merkmale eines Dienstnehmers erfüllt, weshalb eine ARSt nach § 14 EStG steuerlich anerkannt ist.

b) Gesellschafter-GF

Bei einem GF, der zugleich auch Gesellschafter der Gesellschaft ist, ist zu untersuchen, ob er in der Generalversammlung Weisungen seine Geschäftsführung betreffend verhindern kann oder nicht. Kann er aufgrund eines 50% übersteigenden Gesellschaftsanteils oder trotz eines unter 50% liegenden Anteils auf Grund einer Sperrminorität Weisungen idR verhindern, so liegt mangels persönlicher Abhängigkeit kein arbeitsrechtliches Arbeitnehmerverhältnis zur GmbH vor[35].

Die Weisungsbindung an Beschlüsse des Aufsichtsrats ist für die Klärung der Arbeitnehmereigenschaft deshalb nicht maßgeblich, weil die Gesellschafterversammlung mittels Beschlusses die Weisung des Aufsichtsrats aufheben kann[36].

Hat der Gesellschafter-GF keine Möglichkeit, Weisungen der Generalversammlung zu blockieren, so steht er in einem persönlichen Abhängigkeitsverhältnis zur GmbH; dieser Gesellschafter-GF ist arbeitsrechtlich aufgrund der persönlichen Abhängigkeit als Dienstnehmer anzusehen.

Steuerrechtlich ist bei diesem persönlich weisungsgebundenen Gesellschafter-GF zwischen einem wesentlich[37] und einem nicht wesentlich beteiligten Gesellschafter-GF zu unterscheiden. Der nicht wesentlich Beteiligte ist Dienstnehmer im Sinne des § 47 EStG. Der wesentlich Beteiligte gilt hingegen selbst dann nicht als Dienstnehmer im Sinne des § 47 EStG, wenn er persönlich weisungsgebunden ist.

Für beide Typen von Gesellschafter-Geschäftsführern kann jedoch eine RSt nach § 14 EStG gebildet werden[38]: für den nicht wesentlich Beteiligten auf Grund seiner steuerlichen Arbeitnehmereigenschaft, für den wesentlich Beteiligten auf Grund seiner arbeitsrechtlichen Arbeitnehmereigenschaft, die die Rückstellungsbildung nach § 14 (1) Z 2 EStG ermöglicht.

Aufgrund gesetzlicher Fiktion gilt als Arbeitnehmer im Sinne des § 25 EStG auch der nicht wesentlich beteiligte Gesellschafter-GF, der nicht weisungsgebunden ist, aber sonst sämtliche Voraussetzungen eines Dienstverhältnisses erfüllt (§ 25 Z 2 EStG). Ob für diesen steuerliche ine Rückstellung gebildet werden kann, hängt nun davon ab, ob er einen Anspruch auf Grund einer gesetzlichen oder kollektivvertraglichen Anordnung hat.

3.1.3. GF einer Personengesellschaft

a) GF ohne Gesellschaftereigenschaft

Der Nichtgesellschafter-GF ist aufgrund seiner persönlichen Unterordnung unter die Gesellschafter steuerrechtlich und arbeitsrechtlich als Dienstnehmer anzusehen. Die Bestellung eines Nichtgesellschafters zum GF erfolgt durch die Gesellschafter. Diesen werden durch die Bestellung ihre Geschäftsführungsbefugnisse nicht entzogen[39], wodurch sie dem GF ohne Gesellschaftereigenschaft laufend Weisungen erteilen können. Die ARSt ist daher steuerlich anerkannt.

b) Der voll haftende Gesellschafter-GF

Der gesellschaftsrechtlich voll haftende Gesellschafter-GF hat als Gesellschafter im allgemeinen das Unternehmerrisiko[40)] zu tragen, was grundsätzlich gegen seine steuerliche Arbeitnehmereigenschaft spricht.

Diese Aussage ist jedoch uE in den Fällen zu hinterfragen, in denen der Gesellschafter-GF im Innenverhältnis kein Unternehmerrisiko trägt[41)]. Diese Bedenken treffen noch verstärkt auf den sog. "Arbeitsgesellschafter" zu, der überhaupt nicht am Kapital der Gesellschaft beteiligt ist. Da aber im Außenverhältnis die Haftung des Gesellschafters unbeschränkt und unbeschränkbar wirkt (§ 128 HGB), trägt der Gesellschafter-GF ein solches Maß an Unternehmerrisiko, daß dieses durch eine interne Weisungsbindung und Haftungsbefreiung nicht aufgewogen wird[42)].

Ausnahmsweise macht uE eine kurzzeitige, bloß vorübergehende und zufällige (z.B. durch Erbanfall) Beteiligung an der Gesellschaft den GF nicht zum Unternehmer[43)].

c) Der beschränkt haftende Gesellschafter (Kommanditist) als GF

Wie oben (2.1.3. c) festgestellt, kann der Kommanditist als GF sowohl Dienstnehmer im Sinne des AngG als auch Unternehmer sein. Ist er Unternehmer, so ist die Bildung der ihn betreffenden ARSt wie beim voll haftenden Gesellschafter-GF als Sonderbetriebseinnahme zu behandeln. Ebenso liegt Mitunternehmerschaft und keine steuerliche Arbeitnehmereigenschaft vor, selbst wenn ein Dienstverhältnis im Sinne des AngG mit gesetzlichem A-Anspruch besteht. Deshalb ist auch die steuerliche Anerkennung der Bildung der ARSt entsprechend § 14 (1) Z 2 EStG nicht möglich.

Als Sonderbetriebsausgaben können jedoch vom Kommanditisten die Arbeitnehmeranteile zur Sozialversicherung für sein Dienstverhältnis geltend gemacht werden. Die Arbeitgeberanteile stellen Betriebsausgaben der Gesellschaft dar.[44)]

3.2. Die Bewertung der Abfertigungsrückstellung

Die ARSt kann im Ausmaß bis zu 50% der am Bilanzstichtag bestehenden fiktiven A-Ansprüche gebildet werden (vgl. § 14 (1) EStG). Das Ausmaß der Inanspruchnahme ist zu Beginn der Bildung den Finanzbehörden bekanntzugeben. Diese Bewertungsvorschrift ist jedoch nur ein scheinbares Wahlrecht[45)].

Denn grundsätzlich kann nur der in § 14 EStG vorgesehene Höchstwert von 50% der fiktiven A-Ansprüche angesetzt werden, da der nach § 211 (2) HGB maßgebliche[46)] Wert der ARSt idR nicht geringer[47)] als 50% der fiktiven Ansprüche sein wird[48)].

Sollte handelsrechtlich eine höhere ARSt zu bilden sein, so wird insoweit das Maßgeblichkeitsprinzip durch die zwingende steuerliche Begrenzung der ARSt mit 50% der fiktiven Ansprüche derogiert.

Die ARSt des § 14 EStG ist bei erstmaliger Bildung gleichmäßig über einen Zeitraum von fünf Jahren aufzubauen (§ 14 (3) EStG), wobei eine Änderung des einmal gewählten Ausmaßes unzulässig ist. Am Schluß des folgenden Wirtschaftsjahres muß grundsätzlich für die im letzten Wirtschaftsjahr gebildete A-Rst eine sogenannte Wertpapierdeckung vorhanden sein. Diese besteht aus auf Inhaber lautenden Teilschuldverschreibungen u.ä. inländischer Schuldner in Höhe von 50% des letztjährigen Rückstellungsbetrages. Diese Wertpapierdeckung muß nicht vorhanden sein, soweit für die A eines ausgeschiedenen Arbeitnehmers im Vorjahr vorgesorgt wurde.

4. Resümee

Der Ansatz und die Bewertung der ARSt sind in der Handelsbilanz grundsätzlich anders geregelt als in der Steuerbilanz, wobei das Steuerrecht der handelsrechtlich gebildeten RSt bei Nichterfüllung bestimmter Voraussetzungen die Anerkennung versagt. Dies gilt ganz besonders für die Rückstellungsbildung für Gesellschafter-GF einer PG, da der steuerliche Mitunternehmerbegriff Vergütungen an den Gesellschafter idR als dessen Sonderbetriebseinnahme behandelt. Handelsrechtlich ist jedoch für den Gesellschafter-GF in jedem Einzelfall zu prüfen, ob nicht zumindest aus dem Gesellschaftsvertrag eine Pflicht zur Bildung einer ARSt abzuleiten ist.

Ob die restriktive Haltung des Steuergesetzgebers zur Bilanzierung von Abfertigungsverpflichtungen verfassungsgemäß ist, ist zweifelhaft[49)].

Anmerkungen und Literatur

1) Eine Ausnahme davon besteht bei Rückstellungen nur für solche von untergeordneter Bedeutung (§ 198 Abs 8 HGB).

2) Vgl. Nowotny, Ch.: in Straube, M.: Kommentar zum Handelsgesetzbuch, 2. Band Rechnungslegung, Wien 1992, § 198 Rz. 122.

3) Vgl. Kastner, W./Doralt, Peter/Nowotny, Ch.: Grundriß des österreichischen Gesellschaftsrechts, 5. Auflage, Wien 1990, S.372.

4) Vgl. Kastner, W./Doralt, P./Nowotny, Ch. (Grundriß)^5, S. 413 insb. FN 41.

5) Vgl. Heidinger, G./Königsmaier; H.: Bewertung und Ausweis des Sozialkapitals, in Bertl, R./Mandl, D./Mandl, G./Ruppe, H.-G.: Die neuen Rechnungslegungsvorschriften für Klein- und Mittelbetriebe, Wien 1992, S. 162.

6) Vgl. Torggler, H./Kucsko, G.: in Straube, M.: Kommentar zum Handelsgesetzbuch, 1. Band, Wien 1987, § 114 Rz 8.

7) Vgl. Koziol, H./Welser, R.: Grundriß des Bürgerlichen Rechts I, 9. Auflage, Wien 1992, S. 178.

8) Vgl. Torggler, H./Kucsko, G.: in Straube (Kommentar), 1. Band, § 114 Rz 21.

9) Vgl. Kastner, W./Doralt, P./Nowotny, Ch.: in (Grundriß)^5, S.86.

10) Vgl. Kastner, W./Doralt, P./Nowotny, Ch.: in (Grundriß)^5, S. 115.

11) Sämtliche Gesamthandverbindlichkeiten sind zwingend auszuweisen, vgl. WP-Handbuch 1985/86, Band II, Düsseldorf 1986, S. 34 und S. 289.

12) Vgl. Fachgutachten des HFA des Institutes der Wirtschaftsprüfer in Deutschland, Nr. 1/1976 in WPg. Nr. 4/1976 S. 117.

13) Für eine Ansatzpflicht von konkreten zukünftigen Ausgaben wohl auch Nowotny, Ch.: in Straube (Kommentar), 2. Band, § 198 Rn. 155 ff.; ebenso Frick, W.: Bilanzierung, Wien 1991, S. 242; sowie Altenburger, O.: Rückstellungen nach dem Entwurf für ein Rechnungslegungsgesetz, in: RdW 1990, S. 66.

14) Vgl. Torggler, H./Kucsko, G.: in Straube (Kommentar), 1. Band, § 164 Rz. 6.

15) Vgl. Straube, M.: "Geschäftsführerbezug" des Kommanditisten und Gesellschafterhaftung, S. 4 f. und Doralt, Paul, in Kastner, W./Stoll, G.: Die GmbH & Co KG im Handels-, Gewerbe- und Steuerrecht, Wien 1977, 2. Auflage, S. 313.

16) So Doralt, Paul, in Kastner, W./Stoll, G. (GmbH & Co KG)^2, S. 313.

17) Ebenso Koppensteiner, H. G.: in Straube (Kommentar), 1. Band, § 172 Rz. 12.

18) Vgl. Weilinger, A.: Die Bilanzierung von Abfertigungsvorsorgen nach Handels- und Steuerrecht, GesRZ 1989, S. 150 f., S. 216.

19) vgl. Weilinger, A. (Abfertigungsvorsorgen), GesRZ 1989, S.216.

20) Zur Ermittlung siehe Heidinger, G./Königsmaier, H. in (Bewertung) in Bertl, R./Mandl, D./Mandl, G./Ruppe, H.G.(Rechnungslegungsvorschriften), S. 162 ff.; sowie Fachgutachten Nr. 78 der Kammer der Wirtschaftstreuhänder - Grundsätze ordnungsmäßiger Bilanzierung von Abfertigungsverpflichtungen, abgedruckt z.B. in Bertl, R./Kofler, H./Mandl, D.: Praxis der neuen Rechnungslegung, 3. Auflage, Wien 1992, S. 274 f.

21) Vgl. hierzu ausführlich Halvax, G./Hörmann, F.: in Bertl, R./ Mandl D.: Handbuch zum Rechnungslegungsgesetz, Abschnitt A VIII mit Kritik an der üblichen weiten Interpretation der Übergangsvorschrift.

22) Siehe WPg Nr. 4/1976, S.114 ff.

23) Vgl. HFA Nr. 1/1976, in WPg. Nr. 4/1991, S. 118.

24) Vgl. Hofstätter, F./Reichel, K.: Kommentar zum EStG 1988, 7. Lieferung, Wien 1991, § 14 Rz. 2.

25) Zur Maßgeblichkeit grundsätzlich vgl. z.B. Göth, Ph.: Gewinnermittlungsarten und Gesetzmäßigkeitsprinzip, S. 140 ff, im konkreten S. 147 f. in Gassner, W./Lechner, E.: Steuerbilanzreform und Verfassungsrecht, Wien 1991.

26) Vgl. Hofstätter, F./Reichel, K. (Kommentar), 7. Lieferung, § 47 Rz. 82.

27) Auf A-Ansprüche besonderer Berufsgruppen (Journalisten, Hausangestellte) sei hiemit verwiesen.

28) Das Arbeitsverhältnis ist als Dauerschuldverhältnis zu qualifizieren; geschuldet wird nicht ein bestimmter Erfolg, sondern die zur Verfügungstellung der eigenen Arbeitskraft auf die Laufzeit des Arbeitsvertrages - vgl u.a. Schwarz, W./Löschnigg, G.: Arbeitsrecht, Wien 19xxx, S. 120f

29) Kriterien für die persönliche Abhängigkeit sind vor allem die persönliche Weisungsgebundenheit (z.B. Arbeitszeit, -ort, -verfahren; Urlaubs-, Krankmeldungen), die disziplinäre Verantwortlichkeit für Fehlverhalten, und die Einordnung in die betriebliche Ordnung und Organisation, vgl. Tomandl, Th.: Arbeitsrecht 1, 2. Auflage, Wien 1985, S. 43 f. sowie Schwarz, W./Löschnigg, G. (Arbeitsrecht), S. 117 f.
Das Kriterium der wirtschaftlichen Abhängigkeit wird als nicht unterscheidungsrelevant dafür angesehen, ob jemand als Arbeitnehmer anzusehen ist, vgl. Tomandl, Th. (Arbeitsrecht)[2] S.43; unter wirtschaftlicher Abhängigkeit ist bei aller Unklarheit des Begriffes wohl die Lohnabhängigkeit zu verstehen, und weniger die vom VwGH vertretene Verfügungsgewalt über die Produktionsmittel - vgl. dazu Schwarz, W./Löschnigg, G. (Arbeitsrecht), S. 118.

30) Daran ändern auch die Kontroll- und Zustimmungsrechte des Aufsichtsrats und der Hauptversammlung nichts, vgl. Schiemer, K.: Handkommentar zum Aktiengesetz, Wien 1980, § 74 Tz. 2.2, S. 242.

31) Vgl. Schiemer, K. (Aktiengesetz), § 74 Tz 4.2, S. 252; Schwarz, W./Löschnigg, G. (Arbeitrecht), S. 154.

32) Vgl. Werner, A./Schuch, W.: Kommentar zur Lohnsteuer 1988, 1. Lieferung, Abschnitt 2, § 47 Rz 124, Lohnsteuerrichtlinien 1992, § 47 Rz 607

33) vgl. Lohnsteuerrichtlinien 1992, § 47 Rz 588 ff.

34) Aufgrund dieser starken Rolle der Gesellschafter spricht man auch von der GmbH als personalistische Kapitalgesellschaft, vgl. Kastner, W./Doralt, P./Nowotny, Ch. (Grundriß)[5], S. 340.

35) Vgl. Runggaldier, U./Schima, G.: Die Rechtsstellung von Führungskräften, Wien 1991, S. 33.

36) Vgl. Kastner, W./Doralt, P./Nowotny, Ch. (Grundriß)[5], S. 406.

37) Eine wesentliche Beteiligung gemäß § 22 Z 2 ESTG liegt vor, wenn der Gesellschafter mehr als 25% des Grund- oder Stammkapitals besitzt.

38) Einschränkend VwGH E vom 17.5.1977 Zl 311, 2343/75, § 6b EStG 1967, zitiert bei Hofstätter, F./Reichel, K. (Einkommensteuer), 7. Lieferung, § 14 Rz. 4.

39) Vgl. Doralt, Paul in Kastner, W./Stoll, G. (GmbH & Co KG)[2], S. 314, insb. FN. 41.

40) Worunter man die Chance, Gewinne zu erzielen, aber auch die Pflicht zur Verlusttragung versteht.

41) Vgl. Brönner, H./Bareis, P./Rux, H.-J.: Die Besteuerung der Gesellschaften, 16. Auflage, Stuttgart 1988, S. 140, Rz 16 ff.

42) Vgl. Brönner, H./Bareis, P./Rux, H.-J. (Besteuerung)[16] S. 142 Rz. 25 ff.; Zum Arbeitsgesellschafter als Mitunternehmer siehe VwGH 21.1. 1966, 492/65 zitiert

bei Igerz, E.: Vergütungen für die Erbringung von Leistungen eine Gesellschafters einer Personengesellschaft gegenüber der Gesellschaft, GesRZ 1984, S. 70.

43) Vgl. BFH 24.1.80, VI R 156-157/78, BStBl. II 271. zitiert bei Igerz, E. (Vergütungen), GesRZ 1984, S. 70.

44) Schubert, A./Pokorny, W./Schuch, W./Quantschnigg, P.: Einkommensteuer-Handbuch, Wien 1985, 2. Auflage, § 23, Rz. 46

45) Ebenso Hofstätter, F./Reichel, K. (Einkommensteuer), § 14 Rz 2.

46) Das Maßgeblichkeitsprinzip gilt auch der Höhe nach; vgl. ua Weilinger, A. (Abfertigungsrückstellung), RdW 1989, S. 212.

47) Ist die handelsrechtliche Rückstellung niedriger, so ist uE steuerlich weiterhin das gewählte Ausmaß anzuerkennen, da dieses zwingend beizubehalten ist; A.A. Hofstätter, F./Reichel, K.(Einkommensteuer), § 14 Rz. 2.

48) Vgl. Weilinger, A. (Abfertigungsrückstellung), RdW 1988, S. 213.

49) Vgl. Doralt, W./Farmer, P./Gehrmann, B./Reiner, J.: Einkommensteuergesetz, Kommentar, 2. Auflage, Wien 1992, § 14 Rz. 4.

Informations-
verarbeitung
–
Mensch
–
Wirtschaft

Das WUnet - eine Bestandsaufnahme der Nutzungsmöglichkeiten und der Benutzerakzeptanz von Netzwerkdiensten an der Wirtschaftsuniversität Wien

Lore Alkier

1. Einführung

Information stellt für "informationsverarbeitende Betriebe" wie Universitäten einen grundlegenden Produktionsfaktor dar. Die intensive Kommunikation zwischen Wissenschaftlern, individueller Erfahrungsaustausch, die Präsentation und Diskussion von Forschungsergebnissen oder auch die Hilfe der "scientific community" bei Spezialfragen stellen wesentliche Arbeitsvoraussetzungen und Wettbewerbsfaktoren dar. Die herkömmlichen Kommunikations- und Kooperationswege (Briefverkehr, Telefonat, persönliches Gespräch oder Teilnahme an Konferenzen) wurden an einigen - insbesondere den informatikorientierten - Abteilungen der Wirtschaftsuniversität Wien (WU) in den letzten Jahren durch rechnergestützte Arbeitsmethoden nachhaltig verändert. So haben sich z.B. die Entwicklungszeiten bei Softwareprojekten durch die rasche Verteilung an Testbenutzer verringert, die abteilungsinterne Kommunikation konnte mittels elektronischer Post wesentlich vereinfacht und beschleunigt werden, fachliche Information steht über elektronische Zeitschriften und Diskussionsgruppen mit höchster Aktualität zur Verfügung.

Bislang hat die Nutzung der eben beschriebenen Arbeitsmethoden jedoch weder in den Wirtschaftswissenschaften noch in der Unternehmenspraxis weite Verbreitung gefunden. Ziel dieses Beitrags ist es daher, zunächst verschiedene Einsatzmöglichkeiten von Netzwerken aufzuzeigen. Die Erfahrungen mit Netzwerkdiensten im WU-weiten Netzwerk **WUnet** sollen Anstöße geben, über die Teilnahme am internationalen Informationsaustausch und die dadurch erzielbaren Wettbewerbsvorteile nachzudenken.

2. Auf dem Weg zur vernetzten Universität

An der WU hat die Nutzung der Informationstechnologie eine langjährige Tradition. Seit den 70er Jahren werden zu Forschungs- und Lehrzwecken Zentralrechner eingesetzt. Bis 1983 erfolgte die Benutzung dieser Rechner in zentralen Terminalräumen oder über Terminals in den Abteilungen.

Ab 1983 begannen zunehmend mehr wissenschaftliche Abteilungen, ihren Rechenbedarf durch Arbeitsplatzrechner abzudecken, die teilweise auch als Terminals für die vorhandenen Zentralrechner dienten. Einige EDV-Anwender installierten abteilungsintern lokale Netzwerke, um Ressourcen gemeinsam nutzen zu können. Im Vordergrund standen dabei zumeist Zugriffe auf leistungsfähige Drucker und allgemein zugängliche Datenbestände (z.B. auf den Bestand der Institutsbibliothek). Bereits 1984 wurden die ersten PC-Schulungsräume für Studierende eingerichtet.

1985 konnte die WU in das Forschungsnetzwerk **EARN** (European Academic and Research Network) eingebunden werden, das gemeinsam mit seinem außereuropäischen, usprünglich US-amerikanischen Gegenstück **Bitnet** mehrere hundert Zentralrechner umfaßt. Diese Integration in ein weltweites Netzwerk, das in erster Linie Universitäten und andere Forschungsinstitutionen miteinander verbindet, bot zum ersten Mal die Möglichkeit, elektronische Post weltweit zu versenden und zu empfangen, Dateien zu transferieren oder internationale Diskussionsgruppen einzurichten, die über das Netzwerk Nachrichten austauschen konnten. Die Nutzung des EARN war jedoch stark auf jenen Personenkreis beschränkt, der die Zentralrechner auch für andere Zwecke nutzte und daher über einiges EDV-Interesse und auch das notwendige Wissen verfügte. Zu einer spürbaren Veränderung der Arbeits- und Kommunikationsgewohnheiten der WU-Angehörigen führte das EARN zunächst nicht.

Dem weltweiten Trend der Informationsverarbeitung an Universitäten folgend hat sich die WU 1987/88 zur Vernetzung des gesamten Universitätsgeländes entschlossen.

Ziele der Vernetzung waren:
- die einfache Nutzung der an der WU verfügbaren Rechnerressourcen vom Arbeitsplatz aus (z.B. Verwaltungsanwendungen am Siemens-Zentralrechner, Statistiksoftware am IBM-Zentralrechner, Bibliotheksrecherchen im österreichweiten Bibliothekssystem BIBOS etc.),
- die Bereitstellung eines WU-internen Kommunikationsmediums (Electronic mail, WU-internes Informationsangebot),
- der Anschluß an nationale und internationale Netzwerke,
- die Ermöglichung weltweiter Kommunikation mit Fachleuten und

- der Zugriff auf weltweite Informationsquellen, Rechner- und andere Ressourcen.

1990 wurde schließlich im Hauptgebäude der WU das Grundgerüst des heutigen **WUnet** installiert. Als Standards wurden Ethernet (maximale Übertragungsgeschwindigkeit 10 Mbit/s) und das Netzwerkprotokoll TCP/IP gewählt, die beide an Universitäten weit verbreitet sind. In der Grundausbaustufe wurde die Verkabelung in alle Hörsäle, Seminarräume und die Verwaltungsabteilungen geführt. Ebenso konnten jene wissenschaftlichen Abteilungen, die bereits lokale Netze (größtenteils auf Ethernet-Basis) betrieben, in das WU-weite Netzwerk einbezogen werden. Um allen wissenschaftlichen Abteilungen sofort die Netzwerknutzung zu ermöglichen, wurde pro Abteilung mindestens ein Netzwerkanschluß installiert sowie ein Arbeitsplatzrechner mit Netzwerkkarte (Apple Macintosh) vom EDV-Zentrum zur Verfügung gestellt. 1992 konnte die Verkabelung des WU-Hauptgebäudes abgeschlossen werden. Zusätzlich wurden drei neu in Betrieb genommene Gebäude der WU vollständig vernetzt und über Lichtwellenleiter mit dem WUnet verbunden. Einige kleinere Außenstellen der WU erreichen das WUnet über Stand- oder Wählleitungen.

3. Das WUnet heute

Aus der stark zentralrechnerorientierten Ausstattung der WU hat sich in den vergangenen Jahren eine vielfältige EDV-Landschaft entwickelt, die unterschiedlichsten Benutzerbedürfnissen (sowohl hinsichtlich des Bedienungskomforts als auch der Leistungsfähigkeit) gerecht wird. Am Jahresende 1992 waren an der WU etwa 850 Arbeitsplatzrechner installiert.[1)] 220 MS-DOS-, OS/2-, Apple- und Unix-Rechner sind in den Schulungsräumen des EDV-Zentrums für studentische Benutzer untergebracht, weitere 120 Notebook-Rechner können am EDV-Zentrum von Studenten und WU-Mitarbeitern entliehen werden. In der Universitätsverwaltung sind etwa 60 Arbeitsplatzrechner installiert, die Universitätsbibliothek und das EDV-Zentrum verfügen über rund siebzig Geräte. Etwa 380 Rechner sind an den Arbeitsplätzen des wissenschaftlichen Personals sowie in den Institutssekretariaten installiert. Der größte Teil dieser Arbeitsplatzrechner ist an das WUnet angeschlossen, ebenso sind die Zentralrechner und Unix-Workstations im WUnet von jedem Arbeitsplatz aus erreichbar.

Die Leistungsfähigkeit und die Benutzerfreundlichkeit der heute erhältlichen Arbeitsplatzrechner und Workstations sowie das breite Softwareangebot machen mittlerweile für viele Benutzer die zentrale Rechenkapazität entbehrlich. Früher selbstverständlich auf einem Zentralrechner erledigte Aufgaben, wie z.B. statistische Auswertungen, können heute oft ebensogut auf einem Arbeitsplatzrechner durchgeführt werden, wo sie dann mit Grafik- und Textverarbeitungssoftware weiterbearbeitet werden. Zunehmend mehr Benutzer nutzen mittlerweile auch das vielfältige netzwerkbasierte Informationsangebot, das das herkömmliche Anwendungsspektrum beträchtlich erweitert.

4. Nutzungsmöglichkeiten des WUnet

Mit der Installation des WUnet schuf die WU neben der internen Vernetzung auch die technischen Voraussetzungen für den Anschluß an das **Internet**, ein internationales "Meta"-Netzwerk, das verschiedene Netzwerke miteinander verbindet.[2)] Die Zahl der im Internet registrierten Rechner betrug im Januar 1992 720.000, mit Beginn des Jahres 1993 werden es bereits weit über eine Million sein.[3)]

Um an der Kommunikation im Internet teilnehmen zu können, ist eine eindeutige Internet-Adresse für jeden Rechner erforderlich, die von einer zentralen Institution in den USA, dem Network Information Center (NIC), zugewiesen wird. Um aber nicht jeden einzelnen Rechner zentral registrieren zu müssen (an der WU wären dies etwa 850 Rechner), erhält jede Organisation einen Adreßbereich, innerhalb dessen Rechneradressen beliebig vergeben werden können.

Die Internet-Adresse eines Rechners besteht aus einer vierteiligen Zahlenkombination in der Form `137.208.3.4`. Diese Internet-Nummer ist beispielsweise dem mail-Server der WU zugeordnet. Die ersten beiden Zahlen `137.208` repräsentieren die WU und dürfen nicht verändert werden. Die folgenden beiden Zahlen werden innerhalb der WU vergeben: `3` bezeichnet ein Subnetz des EDV-Zentrums, die Zahl `4` identifiziert einen bestimmten Rechner in diesem Subnetz.

Jede Organisation erhält außerdem einen im Internet eindeutigen Namen, der auf das Geschäftsfeld und das Land rückschließen läßt. Der Name der WU lautet `wu-wien.ac.at`, wobei `ac` für academic, also den akademischen Bereich, steht und `at` das Land, hier Österreich, repräsentiert.[4)]

Auf dem Netzwerkprotokoll TCP/IP, das im WUnet und im Internet verwendet wird, basieren grundlegende Dienste zur Übertragung von Dateien zwischen entfernten Rechnern (*ftp*) und für den Verbindungsaufbau zwischen entfernten Rechnern für interaktive Arbeitssitzungen (*telnet*). Diese Dienste ermöglichen Benutzern an der WU beispielsweise das Kopieren von gratis erhältlichen Programmen (public domain-Programmen), die auf einem Softwareserver in den USA gespeichert sind, oder die Arbeit an einem Supercomputer im Kernforschungszentrum CERN - immer vorausgesetzt, der Benutzer verfügt über die Berechtigung zur Nutzung dieser Dienste. Daneben sind zumeist auch Protokolle implementiert, die die Verwendung von elektronischer Post (*e-mail*), die Verwaltung von in Netzwerken verteilten Diskussionsbeiträgen und elektronischen Zeitschriften (*Internet news*) und zahlreiche andere TCP/IP-basierte Dienste ermöglichen. Einige dieser Dienste, die an der WU in größerem Umfang genutzt werden, werden in der Folge näher erläutert.

Elektronische Post (E-mail)

Elektronische Post ist der an der WU wie im Internet meistgenutzte netzwerkbasierte Dienst. Angesichts des Potentials von e-mail, der Bedeutung von Kommunikation unter Wissenschaftlern, der vorhandenen Infrastruktur und der Dichte an Arbeitsplatzrechnern ist die Nutzungsintensität allerdings noch gering.

Electronic mail erlaubt eine weitgehende Zeit- und Ortsunabhängigkeit der Teilnehmer. E-mail-Benutzer können zu beliebiger Tages- oder Nachtzeit Nachrichten versenden oder auf Anfragen antworten, unabhängig davon, ob der Gesprächspartner momentan erreichbar ist. Ein "Nachsendeauftrag" bei längeren Auslandsaufenthalten ermöglicht es, e-mail an eine andere Adresse im Internet weiterzuleiten, ohne die Kommunikationspartner über die Änderung informieren zu müssen.

Auch innerhalb einer Organisation kann der gezielte Einsatz von e-mail die Kommunikation, Koordination und Kooperation wesentlich unterstützen. Frei definierbare Gruppen beispielsweise alle Mitarbeiter eines Instituts, alle Mitglieder einer Kommission oder alle Benutzer eines Softwarepakets können aufgrund einer gemeinsamen Postverteilerliste gleichzeitig angeschrieben werden, sodaß Information unabhängig von der Anwesenheit der Adressaten verläßlich und unkomplizierter als durch einen Brief übermittelt werden kann. Besprechungen können durch die Verwendung von e-mail reduziert oder effizienter abgewickelt werden. Gegenüber Telefonaten besitzt e-mail den Vorzug, daß sie den Arbeitsfluß und die Konzentration nicht stört, da e-mail-Anfragen nicht sofort beantwortet werden müssen.

Insbesondere bei Forschungs- und Entwicklungsprojekten ermöglicht e-mail substantielle Produktivitätsgewinne. Durch die e-mail-basierte Kommunikation der Mitglieder eines verteilten Entwicklerteams oder einer internationalen Forschungsgruppe können beträchtliche Zeitgewinne, Personaleinsparungen (Experten werden nur bei Bedarf kontaktiert bzw. müssen nicht räumlich anwesend sein) und damit Kostenreduktionen gegenüber herkömmlicher Teamarbeit erzielt werden.[5)] Neben Zeit- und Kostenvorteilen kann e-mail auch zum Abbau von Hierarchien beitragen, wenn sie aufgrund ihres informalen Charakters anderen Kommunikationsmöglichkeiten vorgezogen wird.

Elektronische Diskussionslisten (Internet News)

Eine Erweiterung des Anwendungsspektrums von e-mail stellen öffentliche elektronische Diskussionslisten dar. Im Gegensatz zur persönlichen Kommunikation über e-mail erreichen **Internet News** einen viel größeren, zumeist anonymen Interessentenkreis. Jeder Internet-Teilnehmer kann neue Diskussionslisten zu beliebigen Interessengebieten einrichten, Beiträge in bestehende Diskussionsgruppen einbringen oder Diskussionen passiv verfolgen.

Jede Diskussionsliste ist einer Themengruppe zugeordnet: EDV-Interessierte finden z.B. in der Gruppe `comp` Diskussionen über Hard- und Software, Testergebnisse, public domain-Software etc., `sci`-Gruppen befassen sich mit unterschiedlichen Forschungsgebieten, `rec`-Gruppen diskutieren über Freizeitaktivitäten und Hobbies, `gnu`-Gruppen befassen sich mit Software der Free Software Foundation.

Da die Einrichtung neuer Diskussionsgruppen nicht zentral erfolgt, sondern lediglich vom Interesse und der Disziplin der Netzwerkteilnehmer abhängt, existieren mittlerweile tausende Diskussionsgruppen unterschiedlicher Qualität, deren Archivierung und Bearbeitung ressourcenaufwendig ist. Jede Organisation kann daher wählen, welche Diskussionsgruppen sie von anderen Rechnern beziehen und ihren Benutzern zur Verfügung stellen will. Zusätzlich können auch lokale Diskussionsgruppen eingerichtet werden, in denen etwa Fragen der Netzwerkbenutzung diskutiert werden, Installationstips für neue Software gegeben werden oder aktuelle Veranstaltungshinweise enthalten sind.

Internet News sind aus dem Arbeitsalltag in der Informatik und anderen Wissenschaften nicht mehr wegzudenken, Wirtschaftswissenschaftler haben hingegen erst wenig Interesse daran gezeigt. Zwar verfolgen auch an der WU Mitarbeiter und Studenten aus verschiedensten Fachbereichen Diskussionsgruppen je nach persönlichem Interesse, eine eigene wirtschaftswissenschaftliche Diskussionsliste auf internationaler Ebene (`CERRO-L`) wurde aber lediglich vom Institut für Raumordnung eingerichtet.

Software- und Dateiserver

Die Übertragung von Dateien zwischen Rechnern (ftp) hat insbesondere durch die weite Verbreitung von Arbeitsplatzrechnern sowie das große Angebot an kostenloser Software und anderer öffentlich zugänglicher Daten (Ergebnisse von Leistungstests, Dokumentationen von Softwarepaketen, Produktinformationen, Pressemitteilungen, Spiele, digitalisierte Bilder etc.) große Bedeutung erlangt. Nicht nur EDV-Experten sondern immer mehr EDV-Anwender beziehen Software gratis von öffentlich zugänglichen Servern im Internet. Viele Informationsanbieter, insbesondere Universitäten, haben für diesen Zweck dedizierte **ftp-Server** eingerichtet oder stellen Plattenkapazitäten zur Verfügung, die mittels anonymer Benutzerberechtigungen verwendet werden können (anonymous ftp).

Mit der Zunahme der weltweit zugänglichen Daten und Programme stieg die Anzahl der im Internet anonym erreichbaren ftp-Server, für gelegentliche Benutzer wurde das Angebot gleichzeitig immer undurchschaubarer. Um Daten oder Programme im Internet einfach zu lokalisieren, kann man sich daher sogenannter **archie**-Server bedienen. Diese Server sammeln in regelmäßigen Abständen die aktuellen Inhaltsverzeichnisse aller bekannten ftp-Server und ermöglichen Abfragen nach verschiedenen Suchkriterien. Wenn die gesuchte Datei (z.B. ein Programm zum Test der Prozessorleistung oder das digitalisierte Bild von Donald Duck) gefunden wurde, kann programmgesteuert die Verbindung zum ftp-Server hergestellt und die Datei kopiert werden. Um EARN-Benutzern, die keinen direkten Internet-Anschluß haben, ähnliche Möglichkeiten zu bieten, wurden in Europa mehrere Software-Server (sog. **Trickle**-Server) auf IBM-Zentralrechnern eingerichtet. Den aktivsten Trickle-Server in Europa betreibt die WU.

Bibliotheks- und Datenbankrecherchen

Literaturrecherchen als eine der Grundvoraussetzungen wissenschaftlichen Arbeitens sind i.d.R. zeitraubende Tätigkeiten, die häufig nicht am Arbeitsplatz, sondern nur direkt in einer Bibliothek durchgeführt werden können. Mitarbeitern österreichischer Universitäten steht für Literaturrecherchen das österreichweite Bibliotheksinformationssystem BIBOS zur Verfügung, das über das WUnet direkt am Arbeitsplatz benutzt werden kann. Zusätzliche Recherchemöglichkeiten bieten externe Datenbanken und CD-ROM-basierte (Volltext-)Datenbanken, die in einer Servicestelle der WU-Bibliothek abgefragt werden können. Eine komfortable Nutzung dieser Ressourcen direkt am Arbeitsplatz - insbesondere über CD-ROM-Server im WUnet - soll 1993 realisiert werden.

Eine beträchtliche Erweiterung des Rechercheangebots bieten zahlreiche Bibliotheken im Ausland[6)], die bereits seit Jahren anonyme Abfragemöglichkeiten über Rechnernetze geschaffen haben. Um potentiellen Benutzern die Recherche zu erleichtern, sind Dokumente mit den Internet-Adressen der erreichbaren Bibliotheken erhältlich, die auch Angaben über die Schwerpunkte des Literaturangebots sowie die wichtigsten Kommandos zur Programmbedienung enthalten.

Obwohl viele Wissenschaftler mit diesem schlagartig vervielfachten Informationsangebot wesentlich an Arbeitskomfort gewinnen würden, steht einer intensiven Nutzung noch der erforderliche Lernaufwand entgegen. Auch kundige und lernwillige Benutzer geraten in Probleme, wenn die Benutzung einer

Bibliothek eine spezielle Terminalemulation erfordert oder die gewohnte Tastenbelegung bei der Bibliotheksrecherche verändert wird. Eine auch für Netzwerk-Laien verständliche, menügesteuerte Benutzeroberfläche wird nötig sein, um das Angebot optimal auszunutzen.

Bereitstellung des Informationsangebots über Gopher-Server

Um das Informationsangebot im Internet überschaubar und Endbenutzern einfach zugänglich zu machen, wurden in jüngster Vergangenheit neue Informationsdienste entwickelt. Insbesondere menügesteuerte Anwendungsprogramme sollen die einfache Nutzung verschiedenartiger Datenquellen ermöglichen. Ob es sich dabei um interne Daten oder Programme, wie z.B. ein Telefonverzeichnis, oder um Zugriffe auf externe Quellen wie Bibliotheksdatenbanken handelt, ist sekundär.

Ein verbreitetes Softwareprodukt für diesen Zweck trägt den Namen **Gopher** (= Laufbursche). Gopher-Server stellen Information im Internet bereit, auf die Klientenprogramme von beliebigen Arbeitsplatzrechnern aus zugreifen können. Zumeist ermöglichen die Server auch den Durchgriff auf andere Gopher-Server im Internet, wodurch das lokale Informationsangebot beträchtlich erweitert werden kann. Der erste experimentelle Gopher-Server der WU wurde 1992 in Betrieb genommen und enthält nach wenigen Monaten bereits Daten von sechs WU-internen Informationsanbietern, die sich auf diese Weise nicht nur WU-weit sondern auch international präsentieren können.

5. Akzeptanz des WUnet und Einsatzerfahrungen

Nach zwei Jahren des Aufbaus und der unterschiedlich intensiven Nutzung des WUnet durch die Universitätsangehörigen ist es noch zu früh, gesicherte Aussagen über die Zielerreichung, die mit der Installation des WUnet verbunden war, zu machen. Ob und inwieweit Netzwerkdienste die Arbeits- und Kommunikationsgewohnheiten eines breiten Benutzerkreises an der WU verändern, werden die kommenden Jahre intensiver Nutzung zeigen. Erste Anhaltspunkte hinsichtlich der Akzeptanz der Netzwerkdienste liefert jedoch eine 1992 durchgeführte Befragung der EDV-Verantwortlichen aller Universitätsinstitute der WU. Einige Ergebnisse dieser Befragung seien hier zusammenfassend angeführt:

- *Persönlicher (leistungsfähiger) Arbeitsplatzrechner*
  Fast alle regelmäßigen Benutzer des WUnet verfügen über einen eigenen Arbeitsplatzrechner, mit dessen Verwendung sie hinreichend vertraut sind. Sobald Mitarbeiter ihren Arbeitsplatz verlassen müssen, um beispielsweise e-mail an Kollegen zu versenden, oder wenn sie Programmparameter zum

Lesen ihrer persönlichen Post verändern müssen, nimmt die Nutzungsintensität drastisch ab. Aus diesem Grund war auch die in Abschnitt 2 erwähnte Bereitstellung von Apple-Rechnern für alle Abteilungen der WU nur teilweise erfolgreich.

- *Benutzerfreundlichkeit der Netzwerkdienste*
  Die Benutzerfreundlichkeit der Netzwerkdienste ist ein wesentliches Nutzungskriterium für alle EDV-Endbenutzer. Diese Benutzergruppe des WUnet verwendet Klientenprogramme mit grafischer Benutzeroberfläche, vorzugsweise auf Apple Macintosh-, OS/2-Rechnern oder unter MS-Windows auf MS-DOS-Rechnern (z.B. für die Bearbeitung von e-mail). Das Angebot an leistungsfähiger und bedienerfreundlicher Klientensoftware für diese Rechner wird daher für die weitere Verbreitung maßgeblich sein. Auf diese Weise können künftig auch Benutzer gewonnen werden, die heute angeben, daß die Benutzung des WUnet einen zu hohen Lernaufwand erfordere.

- *Informationsdefizite bei potentiellen Nutzern*
  Als Hauptgrund für die Nichtnutzung des WUnet wird in erster Linie das Fehlen umfassender und praxisorientierter Information genannt. Schriftliche Unterlagen sowie allgemeine Einführungskurse reichen offensichtlich nicht aus, um neue Benutzer zu gewinnen. Vielmehr müssen Interessenten(gruppen) in persönlichen Gesprächen über die Vorteile von Netzwerkdiensten informiert werden (z.B. einfachere Kommunikationswege innerhalb einer Abteilung, weltweite Diskussion mit Fachkollegen). Dies setzt allerdings eine über das technische Wissen hinausgehende, benutzerorientierte Sichtweise des Betreuungspersonals voraus. Insbesondere in der ersten Anwendungsphase ist außerdem eine intensive Betreuung sicherzustellen.

- *EDV-Durchdringungsgrad der WU*
  Voraussetung für die Erzielung spürbarer Arbeitserleichterungen ist die Einbeziehung eines großen Teilnehmerkreises.[7)] Dabei muß beispielsweise der Absender von electronic mail darauf vertrauen können, daß der Adressat einer Nachricht seine elektronische Post regelmäßig liest. In Abteilungen, in denen der Großteil der Mitarbeiter keinen Rechner besitzt oder andere Widerstände gegen die Benutzung von e-mail bestehen, sind die Vorteile naturgemäß gering.

- *Zahl der Informationsanbieter in der eigenen Wissenschaftsdisziplin*
  Die erste und auch heute noch intensivste Nutzung des WUnet erfolgte in jenen Abteilungen, die sich seit langem mit (Wirtschafts-)Informatik befassen. Gründe dafür sind das Know-how der Mitarbeiter über das Informationsangebot, die gute EDV-Ausstattung dieser Abteilungen, die Kenntnisse der Mitarbeiter über Installation und Benutzung der erforderlichen Netzwerksoftware und insbesondere die fachliche Relevanz eines großen Teils

des Informationsangebots. Durch ein fachbezogenes Informationsangebot, das auf andere Weise schwerer beziehbar ist, würde das Interesse auch in jenen betriebswirtschaftlichen oder volkswirtschaftlichen Forschungsgebieten erhöht werden, die heute keinen Bedarf an Netzwerkdiensten haben.

- *Nutzen durch eigene Beiträge zum Informationsangebot*
  In Wissenschaftsdisziplinen, in denen wenig rechnergestützter Informationsaustausch betrieben wird, hängt es vielfach von der Initiative des Einzelnen oder eines interessierten Personenkreises ab, ob und wie intensiv Netzwerkdienste genutzt werden. Beispielhaft sei hier auf die Initiativen zweier Institute der WU hingewiesen, die Gopher-Server mit einem umfassenden Informationsangebot über ihre Forschungs- und Lehrtätigkeit[8)] oder internationale Diskussionsgruppen eingerichtet haben.[9)] Die effektive Nutzung des Potentials wird auch künftig stark davon abhängen, daß einzelne Wissenschaftler oder Abteilungen Aktivitäten setzen, um die internationale rechnergestützte Zusammenarbeit zu fördern.

- *Nutzen durch aktuelle, WU-spezifische Information*
  Neben den in diesem Beitrag diskutierten, größtenteils internationalen Diensten wird insbesondere ein attraktives WU-internes Informationsangebot wesentlich zur Akzeptanz des WUnet beitragen.Beispielhaft seien hier einige Anwendungsgebiete angeführt, deren Einsatz im WUnet Routinetätigkeiten wesentlich vereinfachen würde:
  - Abfrage von Telefon-, Adreß- und e-mail-Verzeichnissen der WU,
  - Reservierung von Hörsälen oder Leihgeräten (PC, Videorecorder etc.),
  - Unterstützung und Terminverfolgung von Beschaffungsverfahren,
  - CD-ROM-Server für Literatur- und Datenbankrecherchen,
  - WU-weite administrative Informationssysteme (z.B. institutsinterne Ablagesysteme oder Budgetverwaltungsprogramme),
  - breites Angebot an WU-interner Information: Softwaredokumentationen, Preislisten, Hilfetexte, WU-interne Zeitschriften (wu-memo, update, Veranstaltungskalender) etc.

6. Zusammenfassung

Die beiden ersten Jahre der Nutzung des WUnet waren durch technische Anfangshürden, ein limitiertes Informationsangebot, den geringen Bekanntheitsgrad des Dienstleistungsangebots und teilweise wenig benutzerfreundliche Software gekennzeichnet. Trotz dieser anfänglichen Widrigkeiten gibt es nur wenige Institute an der WU, die keinerlei Interesse an Netzwerkdiensten haben, hingegen mehrere sehr intensive und viele gelegentliche Nutzer des Netzwerkangebots. Aufgrund des zunehmenden Bekanntheitsgrades und einfach verwendbarer Softwareprodukte steigt das Interesse der WU-Mitarbeiter laufend. Immer mehr Benutzer erkennen das enorme Informations- und Kommunikationspotential, das durch Rechnernetze zugänglich wird, und fordern auch entsprechende Unterstützung durch das EDV-Zentrum.

Entsprechend den Entwicklungen der ersten beiden Jahre ist für die Zukunft mit weiter steigenden Benutzerzahlen zu rechnen, nicht zuletzt durch das starke Interesse der Studierenden. Durch das Angebot WU-spezifischer Anwendungen soll die Benutzerbasis weiter verbreitert werden. Es ist daher geplant, neben den wissenschaftlichen Kernaufgaben in Zukunft insbesonders administrative Tätigkeiten verstärkt zu unterstützen, um so zusätzliche Rationalisierungspotentiale zu erschließen.

Anmerkungen

1) Etwa siebzig dieser Rechner sind Unix-Workstations, die verbleibende Anzahl verteilt sich auf etwa zwei Drittel MS-DOS- und OS/2-Rechner und ein Drittel Apple-Rechner.

2) Vgl. Kehoe, B.: Zen and the Art of the Internet, S. 8.

3) Vgl. Lottor, M.: Internet Growth (1981-1991), S. 4.

4) Ebenso wird jedem Rechner intern ein Name zugeordnet: hinter der Internet-Adresse `137.208.3.4` verbirgt sich der mail-Server der WU mit dem Namen `nestroy`. Seine komplette Adresse lautet somit `nestroy.wu-wien.ac.at`.

5) Einige Beispiele hierzu enthält Perry, T.S.: E-mail at Work, IEEE Spectrum, October 1992, S. 24.

6) Den umfangreichsten Beitrag zu öffentlich zugänglichen Bibliotheksdatenbanken leisten die USA. Fast alle namhaften Universitäten erlauben Bibliotheksrecherchen über das Internet.

7) An der WU waren im November 1992 etwa 200 Mitarbeiter als e-mail-Benutzer eingetragen. Seit 1992 wird zusätzlich zum Telefonverzeichnis auch auch ein Verzeichnis der eingetragenen e-mail-Adressen an alle Mitarbeiter der WU versendet.

8) Bei den erwähnten Abteilungen handelt es sich um das Institut für Raumordnung und das Institut für Wirtschafts- und Sozialgeographie.

9) Vgl. Maier, G./ Wildberger, A.: Wide Area Networks, S. 18 ff.

Literatur

[1] Armstrong, J.A.: The Silicon Handshake: Doing Business in the Electronic Future. Vortrag an der University of California, Santa Barbara, gehalten am 18. Februar 1992.

[2] Comer, D.E.: Internetworking with TCP/IP. 2nd edition, Prentice Hall, 1991.

[3] Kehoe, B.P.: Zen and the Art of the Internet. A Beginner's Guide to the Internet. Revision 1.0, January 1992. Erhältlich über anonymous ftp von usc.edu:/net-resources/Zen/*.

[4] Krol, E.: The Whole Internet User's Guide and Catalog. O'Reilly and Associates, 1992.

[5] Lottor, M.: Internet Growth (1981-1991). Request for Comments 1296. Erhältlich über anonymous ftp von ftp.univie.ac.at:/doc/rfc/rfc1296.txt.

[6] Maier, G., Wildberger, A.: Wide Area Networks and Regional Science. Recent Developments and Future Prospects. IIR Discussion Papers 47, Wien 1992.

[7] Perry, T.S.: E-mail at Work. IEEE Spectrum, October 1992.

[8] Rose, M.: The Simple Book: An Introduction to Management of TCP/IP-based Internets. Prentice Hall, 1991.

[9] Tanenbaum, A.S.: Computer-Netzwerke. 2. Auflage, Wolfram's Fachverlag, 1990.

Koordination der Informationsverarbeitung in Organisationen - Gestaltung der Zusammenarbeit zwischen EDV- und Fachabteilung

Brigitte Eichler, Susanne Kremser

1. Problemstellung

Organisationen benötigen eine funktionierende Informationsinfrastruktur, um effizient und effektiv arbeiten zu können. Trotz massivem Einsatzes von EDV ist es jedoch sehr oft unmöglich, die benötigte Information zum gewünschten Zeitpunkt am gewünschten Ort in der gewünschten Form bereitzustellen. Der IS-Bereich leidet unter einem Phänomen, das alle Serviceeinrichtungen trifft:

"it doesn't matter how good a service you provide, it's never good enough"[1)]

Die Gründe für diese Problematik liegen nur teilweise im technischen Bereich oder im Anwendungsstau. Schwierigkeiten bei der Zusammenarbeit zwischen EDV- und Fachabteilungen entstehen auch durch unklar geregelte Zuständigkeiten, Ressortegoismen, mangelndes Anwendungs-Know-how der EDV-Abteilung oder mißverständliche Anforderungen der Fachabteilung. Die Verwendung unterschiedlicher Begriffswelten, verschiedene Charaktere und Mentalitäten von Fach- und EDV-AbteilungsmitarbeiterInnen führen zu weiteren Mißverständnissen. Auch ein in der unmittelbaren Vergangenheit oft gegangener Weg zur Reduzierung der Engpässe im Informationswesen, die Einführung von individueller Informationsverarbeitung, schafft ohne entsprechende Organisationsveränderung nur weitere Probleme.

Einige Ansätze zur Lösung der aufgezeigten Schwierigkeiten sowie ihre Relevanz für die Praxis sollen in diesem Artikel behandelt werden.

2. Begriffsbestimmungen

Unter **Koordination** wird das "gegenseitige Abstimmen verschiedener Dinge, Faktoren oder Vorgänge ..."[2) verstanden. Die Koordination der Informationsverarbeitung durch Zusammenarbeit zwischen der EDV-Abteilung und den Fachabteilungen ist eng mit der *Kooperation* zwischen diesen Abteilungen verbunden. **Kooperation** ist die "Zusammenarbeit verschiedener (Wirtschafts-)Partner, ..."[3), wobei unter Zusammenarbeit die Ausrichtung der Tätigkeiten auf ein gemeinsames Ziel hin verstanden wird.[4)

Organisationen sollen in dieser Arbeit sowohl Unternehmen als auch Verwaltungseinrichtungen umfassen. Die hier vorgestellten Koordinationsmöglichkeiten verstehen sich tendenziell für größere Organisationen.

Für die weiteren Ausführungen dieser Arbeit soll der Begriff des **Informationswesens** als die Funktion der Informationsabteilung in Organisationen (DV-, EDV-, ADV[5)-, IS[6)-Abteilung) definiert werden.

Die **Zusammenarbeit** zwischen IS- und Fachabteilung kann **nach ihrer Intensität** differenziert werden, wobei drei Formen unterschieden werden:[7)

Geringe Mitwirkung der Fachabteilung ist durch Projektarbeiten gekennzeichnet, die ausschließlich durch SpezialistInnen der IS-Abteilung durchgeführt werden, durch Anwendungsstau, Terminverzögerungen, Kommunikationsprobleme zwischen IS- und Fachabteilung und durch Unzufriedenheit der AnwenderInnen.[8)

Bei *koordinierter Mitwirkung der Fachabteilung* werden die AnwenderInnen in den Fachabteilungen bereits zur Planung neuer Anwendungssysteme beigezogen, da die BenutzerInnen mit ihrem Fachwissen und ihren Erfahrungswerten die eindeutige Spezifikation der Anforderungen ermöglichen, die Validierung unterschiedlicher Organisationskonzepte vornehmen und auch bei der Entwicklung von Kontrollsystemen und Systemen zur Nutzenanalyse mitwirken können. Für EDV-Projekte sind mehrere Varianten der koordinierten Fachabteilungsmitwirkung denkbar. Die Fachabteilung kann MitarbeiterInnen zur Unterstützung der Projektarbeit bereitstellen, sie kann die Projektverantwortung in der Strategie- und Analysephase übernehmen oder eine/n MitarbeiterIn als ProjektmanagerIn abstellen.[9)

Kern der dritten Form ist die *individuelle Informationsverarbeitung* (individuelle Datenverarbeitung), die selbständige Entwicklung von zumeist einfacheren, nur einmaligen, schnell und kurzfristig realisierbaren Lösungen durch AnwenderInnen in Fachabteilungen. Vorteile der individuellen Informationsverarbeitung sind die schnelle Reaktionsmöglichkeit auf veränderte und kurzfristig zu realisierende Anforderungen, die Aufwertung der Benutzertätigkeit im Rahmen der

Informationsverarbeitung und die vergleichsweise höhere Benutzerzufriedenheit bei niedrigeren Kosten. Bei individueller Informationsverarbeitung sind Projektarbeiten durch die alleinige Projektabwicklung seitens der Fachabteilung charakterisiert, wobei IS-MitarbeiterInnen lediglich als BeraterInnen beigezogen werden.

3. Bereiche der Zusammenarbeit

Erst in den letzten Jahren setzte sich die Erkenntnis durch, daß Fachabteilungen verstärkt in Entscheidungsprozesse im IS-Bereich einzubinden sind und technische Überlegungen lediglich *ein* Faktor nicht aber die gesamte Entscheidungsgrundlage sein dürfen. Zusammenarbeit zwischen IS- und Fachabteilungen ist in drei Bereichen erforderlich:

Strategische Grundsatzentscheidungen, wie z.B. die Organisation des Informationswesens, die Priorisierung von Anwendungsentwicklungsprojekten oder die Zuteilung von Ressourcen, sind nicht nur Sache der IS-Abteilung, sondern müssen gemeinsam mit den betroffenen Fachabteilungen und der Unternehmensleitung getroffen werden.

Auch im **laufenden Systembetrieb** ist Zusammenarbeit zwischen BenutzerInnen und IS-MitarbeiterInnen erforderlich. Dies betrifft Bereiche wie die Installation *zugekaufter Software* sowie von neuen Versionen dieser Programme, die Durchführung von Anpassungen an die vorhandene Hardware (z.B. Drucker, Bildschirm), die Einschulung der BenutzerInnen in den Fachabteilungen und die Unterstützung der Verwendung der Produkte durch rasche Lösung aller beim Betrieb auftauchenden Probleme. Bei der Betreuung *eigenerstellter Software* kommt zusätzlich noch die Entgegennahme von Änderungswünschen, deren Durchführung und die Korrektur evtl. noch vorhandener Fehler dazu.

Besonders wichtig ist die Kooperation von IS- und Fachabteilungen im Bereich der **Anwendungsentwicklung**. Die frühen Formen des Phasenschemas der Softwareentwicklung sahen eine Zusammenarbeit mit den BenutzerInnen lediglich in der ersten (Planung/Analyse) und letzten (Abnahme/Einführung) Phase einer Softwareerstellung vor. Da sich die Anforderungen während der oftmals langen Zeit zwischen Projektinitiierung und -abschluß, in der die BenutzerInnen nicht beteiligt waren, änderten und die Fachabteilungen Schwierigkeiten hatten, ihre Wünsche am Beginn der Entwicklung korrekt und konkret genug zu äußern, entstanden oft Systeme, die den an sie gestellten Anforderungen nicht gerecht wurden. Neuere Ansätze, wie z.B. Prototyping[10)] oder evolutionäre Systementwicklung[11)], berücksichtigen das Erfordernis der laufenden Zusammenarbeit mit den Fachabteilungen besser.

In der Folge werden zwei Formen der Zusammenarbeit herausgegriffen und näher behandelt: einerseits die mehr für strategische Entscheidungen zuständigen IS-Ausschüsse (Kapitel 4), andererseits Formen der Benutzerunterstützung, wie z.B. Informationszentren (Kapitel 5).

4. Gremien, Ausschüsse, Kommissionen

Die Mehrheit der Organisationen, in denen EDV eine bedeutende Rolle spielt, verfügt über Ausschüsse, Gremien und/oder Kommissionen, die vor allem für Grundsatzentscheidungen und die Koordination im IS-Bereich zuständig sind.

Die Ausschüsse bestehen in der Regel aus VertreterInnen der Fachbereiche, der Geschäftsführung und des IS-Managements, wobei die Rolle des IS-Managements nicht einheitlich gesehen wird. Um zu verhindern, daß IS-ManagerInnen das Gremium dominieren, dürfen sie darin manchmal nur beratende Funktionen wahrnehmen.[12)] Gelegentlich wird auch ein hierarchisches System von Gremien vorgeschlagen.[13)]

Die wichtigsten Aufgaben dieser Gremien liegen i.a. im strategischen Bereich. Aufgrund des von den Fachabteilungen gemeldeten Bedarfs wird ein Anwendungsportfolio unter Berücksichtigung der Bedeutung der einzelnen Wünsche für den Erfolg der Organisation erstellt. Dieses dient als Grundlage für die Festlegung von Prioritäten und die Zuteilung von Ressourcen auf die einzelnen Projekte. Lang-, mittel- und kurzfristige IS-Pläne werden erstellt.

Gerechtfertigt werden Einrichtung und Existenz derartiger Gremien üblicherweise durch die damit verbundene Verbesserung der Kommunikation zwischen Fachabteilungen und IS-Bereich. Eine Reihe von Problemen treten auf, wenn die Mitglieder des Ausschusses aus dem Top-Management kommen: Gute Arbeit im Gremium erfordert lange Vorbereitungszeiten, die von Top-ManagerInnen nicht immer erbracht werden können. Des weiteren neigen sie dazu, bei den Ausschußsitzungen nicht immer oder nicht die ganze Zeit anwesend zu sein. Auch mangelnde Detailkenntnis führt manchmal zu suboptimalen Beschlüssen.

In einer Mitte 1992 an der Abteilung für Wirtschaftsinformatik der Wirtschaftsuniversität Wien (WU) durchgeführten **empirischen Erhebung**[14)] wurden eine Reihe größerer österreichischer Unternehmen aus den Bereichen Banken, Versicherungen, sonstige Dienstleistungen, Handel und Produktion befragt (Stichprobengröße: 50). Rund ein Drittel der befragten Unternehmen verfügen über ein Koordinationsgremium; zwei hatten dieses bereits wieder aufgelöst. Die Gremien tagen zumeist einmal im Quartal und bestehen aus MitarbeiterInnen des mittleren und oberen Managements.

Die Gremien der befragten Organisationen sind mit Aufgaben des gehobenen Projektmanagements (Projektpriorisierung, -terminisierung) befaßt, und die Befragten sehen positive Entwicklungen durch das Gremium vor allem in den Bereichen Termintreue, Entsprechung von Projektreihung und Unternehmenszielen und effizientere Kommunikation zwischen Fachabteilungen und IS-Abteilung, wobei Gremiumsmitglieder diese Entwicklung in größerem Ausmaß als Folge des Koordinationsgremiums ansehen als Nichtmitglieder. Keinen Einfluß hat ein derartiges Gremium nach Meinung der Befragten auf die Kosten von EDV-Projekten.

Für ein 1986 bis 1991 an der WU durchgeführtes Projekt[15)] zur Einführung von EDV-Unterstützung in der zentralen Verwaltung der WU wurde ein **Projektlenkungsausschuß** gebildet. Die wichtigsten Ziele für dieses vom Projektteam ins Leben gerufene Gremium waren die bessere Koordination der Teilprojekte (mit den BenutzerInnen abgesprochene Prioritätenvergabe und Ressourcenzuweisung) sowie eine bessere Zusammenarbeit mit den Fachabteilungen durch Erhöhung der Transparenz.

In diesem Ausschuß waren alle betroffenen Abteilungen und das Projektteam jeweils durch den Abteilungs- bzw. Projektleiter und zumindest eine/n weitere/n MitarbeiterIn vertreten. Die monatlichen Zusammenkünfte wirkten sich zunächst auch positiv auf die Motivation aller Beteiligten sowie auf das Klima der Zusammenarbeit aus. Probleme gab es jedoch im Bereich der Entscheidungsfindung wegen der Größe des Gremiums (15 - 20 Personen) und des starken Eigeninteresses der einzelnen Fachbereiche, das durch eine schwache Gesamtführung nicht ausgeglichen werden konnte. Auch wurde über Details so lange diskutiert, daß für wesentliche Entscheidungen oft keine Zeit mehr blieb. Mangelnde Vorbereitung der Sitzungen durch die FachabteilungsvertreterInnen und fehlende Protokollierung der Ergebnisse reduzierten ebenfalls den möglichen Erfolg der Gremiumsarbeit. Problematisch war auch, daß im Rahmen dieser Ausschußsitzungen keineswegs nur Probleme des Projekts, sondern alle anfallenden organisatorischen Fragen - "da ja nun einmal alle betroffenen AbteilungsleiterInnen anwesend sind" - besprochen wurden. Eine straffere Organisation der Ausschußsitzungen hätte sicher zu weit besseren Resultaten führen können.

5. Benutzerservice

Eine sehr wesentliche Funktion der IS-Abteilung als Serviceabteilung ist die Betreuung der AnwenderInnen in den Fachabteilungen. Unter **Betreuung** sollen "alle notwendigen organisatorischen, qualifikatorischen und systemtechnischen Dienstleistungen ..."[16)] für die Auswahl von Informationstechnologie und für die Einführung und den Betrieb eines Informationssystems subsumiert werden. Der **Benutzerservice** ist die zentrale Funktion zur Erfüllung der strategischen Ziele *Förderung, Unterstützung und Steuerung der individuellen Informationsverarbeitung*[17].

Dem historisch gewachsenen, zentral organisierten Informationswesen steht heute eine zunehmende informationstechnische Dezentralisierungswelle in den Fachabteilungen gegenüber[18], die nach einem Benutzerservice als Schnittstelle zwischen IS- und Fachabteilung verlangt. Wesentliche Aufgabe eines solchen Benutzerservices ist es, die AnwenderInnen in ihrer Entwicklung zu "mündigen AnwenderInnen" zu fördern, die die Prozeßabläufe der Fachabteilung durch Informationstechnologieeinsatz optimal zu unterstützen wissen.[19]

5.1. Informationszentrum

Das **Informationszentrum**, häufig auch *Information Center* bzw. Benutzerservicezentrum, *Client Support Center*, Benutzerzentrale sowie Anwenderberatungszentrum genannt, ist die Organisationseinheit zur Ausführung des Benutzerservice.[20] Nach seiner Einführung (70er Jahre) fand das Informationszentrum nur minimale Verbreitung. Erst durch das Vordringen des PC nahm die Häufigkeit von Benutzerservicezentren rapide zu (80er Jahre).[21] Seither beschäftigen sich auch viele wissenschaftliche Literaturbeiträge mit Informationszentren, ihrer Einführung und ihren Aufgaben.

5.1.1. Aufbauorganisatorische Eingliederung und Aufbauorganisation des Informationszentrums

Die aufbauorganisatorische Eingliederung des Informationszentrums in das Informationswesen einer Organisation muß situations- und strategieabhängig erfolgen. Häufigste Variante ist die organisatorische Unterstellung des Informationszentrums unter die zentrale IS-Abteilung. Um der organisatorischen Stellung der Benutzerbetreuung einen neutraleren Charakter zu geben, kann das Informationszentrum organisatorisch auch Fachabteilungen zugeordnet werden (z.B. der Kundenabteilung).

Eine zu große räumliche Entfernung zwischen Informationszentrum und AnwenderInnen wirkt sich negativ auf den Erfolg des Benutzerservicezentrums aus. Deshalb bietet sich vor allem für größere und geographisch verteilte Organisationen eine dezentrale Organisationsstruktur der Benutzerbetreuung mit mehreren Beratungszentren an.[22] In der Praxis sind auch Hierarchien von Benutzerservicezentren anzutreffen. Wesentlich bei dezentralen Benutzerservicestrukturen ist die Beibehaltung einer **zentralen Koordination**.

Für die Aufbauorganisation des Informationswesens und des Informationszentrums wird in der Literatur mehrfach die in Abbildung 1 dargestellte aufbauorganisatorische Eingliederung angeführt.[23]

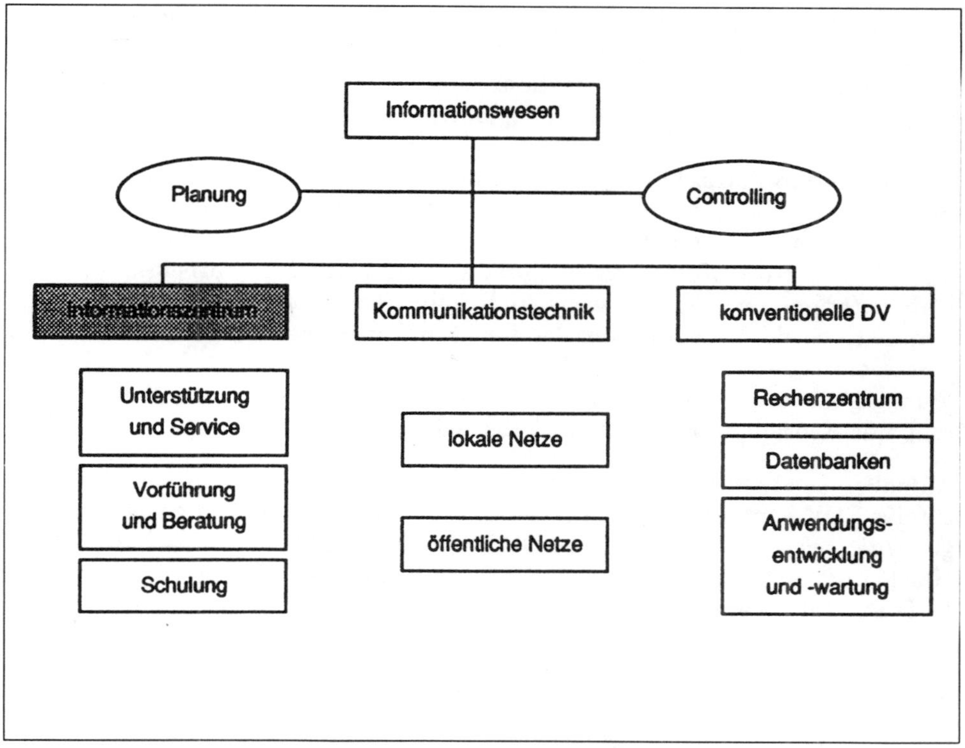

Abb. 1: Aufbauorganisatorische Eingliederung des Informationszentrums

An der **Wirtschaftsuniversität Wien** wurde im Sommer 1991 ein **Information Center** als Teil der Abteilung "Informationsmanagement" des EDV-Zentrums eingeführt. Das Information Center ist mit vier Personen besetzt, die ca. 550 AnwenderInnen in 37 Instituten und potentiell die ca. 20.000 StudentInnen[24)] der WU betreuen, wobei die rein administrativen Stellen (Institutssekretariate) bei der Verwendung von Anwendungen der zentralen Verwaltung vom Zuständigkeitsbereich des Information Center ausgenommen sind - diese gehören in den Kompetenzbereich der ADV-Abteilung[25)]. Eine klare Abgrenzung zur ADV-Abteilung ist allerdings nicht gegeben bzw. nicht durchsetzbar.

5.1.2. Klassifikationsschema der Aufgaben eines Informationszentrums

Analog zur aufbauorganisatorischen Eingliederung eines Informationszentrums in das Informationswesen und zur Aufbauorganisation eines Informationszentrums können auch die Aufgaben verschiedener Benutzerservicezentren recht unterschiedlich sein. Trotzdem soll hier ein Überblick über das potentielle Aufgabengebiet von Informationszentren gegeben werden. Für eine Klassifikation des Aufgabenspektrums eines Informationszentrums eignet sich die Unterscheidung nach strategischen, taktischen und operativen Aufgaben, wobei die Übergänge zwischen diesen Aufgabenarten fließend und folglich nicht eindeutig sind.[26] Zu **strategischen Aufgaben** zählen z.B. die Erstellung von organisationsweiten Standards für die Verwendung der Informationstechnologie und die Erstellung von organisationsweiten Richtlinien für die individuelle Informationsverarbeitung. Der Bereich **taktischer Aufgaben** umfaßt z.B. das Erarbeiten von Auswahlkriterien für die Hardware- und Softwarebeschaffung, Schulungen und Seminare sowie die Förderung der Kommunikation zwischen AnwenderInnen verschiedener Fachabteilungen. **Operative Aufgaben** sind z.B. die Installation, Wartung und Reparatur von Systemen, die Anwenderbetreuung und die Bündelung und Koordination von Anwenderbestellungen.

Aufgaben des **Information Center an der WU** sind die Öffentlichkeitsarbeit für das EDV-Zentrum (*taktisch*), die Organisation und Abhaltung von Schulungen (*taktisch*), die Beratung bei EDV-Problemen und bei der Beschaffung von Hard- und Software (*taktisch* und *operativ*) und der Verleih von Geräten - LCD-Display, Scanner (*operativ*).[27]

5.2. Mehrstufig organisierte Benutzerbetreuung

Insbesondere für größere Organisationen eignet sich eine mehrstufig organisierte Benutzerbetreuung mit **KoordinatorInnen**, **funktionalen Informationszentren**, einer **zentralen IS-Abteilung** und **externen BeraterInnen**. Die funktionalen Informationszentren können organisatorisch der zentralen IS-Abteilung unterstehen oder auch der Fachabteilungsleitung als Stabsfunktion zugeordnet werden. Für die Ablauforganisation muß geklärt werden, ob die Inanspruchnahme der Benutzerunterstützung jeweils alle Stufen durchlaufen muß. Das Überspringen von Stufen der Benutzerunterstützung kann allerdings zur Folge haben, daß durch den fachlichen Autoritätsverlust häufig übergangener Betreuungsstufen die Dezentralisierung der Benutzerunterstützung versagt.[28]

6. Zusammenfassung

Für zwei Bereiche der Zusammenarbeit von Fach- und IS-Abteilungen, nämlich das Treffen von Grundsatzentscheidungen und die Unterstützung von EndbenutzerInnen, wurden organisatorische Lösungsmöglichkeiten und ihr Erfolg in der Praxis vorgestellt.

Die in der Praxis verbreiteten **IS-Ausschüsse** (Gremien, Kommissionen) sollen bei der einvernehmlichen Entscheidungsfindung helfen. Erfahrungen mit derartigen Gremien zeigen, daß die größte Gefahr für den erfolgreichen Einsatz organisatorische Schwächen (wie z.B. mangelnde Vorbereitung oder Entscheidungsschwäche der Gremiumsmitglieder) sind, wohingegen die Chancen vor allem in einer größeren Transparenz und damit in einem besseren Klima zwischen IS- und Fachbereich liegen.

Für die Benutzerbetreuung wurden Konzepte zur Unterstützung der Autonomie der Fachabteilungen und der individuellen Informationsverarbeitung - **Informationszentren** und **KoordinatorInnen** - dargestellt. Wesentliche Erkenntnisse sind, daß den Anwenderbedürfnissen der Fachabteilungen nur eine verteilte und evtl. mehrstufige Form der Benutzerunterstützung gerecht wird, und daß dabei auf eine zentrale Koordination und die Beibehaltung des Informationsflusses bis hin zur zentralen Koordinationsstelle geachtet werden muß.

Anmerkungen und Literatur

1) Vgl. Halper, M.: Round up the unusual suspects - At Hughes Aircraft, the road to IS leadership isn't necessarily through IS, in: Computerworld 39/1992, S. 87-93.
2) DUDEN, Band 5: Das Fremdwörterbuch, 5. Auflage, Mannheim 1990, S.430.
3) DUDEN, Band 5: (Fremdwörterbuch), S. 430.
4) Vgl. Antoch, R.: Von der Kommunikation zur Kooperation - Studien zur individualpsychologischen Theorie und Praxis, 1981, und Haag, I.: Arbeitskommunikation - Kommunikationsarbeit, 1986.
5) EDV, ADV und DV stehen für die elektronische respektive automatische Datenverarbeitung.
6) IS ist die Abkürzung für Informationssystem.
7) Vgl. Lindemann, P./Nagel, K.: Organisation, 1989, Kap. 2.11 (Auswirkungen der Datenverarbeitung auf Arbeitsinhalt - Führungsverhalten und Gesellschaft), S. 1-14.
8) Vgl. Schmidt, G.: Alle Macht den Anwendern!? - Aktuelle Entwicklungen und Tendenzen der Arbeitsteilung bei ORG/EDV-Projekten, in: zfo (Projektorganisation), 4/1990, S. 243-250.
9) Vgl. Schmidt, G.: (Macht), S. 243-250.
10) Vgl. z.B. Budde, R./Kuhlenkamp, K./Mathiassen, L./Züllighoven, H. (Hrsg.): Approaches to Prototyping, Berlin-Heidelberg-New York-Tokyo 1984 oder Vonk, R.: Prototyping - The effective use of CASE Technology, New York 1990.
11) Vgl. z.B. Gilb, T.: Principles of Software Engineering Management, New York 1988.
12) Vgl. Mertens, P.: Aufbauorganisation der Datenverarbeitung, Wiesbaden 1985.
13) Vgl. Huber, H./Maier, T.: Wettbewerbsorientiertes Informationsmanagement, in: Office Management 11/1991, S. 6-12.
14) Vgl. Eder, M./Kralupper, I.: Die Rolle von Koordinationsgremien zwischen Fach- und EDV-Abteilung, Seminararbeit an der WU-Wien, Abteilung für Wirtschaftsinformatik, Sommersemester 1992 (nicht veröffentlicht).
15) Für Informationen zu diesem Projekt siehe z.B. Pinzenöhler, A.: Abschlußbericht zum Projekt WU-Führungsinformationssystem, Wien 1992.

16) Jacobi, U./Fieguth, G.: "Betreuung" oder "Selbstorganisation"? - Wider die programmierte Abhängigkeit der Benutzer, in: Office Management, 9/1989, S. 22-28.

17) Vgl. Traue, C.: Konzepte und Aufgaben von Benutzer-Service-Zentren (BSZ), in: Office Management, 3/1992, S. 71-74.

18) Vgl. z.B. Clark, T.: Corporate Systems Management: An Overview and Research Perspective, in: Communications of the ACM, February 1992, Band 35, Nr. 2, S. 61-75.

19) Vgl. Rau, T./Robrecht, A.: Benutzerbetreuung: Der Kern des Erfolgs - Ganzheitliche Konzepte und intensive, aktive Anwenderunterstützung als Voraussetzung erfolgreicher Informationsverarbeitung, in: Office Management, 9/1989, S. 6-13.

20) Vgl. Mertens, P.: (Aufbauorganisation), Fuller, M./Swanson, E.: Information Centers as Organizational Innovation: Exploring the Correlates of Implementation Success, in: Journal of Management Information Systems, Band 9, Nr. 1, 1992, S.47-67, und Liechti, M.: Das "Information Center" - wichtige Supportstelle im Betrieb, 1.Teil, in: io Management Zeitschrift 57, 1988, Nr. 12, S. 574-57.

21) Vgl. Knolmayer, G.: Aufgaben und Aufgabenwandel im Information Center, Berlin 1988.

22) Vgl. Kutzner, R.: Organisationskonzepte für Personal Computer - Eine Analyse der Einsatzbedingungen und Gestaltungsmaßnahmen für den PC-Einsatz in Unternehmungen, Reihe: Personalwesen - Organisation - Unternehmensführung, Band 4, Hrsg.: Thom, N., Köln 1988.

23) Vgl. Lehner, F./Auer-Rizzi, W./Bauer, R./Breit, K./Lehner, J./Reber, G.: Organisationslehre für Wirtschaftsinformatiker, München 1991. Zur Aufbauorganisation des Informationswesens siehe auch Gernet, E.: Das Informationswesen in der Unternehmung (Aufbau-, Ablauf- und Projektorganisation mit einer Einführung von Walter Weidner), 1987, Steinbuch, A.: Organisation, 6. Auflage, Ludwigshafen 1987, Hill, W./Fehlbaum, R./Ulrich, P.: Organisationslehre 1, 4. Auflage, Bern 1989, und Wollnik, M.: Anpassung der Organisation der DV-Abteilung zur Nutzung neuer Technologien, in: Information Management 3/1989, S. 12-19.

24) Vgl. Rektorat der Wirtschaftsuniversität Wien: wu-memo 59, 12. Mai 1992.

25) Die ADV-Abteilung ist für die Unterstützung der zentralen Verwaltung der WU zuständig.

26) Vgl. Traue, C.: (Benutzer-Service-Zentren). Zu dem Aufgabenspektrum siehe auch Jung, H.: Servicezentrum für PC-Benutzer - zwischen "Wildwuchs" und "Wirtschaftlichkeit", in: Office Management, 7-8/1989, S. 42-44, Wilske, K.-H.: PC und Groß-EDV: Konfrontation oder Kooperation? - Ein "Informationssystem" sorgt für den systemgerechten PC-Einsatz, in: Office Management, 4/1988, S. 24-28, Knolmayer, G.: Ein Konzept für einen verteilten, mehrstufig organisierten Benutzer-Support, in: Wirtschaftsinformatik, 32. Jahrgang, Heft 2, April 1990, S. 150-160, und Wollnik, M.: Anpassung der Organisation der DV-Abteilung zur Nutzung neuer Technologien, in: Information Management 3/1989, S. 12-19.

27) Vgl. EDV-Zentrum der Wirtschaftsuniversität Wien (Hrsg.): Das Dienstleistungsangebot des EDV-Zentrums, Wien 1992.

28) Vgl. Knolmayer, G.: (Benutzer-Support).

Hypermediale Lernsysteme

Wolfgang Faber

1. Hypertext und Hypermedia: Konzept und Definition

Die Definition von Hypertext basiert auf einer schon im Jahr 1945 von Vannevar Bush entwickelten Grundidee für ein modernes Informationssystem (der Begriff wurde allerdings erst 1965 von Ted Nelson eingeführt (11]). Diese Grundidee ist die Schaffung eines Informationssystems, das sich zwar aller verfügbaren technischen Hilfsmittel bedient, diese aber nicht als Selbstzweck betrachtet, sondern die Unterstützung der assoziativen Funktionsweise des menschlichen Gehirns durch modernste technische Hilfsmittel in den Vordergrund stellt und so die Grenzen herkömmlicher Texte in Papierform aufzulösen versucht ([1]). Zu diesem Zweck werden die Informationen in den Knoten (Nodes) eines Netzwerkes gespeichert und durch Verweise (Links) miteinander verbunden, die sich aus den inhaltlichen Zusammenhängen ergeben.

Die Grenzen herkömmlicher Textformen sind für jeden Leser eines Buches offensichtlich: der Autor ist gezwungen, die lineare Form des Mediums Buch bei der Erstellung des Textes zu berücksichtigen. Dies bedeutet vor allem, daß er jeden Teil des Inhalts hierarchisch eindeutig zuordnen muß. Ist die Zuordnung nicht eindeutig möglich, so wird der Autor den Teil an der am besten geeigneten Stelle zuordnen und es kommt zu den bekannten Verweisen wie z.B. "vgl. auch Abschnitt...". Genau diese Verweise finden sich in einem Hypertextsystem als Links wieder, d.h. sie bilden das Netzwerk zwischen den Knoten des Systems und unterstützen so die Überwindung der hierarchischen Struktur gedruckten Textes. Sieht man von der durch die alphabetische Sortierung gegebenen Linearität einmal ab, so sind Lexika mit einem Hypertextsystem vergleichbar: die Stichworte eines Lexikons sind mit den Nodes, die Referenzen zu den Stichworten mit den Links eines Hypertextsystems vergleichbar.

Im Vordergrund der Überlegungen steht die assoziative Arbeitsweise des Gehirns: während man gewisse Informationen zu einem bestimmten Thema liest, betrachtet, hört oder sieht, entstehen Assoziationen zu anderen mit diesem Thema verbundenen Informationen. Für das Verständnis von Hypertext ist es wichtig, sich klarzumachen, daß die Assoziationen vom Benutzer ausgehen und daß jeder Benutzer seine eigenen Assoziationen zu bestimmten Informationen hat, die nur zu einem sehr geringen Teil vorhersehbar sind. Die Aufgabe eines Hypertextsystems ist es, sofortigen Zugriff auf assoziierte Informationen zu ermöglichen. Die Möglichkeit zur vollkommen freien Assoziation sollte dabei nicht eingeschränkt werden. Dies ist ein prinzipieller Unterschied zwischen Hypertext- und Datenbanksystemen: in Datenbanksystemen sind keinerlei Tools implementiert, die dem Benutzer "willkürliche" Sprünge ermöglichen von einer Information, die er gerade aufgenommen hat, zu einer anderen Information, die er mit der aufgenommenen Information verbindet.

Wie bereits erwähnt sind Bush's Ideen fast 50 Jahre alt. Mit der durch die technologische Entwicklung möglich gewordenen Erschließung neuer Einsatzgebiete hat sich auch das Aussehen von Hypertextsystemen geändert. So kann z.B. nicht mehr von einem reinen Netzwerk gesprochen werden, vielmehr müssen Hypertextsysteme heutzutage als Netzwerke mit hierarchischen Teilstrukturen betrachtet werden. Außerdem muß wie bei jedem computergestützten Informationssystem auch bei einem Hypertextsystem berücksichtigt werden, wie die Informationen verwaltet und wie sie dem Benutzer des Informationssystems zugänglich gemacht werden sollen. Daher gehören zu einem Hypertextsystem über die strukturellen Links und Nodes hinaus noch zwei weitere Bestandteile: das User-Interface, in dem dem Benutzer die Informationen zugänglich gemacht werden und über das er mit dem System kommuniziert, und die Navigations-Werkzeuge, mit denen er seine Bewegung im System steuern kann.

Hypermediasysteme sind eine durch den technischen Fortschritt im Bereich der EDV möglich gewordene Weiterentwicklung der Hypertextsysteme. Es ist mittlerweile möglich geworden, nicht nur Texte und Graphiken, sondern auch weitere Medien wie z.B. Audio, Video und Animation als Bestandteile eines Hypertextsystems zu betrachten. Mit dieser Erweiterung des Hypertextkonzeptes verbunden ist allerdings auch eine Erweiterung der Frage- und Problemstellungen (spezielle Speicherungs- und Zugriffsmethoden, Indexierung nichttextueller Inhalte usw.).

Mit dem Begriff Multimedia ist - im Gegensatz zu Hypertext und Hypermedia - kein theoretisches Konzept verbunden. Multimedia dient in erster Linie der computergestützen Erstellung von Animationen, die teilweise als eigenständige Applikationen verwendet werden können (z.B. als Trade-Shows), teilweise in anderen Systemen wie z.B. Hypermediasystemen genutzt werden. Wenn man als eine Möglichkeit der Multimedia-Technik die Videoausgabe von computerproduzierten Animationen betrachtet, dann wird der Unterschied zwischen Hyper- und Multimedia klar: auf einem Videoband ist keine Interaktion möglich, was aber Kernpunkt hypermedialer Anwendungen ist.

Für eine ausführliche Übersicht über Hypertext- und Hypermediaapplikationen sei hier auf [12] oder [4] verwiesen.

2. Navigation in Hypermediasystemen

Die Navigation in einem Hypermediasystem, d.h. die Bewegung des Benutzers durch die im System enthaltenen Informationen, ist einer der wichtigsten Gesichtspunkte bei der Schaffung eines Hypermediasystems. Wie bei allen anderen Computersystemen hängt auch bei Hypermediasystemen deren Erfolg von der Benutzerakzeptanz ab. Verschiedene Feldstudien haben ergeben, daß eines der Hauptprobleme von Hypermediabenutzern das Gefühl des "in der Informationsmenge Verlorenseins" ist ([12], [13]). Der Benutzer eines Hypermediasystems braucht Navigationshilfen, und gerade unerfahrene Benutzer, die die Idee des Hypermedia, d.h. die Idee des Bewegens über Assoziationen, nicht kennen, werden verstärkt nach solchen Tools verlangen.

Aber nicht nur die erforderliche Unterstützung des Benutzers macht die Einrichtung leistungsfähiger Navigationstools in einem Hypermediasystem zu einer wichtigen Aufgabe, auch Idee und Prinzip von Hypermedia verdeutlichen deren Wichtigkeit: Benutzer von Hypermediasystemen sollen sich ja nicht in sequentieller Form zwischen definierten Start- oder Endpunkten bewegen, sondern sich vielmehr über die vorhandenen Links in einer Art durch die im System enthaltenen Informationen bewegen können, die dem assoziativen Denken des Gehirns weitestgehend entspricht. Die Möglichkeit zu einer solchen Bewegung kann dem Benutzer aber nur über Tools gegeben werden, die Rücksicht auf die Funktionsweise des menschlichen Gehirns nehmen und die Methodik der menschlichen Informationsaufnahme berücksichtigen (man denke z.B. an die Möglichkeit von "Gedankensprüngen").

Die in gängigen Hypermediasystemen zur Navigation eingesetzten Tools lassen sich in zwei Hauptgruppen unterteilen: die Gruppe der Browsing- und Überblicks-Tools sowie Formen des bereits aus anderen Informationssystemen bekannten Information Retrieval (IR). Browsing-Tools zielen eher auf Bewegungen über die Struktur eines Hypermediasystems ab, während IR-Tools eher inhaltliche Aspekte eines Hypermediasystems bei der Informationsfindung berücksichtigen.

2.1. Browsing- und Überblickstools in hypermedialen Systemen

Die einfachsten Werkzeuge zur Navigation in Hypermediasystemen sind die Browsing-Tools. Browsing-Tools unterstützen eine "Schritt-für-Schritt-Navigation", d.h. mittels dieser Werkzeuge werden Bewegungen struktureller Art wie z.B. "zum nächsten Knoten", "zum nächsten Abschnitt", "zur letzten Markierung" usw. durchgeführt. Browsing-Tools haben den Vorteil, daß sie sehr einfach einzurichten und auch ungeübten Benutzern leicht verständlich sind. Ihr Nachteil liegt darin, daß sie in größeren Hypermediasystemen eine nur sehr unbefriedigende Navigation erlauben und den Benutzer eines Hypermediasystems in seiner Bewegungsfreiheit stark einschränken. Auch besteht bei einer Navigation über Browsing-Tools die Gefahr, daß der Benutzer die inhaltlichen Zusammenhänge des Hypermediasystems aus den Augen verliert. Dies ist vor allem bei Sprüngen über innerhalb des Systems implementierte Links zu beachten.

Überblicksdiagramme stellen in Tabellen- oder auch graphischer Form den Inhalt eines Hypermediasystems dar. Ein Benutzer kann in dieser Darstellungsform den inhaltlichen Zusammenhang seiner Bewegung steuern und kontrollieren und die Zusammenhänge besser verstehen. Globale Überblicksdiagramme sind naturgemäß nur in kleineren Systemen möglich, so daß in der Regel lokale Überblicksdiagramme eingesetzt werden. Eine Abwandlung der Überblicksdarstellungen sind die sog. "Fisheye Views" ([6]), eine weitere Abwandlung stellen die sog. "Landmarks" dar, die eine Navigation über vom Benutzer selbst festgelegte Systemfixpunkte erlauben. Überblicksdiagramme haben den Vorteil, daß sie den Benutzern eine größere Bewegungsfreiheit einräumen und in statischen Systemen relativ einfach einzurichten sind. Nachteilig ist der hohe Erstellungsaufwand solcher Tools in dynamischen Systemen sowie die Voraussetzung einer Grundkenntnis des Systeminhalts.

2.2. Information Retrieval in hypermedialen Systemen

Da in großen Hypermediasystemen eine den Benutzer befriedigende Informationssuche durch reines Browsing nicht mehr möglich ist und Überblicks-Navigationstools sich in der Darstellung eines Hypermediasystems auf Überschriften, Schlagworte o.ä. beschränken müssen, muß die Informationssuche in größeren Systemen durch Funktionen unterstützt werden, die nach Eingabe eines oder mehrerer Suchbegriffe für den Benutzer eine Vorauswahl unter den im System enthaltenen Knoten treffen, also Funktionen des IR. Die Tools des IR bieten den Vorteil der größten Bewegungsfreiheit für die Benutzer, haben allerdings den Nachteil eines großen Erstellungsaufwands und des nicht immer gegebenen Verständnis des Tools durch den Benutzer.

Standardformen des IR sind die des Boole'schen Suchens sowie des Suchens über Clustering. Diese Formen des IR werden jedoch den Besonderheiten des Hypermedia nicht gerecht, da sie die über die Struktur des Systems gegebenen inhaltlichen Zusammenhänge vernachlässigen und eine Query nur direkt über die Inhalte der Knoten beantworten. Daher werden in der Literatur einige Ansätze vorgeschlagen, die die strukturellen Zusammenhänge der Knoten in den Vorgang des IR einbeziehen. Ein solches Verfahren ist z.B. das der Suche nach optimalen Startpunkten für die weitere Informationssuche durch den Benutzer. Bei diesem Verfahren werden alle Knoten daraufhin untersucht, ob sie Informationen zu einem gewünschten Thema enthalten oder ob sie Links zu Knoten mit solchen Informationen haben. So ergibt sich für jeden Knoten ein Gewicht, daß sich aus innerem und äußerem Gewicht zusammensetzt. Dem Benutzer werden nun nicht mehr alle Knoten mit Informationen aufgelistet, sondern es werden ein oder auch mehrere Knoten als Startpunkte für die weitere Navigation durch das System vorgeschlagen (eine ausführlichere Beschreibung des Verfahrens findet sich in [10]). Die Einführung von IR-Verfahren zur Informationssuche erfordert allerdings die Schaffung einer Datenbank für das Hypermediasystem, in der die relevanten Daten über Knoten und Links (Keywords für Knoten, benachbarte Knoten, Links usw.) abgespeichert werden. (Eine Diskussion dieses Aspektes findet sich z.B. in [2], [7] und [9].)

2.3. "Ideale" Navigationssysteme

Wie sollte nun ein "ideales" Hypermedia-Navigationssystem gestaltet sein, um einerseits eine effiziente Informationsfindung und -auswertung zu erlauben und andererseits das Risiko des "in der Information Verlorengehens" minimal zu halten? Es sollte auf jeden Fall

- dem Benutzer maximale Bewegungsfreiheit lassen, insbesondere zur "Entdeckung" eigener Pfade durch das Hypermediasystem,
- einem "verlorengegangenen" Benutzer ermöglichen, zu einem ihm vertrauten Punkt zurückzukehren,
- dem Benutzer nach einer Sitzungspause den Wiedereinstieg in das System bei schon besuchten Informationseinheiten ermöglichen,
- gewährleisten, daß ein Benutzer auf alle relevanten Informationseinheiten zugreifen kann, auch wenn diese Informationseinheiten "sehr viele Links entfernt" sind,
- über Information-Retrieval-Tools verfügen, die nach einer Eingabe von Suchworten für den Benutzer relevante Knoten bestimmen, wobei sowohl die Knoteninhalte als auch deren Referenzen berücksichtigt werden, und es sollte
- so gestaltet sein, daß auch ein im Umgang mit Computern unerfahrener Benutzer ohne Probleme mit ihnen arbeiten kann.

In der Literatur wird überwiegend die Meinung vertreten, daß ein Hypermedia-Navigationssystem aus zwei Komponenten bestehen muß: einer Browsing-Komponente und einer IR-Komponente. Aufgabe der IR-Komponente sollte es dabei sein, als Antwort auf eine Informationsanfrage auf Basis sowohl des Inhalts als auch der strukturellen Zusammenhänge der Informationsknoten einen oder mehrere Startpunkte zu finden, von denen aus der Benutzer unter Zuhilfenahme der Navigationskomponente schnellen und direkten Zugang zu allen für ihn relevanten Informationen hat ([8]).

3. Hypermediale Lernsysteme

Die Einsatzmöglichkeiten für Hypermediasysteme sind äußerst vielfältig. Mögliche Einsatzbereiche sind z.B.

- reine Informationssysteme wie z.B. Online-Hilfen im Computerbereich, technische Manuals, Lexika, branchenspezifische Nachschlagewerke (wie z.B. in der Rechtssprechung, als Patentkataloge usw.), Museumsführer, Tourismusführer usw.,
- prozeßunterstützende Systeme wie z.B. Systeme zur Verwaltung von Ideen, Systeme zur Unterstützung von Applikationsentwicklungen im Computerbereich usw. oder
- Systeme zur Werbung, Unterstützung von Marketing- und Verkaufsaktivitäten usw.

Ein Einsatzgebiet von sehr großer Bedeutung, das sich durch den in den letzten Jahren technisch möglich gewordenen Übergang von Hypertext- hin zu Hypermediasystemen ergeben hat, ist das der Lernsysteme. Hypermediasysteme sind durch ihre Möglichkeiten für das Lernen in fast allen schulischen und universitären Bereichen einsetzbar. Es sind bereits einige größere Applikationen im Bereich der Musik, Sprache, Biologie oder Medizin verfügbar, in anderen Gebieten wie z.B. technischen Fächern, Kunst oder Geschichte werden hypermediale Lernsysteme in Zukunft eine große Rolle spielen. Der Einsatz von Hypermediasystemen zur Ausbildungsunterstützung ist aber nicht nur auf Schulen und Universitäten beschränkt. Auch im wirtschaftlichen Bereich lassen sich viele Einsatzmöglichkeiten aufzeigen. Als Beispiele seien hier nur die Themen Verkäuferschulung, Ausbildung von technischem Personal oder Verhaltenstraining genannt, die im Ausbildungsprogramm vieler Firmen eine große Rolle spielen. Gerade der Bereich des Verhaltenstrainings wird durch die Kombination des Hypertextkonzeptes mit hard- und softwaretechnischen Entwicklungen wie etwa der virtuellen Welten ("Virtual Reality") aufgrund der enormen Kostenersparnisse für viele Unternehmen sehr interessant.

3.1. Hypermediale Lernsysteme vs. Autorensysteme

Der Bereich des computerunterstützten Unterrichts war schon immer von großem Interesse, wobei sich jedoch die meisten der bisherigen Projekte als nicht zielführend erwiesen haben. Ein Grund dafür ist wohl im Einsatz von Autorensystemen zu sehen, die in der großen Mehrzahl den Nachteil haben, daß sie ausschließlich das behavioristische Lernmodell unterstützen, also ein Lernmodell, daß auf einer "strengen Führung" des Lernenden basiert. Dieses Lernmodell ist jedoch für die überwiegende Anzahl von Einsatzbereichen für computergestützte Lernsysteme nicht adäquat. Hypertext- und Hypermediasysteme sind daher mittlerweile in eine direkte Konkurrenz zu den Autorensystemen getreten. Sie bieten eine Reihe von Vorteilen aufgrund ihrer nicht streng hierarchischen Struktur sowie der Freiheit des Benutzers bei der Bewegung durch die im System gespeicherten Informationen und werden daher als geeignetere Platttform zur Entwicklung von Lernsystemen betrachtet ([15], S. 22, [18], S. 209).

Es läßt sich feststellen, daß Autorensysteme zwar an die technologischen Entwicklungen angepaßt worden sind, daß die Bedeutung des zugrundeliegenden pädagogischen Konzeptes jedoch immer noch vernachlässigt wird. Dies soll nicht heißen, daß bei hypermedialen Systemen eine höhere Beachtung pädagogischer Aspekte zu beobachten wäre. Diese haben aber den Vorteil, daß sie die pädagogischen Anforderungen schon allein durch das in ihnen verwirklichte Konzept weit eher erfüllen.

3.2. Anforderungen an computergestützte Unterrichtssysteme

Der oben erwähnte Übergang vom behavioristischen zum kognitiven Lernen eröffnet dem Lernenden zwar mehr Freiheiten, verlangt von ihm jedoch auch mehr "eigenverantwortliches Denken". Dieses Problem wird durch die Verwendung des Hypertextkonzeptes für Lernsysteme noch dadurch verstärkt, daß Hypertext selbst schon ein Konzept der hohen Eigenverantwortlichkeit zugrundeliegt ([14], S. 202). Eine der wichtigsten Einflußgrößen auf die Einsetzbarkeit von hypermedialen Lernsystemen, auf die im Entwicklungsprozeß zu berücksichtigenden Faktoren und auf die Gestalt und die im System implementierten Möglichkeiten ist somit das Alter bzw. besser die damit verbundene Fähigkeit der Lernenden, den Lernprozeß in eigener Verantwortung zu gestalten. Es liegt auf der Hand, daß hypermediale Lernsysteme im Universitätsbereich sich zwangsläufig von solchen, die im Schulunterricht eingesetzt werden sollen, hinsichtlich der Bewegungs- und Entscheidungsfreiheit der Benutzer erheblich unterscheiden (müssen). Andererseits sind die Ausbildung und das Training der Eigenverantwortlichkeit gerade im Universitätsbereich sicher ein eigener Lernaspekt, der sich auch in hypermedialen Lernsystemen neben dem eigentlichen Lernthema niederschlagen sollte.

Weitere Anforderungen an hypermediale Lernsysteme ergeben sich aus den Besonderheiten des Lernprozesses. So wie z.B. ein Lernender sich beim Lesen eines Buches Anmerkungen oder Zusammenfassungen auf einem Blatt Papier machen kann, sollte die Möglichkeit zum Schreiben eigener Texte ein Aspekt von Lernsystemen sein.

3.3. Entwicklung hypermedialer Lernssysteme

Wie alle anderen computergestützten Informationssysteme erfordern natürlich auch hypermediale Lernsysteme besondere Sorgfalt bei ihrer Entwicklung. Durch die Eigenheiten dieser Systeme sind jedoch die herkömmlichen Verfahren zur Systementwicklung nicht ohne Anpassungen zu verwenden. So sieht z.B. Simon den Entwicklungsprozeß als einen ständigen Ausgleich zwischen den das System beeinflussenden Faktoren Umwelt, Repräsentation und Präsentation, die jeweils noch über verschiedene Aspekte verfügen. Der Prozeß des Ausgleichens besteht in der Untersuchung der Aspekte und der Bereinigung von auftretenden Zielkonflikten ([17], S. 190f.).

Der Faktor Umwelt mit seinen Aspekten Nutzer, Ziel, Nutzungsituation, Informationsquellen und Hypertextsystem ist bei der Entwicklung hypermedialer Lernsysteme relativ einfach zu handhaben. Die Gruppe der Systembenutzer ist klar definierbar, wobei es jedoch wichtig ist, einen erwarteten Stand an Vorkenntnissen zu definieren. Das Ziel des Systems liegt auf der Hand: es soll Wissen vermitteln. Die Nutzungssituation hingegen erfordert wieder eine genauere Betrachtung. So ist z.B. die Frage zu klären, ob das System für einen bestimmten Computertyp entwickelt wird oder allgemein einsetzbar sein soll? Außerdem ist zu beachten, ob das System als alleinige Lernhilfe oder vorlesungsbegleitend eingesetzt wird. Der Aspekt Hypertextsystem umfaßt die Frage, ob ein fertiges Produkt zur Schaffung der Hypermediaapplikation eingesetzt wird oder ob ein eigenes Produkt entwickelt wird. Diese Frage hat großen Einfluß auf die beiden anderen Faktoren. Der Aspekt der Informationsquellen ist bei hypermedialen Systemen generell wichtig: es ist ein Unterschied, ob die Inhalte eines Systems für dieses speziell entwickelt werden oder ob das System auf der Basis vorhandenen Materials geschaffen wird. Die Umsetzung eines vorhandenen Textes in einen Hypertext ist ein eigener Problemkreis bei der Entwicklung hypermedialer Systeme (vgl. z.B. [5]).

Der Faktor Repräsentation, der sich mit der Definition der Struktur und der Inhalte der Informationseinheiten beschäftigt, wird vom Aspekt der Informationsquellen bei der Verwendung vorhandenen Materials stark beeinflußt, entscheidet in diesem Fall aber wiederum selbst über die notwendigen Überarbeitungen des Materials. Andererseits gibt es eine starke Wechselwirkung dieses Faktors mit dem Aspekt Hypertextsystem, im Fall der Verwendung eines vorhandenen System stärker in Richtung Repräsentation, für den Fall einer

Eigenentwicklung stärker in Richtung Hypertextsystem. Soll das System über eine leistungsfähige IR-Komponente und damit auch über eine (für den Benutzer unsichtbare) Datenbank verfügen, dann beeinflussen sich auch deren Aufbau und Inhalt sowie die Repräsentation.

Der Faktor Präsentation mit den Aspekten Informationsanzeige und Interaktion legt das Aussehen des hypermedialen Systems und die Möglichkeiten zu seiner Benutzung fest. In den Rahmen der Beschäftigung mit dem Aspekt Informationsanzeige fällt u.a. das Design des User-Interface. Es sind Fragen zu klären wie z.B. ob die Links im Text oder an einer besonderen Position verankert werden, welche Hilfestellungen das System standardmäßig im User-Interface zeigt, wie dem Benutzer die verschiedenen Navigationswerkzeuge angezeigt werden usw. Der Aspekt Interaktion beschäftigt sich mit Fragestellungen wie z.B. der Benutzung der Navigationstools und der Möglichkeiten zur Manipulation vorhandener Informationen (Kann sich der Benutzer Anmerkungen machen? Kann er Informationen ändern? usw.)

4. Zusammenfassung und Ausblick

Es läßt sich feststellen, daß sich hypermediale Systeme zur Entwicklung computergestützter Unterrichtseinheiten als Alternative gegenüber den bisher verwendeten Programmsystemen anbieten. Ihr Vorteil liegt in ihrer Unterstützung des kognitiven statt des z.B. von Autorensystemen unterstützen behavioristischen Lernmodells. Durch die Darstellung der Informationen in einem Netzwerk mit einer Vielzahl von Möglichkeiten zur Bewegung durch die Informationsmenge erhält der Autor eines Systems die Möglichkeit zur Schaffung eines der jeweiligen Anwendungssituation angepaßten Lernsystems, das einerseits den Lernprozeß soweit notwendig steuert, andererseits den Lernenden nicht "gängelt", sondern ihn vielmehr dazu herausfordert, sich mit dem System und vor allem seinen Inhalten auseinanderzusetzen.

Abschließend noch eine Bemerkung zum zu erwartenden Erstellungsaufwand: In der Literatur wird immer wieder die Faustregel von 80 Stunden Entwicklungsarbeit für eine Lerneinheit von einer Stunde genannt. Diese Zahlen beruhen auf den bisherigen Erfahrungen, für den Bereich der hypermedialen Lernsysteme gibt es derzeit noch keine fundierten Untersuchungen. Der zu erwartende Aufwand hängt jedoch stark von den eingesetzten Medien ab. Die Tatsache, daß im Bereich der Medienintegration enorme Anstrengungen von seiten der Hersteller unternommen werden, gibt jedoch Anlaß zu der Hoffnung, daß die Entwicklung hypermedialer Systeme in derZukunft zu einer Routinearbeit werden wird.

Literatur

[1] Bush, Vannevar: As we may think, in: Lambert, Steve; Ropiequet, Suzanne (Hrsg.): CD ROM - The new papyrus, Microsoft Press, 1986, S. 3-20

[2] Campbell, Brad; Goodman, Joseph M.: HAM: A General Purpose Hypertext Abstract Machine; in: Communications of the ACM, 1988 (Vol 31), Heft 7, S. 856-861

[3] Carlson, Patricia Ann: Hypertext: A Way of Incorporating User Feedback into Online Documentation, in: Barrett, Edward (Ed.): Text, ConText and HyperText, S. 93-110

[4] Conklin, Jeffrey E.: Hypertext: An Introduction and Survey, in: IEEE Computer, 1987 (Vol 20), Heft 9, S. 17-41

[5] Frisse, Mark E.: From Text to Hypertext, in: Byte, 1988 (Vol 13), Heft 10, S. 247-253

[6] Furnas, G.W.: Generalized Fisheye Views, in: Proceedings ACM CHI 1986, S. 16-23

[7] Furuta, Richard; Stotts, David P.: The Trellis Hypertext Reference Model; in: Proceedings of the 17. International SIGGRAPH Conference on Computer Graphics and Interactive Techniques, S. 144-155

[8] Halasz, Frank G.: Reflections on NoteCards: Seven Issues for the Next Generation of Hypermedia Systems, in: Communications of the ACM, 1988 (Vol 31), Heft 7, S. 836-852

[9] Halasz, Frank G.; Schwartz, Mayer: The Dexter Hypertext Reference Model; in: Proceedings of the 17. Intern. SIGGRAPH Conference on Computer Graphics and Interactive Techniques, S. 156-195

[10] Janko, W.; Taudes, A.; Faber, W.: Optimale Startpunkte zur Navigation in Hypermediasystemen - ein entscheidungstheoretischer Ansatz; in: Maurer, Hermann (Hrsg.): Hypertext / Hypermedia '91, Springer-Verlag, Berlin Heidelberg, 1991, S. 145-155

[11] Nelson, Ted: Literary Machines, Mindfull Press, 3020 Bridgeway #295, Sausalito, CA 94965

[12] Nielsen, Jakob: Hypertext and Hypermedia, Academic Press, Boston-San Diego, 1990

[13] Nielsen, Jakob: The Art of Navigating through Hypertext; in: Communications of the ACM, 1990 (Vol 33), Heft 3, S. 298-310

[14] Schoop, Eric: Hypertext Anwendungen: Möglichkeiten für den betriebswirtschaftlichen Einsatz; in: Wirtschaftsinformatik, 1991 (Vol 33), Heft 3, S. 198-206

[15] Schulmeister, Rolf: Autorensysteme und Alternativen, in: CAK 6/88 und 7/88, S. 15-23 und 19-25

[16] Shneidermann, Ben: Reflections on authoring, editing, and managing hypertext, in: Barrett, Edward (Ed.): The Society of Text, S. 115-131

[17] Simon, Lothar: Erfahrungen und Methoden zur Entwicklung von Hypertextapplikationen; in: Wirtschaftsinformatik, 1991 (Vol 33), Heft 3, S. 186-197

[18] Thome, Rainer: Hypermedia - Lehrer Lempels Nachfolger?; in: Wirtschaftsinformatik, 1991 (Vol 33), Heft 3, S. 207-212

Datenaustausch unter graphischen Benutzeroberflächen (Windows, OS/2) am Beispiel von "dynamic data exchange" (DDE) und "object linking and embedding" (OLE) mit Endbenutzerwerkzeugen (Tabellenkalkulation, Textverarbeitung, Datenbank, Präsentationsgraphik)

Rony G. Flatscher

1. Problemstellung

Mit der Vorstellung und dem erfolgreichen Vermarkten der graphischen Benutzeroberfläche *MS-Windows 3.0* im Frühjahr 1990 gelang der Firma *Microsoft* der endgültige Durchbruch am DOS-Markt. Derzeit werden schätzungsweise 10 % aller DOS-Personal Computer mit dieser graphischen Benutzeroberfläche ausgestattet, dies entspricht weltweit etwa 10 Millionen Installationen. Die aktuelle Version 3.1 beinhaltet standardmäßig die OLE- und Multimediabibliotheken.

OS/2 existiert seit 1987 in einer 16-bit Version und wurde vor allem in Unternehmen eingesetzt. Ursprünglich wurde OS/2 von den Firmen *IBM* und *Microsoft* gemeinsam entwickelt, wobei in die graphische Benutzeroberfläche *Presentation Manager* von OS/2 Microsoft's MS-Windows Know-How einfloß. Mit Frühjahr 1992 wurde zum ersten Mal eine 32-bit Version (OS/2 2.0) vorgestellt, die von IBM in Alleinverantwortung erstellt wurde. Bis zum Herbst 1992 wurden mehr als 2 Millionen Stück davon verkauft, wodurch auch diesem Betriebssystem mittlerweile der endgültige Durchbruch gelungen sein dürfte.

Das multitaskingfähige Betriebssystem OS/2 Version 2.0 ersetzt prinzipiell das Betriebssystem MS-DOS und erlaubt weiterhin den Einsatz von 16-bit DOS- und Windowsprogrammen. Im Fall von Windowsprogrammen wird zusätzlich der Datenaustausch zwischen OS/2- und Windowsprogrammen transparent durchgeführt.

Mit dem Durchbruch von MS-Windows 3.0 entstanden eine Reihe von graphischen Endbenutzerwerkzeugen für Windows und OS/2, die über immer mächtigere Funktionen verfügen und die die Datenaustauschmöglichkeiten der graphischen Benutzeroberfläche unterstützen. Neben dem Problem der Funktionsvielfalt in den einzelnen Endbenutzerwerkzeugen (z.B. Tabellenkalkulations-, Textverarbeitungsprogramme), erscheint auch das Endbenutzerwissen über die Datenaustauschmöglichkeiten gering, sodaß moderne Windows- oder OS/2-Programme in der Praxis kaum effizient eingesetzt werden. Datenaustausch in diesem Zusammenhang bedeutet gleichzeitig auch Datenintegration!

Dieser Beitrag versucht, die Grundzüge der wichtigsten Datenaustauschmöglichkeiten, die unter den beiden genannten graphischen Benutzeroberflächen zur Verfügung stehen, vorzustellen und kurz zu erklären.

2. Zwischenablage (Clipboard)

Die *Zwischenablage* (englisch: *Clipboard*) ist jedem Benutzer von graphischen Benutzerschnittstellen bekannt. Endbenutzer können in ihren Werkzeugen Objekte (z.B. Texte, Graphiken etc.) markieren und mit Hilfe eines Menüs oder einer Tastenkombination in die sogenannte Zwischenablage kopieren. Die Zwischenablage steht prinzipiell in allen Windows- bzw. OS/2-Programmen zum Datenaustausch zur Verfügung.

Die formatierten Daten einer Textverarbeitung in einer graphischen Umgebung können beispielsweise mit unterschiedlichem Aussehen und Informationsgehalt in der Zwischenablage gespeichert werden:

- als reiner Text, ohne irgendwelche Formatierinformationen (Merkmale: Text, OEM-Text), d.h., daß Informationen wie Schriftart, Schriftgröße etc. hierbei verloren gehen,
- als formatierter Text im Standardformat RFT (Abkürzung für "Rich Text Format", deutsch: reichhaltiges Textformat), wobei alle Informationen, die Auskunft über die Darstellung des Textes geben, nach Möglichkeit abgelegt werden,
- als Bild, d.h. als genaue graphische Darstellung des formatierten Textes auf dem Bildschirm, wodurch jegliche Textinformationen verloren gehen und dadurch eine Weiterverarbeitung des Textes selbst unmöglich wird,
- weitere Formate wie beispielsweise Verweise, die auf das Quellprogramm, den Quelltext und Textausschnitt verweisen.

Die Zwischenablage kann gleichzeitig mehrere unterschiedliche Formate beinhalten, aus denen die Zielprogramme wählen können.

2.1. Beispiel

In einer graphikorientierten Textverarbeitung, beispielsweise *AmiPro* der Firma Lotus, soll die graphische Auswertung der Umsatzstatistik in der Tabellenkalkulation *Excel* der Firma Microsoft eingebunden werden.

Schritt 1: Zunächst wird das Tabellenkalkulationsprogramm Excel gestartet, mit den Umsatzdaten geladen und eine Graphik über die Umsatzentwicklung erstellt.

Schritt 2: Die Graphik über die Umsatzentwicklung wird markiert und mit dem Kopierbefehl (Menü: "*Bearbeiten - Kopieren*") in die Zwischenablage kopiert.

Schritt 3: Das Textverarbeitungsprogramm AmiPro wird geladen und die Excel-Graphik aus der Zwischenablage in die Textverarbeitung eingefügt (Menü: "*Bearbeiten - Einfügen*").

2.2. Kritik

Der Datenaustausch über die Zwischenablage erlaubt es, zwischen Windows- und/oder OS/2-Programmen unterschiedlicher Hersteller Daten auszutauschen.

Voraussetzung dafür ist, daß die Programme zum einen den Zugriff auf die Zwischenablage beherrschen, zum anderen, daß sie möglichst viele Clipboardformate kennen. Für den Fall, daß mehrere Formate gleichzeitig zur Verfügung stehen, versuchen Programme die Daten in jenem Format zu übernehmen, das die meisten Informationen beinhaltet.

Die Daten der Zwischenablage sind statisch, d.h. sie verändern sich nicht automatisch, auch wenn die Ursprungsdaten sich ändern sollten. Möchte ein Endbenutzer in unserem Beispiel eine aktuellere Umsatzgraphik (z.B. ein halbes Jahr später) in die Textverarbeitung übernehmen, müßte er den Vorgang "Bearbeiten - Kopieren" im Excel und "Bearbeiten - Einfügen" im AmiPro vollständig wiederholen.

Daten der Zwischenablage werden dann verändert, wenn Endbenutzer in irgendeinem Programm die Menükombination "Bearbeiten - Kopieren" anwählen. Dadurch werden die Daten in der Zwischenablage durch die neuen Daten ersetzt.

3. Dynamischer Datenaustausch (DDE)

Der *dynamische Datenaustausch* (englisch: *dynamic data exchange*, abgekürzt: *DDE*) zwischen Applikationen wurde zunächst in Produkten der Firma Microsoft eingeführt. Die Idee hierbei liegt darin, daß der Datenaustausch zwischen Applikationen selbsttätig über Nachrichten durchgeführt werden kann. Als Aufbewahrungsort der zu tauschenden Daten dient die Zwischenablage.

Grundsätzlich sind drei verschiedene Austauschmöglichkeiten vorgesehen:
- einmaliger Datenaustausch (englisch: *cold link*, deutsch: kalte Verbindung): nachdem der Datenaustausch erfolgt ist, werden diese Daten nicht mehr automatisch aktualisiert,
- dauernder Datenaustausch (englisch: *hot link*, deutsch: heiße Verbindung): nachdem der Datenaustausch erfolgt ist, werden die Daten laufend aktualisiert (übertragen), unmittelbar nachdem sich die Ursprungsdaten ändern,
- Datenaustausch mit Benachrichtigung (englisch: *warm link*, deutsch: warme Verbindung): nachdem der Datenaustausch erfolgt ist, werden bei Änderung der Ursprungsdaten die Empfänger der Daten über Nachrichten darüber unterrichtet.

Der dynamische Datenaustausch besteht aus der Zwischenablage, die die zu tauschenden Daten aufnimmt, und einem Nachrichtenprotokoll, mit dessen Hilfe festgelegt wird, ob ein Datenaustausch einmalig, dauernd oder mit Benachrichtigungen erfolgen soll.

DDE kann von Endbenutzern auf zwei verschiedene Arten benutzt werden:
- über das Kopieren (Menü: "*Bearbeiten - Kopieren*") in die Zwischenablage und dem Abholen der Daten über das Menü "*Bearbeiten - Verknüpfung Einfügen*" statt "Bearbeiten - Einfügen",
- mit Hilfe von Makroprogrammiersprachen von Endbenutzerwerkzeugen, die das DDE-Protokoll zur Verfügung stellen (z.B. Makrosprachen von AmiPro, DeScribe, Excel, Lotus 1-2-3, Word für Windows).

3.1. Beispiel 1

In einer graphikorientierten Textverarbeitung, beispielsweise AmiPro der Firma Lotus, soll die graphische Auswertung der Umsatzstatistik aus der Tabellenkalkulation Excel der Firma Microsoft eingebunden werden. Es soll gewährleistet werden, daß beim Öffnen des Textverarbeitungsdokuments immer die aktuelle Umsatzgraphik aus Excel dargestellt wird.

Schritt 1: Zunächst wird das Tabellenkalkulationsprogramm *Excel* gestartet, mit den Umsatzdaten geladen und eine Graphik über die Umsatzentwicklung erstellt.

Schritt 2: Die Graphik über die Umsatzentwicklung wird markiert und mit dem Kopierbefehl (Menü: "*Bearbeiten - Kopieren*") in die Zwischenablage kopiert.

Schritt 3: Das Textverarbeitungsprogramm *AmiPro* wird geladen und die Excel-Graphik aus der Zwischenablage in die Textverarbeitung eingefügt (Menü: "*Bearbeiten - **Verknüpfung** Einfügen*").

Der Endbenutzer hat nunmehr im AmiPro die Möglichkeit, die DDE-Verbindung, die seit dem Datenaustausch vorhanden ist ("*Bearbeiten - **Verknüpfung** Einfügen*"), andauernd aktiv zu halten ("hot link"), wodurch Änderungen in Excel, die zur Veränderung der Umsatzgraphik führen, automatisch an AmiPro übertragen werden.

In jedem Fall würde AmiPro das nächste Mal, wenn der Text mit der eingebundenen Excel-Umsatzgraphik geladen wird, den Endbenutzer von sich aus fragen, ob die Graphik aktualisiert werden soll.

3.2. Beispiel 2

Für einen vierteljährlichen Bericht an den Aufsichtsrat werden Probebilanzen aus der relationalen Datenbank *Oracle* in die Tabellenkalkulation *Lotus 1-2-3* geladen, ausgewertet und graphisch dargestellt. In der Folge wird ein Serienbrief in der Textverarbeitung *DeScribe* dazu benutzt, die aussagekräftigsten Tabellen und Graphiken zu übernehmen und an alle Aufsichtratsmitglieder zu verschicken, wobei hierzu die Adreßdaten aus der relationalen Datenbank *SQL-Base* von Gupta geladen werden.

Schritt 1: In *Lotus 1-2-3* werden mit Hilfe eines Makros über *DDE* die Probebilanzdaten aus *Oracle* geladen, bearbeitet und graphisch dargestellt.

Schritt 2: Die Tabellen in Lotus 1-2-3 mit den aussagekräftigsten Zahlen werden markiert und über das Menü "*Bearbeiten - Kopieren*" in die Zwischenablage gestellt.

Schritt 3: In *DeScribe* werden in dem Serienbrief die Tabellenzahlen über das Menü "*Bearbeiten - **Verknüpfung** Einfügen*" aus der Zwischenablage eingesetzt.

Schritt 4: Die graphische Darstellung der wichtigsten Auswertungsergebnisse der Probebilanzen werden in Lotus 1-2-3 markiert und über das Menü "*Bearbeiten Kopieren*" in die Zwischenablage gestellt.

Schritt 5: In DeScribe wird in dem Serienbrief die graphische Darstellung über das Menü "*Bearbeiten* - ***Verknüpfung*** *Einfügen*" aus der Zwischenablage eingesetzt.

Schritt 6: Über die Makrosprache von DeScribe werden mit Hilfe von *DDE* die Adreßdaten der Aufsichtratsmitglieder aus der relationalen Datenbank *SQL-Base* geladen und der Serienbrief mit den aktuellen Quartalsdaten für die einzelnen Adressaten gedruckt.

Von nun an kann durch einfaches Laden des DeScribe-Serienbriefes der gesamte Vorgang für die Erstellung eines Serienbriefes mit den aktuellen Daten des entsprechenden Quartals automatisch ablaufen. Alle bekannten DDE-Verknüpfungen des DeScribe-Textdokuments führen zu automatischen Aktualisierungen mit Lotus 1-2-3 und SQL-Base. Von Lotus 1-2-3 aus werden zu diesem Zeitpunkt automatisch der Abruf der Probebilanzdaten aus Oracle über DDE und die Aufbereitung dieser Daten erfolgen.

3.3. Kritik

Der dynamische Datenaustausch erlaubt es, zwischen Windows- und/oder OS/2-Programmen unterschiedlicher Hersteller Daten auch dynamisch auszutauschen.

Voraussetzung dafür ist, daß alle beteiligten Programme
- die Zwischenablage nutzen können,
- die Grundlagen des Kommunikationsprotokoll DDE beherrschen und
- die DDE-Dienstleistungen *aller* (!) beteiligten Programme im Detail kennen.

Gerade der letzte Punkt führt zu großen Problemen im Einsatz von DDE. Nachdem es prinzipiell unmöglich ist, daß ein Softwarehersteller *alle* DDE-Dienstleistungen aller Softwaremitbewerber kennen kann (derzeit weit über 2500 Produkte am Markt), bleibt der Einsatz von DDE auf rudimentäre Aktionen beschränkt. Alle Softwaremitbewerber am Markt orientieren sich hier am Leader Microsoft, der DDE zum ersten Mal im Tabellenkalkulationsprogramm Excel eingeführt hat. Allerdings kann zu keiner Zeit gewährleistet werden, daß die Kommunikation über DDE fehlerfrei funktioniert und stabil bleibt, da nie sichergestellt sein kann, daß allen Windows- bzw. OS/2-Programmen diese Kommunikation fehlerfrei implementiert ist.

Trotzdem ist der Einsatz von DDE prinzipiell möglich. In einer individuellen Form kann DDE mit Hilfe von Makros erfolgen, die Programmierer, seltener Endbenutzer, erstellt haben. Voraussetzung für einen erfolgreichen Einsatz von DDE auf individueller Basis ist die genaue Kenntnis der eingesetzten Endbenutzerwerkzeuge im Hinblick auf die DDE-Dienstleistungen, die diese Werkzeuge zur Verfügung stellen. In einem solchen Fall kann die Funktionalität von Endbenutzerwerkzeugen von *unterschiedlichen* Softwareherstellern miteinander kombiniert werden!

In jedem Fall müssen für einen erfolgreichen Datenaustausch über DDE *alle* beteiligten Endbenutzerwerkzeuge *gleichzeitig* geladen und aktiv sein, wodurch die Hardwareanforderungen (Prozessor, Hauptspeicher und Festplatte) stark steigen.

Endbenutzer sind häufig nicht mehr in der Lage festzustellen, welche Applikationen miteinander über DDE verbunden sind. Mangelhafte Übersicht bzw. Dokumentation können im Fehlerfall dazu führen, daß eine komplex aufgebaute DDE-Kommunikation zwischen Endbenutzerwerkzeugen vollständig von Grund auf neu erstellt werden muß.

Sofern mehrere unterschiedliche DDE-Konversationen bzw. unterschiedliche Datentauschvorgänge stattfinden, beispielsweise das gleichzeitige Ausführen von den Beispielen 1 und 2 in diesem Abschnitt, kann es zu Fehlern im Zusammenhang mit der Zwischenablage kommen. Nachdem die Zwischenablage global verfügbar ist, kann der Fall eintreten, daß die Daten, die Lotus 1-2-3 für DeScribe in die Zwischenablage legt, von den Excel-Daten überschrieben werden, ehe DeScribe dazu kommt, die vermeintlichen Lotus 1-2-3 Daten abzuholen.

4. Object Linking and Embedding (OLE)

Grundlegende Funktionen für das *Object Linking and Embedding* (Abkürzung: *OLE*, deutsch: *Objektverknüpfung und Objekteinbindung*) werden in Windows Version 3.1 integriert und angeboten. Allerdings können alle OLE-fähigen Endbenutzerwerkzeuge auch mit Windows 3.0 arbeiten, sofern die OLE-Bibliotheken, die mit den entsprechenden Applikationen mitgeliefert werden, installiert sind.

OLE entstand als Synthese der Vorschläge bzw. Protokolle zur Objekteinbindung der Firmen Aldus, Lotus, Microsoft und Word Perfect Corp. Die grundlegende Idee liegt hier darin, daß beim Datenaustausch zwischen Endbenutzerwerkzeugen unterschiedlicher Hersteller nicht die Formate der Zwischenablage benutzt werden, sondern die Originaldaten selbst getauscht werden. Nachdem es unmöglich ist, daß Applikationen interne Datenformate von allen Softwaremitbewerbern kennen, müssen die Originalapplikationen zu Hilfe gerufen werden, wenn die unbekannten Daten graphisch dargestellt oder gedruckt werden sollen.

Grundlegende Funktionen, die in allen OLE-fähigen Applikationen vorhanden sein müssen, werden in einer standardisierten OLE-Bibiliothek zusammengefaßt. Endbenutzerspezifische OLE-Funktionen müssen individuell von den Softwareherstellern erstellt werden. Die Kommunikation zwischen den Applikationen erfolgt über das DDE-Kommunikationsprotokoll.

Prinzipiell erfolgt der Datenaustausch gleich wie über die Zwischenablage. Im Unterschied dazu werden aber nicht die standardisierten Formate zum Datenaustausch benutzt, sondern die Originalformate selbst. Dies hat den großen Vorteil, daß keine Datendetails verloren gehen können und die Endbenutzer die kopierten (nunmehr eingebetteten) Daten editieren können. Das Editieren der eingebetteten Daten erfolgt einfach so, daß die Originalapplikation, aus der die Daten ursprünglich kommen, zum Bearbeiten automatisch aktiviert wird.

Damit die Bildschirmdarstellung der Fremddaten einfach erfolgen kann, werden in der Regel zusätzlich zu den Originaldaten auch Bilder des Datenobjektes übernommen. Darüber hinaus kann in jedem Fall, wie eingangs erwähnt, in OLE der Originalapplikation der Auftrag erteilt werden, die Bildschirmdarstellung an Ort und Stelle (in situ) aufzubauen.

Mit den OLE-Bibliotheken wird auch die Einbindung von *Verknüpfungen* (englisch: *links*) mit Datenobjekten in den Originalapplikationen unterstützt, wobei beim Herstellen der Verknüpfung immer ein aktueller Datenbestand gewährleistet wird. Hiermit existiert eine Verknüpfung zwischen verschiedenen Applikationen, die für den Benutzer transparenter erfolgt, als die Herstellung von Verknüpfungen mit Hilfe des Datenaustausches mit DDE. Theoretisch ist sogar die Verknüpfung über mehrere OLE-Dokumente hinweg bis hin zum Originaldatenobjekt möglich.

4.1. Beispiel

In einer graphikorientierten Textverarbeitung, beispielsweise *AmiPro* der Firma Lotus, soll die graphische Auswertung der Umsatzstatistik in der Tabellenkalkulation *Excel* der Firma Microsoft eingebunden werden.

Schritt 1: Zunächst wird das Tabellenkalkulationsprogramm *Excel* gestartet, mit den Umsatzdaten geladen und eine Graphik über die Umsatzentwicklung erstellt.

Schritt 2: Die Graphik über die Umsatzentwicklung wird markiert und mit dem Kopierbefehl (Menü: "*Bearbeiten - Kopieren*") in die Zwischenablage kopiert.

Schritt 3: Das Textverarbeitungsprogramm *AmiPro* wird geladen und die Excel-Graphik gemeinsam mit den zugrundeliegenden Umsatzdaten aus der Zwischenablage in die Textverarbeitung eingefügt (Menü: "*Bearbeiten - **Inhalte** Einfügen*").

4.2. Kritik

Der Datenaustausch über OLE erlaubt es, zwischen Windows-Programmen unterschiedlicher Hersteller Daten auszutauschen.

Voraussetzung dafür ist, daß alle beteiligten Programme das in der Implementierung aufwendige OLE beherrschen. Der Vorteil von OLE liegt darin, daß sämtliche Originaldaten übernommen werden, wodurch mit Hilfe der Originalapplikationen die Bearbeitung von eingebetteten Datenobjekten möglich wird.

Für den erfolgreichen Datenaustausch bzw. die erfolgreiche Datenintegration mit Hilfe von OLE müssen alle beteiligten Endbenutzerwerkzeuge gleichzeitig geladen und aktiv sein, wodurch die Hardwareanforderungen (Prozessor, Hauptspeicher und Festplatte) stark steigen. Das automatische Laden von benötigten OLE-Applikationen wird standardmäßig unterstützt.

Wenn ein Dokument, das eingebettete Datenobjekte fremder Endbenutzerwerkzeuge beinhaltet, auf einen PC übertragen wird, auf dem diese Endbenutzerwerkzeuge fehlen, so können die eingebetteten Daten nicht mehr bearbeitet werden. Manchmal führen fehlende Originalapplikationen zu Fehlern. Die Einbettung von Datenobjekten und die Einbettung von Verknüpfungen sind bei komplexen OLE-Dokumenten derzeit schwer nachvollziehbar und damit schwer wartbar. Die Kommunikation mit eingebetteten Objekten in Form von DDE ist derzeit nur in einer eingeschränkten Form möglich, sodaß für dynamische Aspekte des Datenaustausches der getrennte Einsatz von DDE nach wie vor notwendig ist.

In der derzeitigen Implementierung von OLE führen Verknüpfungen, die über eingebettete Verknüpfungen in anderen OLE-Dokumenten hergestellt werden, zu inkonsistenten Ergebnissen. Dadurch wird in der Regel die Verknüpfung mit dem Originaldatenobjekt zerstört.

OLE wird weiterentwickelt und soll in der Version 2 die Verknüpfung über Verknüpfungen hinweg vollständig unterstützen, vor allem aber die Implementierung für die Softwarefirmen vereinfachen. Eine einfachere Handhabung von OLE auf programmtechnischer Ebene sollte auch zu fehlerfreieren Implementierungen führen. OLE wird in der Version 2 nach Angabe des Herstellers IBM 1993 auch in einer neuen OS/2-Version zur Verfügung stehen.

5. Zusammenfassung

Mit Hilfe der *Zwischenablage* können Daten zwischen Endbenutzerwerkzeugen verschiedener Hersteller getauscht werden. Der Austausch erfolgt mit Hilfe von standardisierten Formaten, die in der Regel nie die gesamten Informationen der Originaldaten beinhalten.

Der *dynamische Datenaustausch* stellt ein Kommunikationsprotokoll dar, mit dem über die Zwischenablage oder direkt automatisiert Daten getauscht werden können. Dadurch wird es möglich, Daten aus fremden Applikationen zu übernehmen und gleichzeitig andauernd aktuell zu halten, indem bei Datenänderungen in der Originalapplikation diese Änderungen automatisch übernommen werden. DDE unterliegt vielen Restriktionen im Hinblick auf seinen Einsatz: Theoretisch müßten alle Endbenutzerwerkzeuge alle DDE-Dienstleistungen von anderen Softwareanbietern kennen, um deren Funktionalität voll auszunutzen. Ein Fehler in der DDE-Kommunikation zwischen Applikationen kann zu unvorhersehbarem Verhalten der betroffenen Endbenutzerwerkzeuge führen. Alle Anwendungen, die an einem DDE-Austausch beteiligt sind, müssen gleichzeitig geladen sein, wodurch sich die Hardwareanforderungen für zügiges Arbeiten erhöhen (beispielsweise zwischen 8 und 16 MB Hauptspeicher, zwischen 200 und 400 MB Festplattenkapazität).

Object linking and embedding erlaubt zum einen die Einbettung von Verknüpfungen zu fremden Daten, zum anderen die Einbettung von fremden Daten bzw. Datenobjekten selbst. Die Originalapplikationen ermöglichen die Darstellung, das Drucken und das Verändern von Fremddaten. Alle Anwendungen, deren Daten in einem OLE-Dokument enthalten sind, müssen gleichzeitig geladen sein, wodurch sich die Hardwareanforderungen für zügiges Arbeiten erhöhen (beispielsweise zwischen 8 und 16 MB Hauptspeicher, zwischen 200 und 400 MB Festplattenkapazität).

OS/2 erlaubt den Datenaustausch bzw. die Datenintegration zusätzlich mit Hilfe von

- *SOM* (englisch für: *system object model*), das eine sprachenunabhängige, objektorientierte Klassenhierarchie auf Betriebssystemebene darstellt; eine der ersten, größeren SOM-Anwendungen stellt die neu gestaltete, objektorientierte Benutzerschnittstelle von OS/2 2.0 dar, der *Work-Place-Shell* (deutsch: *Arbeitsoberfläche*), die den Datenaustausch und die Datenintegration von OS/2-Objekten ermöglicht (z.B. Drucker, Dateien, Programme, Schriftarten, Farben).

- *REXX* (Abkürzung für: *Restructured Extended Executor*, deutsch: *"restrukturierte und erweiterte Ausführungssprache"*), das eine einfach zu erlernende, prozedurale Sprache ist; so können beispielsweise mit REXX direkt Daten aus einer relationalen Datenbank abgerufen und in eine Tabellenkalkulation übertragen werden.

Viele Problemstellungen lassen sich bereits heute durch den Datenaustausch bzw. die Datenintegration zwischen verschiedenen, mächtigen Endbenutzerwerkzeugen schnell und effizient lösen, für deren Lösung bisher spezialisierte, individuelle Anwendungssysteme notwendig waren. Voraussetzung für einen effizienten Einsatz in der Praxis sind gut ausgebildete Endbenutzerwerkzeug-*experten*. Diese müssen über profunde Kenntnisse im Bereich des in diesem Aufsatz angesprochenen Datenaustausches mit Hilfe unterschiedlicher Endbenutzerwerkzeugen verfügen, und müßten möglichst dezentral in Abteilungen eingesetzt werden, die sehr intensiv mit graphikorientierten Endbenutzerwerkzeugen arbeiten.

Literatur

[1] Duncan, R.: Power Programming - Exploring Dynamic Data Exchange in Windows 3.0 with WordBASIC, in: PC MAGAZINE, April 1991, S. 387 - 390.

[2] Duncan, R.: Power Programming - Dynamic Data Exchange and the Clipboard in Windows, in: PC MAGAZINE, Mai 1991, S. 405 - 412.

[3] Hansen, H.R.: Wirtschaftsinformatik I, 6. Auflage, Gustav Fischer, Stuttgart 1992.

[4] IBM: OS/2 Toolkit Version 2, On-Line-Entwicklungssystem, Boca Raton 1992.

[5] Lauer, T.: Geben und Nehmen - Datenaustausch unter Windows, in: c't 1992, November 1992, S. 252 - 260.

[6] Microsoft: MS Windows 3.1, Programmer's Reference 1, Overview, Microsoft Press, Redmond 1992.

[7] Microsoft: Object Linking and Embedding, in: December 10 Pre-relase version, Microsoft Press, Redmond 1990.

[8] Nance, B.: How OLE Works, in: BYTE's Essential Guide to Windows, Oktober 1992, S. 45 - 52.

[9] Walder, J.: File Formats for Popular PC Software, John Wiley & Sons, New York 1986.

[10] Walder, J.: More File Formats for Popular PC Software, John Wiley & Sons, New York 1987.

Die Entwicklung der Informationsverarbeitungstechnologiemärkte

Wolfgang H. Janko, Alfred Taudes, Walter Frisch

1. Die Informationstechnologiemärkte im Umbruch

Die Firma IBM galt lange Zeit als eines der Paradeunternehmen der US-amerikanischen Wirtschaft. Wie die aus [7] entnommene und auszugsweise in Tabelle 1 dargestellte Fortune 500 Liste 1991 zeigt, hatte z.B. IBM in diesem Jahr einen Verlust von $ 2,827 Milliarden zu verzeichnen und eine Umsatzeinbuße von 6,1 % gegenüber 1990 hinnehmen müssen.

Firma	Rel. Umsatz-veränderung 90/91	Gewinn/Verlust
IBM	-6,1	-2.827
UNISYS	-14,0	-1.393
AMDAHL	-23,3	11
WANG	-19,3	-386
DEC	7,2	-617
HP	9,9	755
SUN	31,4	190
DELL	40,6	27
SILICON GRAPHICS	30,7	33
INTEL	15,9	819
AST	29,3	65

Tab. 1: Fortune 500

Daß es sich dabei nicht um ein einmaliges Ereignis handelt, belegen folgende aus [22] entnommene Fakten: Marktanteil von IBM 1985: 30,9%, 1990: 21%; Dividende 1984: 24,9%. 1990: 14,1%; Aktienkurs 1986: 125 $, 1990: 100 $; jährliches Umsatzwachstum in den letzten 5 Jahren: 6,6%. Schnitt aller anderen Anbieter: 13,4%. Anderen renommierten Anbietern erging es aber kaum besser: UNISYS mußte bei einem Verlust von 1,393 Milliarden Dollar einen Umsatzrückgang um 14% hinnehmen. DEC konnte zwar den Umsatz steigern, allerdings bei einem Verlust von $ 617 Mio. und eine Reihe weiterer ehemals etablierter europäischer Anbieter wie NIXDORF, KIENZLE oder PHILIPS verloren nach massiven und nachhaltigen Verlusten ihre wirtschaftliche Selbständigkeit.

Was ist mit der einst so wachstumsstarken DV-Branche geschehen? Zum einen wurde sie von der generellen Rezession getroffen, andererseits machten sich erste Sättigungseffekte bemerkbar, die lediglich zu einem Umsatzwachstum von 4,1% führten[1)] (1986 betrug dieses noch 21%, zwischen 1975 und 1990 durchschnittlich 31,8%, vgl. [23]). Wie Tabelle 1 zeigt, konnten aber trotzdem relative "Neulinge" wie SUN, DELL, HP, SILICON GRAPHICS, INTEL und AST bei guten Gewinnen ihren Umsatz beträchtlich steigern. Im Unterschied zu den obengenannten traditionellen Herstellern sind diese Anbieter nicht vertikal sondern horizontal integriert und bieten offene, mikrobasierte Systeme wie UNIX Workstations (SUN, HP) oder Hochleistungs-PCs (DELL, AST) an bzw. stellen Hardwareteile derartiger Konfiguration her (z.B. INTEL). Im Gegensatz zu dieser Geschäftspolitik, die durch Zukauf und Assemblieren von Standardteilen bei geringem Eigenanteil in der Produktion und indirekter Vertriebsorganisation gekennzeichnet ist, steht die Organisationsform der traditionellen Anbieter proprietärer Systeme (vgl. Tabelle 2).

	PC-Welt	Offene Systeme	Proprietäre Systeme
Design	Standard-Teile Add Value	Standard-Teile Add Value	Proprietäre Technologie
Produktion	Assembliere	Assembliere	selbst
Vertrieb	indirekt	direkt	direkt

Tab. 2: Geschäftspolitiken im Vergleich

Diese Hersteller fertigen die komplette Produktpalette (Chips, Peripherie, Betriebssystem, Datenverwaltungssysteme und Standardanwendungen) selbst und haben eine eigene Vertriebsorganisation. Nun sind offene mikrobasierte Systeme schon seit mehr als 10 Jahren auf dem Markt. Die krisenhaften Entwicklungen bei den Anbietern proprietärer Systeme sind allerdings erst seit relativ kurzer Zeit zu beobachten. Was sind also die Gründe für die nun eingetretene Überlegenheit offener mikrobasierter Systeme?

2. Erklärungsansätze

2.1. Die technische Entwicklung

2.1.1. Mikrobasierte offene Systeme für alle Anwendungsbereiche?

Ein Grund für die Probleme proprietärer Hersteller liegt in der rapiden Zunahme der Rechen- und Transaktionsleistung offener Systeme und der Verbesserung der für diese Welten angebotenen Software (vgl. [6] und [8]). War der Personal-Computer ursprünglich als reines Single-User Gerät für Aufgaben wie Textverarbeitung und Tabellenkalkulation gedacht, erreichen heute Workstations unter UNIX Rechnerleistungen, die vormals Großrechnern bzw. Supercomputern vorbehalten waren. So z.B. berichtet [12] über Leistungstests, bei denen ein Mainframe der Type 3090 E mit Vector Facility im Mittel 13 MFLOPS2) und maximal 71 MFLOPS erreicht hat. Unter Einbeziehung der Kosten ergibt sich, daß man mit diesem Rechner 20 MFLOPS (Mittel) für $ 1 Million erhält. Ein Supercomputer der Marke Cray Y/MP1 erreichte 25 MFLOPS (Mittel) und 324 MFLOPS (Maximum), wobei MFLOPS (Mittel)/$ 1 Mio. = 2. Eine RISC-Workstation der Type IBM 6000/320 erzielte 9 MFLOPS (Mittel) und 29 MFLOPS (Maximum); in dieser Welt erhält man 450 MFLOPS (Mittel) für $ 1 Million. Seither haben sich die Verhältnisse weiter zugunsten offener, mikrobasierter Systeme entwickelt. Laut [16] hat etwa eine Workstation HP Apollo 730 eine Rechenleistung von 23 MFLOPS, für $ 1 Million würde man 790 MFLOPS erhalten. Eine weitere, wesentliche Leistungssteigerung dieser Welt dürfte der Alpha-Chip von DEC bringen, der laut [11] eine Leistung von 150 MFLOPS hat. Insbesondere können mit als Datenbankserver oder als Datenbankmaschine mit mehreren Prozessoren konfigurierten offenen mikrobasierten Rechnern Transaktionsleistungen, die ehemals proprietären Mainframes vorbehalten waren, erzielt werden. So etwa leistet eine UNISYS U6000/85 mit dem Datenbanksystem Informix 129.09 Tps (TPC-A)3) bei Kosten von 24.413 $/Transaktion (aus [24]), laut [1] erzielte ein RISC-Rechner der Marke HP 9000/890-4 mit dem DBMS Oracle Version 7 578 Tps (TPC-A) bei Kosten von 11.900 $/Transaktion. Eine weitere Leistungsdimension zeigen Shared-Nothing (MIMD) Datenbankmaschinen mit einer großen Anzahl von Prozessoren auf: mit dem Datenbanksystem ORACLE Parallel Server V 6.2. wurden auf einem Ncube Rechner mit 1024 Prozessoren 1073 Tps (TPC-B) erzielt, mit Kosten von $ 2.500/Transaktion (vgl. [2]). Als Vergleich hierzu wird in [1] ein Unisys Mainframe mit einer Leistung von 255 Tps (TPC-A) und Kosten von $ 44.000/Transaktion angeführt. Extrapoliert man diese Entwicklung, dann liegt die Vermutung nahe, daß in Zukunft höchste Rechen- und Transaktionsleistungen im Bereich der offenen mikrobasierten Systeme erzielt werden (vgl. dazu auch [15]), dies allerdings zu weit geringeren Kosten als ehemals in proprietären Welten. Dieser Trend wurde inzwischen auch beim "Mainframe-Primus" IBM erkannt, dessen Vorstandsdirektor Kuehler etwa meint:"... when I think of the mainframe, I don't think of the hardware. I think of the software enabling those resources to accomplish requirements that a customer has. And I would not be surprised if you didn't see workstation technology - hardware technology - over time become more and more of the underpinnings of that high-end software. There is nothing that says that you cannot accomplish the objectives of MVS/ESA with workstation technology... And we're working down that path" (aus [10]).

2.1.2. Fortschritte bei der Standardisierung

Voraussetzung für die Funktionsfähigkeit eines Systems, das aus Teilen besteht, die von verschiedenen Herstellern stammen, ist eine Standardisierung der Schnittstellen zwischen den Systemkomponenten; in unserem Fall also zwischen Hardware, Betriebssystem, Datenverwaltungssystem und Anwendung. Angefangen und am weitesten fortgeschritten ist die Standardisierung im PC-Bereich: Durch die Verwendung desselben INTEL-Prozessors sind in diesem Marktsegment die Rechner binärkompatibel, d.h. Anwendungsprogramme und Daten können ohne Kompilation und andere Transformationen zwischen PC's verschiedener Hersteller transferiert werden (vgl. Tabelle 3). Im Bereich der offenen Systeme erfolgt die Standardisierung erst auf Betriebssystemebene, während in einer proprietären Welt die Anwendungen mit herstellerspezifischen Werkzeugen erstellt werden und bei einem Herstellerwechsel eine aufwendige Umstellung der Anwendungen notwendig ist. Ebenso sind bei derartigen Rechnern die Schnittstellen zwischen den Systemkomponenten herstellerspezifisch, sodaß ein "Assemblieren durch den Kunden" nicht oder nur mit großem Aufwand möglich ist.

	PC-Welt	Offene Systeme	Proprietäre Systeme
Portierung	kein Thema	Stunden-Monate	Monate-Jahre
Datenkbankkonversion	kein Thema	Stunden-Tage	Jahre
Umschulung	keine	gering	großes Problem

Tabelle 3: Konversionsaufwand

Die ersten und bis heute wohl noch am nachhaltigsten wirksamen Standards sind aus der **"Öffnung" durch Hersteller** entstanden (IBM-PC, UNIX-Distributionspolitik durch AT&T). Aufbauend auf diesen Ansätzen arbeiten heute internationale Standardisierungsgremien an der Spezifikation von Normen für offene Systeme; so z.B. ist es Ziel der **X/Open Gruppe** auf Basis existierender Standards eine Empfehlung für eine offene Anwendungsumgebung zu erarbeiten. Diese Spezifikationen werden in Form von X/Open Portability Guides

(XPG's) publiziert (derzeit aktuell ist Version 3). Die Empfehlungen umfassen u.a. das Betriebssystem (POSIX), Programmiersprachen (COBOL, C), Datenverwaltungssysteme (SQL, ISAM) Windowing, Kommunikation, Nationalisierung, Administration und Security. Die X/Open Gruppe evaluiert aber auch anhand einer mehr als 5.500 Programme umfassenden "XPG Verification Suite" die Erfüllung der Vorgaben und verteilt dafür den "X/Open Brand".

2.2. Ökonomische Gegebenheiten

2.2.1. Downsizing

Angesichts der Preis/Leistungsrelationen zwischen offenen und proprietären Systemen ist es nicht verwunderlich, daß Anwender in verstärktem Maße zu offenen Systemen wechseln - ein Trend, der unter dem Schlagwort **Downsizing** bekannt geworden ist. Wir wollen die durch Downsizing erzielbaren Vorteile anhand eines in [3] und [4] beschriebenen Erfahrungsberichts eines Hannoveraner Verlags, der Telefonbücher und technische Zeitschriften erstellt und vertreibt, aufzeigen. Bei einem notwendigen Systemwechsel entschloß sich dieses Unternehmen, das bislang zwei Siemens C40 Mainframes unter BS 2000 mit 50 Terminals, 5 GB Platte und 32 MB RAM betrieb und seine Anwendungen mittels Sesam, Leasy, UTM, Cobol und Assembler entwickelte, auf 2 Unisys 6000/70 Unix Multiprozessor Rechner mit 6 Prozessoren, 32 MB RAM, 14 GB Platten und "Apple MacIntosh Clients" umzustellen und seine Anwendungen auf Basis von ORACLE und C zu portieren.

Systemkomponente	Mainframe Konfiguration	Downsize Konfiguration
Rechner	2	2
Prozessoren	2	12 (403)
MB RAM	32	96 (640)
GB-Disk	5	14 (64)
Kosten		
Rechnerkosten	100 %	72 %
Produktionszeit	100 %	62,5 %
Produktionskosten	100 %	45 %

Tabelle 4: Vergleich Proprietäre - Offene Konfiguration[4)]

Tabelle 4 zeigt die dadurch erzielten Vorteile. Neben diesen kostenmäßigen Vorteilen konnten hier auch eine verbesserte Performance, benutzerfreundliche graphische Oberflächen durch die neue Client-Server-Architektur und eine bequemere Anwendungssystementwicklung auf Basis eines relationalen Datenbanksystems erzielt werden.

Komponente	Properitär	Offen
Hardware	Siemens	Unisys[5)]
Peripherie	Siemens	Apple
Betriebssystem	Siemens	Unix System V
Sprachen	Siemens (Assembler)	C
DBMS	Siemens	Oracle
Oberfläche	Siemens	mehrere

Tab. 5: Systemaufbau properitär versus offen

Tabelle 5 belegt für diese Konfiguration das Prädikat **offen** und zeigt auch die Unterschiede im Entscheidungsprozeß bei der Systemauswahl: Während in einer proprietären Welt für jede Systemkomponente nur eine oder wenige Alternativen vorliegen, durch die Entscheidung für einen Hersteller die gesamte Palette des Angebots determiniert ist und ein Herstellerwechsel mit hohem Aufwand verbunden ist, kann in einer offenen Welt ein System "für den Kunden" zusammengestellt werden und der Wechsel eines Teiles gefährdet nicht die Anwendungen. Es ist daher nicht verwunderlich, daß etwa bei DV-Ausschreibungen in proprietären Welten viel Wert auf Kriterien, die den Anbieter per se betreffen, gelegt wird und eine umfangreiche Beschreibung der umzustellenden Anwendung enthalten ist, während in offenen Welten lediglich die zu beschaffende standardisierte Systemkomponente (z.B. DBMS mit SQL-Schnittstelle) spezifiziert wird.

2.2.2 Der Übergang von Hierarchien zu Märkten

Während wir bislang aufgezeigt haben, daß offene Systeme für alle DV-Anwendungsbereiche angeboten werden und wesentliche Vorteile gegenüber proprietären Systemen für den Anwender bieten, haben wir noch nicht analysiert, warum derartige Systeme kostengünstiger angeboten werden. Offenbar müssen dafür zwei Voraussetzungen erfüllt sein - die Produktion derartiger Systeme ist kostengünstiger und die Anbieter sind veranlaßt, diese Kostenvorteile auch an den Anwender weiterzugeben. Um diese Fragen zu untersuchen, wollen wir die Kostenstruktur eines Unternehmens anhand der klassischen **Mikroökonomie** und deren Erweiterungen (**Agency Theorie** und **Transaktionskostenökonomie**) analysieren (vgl. Tabelle 6):

Interne Koordinationskosten	Externe Koordinationskosten	Operationskosten
Agency Kosten	Transaktionskosten	Fixkostendegression
Informations- und Entscheidungskosten	operationelle vertragliche Kosten	

Tabelle 6: Kosten eines Unternehmens

Im Mittelpunkt der traditionellen mikroökonomischen Analyse stehen die Produktionskosten. In vielen Branchen kann man bei deren Entwicklung eine **Fixkostendegression** beobachten, d.h. bedingt durch die Ausgaben für Investitionen, die unabhängig von der Ausbringungsmenge zum Zustandekommen der Produktion notwendig sind, sinkt der zum Erreichen der Vollkostendeckung notwendige Betrag pro Stück mit zunehmender Ausbringungsmenge. Dies ist ein Effekt, der für die Beschränkung der Produktpalette bei großen Produktionsvolumina spricht. In Erweiterung der traditionellen Mikroökonomie wurden zusätzlich zu den reinen Produktionskosten noch Kostern analysiert, die dadurch entstehen, daß ein Unternehmen aus mehreren Entscheidungsträgern mit verschiedenen Zielvorstellungen besteht (Agencytheorie) und der Marktmechanismus nicht kostenlos funktioniert sondern bei der Abwicklung von Transaktionen Kosten anfallen (Transaktionskostenökonomie). Die erste Tatsache bewirkt, daß Informationssysteme für die Mitarbeiterüberwachung und den Informationstransport zu Entscheidungsträgern notwendig werden. Um die dafür anfallenden Kosten gering zu halten, sollte ein Unternehmen möglichst wenige Stufen im Produktionsprozeß eines komplexen Produktes selbst übernehmen, da durch die **vertikale Integration** Abstimmungsprozesse (Termine, Produktionsmengen, Verrechnungspreise etc.) notwendig sind. Die dazu bestehende Alternative Transaktionen über den Markt abzuwickeln ist allerdings auch nicht kostenfrei. Dabei fallen einerseits Such- und Vertragskosten an, andererseits auch Kosten, die durch die im Vergleich zur Integration ins Unternehmen geringeren Kontrollmöglichkeiten des Marktpartners verursacht werden. Williamson hat untersucht, in welchen Fällen **Transaktionskosten** hoch sind und somit eine vertikale Integration vorteilhaft ist. Neben allgemeinen menschlichen Eigenschaften ("Bounded Rationality", imperfekte Vertragsgestaltung bei unsicherer Umwelt, Opportunismus) sind dies laut Williamson die Produkteigenschaften **Spezifität** und **Beschreibungskomplexität** (vgl. [25]). Die Spezifität eines Produktes ist dabei umso höher, je höher der Wertverlust ist, der eintritt, wenn das Produkt nicht vom vorgesehenen sondern von einem anderen Abnehmer verwendet wird. Die Spezifität eines Produktes ist insbesondere dann hoch, wenn eine spezielle Anpassung des Produktes zur sinnvollen Nutzung notwendig ist. Ist dies der Fall, dann kommittieren sich die Vertragspartner in starkem Ausmaß und sind bei solchen Transaktionen verwundbar für Übervorteilungen. Die insbesondere bei sich stark wandelnden-Umweltbedingungen notwendige enge Koordination und Kontrolle wird dann besser innerhalb eines Unternehmens als zwischen unabhängigen Marktpartnern erreicht. Die Beschaffung eines Produktes mit hoher Beschreibungskomplexität am Markt ist mit hohen Suchkosten verbunden. Der Abnehmer wird daher geneigt sein, eine langdauernde Verbindung mit einem Hersteller einzugehen. Eine derartige Hierarchie muß nicht in der rechtlichen Form der vertikalen Integration vor sich gehen, sondern kann auch zwischen rechtlich selbständigen Unternehmen bestehen. Wesentlich für das Vorliegen einer **Hierarchie** ist, daß für die Transaktionsabwicklung nicht der Marktmechanismus benutzt wird.

Betrachten wir nun diese allgemeinen Aussagen im Lichte der Situation, in der sich derzeit die Informationstechnolgiemärkte befinden. Diese Branche ist bei den Produktionskosten durch sehr starke Fixkostendegressionseffekte gekennzeichnet. So etwa sind heute die zur Softwareentwicklung oder den Aufbau einer Chipfertigung notwendigen Kosten (vgl. [15]) sehr hoch, während die Softwaredistributions- oder Serienfertigungskosten sehr gering sind. Diese Größeneffekte werden noch durch sogenannte **Network Externalities** auf der Nachfrageseite verstärkt. Diese in [19] studierten Effekte treten auf, wenn der Nutzen eines Produktes für den Konsumenten mit dessen Absatz steigt. Dies ist offensichtlich bei Kommunikationseinrichtungen der Fall. Es steigt aber auch der Nutzen einer Rechnerarchitektur mit der Anzahl der Anwender, da die Anzahl der verfügbaren Softwareprodukte, die Service-Qualität, die Verfügbarkeit geschulten Bedienerpersonals u.ä. zunimmt. In der Welt der proprietären Systeme haben sich die Hersteller trotzdem für die vertikale Integration entschlossen. Dies liegt in der hohen Spezifität und Beschreibungskomplexität von DV-Produkten in nicht genormten Welten begründet. Dadurch ergibt sich eine hohe Abhängigkeit des Herstellers vom Vertrieb, dessen spezifisches Know-How für den Absatz essentiell ist. Andererseits wäre auch ein selbständiger Vertrieb stark vom Hersteller abhängig, da dieser seine gesamte Geschäftspolitik auf die Modelle des Herstellers ausrichten muß. Analoges gilt etwa in der Chipproduktion. Der Hersteller ist massiv von dem Funktionieren und der Qualität der Chipprodukte abhängig und umgekehrt der Chipproduzent vom einzigen Abnehmer einer speziellen Rechnerarchitektur. In offenen Welten genormter Schnittstellen ist diese Abhängigkeit nicht mehr so stark gegeben. **Standards** stellen gewissermaßen **anonyme Verträge** dar, die das Funktionieren des Gesamtsystems bei verschiedenen Lieferanten gewährleisten. So z.B. werden in der PC-Welt überall diesselben Hardware-Bausteine verwendet. Ebenso agieren Software-Hersteller unabhängig von Hardware-

Herstellern und können aufgrund der dadurch verbreiterten Hardware-Basis die oben beschriebenen Fixkostendegressionseffekte voll ausnutzen. Auch reduzieren Standards die Produktbeschreibungskomplexität. So etwa beschreibt - wie oben aufgezeigt - ein XPG eine komplexe Menge von Vorgaben effizient. Durch die ebenfalls gegebene **Entkopplung der Anwendungen von der Hardware** und der Offenheit der Schnittstellen ist es für den Anwender möglich, den Marktmechanismus bei DV-Beschaffungen in Anspruch zu nehmen. Im Gegensatz zu einer proprietären Welt erfolgt also beim ersten Kauf keine Transformation einer a-priori Marktsituation in eine Monopolsituation, die hohe Margen für den Anbieter ermöglicht. In dieser durch die Standardisierung und die Leistungssteigerung mikrobasierter Rechner verursachten Änderung der ökonomischen Vorteilhaftigkeit der Organisationsformen auf den Informationsverarbeitungstechnologiemärkten liegt der **Grund für die aktuelle Malaise der traditionellen DV-Anbieter: Ihre proprietären, hohe Margen erbringenden Systeme sind nicht mehr wachstumsfähig, während im offenen Segment Neuankömmlinge mit auf offene Welten ausgerichteter Geschäftspolitik bei niedrigen Margen als Konkurrenten auftreten** (vgl. Tabelle 7 aus [5]).

Jahr	Proprietär	Unix
1989	5.0 (79.2 %)	1.5 (20.8 %)
1991	5.2 (65.5. %)	3.0 (34.5 %)
1993	4.8 (51.1 %)	4.6 (48.9 %)
1995	4.0 (36.7 %)	6.7 (63.3 %)

Tabelle 7: Rechnerauslieferungen BRD in Mrd. $

Diese Entwicklung hat auch zur Einleitung massiver Sparprogramme bei den traditionellen Herstellern geführt (vgl. Tabelle 8 aus [4]) deren Erfolg wohl davon abhängen wird, wie schnell und in welchem Ausmaß die traditionellen Anbieter imstande sind, ihre Geschäftspolitik auf die neuen Gegebenheiten anzupassen.

Firma	Absolut	Relativ (%)
WANG	4.700	25.1
APPLE	3.000	19.7
UNISYS	14.300	19.0
COMPAQ	1.700	14.2
OLIVETTI	6.700	12.5
PRIME	900	11.3
BULL	4.500	10.1
IBM	20.000	5.4
DEC	6.000	5.0

Tabelle 8: Personalreduktionen 1991

3. Schlußfolgerungen

Da die traditionellen Hersteller viel Know How im Aufbau von Informationssystemen in ihren proprietären Welten haben, kommt für sie als potentielles Migrationsziel wohl am ehesten das Segment **Systemintegrator** in Frage. Der Systemintegrator baut gewissermaßen als Architekt für einen Kunden ein Anwendungssystem unter Zuhilfenahme von Standardwerkzeugen, die spezialisierte Hardwarehersteller und Softwareentwickler (z.B. Anbieter von DBMS oder Standardsoftware) liefern. Diesen **Übergang** durch Anpassungen im Produktionsprogramm, der Organisation und den Vertriebswegen zu bewerkstelligen, ist wohl **die Führungsherausforderung der DV-Branche in den 90iger Jahren.** Erste Schritte in diese Richtung wurden bereits unternommen. So etwa wird in [9] das positive Ergebnis von UNISYS im ersten Halbjahr 1992 darauf zurückgeführt, daß "...das Unternehmen bereit sei, die Verantwortung für Gesamtprojekte zu übernehmen. Der Unisys-Anteil bestehe vorwiegend in der Software-Entwicklung. Angestrebt wird eine strikte Trennung der Systementwicklung und -produktion von Verkauf und Service.". Ebenso hat IBM erste Schritte in Richtung einer "vertikalen Desintegration" getan, indem die Gesamtorganisation in relativ autonome Geschäftseinheiten (8 Produkt- und 4 regionale Serviceorganisationen) gegliedert wurde (genaueres dazu und zu den diese Umorganisation begleitenden Maßnahmen siehe [20]).

Anmerkungen

1) Der Umsatz in Europa fiel gar um 17.2% (vgl. [14]).

2) Die Rechenleistung eines Computers wird üblicherweise in den von diesem bewältigten MFLOPS (Million Floating Point Instructions per Second) gemessen. Diese in [12] vorgestellten Leistungs- und Preisdaten wurden mit dem Linpack-Benchmark, einer Sammlung von gleitkommaintensiven Programmen für Matrixoperationen, erzielt (vgl. [17]).

3) Die Transaktionsleistung eines Computers wird üblicherweise in den von diesem bewältigten Tps (Transactions per Second) gemessen. Diese werden heute üblicherweise mittels der auf idealisierten Banktransaktionen aufbauenden Benchmarks des Transaction Processing Councils, TPC-A bzw. TPC-B, gemessen (näheres siehe [13] und [2]).

4) Die Ziffern in Klammer geben die maximale Ausbaubarkeit an.

5) Dieser Rechner besteht intern wiederum aus Standardkomponenten, die von verschiedenen Herstellern stammen.

Literatur

[1] Computerwelt. 2.9.1992: Schnellste Maschine am Risc-Markt

[2] Computerwoche, 39: Der Ncube-Supercomputer mit Oracle-Server ist am schnellsten, 27.9.1991, S 29

[3] Computerwoche, 43: Downsizing-Projekt: "Die Vorteile überwiegen deutlich", Teil 1, 25.10.1991, S 19-25

[4] Computerwoche, 44: Downsizing-Projekt: "Die Vorteile überwiegen deutlich", Teil 2, 1.11.1991, S 14-16

[5] Computerwoche, 3: Personalabbau in der DV-Industrie, 17.1.1992, S1

[6] Computerwoche, 4: Unix-Boom verändert die DV-Landschaft, 24.1.1992, S 1

[7] Computerwoche, 17: Fortune 500: DV-Riesen passen sich der rezessiven Tendenz an, 24.4.1992, S 6

[8] Computerwoche, 22: ISIS Softwarereport: Mehr Unix-Programme, 29.5.1992, S 1

[9] Computerwoche, 22: Unisys sieht sich nach sechs profitablen Monaten im Aufwind, 29.5.1992, S 70

[10] Datamation: IBM's Kuehler: We're Going to Be Different, June 15, 92, S 34-36

[11] Digital Equipment Corporation: Digital's 21064 Microprocessor, 1992

[12] Uppsala University, Dept. of Computer Systems: Performance Results, 1991

[13] Gray, J.(ed.): The Benchmark Handbook for Database and Transaction Processing Systems, 1991, San Mateo, S 19-118

[14] Guterl F.V.: Europe's IT Sales Plummet 17% To $35B, in: Datamation, July 1, 92, S 60-63

[15] Hennessy, J.L./Jouppi, N.P.: Computer Technology and Architecture: An Evolving Interaction, in: IEEE Computer, September 1991, S 18-29

[16] Hewlett Packard Corporation: HP Apollo Series 700 Model 730 Workstation, 1992

[17] Janko, W./Taudes, A.: Veränderungen der Hard- und Softwaretechnologie und ihre Auswirkungen auf Informationsverarbeitungsmärkte, erscheint in: Wirtschaftsinformatik

[18] Janko, W./Taudes, A.: Analyse der bestimmenden Faktoren für die Veränderung der Informationsverarbeitungsmärkte, erscheint in: Wirtschaftsinformatik

[19] Katz, M.L./Shapiro, C.: Network Externalities, Competition and Compatibility, in: American Economic Review, June 1985, S 424-449

[20] Kirkpatrick D.: Breakling Up IBM, in: Fortune

[21] Levinson, J.L.: Midrange Computer Outlook, Goldman & Sachs Investment Research, January 1991

[22] Loomis, C.J.: IBM .- The Real Story, in: Fortune, July 14, 1991, S 112-121

[23] Marion, L.: World IT Sales Stagger 4.1% To $290 Billion, in: Datamation, June 15,92, S 13-31

[24] Unisys Corporation: TPC Benchmark A, Full Disclosure Report for the U6000/85 Unisys Open/OLTP, May 30, 1991

[25] Williamson, O.E.: Markets and Hierarchies: Analysis and Antitrust Implications, New York 1975, S 20-41

Der Mensch in der automatisierten Fabrik

Christian Kreuzer

1. Abgrenzung und Problemstellung

Der Bedeutung des Menschen in CIM-Systemen soll in diesem Artikel durch eine Darstellung der Ausbildungserfordernisse des relevanten Personals Rechnung getragen werden. Eine strategische Analyse des Mitarbeiterpotentials stellt die Basis für die weitergehenden Untersuchungen dar.

Die Arbeit ist Ergebnis eines Forschungsprojekts am Institut für Unternehmensführung mit dem Schwerpunkt CIM und Controlling, das vom Autor im Rahmen einer Dissertation betreut wird. Ein Teil der Inhalte ist dem Projektseminar "Internationale CIM-Konzepte" entnommen, das im Sommersemester 1992 in Zusammenarbeit mit der Firma SIEMENS durchgeführt wurde.

2. Personelle Aspekte von CIM-Systemen

Die Definition von CIM (Computer Integrated Manufacturing) erweist sich als schwierig, da in der Literatur verschiedene Ansichten über den Inhalt des Begriffs vorliegen.

Im engsten Sinn ist CIM die Verbindung der technischen Bausteine der Produktion durch Computer, die die Steuerung und Überwachung der Fertigung übernehmen. Die Vernetzung dieser Systeme mit den betriebswirtschaftlichen Komponenten der Fertigung (etwa PPS) beschreibt CIM im weiteren Sinn. Im weitesten Sinn wird CIM als die computergestützte Integration der unternehmerischen Informationssysteme aller Funktionen und organisatorischen Abteilungen definiert (vgl. [4], S. 73).

Der Aufbau von CIM-Systemen kann einem technologieorientierten oder einem mitarbeiterorientierten Weg folgen (vgl. [2], S. 48).

2.1. Technologieorientierter Ansatz

Ziel des technologieorientierten CIM-Ansatzes ist die menschenleere Fabrik. Arbeiter werden als zu fehleranfällig, unberechenbar und unzuverlässig möglichst aus dem Fertigungsprozeß ausgeschlossen. Menschliche Arbeitskraft wird als Störgröße betrachtet (vgl. [2], S. 48).

Durch intensiven Rechnereinsatz wird der Informationsfluß automatisiert und die "transparente Fabrik" zentral gesteuert. Die Integration der unternehmerischen Funktionen erfolgt durch Computernetzwerke, die alle relevanten Informationsbeziehungen umfassen.

2.2. Mitarbeiterorientierter Ansatz

Grundüberlegung des mitarbeiterorientierten Ansatzes ist, daß technische Lösungen nur unter Einbindung qualifizierter Arbeitskräfte möglich sind. Die Kompetenz von qualifizierten Mitarbeitern ist ein Kernelement erfolgreicher Fertigung. Innovationen in der Fabrik sollten von der Erfahrung und den spezifischen Fähigkeiten der Facharbeiter ausgehen.

Integration soll durch die Zusammenfassung planender, ausführender und kontrollierender Tätigkeiten zu ganzheitlichen Arbeitsvollzügen erreicht werden. Flexibilitäts- und Dispositionsprobleme sind mit neuen Organisationsformen der Arbeit zu lösen, statt mit immer mächtigeren EDV-Steuerungs- und Kontrollhierachien (vgl. [2], S. 48).

Heute ist man der Auffassung, daß der qualifizierte Mitarbeiter ein Kernelement erfolgreicher Fertigung ist. Es wird zunehmend klar, daß moderne Technologien auch hochqualifizierter und motivierter Arbeitskräfte bedürfen, die etwaige Störungen beheben und flexibel und schnell auf Änderungen reagieren. Nur dann können integrierte Produktionssysteme das leisten, was ihnen potentiell möglich ist. Während der technologieorientierte Ansatz Menschen zu einem Teil des Problems macht, versucht der mitarbeiterorientierte Ansatz Menschen zu einem Teil der Lösung zu machen (vgl. [1], S. 2).

2.3. Exkurs: Internationale Entwicklungen

Verschiedene Zugänge zu CIM begründen auch länderspezifische Unterschiede im Entwicklungsstand von CIM-Systemen (vgl. [3], S. 5 ff.).

Die U.S.A. versuchen ihre verlorene Vormachtstellung und Wettbewerbsfähigkeit durch massiven Computereinsatz wiederzuerlangen und dadurch die eigentlichen strukturellen Probleme zu überlagern. Aufgrund der schlecht ausgebildeten Facharbeiter verfolgen sie einen technologieorientierten Ansatz mit dem Ziel, den Menschen nach und nach aus der Produktion zu verdrängen. Menschlichen Fähigkeiten wird eine untergeordente Rolle zugewiesen, was zu geringem Einsatz und Motivation der Arbeiter führt. Das Ergebnis ist, daß moderne Technologien oft zu schlechteren Ergebnissen führen, als herkömmliche Verfahren.

Japan kann sich bei der Einführung flexibler Fertigungssysteme auf zuverlässiges, loyales und gut qualifiziertes Personal verlassen. Veränderungen werden schrittweise vorgenommen, meist auf Initiative der Arbeiter. Die Stärke der japanischen Fertigung liegt daher weniger auf dem Gebiet der Technologie, als auf den hervorragenden Humanressourcen. Integration wird durch organisatorische Gestaltung der Arbeitsabläufe erreicht und nicht durch teure Investitionen in vielfach noch unausgereifte Technologien. Japan ist der Vorreiter des mitarbeiterorientierten Ansatzes.

Kernstück der Fertigung europäischer Betriebe ist der fähige Arbeiter oder Techniker. Die handwerklichen Fertigkeiten der Mitarbeiter sind immer noch das Rückgrad der Produktion. CIM wird zwar pragmatisch, aber schrittweise eingeführt. Computergestützte, integrierte Systeme werden als Werkzeug in der Hand eines qualifizierten Facharbeiters gesehen. Moderne Fertigungstechnologien sollen den Menschen bei seinen Aufgaben unterstützen und verändern daher wesentlich den Aufgabeninhalt jedes Mitarbeiters.

Auswirkungen auf die volkswirtschaftliche Beschäftigungslage durch die Einführung neuer Technologien konnten bisher nicht entdeckt werden. Auch in der Zukunft ist davon auszugehen, daß Entlassungen wegen Rationalisierungen und Neueinstellungen in neu geschaffenen Aufgabenfeldern einander die Waage halten werden. Schließlich ist es oft auch der Arbeitsmarkt selbst, der, aufgrund des Facharbeitermangels, die Einführung von CIM-Technologien beschleunigt (vgl. [3], S. 22 ff.).

3. Strategie und CIM-Ausbildung

3.1. Bedeutung der CIM-Ausbildung

Der Einführung von CIM-Systemen geht eine intensive Planungsphase voraus. Diese beginnt mit der strategischen Positionierung des Unternehmens und führt zu konkreten Umsetzungsstrategien. Vor allem die Umsetzung von CIM-Strategien benötigt gut ausgebildete Mitarbeiter. Das Mitarbeiterpotential eines Unternehmens wird gerade bei der Einführung und Nutzung von CIM-Technologien zum entscheidendsten Erfolgsfaktor im Wettbewerb. "Eine Strategieentwicklung ohne Einbeziehung der Personalressourcen kann zu völlig falschen Schlüssen und Strategien führen, die von vornherein zum Scheitern verurteilt sind." (vgl. [5], S. 80). Jede Technologiestrategie muß daher auch eine Personalstrategie beinhalten.

Personal- und Technologiestrategie können simultan oder sukzessiv entwickelt werden. Ergebnis ist, inwieweit die optimale Technologiestrategie mit dem vorhandenen Mitarbeiterpotential erreicht werden kann und ob dieses Potential verändert oder ergänzt werden muß (vgl. [5], S. 82). Aus der Technologiestrategie leiten sich daher die Zielsetzungen der Personalstrategie ab.

Da die Ausbildung der Mitarbeiter oft den eigentlichen Engpaß bei der CIM-Einführung darstellt, müssen Technolgie- und Personalstrategie solange aufeinander abgestimmt werden, bis ein realistisches strategisches Ziel definiert werden kann (vgl. [5], S. 83).

Anhand der kritischen Erfolgsfaktoren des Marktes und der Eigenschaften der Technologie werden Voraussetzungen für das Personal definiert und ein Anforderungsprofil für die Mitarbeiter erstellt. Durch den Vergleich zwischen Soll-Ist-Profil können strategische Hauptstoßrichtungen festgelegt werden. Das Mitarbeiterpotential wird so gezielt zur Optimierung der strategischen Wettbewerbsposition des Unternehmens eingesetzt.

Sind heute Einzelkämpfer mit hohem Detailwissen gefragt, so wird morgen Interdisziplinarität und Teamarbeit zum entscheidenden Erfolgsfaktor. Wer morgen im Wettbewerb bestehen möchte, muß daher schon heute an der Ausbildung der Mitarbeiter arbeiten.

3.2. Planung der CIM-Ausbildung

Um dem funktionsübergreifenden Charakter von CIM Rechnung zu tragen, ist eine Verzahnung von technischer, organisatorischer und personeller Planung nötig. Bei der Planungsdurchführung sind daher folgende Punkte zu beachten (vgl. [2], S. 52):

- Interdisziplinäre Zusammensetzung des Planungsteams
- Einheitliche Terminologie
- laufende Dokumentation von Ergebnissen
- Erstellen von Pflichtenheften
- Setzen von realistischen Meilensteinen
- frühzeitige Einbeziehung der Arbeiter

Bei der Einführung neuer Technologien ist vor allem darauf Rücksicht zu nehmen, daß das Ausbildungsniveau der Mitarbeiter rechtzeitig an die neuen Anforderungen angepaßt wird. Die Lernkurve der Mitarbeiter bestimmt die Effizienz der eingesetzten Technologie. Um Redundanzen zu vermeiden, sollte daher schon vor der CIM-Einführung das entsprechende Qualifikationsniveau erreicht werden. Je länger die Mitarbeiter zur Einarbeitung brauchen, desto später können die potentiellen Vorteile der Technologie ausgenützt werden. Im Extremfall wird gerade dann eine neue Technologie eingeführt, wenn die Mitarbeiter eben erst den vollen Leistungsumfang der alten ausschöpfen können (vgl. [1], S. 16).

Strategische CIM-Planung bedeutet daher auch, so rechtzeitig mit dem Ausbildungsprogramm zu beginnen, daß die neuen Technologien schnell die erwarteten Einsparungen erbringen können und zur Finanzierung der hohen Einführungskosten beitragen.

Inhaltlich ist bei der CIM-Ausbildungsplanung zu beachten, daß in der Einführungsphase einer Technologie der extrafunktionale (Selbständigkeit, Kreativität, Verantwortung, ...) Qualifikationsbedarf zunimmt und langsam in die neue integrative Qualifikation übergeht. Die bisherigen funktionalen Qualifikationen werden mehr und mehr zurückgedrängt (vgl. [6], S. 8). Das Ausbildungsprogramm muß dieser Tatsache Rechnung tragen und soll daher im nächsten Kapitel näher beleuchtet werden.

4. Charakteristika der CIM-Ausbildung

4.1. Eigenschaften der CIM-Organisation

Viele Unternehmen unterschätzen nach wie vor die organisatorischen Auswirkungen von CIM. Moderne Technologien haben folgende Anforderungen an die Unternehmensorganisation (vgl. [2], S. 52):

Ablauforganisation:

- Geringe vertikale und horizontale Arbeitsteilung
  = Bündelung von planenden, steuernden, ausführenden und kontrollierenden Tätigkeiten zu ganzheitlichen Arbeitsinhalten
- Hoher Entkoppelungsgrad
  = geringe räumliche (Platz) und zeitliche (Takt) Gebundenheit

Aufbauorganisation:

- Arbeit im Team
  = Integration unterschiedlicher Qualifikationen, Reduzierung der Hierarchie, kooperativer Führungsstil
- Hoher Autonomiegrad
  = Kongruenz von Aufgabe, Kompetenz und Verantwortung; Erhöhung von Interaktionsspielräumen

Derartige organisatorische Umgestaltungen bedeuten, daß die Qualifikation nicht erhöht, sondern verändert werden muß. EDV-Systeme sind keine Problemlöser, sondern sie bieten Informationen zur Problemlösung. Die Entscheidung wird nach wie vor vom Individuum getroffen. Da sich die Komplexität der Entscheidungsgrundlage jedoch erhöht, die Entscheidung selbst Auswirkungen auf immer mehr Unternehmensbereiche hat und der Entscheidungsträger über immer weniger hierachisches Potential zur Entscheidungsdurchsetzung verfügt, ist eine zielgerichtete CIM-Ausbildung von besonderer Bedeutung.

4.2. Inhalte der CIM-Ausbildung

Qualifikation läßt sich in folgenden Bereichen erzielen (vgl. [1], S. 13):

- manuelle Qualifikation
- kognitive Qualifikation
- soziale Qualifikation

Die manuelle Qualifikation (sensomotorische Fähigkeit im Umgang mit Arbeitsgegenständen) wird in Zukunft sicherlich weiter abnehmen und zunehmend durch Maschinen ersetzt werden. Die kognitive Qualifikation (Kenntnis über Verfahren und Arbeitsmittel, organisatorisches Know-How) muß laufend den Bedürfnissen und Technologien angepaßt werden und wird vor allem quantitativ weiter wachsen. Am wichtigsten wird in Zukunft die soziale Qualifikation (Verantwortungsbewußtsein, Teamverhalten, Kooperationsfähigkeit) sein. Sie wird zum entscheidenden Kriterium für einen erfolgreichen Mitarbeiter.

CIM-Systeme erfordern weniger technisches Detailwissen, als viel mehr höhere Planungskompetenz und selbständige Aufgabenerfüllung. Die Bedeutung einer übergreifenden fachlichen und sozialen Qualifikation wird zunehmen und sich aus folgenden vier Bereichen zusammensetzen (vgl. [1], S. 14):

- Fachwissen
- kognitive und emotionale Kompetenz
- Methodik
- Phantasie und Kreativität

Zukünftige Qualifizierungsmaßnahmen müssen daher vor allem folgende Kriterien berücksichtigen (vgl. [6], S. 9):

- Förderung bereichsübergreifenden Denkens
- Förderung eines gesamtverantwortlichen Bewußtseins
- Steigerung der Flexibilität
- Wahrnehmung, Analyse und Steuerung komplexer Prozesse
- Problemlösungspotential
- Kommunikationsfähigkeit

- Teamfähigkeit
- Informationsauswertung und Hinterfragung
- Zuverlässigkeit und Engagement

4.3. Problembereiche der CIM-Ausbildung

CIM bietet die Möglichkeit, größere Selbständigkeit und Initiative in der Fabrikshalle zu etablieren. Es besteht aber die Gefahr, daß aufgrund von Widerständen des Mittelmanagements organisatorische Veränderungen gar nicht stattfinden und der Status quo durch intensive Informationszentralisierung festgeschrieben wird. "Reorganisationsprozesse bleiben durch das Beharrungsvermögen oft auf halbem Weg stecken. Insbesondere eingespielte Macht- und Interessenkonstellationen wirken sich hemmend auf Versuche der Reorganisation der betrieblichen Abläufe aus." (vgl. [2], S. 50).

Die angestrebte Verflachung der Organisation betrifft vor allem das Mittelmanagement, wo es zu massiven Umgestaltungen der Arbeitsinhalte kommt, da viel Kompetenz und Verantwortung zugunsten der Facharbeiter abgegeben wird (vgl. [3], S. 42). Im Mittelmanagement ist daher der eigentliche Widerstand gegen organisatorische und technologische Veränderungen zu orten.

5. Struktur der CIM-Ausbildung

Jedes CIM-Ausbildungsprogramm muß individuell an das Unternehmen, die Zielgruppe und die vom Unternehmen erreichte CIM-Entwicklungsstufe angepaßt werden. Die Anpassung an das Unternehmen berücksichtigt Betriebsgröße, Produkte, Fertigungsart, Mitarbeiteranzahl und eine Reihe weiterer Faktoren und soll hier nicht weiter untersucht werden.

5.1. Zielgruppen

Die Mitarbeiter eines Unternehmens können nach ihrem Qualifikationsniveau in folgende Gruppen unterstützt werden (vgl. [4], S. 171):

- Führungskräfte
- Planer und Organisatoren
- Anwender

5.1.1. Führungskräfte

Höchstqualifizierte übernehmen kreative und individuelle Managementaufgaben. Durch CIM-Systeme gewinnt dieser Bereich noch an Bedeutung, da ein komplexer werdendes Arbeitsumfeld geführt werden muß. Die Arbeitsinhalte und die Art der Aufgabenerfüllung ändern sich jedoch kaum. Führungskräfte haben eine Schlüsselstellung bei der Festlegung strategischer Prioritäten und benötigen Entscheidungswissen über den Einsatz technologischer Innovationen.

Als konkrete Problembereiche ergeben sich:
- mangelnde Erfahrung mit strategischem Technologiemanagement
- Unkenntnis der technologischen Alternativen
- unklare Einschätzung der erwarteten Vorteile
- Unterschätzung der organisatorischen Konsequenzen
- irreale Vorstellungen über Einführungskosten und -zeit

5.1.2. Planer und Organisatoren

Die Gruppe der Planer und Organisatoren haben eine hohe Qualifikation und die Aufgabe, Entscheidungsalternativen zu gewichten und zu bewerten und eine CIM-Einführungsplanung zu entwickeln. Arbeitsinhalt und -umfang nehmen drastisch zu und führen zu fachlicher und methodischer Überforderung. Planer und Organisatoren benötigen technisches und methodisches Fachwissen, sowie eine genaue Kenntnis der Unternehmenssituation.

Folgende Bereiche bereiten die größten Schwierigkeiten (vgl. [1], S. 5):
- Belastung durch das Tagesgeschäft
- fehlende Planungserfahrung
- keine Planungssystematik
- ständig neue Systeme
- unterschiedliche Nomenklatur
- fehlende Interdisziplinarität
- mangelnde Projekterfahrung

5.1.3. Anwender

Im Bereich der mittleren Qualifikation werden handwerkliche Tätigkeiten zunehmend verdrängt, während planende und dispositive zunehmen. Die Anzahl traditionelle Facharbeiter nimmt ab, ihre Bedeutung aber nimmt zu. Der Aufgabeninhalt dieser Gruppe der Anwender wird durch eine Integration der Überwachungs- und Instandhaltungsaufgaben ergänzt. Teams nehmen an Bedeutung zu. Neben technischem Detailwissen benötigen Anwender vor allem funktionsübergreifendes Prozeß-Know-How. Die Lohngestaltung bleibt ein offenes Problem. Verschiedene Untersuchungen zeigen, daß CIM die Lohnkosten kaum senkt. Die Menge der Arbeit nimmt zwar ab, dafür steigt deren Qualität und daher auch das Lohnniveau (vgl. [3], S. 11).

Anwender sehen sich mit folgenden Schwierigkeiten konfrontiert (vgl. [1], S. 6):
- keine Erfahrung mit abteilungsübergreifenden Tätigkeiten
- geringe EDV-Akzeptanz
- ungeeignete Systeme
- zu wenig Schulungen
- zu geringe Mitsprache
- zusätzliche Belastungen

5.1.4. Sonstige Mitarbeiter

Bei Aufgaben niedrigen Qualifkationsbedarfs stehen Fragen der Arbeitserleichterung und Verbesserung des Arbeitsumfeldes im Mittelpunkt. Vermehrter Maschineneinsatz wird zwar zu einem Abnehmen des Aufgabenumfangs führen, alle Aufgaben aber nie ersetzen können. Die Veränderung der Arbeitsinhalte ist gering, da Tätigkeiten entweder entfallen oder mit herkömmlichen Technologien weitergeführt werden. Dieser Bereich wird in den weiteren Ausführungen nicht weiter behandelt.

5.2. Entwicklungsphasen von CIM

Jede CIM-Ausbildung muß die bestehende Erfahrung des Unternehmens mit CIM berücksichtigen. Man kann folgende Entwicklungsphasen unterscheiden (vgl. [4], S. 177):
- Informationsphase
- Planungsphase
- Umsetzungsphase
- Kontrollphase
- Ausbauphase

5.3. Kriterien der CIM-Ausbildung

Ein CIM-Ausbildungsprogramm muß unternehmensspezifische Bausteine in jeder Schnittmenge zwischen Zielgruppe und CIM-Entwicklungsstand anbieten. Nur dann kann von einer umfassenden und die Einführung begleitenden Ausbildung gesprochen werden. Zielvorstellung ist ein mehrdimensionales Ausbildungskonzept, das in jeder Entwicklungsphase zielgruppengerechte Inhalte zeitgerecht anbietet. Eine CIM-Ausbildung kann darüberhinaus anhand der folgenden Kriterien bewertet werden (vgl. [4], S. 198 ff.):
- Lernziele
- Dauer
- Methodik

- Referenten
- Preis

Zum letzten Punkt ist kurz anzumerken: Gute Ausbildung ist teuer, schlechte Ausbildung kommt teuer

6. Träger der Ausbildungsdurchführung

Abhängig von der Art des zu vermittelnden Wissens, lassen sich unterschiedliche Träger des Wissenstransfers identifizieren (vgl. [1], S. 20):
- formales, theoretisches Wissen: Universitäten
- Erfahrungs- und Praxiswissen: Berater, betriebsinterne Experten
- Systemwissen: Systemanbieter

Zunehmend bieten spezialisierte Ausbildungsinstitutionen auch Gesamtpakete zur Ausbildungsdurchführung an.

7. Schlußbemerkungen

CIM-Technologien können ihr volles Potential nur durch eine intensive und ganzheitliche Einbeziehung der Mitarbeiter realisieren. Die durch CIM notwendigen organisatorischen Veränderungen bergen die Chance, das Unternehmen zu optimieren und an die Bedürfnisse des Menschen anzupassen. Voraussetzung dafür ist jedoch eine entsprechende Qualifikation jedes Mitarbeiters.

Die Realisierung von CIM wird durch verschiedene Probleme erschwert (vgl. [2], S. 51):
- geringe finanzielle und personelle Ressourcen
- mangelnde Erfahrung mit Integrationsprozessen
- Komplexität der CIM-Realisierung
- mangelndes Know-how

Um trotzdem die Mitarbeiter für neue CIM-Systeme zu motivieren, sind folgende Maßnahmen notwendig (vgl. [1], S. 7):
- organisatorische Freiräume (Learning by doing)
- ausreichende Information und Ausbildung
- entsprechende Lohnformen
- adäquate Beteiligungsformen
- schrittweises Heranführen an Systeme
- frühzeitige Einbindung in Projekte

Die neuen interdisziplinären Anforderungen bedeuten für jeden Mitarbeiter einen mühsamen Lernprozeß. Das Ergebnis sind jedoch verantwortungsvolle und funktionsübergreifende Aufgaben, die den Menschen in den Mittelpunkt des Unternehmens rücken.

Literaturhinweise

[1] Binder, R.: Ohne HIM kein CIM; Vortrag des Instituts für Arbeitswissenschaften und Betriebswirtschaftslehre, TU-Wien

[2] Bullinger, H.J./Ganz, W.: Ohne Human Integrated Manufacturing kein CIM; in: io Management Zeitschrift 59(1990) Nr. 6, S. 48 - 52

[3] Ebel, K.H.: Computer Integrated Manufacturing: The social dimension, Genf 1990

[4] Eschenbach, R./Kreuzer, C. (Hrsg.): Internationale CIM.Konzepte, Arbeitspapier am Institut für Unternehmensführung, Wirtschaftsuniversität Wien

[5] Laukamm, T./Walsh, I.: Strategisches Management von Human-Ressourcen; in: Management im Zeitalter der strategischen Führung, 2. Auflage, Wiesbaden 1986

[6] Spatt, G.: Erfolgsfaktor Mensch im Zeitalter der computerintegrierten Fertigung; Vortrag des Instituts für Arbeitswissenschaften und Betriebswirtschaftslehre, TU-Wien im Rahmen der Veranstaltung 'Die Produktion im Kreuzfeuer von Wissenschaft und Datenverarbeitung'

Einsatz von deduktiven Datenbanken zur Entwicklung von betrieblichen Anwendungen

Norbert Kehrer, Christoph Lell

1. Problemstellung

Betriebswirtschaftliche Informationssysteme bauen heute üblicherweise auf einer gemeinsamen Datenbank auf, die die für das Unternehmen relevanten Daten enthält. Die Manipulation und Auswertung dieser Datenbestände wird von verschiedenen Anwendungsprogrammen durchgeführt, die auf die Datenbank zugreifen und die Benutzer des Informationssystems bei der Erfüllung ihrer betrieblichen Aufgaben unterstützen. Durch die Leistungsfähigkeit moderner relationaler Datenbankverwaltungssysteme sind die Probleme der Datenspeicherung im wesentlichen gelöst. Das relationale Datenmodell [1] ermöglicht die logische Beschreibung des Datenaspektes der betrieblichen Anwendung. Über den strukturellen Aspekt hinausgehende inhaltliche Zusammenhänge des Anwendungsgebietes werden jedoch in den Anwendungsprogrammen abgedeckt, die meist mit prozeduralen Programmiersprachen wie C oder COBOL oder mit einer 4.-Generationssprache realisiert werden. Bei der Entwicklung solcher Systeme muß daher ein großer Teil des betriebswirtschaftlichen Wissens mit solchen sehr stark EDV-orientierten Methoden abgebildet werden.

Beim Einsatz deduktiver Datenbankverwaltungssysteme kann dieses Manko beseitigt werden, da diese Systeme Methoden zur Verfügung stellen, das Anwendungswissen in logischer Form abzubilden. Die Entwicklung deduktiver Datenbanken besteht in der logischen Spezifikation der für die Problemstellung relevanten betriebswirtschaftlichen Zusammenhänge. Das hat den Vorteil, daß sich der Entwickler auf die fachlichen Probleme konzentrieren kann. Die Umsetzung in eine EDV-nahe Repräsentation und die damit verbundenen Fehlerquellen fallen weg. Ein so entstandenes Informationssystem ist ein wissensbasiertes System, in dem das Fachwissen über das Anwendungsgebiet explizit vorliegt, während es bei herkömmlichen Systemen implizit in Anwendungsprogrammen enthalten ist [2].

In dieser Arbeit soll gezeigt werden, wie betriebliche Informationssysteme mit deduktiven Datenbanken entwickelt werden können. Dazu wird zunächst der Begriff der deduktiven Datenbank erklärt. Anschließend wird anhand des Beispiels eines Finanzbuchhaltungssystems in Grundzügen gezeigt, wie bei der Entwicklung betrieblicher Informationssysteme auf Basis deduktiver Datenbanken vorgegangen werden kann. Zum Abschluß werden einige Vorteile angeführt, die es dabei im Vergleich zur konventionellen Systementwicklung gibt.

2. Deduktive Datenbanken

Deduktive Datenbanken stellen eine Verbindung der traditionellen relationalen Datenbanktechnologie mit Methoden der logischen Programmierung dar [3]. Relationale Datenbanksysteme werden erfolgreich in den verschiedensten Bereichen der betrieblichen Praxis eingesetzt. Diese Systeme stellen jedoch keine Schlußfolgerungsmechanismen zur Verfügung, wie sie aus der logischen Programmierung bekannt sind. Mit deduktiven Datenbanken wird versucht, die Leistungsfähigkeit relationaler Datenbanksysteme mit der Möglichkeit, logische Deduktionen durchzuführen, zu verbinden.

Unter einer deduktiven Datenbank soll hier eine Datenbank verstanden werden, die auf einer Datalog-Sprache basiert. Datalog ist eine Untermenge der Prädikatenlogik, die es erlaubt, neben Fakten, wie sie in einer relationalen Datenbank enthalten sind, auch Regeln zur Ableitung (Deduktion) neuer Fakten anzugeben [4]. Außerdem können Regeln gebildet werden, die bestimmen, unter welchen Voraussetzungen die Datenbank als konsistent betrachtet wird. Solche Integritätsbedingungen sind als logische Formeln ausdrückbar und werden vom deduktiven Datenbankverwaltungssystem zur Konsistenzerhaltung eingesetzt.

In dieser Arbeit wird das deduktive Datenbankverwaltungssystem Syllog [5] - ein Forschungsprototyp vom IBM-Grundlagenforschungslabor in Yorktown Heights - zugrunde gelegt. Syllog stellt neben dem Mechanismus zur Durchführung von Deduktionen auch eine komfortable Benutzeroberfläche und eine Komponente zur Erklärung der abgeleiteten Daten zur Verfügung. Syllog verfügt auch über eine Schnittstelle zu relationalen Datenbanken wie SQL/DS. Es stellt damit ein sehr mächtiges Werkzeug zur Entwicklung betrieblicher Informationssysteme dar.

Die Ausdrucksmöglichkeiten und die Syntax von Syllog sollen anhand eines kleinen Beispiels veranschaulicht werden: In einem Flugauskunftssystem sollen einerseits die direkten und andererseits auch die indirekten Flugverbindungen zwischen zwei Orten verfügbar sein. Die direkten Flugverbindungen werden dabei in Syllog wie bei relationalen Datenbanken als Fakten in Form der folgenden Tabelle dargestellt:

```
Ein-Flug geht von einem-Startort nach einem-Zielort
====================================================
197            Wien           Budapest
101            Budapest       St.Petersburg
456            Budapest       Moskau
...
```

Die erste Zeile einer Tabelle ist immer ein quasi-natürlichsprachlicher Satz, der logische Variablen enthalten kann, die mit einem Präfix (z.B. ein-, einem-, dem- usw.) gekennzeichnet werden. Variablen, die sich nur in ihrem Präfix unterscheiden, werden von Syllog als gleich betrachtet. Nach einer doppelten Linie folgen die beobachteten Ausprägungen der Variablen. Die erste Zeile in dem Beispiel ist daher zu lesen als: "Der Flug mit der Nummer 197 geht von Wien nach Budapest".

Ableitungsregeln werden in Syllog in Form eines Syllogismus dargestellt. Das ist ein logischer Satz, der aus Prämissen und aus einer Konklusion besteht. Die direkten und indirekten Flugverbindungen in diesem Beispiel werden in Syllog aus den vorliegenden Fakten durch folgende zwei Regeln abgeleitet:

```
Ein-Flug geht von einem-Startort nach einem-Zielort
----------------------------------------------------
Man kann von einem-Startort nach einem-Zielort fliegen

Ein-Flug geht von einem-Startort nach einem-Zwischenort
Man kann von einem-Zwischenort nach einem-Zielort fliegen
-------------------------------------------------------
Man kann von einem-Startort nach einem-Zielort fliegen
```

Eine Regel in Syllog besteht immer aus einem oder mehreren Syllog-Sätzen, die die Prämissen darstellen, und - durch eine einfache Linie getrennt - aus einer oder mehreren Konklusionen. Die erste Regel wäre daher zu lesen als: "Wenn es einen Flug von einem Startort nach einem Zielort gibt, dann kann man vom Startort zum Zielort fliegen". Bei der Abfrage nach einer Flugverbindung werden durch die beiden Regeln alle direkten Verbindungen und alle Verbindungen, die über beliebig viele Zwischenstationen möglich sind, zurückgeliefert. Bei traditionellen relationalen Datenbanksystemen wäre die speicherintensive explizite Haltung der Flugverbindungsdaten notwendig, oder das Wissen über die Herleitung der Flugverbindungen müßte in einem Anwendungsprogramm, das auf die Datenbank zugreift, realisiert werden.

Die praktische Vorgehensweise beim Aufbau eines betrieblichen Anwendungssystems als deduktive Datenbank soll anhand der Entwicklung eines Finanzbuchhaltungssystems gezeigt werden. Dazu wird im folgenden zuerst ein Fachkonzept der Buchhaltung beschrieben, anschließend wird gezeigt, wie dieses Fachkonzept als deduktive Datenbank repräsentiert werden kann.

3. Ein Finanzbuchhaltungssystem als Anwendungsbeispiel

3.1. Fachkonzept einer Finanzbuchhaltung

Nach Schmalenbach [6] kann die Buchhaltung in eine Grundrechnung und in Sonderrechnungen unterteilt werden. Die Grundrechnung stellt dabei die globale, zweckneutrale Bereitstellung von Daten dar. Die Sonderrechnungen sind zweckorientierte Auswertungskalküle, die auf den Daten der Grundrechnung aufbauen. Der "Events Approach" [7] im Rechnungswesen beschreibt die Grundrechnung näher als die Erfassung von geschäftsrelevanten Ereignissen (Geschäftsereignissen), die dann je nach den Informationsbedürfnissen verschiedener Benutzergruppen ausgewertet werden können, indem daraus z.B. Kontendarstellungen, Fälligkeitsübersichten oder Unternehmenskennzahlen abgeleitet werden.

Für die Buchhaltung sind die Auswirkungen der eingetretenen Geschäftsereignisse auf Vermögen, Kapital und Erfolg der Unternehmung von Bedeutung. Um diese Auswirkungen beschreiben zu können, schlägt Mattessich [8] vor, ein Unternehmen als aus Wirtschaftsobjekten und Wirtschaftssubjekten bestehend zu betrachten. Die wesentliche Eigenschaft eines Wirtschaftsobjekts ist dabei sein Wert. Die Auswirkungen eines einzelnen Geschäftsereignisses können dann als Wertänderungen bestimmter beteiligter Wirtschaftsobjekte gesehen werden. Durch die Bildung entsprechender Wirtschaftsobjekttypen (z.B. Verbindlichkeit, Aufwand, usw.) kann das doppische Prinzip zum Ausdruck gebracht werden.

In traditionellen Buchhaltungssystemen werden die Geschäftsereignisse direkt durch Buchungssätze repräsentiert. Dadurch kann aber nur mehr Buchhaltungsinformation daraus abgeleitet werden, und die Forderung des Events Approach nach verschiedenartigen Auswertungsmöglichkeiten wird verletzt. Aus diesem Grund wird in dieser Arbeit vom REA-Buchhaltungsmodell [9] ausgegangen. Die Abkürzung REA steht dabei für "resources, events, agents" nach den dabei wesentlichen Elementen, den Wirtschaftsobjekten, den Geschäftsereignissen und den Wirtschaftssubjekten. Das REA-Modell gibt ein Grundschema für die Speicherung der Geschäftsereignisse an, das an der betrieblichen Realität und nicht an den spezifischen Anforderungen der Buchhaltung orientiert ist. Die eingetretenen Geschäftsereignisse werden dabei zu Ereignistypen (z.B. Kauf, Zahlung) abstrahiert. Für jeden Ereignistyp werden dann Attribute, die für Ereignisse dieses Typs zu erfassen sind, in der Art festgelegt, daß genügend Information vorliegt, um die verschiedenen nachgelagerten Auswertungsrechnungen durchführen zu können. Im REA-Modell sind dies neben anderen Attributen die am Ereignis beteiligten Wirtschaftsobjekte und -subjekte. Aus einem gemäß diesem Ansatz gespeicherten Geschäftsereignis können in Sonderrechnungen verschiedene Arten von Information gewonnen werden. Unter anderem kann auch die buchhalterische Sicht auf den Betrieb (z.B. Konten, Saldenlisten, Journale) abgeleitet werden.

3.2. Die Finanzbuchhaltung in Syllog

3.2.1 Grundrechnung

Das im vorigen Kapitel in Grundzügen entwickelte Fachkonzept kann auf sehr einfache Weise in Syllog umgesetzt werden. Das zentrale Element der Grundrechnung ist dabei das Geschäftsereignis. Die beobachteten Geschäftsereignisse stellen Faktenwissen dar und werden daher in Syllog als Tabellen repräsentiert. Für jeden Geschäftsereignistyp wird dabei eine Tabelle angelegt, in der die wesentlichen Eigenschaften des beobachteten Ereignisses abgelegt sind. Eine Tabelle für den Geschäftsereignistyp "Kauf" kann z.B. folgendes Aussehen haben:

```
die-Nr: Kauf von dem-Typ die-Id am das-D um den-Preis von dem-Lief (der-B)
==========================================================================
1                 Maschine CNC-1   10-01-1992  690000     EMCO     ER92
...
```

Das erste Attribut in dieser Tabelle ist eine das Ereignis eindeutig identifizierende Geschäftsereignisnummer. Das gekaufte Wirtschaftsobjekt wird durch seinen Typ (z.B. Maschine) und durch eine Identifikationsbezeichnung repräsentiert. Außerdem werden der Kaufpreis, der Lieferant und der zugehörige Beleg erfaßt. Das Leisten von Zahlungen kann analog in einer Tabelle der folgenden Form erfaßt werden:

```
die-Nr: Auszahlung von dem-Betrag am das-Datum an den-Empf (der-Beleg)
=======================================================================
26                     350000        19-7-1992    EMCO            ER92
...
```

In der gleichen Weise sind für alle für ein Unternehmen relevanten Geschäftsereignistypen solche Tabellenstrukturen zu entwerfen. Die Erfassung der Grundrechnungsdaten besteht dann im Eintragen der beobachteten Geschäftsereignisse in die entsprechenden Syllog-Tabellen.

3.2.2. Ableitung von Buchungssätzen

Auswertungsrechnungen können in Syllog mit Hilfe von Regeln realisiert werden, die auf den Fakten der Grundrechnung aufbauen. Eine solche Auswertungsrechnung ist die gesonderte Führung der Werte der Wirtschaftsobjekte in Konten, wie sie in der Finanzbuchhaltung notwendig ist. Konten repräsentieren Klassen von Wirtschaftsobjekten zum Zweck der gemeinsamen Wertführung [10]. Wertänderungen in einer Wirtschaftsobjektklasse werden durch Buchungen auf das entsprechende Konto erfaßt. Ein Geschäftsereignis bewirkt üblicherweise mehrere Buchungen, die zu einem Buchungssatz zusammengefaßt werden. Ein Buchungssatz wird mit einer eindeutigen Nummer, dem Buchungsdatum und dem zugehörigen Beleg erfaßt und kann in Syllog in der folgenden Form repräsentiert werden:

```
Buchungssatz Nr. die-Buch-Satz-Nr am das-Datum (der-Beleg)
```

Die einzelnen Kontobuchungen eines Buchungssatzes haben dann die Form:

```
Buchung zu der-Buch-Satz-Nr mit Betrag der-Betrag im die-Seite auf das-Kto
```

In einem traditionellen Buchhaltungssystem werden die Buchungssätze direkt als Fakten erfaßt, während nach dem REA-Ansatz diese aus den Geschäftsereignissen abgeleitet werden. Dazu können Regeln gebildet werden, die den einzelnen Geschäftsereignistypen die daraus resultierenden Buchungen zuordnen. Für das oben genannte Beispiel eines Kaufs erfolgt dies durch folgende Regel:

```
die-Nr: Kauf von dem-Typ die-Id am das-D um den-Preis von dem-Lief (der-B)
Ust-Satz fuer den-Typ ist der-Ust-Satz
der-Preis * der-Ust-Satz = der-Ust-Betrag
der-Preis - der-Ust-Betrag = der-Nettopreis
Konto das-WO-Kto enthaelt den-Typ
Konto das-Vorst-Kto enthaelt Vorsteuer
--------------------------------------------------------------------------
Buchungssatz Nr. die-Nr am das-D (der-B)
Buchung zu der-Nr mit Betrag der-Nettopreis im Soll auf das-WO-Kto
Buchung zu der-Nr mit Betrag der-Ust-Betrag im Soll auf das-Vorst-Kto
```

Die Prämissen dieser Regel setzen dabei das Vorliegen des Geschäftsereignisses voraus (Kauf eines Wirtschaftsobjekts) und führen die Berechnung von Nettopreis und enthaltener Umsatzsteuer durch. Die Konklusion stellen der Buchungssatz und zwei Sollbuchungen (auf das Konto, das dem gekauften Objekt entspricht, und auf das Vorsteuerkonto) dar. In der Prämisse wird auf zwei zusätzliche Tabellen zurückgegriffen. In einer wird für jeden Wirtschaftsobjekttyp der anzuwendende Umsatzsteuersatz gehalten, in der anderen wird festgehalten, welches Konto welche Typen von Wirtschaftsobjekten enthält.

Der Haben-Aspekt eines Kaufs wird durch zwei weitere Regeln abgedeckt, die je nachdem, ob ein Barkauf oder ein Kauf auf Ziel vorliegt, die entsprechenden Buchungen angeben. Ein Barkauf wird angenommen, wenn für den Kauftag eine Auszahlung in Höhe des Kaufpreises für die zugrundeliegende Eingangsrechnung registriert wurde, ansonsten liegt ein Zielkauf vor.

```
die-Nr: Kauf von dem-Typ die-Id am das-D um den-Preis von dem-Lief (der-B)
die-Nr1: Auszahlung von dem-Preis am das-D an den-Lief (der-B)
Konto das-Kassakonto enthaelt Bargeld
---------------------------------------------------------------------------
Buchung zu der-Nr mit Betrag der-Preis im Haben auf das-Kassakonto

die-Nr: Kauf von dem-Typ die-Id am das-D um den-Preis von dem-Lief (der-B)
nicht: Es gibt eine Auszahlung von dem-Preis am das-D an den-Lief (der-B)
Konto das-VbdlKto enthaelt Lieferverbindlichkeit
---------------------------------------------------------------------------
Buchung zu der-Nr mit Betrag der-Preis im Haben auf das-VbdlKto
```

Das einer Prämisse vorangestellte "nicht" bringt in Syllog die Negation zum Ausdruck, d.h. wenn der folgende Satz von Syllog nicht als wahr bewiesen werden kann, ist die Negation wahr (negation as failure [11]).

In dem bisher vorliegenden System können die Buchungssätze abgefragt und nach Datum sortiert werden, wodurch sich ein Journal ergibt. Alle Buchungen auf ein bestimmtes Konto werden durch eine Abfrage ermittelt, in der die gewünschte Kontonummer spezifiziert wird. Eine wesentliche Eigenschaft eines Kontos ist sein Saldo, d.h. der Gesamtwert der im Konto zusammengefaßten Wirtschaftsobjekte. Die Saldoberechnung kann in Syllog ebenfalls sehr leicht mit Hilfe von Regeln erfolgen, die die Aggregationsoperationen von Syllog verwenden, wie im folgenden Kapitel aufgezeigt wird.

3.2.3. Ermitteln von Kontensalden

Der Saldo eines Kontos kann aus den Buchungen, die für dieses Konto abgeleitet werden können, für jeden beliebigen Zeitpunkt ermittelt werden. Der Saldo ergibt sich dabei einfach als Differenz der Summe der Sollbuchungen und jener der Habenbuchungen, die bis zum interessierenden Datum aufgetreten sind. Die folgende Syllog-Regel bringt diesen Zusammenhang zum Ausdruck:

```
Summe auf der Seite Soll von die-KNR bis das-Datum ist die-Sollsumme
Summe auf der Seite Haben von die-KNR bis das-Datum ist die-Habensumme
die-Sollsumme - die-Habensumme = der-Saldo
-------------------------------------------------------------------------
Konto Nr. die-KNR hat am das-Datum den Saldo der-Saldo
```

Zur Ermittlung der Summe aller Buchungsbeträge auf einer Kontenseite bedient man sich der Summenbildungsoperation in Syllog, wie in der folgenden Regel:

```
die-KNR ist eine Kontonummer
das-SH ist eine Kontenseite
das-Datum ist ein gueltiges Datum
Summe der-B: Buchung im das-SH von dem-B auf die-KNR bis das-D = die-Summe
---------------------------------------------------------------------------
Summe auf der Seite das-SH von die-KNR bis das-D ist die-Summe
```

Die vierte Prämisse bringt dabei zum Ausdruck, daß aus allen Antworten auf die Abfrage "Buchung im das-SH von dem-B auf die-KNR bis das-D" der Betrag B aufsummiert und der Variablen "Summe" zugewiesen wird. Der Fall, daß ein Konto auf der angegebenen Seite bis zum angegebenen Datum noch nicht bebucht wurde, wird in nachstehender Regel behandelt, indem die Soll- bzw. die Habensumme als Null angenommen wird:

```
nicht: Eine Buchung im die-Seite auf das-Konto bis das-Datum existiert
-----------------------------------------------------------------------
Summe auf der Seite die-Seite von dem-Konto bis das-Datum ist 0
```

Es ist schließlich noch eine Regel notwendig, die die Buchungen bis zu einem vorgegebenen Datum auswählt bzw. die Existenz solcher Buchungen prüft:

```
Buchungssatz Nr. die-BS-Nr am das-Buchungsdatum (der-Beleg)
Buchung zu der-BS-Nr mit Betrag der-Betrag im die-Seite auf das-Konto
das-Buchungsdatum ist zeitlich vor dem-Abfragedatum
-----------------------------------------------------------------------
Buchung im die-Seite von dem-Betrag auf das-Konto bis das-Abfragedatum
Eine Buchung im die-Seite auf das-Konto bis das-Abfragedatum existiert
```

Auf ähnliche Weise, wie dies hier für die Grundfunktionen einer Buchhaltung gezeigt wurde, können mit Hilfe von Ableitungsregeln sehr leicht weitere Sonderrechnungen realisiert werden, z.B. die Bildung von Sammelkonten bis zur Bilanz, die Berechnung von Bilanzkennzahlen, ein Mahnwesen usw. [12] Durch die zweckneutrale Grundrechnung können auch Auswertungsrechnungen definiert werden, die nicht dem Rechnungswesen zuzuordnen sind. In der Literatur [13] finden sich auch Syllog-Implementationen für andere betriebswirtschaftliche Anwendungen.

4. Vorteile der Informationssystementwicklung mit deduktiven Datenbanken

Die Entwicklung betrieblicher Informationssysteme mit deduktiven Datenbanken weist einige Vorteile gegenüber der konventionellen Vorgehensweise auf. Deduktive Datenbanksysteme ermöglichen eine rein deklarative Repräsentation des Anwendungswissens, d.h. es muß nicht die prozedurale Vorgangsweise zur Ermittlung der Ergebnisse angegeben werden, sondern es werden die

Zusammenhänge des Anwendungsgebiets logisch beschrieben. Dadurch ist eine Spezifikation des Informationssystems möglich, die sehr stark an der betrieblichen Anwendungswelt orientiert ist. Die Umsetzung in eine EDV-nahe Darstellung wie bei konventioneller Systementwicklung ist nicht notwendig. Dennoch ist eine derartige Spezifikation durch den im deduktiven Datenbanksystem enthaltenen Schlußfolgerungsmechanismus direkt auf EDV-Anlagen ausführbar (executable specification).

Ein System wie Syllog bietet die Möglichkeit, die Fakten und Regeln in einer der natürlichen Sprache sehr nahen Form anzugeben. Dies ist zwar kein direkter Vorteil für den Entwickler, erleichtert jedoch den Benutzern der Datenbank das Verständnis der abgebildeten Inhalte. Außerdem bietet Syllog die Möglichkeit, sich die Herleitung von Berechnungsergebnissen erklären zu lassen. So kann z.B. in der vorher dargestellten Finanzbuchhaltung für jeden Buchungssatz eine Erklärung angefordert werden, die angibt, durch welche Regeln und aufgrund welcher Geschäftsereignisse der Buchungssatz zustande gekommen ist.

Ein ganz wesentlicher Vorteil ist schließlich die Änderungsfreundlichkeit deduktiver Datenbanken, insbesondere wenn viele verschiedene Anwendungsprogramme auf eine Datenbank zugreifen. Dadurch, daß nicht nur die Daten sondern auch große Teile des Anwendungswissens zentral mit den Daten gehalten werden, reicht eine zentrale Anpassung der Fakten und Regeln aus. Änderungen in den einzelnen Anwendungsprogrammen sind nicht erforderlich, während bei konventionellen Systemen derartige Änderungen meist sehr aufwendig sind und leicht zu Inkonsistenzen führen können.

Den Vorteilen beim Einsatz deduktiver Datenbanken steht das Problem entgegen, daß trotz der intensiven Forschung auf diesem Gebiet derzeit keine kommerziellen deduktiven Datenbanksysteme und nur wenige Prototypen existieren. Das Forschungsgebiet der deduktiven Datenbanken ist allerdings noch sehr jung. So wurde z.B. die Semantik stratifizierter Datalog-Programme mit Negation erst 1986 definiert [14]. Heute existierende deduktive Datenbanksysteme haben häufig noch Antwortzeitprobleme, insbesondere im Zusammenhang mit Negationen. Der Einsatz von Optimierungsverfahren [15] läßt allerdings erwarten, daß hier noch wesentliche Verbesserungen erzielt werden können und damit deduktive Datenbanksysteme auch für den professionellen Einsatz in Frage kommen.

5. Zusammenfassung

In der vorliegenden Arbeit wurde gezeigt, wie deduktive Datenbanken zur Entwicklung von betrieblichen Anwendungssystemen eingesetzt werden können. Dies wurde anhand eines Finanzbuchhaltungssystems demonstriert, wobei zunächst ein Fachkonzept entwickelt, und dieses dann in Grundzügen mit Hilfe des deduktiven Datenbanksystems Syllog umgesetzt wurde. Schließlich wurde auf die Vorteile eingegangen, die die Verwendung deduktiver Datenbanksysteme im Vergleich zur konventionellen Systementwicklung aufweist.

Anmerkungen und Literatur

[1] Codd, E.F.: A Relational Model for Large Shared Data Banks", in: Communications of the ACM, Vol. 13, No. 6, Juni 1970.

[2] Vgl. Gottlob, G./Frühwirth, T./Horn, W. (alle Hrsg.): Expertensysteme, Wien/New York 1990.

[3] Vgl. Grant, J./Minker, J.: The Impact of Logic Programming on Databases, in: Communications of the ACM, Vol. 35, No. 3, März 1992.

[4] Vgl. Gallaire, H./Minker, J./Nicolas, J.: Logic and Databases: A Deductive Approach, in: Mylopoulos, J./Brodie, M. (beide Hrsg.): Readings in Artificial Intelligence and Databases, San Mateo 1989.

[5] Walker, A. (Hrsg.)/McCord, M./Sowa, J.F./Wilson, W.G.: Knowledge Systems and Prolog, Reading 1987.

[6] Schmalenbach, E.: Kostenrechnung und Preispolitik, Köln und Opladen 1963, zit. in: Sinzig, W.: Datenbankorientiertes Rechnungswesen, Berlin 1985.

[7] Sorter, G.H.: An 'Events' Approach to Basic Accounting Theory, in: The Accounting Review, Jänner 1969.

[8] Mattessich, R.: Die wissenschaftlichen Grundlagen des Rechnungswesens, Düsseldorf 1970.

[9] McCarthy, W.E.: The REA Accounting Model: A Generalized Framework for Accounting Systems in a Shared Data Environment, in: The Accounting Review, Juli 1982.

[10] Vgl. Mattessich, R. (Rechnungswesen).

[11] Clark, K.L.: Negation as Failure, in: Gallaire, H./Minker, J. (beide Hrsg.): Logic and Data Bases, New York 1978.

[12] Vgl. Kehrer, N./Neumann, G.: Business Event Oriented Information Systems Based on Meta Programming, in: Neumann, B. (Hrsg.): Proceedings of the 10th European Conference on Artificial Intelligence, Chichester 1992.

[13] Vgl. Lell, C.: Financial Security Analysis and Portfolio Management with a Deductive Database System, in: Ramos, I.(Hrsg.): Database and Expert Systems Applications, DEXA 92 Conference Proceedings, Berlin 1992.

[14] Apt, C./Blair, H./Walker, A.: Towards a Theory of Declarative Knowledge, in: Minker, J. (Hrsg.): Foundations of Deductive Databases and Logic Programming, Los Altos 1987 (der Artikel erschien bereits 1986 als IBM-Forschungsbericht Nr. RC 11681).

[15] Vgl. Lloyd, J.W/Sonenberg, E.A./Topor, R.W.: Integrity Constraint Checking in Stratified Databases, in: The Journal of Logic Programming, Vol. 4, No. 4, Dezember 1987.

Verteilte Systeme zur Unterstützung dezentraler Organisationsstrukturen

Josef Matulka

1 DV-Struktur und Organisationsstruktur

Die Wechselbeziehungen zwischen DV-System und Organisationsstruktur sind seit langem Gegenstand informationswirtschaftlicher Forschung. Einer der dabei häufig untersuchten Aspekte betrifft die Frage, ob der Einsatz von EDV zu einer verstärkten Zentralisierung eines Unternehmens führt oder nicht. Im Laufe der Debatte (vgl. [2]) wurden zwei diametral entgegengesetzte Standpunkte bezogen:

- DV-Einsatz führt zur Dezentralisierung, bzw.
- DV-Einsatz führt zur Zentralisierung.

Beide konnten auf empirische Untersuchungen zur Unterstützung der jeweiligen Position verweisen. Die Bemühungen, diesen widersprüchlichen empirischen Befund zu erklären, führten einerseits zur naheliegenden Schlußfolgerung:

- DV-Einsatz und Zentralisation sind voneinander unabhängig,

andererseits wurde aber auch die Kausalitätsrichtung in Frage gestellt. Die Gemeinsamkeit der beiden erstgenannten Thesen ist ja darin zu sehen, daß das DV-System als bestimmend für organisatorische Strukturen gesehen wird. Diesem *technologischen Imperativ* kann nun aber ein *organisatorischer Imperativ* gegenübergestellt werden:

- Die Organisationstruktur bestimmt die DV-Struktur.

Demnach wählt sich ein Unternehmen eine DV-Struktur, um die bestehenden Organisationsstrukturen zu unterstützen. Während der technologische Imperativ von Beschränkung, ja im Extremfall von einer Determinierung des organisatorischen Handelns durch die Informationstechnologie ausgeht, sind Vertreter des organisatorischen Imperativs optimistischer, was die Einflußmöglichkeiten des Managements betrifft und sehen in der Informationstechnologie eher eine Erweiterung der organisatorischen Gestaltungsmöglichkeiten.

Die Frage, welcher dieser Ansätze die historische Entwicklung am besten beschreibt, soll hier nicht weiter diskutiert werden. Stattdessen wenden wir uns dem zukunftsgerichteten normativen Aspekt der Problematik zu, der für den Informationsmanager von besonderer Bedeutung ist:

Wie sollte die Beziehung zwischen Organisationsstruktur und DV-Struktur sein?

und geben eine klare Antwort:

Die DV-Struktur hat die Organisationsstruktur zu unterstützen.

Im Vordergrund steht somit die Organisationsstruktur. Dies bedeutet natürlich nicht, daß es keine Rückkoppelungen gibt und geben soll. Die Organisationsstruktur eines Unternehmens ist ja niemals statisch vorgegeben, sondern muß immer wieder auf ihre Zweckmäßigkeit hin untersucht werden. Die Einführung neuer Technologien ist immer ein guter Zeitpunkt, solche Überlegungen anzustellen. Im Lichte neuer informationstechnischer Möglichkeiten mag ja durchaus eine neue Organisationsstruktur optimal erscheinen, die früher gar nicht in Erwägung gezogen werden konnte. Wichtig ist jedoch, daß solche Änderungen der Organisation dann auch tatsächlich bewußt realisiert werden. Die Hoffnung auf eine automatische Anpassung von Organisationen infolge des Einsatzes von Informationstechnologie ist bereits oftmals gescheitert und führt zu einer Unzufriedenheit mit der Informatik, wo eigentlich eine Frustration über mangelnde Organisationsentwicklung angebracht wäre, denn:

> Nur die enge Verbindung von Organisations- und Informationssystem-Entwicklung kann die Potentiale der Informationstechnologie realisieren. ([7], S. 109)

Angesichts dieses engen Zusammenhangs ist es naheliegend zu untersuchen, welche Kombination von DV-Struktur und Organisationsstruktur ideal ist. In [5] wird versucht, umfassende Typologien von Organisations- und DV-Strukturen zu erarbeiten und die optimalen Übereinstimmungen herauszufinden. Wir wollen uns in dieser Arbeit stattdessen auf eine spezielle Form der Organisation, das *dezentrale System*, konzentrieren, und das DV-System vorstellen, das unserer Meinung nach am besten zu dessen Unterstützung geeignet ist: das *verteilte System*. In den nächsten beiden Abschnitten wird zunächst geklärt, was in dieser Arbeit unter einem dezentralen bzw. verteilten System verstanden wird. Dann wird aufgezeigt, inwieweit die real beobachtbare DV-Struktur, die wir als *vernetztes System* bezeichnen, von der idealen des verteilten Systems abweicht. Der letzte Abschnitt bringt eine zusammenfassende Bewertung und eine Perspektive: Das *kooperative System* als Weiterentwicklung des verteilten.

2 Das dezentrale System als reale Organisationsstruktur

Dezentralisation wird in der betrieblichen Organisation üblicherweise über die Verteilung der Aufgaben definiert, wobei man von Dezentralisation spricht, wenn gleichartige Aufgaben auf mehrere Organisationseinheiten verteilt werden (vgl. [4]). In dieser Arbeit wird unter einem dezentralen System eine Organisation verstanden, die bezüglich der Führungs- und Leitungsaufgabe dezentralisiert ist, in der also nachgeordneten Abteilungen beträchtliche Entscheidungskompetenzen und somit ein relativ großer Spielraum bei der Ausführung ihrer Aufgaben zugebilligt wird. Strukturen dieser Art findet man einerseits als Folge *bewußter Management-Entscheidungen* (Bildung von selbständigen Kosten- bzw. Ergebniseinheiten, Stärkung der Eigenverantwortlichkeit als motivationale Maßnahme, etc.), andererseits aber auch bedingt durch *äußere Gegebenheiten* (örtliche Dezentralisation, Zusammenlegung ursprünglich selbständiger Unternehmen, etc.).

In vielen Fällen wurde gemeinsam mit anderen Entscheidungsaufgaben auch die Kompentenz bezüglich der DV-Entscheidung dezentralisiert. Diese Dezentralisierung führte in vielen Unternehmen dazu, daß sich neben den traditionellen zentralen (Großrechner-) Applikationenen ein Wildwuchs an dezentraler EDV mit einer ganzen Reihe von Applikation der sogenannten *Individuellen Datenverarbeitung* gebildet hat. Das vergleichsweise günstige Preis-/Leistungsverhältnis von Arbeitsplatzrechnern und die notorische Unzufriedenheit mit zentralen DV-Abteilungen haben diese Tendenz noch verstärkt.

Während durch diese Dezentralisierung der Datenverarbeitung tatsächlich in vielen Fällen eine raschere Entwicklung von fachspezifischen DV-Lösungen erreicht werden konnte, gestaltet sich die Integration dieser Insellösungen zu einem unternehmensweiten Informationssystem infolge der Heterogenität der verwendeten Hard- und Software äußerst schwierig. Die dadurch entstehenden Probleme drohen die durch Dezentralisierung erzielbaren Vorteile zu egalisieren.

3 Das verteilte System als ideale DV-Struktur

Als Ausweg aus dem oben angesprochenen Dilemma wird in diesem Abschnitt die DV-Struktur des *verteilten Systems* propagiert. Dieses ist weit mehr als eine bloße Ansammlung von physisch getrennten Hardwarekomponenten, die durch irgendein Kommunikationsmedium miteinander verbunden sind. Wir fordern vielmehr, daß dieses System aktiv die Kooperation von autonomen Rechnern forciert, also die folgenden beiden Forderungen erfüllt (vgl.[6]):

1. *Autonomieforderung:* Autonome, vollständige und möglicherweise heterogene Rechner sind durch ein Netz miteinander verbunden.

2. *Kooperationsforderung:* Diese Rechner wirken zur Erfüllung einer gemeinsamen Aufgabe zusammen.

Die Autononie der verbundenen Komponenten wird dann als gegeben betrachtet, wenn eine Dezentralisierung hinsichtlich der drei Dimensionen *Hardware, Steuerung und Daten* gegeben ist, wie sie in Abbildung 1 dargestellt ist (vgl. [1).

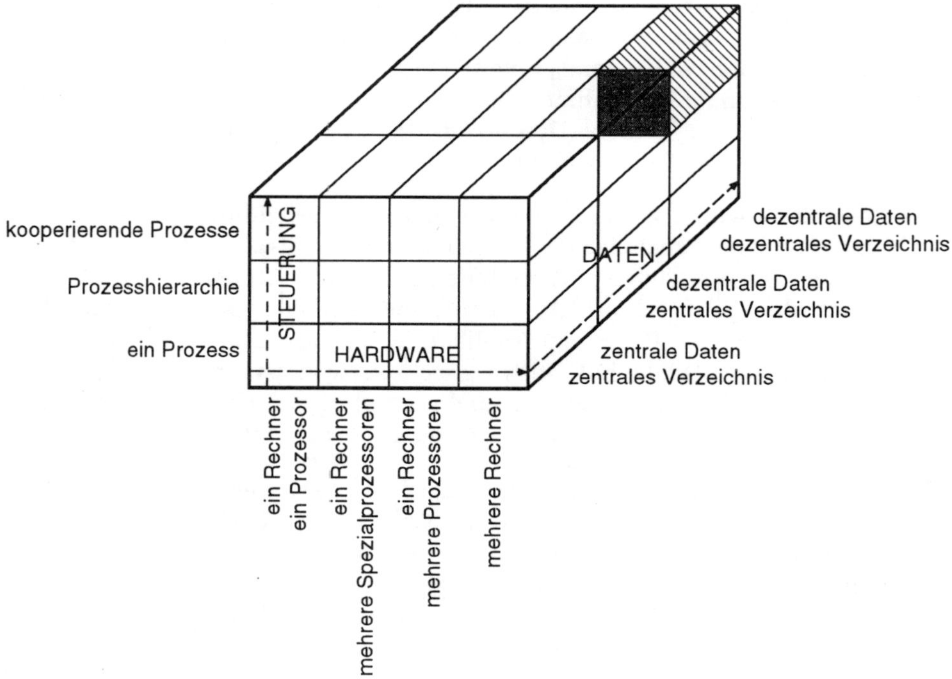

Abb. 1: Enslows Dimensionen der Verteilung

Für die *Hardware* bedeutet die Autonomieforderung, daß das System sich aus mehreren autonomen, allgemein verwendbaren Rechnern mit eigener Zentraleinheit, eigenem Hauptspeicher und eigenen Ein- und Ausgabeeinheiten zusammensetzt.

Ein Rechner, bei dem der Hauptprozessor durch Spezialprozessoren (mathematische Koprozessoren, Graphikprozessoren) ergänzt wird, ist daher kein verteiltes System. Schließt man an einen Rechner mehrere Datenendgeräte an, so wird dieser zwar zu einem Mehrbenutzersystem, nicht aber zu einem verteilten System. Auch ein Multiprozessorsystem mit mehreren gleichberechtigten Prozessoren ist kein verteiltes System, da es sich bei diesen Prozessoren nicht um autonome Rechner handelt; üblicherweise teilen sich diese z. B. ein gemeinsames Ein-/Ausgabesystem (Bildschirm, Tastatur). All diese Systeme können jedoch als Komponenten im Rahmen eines verteilten Systems integriert werden.

Es ist aber nicht nur die Hardware physisch verteilt, sondern auch die *Steuerung* dieser Hardware erfolgt dezentral. Es gibt keine zentrale Einheit, die alles steuert und der alles untergeordnet ist. Dies gilt nicht nur für die Hardware, sondern ebenso für die Software. Es gibt daher auch keinen Prozeß, der alles steuert, sondern mehrere Prozesse. Das Verhältnis zwischen diesen Prozessen ist auch nicht durch eine klare hierarchische Unterordnung bestimmt (master/slave relationship), sondern es gibt mehrere autonome und gleichberechtigte Prozesse, die durch Nachrichtenaustausch miteinander kommunizieren.

Die *Daten*, auf denen diese Prozesse operieren, sind ebenfalls vollständig verteilt. Es ist nicht mehr notwendig, alle Daten in einer zentralisierten Datenbank auf einem einzigen Rechner zu halten, sondern diese Daten sind, gesteuert durch die Bedürfnisse der Organisation, über mehrere Rechner verteilt. Es sind jedoch nicht nur die Daten verteilt, sondern auch die Information, wo welche Datei (konventionelles Dateisystem) bzw. welches Fragment (verteilte Datenbank) zu finden ist, wird verteilt gespeichert.

Isoliert nebeneinanderstehende Rechner erfüllen die meisten der oben genannten Forderungen in geradezu perfekter Weise ohne deshalb ein verteiltes System zu sein. Ein solches muß auch das Zusammenwirken der autonomen Systeme unterstützen und realisieren:

1. *Unterstützung der Kooperation.* Die durch ein Netz miteinander verbundenen Rechner werden durch ein gemeinsames *verteiltes Betriebssystem* verwaltet, das für vollkommenene *Transparenz* sorgt. Die zugrundeliegende Verteilung wird durch das Betriebssystem vollständig versteckt, für den Anwendungsprogrammierer wie den Benutzer präsentiert sich das System daher als *virtueller Einprozessorrechner*.

   Anmerkung: "Transparenz" bedeutet in etwa "Durchsichtigkeit". Dies führt zuweilen zur irrigen Ansicht, Transparenz bedeute, die Verteilung sei für den Benutzer sichtbar. In Wahrheit ist genau das Gegenteil der Fall. Der Benutzer "blickt durch die Verteilung hindurch" und nimmt sie daher nicht wahr.

2. *Realisierung der Kooperation.* Die autonomen Prozesse eines verteilten Systems *kooperieren* miteinander, um eine gemeinsame Aufgabe zu erfüllen, wobei jeder Prozeß eine klar abgrenzbare (autonome) Teilaufgabe der Gesamtaufgabe übernimmt.

4 Das vernetzte System als reale DV-Struktur

Betrachtet man die real existierende DV-Struktur von Unternehmen, so erkennt man, daß diese inzwischen in der Mehrzahl der Fälle über ein (lokales) Netz verfügen, das ihre Rechner verbindet. Trotz einiger Gemeinsamkeiten unterscheidet sich dieses *vernetzte System* doch in einigen Punkten entscheidend von der im vorigen Abschnitt definierten idealtypischen Form des (vollständig) verteilten Systems (vgl. Tabelle 1).

	vernetztes System	**verteiltes System**
Hardware	verteilt	verteilt
Kommunikation	Nachrichtenaustausch	Nachrichtenaustausch
Systemsoftware	Netzwerkbetriebssystem	verteiltes Betriebssystem
Anwendungssoftware	isolierte Programme	kooperierende Prozesse
Funktionalität	Datenaustausch Remote Login	verteiltes Dateisystem Lastverteilung
Ziel	Kommunikation	Kooperation

Tab. 1: Ein vernetztes System ist kein verteiltes System

Unbestreitbar handelt es sich um autonome Rechner mit einer voll verteilten Hardware. In vielen Fällen wurden sie schließlich erst nachträglich vernetzt und sind zumeist auch ohne Anschluß an ein Netzwerk verwendbar. Auch was die Software anbelangt, ist die Autonomiebedingung erfüllt. Es gibt auf den einzelnen Rechnern eine Reihe von unabhängigen Prozessen, jede Menge lokaler Daten, auf die diese zugreifen, und kein zentrales Verzeichnis dieser Daten.

Was diesem System jedoch fehlt, ist das gemeinsame verteilte Betriebssystem und die von diesem erzeugte Transparenz. Jeder Rechner behält stattdessen sein lokales Betriebssystem, das lediglich um zusätzliche Programme, die der Netzwerkkommunikation dienen, erweitert wird. Tanenbaum und van Renesse ([8], S. 421) sprechen in diesem Zusammenhang von einem *Netzwerkbetriebssystem.* Ein solches System wird von den Benutzern üblicherweise nicht als einheitliches System aufgefaßt, sondern als Ansammlung miteinander verbundener Systeme.

Die Verwirklichung echter verteilter Anwendungen, die aus mehreren kooperierenden Prozessen bestehen, ist auf einer solchen Plattform schwierig. Nur vereinzelt findet man Applikationen, bei denen Anwendungsprogrammierer einen Teil der Funktionalität eines verteilten Betriebssystems nachprogrammiert und solchermaßen Transparenz auf Anwendungsebene verwirklicht haben.

Zweifellos erfüllt ein vernetztes System eine Reihe von Funktionen, die durch mehrere isoliert nebeneinanderstehende Rechner nicht so einfach erzielbar wären, in einem verteilten System sind diese jedoch einfacher zugänglich. Dies soll im folgenden an zwei Beispielen verdeutlicht werden:

- Es gibt Programme, die ein komfortables Transferieren von Dateien zwischen einzelnen Rechnern ermöglichen. Ein Beispiel dafür ist das in vielen UNIX-Umgebungen genutzte ftp-Programm (ftp steht für file transfer protocol).
  Wesentlich bequemer ist jedoch ein verteiltes Dateisystem. Dieses ermöglicht es, von jedem Rechner aus auf jede Datei zuzugreifen, ohne daß deren konkreter Platz im System bekannt sein muß.

- Ebenso gibt es Programme, um einen Prozeß auf einem fremden Rechner zu starten (rsh im Berkeley-UNIX) oder um auf einem fremden Rechner eine Arbeitssitzung zu eröffnen (rlogin im Berkeley-UNIX). Den geeigneten Rechner auszuwählen und dafür zu sorgen, daß dort auch alle notwendigen Dateien vorhanden sind, bleibt in der Verantwortung des Benutzers.
  Wiederum ist die von einem verteilten System angebotene automatische Lastverteilung wesentlich komfortabler: Aufgaben werden nicht an einen konkreten Rechner, sondern "am verteilten System" gestartet. Dieses ermittelt dann automatisch den aufgrund seiner Ressourcenausstattung und aktuellen Last am besten geeigneten Rechner.

Wenn es lediglich darum geht, Kommunikation zwischen einzelnen Rechnern ohne den Umweg über externe Datenträger zu ermöglichen, mag ein vernetztes System ausreichend sein. EARN und Internet sind recht erfolgreiche Beispiele für globale vernetzte Systeme im akademischen Bereich, die wesentlich zum internationalen wissenschaftlichen Gedankenaustausch beitragen.

Kooperation zwischen Programmen oder Benutzern wird jedoch nur recht ungenügend unterstützt. Unserer Erfahrung nach gilt daher: Jeder Benutzer, Systemadministrator oder Anwendungsprogrammierer eines vernetzten Systems würde dieses gerne gegen ein verteiltes eintauschen.

5 Bewertung und Ausblick

Die Vorteile von verteilten (Betriebs-) Systemen liegen auf der Hand:

- Der *Benutzer* kann aus einer homogenen Oberfläche heraus auf die in einem heterogenen Netz verteilten Ressourcen zugreifen und sich auf das Lösen seiner fachspezifischen Fragestellungen konzentrieren statt mit unterschiedlichen Betriebssystemen und uneinheitlichen Schnittstellen zu kämpfen.

- Für den *Anwendungsprogrammierer* wird die Erstellung verteilter Anwendungen um vieles vereinfacht. Statt unter großen Kosten immer wieder dieselbe Funktionalität in unterschiedlichen Anwendungen zu duplizieren, kann auf bewährte und ausgetestete Routinen des verteilten Systems zur Lösung der Kommunikations- und Koordinationsprobleme zurückgegriffen werden.

- Dem *Systemadministrator* schließlich ermöglicht das verteilte Betriebssystem eine effiziente zentrale Administration eines dezentralen Systems.

Diese offensichtlichen Vorteile haben eine Vielzahl von Forschungsanstrengungen ausgelöst, die inzwischen auch bereits Früchte - in Form von vorliegenden Prototypen - getragen haben: Das System MACH der Carnegie-Mellon Universität, das AMOEBA-System der Vrije Universiteit Amsterdam, EDEN der University of Washington und SPRITE der University of California, Berkeley, seien hier als Beispiele für solche Systeme genannt.

Obgleich diese Systeme z. T. bereits kommerziell vertrieben werden (AMOEBA), ist dennoch aus gegenwärtiger Sicht nicht zu erwarten, daß die Qual der Wahl am Betriebssystemsektor durch das Hinzutreten verteilter Systeme noch verschärft wird. Die Entwicklung weist im Gegenteil ganz klar in die Richtung, daß Konzepte, die im Rahmen dieser Prototypen getestet und erprobt wurden (Remote Procedure Call, Threads, Netzwerkweite Namensgebung, etc.), durch entsprechende Erweiterungen der Systemsoftware auch den Benutzern "konventioneller" Systeme zur Verfügung gestellt werden. Im UNIX-Bereich hat beispielsweise die Open Software Foundation (OSF), in der eine Reihe namhafter EDV-Anbieter zusammengeschlossen sind, nach einer Benutzeroberfläche (OSF Motif) Werkzeuge für die verteilte Verarbeitung zum Gegenstand des zweiten freigegebenen Pakets (OSF DCE) gemacht. Verteilte Dateisysteme sind bereits im kommerziellen Einsatz zu finden (z.B. SUNs NFS), während die Fortschritte im Bereich der Prozeßverwaltung noch nicht so weit gediehen sind.

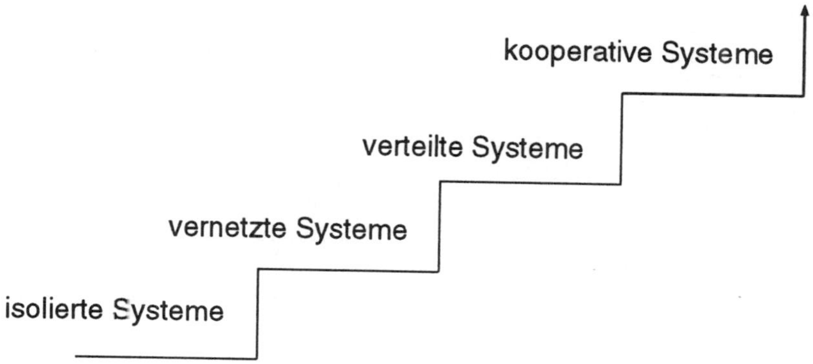

Abb. 2: Vom isolierten zum kooperativen System

Diese wichtigen Fortschritte sollen nicht darüber hinwegtäuschen, daß noch viel zu tun bleibt, bis das Arbeiten in einer vernetzten Umgebung und das Schreiben von Applikationen für diese Umgebung auch nur anähernd so einfach sein wird, wie das bei isoliert betriebenen PCs heute bereits Realität geworden ist. Noch sind die verfügbaren Werkzeuge oftmals auf einer sehr systemnahen Ebene angesiedelt. Eine Produktivitätssteigerung und damit Kosteneinsparung wird jedoch nur durch den Übergang zu höheren Abstraktionsebenen und höheren programmiersprachlichen Konstrukten zu erzielen sein (vgl. [3]). Als Beispiel sei hier der Versuch der Object Management Group (OMG), eines Zusammenschlusses von über 200 Firmen, genannt, diese angesprochene höhere Abstraktionsebene im Rahmen eines verteilten objektorientierten Ansatzes zu realisieren.

Wenngleich mit der Entwicklung von vernetzten hin zu verteilten Systemen ein wichtiger Schritt zu einer effizienteren Unterstützung dezentraler Organisationsstrukturen gesetzt wurde, stellt ein verteiltes System keineswegs den Abschluß oder Höhepunkt der Entwicklung dar (vgl. Abbildung 2). Während es das Ziel verteilter Systeme ist, das Arbeiten in einer heterogenen und vernetzten DV-Landschaft erträglich zu machen und der primäre Schwerpunkt auf technischen Gebieten liegt, konzentrieren sich die bereits im Entstehen begriffenen kooperativen Systeme (Groupware, etc.) darauf, den Menschen und insbesondere das Zusammenwirken von Menschen in Gruppen aktiv zu unterstützen. Erst bei diesen Systemen, die die Erkenntnisse der verteilten Verarbeitung, der Multimedia- und Benutzerschnittstellenforschung kombinieren, wird das Leitthema dieser Konferenz uneingeschränkt realisiert: Im Mittelpunkt steht der Mensch.

Literatur

[1] Philip H. Enslow. What is a "distributed" data processing system? In D. D. Gajski, V. M. Milutinovic, H. J. Siegel und B. P. Furht (Hrsg.), Tutorial Computer Architecture, Seiten 137-159. IEEE Computer Society Press, Washington, D.C., 1987. Ursprünglich erschienen in IEEE Computer, Seiten 13-21, Jänner 1978.

[2] Joey F. George und John L. King. Examining the computing and centralisation debate. Communications of the ACM, 34(7):62-72, Juli 1991.

[3] Andreas Geyer-Schulz und Josef Matulka. Kommunikation in Rechnernetzen. Österreichische Hochschulzeitung, 44(5):35-43, Mai 1992.

[4] Erwin Grochla (Hrsg.). Handwörterbuch der Organisation. Poeschel, Stuttgart, 1980.

[5] Richard Leifer. Matching computer-based information systems with organisational structures. MIS Quaterly, 12(1):63-73, März 1988.

[6] Josef Matulka. Lastverteilung in einem heterogenen verteilten objektorientierten System. Forschungsergebnisse der Wirtschaftsuniversität Wien. Servicefachverlag an der Wirtschaftsuniversität Wien, Wien, 1992.

[7] Hubert Österle, Walter Brenner und Konrad Hilbers. Unternehmensführung und Informationssystem. Teubner, Stuttgart, 1991.

[8] Andrew S. Tanenbaum und Robert van Renesse. Distributed operating systems. Computing Surveys, 17(4):419-470, Dezember 1985.

Methoden der Informationserschließung in büroorientierten Information-Retrieval-Systemen

Alexander Kaiser

1. Einleitung

Trotz anerkannter Rationalisierungseffekte der Datenverarbeitung in Büro und Verwaltung wird die Produktivität in diesen Bereichen vielfach als relativ gering angesehen. In vielen Büros kam es durch den Einsatz der EDV nur zu Detailverbesserungen. Zimmermann beschreibt den Ablauf der Bürotätigkeit wie folgt: "... auch heute noch ist der Hauptteil der Bürotätigkeit nicht die analytische Verarbeitung und das kreative Erzeugen neuer Informationen, sondern der Empfang von Informationen, deren Einordnung, Weitergabe, Verteilung, Abschreiben, Ablegen und Wiederfinden sowie weitere zeitraubende, organisatorische und Verwaltungsaufgaben." [1] Die im Umfeld Büro anfallenden Informationen wie z.B. Briefe, Nachrichten, Memos, Stellungnahmen, etc. sind in der Regel unstrukturiert und stark kontextabhängig. Da viel für eine Organisation wichtiges Wissen in solchen Texten enthalten ist, haben Methoden und Verfahren des Information Retrieval (IR) eine zentrale Bedeutung für organisationsinterne Informationssysteme. Im Gegensatz zu "konventionellen" Datenbanken, bei denen die Information in formatierter, strukturierter Form vorliegt, werden bei IR-Systemen Dokumente in ihrer ursprünglichen Textform, also unformatiert, verwendet. Konventionelle, formatierte Datenbanksysteme sind heute in der Praxis bereits weit verbreitet. Die Verbreitung und Akzeptanz von IR-Systemen, insbesondere im Bürobereich, ist hingegen bei weitem nicht so weit gediehen. Die Gründe dafür sind unter anderem in der mangelnden Benutzerfreundlichkeit der IR-Systeme, fehlenden Standards, wie z.B. SQL bei relationalen Datenbanken, und in unzulänglichen Methoden der Informationserschließung zu suchen. In diesem Beitrag wird auf die Methoden und Probleme der Informationserschließung näher eingegangen.

2. Bestehende Verfahren zur Informationserschließung

Ein beträchtlicher Teil der Information-Retrieval-Forschung beschäftigt sich mit der Erschließung von Dokumentinhalten. Die Herausforderung besteht darin, möglichst exakte Dokumentbeschreibungen zu erzeugen, indem Begriffe oder Deskriptoren vergeben werden, die den Inhalt eines Dokumentes repräsentieren. [2] Diese Vergabe der Deskriptoren kann manuell erfolgen, dann spricht man von der manuellen bzw. intellektuellen Indexierung. Werden die Deskriptoren automatisch aus den eingelesenen Dokumenten erzeugt, spricht man von der automatischen Indexierung.

2.1. Die manuelle Indexierung

Bei der manuellen Indexierung wird der Indexierungsvorgang von einer Person, dem Indexierer, durchgeführt. Der Indexierer ordnet jedem einzelnen Dokument Deskriptoren zu, die seiner Meinung nach das Dokument inhaltlich gut beschreiben. Dabei stehen meist Vokabularlisten und Terminologiebeschreibungen als Hilfsmittel zur Verfügung. An den Indexierer werden dabei sehr hohe Anforderungen gestellt. Zum einen muß er eine große fachliche Kompetenz besitzen, was das Indexieren selbst betrifft. Die größte Schwierigkeit ist jedoch darin zu sehen, daß der Indexierer den Inhalt der Dokumente beurteilen muß, um sinnvolle Deskriptoren vergeben zu können. Die Probleme der manuellen Indexierung lassen sich wie folgt aufzählen:

- Sehr großer Zeitaufwand bei gleichzeitig stark zunehmenden Informationsmengen.
- Hohe Personalkosten, da wegen der mannigfaltigen Anforderungen nur hochqualifiziertes Personal mit der Indexierung betraut werden kann.
- Die Kontinuität der Vergabe der Deskriptoren ist nicht gewährleistet, da die Person des Indexieres mit großer Wahrscheinlichkeit immer wieder wechselt und auch bei ein und derselben Person bei einer sehr großen Anzahl von Dokumenten nicht sichergestellt ist, daß immer die "richtigen" Deskriptoren vergeben werden (richtig soll bedeuten, Dokumenten mit gleichem Thema werden auch immer genau dieselben Deskriptoren zugeordnet)
- Organisatorische Schwierigkeiten der Eingliederung von Indexierern in eine Unternehmung. Das Indexieren ist einerseits keine Managementfunktion, aber auch die Zuordnung etwa zur Datenverarbeitungsabteilung ist eine problematische, da die Tätigkeit des Indexierens auch keine typische DV-Support-Tätigkeit ist. [3] Durch dieses "Schweben im organisatorisch gesehen luftleeren Raum" wächst die Wahrscheinlichkeit, daß die Vergabe der Deskriptoren nicht kontinuierlich vorgenommen wird.

2.2. Die automatische Indexierung

Die Methoden der automatischen Indexierung versuchen den Prozeß der Informationserschließung soweit zu automatisieren, daß die Funktion des Indexierers entbehrlich wird. In der Information-Retrieval Literatur werden unterschiedliche Verfahren zur automatischen Indexierung behandelt, von denen einige im folgenden überblicksmäßig vorgestellt werden.

2.2.1. Statistische Verfahren

Als Grundidee unterstellen die statistischen Verfahren, daß die Bedeutung der einzelnen Begriffe in einem Dokument eng mit der Häufigkeit ihres Auftretens zusammenhängt.

a.) Das Verfahren von LUHN

Dieses Modell besteht im wesentlichen aus drei Schritten.

1. Für jedes Dokument wird die relative Häufigkeit jedes einzelnen Begriffs ermittelt.

2. Man errechnet basierend auf den Ergebnissen aus Schritt 1 die Häufigkeit eines Begriffs in der gesamten Dokumentensammlung.

3. Schließlich werden alle Begriffe als mögliche Deskriptorkanditaten eliminiert, die öfter als ein oberer Schwellenwert MAX bzw. die seltener als ein unterer Schwellenwert MIN vorkommen. Die verbleibenden Wörter werden dann als Deskriptoren benutzt. Die Schwellenwerte MAX und MIN müssen in geeigneter Weise festgelegt werden.

b.) Die inverse Dokumenthäufigkeit (Modell von Sparck Jones) [4]

Sparck Jones nimmt an, daß die Bedeutsamkeit eines Begriffes k proportional zur Häufigkeit des Begriffes im Dokument i ist (analog zum Modell von Luhn), aber umgekehrt proportional zur Gesamtanzahl der Dokumente, in denen der Begriff k vorkommt . [5] Damit wird Nachteilen des Luhn'schen Verfahrens begegnet und das Modell dadurch modifiziert, indem der Schwerpunkt der Gewichtung auf die Begriffe gelegt wird, die in Summe relativ oft vorkommen, die aber gleichzeitig eine niedrige Dokumenthäufigkeit aufweisen. Damit ist die Abgrenzung und Unterscheidung der einzelnen Dokumente voneinander besser gewährleistet.

c.) Informationswert und Ballast

Ein ähnlicher Ansatz bezieht die Größen Informationswert und Ballast eines Begriffs in die Überlegungen mit ein. Der Informationsgehalt eines Begriffes ist umso größer, je seltener der Begriff im Dokument vorkommt. Anders formuliert kann der Informationsgehalt eines Begriffes auch als Maß der Unsicherheit betrachtet werden. Ein Begriff mit einem hohen Informationsgehalt, der als Deskriptor für ein Dokument ausgewählt wird, verringert die Unsicherheit über den Inhalt dieses Dokumentes. [6] Der Ballast erreicht sein Maximum, wenn ein Begriff in jedem Dokument gleich oft vorkommt, das heißt, wenn er als Deskriptor nicht dazu geeignet ist, die einzelnen Dokumente voneinander zu unterscheiden. Der Ballast ist hingegen 0, wenn ein Begriff nur genau in einem Dokument vorkommt. In allen anderen Fällen liegt der Wert zwischen 0 und 1. Je "gleichmäßiger" ein Begriff über alle Dokumente verteilt ist, umso geringer ist sein Informationswert.

Neben den rein statistischen Verfahren existieren in der Literatur auch probabilistische Methoden. Bei diesen Ansätzen wird die Wahrscheinlichkeitstheorie zur mathematischen Modellierung des Retrievalprozesses benutzt, wobei dazu die statistische Verteilung der Terme eines Dokuments verwendet wird. Die Relevanz wird als Zufallsgröße betrachtet. Im Mittelpunkt der probabilistischen Verfahren steht die Bestimmung der Relevanzwahrscheinlichkeit. Die Verfahren sind wesentlich komplexer als die beschriebenen Methoden zur statistischen Indexierung, sodaß hier nicht näher darauf eingegangen wird.

2.2.2. Linguistische Verfahren

Linguistische Ansätze versuchen, den regelhaften Charakter der gesprochenen Sprache in Form von Algorithmen auf Computersysteme abzubilden. Es werden die im Dokumentenbestand enthaltenen Sätze syntaktisch analysiert, um ihnen als Ergebnis Satzstrukturbeschreibungen zuzuordnen. Linguistische Verfahren bestehen meist aus drei aufeinander aufbauenden Schritten: [7]

1. Der morphologischen Analyse
2. Der syntaktischen Analyse
3. Der semantischen Analyse

Die morphologische Analyse findet auf der Wortebene statt und untersucht einzelne Wortformen und sinntragende Wortbestandteile. Dazu gehört auch die Ermittlung der Grund- bzw. der Stammform eines Begriffes, um so Unabhängigkeit von der aktuellen Erscheinungsform eines Wortes im Text zu erzielen. Analysen zeigen, daß die Wortlisten für das Deutsche um 38%, für das Englische um 22% kleiner werden, wenn man Grundformvokabularien anstelle von Textformvokabularien speichert. [8]

Die syntaktische Analyse eines Dokumentes setzt auf der Satzebene an und untersucht die einzelnen Komponenten eines Satzes. Hier werden beispielsweise Präpositionalphrasen wie Subjekt-Verb-Objekt-Phrasen, die die grammatikalische Struktur eines Satzes repräsentieren, erzeugt. Der Begriff Betriebsinformatikstudium sollte in die Deskriptoren Studium, Betriebsinformatik, Informatik zerlegt werden können. Die Phrase "das Manuskript wurde überarbeitet" sollte in ihrer normalisierten Form als "überarbeitetes Manuskript" erkannt werden.

Die semantische Analyse findet auf der Textebene statt und versucht, sinntragende Zusammenhänge im Dokument zu erkennen. Es wird kontextuelles Wissen verarbeitet, um einen Text in bedeutungsabhängige Einheiten zerlegen zu können. Ein möglicher Anwendungsfall ist z.B. die Einbeziehung semantischer Relationen des Fachvokabulars in den Indexierungsprozeß. [9] Der Deskriptor Rechner sollte auch für Großrechner, Mikrocomputer (Ober-/Unterbegriff), Speichermedium (Assoziation) und Prozessor (Teil-von) stehen.

3. Computer-unterstütztes Indexieren

Weder die rein manuellen Indexierungsverfahren noch die beschriebenen Methoden zur automatischen Indexierung bringen absolut befriedigende Resultate. Die Nachteile der manuellen Indexierung wurden bereits erläutert. Bei den automatischen Verfahren wird der Benutzer bzw. der Indexierer viel zu wenig in den Prozeß der Informationserschließung mit einbezogen, so daß die Methoden zwangsläufig sehr stark am Text selbst kleben, ohne diesen aber "verstehen" zu können. Daraus resultieren Deskriptoren, durch die etwa die einzelnen Dokumente voneinander nicht gut unterschieden werden können. Beim Computer-unterstützten Indexieren (Computer-assisted-Indexing) wird versucht, die manuelle und automatische Indexierung miteinander zu verbinden, und dadurch den Benutzer stärker in den Indexierungsprozeß miteinzubeziehen.

In den wenigen Literaturstellen, in denen das Computer-assisted-Indexing (CAI) behandelt wird, versteht man darunter eine Spielart der automatischen Indexierung mit folgendem Ablauf: [10]

- Text erfassen
- Automatisches Indexierungsverfahren verwenden
- Manuelle Nachbearbeitung durch einen erfahrenen Indexierer

Wir modifizieren dieses Schema und verstehen darunter ein eigenständiges Indexierungsverfahren mit folgendem Ablauf:

- Text erfassen
- Beliebiges Indexierungsverfahren verwenden
- EDV-unterstützte Nachbearbeitung unter Einbeziehung des Benutzers (CAI mit Relevanz-Feedback)

Computer-assisted-Indexing geht also davon aus, daß die Dokumente bereits einmal, mit welchem Verfahren auch immer, indexiert wurden. Zur Verbesserung der Repräsentation des Dokumentenraumes wird dann ein weiterer Schritt durchgeführt. Die Funktion des Indexierers ist in der modifizierten Form eine wesentlich stärker benutzerorientierte als dies in der klassischen Aufgabenstellung der Fall ist. Im Bürobereich selbst kann auf die Funktion eines ausschließlichen Indexierers auch verzichtet werden.

3.1. Relevanz-Feedback Verfahren

Relevanz-Feedback Verfahren verbessern durch Einbeziehung des Benutzers das Retrieval-Ergebnis entscheidend. Der Benutzer beurteilt die gefundenen Dokumente nach ihrer Relevanz und gibt diese Beurteilung an das IR-System zurück. Auf der Grundlage dieses Urteils kann die Suchanfrage, die Suchmethode oder aber die Darstellung der Dokumente geändert und damit ein computerunterstütztes Indexieren realisiert werden. Im folgenden wird dieses Modell überblicksmäßig für die Anwendung in einem Büro-Dokumenten-Retrieval-System beschrieben. Auf die detaillierte Darstellung des Algorithmus wird dabei verzichtet. [11]

Es wird davon ausgegangen, daß ein Dokumentenraum existiert, der bereits durch ein automatisches Indexierungsverfahren, wie es weiter oben beschrieben wurde, vorindexiert wurde. Alle Dokumente des Systems werden in diesem Dokumentenraum als eindimensionale Vektoren dargestellt:

$DOK_i = (TERM_{i1}, TERM_{i2}, ..., TERM_{in})$

wobei die $TERME_{ij}$ das Gewicht (0 oder 1) des j-ten Deskriptors im i-ten Dokument ausdrücken.

- Der Benutzer stellt eine Suchanfrage an das IR-System.
- Als Ergebnis dieser Suchanfrage des Benutzers liefert das System eine Menge von Dokumenten, die den Suchkriterien entsprechen.
- Der Benutzer beurteilt die gefundenen Dokumente nach ihrer Relevanz und gibt dieses Urteil an das IR-System zurück.
- Im Dokumentenraum werden die Vektoren der gefundenen Dokumente dem Benutzerurteil entsprechend geändert.
- Ausgehend von den als relevant beurteilten Dokumenten sucht das IR-System nach weiteren Dokumenten, deren Vektoren zumindestens teilweise mit den Vektoren der relevanten Dokumente übereinstimmen.
- Die neu gefundenen Dokumente werden wieder dem Benutzer zur Beurteilung vorgelegt.
- Der Dokumentenraum wird wieder modifiziert.

- Das Verfahren wird solange fortgesetzt, bis keine neuen Dokumente mehr gefunden werden bzw. bis der Benutzer die Suche beendet.

Durch den beschriebenen Ablauf kann ein Benutzer eines Büro-Dokumenten-Retrieval Systems im Rahmen einer Suche nach bestimmten Dokumenten den Dokumentenraum modifizieren und so eine Computer-unterstützte Neuindexierung durchführen. Die Funktion eines Indexierers ist dadurch nicht mehr notwendig. Folgende Eingliederung des IR-Systems in den organisatorischen Ablauf eines Unternehmens ist denkbar:

1. Alle Dokumente eines Unternehmens werden in einem Gesamtdokumentenraum vorindexiert und gespeichert.
2. Je Organisationseinheit wird ein zusätzlicher Dokumentenraum, der vorerst mit dem unternehmensweiten Gesamtdokumentenraum identisch ist, angelegt. Diese neuen Dokumentenräume werden in Folge als Teildokumentenräume bezeichnet.
3. Je Organisationseinheit hat ein Benutzer (Master-User) des Dokumenten-Retrieval Systems die Berechtigung, die Darstellung im zugeordneten Teildokumentenraum mittels CAI-Verfahren zu ändern.
4. Alle anderen Benutzer haben zwar die Möglichkeit, das CAI-Verfahren mit der Relevanz-Feedback Komponente zu verwenden, jedoch werden keine permanenten Änderungen im Teildokumentenraum durchgeführt. Die Änderungen werden nur virtuell für den Zeitraum des Retrievals vorgenommen.
5. Neu eintreffende Dokumente werden vorindexiert und sowohl dem Gesamtdokumentenraum als auch den einzelnen Teildokumentenräumen hinzugefügt.

Durch diesen organisatorischen Ablauf ergeben sich einige Vorteile gegenüber den manuellen und den rein automatischen Verfahren:

- Auf die Funktion eines Indexierers kann verzichtet werden, dadurch fallen auch die Probleme der organisatorischen Eingliederung weg, da die Benutzer der jeweiligen Organisationseinheit die Indexierung selbst durchführen. Auch Personalkosten werden gespart, da der Master-User neben seiner Tätigkeit als Indexierer auch andere Arbeiten verrichten kann.

- Die Kontinuität bei der Vergabe der Deskriptoren ist besser gewährleistet. Scheidet ein Master-User aus der Unternehmung bzw. aus der Organisationseinheit aus, rückt ein Benutzer derselben Organisationseinheit nach.

- Mit dem beschriebenen CAI-Verfahren ist durch die Einführung von Teildokumentenräumen und die mögliche Veränderung derselben sowohl eine Anpassung des Dokumentenraumes an die Benutzer als auch an die Sprachentwicklung gegeben.

4. Zusammenfassung und Ausblick

In der Literatur findet man fast nur die starre Einteilung in manuelle und automatische Verfahren, während Zwischenformen wie das beschriebene Computer-assisted-Indexing nur sehr selten behandelt werden.

Dieser Beitrag soll zeigen, daß IR-Systeme auch in einer Büroumgebung sinnvoll eingesetzt werden können. Es wird dazu ein Modell vorgestellt, mit dem Dokumente in Büro-Dokumenten-Retrievalsystemen anwenderorientiert inhaltlich erschlossen werden. Es ist möglich, das vorgestellte Verfahren so in den Organisationsablauf zu plazieren, daß die Funktion des Indexieres entbehrlich wird und die Informationserschließung von den Benutzern selbst durchgeführt wird. Die Benutzer sind es ja, die mit der Materie, die inhaltlich erschlossen werden soll, laufend konfrontiert werden und diese daher inhaltlich am besten beurteilen können.

Die weitere Forschung und Entwicklung im Bereich des (büroorientierten) Information-Retrievals sollte den Benutzer noch stärker als bisher in den Mittelpunkt des Indexierungs- und des Retrievalprozesses stellen.

Anmerkungen und Literatur

[1] Freiburg,D.: Ergonomie in Dokumenten-Retrievalsystemen, Berlin 1987, S.1.

[2] Vgl. Reimer,U.: Verfahren der automatischen Indexierung, In: Kuhlen,R.: Experimentelles und praktisches Information Retrieval, Konstanz 1992, S.171 ff.

[3] Vgl. Blair,D.C.: Language and Representation in Information Retrieval, New York 1990, S.42 f.

[4] Vgl. Sparck-Jones,K.: A statistical interpretation of term specificity and its application in retrieval, In: Journal of Documentation, 1972, S. 11-20.

[5] Vgl. Salton,G.: Information Retrieval - Grundlegendes für Informationswissenschaftler, Hamburg 1987, S.68 f.

[6] Vgl. Salton,G., (Information Retrieval), S.69 ff.

[7] Vgl. Salton,G., (Information Retrieval), S.275 f.

[8] Vgl. Schwarz,G./ Thurmair,C.: Informationslinguistische Texterschließung, Hildesheim 1986, S.18.

[9] Vgl. Kuhlen,R.: Informationslinguistik, Tübingen 1986, S.59.

[10] Vgl. Cleveland,D./ Cleveland,A.: Indexing and Abstracting, Englewood 1990, S.228 f.

[11] Vgl.Kaiser,A.: Computer-unterstütztes Indexieren in Intelligenten Information Retrieval Systemen. Ein Relevanz Feedback orientierter Ansatz zur Informationserschließung in unformatierten Datenbanken, Dissertation, Wien,1992.

Masseninformationssysteme: Erfahrungen mit Selbstbedienungsinformationsdiensten für EDV-Laien, dargestellt am Beispiel des WU-BTX-Systems

Hans Robert Hansen, Alexander Prosser

1. Begriffsklärung

Masseninformationssysteme sind rechnergestützte Informationssysteme zur on-line-Auskunftserteilung und -Abwicklung von Routineaufgaben in Selbstbedienung für eine große Zahl (mindestens 1.000) von räumlich verteilten, gelegentlichen Benutzern. Oft verwenden diese öffentliche Terminals. Typische Benutzer sind Passanten, Ausstellungsbesucher, Zuschauer bei Großsportereignissen (Olympische Spiele, Weltmeisterschaften), Reisende auf Flughäfen und Bahnhöfen, Teleshopping- und Telebanking-Teilnehmer, Kunden von Informationsdiensten (Datenbankdienste, Videotex-Dienste) oder Benutzer von Geldausgabeautomaten.

2. Problemstellung

Die Wirtschaftsuniversität Wien (WU) verfügt über zehnjährige Erfahrungen mit einem Masseninformationssystem, auf das mehr als 20.000 Benutzer hauptsächlich über Bildschirmtext (BTX) zugreifen. Über dieses *WU-BTX-System,* das wohl zu den weltweit größten BTX-Inhouse-Systemen zählt, wurden schon zahlreiche Beiträge veröffentlicht, die den Geldgebern und der Scientific Community zeigen sollten, welche Forschungs- und Entwicklungserfolge von den Mitarbeitern der Abteilung für Wirtschaftsinformatik der WU damit erzielt worden sind. Welche Irrwege die Systementwickler dabei gegangen sind, warum aus dem System letztendlich etwas völlig anderes geworden ist als ursprünglich beabsichtigt und wie es mit der Akzeptanz wirklich ausschaut, darüber wurde hingegen bisher nicht berichtet. Solche Erfahrungen stehen jedoch in dem vorliegenden Beitrag im Vordergrund: *Wir wollen zeigen, welche Lehren aus unseren, oftmals auch negativen Erfahrungen für die Entwicklung ähnlicher Masseninformationssysteme zu ziehen sind.*

Im Zuge der allgemeinen Euphorie bezüglich BTX beschäftigte sich die Abteilung für Wirtschaftsinformatik der WU schon zu Beginn der 80er Jahre mit diesem neuen Telekommunikationsmedium. Angesichts der horrend übertriebenen Prognosen der deutschen und österreichischen Post sowie von Diebold über die voraussichtliche Millionenzahl vorwiegend privater BTX-Benutzer, wurden darin vor allem zwei attraktive Anwendungsmöglichkeiten für eine Universität gesehen:

1. Information der Außenwelt über Dienste und Leistungen in Forschung, Lehre und Beratung,
2. Angebot von Fernstudienkursen, Telesoftware und Rechenzentrumsdienstleistungen.

Seit 1982 ist die WU im öffentlichen BTX-System der österreichischen Post als Informationsanbieter vertreten (Leitseite *3240#), seit 1984 besteht ein externer Rechneranschluß (Siemens-BS2000-Zentralrechner der WU). Im Rahmen des vom Wissenschaftsministerium und von Siemens finanzierten Dreijahres-Projekts BUSSI ("Bildschirmtext-Unterstützung des Selbststudiums in Informatik") sowie in weiterhin überwiegend extern geförderten BTX-Folgeprojekten befaßten sich drei bis vier Mitarbeiter insgesamt sieben Jahre lang mit Forschungs- und Entwicklungsarbeiten im Zusammenhang mit BTX. Unzählige Seminargruppen und Diplomanden wurden von ihnen angeleitet und in die Systementwicklung einbezogen. Weit über zehntausend BTX-Textseiten wurden editiert, Hunderte von wunderschönen Grafiken gezeichnet, eine Unzahl von kleineren und größeren Dialogprogrammen für den BTX-Host und BTX-PCs ("Mupids") implementiert, mehrere zeitaufwendige Systemumstellungen (auf den CEPT-Standard, auf das Datenbankverwaltungssystem UDS) wurden realisiert.

Was von all dem - außer dem Lernerfolg für die Studierenden und dem Erfahrungsgewinn der Universitätslehrer - letztendlich geblieben ist und 1989 an die zentrale BTX-Servicestelle der WU-Verwaltung zum laufenden Betrieb und zur Wartung übergeben worden ist, ist ein WU-BTX-System, in dem höchstens zehn Prozent der langjährigen Entwicklungsergebnisse tatsächlich verwendet werden. Heute umfaßt das WU-BTX-System noch etwa 1.700 eher selten genutzte BTX-Seiten mit Informations- und Serviceangeboten aller Universitätseinrichtungen sowie ein Lehrveranstaltungsadministrationssystem zur Platzbuchung für Übungen, Seminare und Prüfungen in Selbstbedienung. Nur dieser "Rest eines siebenjährigen Prototyping" wird von den über 20.000 Benutzern intensiv genutzt. Die allein damit erreichten Rationalisierungsvorteile für die Institute und die Studierenden sind allerdings so enorm hoch, daß dieses System aus dem laufenden Betrieb der WU nicht mehr wegzudenken ist.

3. Nutzeffekte von Masseninformationssystemen

Grundsätzlich sollten nur solche Funktionen in Masseninformationssystemen implementiert werden, die sowohl den Informationsanbietern als auch den meisten Benutzern beträchtliche Rationalisierungsvorteile (Zeit- und Kosteneinsparungen, landesweiter Service rund um die Uhr) bringen. Ein für alle Beteiligten attraktives Einsatzgebiet ist die on-line-Platzbuchung in Selbstbedienung.

Pro Semester werden derzeit ca. 1.400 Lehrveranstaltungen durch das WU-BTX-System verwaltet. 90 % der etwa 55.000 Anmeldungen zu Übungen, Proseminaren, Seminaren und Prüfungen erfolgen über 27 in den WU-Gebäuden aufgestellte öffentliche BTX-Terminals, der Rest kommt von außen. Die durchschnittliche Dauer eines internen Anmeldevorgangs beträgt 1,45 Minuten (= Verweildauer im Anmeldeprogramm).

Was bedeutet das für die einzelne Universitätseinrichtung? Viermal pro Jahr bietet das Institut für Informationsverarbeitung und Informationswirtschaft ein schriftliches Pflichtkolloquium an, in dem das Wissen der EDV-Einführungsvorlesung als Eingangsvoraussetzung für die anschließenden PC-Praktika abgeprüft wird. Für die in Form eines Multiple-Choice-Tests am 30. September 1992 durchgeführte Prüfung hatten sich etwa 1.500 Studierende über BTX angemeldet. Für die berechtigten Teilnehmer (systemseitig wird die Immatrikulation überprüft) wurden auf der Basis einer - nicht in das WU-BTX-System integrierten - Prüfungsfragendatenbank zwei verschiedene Klausuren zusammengestellt, deren ca. 30 Fragen in zehn unterschiedlichen Sortierungen samt maschinell lesbarem Antwortbeleg für die angemeldeten Teilnehmer ausgedruckt wurden. Unmittelbar nach der Prüfung erfolgte die maschinelle Prüfungsauswertung, die Übertragung der Ergebnisse in das WU-BTX-System und die Zuteilung der erfolgreichen Teilnehmer auf die 35 im Wintersemester 1992/93 angebotenen PC-Praktika: Eine relativ komplizierte Prozedur, weil einerseits die bei der Lehrveranstaltungsanmeldung von den Studierenden angegebenen (bis zu vier) Präferenzen und andererseits auch - bei Wartelisten mit Priorität - Studierende zu berücksichtigen sind, die ihre Teilnahmeberechtigung in früheren Semestern erworben haben. Zwei Tage später und damit gerade rechtzeitig zu Semesterbeginn wurden - wiederum über BTX und am Schwarzen Brett - die Prüfungsergebnisse und die Lehrveranstaltungszuteilung verlautbart. Obwohl bei der maschinellen Zuteilung in 90 % der Fälle die erste oder zweite Präferenz der Studierenden berücksichtigt werden konnte, setzte - wie üblich - sofort ein intensiver Platztausch bei den berechtigten Teilnehmern ein.

Allen Lehrveranstaltungsleitern stehen seitens des WU-BTX-Systems auf Abruf Teilnehmerlisten bzw. -dateien zur Verfügung, die sie als Basis für die laufende PC-gestützte Lehrveranstaltungsadministration benützen können. Nach Lehrveranstaltungsabschluß geben sie über ihre Arbeitsplatzrechner die Noten an das WU-BTX-System weiter, die damit über BTX von den Studierenden abrufbar sind. Der Paßwortschutz verhindert dabei Mißbrauch - zum Beispiel, daß bei "vollen" Lehrveranstaltungen ein an der Teilnahme Interessierter einfach Dritte abmeldet. Natürlich lassen sich auch nur mit den Matrikelnummern versehene Notenlisten für das Schwarze Brett und die konventionelle Ablage ausdrucken.

Aus diesem Beispiel wird deutlich, welche enorme Entlastung dieses Lehrveranstaltungsadministrationssystem den einzelnen Universitätseinrichtungen bietet. So wundert es nicht, daß heute alle Institute mit großen Studentenzahlen hiervon Gebrauch machen. Wo dies in der Vergangenheit länger überlegt worden ist, hat das Drängen der Studierenden zur Akzeptanz beigetragen. Sich schon am Vorabend des Anmeldebeginns bildende Warteschlangen vor Institutstüren und das Anmeldechaos in Sekretariaten gehören damit der Vergangenheit an.

Bei einer Repräsentativbefragung der Studierenden mittels eines anonymen standardisierten Fragebogens in den Lehrveranstaltungen im Sommersemester 1992 (1.029 Antworten) haben nur 3,9 % der Antwortenden angegeben, das WU-BTX-System im letzten Semester (WS 1991/92) nicht benutzt zu haben. 27,1 % der Antwortenden hatten das System im Wintersemester 1991/92 zehn- bis zwanzigmal benutzt, 33,8 % sechs- bis zehnmal und 29,9 % zwei- bis fünfmal. Die Lehrveranstaltungs- und Prüfungsanmeldung war dabei die mit Abstand am häufigsten frequentierte Anwendung: 87,7 % der Benutzer verwenden diese oft, weitere 11,9 % gelegentlich. Die BTX-Anmeldeauskunft konsultieren 23,4 % oft und 45,7 % gelegentlich. Die BTX-Notenauskunft wird von 22,4 % oft und von 58,8 % gelegentlich in Anspruch genommen.

4. Gefahr von Kommunikationsstörungen

Es sollte die Gefahr gesehen, aber nicht überbewertet werden, daß durch die rechnergestützte Abwicklung von Routinevorgängen in Selbstbedienung Beziehungen entpersönlicht und die Kommunikationsintensität und -qualität beeinträchtigt werden. Mit Kundenverlusten ist deshalb kaum zu rechnen.

Bei der oben erwähnten Repräsentativbefragung waren viele der 1.029 Antwortenden der Meinung, daß durch das WU-BTX-System die Kommunikation Student - Institut gestört wird (volle Zustimmung: 11,2 %, teilweise: 47,6 %, kein: 39,2 %). Eine weitaus größere Zahl stimmte jedoch der Aussage "BTX stellt für mich ein Rationalisierungsinstrument dar" voll (57,4 %) oder teilweise (37,0 %) zu. Ein noch höherer Prozentsatz akzeptiert das WU-BTX-System als notwendiges Rationalisierungsinstrument der Universitätsverwaltung (64,2 % voll, 29,7 % teilweise, 4,0 % nicht).

Auf die Frage "Welche der folgenden Anmeldeformen für Lehrveranstaltungen würdest Du am liebsten, am zweitliebsten ... usw. wählen?" haben bei dieser Repräsentativerhebung 63,5 % der 1.029 Antwortenden die Anmeldung über BTX an erster Stelle genannt. Für 17, 6 % ist dies die zweitbeliebteste Anmeldeform unter den fünf möglichen. Nur für 2,6 % der Studierenden stellt das WU-BTX-System die unbeliebteste Anmeldeform dar. An zweiter Stelle der Beliebtheitsskala rangiert die Anmeldung in der Lehrveranstaltung selbst (25,4 % am liebsten, 33,8 % am zweitliebsten). Etwa gleichrangig an dritter Stelle werden die Eintragung in vor dem Institut aufgehängte Listen (5,2 % am liebsten, 25,1 % am zweitliebsten) und die Anmeldung im Institut (5,5 % am liebsten, 17,2 % am zweitliebsten) genannt. Für 19,9 % der Antwortenden ist die Anmeldung im Institutssekretariat sogar die "letzte" Anmeldeform. Übertroffen bezüglich der Unbeliebtheit wird diese Form nur noch von der Anmeldung in der BW-VW-Servicestelle, einer zentralen Gemeinschaftseinrichtung der betriebswirtschaftlichen und volkswirtschaftlichen Institute (0,6 % am liebsten, 6,3 % am zweitliebsten, ..., 39,4 % am fünftliebsten).

5. Anpassung an die individuellen Benutzerbedürfnisse

Es sollten nur solche Auskünfte in einem Masseninformationssystem angeboten werden, die durch eine möglichst frühzeitige Erhebung und Konzentration auf die individuellen Informationsbedürfnisse der meisten Benutzer abgestimmt worden sind. Durch laufende Beobachtung und statistische Auswertung des Benutzerverhaltens sollte das Angebot für die selbständige Informationsabfrage schrittweise angepaßt, d.h. bereinigt, ausgeweitet oder geändert werden. Normalerweise gilt dabei: Weniger ist mehr!

Systementwickler haben oft falsche Vorstellungen darüber, was die Benutzer tatsächlich wollen. Bei der Entwicklung von Masseninformationssystemen ist es besonders schwierig herauszufinden, wer die Benutzer sein werden, welche Einstellungen und Interessen diese haben und wie sie sich verhalten werden. Übliche Erhebungsmethoden, vor allem Interviews, scheitern an der großen Zahl der zu Befragenden oder liefern keine repräsentativen bzw. nur oberflächliche Ergebnisse. Partizipative Systementwicklung unter Einbeziehung von Benutzern - wie an der WU mit Seminarteilnehmern und Diplomanden exerziert - leitet leicht in die Irre, weil die Benutzer rasch von den Einstellungen der Systementwickler infiziert werden. Und diese meinen, was in ihren Augen für die Benutzer nützlich sein müßte, wird von diesen auch tatsächlich benutzt werden. Und dabei vergessen sie, daß es auch alternative Informationsquellen gibt und daß viele Benutzer schlicht uninteressiert, überlastet oder zu faul sind. Wenn sich beim Systembetrieb dann herausstellt, daß nur ein kleiner Teil des Informationsangebots wirklich intensiv genutzt wird, so fällt es den Systementwicklern oft schwer, sich dies einzugestehen und daraus die notwendigen Konsequenzen zu ziehen. Die fehlende Akzeptanz wird dann leicht auf die mangelnde Aufklärung der Benutzer, auf die umständliche Handhabung des Systems, auf zu lange Antwortzeiten o.ä. zurückgeführt - gerade bei BTX beliebte Erklärungen! Man hofft, durch Behebung dieser Unzulänglichkeiten in absehbarer Zeit die Nutzungsintensität auf das erwartete Niveau zu heben - in den meisten Fällen bleibt dies jedoch eine Illusion.

Eines der Hauptargumente für die Einführung von BTX an der WU war die Möglichkeit, den Studenten ein Instrument zur selbständigen Abfrage von Information über Institute, deren Mitarbeiter, Lehrangebot, Diplomarbeitsthemen, Bibliothek usw. zu bieten und damit die Institutssekretariate von zeitraubenden Routineanfragen zu entlasten. Auch den Studenten sollte dieser Service Nutzen bringen, denn es wurde ihnen nun zeit- und ortsunabhängig die Abfrage von Information ermöglicht, für die sie sonst während der Öffnungszeiten das entsprechende Institut hätten aufsuchen müssen.

In den ersten Jahren wurden die Informationsangebote der einzelnen Universitätseinrichtungen "ungezügelt" von Seminargruppen im Einvernehmen mit den jeweiligen Mitarbeitern erhoben, mit Mupids editiert und in das WU-BTX-System eingespielt. Das Ergebnis war ein kreativ-chaotischer "Informationsfriedhof", in dem alles und jedes "begraben" wurde, was jemals auf Papier existierte oder was in den Köpfen der Institutsmitarbeiter als möglicherweise nützlich herumgeisterte. Bis zu 600 BTX-Seiten pro Universitätseinrichtung wurden in den Suchbaum eingebunden, darunter 20seitige Formvorschriften für die Anfertigung von Diplomarbeiten, Restaurantführer, Schriftenverzeichnisse, Forschungsprojektberichte, Lagepläne, Musterklausuren u.ä.m.

Als sich eine minimale Nutzung dieser Datenbestände herauskristallisierte, wurde dies von den Instituten und den Systementwicklern darauf zurückgeführt, daß

- erst relativ wenige Institute und sonstige Universitätseinrichtungen (EDV-Zentrum, Bibliothek, Universitätsdirektion, Hochschülerschaft, AIESEC usw.) als Informationsanbieter in das WU-BTX-System integriert waren,
- gewünschte Information entweder nicht oder nur höchst umständlich und langwierig aufzufinden war,
- das zunehmend schlechte Image des BTX-Postdienstes, die Instabilität aufgrund häufiger Systemumstellungen und mangelndes Wissen der potentiellen Benutzer über das Informationsangebot die Akzeptanz verhindere.

Alle diese Probleme sind seit Jahren behoben. Sämtliche Universitätseinrichtungen sind integriert. Sie bieten nach einheitlichen Gestaltungsrichtlinien im Rahmen eines Standardsuchbaums nur noch relativ wenig Kerninformation an. Die Systemverfügbarkeit liegt im 24-Stunden-Betrieb über 99 %. Die Antwortzeiten sind durch höhere Übertragungsgeschwindigkeiten und ein leistungsfähiges Datenbankverwaltungssystem im Haus weitaus besser als im öffentlichen BTX-System. Das WU-BTX-System ist den Studenten vertraut, sie wissen um die Unabhängigkeit vom öffentlichen Post-BTX-Dienst. Und trotzdem ist die Benutzungsfrequenz des allgemeinen Informationsangebots der Institute und sonstigen Universitätseinrichtungen minimal.

Bei der Repräsentativbefragung im Sommersemester 1992 haben nur 1,3 % der 1.029 Antwortenden angegeben, daß sie oft gezielt nach Information im Institutsangebot suchen, 13,2 % tun das gelegentlich, 75,3 % hingegen nie. Sogar noch etwas geringere Akzeptanzraten ergaben sich bei der Frage nach dem "Durchblättern des Institutsangebots": 1 % tun das oft, 12,1 % gelegentlich und 76,9 % nie. Und dies, obwohl zwei Drittel der Antwortenden die "umfassende Information" als sehr wichtige (22,9 %) oder als wichtige Anforderung (39,0 %) bezeichnen, der das WU-BTX-System auch einigermaßen entspricht (sehr gut und gut: 47,3 %, weniger gut: 39,7 %, schlecht: 5,8 %). Offensichtlich gehen die Benutzer bei ihrer Einschätzung irrtümlicherweise davon aus, daß andere Studierende ein höheres Informationsinteresse haben als sie selbst!

Wie oben erwähnt machen hingegen fast alle Studierenden von der Anmeldeauskunft und von der Notenauskunft regen Gebrauch, die ihnen spezifische, individuelle Information bieten.

Die ursprüngliche Hoffnung, über den externen Rechneranschluß das WU-BTX-Informationsangebot landesweit bzw. international interessierten Dritten zugänglich zu machen und damit einen Beitrag zur Öffentlichkeitsarbeit zu leisten, hat sich infolge der geringen Zahl der "BTX-Unentwegten" im Postdienst längst zerschlagen. In der Post-BTX-Zentrale harren noch heute z.B. interessante Teleprogramme der WU und ein attraktives Unternehmensplanspiel (WU-POLY) auf potentielle Interessenten. Ebenfalls nur selten verirrt sich einmal ein externer Besucher der WU-Gebäude an eines der überall aufgestellten öffentlichen BTX-Terminals - meist nur, um sich die Wartezeit auf einen Termin abzukürzen. Weiß der Besucher zum Beispiel nicht, wo sich ein bestimmtes Institut befindet, so fragt er bestimmt eher einen Pförtner oder herumstehende Studenten, als die Antwort im WU-BTX-System zu vermuten und den dortigen Lageplan zu studieren.

Ein Masseninformationssystem sollte also auf keinen Fall für eine nicht näher bestimmte "Öffentlichkeit", sondern stets für eine konkrete, klar definierte Zielgruppe geplant werden. Bestimmungsfaktoren des Informationsangebots sind die Größe, die Homogenität, die Bindung, die Benutzungsfrequenz, die Benutzungsorte und das Wachstum der Zielgruppe.

6. Zuverlässigkeit und Aktualität durch automatische Wartung

Bei der erwähnten Repräsentativerhebung wurde an die Studierenden die Frage gestellt, wie wichtig für sie bestimmte Anforderungen an das WU-BTX-System sind.

Überragende Bedeutung haben danach die Zuverlässigkeit (sehr wichtig: 78,9 %) und die Aktualität der Information (sehr wichtig: 77,9 %). Auf kurze und prägnante Information und ein überschaubares Angebot kommt es den Antwortenden zwar auch, aber schon deutlich weniger an (sehr wichtig: 48,8 % und 40,7 %). Die umfassende Information ist - wie oben schon einmal erwähnt - hingegen nur für 22,9 % der Befragten sehr wichtig.

Die Realisierung dieser Anforderungen im WU-BTX-System wird von der großen Mehrheit (ca. 80 %) der Antwortenden gut oder befriedigend beurteilt, wobei sich die Zufriedenheitswerte bei den einzelnen Anforderungen nicht wesentlich unterscheiden.

Jedes Institut hat einen Teil des WU-BTX-Systems zur Verfügung und kann autonom entscheiden, welche Information darin angeboten wird. Für die Präsentation dieser Information gibt es rein technisch folgende Möglichkeiten:

- fixe BTX-Seiten, die jedesmal neu eingespeichert werden müssen, wenn sich der Text darauf ändert sowie
- Dialogprogramme, mit denen die Studenten Information, die in Form formatierter Daten in einer Datenbank vorliegt, abfragen können.

Wir haben bereits über die oftmals beobachtete Tendenz berichtet, bei der Ersterstellung alles Erdenkliche in das Informationsangebot hineinzupacken. Bei dieser Informationsschwemme wird kaum bedacht, daß ein Großteil der Information veraltet und gewartet werden muß. In den Folgesemestern war dann bei den verantwortungsbewußten Informationsanbietern stets die Tendenz festzustellen, das Informationsangebot "abzuspecken". Bei weniger verantwortungsbewußten Anbietern fanden sich hingegen bald am "Schwarzen Brett" des BTX-Systems Vortragsankündigungen aus vergangenen Jahren, oder es wurden Mitarbeiter geführt, die schon längst ausgeschieden waren. Was das für die Akzeptanz des gesamten Systems bedeutet, ist leicht auszumalen.

Die Erstellung, vor allem aber die Wartung fixer Seiten kann also rasch zu einem beträchtlichen Problem werden. Die Zeiten, in denen BTX-Seiten am Mupid in einem eigenen, nicht gerade benutzergerechten Editor mittels kryptischer Befehle erstellt und gewartet werden mußten, sind zwar vorbei; heute gibt es recht komfortable PC-Programme, mit denen BTX-Seiten vom Externen Rechner auf den PC in einen textverarbeitungsähnlichen Farbeditor geladen, dort verändert und wieder in den Externen Rechner eingespeichert werden können. Trotzdem aber ist die Aktualisierung hunderter oder gar tausender BTX-Seiten ein mühsames Unterfangen.

Der Wartungsvorgang kann bei BTX-Seiten so beschrieben werden:

a) Überspielen von Seiten vom Externen Rechner auf PC;
b) Festlegung der inhaltlichen Änderungen (eventuell auf einem Papierausdruck);
c) Durchführen dieser Änderungen in den Seiten am PC;
d) evtl. Änderung des Menübaumes (der Struktur des BTX-Seitenangebots);
e) Rückspeichern der geänderten Seiten.

Die Verantwortlichkeit für die Punkte a), d) und e) sollte bei den zentralen BTX-Systembetreuern liegen, da diese Vorgänge spezifisches, technisches Verständnis erfordern. b) und c) jedoch stehen zur Disposition. Es stellt sich die Frage nach der inhaltlichen und der technischen Wartungsverantwortung, und ob diese zentral (d.h. durch die Systembetreuer) oder dezentral (d.h. durch den, den die Information eigentlich betrifft, z.B. ein Institut der WU) erfolgen soll. Folgende Varianten sind möglich und wurden auch an der WU erprobt:

b) und c) zentral: Diese Variante sollte nur in Ausnahmefällen angewandt werden. Es ist z.B. kaum vorstellbar, daß die BTX-Systembetreuer an der WU darüber entscheiden, welches BTX-Angebot ein bestimmtes Institut anbieten soll. Dies hängt aber von der internen Organisationstruktur ab; ist eine Organisation eher zentralistisch strukturiert, so kann auch eine zentrale Stelle über den Inhalt des BTX-Angebots entscheiden.

b) und c) dezentral: im Wintersemester 1989/90 wurde ein Versuch gestartet, sowohl die technische Überarbeitung der BTX-Seiten als auch die Festlegung der Inhalte dezentral (also in den einzelnen Instituten) durchführen zu lassen. In den Instituten wurde ein PC-Paket zur Wartung von BTX-Seiten installiert; die Institutssekretariate erhielten auf Wunsch die BTX-Seiten ihres Instituts auf Diskette und konnten diese mit dem genannten Paket überarbeiten. Dieser Versuch wurde nach einem Semester als gescheitert abgebrochen. Kaum ein Institut interessierte sich wirklich für diese Möglichkeit. Das PC-Paket wurde trotz seiner im Vergleich zum Mupid höchst einfachen Handhabung als zu kompliziert abgelehnt. Offensichtlich war die Motivation für die Wartung dieser starren BTX-Seiten eher gering, was umgekehrt auf ihren (im Vergleich zu den Dialogprogrammen) beschränkten Rationalisierungseffekt schließen läßt.

b) dezentral und c) zentral: Dies ist die seit dem Sommersemester 1990 bis heute praktizierte Wartungsvariante. Die Institute erhalten einen Ausdruck ihrer Informationsseiten auf Papier und tragen dort ihre Änderungen ein; dieser Ausdruck wird an die Systembetreiber geschickt, die dann das Update der Seiten vornehmen. Der Aufwand für die Institute ist also minimal, trotzdem ist die Umschlagshäufigkeit der Seiten bemerkenswerterweise kaum gestiegen - wohl ein Indiz, welch niedrigen Rationalisierungswert die Institute den fixen Informationsseiten zumessen! Durch die geringe Wartungsfrequenz der fixen BTX-Seiten sinkt naturgemäß auch deren Informationsgehalt, und sie werden, wie Untersuchungen zeigen, auch wesentlich seltener aufgerufen als Dialogprogramme.

Eine wichtige Erkenntnis daraus war, daß langfristig nur Information gewartet wird, durch die sich der Anbieter wirklichen Rationalisierungsgewinn verspricht: Genauer gesagt, einen Rationalisierungsgewinn, der als höher empfunden wird als der Aufwand zur Wartung des Angebots.

Ins WU-BTX-System eingebundene Programme - sei es nun zur reinen Information oder zum Dialog mit dem Benutzer - haben diese Probleme in viel geringerem Ausmaß; vor allem wenn die angezeigte Information für andere Zwecke ohnedies erfaßt werden muß. Den Studenten stehen z.B. als Informationsprogramme über das WU-BTX-System die erwähnte Anmeldeauskunft, die Notenauskunft und ein Mitarbeiterinformationssystem zur Verfügung, in dem auch freie Diplomarbeits- und Dissertationsthemen sowie die Lehrveranstaltungen und Tätigkeitsschwerpunkte der Mitarbeiter angezeigt werden.

Diese Programme entnehmen ihre Angaben einer Datenbank, die stets aktuelle Information bietet. Wichtig dabei ist, nicht etwa eine eigene "BTX-Datenbank" aufzubauen, aus der die über BTX angebotenen Programme versorgt werden, sondern die BTX-Programme direkt aus den Datenbanken zu versorgen, in denen die angezeigten Daten auch tatsächlich gewartet werden. Sonst ergeben sich unnötige Filetransfers von/zur Echtdatenbank, die zu mangelnder Aktualität des BTX-Bestandes und zu Inkonsistenzen führen.

An der WU arbeiten die BTX-Programme, mit denen sich die Studenten zu Lehrveranstaltungen an- und abmelden usw., mit derselben Datenbank, mit der auch die Institute der WU ihre Lehrveranstaltungsverwaltung abwickeln. Dies garantiert eine automatische Aktualisierung: wenn z.B. ein Professor einen Studenten benotet, so ist dieses Ergebnis vom Studenten von diesem Augenblick an über BTX abrufbar, Gedanken über die Wartung der BTX-Information muß man sich keine mehr machen.

Programme bieten außer der höheren Aktualität auch andere Vorteile:

- Bei starren Seiten ist eine Strukturierung über den Menübaum notwendig. Der Benutzer muß sich also unter Umständen durch mehrere Ebenen von Menüseiten "durchhanteln" bis er zur gewünschten Information gelangt. Programme ermöglichen flexiblere Suchmöglichkeiten (Suche nach mehreren Kriterien, Suche nach Stichwort u.ä.).

- Programme können vom Systembetreiber für zusätzliche Funktionen verwendet werden, die mit einem Menübaum aus starren BTX-Seiten nicht möglich sind: z.B. die Häufigkeit des Aufrufs bestimmter Information zu ermitteln, vor allem aber der Paßwortschutz sensibler Daten.

- Programme bieten bzw. erzwingen eine standardisierte Darstellung und Strukturierung der selben Daten bei den verschiedenen Informationsanbietern, der Benutzer muß sich also nicht bei jedem Institut von neuem auf die Suche nach einer bestimmten Information machen.

Starre Seiten sollten daher nur für wirklich fixe Inhalte verwendet werden, alles andere sollte in Form von in das Informationssystem eingebundenen Programmen vermittelt werden. In diesem Fall dient BTX dann nur noch als Trägermedium für konventionelle Programme. Grundsätzlich gelten die vorstehenden Ausführungen für jedes Masseninformationssystem, egal welches Übertragungs- und Präsentationssystem dabei verwendet wird.

7. Benutzeroberfläche, Datenschutz und Datensicherheit

Zur Benutzerführung sollten bei Masseninformationssystemen schnelle "Standardwege" durch die Dialogprogramme geschaffen werden, die relativ wenige Erklärungen beinhalten, aber deutlich erkennbare Verzweigungsmöglichkeiten für die unerfahrenen Benutzer bieten. Einheitliche Oberflächen für alle Programme sind unabdingbar.

Die schnelle Bedienbarkeit von Programmen wird von 70,7 % der Antwortenden der Repräsentativbefragung im Sommersemester 1992 als "sehr wichtig" empfunden, weitere 23,3 % bezeichnen diese als "wichtig". Umfassende Benutzerhinweise sind hingegen nur für 35,8 % sehr wichtig - in etwa die Zahl jener Antwortenden, die im Studienjahr 1991/92 ihr Studium aufgenommen haben.

Beim Abruf persönlicher Daten und bei allen geschäftlichen Transaktionen (z.B. Platzbuchung, Bestellung) müssen sich die Benutzer identifizieren; anonyme Dialogfunktionen sind kaum praktikabel, da sie zum Mißbrauch einladen. Die Paßworte sollten von den Benutzern selbst vergeben werden. Die Benutzeridentifikation sollte bei Platzbuchungen - soweit möglich - im Programmablauf als letzte Interaktion gefordert werden. Mit der Überprüfung dieser ID erfolgt streng gekapselt in einem Verarbeitungsschritt die eigentliche Buchung im Datenbestand. Grund hierfür ist, daß das Informationssystem "öffentlich" ist; d.h., wenn der Benutzer das öffentliche Terminal verläßt, ist der nächste Benutzer in der Applikation genau dort, wo sie der eben gegangene Benutzer verlassen hat.

Um Dateninkonsistenzen zu vermeiden, müssen die Kataloge bzw. sonstige Informationsquellen, die die Benutzer als Basis für geschäftliche Transaktionen in Masseninformationssystemen verwenden, unbedingt inhaltlich mit den verwendeten Daten übereinstimmen.

Das wurde auch bei der erwähnten Repräsentativbefragung bezüglich des WU-BTX-Systems deutlich. Für 83,6 % der 1.029 Antwortenden war die "Übereinstimmung mit dem Vorlesungsverzeichnis "sehr wichtig" und für weitere 12,1 % "wichtig". Solche Spitzenwerte wurden von keiner anderen Anforderung an das Lehrveranstaltungsanmeldeprogramm auch nur annähernd erreicht.

Wann immer der Benutzer konkrete Transaktionen mit einem solchen Informationssystem vornimmt, kann es zu Fehlern oder Mißverständnissen kommen. Typisch ist das "Ich-bin-nicht-auf-der-Liste"-Problem: Ein Student glaubt, er habe sich über BTX korrekt zu einer Lehrveranstaltung angemeldet, findet sich aber auf der am Institut angeschlagenen Teilnehmerliste nicht wieder.

Um für solche Fälle gerüstet zu sein, sollte unbedingt eine Benutzerprotokolldatei bei allen Transaktionen mitgeführt werden. Wenn den Benutzerbetreuern außerdem ein komfortables Programm zur Auswertung dieser Protokolldatei zur

Verfügung gestellt wird, bereiten derartige Reklamationen nur geringe Probleme - vorausgesetzt, das System funktioniert fehlerfrei und die Reklamation des Benutzers ist tatsächlich unbegründet.

Das WU-BTX-System hatte in dieser Hinsicht nie Probleme, und das Wissen um das Mitführen einer Protokolldatei seitens der Benutzer hält "spekulative" Reklamationen (von Studenten, die z.B. die Anmeldefrist versäumt haben) in engsten Grenzen. Die Tatsache, daß bei einem System mitprotokolliert wird, sollte durchaus den Benutzern mitgeteilt werden, da dies das Vertrauen der Benutzer in das System hebt.

8. Zusammenfassung

Aus den zehnjährigen Erfahrungen mit dem WU-BTX-System haben wir Grundsätze für die Entwicklung von Masseninformationssystemen abgeleitet. Die wichtigsten lauten in Stichworten:

1. Nur Nutzeffekte zählen!
2. Maschinelle Kommunikation ist besser als gar keine!
3. Adaptive Anpassung an die individuellen Bedürfnisse!
4. Konzentration auf eine bestimmte Zielgruppe!
5. Zuverlässigkeit und Aktualität durch automatische Wartung!
6. Schnelle Bedienbarkeit und einheitliche Oberflächen!
7. Datenschutz durch selbstverwaltete Paßworte und spätestmögliche Benutzeridentifikation!
8. Datensicherheit durch aktuelle Kataloge und Protokolldateien!

Literaturhinweise

[1] Bouwman, H./Christoffersen, M. (Hrsg.): Relaunching Videotex, Dordrecht/Boston/London 1992.

[2] Göpfrich, H.R./Hansen, H.R./Hasenzagl, K./Schindlauer, J.: Bildschirmtext als Dienstleistungs- und Rationalisierungsinstrument an der Wirtschaftsuniversität Wien - Abschlußbericht zum Projekt "Entwicklung des WU-BTX-Systems", Arbeitsbericht Nr. 7 zum Tätigkeitsfeld Informationsverarbeitung und Informationswirtschaft der Wirtschaftsuniversität Wien, Wien 1990. Auf den Seiten 22 - 34 dieses Arbeitsberichts sind die wichtigsten Veröffentlichungen über das WU-BTX-System aufgelistet.

[3] Gould, J.D./ Boies, St.J./Levy, St./Richards, J.T./Schoonard, J.: The 1984 Olympic Message System: A Test of Behavioral Principles of System Design, in: Communications of the ACM, Sept. 1987, Vol. 30, No. 9, S. 758 - 769.

[4] Lichnerowicz, A. (Hrsg.): Intelligent Text and Image Handling, Amsterdam/London/New York/Tokyo 1991.

Eine Analyse des Zusammenhangs von Informationskultur und der Absicherung von langfristigen Erfolgspotentialen in Organisationen

Barbara Sporn

1. Problemstellung

Organisationen[1)], die langfristig erfolgreich sein wollen, müssen durch Offenheit und Flexibilität gekennzeichnet sein. Interne und externe Kommunikation ist dabei das Vehikel, um Information auszutauschen. Je nachdem, welche Wertigkeit Information in einer Organisation hat, wird die Kultur verschieden ausgeprägt sein.

In der Literatur[2)] existieren verschiedene Meinungen, was unter Organisationskultur zu verstehen sei. Einige Autoren betonen einen eher subjektivistischen Ansatz, der Organisation als Kultur und sozial konstruierte Realität sieht (z.B. Schein, Ulrich, etc.). Andere verwenden eine objektivistische Sichtweise (z.B. Peters/Waterman, Deal/Kennedy, etc.), die den instrumentellen Charakter von Kultur als einen Bestandteil der Organisation fokussiert. Gemeinsam ist diesen Ansätzen die Annahme, daß eine Gruppe[3)] mehr ist als die Summe ihrer Individuen. Kultur entsteht also aus der Interaktion zwischen Gruppenmitgliedern. Dabei werden Werte und Normen kommuniziert sowie Verhaltenserwartungen weitergegeben. Kommunikation und damit Informationsweitergabe verändern den Wissensstand innerhalb einer Gruppe und beeinflussen damit die Entscheidungsfindung der Gruppe sowie insgesamt die Entwicklung der Kultur.

Durch die ständig steigende Komplexität der Umgebungsbedingungen und des Wettbewerbs beispielsweise durch Globalisierungstendenzen oder einen beobachtbaren Wertewandel reicht die kurzfristige Sicherung des Erfolges als Steuerungsinstrument von Organisationen nicht mehr aus. Die Voraussetzungen für das zukünftige Weiterbestehen von Organisationen sind nicht mehr gegeben. Vielmehr müssen qualitative Steuerungsgrößen eingeführt werden, wie die Fähigkeit von Organisationen, auf Turbulenzen der Umgebung und veränderte Erwartungen der relevanten Zielgruppen wirksam und flexibel reagieren zu können. Die Bewältigung von Ungewißheit und Komplexität ist also für das Überleben einer Organisation essentiell. Durch die Instrumente des strategischen Managements kann dieses Problem gelöst werden[4)].

Für die erfolgreiche Umsetzung einer langfristigen Strategie bzw. die Entwicklung eines Alternativenraums verschiedener Erfolgspotentiale ist die Übereinstimmung mit der Kultur einer Organisation besonders wichtig. Durch die Verbindung von Strategie und Kultur entsteht die Möglichkeit, die Maßnahmen mit den Werten und Normen der Organisationsmitglieder abzustimmen[5)]. Darüber hinaus wird durch die Berücksichtigung der Kultur im strategischen Planungsprozeß ein Ist-Zustand erhoben, der sich beispielsweise auf das interne und externe Kommunikationsverhalten beziehen kann. Damit wird dann die Art der Informationsverarbeitung einer Organisation transparent. Durch diese Analyse können Veränderungen herbeigeführt und mit der Strategie in Einklang gebracht werden. So ist es unter Umständen notwendig, in einer Organisation, die auf interne Information konzentriert ist, neue Strukturen zu schaffen, die einen externen Kommunikationsfluß fördern.

2. Begriffsbestimmung

Zur Untersuchung des Zusammenhangs zwischen Informationskultur und der Absicherung von strategischen Erfolgspotentialen ist eine Begriffsbestimmung notwendig. Die Begriffe Information, Informationskultur sowie langfristige Erfolgspotentiale sollen deshalb im folgenden näher definiert werden. Danach folgt eine Analyse der Bedeutung von Information als Wettbewerbsvorteil und kultureller Faktor. Den Abschluß dieser Arbeit bildet die Beschreibung einer empirischen Kommunikationsanalyse an der Wirtschaftsuniversität Wien (WU) und die Interpretation der Ergebnisse in bezug auf strategische Planung.

2.1. Information

Information kann einerseits als Ressource, Produktionsfaktor oder betriebliche Funktion gesehen werden. Andererseits ist es möglich, Information als Wettbewerbsfaktor oder Anreiz für Innovationen zu beschreiben[6)]. Vorerst soll Information von Kommunikation abgegrenzt werden, um danach die hier verwendete Definition vorzustellen.

"Kommunikation ist ein Prozeß oder Vorgang, durch den geistige Inhalte zwischen Kommunikationspartnern ausgetauscht werden"[7)]. Information wird in der Betriebswirtschaftslehre überwiegend als zweckorientiertes Wissen über Sachverhalte und Vorgänge bezeichnet.

In dieser Arbeit wird Information als strategischer Wettbewerbsfaktor definiert. Informationsvorsprünge bzw. die gezielte Verwertung der Fülle an Information über interne und externe Gegebenheiten sind Grundvoraussetzung für das rechtzeitige Erkennen von strategischen Erfolgspotentialen[8)]. Darüber hinaus spielt Information auch als Mittel der Machtausübung bzw. Koordination innerhalb von Organisationen eine wichtige Rolle. Die Art und Weise, wie mit Information umgegangen wird (= Informationskultur) liefert für die strategische Planung ebenfalls wichtige Hinweise.

2.2. Informationskultur

Informationskultur ist ein wesentlicher Bestandteil der Organisationskultur. Als Organisationskultur werden die Werte, Normen und Verhaltensweisen verstanden, die in einem historischen Prozeß innerhalb der Organisation gewachsen sind und im Wege der Kommunikation weitergeben werden[9)]. Die Organisationskultur beeinflußt das Verhalten und die Entscheidungen der Organisationsmitglieder maßgeblich[10)].

Informationskultur als Teil der Organisationskultur bringt die grundsätzliche Wertorientierung der Organisation wie Hierarchiebewußtsein, Leistungsstreben oder Marktorientierung zum Ausdruck. Sie manifestiert sich darin, wie Organisationen bezüglich der Informationsbeschaffung und -weitergabe agieren[11)]. Der Grad, zu dem Mitarbeiter in die Kommunikation eingebunden sind, charakterisiert die vorherrschende Informationskultur. Ob beispielsweise teamorientiert, mit einem starken Bezug zum Markt oder hierarchisch, auf die interne Aufgabenerfüllung konzentriert gearbeitet wird, ist Ausdruck der Kultur. Sie bezieht sich also darauf, wer (= Ebene), worüber (= Umfang), wie (= Qualität) und zu welchen Zeiten (= Häufigkeit) kommuniziert. Dadurch verändert sich der Wissensstand innerhalb einer Organisation ständig. Die daraus resultierende Klarheit über diverse Vorgänge vermindert das interne Konfliktpotential.

2.3. Langfristige Erfolgspotentiale

Langfristige Erfolgspotentiale werden in diesem Beitrag als Alternativenspektrum gesehen, aus dem Organisationen Strategien entwickeln, um überlebensfähig zu bleiben. Zur Absicherung langfristiger Erfolgspotentiale ist es notwendig, die internen und externen Gegebenheiten genau zu analysieren. Die dabei gewonnene Information ist Grundvoraussetzung für das Weiterbestehen der Organisation, da dadurch ihre Leistungen einem ständigen Kontrollprozeß unterworfen sind. Neue Informationstechnologien verändern dabei die Fähigkeit von Organisationen, interne wie externe Synergien zu erkennen und in die strategische Planung miteinzubeziehen. Damit haben Organisationen langfristig die Chance, sich ständig mit den Bedürfnissen und Vorstellungen der

Zielgruppen zu koordinieren[12]. Die Betonung von qualitativen Steuerungsgrößen dient dazu, auf den Innovationsdruck und die dynamischen Umfeldveränderungen wirksam, flexibel und erfolgbringend reagieren zu können[13].

Information soll der Organisation Klarheit über die interne und externe Bedingungslage verschaffen. Dadurch kann die Leistung einer Organisation (= Produkt oder Dienstleistung) genauer auf diese Gegebenheiten abgestimmt werden. Die Institutionalisierung dieses Informationsgewinnungsprozesses erhöht die Wahrscheinlichkeit, langfristig wettbewerbsfähig zu bleiben und an der Weiterentwicklung des Marktes teilzunehmen. Damit werden strategische Erfolgspotentiale abgesichert.

3. Informationskultur als Teil der Organisationskultur

Um die Wichtigkeit von Information und Kommunikation im Rahmen der strategischen Positionierung zu unterstreichen, sollen die kulturelle Bedeutung von Information und einige Formen der Kommunikation kurz beschrieben werden.

3.1. Kulturelle Bedeutung von Information

Durch die steigende Komplexität der Entscheidungen in Organisationen wird Information zu einem immer wichtigeren Bestandteil der Entscheidungsfindung. Der Informationskultur als wichtigem Teil der Organisationskultur kommt in diesem Zusammenhang zweierlei Bedeutung zu[14]. Einerseits läßt die Informationskultur Rückschlüsse auf die gesamte Organisationskultur zu. Dabei lassen sich beispielsweise eine starke Subkulturausprägung oder Hierarchisierung herausfiltern. Andererseits muß die Informationskultur mit den Werten und Normen der Gesamtkultur übereinstimmen. So wird eine starke Mitarbeiter- bzw. Teamorientierung innerhalb einer Organisation nur erfolgreich sein, wenn die Informationsweitergabe nicht auf das oberste Management beschränkt ist. Nur eine Übereinstimmung zwischen verschiedenen Kulturaspekten kann also zu erfolgreichem strategischen Handeln führen.

Um bessere Aussagen über die Ausprägung einer spezifischen Informationskultur treffen zu können, sollte zwischen formaler und informaler Kommunikation unterschieden werden. Durch die Untersuchung dieser beiden Formen der Informationsgewinnung lassen sich vor allem auch Ergebnisse zur Struktur der gesamten Organisationskultur finden. Für den Aufbau bzw. die Beibehaltung einer strategischen Erfolgsposition ist außerdem die interne und externe Kommunikation wichtig. Information über den Zustand der Organisation und die Bedingungslage des Umfelds fließt so in die Entscheidungsfindung ein.

3.2. Arten der Kommunikationswege

Für die Absicherung langfristiger Erfolgspotentiale in Organisationen ist die interne sowie externe bzw. die formale wie informale Kommunikation von Bedeutung. Die externe Kommunikation bezieht sich auf den Informationsfluß zwischen der Organisation und ihrer Umwelt. Dabei können bestimmte Leitbilder nach außen und Entwicklungen bzw. Erwartungen nach innen transportiert werden. Die interne Kommunikation beschreibt die Verbreitung von Information innerhalb von Organisationen. Die Art des Austauschs und die Anzahl der dabei Involvierten sind dabei von Interesse. Darüber hinaus sind in einer Organisation bestimmte Kommunikationswege formal einzuhalten. Diese werden durch Organigramme, Organisationsrichtlinien und Stellenbeschreibungen definiert und bestimmen die Entscheidungsfindung. Die informale Kommunikation umfaßt jene Beziehungen, die außerhalb der formalen Kommunikation ablaufen. Meist sind dabei Mitarbeiter verschiedener Hierarchiestufen einbezogen. Die Form des Informationsflusses bestimmt vor allem die Kultur einer Organisation. Im Rahmen dieser Kommunikationsform werden wichtige Inhalte der Kultur vermittelt und weiterentwickelt[15)].

4. Erfolgspotentiale durch die Entwicklung einer Informationskultur

Will eine Organisation eine erfolgreiche strategische Position aufbauen, so ist ein ständiger Informationsfluß notwendig. Die Entwicklung einer entsprechenden Informationskultur ist dabei eine der Hauptaufgaben des Managements.

4.1. Informationskultur und strategische Planung

Um sich strategisch zu positionieren, ist eine Situationsanalyse notwendig. Darauf aufbauend können Strategien entwickelt, beurteilt und ausgewählt werden. Im Rahmen der strategischen Planung wird versucht, langfristige Erfolgspotentiale zu erkennen und festzulegen[16)]. Dabei sind die strategischen Geschäftsfelder (extern) und -einheiten (intern) zu untersuchen. "Ziel ist eine möglichst große Übereinstimmung zwischen den Anforderungen (Risiken und Chancen) der strategischen Geschäftsfelder und den Möglichkeiten (Stärken und Schwächen) der strategischen Geschäftseinheiten, um möglichst große strategische Erfolgspotentiale zu erlangen"[17)].

Information hat für den strategischen Entwicklungs- und Implementierungsprozeß Bedeutung. Einerseits muß bei der Strategiewahl darauf geachtet werden, daß die Inhalte mit den Werten der Informationskultur übereinstimmen. Ist beispielsweise die Informationskultur auf die interne Kommunikation konzentriert, wird sich eine Strategiewahl basierend auf interner und externer

Information schwierig gestalten. Die Implementierung von Strategien ist von der Verbreitung der Inhalte abhängig. Um den Erfolg sicherzustellen, ist auf die Informationskultur zu achten. So können beispielsweise bestehende formale und informale Kommunikationswege genützt oder fehlende neu geschaffen werden. Eine Analyse der Informationskultur ist also in jedem Fall angebracht.

4.2. Analyse der Informationskultur

Die Analyse der Informationskultur einer Organisation kann substantielle Hinweise auf die Organisationskultur liefern[18]. Durch Kommunikation werden Inhalte (Werte, Normen, Verhaltenserwartungen, Ziele, etc.) weitergegeben, die akzeptiert bzw. internalisiert werden[19]. Die jeweilige Ausprägung bzw. Vernetztheit der Kommunikationsbeziehungen läßt Rückschlüsse auf die dahinterliegende Struktur der Kultur zu. Die nachfolgend beschriebene, an der WU durchgeführte formale Kommunikationsanalyse basiert auf der Annahme, daß Kultur auch in Kommunikationsmustern sichtbar wird.

4.2.1. Kommunikationsanalyse an der WU

Die Erfassung der Informationskultur kann nach unterschiedlichen Verfahren erfolgen. Meist ist es jedoch empfehlenswert, eine Kombination aus mehreren Methoden zu wählen, um die Komplexität von Kultur faß- und meßbar zu machen. Im folgenden soll eine Untersuchung der Kommunikationsbeziehungen vorgestellt werden, bei der die Kontakte sowohl zwischen einzelnen Organisationseinheiten als auch zwischen Mitarbeitergruppen betrachtet wurden. Die Analyse der Organisationseinheiten wurde mit Hilfe der Mehrdimensionalen Skalierung ausgewertet und lieferte interessante Hinweise über die Informationskultur. Im folgenden werden nur die gruppenbezogenen Ergebnisse, die sich auf Häufigkeitsauszählungen beziehen, in einer aggregierten Form vorgestellt[20].

Um die formale Kommunikationsstruktur an der WU zu untersuchen, wurde der interne Postlauf in einem dreimonatigen Zeitraum im Juni, September und Oktober 1989 festgehalten. Dabei wurden die Sender und Empfänger der Hauskuverts registriert und ausgewertet. Die Ergebnisse der Kommunikationsanalyse innerhalb der vorgegebenen WU-Hierarchieebenen Professor/inn/en, Assistent/inn/en und Mitarbeiter/innen der Universitätsverwaltung[21] werden hier im speziellen vorgestellt. Insgesamt sind 4248 Kontakte in die Analyse eingeflossen. Die Eintragungen unter der Rubrik "Ohne Absender" entsprechen den Kuverts ohne Absenderkennung[22]. Die Spaltenzahlen stehen für die Anzahl der Sender und die Zeilenzahlen für die Anzahl der Empfänger (vgl. Abb. 1).

WU-Personal Stand: 1989-06-30	Sender \ Empfänger	Professor/inn/en	Dozent/inn/en	Assistent/inn/en	Mitarbeiter/innen der Universitätsverwaltung	**Sender gesamt**
60	Professor/inn/en	432	15	32	172	**651**
21*	Dozent/inn/en	19	6	39	41	**105**
173,5**	Assistent/inn/en	90	42	246	264	**642**
163	Mitarbeiter/innen der Universitätsverwaltung	455	45	180	1442	**2122**
	Ohne Absender	291	23	108	306	**728**
	Empfänger gesamt	**1287**	**131**	**605**	**2225**	**4248**

* Diese Zahl ist nicht in der WU-Kenndatensammlung enthalten und wurde deshalb dem Vorlesungsverzeichnis der WU vom Sommersemester 1989 entnommen; es wurden nur jene Dozent/inn/en aufgenommen, die auch an der WU beschäftigt sind.

** Laut WU-Kenndatensammlung beträgt die Zahl der Assistent/inn/en 173,5 (auch Halbtagsbeschäftigte). Die Assistent/inn/en der WU umfassen aber auch die Dozent/inn/en, da sie im Dienstverhältnis mit der WU stehen. Die hier relevante Zahl an Assistent/inn/en beträgt also 152,5.

Abb. 1: Kontakthäufigkeiten nach Hierarchieebenen an der WU

Die Ergebnisse aus Abbildung 1 zeigen, daß vor allem die Universitätsverwaltung durch den häufigen Kontakt mit wissenschaftlichem Personal bzw. verschiedenen Abteilungen der Universitätsverwaltung in die formale Kommunikation eingebunden ist. Ein Hauptgrund dafür ist die Tatsache, daß vor allem das Sekretariatspersonal, das Teil der Universitätsverwaltung ist, zur Erledigung administrativer Aufgaben innerhalb von wissenschaftlichen Abteilungen herangezogen wird. Assistent/inn/en und Dozent/inn/en sind die zweitgrößte Gruppe der Sender und kommunizieren vor allem untereinander oder mit der Universitätsverwaltung. Professor/inn/en konzentrieren sich auf den Kontakt zu Koll-eg/inn/en. Auffallend ist, daß trotz ihrer relativ geringen Anzahl (60) Professor/inn/en fast ebensoviele Kontakte zeigen wie die größte Personengruppe der Assistent/inn/en und Dozent/inn/en (173,5)[23].

Die Information der WU-Verwaltung wird vor allem von anderen Mitarbeiter/-inn/en der Verwaltung, dann von Professor/inn/en und zuletzt von Assisten-t/inn/en empfangen. Die Verwaltungsbediensteten erhalten aber von Assistent/-inn/en doppelt soviel schriftliche Information wie von der Professorenschaft. Dies kann darauf zurückzuführen sein, daß die "wenigen" Professor/inn/en Tätigkeiten an "ihre" Assisten/inn/en abgeben. Der Grund für die starke interne Verwaltungs-kommunikation liegt im hohen administrativen Aufwand bei der Abwicklung von Verwaltungsaufgaben. Weiters wird die Verwaltung einige dieser Aufgaben direkt mit den betreffenden Sekretariatskräften abwickeln, die selbst wieder Teil des Verwaltungspersonals sind. Die Abteilungs- bzw. Institutsleiter (= Profes-sor/inn/en) sind die unmittelbaren Ansprechpartner im wissenschaftlichen Be-reich. Selbst wenn diese ihre Aufgaben an ihre Mitarbeiter/inn/en - entweder Assistent/inn/en oder Sekretariat - delegieren, werden sie direkt als Verantwort-liche von der Verwaltung kontaktiert.

Die Analyse der Interaktion des wissenschaftlichen Personals zeigt, daß die horizontale vor der vertikalen Kommunikation Vorrang hat. Der Kontakt zwi-schen Assistentent/inn/en und Professor/inn/en ist schwach ausgeprägt. Kultur-relevant scheint hier zu sein, daß sich die Hierarchieebenen auch in der Kommunikation widerspiegeln und eine schriftliche Kommunikation zwischen den verschiedenen Gruppen an der WU eher selten stattfindet.

Zusammenfassend läßt sich sagen, daß die WU durch eine starke Horizontal-kommunikation geprägt ist. Die Universitätsverwaltung stellt den zentralen Ansprechpartner aller Mitarbeiter/inn/en der WU dar. Die stärkste Gruppe an der WU - die Assistent/inn/en - sind stark in die formale Kommunikation involviert. Die Professor/inn/en als kleinste Gruppe empfangen doppelt so viel schriftliche Information wie sie senden. So entstehen Subgruppierungen, die das organisationsinterne Geschehen maßgeblich beeinflussen und die vom Universitäts-Management berücksichtigt werden sollten.

4.3. Implikationen für das strategische Management

Für das strategische Management von Organisationen bedeutet die Beachtung der Informationskultur im Zusammenhang mit der Absicherung langfristiger Erfolgspotentiale zweierlei. Einerseits muß der Kultur insgesamt mehr Bedeu-tung beigemessen werden. Durch die Analyse der bestehenden Werte und Normen vor allem in bezug auf die Informationsgewinnung und -weitergabe können wertvolle Hinweise für die strategische Planung gewonnen werden. Andererseits muß das Management die Organisation dahingehend untersu-chen, ob die interne und externe Kommunikation reibungslos stattfinden. Abhängig von den dabei gewonnenen Befunden sollten Regulierungsmaßnah-men getroffen werden. Indem Organisationen danach trachten, ihre Leistungen ständig zu verbessern, gewinnen Bereiche wie die interne Koordination und

Kooperation oder ein ausgewogener Informationsfluß immer mehr an Bedeutung[24].

Durch eine vernetzte Organisation, die für interne und externe Entwicklungen durchlässig ist, entstehen eine Reihe von Herausforderungen. Die dynamischen Veränderungen innerhalb und außerhalb von Organisationen bringen eine erhöhte Komplexität der Managementaufgaben mit sich. Das Ziel dabei ist, einen ständigen organisatorischen Wandel innerhalb von Organisationen zu gewährleisten. Manager/inn/en müssen neue Situationen schneller als bisher lokalisieren und in die Planung einbeziehen können. Die dabei entstehenden neuen Verantwortlichkeiten, die veränderte Entscheidungsfindung und die verstärkte Informationsweitergabe erhöhen automatisch das Konfliktpotential innerhalb von Organisationen.

An das Management sind also neue Anforderungen zu stellen. Einerseits müssen kognitive Fähigkeiten wie analytisches Denken und Konzeptualisieren oder Entscheidungsstärke ausgeprägt sein. Andererseits sind intuitive Charakteristika wie Offenheit, Sensibilität und Problembewußtsein für die erwähnten Herausforderungen unbedingt erforderlich. Das Umdenken von einem traditionellen Kontroll- und Machtbewußtsein zu einem mehr teamorientierten Zusammenarbeiten mit weniger klaren Zuständigkeiten ist dabei eine Grundvoraussetzung[25].

Aufgrund der steigenden Komplexität der ökonomischen und gesellschaftlichen Entwicklungen kommt der Informationsgewinnung und -verarbeitung in bezug auf Planungsprozesse von Organisationen besondere Bedeutung zu. Durch einen verbesserten Zugang zu diversen Informationskanälen und ein effizientes Informationsmanagement können die Strategien und Maßnahmen besser mit dem Umfeld abgestimmt werden. Neue Informationstechnologien machen es darüber hinaus möglich, Daten schneller aggregieren und verbreiten zu können. Für das Management sollte also die Einführung von umfassenden Informationssystemen Priorität besitzen. Ein verbesserter Wissensstand aller Mitarbeiter durch eine dichtere Verbreitung von Information erhöht die Chance von Organisationen, langfristig erfolgreich zu bleiben.

5. Zusammenfassung

Organisationen können als offene und soziale Systeme verstanden werden. Das impliziert einerseits ein an den externen Entwicklungen orientiertes Management und andererseits eine durch das Zusammenarbeiten von Individuen entstandene, spezifische Organsiationskultur. Umfangreiche Information über interne und externe Bedingungen und Entwicklungen ermöglicht Organisationen, umfassende Strategien zu entwickeln und langfristig Erfolgspotentiale aufzubauen.

Diese Arbeit beschreibt die theoretischen Hintergründe dieser Sichtweise, wobei besonders die Bedeutung von Information als kultureller und strategischer Faktor diskutiert wird. Die Begriffe Organisationskultur und strategische Erfolgspotentiale werden zunächst definiert. Danach werden die empirischen Ergebnisse einer Kommunikationsanalyse an der WU vorgestellt. Dabei wird die formale Kommunikation zwischen WU-Angehörigen untersucht und die kulturelle Bedeutung herausgearbeitet. Den Abschluß dieser Arbeit bildet eine Darstellung der Implikationen für das strategische Management im Zusammenhang mit der Absicherung von strategischen Erfolgspotentialen.

Anmerkungen

1) Diese Arbeit setzt sich mit Organisationen im allgemeinen auseinander, da die hier verwendeten Annahmen sowohl für Profit- als auch für Nonprofit-Organisationen Gültigkeit besitzen. Unternehmen als eine erwerbswirtschaftliche Form von Organisationen sind demnach in die Analyse einbezogen.

2) Vgl. Schein, E. H.: Soll und kann man eine Organisationskultur verändern?, in: gdi impuls 2/84, 1984, S. 38; Deal, E./Kennedy, A.A.: Corporate Culture - The Rites and Rituals of Corporate Life, Massachusetts 1982, S. 4; Ulrich, P.: Systemsteuerung und Kulturentwicklung, in: Die Unternehmung, 38. Jahrgang, Nr. 4, 1984, S. 303 ff.; eine übersichtliche Auswahl weiterer Definitionen von Organisationskultur findet sich bei Cameron, K., S./Ettington, D., R.: The Conceptual Foundations of Organizational Culture, in: Smart, J.C. (Hrsg.): Higher Education: Handbook of theory and research, Vol. 4, New York 1988, S. 361 f.

3) Vgl. Ulrich, P./Fluri, E., Management, 6. Auflage, Bern/Stuttgart 1992, S. 37; dazu die Definition von "Gruppe" bei Ulrich/Fluri: "Als Gruppe soll eine Mehrzahl von Personen bezeichnet werden, wenn sie in regelmässigem, persönlichem wechselseitigem Kontakt stehen und eine gemeinsame Aufgabe oder ein gemeinsames Ziel verfolgen".

4) Vgl. Ulrich, P./Fluri, E.: (Management), S. 20 - 21.

5) Vgl. Bleicher, K.: Zum Verhältnis von Kulturen und Strategien der Unternehmung, in: Dülfer, E. (Hrsg.): Organisationskultur, Stuttgart 1988, S. 98.

6) Vgl. Schneider, U.: Kulturbewußtes Informationsmanagement, München 1990, S. 93 ff.

7) Kuhn, A.: Unternehmensführung, 2. Auflage, München 1990, S. 192.

8) Vgl. Porter, M./Millar, V.E.: How Information Gives you a Competitive Advantage, in: Harvard Business Review, July-August 1985, S. 149 ff.

9) Vgl. Peters, T. J./Waterman, R. H.: In Search of Excellence, New York 1982, S. 10

10) Vgl. Sporn, B.: Universitätskultur - Ausgangspunkt für eine strategische Marketing-Planung an Universitäten, Heidelberg 1992, S. 35 ff.

11) Vgl. Scholz, Ch.: Informationskultur als Teil der Unternehmenskultur, in: Computerwoche 51/52, 21. Dezember 1990, S. 35.

12) Vgl. Porter, M./Millar, V.: (Competitive Advantage), S. 152; Porter/Millar schreiben dazu: "... Information technology not only affects how individual activities are

performed but, through new information flows, it is also greatly enhancing a company's ability to exploit linkages between activities, and companies can now coordinate their actions more closely with those of their buyers and suppliers."

13) Vgl. Ulrich, P./Fluri, E.: (Management), S. 20 f.
14) Vgl. Scholz, Ch.: Informationskultur als Teil der Unternehmenskultur, in: Computerwoche 1, 4. Jänner 1991, S. 31.
15) Vgl. Schall, M. S.: A Communication-Rules Approach to Organizational Culture, in: Administrative Science Quarterly, 28, 1983, S. 557 ff.
16) Vgl. Ulrich, P./Fluri, E.: (Management), S. 125.
17) Ulrich, P./Fluri, E.: (Management), S. 125.
18) Vgl. Scholz, Ch.: Informationskultur als Teil der Unternehmenskultur, in: Computerwoche 2, 11. Jänner 1991, S. 24.
19) Vgl. Schall, M. S.: (Communication-Rules Approach), S. 559 f.
20) Eine detaillierte Vorstellung und Analyse der Ergebnisse findet sich bei Sporn, B.: (Universitätskultur), S. 133 ff.
21) Dies entspricht der offiziellen Einteilung des WU-Personals. An der WU war der Stellenbestand im Juni 1989 laut WU-Kenndatensammlung folgendermaßen: 50 ordentliche Professor/inn/en, 10 außerordentliche Professor/inn/en, 173,5 Assistent/inn/en, 10 wissenschaftliche Beamte, 7 L1-Lehrer, 163 Mitarbeiter/innen der Universitätsverwaltung.
22) Da die Kuverts ohne Absender keinen Rückschluß auf den Absender zulassen, konnten sie für diese Analyse nicht herangezogen werden.
23) Bei der Interpretation der Ergebnisse sind die Kontakthäufigkeiten demnach immer auch in Relation mit dem Personalstand zu sehen.
24) Vgl. Rockart, J./Short, J.: The Networked Organization and the Management of Interdependence, in: Morton, M. S. S. (Hrsg.): The Corporation of the 1990s - Information Technology and Organizational Transformation, New York/Oxford 1991, S. 199.
25) Vgl. Rockart, J./Short, J.: (Networked Organization), S. 213.

Literatur

[1] Bleicher, K.: Zum Verhältnis von Kulturen und Strategien der Unternehmung, in: Dülfer, E. (Hrsg.): Organisationskultur, Stuttgart 1988

[2] Cameron, K., S./Ettington, D., R.: The Conceptual Foundations of Organizational Culture, in: Smart, J.C. (Hrsg.): Higher Education: Handbook of theory and research, Vol. 4, New York 1988

[3] Deal, E./Kennedy, A.A.: Corporate Culture - The Rites and Rituals of Corporate Life, Massachusetts 1982

[4] Kuhn, A.: Unternehmensführung, 2. Auflage, München 1990

[5] Peters, T. J./Waterman, R. H.: In Search of Excellence, New York 1982

[6] Porter, M./Millar, V.E.: How Information Gives you a Competitive Advantage, in: Harvard Business Review, July-August 1985

[7] Rockart, J./Short, J.: The Networked Organization and the Management of Interdependence, in: Morton, M. S. S. (Hrsg.): The Corporation of the 1990s - Information Technology and Organizational Transformation, New York/Oxford 1991

[8] Schall, M. S.: A Communication-Rules Approach to Organizational Culture, in: Administrative Science Quarterly, 28, 1983

[9] Schein, E. H.: Soll und kann man eine Organisationskultur verändern?, in: gdi impuls 2/84, 1984

[10] Schneider, U.: Kulturbewußtes Informationsmanagement, München 1990

[11] Scholz, Ch.: Informationskultur ist Teil der Unternehmenskultur, in: Computerwoche 51/52, 1, 2, 21. Dezember 1990, 4. Jänner 1991, 11. Jänner 1991

[12] Sporn, B.: Universitätskultur - Ausgangspunkt für eine strategische Marketing-Planung an Universitäten, Heidelberg 1992

[13] Ulrich, P./Fluri, E.: Management, 6. Auflage, Bern/Stuttgart 1992

[14] Ulrich, P.: Systemsteuerung und Kulturentwicklung, in: Die Unternehmung, 38. Jahrgang, Nr. 4, 1984

Analyse des Softwaremarkts und der Anwenderbedürfnisse im Bereich Personalwesen. Kurzbericht über Ergebnisse der Teiluntersuchung der Anwender

Michael Theil

1. Problemstellung

Der EDV-Einsatz im Personalwesen, womit in aller Regel der Einsatz von Personalinformationssystemen assoziiert wird, ist seit längerer Zeit Gegenstand von Diskussionen, nicht nur im Bereich der Betriebswirtschaftslehre,[1)] sondern auch in einem politisch-gesellschaftlichen Bezugsrahmen.[2)] Vorliegender Kurzbericht zeigt die Ergebnisse von Teilbereichen einer Untersuchung, die zum Ziel hatte, das Ausmaß des EDV-Einsatzes im Personalwesen, die entsprechenden Angebote am Softwaremarkt und die Vorstellungen der Anwender hinsichtlich Einsatzmöglichkeiten und Funktionsumfang derartiger Softwareprodukte zu erheben. Der gebotenen Kürze wegen beschränkt sich der Beitrag auf Bereiche der anwenderseitigen Studie.

2. Vorgangsweise bei der empirischen Untersuchung

2.1. Erhebungseinheiten

Die Erhebungseinheiten der Untersuchung der (potentiellen) Anwender waren Unternehmen mit Sitz im Staatsgebiet der Republik Österreich, ausgenommen land- und forstwirtschaftliche Betriebe. Diese Unternehmen sind weiters dadurch definiert, daß sie eine Tätigkeit, die den Wirtschaftsklassen 11 bis 97 der Betriebssystematik 1968[3)] zuzuordnen ist, selbständig, regelmäßig und in der Absicht der Erzielung eines Ertrages oder sonstigen wirtschaftlichen Vorteils ausüben.[4)] Zwecks Vermeidung von Abgrenzungsproblemen zur anbieterseitigen Untersuchung wurden Unternehmen, die als Anbieter von Personalsoftware von vornherein bekannt waren, nicht als Probanden der anwenderseitigen Befragung herangezogen.

2.2. Teilerhebung mit Quotenauswahl

Angesichts des Umstandes, daß es sich um über 193.000 Unternehmen handelt, die obige Voraussetzungen erfüllen, wurde in Bezug auf den Erhebungsumfang eine Teilerhebung und hiezu als Auswahlverfahren eine Quotenstichprobe gewählt. Für diese ist charakteristisch, daß die Verteilung eines oder mehrerer Merkmale in der Stichprobe mit ihrer Verteilung in der Grundgesamtheit übereinstimmt. Hiebei ist auch die Annahme zu treffen, daß das angesprochene Merkmal für das zu untersuchende Problem bedeutsam ist.[5)] Für das Quotenverfahren spricht auch seine relative Kostengünstigkeit.[6)]

Für die Untersuchung wurde eine Quotenauswahl nach dem Kriterium "Anzahl der unselbständig Beschäftigten" vorgenommen. Es wurde dabei davon ausgegangen, daß der Personalstand beim Einsatz von Personalsoftware eine wichtige Rolle spielt.[7)] Zuvor wurde die Grundgesamtheit hinsichtlich des Personalstands einerseits sowie der Zugehörigkeit zu den Wirtschaftsabteilungen der Betriebssystematik andererseits strukturiert.[8)] Die sich daraus ergebende Untergliederung in 9 Wirtschaftsabteilungen und 11 Größenklassen erwies sich als nicht völlig befriedigend, sodaß durch Zusammenfassung die Zahl der Größenklassen auf 3 (0-19, 20-99 und über 100 unselbständig Beschäftigte) sowie der unterschiedenen Wirtschaftsabteilungen auf 6 (Energie/Bergbau/Bauwesen, Verkehr/Dienstleistungen, Gewerbe, Handel, Gast- gewerbe, Kredit-/Versicherungswesen) reduziert wurde und sich mithin 18 Erhebungsklassen ergaben. Die Zahl der Erhebungseinheiten je Erhebungsklasse wurde nun entsprechend des Anteils in der Grundgesamtheit festgelegt, wobei allerdings eine Gewichtung der Art vorgenommen wurde, daß von den geplanten 500 Erhebungseinheiten auf die Klassen von Unternehmungen mit bis zu 19 unselbständig Beschäftigten 250 Einheiten (Anteil in der Grundgesamtheit 93,26%), auf die Klassen mit 20 bis 99 unselbständig Beschäftigten 150 Einheiten (5,50% in der Grundgesamtheit) sowie in den Klassen über 100 unselbständig Beschäftigten 100 Einheiten (1,23% in der Grundgesamtheit) entfielen.

2.3. Erhebungsinstrument

Für die anwenderseitige Untersuchung wurde das Instrument der schriftlichen Befragung zur Anwendung gebracht.[9)] Der Fragebogen wurde vorerst einem Pretest unterzogen. Den ausgewählten Unternehmen wurde der Fragebogen, ein Begleitschreiben, das den Untersuchungszweck darlegte, die Wichtigkeit jeder einzelnen Antwort betonte und den Probanden - soferne erwünscht -

völlige Anonymität ihrer Antworten zusicherte, sowie ein frankiertes und voradressiertes Rückkuvert zugesandt.

2.4. Erhebungszeitraum

Der Erhebungszeitraum der anwenderseitigen Untersuchung lag zwischen dem 11. März 1991 und dem 16. Mai 1991. Soweit dies vorhersagbar war, wurden die Fragebögen so versandt, daß sie entweder am Ende oder zu Anfang der Arbeitswoche beim Befragten eintrafen.[10)]

3. Untersuchungsergebnisse

3.1. Rücklauf

Im Zuge der anwenderseitigen Untersuchung wurden insgesamt 163 Antworten registriert, das entspricht einem Anteil von etwa 32% der versendeten Fragebögen.[11)] Ein Teil der Antworten war indes nicht zu verwerten: Es handelte sich dabei zum einen um zu unvollständig ausgefüllte Fragebögen, den größeren Teil machten explizite Antwortverweigerungen aus. Die Zahl der verwertbaren und in die Auswertung einbezogenen Fragebögen betrug 131, das sind 25,7% der ursprünglich versendeten Fragebögen. Darüberhinaus zeigte sich eine ungleiche Entwicklung des Rücklaufs bezogen auf die einzelnen Erhebungsklassen, so lagen kaum Antworten aus dem Gastgewerbe vor, ebenso in der Klasse Verkehr/Dienstleistungen mit mehr als 100 unselbständig Beschäftigten. Die Ergebnisse der Befragung sind entsprechend zu interpretieren. Von der Möglichkeit der anonymen Rücksendung haben nur zwei Probanden Gebrauch gemacht.

3.2. Fragestellung 1 Beurteilung und Einsatz von Einzelfunktionen

Der Fragebogen beinhaltete unter anderem eine Liste mit 50 unterschiedlichen Funktionen eines Personalinformationssystems. Die Probanden wurden gebeten, zu jeder einzelnen dieser Funktionen anzugeben, ob diese in ihrem Unternehmen zur Gänze, teilweise oder nicht EDV-mäßig unterstützt erfüllt wird, ob eine EDV-mäßige Unterstützung geplant ist und ob die Funktion ohne EDV-Unterstützung erfüllt wird.

Von den Fragen des Teils des Fragebogens, der sich speziell mit dem allfälligen Personalinformationssystemen auseinandersetzte (der allgemeine Teil enthielt vor allem Fragen zum Unternehmen) war die entsprechende Frage die wohl am schwierigsten verständliche und zu beantwortende. In drei Fällen wurden von den Probanden Rückfragen gestellt, die sich sämtlich darauf bezogen, ob, für den Fall, daß unterschiedliche Systeme jeweils einen Teil der Aufgaben erfüllen, nur ein Teilsystem oder die Gesamtheit beschrieben werden sollte. Diese Fragestellung wurde so behandelt, daß Systeme, die derart gestaltet sind, daß sie über eine gemeinsame Datenbasis verfügen und/oder Daten austauschen, als eine Einheit anzusehen sind, anderenfalls wurden die Probanden gebeten, den speziellen Teil des Fragebogens für jedes Teilsystem getrennt auszufüllen. Von den drei Rückfragen konnten zwei auf den ersten Fall zurückgeführt werden. Es handelte sich bei allen drei rückfragenden Probanden um Unternehmen mit über 100 unselbständig Beschäftigten. Die Zahl der gültigen Antworten lag je Antwort zwischen 105 und 116, mit Ausnahme einer Funktion, die deswegen aus der weiteren Auswertung herausgenommen wurde.

Es zeigte sich nun folgendes Bild: Fast drei Viertel der Probanden (74,2%, davon 71,7% zur Gänze und 2,5% teilweise) bedienen sich einer EDV-gestützten **Lohn- und Gehaltsverrechnung**. In zwei Drittel der Fälle (66,7%) wird die **allgemeine Personalverwaltung** der Unternehmen mit EDV-Unterstützung durchgeführt, wobei vergleichsweise viele Nennungen (21,4%) nur teilweiser EDV-Unterstützung im Vergleich zu anderen Fragen registriert wurden. Mit 61,4% EDV-mäßiger Unterstützung (55,5% zur Gänze, 5,5% teilweise) folgt die Funktion **historische Lohn- und Gehaltserfassung**, hernach die Durchführung des **Jahresausgleichs** mit 57,8% (50,9% zur Gänze, 6,9% teilweise) sowie die **Aktenführung und Fortschreibung der Personalstammblätter** mit 55,4% (40,2% zur Gänze und 15,2% zum Teil; auch hier ist die relative Häufigkeit der Merkmalsausprägung teilweiser EDV-mäßiger Unterstützung vergleichsweise hoch). Die übrigen Funktionen wurden in weniger als 50 Prozent der Fälle mit Hilfe der EDV erfüllt.

Zu den nie oder besonders selten EDV-unterstützten Aufgaben gehören die **Arbeitsmarktforschung** und die **Erstellung eines Freistellungsplans** (in 100% der Fälle nicht EDV-mäßig unterstützt), sowie der **Abgleich eines Freistellungsplans** mit Versetzungsanregungen und Beschaffungsbedarf (99,1%), die **Aufstellung von Stellenbesetzungsplänen** (98,1%), die **Auswahl eines geeigneten Arbeitsplatzes für einen Arbeitnehmer** (98,1%) sowie **Personaleinsatz durch Abgleich von Anforderungs- und Fähigkeitsprofilen** (98,1%).

Größte Bedeutung kommt demnach der Funktion **Lohn- und Gehaltsverrechnung** zu. Das Ergebnis ist allerdings nicht dahingehend zu interpretieren, daß in drei Viertel der Unternehmen über ein derartiges Programm unmittelbar verfügt wird, da in vielen Fällen die Verarbeitung außer Haus erfolgt, also beispielsweise in einem Rechenzentrum oder bei einem Steuerberater.

Die Ausweitung der EDV-Unterstützung auf weitere Funktionen ist vor allem bei der **Urlaubsermittlung und -fortschreibung** (in 12% der Antworten),

Urlaubsplanung (10,5%), **Terminüberwachung** (9,8%) und **statistischer Zeit- und Kostenkontrolle** (9,6%) vorgesehen. Vereinzelt werden Funktionen in über 40% der Fälle noch manuell ausgeführt, ein gewisses Marktpotential scheint also noch vorhanden.

Die Probanden wurden in einer weiteren Frage gebeten, für jede der 50 Einzelfunktionen die Wichtigkeit anhand eines "Notenschemas" (1 = sehr wichtig bis 5 = unwichtig) einzuschätzen. Bei dieser Frage lag die Zahl der gültigen Antworten bei 108 bis 112, wieder mit Ausnahme einer Funktion, die auch hier nicht weiter bei der Auswertung berücksichtigt wurde. Bei der Darstellung der Ergebnisse ist zu beachten, daß für ordinalskalierte Variable die Verwendung des arithmetischen Mittels durchwegs abgelehnt wird,[12)] als Wert der zentralen Tendenz kam somit der Modus zur Anwendung.[13)]

Die Funktionen mir dem Modus 1, also die nach Einschätzung der Probanden wichtigsten Funktionen lauten: **Allgemeine Personalverwaltung; Aktenführung und Fortschreibung der Personalstammblätter; Statistische Zeit- und Kostenkontrolle; Lohn- und Gehaltsabrechnung; historische Lohn- und Gehaltserfassung; Leistungsabrechnung; Urlaubs- ermittlung und -fortschreibung; Reisekostenabrechnung; Personalkostenplanung; Personalinformationstatistik; Fehlzeitenstatistik; Überstundenstatistik; Jahresausgleich; Krankenscheine.**

Funktionen mit dem Modus 5, also die von den Probanden als unwichtig eingeschätzten Funktionen sind: **Erstellung eines Freistellungsplanes; Abgleich eines Freistellungsplans; Bargeldlose Werksverkäufe/Kantine.**

3.3. Fragestellung 2 Standardprogramme versus Individualsoftware hinsichtlich des Funktionsumfangs

Die Probanden wurden ersucht, anzugeben, ob die in Verwendung stehende Personalsoftware von einem Softwarehaus oder intern erstellt wurde, ob sie als Standardsoftware gekauft wurde oder ob die entsprechenden Arbeiten extern durchgeführt werden. Soferne letzteres zutraf, wurden diese Probanden bei der weiteren Auswertung der gegenständlichen Fragen nicht weiter berücksichtigt, weil in aller Regel nicht entschieden werden kann, ob die außer Haus eingesetzten Programme individuell erstellt oder als Standardsoftware gekauft wurden. Es verblieben 35 bis 38 gültige Antworten je Funktion im Bereich Standardsoftware und 12 bis 13 in der Kategorie Individualsoftware.

Die beobachteten Unterschiede hinsichtlich der Funktionsunterstützung bezogen auf die beiden oben angeführten Kategorien waren in Summe als gering zu bezeichnen. Die Funktionen **Personaleinsatz mit Zuordnung auf Arbeitsplätze, betriebliche Berufsausbildung, Abwicklung der Altersver-**

sorgung, Fehlzeitenstatistik, Bestands- und Fluktuationsstatistik, Altersaufbau- und Betriebszugehörigkeitsdauerstatistik sowie **Krankenscheinbearbeitung** und **Absagebriefe bei Bewerbungen** werden durch Standardprogramme öfter abgedeckt als von Individualsoftware. Hingegen unterstützten individuell erstellte Programme die Funktionen **statistische Zeit- und Kostenkontrolle, Planung der Sozialleistungen, Lohn- und Gehaltsfindung, Personalkostenplanung, Evidenthaltung von Darlehen und Beihilfen** sowie **Durchschnittsbezügestatistik** in einer größeren Anzahl von Fällen.

3.4. Fragestellung 3 Unternehmensgröße und Funktionsumfang

Diese Fragestellung prüft einen Zusammenhang zwischen der Unternehmensgröße, gemessen an der Anzahl der unselbständig Beschäftigten im Unternehmen, und dem Funktionsumfang der Personalsoftwaresysteme.

Die Zahl der unselbständig Beschäftigten lag bei den Unternehmungen der Stichprobe zwischen 1 und 3.500, im Durchschnitt bei 257. Die Werte streuen im oberen Bereich (also einer größeren Anzahl von Beschäftigten) stärker, was aufgrund der Konstruktion der Stichprobe nicht weiter überrascht. Die Beobachtungen wurden hinsichtlich der Zugehörigkeit zu den oben beschriebenen Größenklassen gegliedert, dabei ergaben sich 34 bis 41 gültige Beobachtungen je Funktion in der Klasse mit bis zu 19 unselbständig Beschäftigten, ebenso viele in der Klasse von 20 bis 99 unselbständig Beschäftigten sowie 36 bis 38 gültige Beobachtungen in der Klasse mit über 100 unselbständig Beschäftigten.

Das Ergebnis ist deutlich und überrascht wenig. Es ergibt sich - wir wollen uns der gebotenen Kürze wegen nur auf die nach Einschätzung der Probanden wichtigsten Funktionen, wie oben beschrieben, beschränken - bei der Funktion **Allgemeine Personalverwaltung** ein Funktionsunterstützungsgrad von 25,0% (Größenklasse 0-19), 47,5% (Größenklasse 20-99) und 64,9% (Größenklasse über 100), bei der **Aktenführung und Fortschreibung der Personalstammblätter** 23,1%, 45,7% und 52,6%, bei **Statistischer Zeit- und Kostenkontrolle** 17,9%, 22,2% und 32,4%, bei **Lohn- und Gehaltsabrechnung** 39,0%, 78,0% und 100,0%, bei **Historischer Lohn- und Gehaltserfassung** 16,7%, 64,9% und 83,8%, bei der **Leistungsabrechnung** 25,0%, 32,4% und 50,0%, bei **Urlaubsermittlung und -fortschreibung** 8,1%, 23,1% und 57,9%, bei **Reisekostenabrechnung** 8,3%, 16,2% und 36,8%, bei **Personalinformationsstatistik** 5,7%, 21,6% und 50,0%, bei **Fehlzeitenstatistik** 2,8%, 23,7% und 57,9%, bei **Überstundenstatistik** 5,6%, 24,3% und 63,2%, bei **Jahresausgleich** 15,8%, 57,5% und 78,9% sowie bei der Funktion **Krankenscheine** 2,7%, 21,1% und 47,4%.

3.5. Fragestellung 4 Beschäftigtenstruktur und Funktionsumfang

Als Alternative zur vorhergehenden Fragestellung sollte hier untersucht werden, ob Personalinformationsfunktionen umso häufiger EDV-gestützt ausgeführt werden, je größer der Anteil der im Bürobereich Tätigen (als Indikator für die Beschäftigtenstruktur)[14] in der Unternehmung ist. Die untersuchten Unternehmen wurden in einer Frage des allgemeinen Teils des Fragebogens um Angabe der Prozentzahl der Büroarbeiter gebeten und die Probanden entsprechend neu in Unternehmen mit bis zu 10%, 11% bis 20%, 21% bis 40% und 41% bis 100% im Bürobereich tätigen Mitarbeitern gegliedert.

Im Gegensatz zum in der vorigen Fragestellung gezeigten Konnex der erweiterten Funktionsunterstützung bei steigender Beschäftigtenzahl konnte ein derartiger Zusammenhang in Relation zum Anteil der Büroarbeiter nicht oder in nur sehr geringem Umfang erkannt werden.

4. Zusammenfassung

Wenngleich in diesem beengten Rahmen nicht die Gesamtheit der Untersuchungsergebnisse gezeigt werden konnte, so lassen sich doch gewisse grundsätzliche Aussagen machen. Zuerst scheint bemerkenswert, daß von der Vielzahl der möglichen Funktionen eines Personalinformationssystems die Aufgaben wie **Lohn- und Gehaltsverrechnung, Aktenführung** und ähnliche, wir wollen sie kurz - die Analogie zu Leopold ILLETSCHKO sei gestattet- als "dokumentäre" Funktionen bezeichnen, überwiegen, während den "dispositiven", wie **Personaleinsatz mit Profilabgleich**, **Besuchsprogrammplanung** oder **Personalbedarfsplanung**, um nur wenige zu nennen, eine vergleichsweise untergeordnete Rolle zukommt. Weiters kann - wohl wenig überraschend - davon ausgegangen werden, daß EDV-gestützte Personalinformationssysteme vor allem in Großunternehmen, gemessen an ihrer Beschäftigtenzahl, zu finden sind. Insoweit möge die vorliegende Untersuchung als Ausgangspunkt für tiefergehende Partialanalysen dienen.

Anmerkungen und Literatur

1) Vgl. dazu beispielsweise die Literaturübersicht bei HACKSTEIN, R./KOCH, G.: Personalinformationssysteme, in: Handwörterbuch des Personalwesens, Hrsg. Gaugler E., Stuttgart 1975, Sp. 1581 f. und HEINRICH, L. J./PILS, M.: Personalinformationssysteme - Stand der Forschung und Anwendung, in: Die Betriebswirtschaft Jg. 37, Heft 2, Stuttgart 1977, S. 264 f.

2) Vgl. dazu die Hinweise auf Interessenskollisionen in HAVRANEK, Ch.: Wie Computer in der Personalpolitik helfen, in Harvard Manager, Nr. 4, o.O. 1988, S.

35; vgl. weiters: HENTZE, J./HEINECKE, A.: EDV im Personalwesen: Personalinformationssysteme, in: Personal - Mensch und Arbeit Nr. 1, München 1989 S. 62; vgl. weiters: HENTZE, J.: Personalwirtschaftslehre 2, 2. Aufl., Bern 1981, S. 257; vgl. weiters: WEIGAND, K. H.: Datenschutz und Datenschutzbeauftragter - Chancen für eine sozialadäquate Gestaltung von Informationssystemen, in: Personal- und Sozialorientierung der Betriebswirtschaftslehre, Hrsg. Reber, G., Bd. 4, Stuttgart 1977, S. 283; vgl. weiters: PRAWITZ, J.: EDV-Einsatz im Personalbereich, in: Personalenzyklopädie, München 1977, S. 613 f.; vgl. weiters: MÜLDER, W.: Organisatorische Implementierung von computergestützten Personalinformationssystemen, Berlin 1984, S. 22 f.; vgl. weiters: KILIAN, W.: Personalinformationssysteme in deutschen Großunternehmen, 2. Aufl., Berlin 1982,S. 3 ff.; vgl. auch: STREICHER, H.: EDV-unterstützte Personalplanung hat sich bewährt - Interview mit Rolf Hörschler, Mannheimer Versorgungs- und Verkehrsges.m.b.H., in: Office Management Nr. 6, o.O. 1990, S. 28 f.

3) Vgl.: Österreichisches Statistisches Zentralamt (Hrsg.): Grundsystematik der Wirtschaftstätigkeiten (Betriebssystematik 1968) für die Gruppierung von Arbeitsstätten, Betrieben und Unternehmen bei wirtschafts- und sozialstatistischen Erhebungen, Wien 1969, S. 4 ff.

4) Vgl.: Österreichisches Statistisches Zentralamt (Hrsg.): Statistik der gewerblichen Wirtschaft - Hauptergebnisse der Nichtlandwirtschaftlichen Bereichszählung 1983, Wien 1986, S. 8.

5) Vgl.: FRIEDRICHS, J.: Methoden empirischer Sozialforschung, 9. Aufl., Opladen 1981, S. 133 f., vgl. weiters: BÖHLER, H.: Marktforschung, Stuttgart 1985, S. 128 f.; vgl. auch: ZENTES, J.: Marketing, in: Vahlens Kompendium der Betriebswirtschaftslehre, Bd. 1, 2. Aufl., München 1989, S. 339; vgl. auch: SCHÄFER, E./ KNOBLICH, H.: Grundlagen der Marktforschung, 5. Aufl., Stuttgart 1977, S. 259 ff.; vgl. auch: ATTESLANDER, P.: Methoden der empirischen Sozialforschung, 5. Aufl., Berlin 1985, S. 249 f.

6) Vgl.: SCHÄFER, E/KNOBLICH, H.: (Marktforschung), S. 260; vgl. auch: BÖHLER, H.: (Marktforschung), S. 128 f.; vgl. auch: ATTESLANDER, P.: (Methoden), S. 249 f.; weitgehend ablehnende Haltung vgl.: FRIEDRICHS, J.: (Methoden), S. 134 f.

7) Auch andere Differenzierungskriterien, wie zum Beispiel nach Qualifikation des Personals oder nach der Art der Tätigkeit wurden in Erwägung gezogen. Da sie dem Kriterium Beschäftigtenzahl hinsichtlich Verfügbarkeit ausreichenden Datenmaterials und praktischer Handhabbarkeit deutlich nachstanden, wurden sie verworfen.

8) Vgl.: Österreichisches Statistisches Zentralamt (Hrsg.): (Betriebssystematik), S. 4 ff.

9) Vgl.: BÖHLER, H.: (Marktforschung), S. 81; FRIEDRICHS, J.: (Methoden), S. 236; vgl. auch: ATTESLANDER, P./KOPP, M.: Befragung, in: Sozialwissenschaftliche Methoden, Hrsg. Roth, E., 2. Aufl., München 1987, S. 168; vgl. auch: PATZELT, W. J.: Sozialwissenschaftliche Forschungsmethoden, München-Wien 1986 S. 45; teilweise wird bei der schriftlichen Befragung weiter differenziert in schriftliche Befragung im engeren Sinn (ohne Anwesenheit einer Kontrollperson) und im weiteren Sinn (mit Anwesenheit einer Kontrollperson): vgl.: SCHÄFER, E./KNOBLICH, H.: (Marktforschung), S. 279; terminologisch davon verschieden,

aber offenbar vom gleichen Grundgedanken geleitet, wird auch von schriftlichen Befragungen mit und ohne persönliche Unterstützung gesprochen: vgl.: HAFERMALZ, O.: Schriftliche Befragung - Möglichkeiten und Grenzen, Wiesbaden 1976, S. 7 ff.; so gesehen, ist vorliegende Untersuchung als eine schriftliche Befragung im engeren Sinn beziehungsweise ohne persönliche Unterstützung zu bezeichnen.

10) Vgl. dazu: FRIEDRICHS, J.: (Methoden), S. 239

11) Vgl.: FRIEDRICHS, J.: (Methoden), S. 237; vgl. auch: HAFERMALZ, O.: (Schriftliche Befragung), S. 28 f.; vgl. auch: ATTESLANDER, P.: (Methoden), S. 123 f.; vgl. auch: ATTESLANDER, P./KOPP, M.: (Befragung), S. 168 f.

12) Vgl. hiezu HUNZIKER, A./SCHEERER, F.: Statistik - Instrument der Betriebsführung, 5. Aufl., Zürich 1975, S. 89 f.; vgl. auch: BLEYMÜLLER, J./GEHLERT G./GÜLICHER, H.: Statistik für Wirtschaftswissenschaftler, 3. Aufl., München 1983, S. 13 ff.; vgl. weiters: VOSS, W.: Statistische Methoden und PC-Einsatz, Opladen 1988, S. 108; vgl. weiters: SCHAICH, E.: Schätz- und Testmethoden für Sozialwissenschaftler, München 1977, S. 33 ff.; vgl. auch: HAMPE, A.: Statistik für Betriebswirte 2, Stuttgart 1966, S. 41 ff.; vgl. auch: KOBELT, H.: Wirtschaftsstatistik für Studium und Praxis, 4. Aufl., Baden-Baden 1988, S. 74 f.

13) Dabei ergeben sich freilich Probleme hinsichtlich des Aussagewertes bei der geringen Anzahl an möglichen Werten.

14) Alternative Strukturmerkmale wurden überlegt, etwa eine Gliederung hinsichtlich der arbeitsrechtlichen Stellung. Schließlich fiel die Entscheidung für das gewählte Kriterium wegen der erwarteten größeren Praktikabilität.

Ausbildung
–
Mensch
–
Wirtschaft

Personalausbildung in der Versicherungswirtschaft

Claudia Böhm

Problemstellung

In der österreichischen Versicherungswirtschaft ist das Ziel, den Herausforderungen unserer Zeit, wie neuen technologischen, gesellschaftspolitischen und ökonomischen Risiken und den Vorbereitungen für einen etwaigen EG-Beitritt begegnen zu können vordergründig und wird mit hohem personellen und finanziellen Aufwand verfolgt, um einen möglichst qualifizierten Nachwuchs heranzuziehen.

Änderungen des Marktes werden in Zukunft immer häufiger und rascher erfolgen. Die Ausbildung darf hierbei nicht erst auf die Änderung reagieren und der Entwicklung nachfolgen, sie muß vielmehr als Antrieb dieser Änderungen und Neuerungen wirken.

Die folgenden Ausführungen sollen verdeutlichen, wie und warum die Versicherungswirtschaft qualifizierungsfördernde Aktivitäten forciert.

1. Das Versicherungsgeschäft und das Produkt "Versicherungsschutz"

"Das Versicherungsgeschäft kann mit Merkmalen aus der Produktion von Versicherungsschutz im Versicherungsunternehmen oder mit Merkmalen aus der Verwendung von Versicherungsschutz beim Versicherungsnehmer erklärt werden. Versicherungsschutz ist ein immaterielles Wirtschaftsgut. Wirtschaftsgüter sind aus der Sicht des Produzenten komplexe Leistungsbündel, aus der Sicht der Verwender komplexe Nutzenbündel, die zwar theoretisch, meist aber nicht im praktischen Geschäftsverkehr in die einzelnen Elemente aufgegliedert werden können."[1])

Schon aufgrund der absatzhemmenden Eigenschaften des Produkts "Versicherungsschutz" läßt sich die Notwendigkeit einer fundierten Ausbildung in der Versicherungsbranche vermuten:

a) Der Versicherungsschutz ist immateriell.

b) Den laufenden Prämienzahlungen des Versicherungsnehmers stehen Versicherungsleistungen gegenüber, die nach Zeitpunkt und manchmal nach Höhe unvorhersehbar sind.

c) Der Kunde muß sich vor dem Kauf mit möglichen negativen Ereignissen auseinandersetzen.

d) Die Bindung an den Vertragspartner ist oft langfristig.

e) Das Produkt ist beratungsintensiv.[2])

2. Neue Anforderungen an die Versicherungswirtschaft

Der Dienstleistungssektor hat im Gegensatz zu Produktionsbetrieben keine materiellen Produkte, die er anbieten kann. Er lebt vom Absatz der Dienstleistung. Diese unterscheidet sich von körperlichen Gütern dadurch, daß Produktion und Verbrauch zeitlichzusammenfallen; eine Lagerung ist somit so gut wie ausgeschlossen. In keinem anderen Sektor ist auch der direkte Kontakt zu den Kunden so groß wie im Dienstleistungsbereich.

Ein Produktionsbetrieb nützt die Produktionsfaktoren Arbeit, Boden und Kapital. Beim Dienstleistungsbetrieb ist das eigentliche Betriebskapital ein gut ausgebildeter Mitarbeiterstamm. Wird seine Leistungsfähigkeit durch permanente Aus- und Weiterbildung gesteigert, erhöhen sich zugleich die betrieblichen Möglichkeiten.

Die Entwicklung vom Verkäufermarkt zum Käufermarkt wird auch für den Dienstleistungssektor viele Änderungen bringen. Im Vordergrund stehen die Wünsche und Bedürfnisse des Kunden, wobei auch die Produkte sich an die Kundenwünsche anzupassen haben. Dadurch werden aber die Anforderungen an die Mitarbeiter drastisch erhöht. Ziel wird in Zukunft sein, nicht für die vorhandenen Produkte Käufer zu finden, sondern die Probleme des Kunden zu lösen und individuelle Produkte zu entwerfen.[3])

Versicherungsschutz wird heute durch das steigende Sicherheitsbedürfnis der Käufer vermehrt im Rahmen geschlossener Sicherheitskonzepte nachgefragt. Um dem Anspruch nach Individualisierung und den Deckungswüschen der

Kunden nach flexiblen, maßgeschneiderten Produkten genügen zu können, muß die Versicherungswirtschaft künftig der Personalausbildung ein noch größeres Augenmerk zukommen lassen.

Der Dienstleistungssektor und damit auch die Versicherungswirtschaft wachsen nur mehr bedingt. Folglich verschärfen sich auch die Konkurrenzverhältnisse drastisch. Dies geschieht auf zwei verschiedenen Ebenen. Einerseits besteht ein harter Wettbewerb zwischen den einzelnen Versicherungsunternehmen, um neue Marktanteile zu gewinnen. Andererseits besteht eine Konkurrenz von branchennahen und -fremden Anbietern, welche bestrebt sind, einen Anteil am Versicherungsmarkt zu gewinnen. Hier sind vor allem Banken und Finanzbetriebe zu erwähnen, nicht zuletzt, weil das Versicherungsprodukt durch seine Steuererleichterungen zu einer lukrativen Anlageform geworden ist. Versicherungsschutz wird auch durch andere Sicherheitsgüter, die von der Konkurrenz auf den Markt gebracht werden, substituiert werden.[4)]

Der Trend geht heute sicherlich zu sogenannten Allfinanzbetrieben, d.h. zu Betrieben, die hauptsächlich monetäre Geschäfte abwickeln.

Die Bundeswirtschaftskammer Österreichs ging im Rahmen einer Studie für österreichische Betriebe der Frage nach, ob verschiedene Branchen in einem Binnenmarkt konkurrenzfähig sein könnten. Die Branchen wurden mittels eines Notensystems von 1-5 bewertet, wobei 1 die beste Note auf der Skala darstellte. Der Versicherungswirtschaft wurde die Note 5 zugeteilt. Begründet wurde dieses niederschmetternde Ergebnis in erster Linie mit unzureichenden Auslandsanteilen, übermächtiger Konkurrenz, hohen Markteintrittskosten, beschränkter Deckungskapazität und verschärften Wettbewerbsbedingungen durch zunehmende Deregulierung.

Trotzdem stehen die Chancen für die heimische Versicherungswirtschaft nicht so schlecht wie sich aufgrund der Studie vermuten ließe. Der Schlüssel für einen guten Geschäftserfolg liegt bei der Produktion und im Absatz. Deshalb müssen die Kapazität und die Kosten der Betriebe verbessert werden. Große Anstrengungen im Bereich der Aus- und Weiterbildung seitens der Unternehmungen und deren Mitarbeiter werden hierfür notwendig sein. Da die österreichischen Versicherungsunternehmen in manchen Sektoren eine bessere Qualität als Betriebe des EG-Binnenmarktes haben, wird eine generelle Anpassung nicht erforderlich sein. Will man sich jedoch auch Marktanteile im Ausland sichern, so wird es sicher notwendig sein, sich an Verordnungen und Richtlinien der EG zu orientieren.[5)]

Die folgenden Ausführungen geben einen Überblick, welche Ausbildungsmöglichkeiten den Mitarbeitern in Österreich zur Verfügung stehen.

3. Unterschiede zwischen der Innen- und Außendienstausbildung

3.1. Aufgabenbereich der Versicherungsmitarbeiter

Der Aufgabenbereich der Versicherungskaufleute umfaßt die Planung, Organisation und Abwicklung der Absicherung von Versicherten gegen finanzielle Folgen persönlicher und/oder sachlicher Gefahren und gegen Risiken bei Unglücks- und/oder Schadensfällen.[6)]

Ebenso fällt die Abwicklung der Entschädigungsleistung bei Schadensfällen in ihren Aufgabenbereich. Die gesamten Tätigkeiten teilen sich auf zwei Bereiche auf: Innendienst und Außendienst, wobei mit Innendienst die Arbeiten in der Geschäftsstelle gemeint sind, während man unter Außendienst die persönliche Kundenbetreuung andernorts versteht.

3.2. Die innerbetriebliche Innendienstausbildung

Der Innendienstmitarbeiter wird verstärkt in die Fachausbildung integriert, während der Außendienstmitarbeiter vorwiegend an Verkaufsseminaren teilnimmt. Die innerbetriebliche Ausbildung läßt sich als Verbindungsglied zwischen theoretischem Berufsschulstoff und praktischer Ausbildung sehen. Dieses Zusammenwirken wird das "duale System" der Ausbildung genannt und ist der Grundstein einer effizienten Ausbildung.

Als innerbetrieblich lassen sich alle Bildungsmaßnahmen bezeichnen, bei denen die Verantwortung für die Zielsetzung, Planung und Durchführung beim Unternehmen selbst liegt.[7)]

Hauptziel ist es sowohl, den Innendienstmitarbeiter letztlich in allen Sparten und Abteilungen einsetzen zu können, schließlich aber auch, den Interessenslagen der Mitarbeiter Rechnung tragen zu können.

Das ist aber eine eher langfristige Zielsetzung. Momentan stellen sich die Ausbildungsaktivitäten noch sehr arbeitsplatz- und unternehmensorientiert dar und erreichen einen mehr oder weniger großen Überblick über den Tätigkeitsbereich der Versicherungsunternehmung bei den Mitarbeitern. Um dem Manko einer unzureichenden allgemeinen Versicherungsausbildung abzuhelfen, ist man seitens der Versicherungswirtschaft bestrebt, den Innendienstmitarbeiter vor seiner endgültigen Verwendung, mit allgemeinen versicherungsspezifischen Kenntnissen auszustatten. Dies soll durch eine einheitliche Ausbildung zum Versicherungskaufmann geschehen, welche die Basis für den künftigen Einsatz des Mitarbeiters im Innen- oder im Außendienst darstellt.

3.3. Die überbetriebliche Innendienstausbildung

Bei den überbetrieblichen Ausbildungsstätten handelt es sich um Schulungsstätten seitens des Versicherungsverbandes zur gemeinsamen Durchführung einzelner Ausbildungsmaßnahmen, wie z.B. das Wirtschaftsförderungsinstitut der Kammer der gewerblichen Wirtschaft (WIFI), Wien. Sie haben die Aufgabe, die Ausbildung des Betriebes zu ergänzen, indem sie Teilbereiche der betrieblichen Ausbildung, z.B. EDV-Ausbildung, vermitteln. Die Ausbildung findet hierbei in Berufsschulen statt und basiert auf dem dualen System. Sie wird zum einen durch den Verband der Versicherungsunternehmen, zum anderen durch einzelne Lehrgänge an den Universitäten durchgeführt.[8)]

Das WIFI in Wien wurde mit der Aufgabe betraut, diese Ausbildung zu gewährleisten, und 1990 wurde das Bildungswerk der Österreichischen Versicherungswirtschaft (BÖV) ins Leben gerufen, welches die Funktion einer Versicherungsakademie ausübt. Diese beiden Institutionen decken drei Ebenen der Ausbildung ab:

a) Ausbildung der Jugendlichen/Ausbildung zum Versicherungskaufmann.

b) Fort- und Weiterbildung für den Innen- und Außendienst.

c) Unterstützungsarbeit auf dem Universitätsbereich.[9)]

3.4. Die Außendienstausbildung

Der Außendienst eines Versicherungsunternehmens gilt als das zentrale Element aller absatzpolitischen Maßnahmen und zeichnet vorwiegend für die Imagebildung verantwortlich. Aus diesem Grund ist die Ausbildung im Außendienst von erheblicher Bedeutung, da von ihrer Qualität sowohl indirekt die Güte und der Erfolg der Unternehmung als auch direkt die bedarfsgerechte Versicherungsberatung abhängen.

Die Ausbildungskonzeption für einen Außendienstmitarbeiter hebt sich nicht von der eines Innendienstmitarbeiters ab. Erst nach der allgemeinen einheitlichen Ausbildung wird der Mitarbeiter in seinem Bereich geschult. Die gemeinsame Grundausbildung trägt dazu bei, daß sich die Kommunikation zwischen Außendienst und Innendienst verbessert.[10)]

Dennoch sollte man ein typisches Anforderungsprofil des Außendienstmitarbeiters im Vergleich zum Innendienstmitarbeiter nicht unbeachtet lassen.

Gerade das Verhalten gegenüber den Kunden, das Fachwissen und die Flexibilität der Außendienstmitarbeiter zeichnen überwiegend verantwortlich für die öffentliche Meinung, die gegenüber einem Versicherungsunternehmen eingenommen wird.

Die Bewältigung der Ausbildung des Außendienstes geschieht meist mittels Seminaren, welche aber nicht eine ausschließlich auf den Absatzbereich bezogene Informationsvermittlung darstellen sollen.

4. Ausbildungskonzeptionen

An die 30.000 Mitarbeiter, davon je die Hälfte im Innen- und Außendienst, arbeiten momentan in der Versicherungswirtschaft. Die Zahl der Versicherungsvermittler, die in Österreich einer nebenberuflichen Beschäftigung nachgehen, wird auf über 100.000 geschätzt.

Um den umfangreichen Aufgaben der Ausbildung gerecht zu werden, bedarf es gerade in der Versicherungsbranche festgelegter Ausbildungsziele. Durch die Zielsetzung der Kundenorientierung lassen sich folgende Globalanforderungen definieren:

- Weitergabe von Fachinhalten
- Kundenbezogenes Verhalten
- Identifikation mit Unternehmenszielen
- Vermittlung von verkäuferischen Fähigkeiten, vor allem für den Außendienst
- Unternehmensbezogene Arbeitstechniken
- Permanente Motivation.[11)]

Der angestrebten Verbesserung der Aus- und Weiterbildung versucht man seitens der durch die Ausweitung entstandenen Möglichkeiten und Institutionen, wie z.B. die Universitätslehrgänge für Versicherungswirtschaft an der WU Wien und an den Universitäten Graz und Linz, Lehrgänge des Wirtschaftsförderungsinstitutes der Kammer der gewerblichen Wirtschaft in Wien (WIFI), Lehrlingsausbildung zum Bürokaufmann in den Bundesländern und in neueren Institutionen, wie der privaten Versicherungsschule mit Öffentlichkeitsrecht des Bildungswerkes der Österreichischen Versicherungswirtschaft (BÖV), nachzukommen.[12)]

5. Ausbildungsprogramme

Der allgemeine Plan, der im nachfolgenden beschrieben wird, umfaßt fünf Stufen:

1. Stufe

a) *Die Ausbildung zum Versicherungskaufmann (Lehrberuf)*
Der Lehrberuf zum Versicherungskaufmann trat am 1.7.1990 in Kraft.

Seit 1945 ist es somit erstmals möglich, sich in Österreich im Lehrberuf Versicherungskaufmann ausbilden zu lassen.
Die Lehrzeit beträgt drei Jahre und wird durch ein Berufsbild geprägt, welches wesentlich von den Fertigkeiten und Tätigkeiten, die im Ausbildungsbetrieb vermittelt werden sollen, gekennzeichnet ist. Die Lehrkräfte für die Fächer entstammen der Versicherungswirtschaft oder sind von den öffentlichen Berufsschulen zugeteilt. Die Lehrzeit endet mit einer Lehrabschlußprüfung. Nach bestandener Prüfung wird den Auszubildenden der Titel "Versicherungskaufmann" verliehen.[13)]

Der neue Lehrberuf ist dahingehend konzipiert, daß er den Absolventen die Chance eröffnet, den gestellten Anforderungen sowohl im Innendienst- als auch im Außendienstbereich ihres Unternehmens nachkommen zu können.

b) *Die Jugendlichenlehrgänge*

Die überbetriebliche Ausbildung fand bis 1990 überwiegend am WIFI Wien statt. Die Ausbildung der Mitarbeiter hier ist gesetzlich bisher nicht anerkannt worden, wird aber einer gesetzlich anerkannten Lehrausbildung gleichgestellt. Diese Ausbildung dauert drei Jahre und wird im dualen System durchgeführt. Die Auszubildenden werden von den Versicherungsunternehmen zu dieser Ausbildung entsendet. Die Jugendlichenlehrgänge laufen durch die Einführung des Lehrberufes Versicherungskaufmann in Wien aus.

Diese Vorgangsweise ist mit dem Bildungswerk (BÖV), das mit dem WIFI eng kooperiert, abgesprochen.
Die Lehrkräfte und Vortragenden werden von öffentlichen Schulen und aus der Praxis gestellt.

c) *Maturantenlehrgänge am WIFI, Wien*

d) *Vorbeitungsseminare / Ergänzungsseminare*

2. Stufe

Aus- und Weiterbildung im Außendienst

Das BÖV setzt sich als weiteren Schwerpunkt die Aus- und Weiterbildung des Außendienstes.

Hierbei strebt man eine überbetriebliche Ausbildung an, die es ermöglicht, die Teilnehmer nach erfolgreichem Abschluß als qualifizierte Mitarbeiter einzusetzen. Die Teilnehmer können direkt ohne Vorbildung aufgenommen werden. So stellt man sich vor, daß die Interssenten erst im Unternehmen ausgebildet werden und dann eine externe Prüfung zu bestehen haben. Das BÖV orientiert sich hierbei an anderen europäischen Vorbildern (Ausbildung zum "Versicherungsfachmann" in Deutschland).[14)]

3. Stufe

Überbetriebliche Ausbildung im Rahmen der Universitätslehrgänge für Versicherungswirtschaft.

Um nun die entstandene Lücke zwischen der Jugendlichenausbildung und dem Hochschulstudium zum Betriebswirt oder Handelswirt zu schließen, sollte eine Ebene der qualifizierten Weiterbildung für den Innen- und Außendienst geschaffen werden.[15)]

Mit den Universitätslehrgängen wurde eine diese Funktion erfüllende Einrichtung gefunden. Mittlerweile gibt es bereits ca. 450 "Akademisch geprüfte Versicherungskaufleute", die den Lehrgang erfolgreich absolviert haben.

WU Wien

In Wien wurde der Lehrgang erstmals 1982 am Institut für Versicherungswirtschaft in Wien angeboten. Er dauert vier Semester und endet mit der Ablegung einer kommissionellen Abschlußprüfung und der Verleihung des gesetzlich anerkannten Berufstitels "Akademisch geprüfter Versicherungskaufmann".

Schwerpunkt der Ausbildung ist eine fundierte und umfassende Vermittlung der Kenntnisse im Versicherungswesen. Dabei werden die Lehrinhalte breit aufgefächert, um ein hohes Ausbildungsniveau zu erzielen. Die Vortragenden entstammen dem Universitätsbereich und der Versicherungswirtschaft.

Seit Herbst 1988 bietet auch die *Johannes Kepler Universität Linz* einen Universitätslehrgang für Versicherungswirtschaft an. Dieser Lehrgang konzentriert sich besonders auf die Fächer Risk Management, Versicherungsrecht und Versicherungstechnik.

Auch die *Karl Franzens Universität Graz* führt seit 1989 einen Universitätslehrgang für Versicherungswirtschaft.

4. Stufe

Die Hochschulausbildung

Die Universität bietet für die österreichische Versicherungswirtschaft eine wesentliche Ausbildungsmöglichkeit.

WU Wien

Die wohl umfangreichste Ausbildung eines Hochschulstudiums im Bereich der Versicherungswirtschaft bietet die Wirtschaftsuniversität Wien im Rahmen des Instituts für Versicherungswirtschaft.

Im Rahmen eines speziellen Diplomprüfungsfaches und auch eines Vordiplomprüfungsfaches der Studienrichtungen Betriebswirtschaft, Wirtschaftspädagogik, Volkswirtschaft, und Handelswissenschaft werden, neben der allgemeinen Versicherungsbetriebslehre unter anderem Versicherungsrecht, Versicherungsmathematik, Produktgestaltung, Risk Management und die Rechnungslegung im Versicherungsbetrieb vorgetragen und gelehrt.

In Wien bietet daneben die *Universität Wien* Vorlesungen über privates und öffentliches Versicherungsvertragsrecht an.

Auch an der *Technischen Universität Wien* werden vom Institut für Versicherungsmathematik versicherungsspezifische Vorlesungen abgehalten.[16)]

An der *Universität Graz* werden Spezialvorlesungen für Privatrecht mit Fragen des Versicherungsvertragsrechtes angeboten. Erwähnenswerter erscheint aber hier die Einrichtung einer betriebswirtschaftlichen Studienrichtung des Instituts für Bank- und Versicherungsbetriebslehre, die die Möglichkeit eröffnet, Versicherungsbetriebslehre als Vordiplomprüfungsfach oder als spezielles Diplomprüfungsfach zu wählen.

Die *Universität Innsbruck* organisiert im Rahmen eines Vordiplomprüfungsfaches des zweiten Studienabschnitts oder auch als Freifach der Betriebswirtschaftslehre adäquate Veranstaltungen für die Versicherungsbetriebslehre.

Die *Universität Salzburg* offeriert seitens des Forschungsinstituts für Privatwirtschaftsrecht Vorlesungen über Versicherungvertragsrecht.

5. Stufe

Post-Graduate Weiterbildung

Zwischen dem Verband der Versicherungsunternehmen Österreichs und dem Institut für höhere Studien laufen derzeit Verhandlungen bezüglich der Einführung eines Post-Graduate Studiums für den akademischen Nachwuchs.

Zusammenfassung

Ob der vielfältigen Entwicklungstendenzen wird die fachberufliche, spezialisierende Ausbildung im Betrieb bedeutender. Die Mitarbeiter werden sich im Laufe ihrer beruflichen Tätigkeit mehrmals umschulen lassen müssen, wenn sie nicht Gefahr laufen wollen, mit der Zeit nur noch anspruchslose Berufsaufgaben zu erfüllen.[17)]

Die zu erwartende Differenzierung der Versicherungsprodukte und -sparten, die Sortimentsausweitung und die zunehmende Konkurrenz durch umfassende Allfinanzkonzeptionen erfordern eine besonders spezifische Qualifikation der Mitarbeiter.

Diese Veränderungen müssen als Konsequenz eine Generalistenausbildung für die Mitarbeiter im Außendienst haben; der Innendienstmitarbeiter aber wird künftig gezwungen sein, sich noch stärker zu spezialisieren.

Anmerkungen und Literatur

1) Farny, D.: Versicherungsbetriebslehre, Karlsruhe 1989, S. 14.
2) Vgl. Jirsa, V./Oppl, C.: Versicherungsbetriebslehre, 3. Aufl., Wien 1986, S. 90.
3) Vgl. Skokan, W.: Überbetriebliche Aus- und Weiterbildung in der österreichischen Versicherungswirtschaft, in: Die Versicherungsrundschau, Jg.37, Nr. 12, 1982, S. 393ff.
4) Vgl. Oppl, C.: Ausbildung als wesentliches Instrument zur Bewältigung der künftigen Aufgaben in der Versicherungswirtschaft, in: Die Versicherungsrundschau, Jg.39, 1984, S. 434ff.
5) Vgl. Schieder, R./Hoschützky, G.: Die Aus- und Weiterbildung im Versicherungswesen, Lehrgangsarbeit, Wien 1989, S. 18ff.
6) Vgl. o. V.: Berufskundliche Unterlagen: Versicherungskaufmann/-frau, Österreichisches Institut für Berufsbildungsforschung (Hrsg.), Wien 1991, S.1f.
7) Vgl. Mentzel, W.: Unternehmenssicherung durch Personalentwicklung, 3. Aufl., Freiburg i. Br. 1985, S. 202.
8) Vgl. Niefanger, M.: Der Ausbilder in der Versicherungswirtschaft, in: Handbuch für den Ausbilder in der Versicherungswirtschaft, Band I, Karlsruhe 1984, S. 7f.

9) Vgl. Skokan, W.: Neufassung des österreichischen Ausbildungsmodells, in: Die Versicherungsrundschau, Nr.2, Wien 1987, S. 17f.

10) Vgl. Kneidinger, S.: Aus- und Weiterbildung im Versicherungsbereich- Modell einer überbetrieblichen Versicherungsausbildung in Österreich. Diplomarbeit der WU Wien, Wien 1988, S. 13ff.

11) Vgl. Kneidinger, S.: (Aus- und Weiterbildung), S. 6f.

12) Vgl. Nemling, R.: Die Ausbildung in der österreichischen Versicherungswirtschaft - Chance und Herausforderung, in: Die Versicherungsrundschau 1990, 45. Jg., Wien 1990, S.340.

13) Vgl. Bundesministerium für wirtschaftliche Angelegenheiten (Hrsg.): Bundesgesetzblatt für die Republik Österreichs, 146. Stück, Verordnung, Wien 1990, S. 2655 ff.

14) Vgl. Skokan, W.: Bericht des Bildungswerkes zu Beginn des Schuljahres 1991/1992, hrsg. vom Bildungswerk der Österreichischen Versicherungswirtschaft (BÖV), Wien 1992, S. 4f.

15) Vgl. Kneidinger, S.: (Aus- und Weiterbildung), S.59f.

16) Vgl. Friesenhahn, R.: Stand und Entwicklungstendenzen der Aus- und Weiterbildung in der österreichischen Versicherungswirtschaft, Diplomarbeit der WU Wien, Wien 1988, S. 15ff.

17) Vgl. Dubs, R.: Anforderungen an die Ausbildungskonzeptionen von Unternehmungen der Versicherungswirtschaft in den achtziger Jahren. Beiträge zur Sicherungsökonomik, Heft 4, Hochschule St. Gallen, St. Gallen 1982, S. 16f.

Qualifizierung für Wissenschaft und Praxis. Personalentwicklung für Assistenten an der Wirtschaftsuniversität Wien

Dudo v. Eckardstein, Günter Lueger

1. Einführung und Zielsetzung

Universitäten verstehen sich als Anbieter hochwertiger Dienstleistungen in Lehre und Forschung. Dieses Verständnis bedingt u. a. auch die Verfügbarkeit entsprechend hochqualifizierten Personals, die jedoch nicht automatisch gegeben ist. Insbesondere in stark expandierenden Universitätsbereichen und bei hohem Personalumschlag in bestimmten Assistentensegmenten sind Defizite in dieser Hinsicht zu vermuten. Wenn die personelle Kapazität entsprechend den hohen qualitativen Anforderungen nutzbar sein soll, muß sich die Universität in Anbetracht der - gesetzlich bedingten - befristeten Verfügbarkeit vom Beginn der Beschäftigung eines Assistenten/einer Assistentin an um eine rasche Qualifizierung dieser Kräfte kümmern. Personalentwicklung stellt hier u.E. das zentrale Instrument dar.

Im folgenden soll vor dem Hintergrund dieser Einschätzung ein Personalentwicklungskonzept darstellt und begründet werden, das an der Wirtschaftsuniversität Wien (WU) entwickelt wurde und weiter fortgeschrieben wird. Die Darstellungen verstehen sich als Fallstudie, die die besondere Situation einer Großinstitution der wirtschaftswissenschaftlichen Ausbildung unter den Bedingungen der österreichischen Hochschulgesetzgebung widerspiegelt. Unsere Kenntnis wirtschaftswissenschaftlicher Fakultäten bzw. Fachbereiche deutscher Universitäten legt jedoch die Vermutung nahe, daß die im folgenden u. a. zu skizzierende Arbeits- und Qualifizierungssituation der Assistenten sich nicht grundlegend von der in Deutschland unterscheidet, so daß die vorzustellenden Maßnahmen auch im Hinblick auf deutsche Verhältnisse diskutiert werden können.

2. Personalentwicklung als Element des Entwicklungsprogramms WU 2000

An der WU sind rund die Hälfte aller österreichischen Studierenden (ca. 20.000) der Wirtschaftswissenschaften eingeschrieben. Bedingt durch die Probleme einer Massenuniversität und nicht zuletzt aufgrund der Initiative des damaligen Rektors H. R. Hansen hat sich die WU in der zweiten Hälfte der achtziger Jahre in einen forcierten Prozeß der Selbstentwicklung begeben, um den qualitativen und quantitativen Anforderungen an eine leistungsfähige wissenschaftliche Lehr- und Forschungseinrichtung in höherem Maße zu entsprechen. Eine erste Zielbestimmung und ein generelles Maßnahmenprogramm wurde mit der Publikation "WU 2000 Entwicklungsplan der Wirtschaftsuniversität Wien 1988 - 2000", ([4]) vorgelegt, wo Personalentwicklung in verschiedenen Zusammenhängen als wichtige Erfolgsvoraussetzung immer wieder betont wird (z.B. [4], S. 79, S. 109, S. 150 ff.). Im Rahmen dieses Selbstentwicklungsprozesses wurden verschiedene Aktivitäten wie z. B. die Einführung eines regelmäßigen Karrieregesprächs mit Assistenten/innen eingeleitet. In einer Studie wurden auch die Bedingungen, unter denen Qualifikation der Assistenten/innen an der WU erfolgt, untersucht und auf ihrer Basis eine Personalkonzeption für Assistenten/innen vorgeschlagen ([3]). Ergebnisse der Studie, auf die sich das Personalentwicklungskonzept der WU maßgeblich stützt, sollen im folgenden vorgestellt werden.

3. Qualifizierungsbedingungen der WU

Es wurden eine Stichprobe nach Merkmalen des Beschäftigungsverhältnisses sowie nach formaler Qualifikation, Geschlecht und Fachgruppenzugehörigkeit gezogen und insgesamt 102 gering strukturierte Interviews mit Assistenten und 20 Interviews mit Professoren durchgeführt. Darüberhinaus wurden Daten der Personalstruktur ergänzend herangezogen. Ziel der Studie war es, Aspekte der Arbeitssituation und des Beschäftigungsverhältnisses von Assistenten/innen herauszuarbeiten, die maßgeblich die Qualifizierungsentwicklung beeinflussen.

3.1. Dienstalter und fachgruppenspezifische Einsatzstrategien

Die Dauer der Beschäftigung als Assistent/in gibt Hinweise auf den bislang in dieser Tätigkeit vollzogenen Qualifizierungsprozeß und die in der Tätigkeit gewonnenen Erfahrungen.

Dienstjahre	WU insg.	BW	VW	Recht	Ge + Fo[1)]
0 - 2	31	33	15	62	24
über 2 - 4	24	25	15	15	28
über 4 - 10	30	25	54	23	31
über 10	15	17	16	0	17
	100	100	100	100	100
1) Geistes- und Formalwissenschaften					

Tab. 1: Dienstaltersklassen der Assistenten / innen in % der jeweiligen Gesamtpopulation in den vier Fachgruppen der WU und in der WU insgesamt Quelle: v. Eckardstein u. a. 1991, S. 17

Ca. ein Drittel der WU-Assistenten/innen weisen zum Zeitpunkt der Erhebung ein Dienstalter bis 2 Jahre auf. Die Mitglieder dieser Gruppe, die wir als Anfänger bezeichnen, blicken also durchschnittlich auf eine etwa einjährige Assistententätigkeit zurück. Ihnen stehen auf der anderen Seite 15 % gegenüber, die bereits über lange Erfahrungen aus ihrer Tätigkeit verfügen, im formalen Qualifizierungsprozeß fortgeschritten sind, die Dissertation und zum Teil die Habilitation abgeschlossen haben und mit großer Wahrscheinlichkeit dauerhaft in der Universität verbleiben werden.

Die beiden Klassen mit dem jüngsten Dienstalter bilden zusammen 55 % aller Assistenten/innen. Deren Mitglieder verfügen durchschnittlich über ein Dienstalter von weniger als 2 Jahren (1,87) und erbringen, grob geschätzt, dasselbe stundenmäßige Lehrvolumen wie die Professoren. Anders ausgedrückt, die Lehre liegt zu einem nicht unerheblichen Teil in den Händen von relativ wenig erfahrenen Lehrpersonen, was dem Anspruch, hochwertige wissenschaftlich begründete Lehre zu vermitteln, mangels eines entwickelten wissenschaftlichen und didaktischen Hintergrunds tendenziell eher widerspricht.

Diese Aussage wird noch gestützt, wenn man sich das formale Qualifikationsniveau der Assistenten vergegenwärtigt. In der BWL verfügen 28 % der Assistenten, in der VWL 59 %, im Recht 65 % und in den Geistes- und Formalwissenschaften 51 % über den Doktorgrad.

Die Dienstaltersstruktur nach Fachgruppen deutet im übrigen auf **unterschiedliche Muster des Personaleinsatzes** in den Fachgruppen hin: In den Fachgruppen Recht und BWL ist das durchschnittliche Dienstalter relativ gering. Assistenten verbleiben hier mehrheitlich nur relativ kurze Zeit, während Assistenten im volkswirtschaftlichen Bereich und in den Geistes- und Formalwissenschaften eine wesentlich längere Dienstzeit aufweisen und zu größeren Anteilen mit der Dissertation eine eigenständige Forschungsarbeit bewältigt haben. Der entsprechend hohe Personalumschlag im Mittelbau bei Juristen und Betriebswirten verweist auf spezifische hohe Qualifizierungsbedarfe zur Vorbereitung der Anfänger auf ihre Aufgaben in Forschung und Lehre.

3.2. Motive, Assistent/in zu werden

Warum wird jemand Assistent/in? In nahezu allen Interviews spielt die Erlangung des Doktorgrades eine große Rolle (Ausnahme: man besitzt den Grad bereits bei Aufnahme der Assistententätigkeit). Es wäre allerdings eine Fehlinterpretation, wollte man von dem sehr verbreiteten Wunsch, als Assistent/in zu promovieren, generell auf ein ausgeprägtes Interesse an Forschungstätigkeit an sich schließen. Der Dissertationswunsch bezieht sich oftmals viel stärker auf den zu erwerbenden Titel als auf die ihm vorausgehende Forschungstätigkeit. Angesichts seiner starken Hervorhebung in den Interviews scheint das **Doktorat** im übrigen ein wichtiger Rekrutierungsanreiz für die Besetzung der Assistentenstellen zu sein.

Daneben und in Verbindung mit dem Interesse am Doktorgrad versprechen sich die Interviewpartner oftmals von der Assistententätigkeit die Vorzüge einer Art Postgraduate-Studium, eine Klärung ihrer persönlichen Berufswünsche, den Aufbau von Kontakten zu potentiellen zukünftigen Arbeitgebern und eine fachliche und persönliche Profilierung gegenüber jenen Absolventen, die unmittelbar nach Studienabschluß in die Wirtschafts- bzw. Rechtspraxis eintreten. Ca. 40 % unserer Interviewpartner äußerten auch ein eigenständiges Interesse an wissenschaftlicher Arbeit.

Die Interviews unterstreichen im übrigen, was bereits hinsichtlich des Dissertationsinteresses anklang. Ein großer Teil der Assistenten/innen verfolgt mit der Tätigkeit an der Universität die Perspektive, sich vertieft auf eine spätere **praktische Tätigkeit** vorzubereiten. Die Universität wird insofern als eine Durchlaufstation begriffen, die zur Erlangung einer späteren attraktiven Position in der Berufspraxis verhelfen soll. Diese Haltung findet sich erwartungsgemäß besonders häufig unter den dienstjüngeren Assistenten/innen der betriebswirtschaftlichen und juristischen Fachgruppen. Diesem "Praktikersegment" steht ein Segment gegenüber, dessen Mitglieder die Assistententätigkeit als möglichen bzw. ausdrücklich angestrebten Start einer Universitätslaufbahn ansehen (Wissenschaftlersegment). Dessen Mitglieder sind überproportional häufig in der volkswirtschaftlichen Fachgruppe vertreten.

In der sehr häufig mitgeteilten Berufsperspektive Wirtschafts- und Rechtspraxis nach der Assistententätigkeit schlägt sich zweifellos die Existenz zweiter

Arbeitsmärkte mit attraktiven Karriereangeboten neben dem Universitätsmarkt für diese beiden Fachrichtungen nieder. Für die Volkswirte und für die Absolventen der Geistes- und Formalwissenschaften sind diese zweiten Arbeitsmärkte wesentlich geringer ausgeprägt.

Das Motiv, im Hinblick auf die spätere Erlangung einer beruflichen Position in der Praxis eine Assistentenstelle zu übernehmen, erscheint nicht ganz unproblematisch: bedeutet es doch, daß die Motivation zu forschen ceteris paribus tendenziell schwächer entwickelt und eher extrinsischer Natur sein dürfte, als bei denen, die eine wissenschaftliche Karriere anstreben. Qualfizierungsprogramme müssen hierauf Bezug nehmen.

3.3. Tätigkeitsstruktur

Als Indikatoren für die Tätigkeitsstruktur der Assistenten/innen wurden die prozentuelle Verteilung der Arbeitszeit auf die Tätigkeitselemente Lehre, Forschung und Verwaltung, das zeitliche Ausmaß der Lehrtätigkeit in Semesterwochenstunden sowie die durchschnittliche Dauer des Dissertationsverfahren herangezogen.

Merkmal	BW	VW	Recht	Ge + Fo
Zeitanteil Forschung in %[1)]	30	40	50	40
SWS[2)]	4,7	4,2	2,7	4,9
Dauer Diss.[3)]	4,8	4,5	2,7	3,4

1) Ungefährer Anteil der für Forschung verwendeten Arbeitszeit an der gesamten Arbeitszeit
2) Lehre in Semesterwochenstunden
3) Dauer des Dissertationsverfahrens der promovierten Assistenten/innen in Jahren

Tab. 2: Zeitanteile für Forschung, Lehrstunden und Dauer des Dissertationsverfahrens
Quelle: v. Eckardstein u. a. 1991, S. 43, 45, 23

Die ausgewiesenen Zeitanteile für Forschung stellen ungefähre Werte dar, die von Assistent/in zu Assistent/in erheblich variieren (zwischen 0% und 80 %) und bedingt durch phasenspezifische Besonderheiten des Beschäftigungsverhältnisses (z. B. Abschlußphase der Dissertation) streuen. Auffallend ist der besonders niedrige Wert im betriebswirtschaftlichen Bereich. Ergänzend kann festgestellt werden, daß mit steigendem Dienstalter der Zeitanteil für Forschung bei den Assistenten/innen steigt, was wohl auf den geringeren spezifischen Zeitbedarf für die Lehre dienstälterer Assistenten/innen zurückzuführen ist.

Die hohe Lehrorientierung der Sprachinstitute drückt den Durchschnitt der Semesterwochenstunden Lehre in der Fachgruppe Geistes- und Formalwissenschaften in die Höhe. Hinzuweisen ist auch auf die relativ hohe Zahl der Lehrstunden bei den Betriebswirten. Berücksichtigt man hierbei im Vergleich mit den Volkswirten das geringe Dienstalter, so kommt diesem Wert noch eine höhere Bedeutung als Ausdruck der Lehrbelastung zu.

Vor diesem Hintergrund verwundert es wenig, daß die betriebswirtschaftlichen Assistenten mit durchschnittlich 4,8 Jahren am längsten für die Durchführung ihres Dissertationsverfahrens benötigen. Diese lange Dauer stimmt bedenklich, da die Dissertation erklärtermaßen für die meisten das wichtigste Argument darstellt, sich um eine Assistententätigkeit zu bemühen, ehe man eine Tätigkeit in der Praxis aufnimmt. Berücksichtigt man zusätzlich, daß längst nicht alle Assistenten den Doktorgrad bei Beendigung ihrer Universitätstätigkeit erreicht haben, besteht die Gefahr, daß der zentrale Anreiz Dissertation bei der Rekrutierung einer ausreichenden Zahl von qualifizierten Nachwuchsassistenten vom Absolventenmarkt nicht mehr genügend greift. Die Erfolglosigkeit mancher Stellenausschreibungen deutet ebenfalls in diese Richtung.

3.4. Führung durch Professoren

Nach dem österreichischen Hochschulrecht sind Assistenen/innen im Regelfall einem Professor/einer Professorin als Vorgesetzten(r) zugeordnet. Diese hierarchische Relation bewirkt, daß unsere Gesprächspartner sich mit dem Führungsverhalten dieser Vorgesetzten intensiv auseinandersetzen. Dabei überwiegt insgesamt eine eher kritische, zum Teil auch offen unzufriedene Sicht.

Die zentralen Punkte der Kritik aus der Sicht unserer Gesprächspartner beziehen sich auf Zeitmangel und auf die Ausprägung der erfahrenen Autonomie im Beschäftigungsverhältnis.

Das Zeitproblem tritt in zwei Varianten auf: in der ersteren wird kritisiert, daß Professoren für die Anleitung, Ermunterung, Rückkopplung und Zusammenarbeit angesichts zahlreicher anderer Aufgaben zu wenig Zeit zu haben. Bei der zweiten Variante des Zeitproblems wird herausgestellt, daß sich Professoren keine Zeit nehmen, obwohl sie diese hätten. In beiden Fällen fühlen sich Assistenten/innen mehr oder weniger allein gelassen, fühlen sich als Einzelkämpfer, kennen im Extrem auch ein halbes Jahr nach Tätigkeitsbeginn noch nicht ihre Aufgaben und erwarten sich vergeblich die Unterstützung des Professors bei der inhaltlichen Füllung des Freiraumes. Auch Möglichkeiten einer Zusammenarbeit in der Forschung werden vermißt.

Auf der anderen Seite wird ein zu geringer Freiraum bemängelt. Assistenten, die hierüber klagen, empfinden Druck und Einengung und sehen sich zu stark als Zuarbeiter und Instrument des Professors, ohne eigene Initiativen und Interessen entwickeln zu können.

Folgt man den Aussagen der Assistenten, so fallen damit zahlreiche Professoren als Orientierung, Lehrer und Mentor für jüngere Assistenten/innen mehr oder weniger stark aus, eine Sichtweise, die einige der befragten Professoren selbstkritisch bestätigen.

4. Grundzüge des Entwicklungskonzepts

Auf der Basis des Entwicklungsplans WU 2000 und des in der Assistentenstudie enthaltenen Vorschlags erarbeitete die Personalkommission der WU ein Empfehlungspapier ("Leitlinie eines Personalkonzepts der WU für Assistenten und Assistentinnen sowie Professoren und Professorinnen").

Im Kern enthält das Empfehlungspapier folgende Gedanken:

- Das Assistentenverhältnis wird als **fachlicher** und **persönlicher Entwicklungsprozeß** verstanden, für den die WU sich ausdrücklich mitverantwortlich erklärt.

- Durch zahlreiche Maßnahmen soll sichergestellt werden, daß dieser Entwicklungsprozeß sowohl die Interessen der Universität als auch die der jeweiligen Assistenten/innen aufnimmt. Er schließt ausdrücklich auch Aspekte der Frauenförderung bzw. Gleichbehandlung ein.

- Im Zentrum der aufgeführten Maßnahmen stehen die Einführung junger Assistenten/innen in die Lehre und in die Forschungsarbeit sowie die Begrenzung der Tätigkeit in der Lehre zur Schaffung eines größeren zeitlichen Freiraums für die Forschung. Der Abschluß der Dissertation soll innerhalb eines angemessenen Zeitrahmens von ca. 3 Jahren erfolgen. Bei weiterem Verbleib an der Universität sollen Assistenten/innen mit zunehmender Eigenständigkeit Projekte bearbeiten. Längere Lehr- und Forschungsphasen an anerkannten, möglichst auch fremdsprachigen ausländischen Universitäten sind als Bestandteil des Entwicklungsgangs vorzusehen. Schließlich soll die Entwicklung in Karrieregesprächen evaluiert und zurückgemeldet werden.

- Die Empfehlungen sollen auf den Ebenen Professoren - Assistent/in, Abteilung bzw. Institut, Fachgruppe und Personalkommission realisiert werden.

5. Ansätze zur Fortschreibung und Erfolgskontrolle

Nach der Verabschiedung dieses Papiers im SS 91 hat sich die Personalkommission in weiteren Sitzungen mehrfach mit der Thematik befaßt und eine von der Assistentenkurie vorgeschlagene Präzisierung des Konzepts verabschiedet. Dieses Konzept sieht eine Differenzierung der Entwicklungsmaßnahmen nach qualifikatorischem Fortschritt für dienstjüngere und fachlich fortgeschrittene Assistenten/innen und die Einrichtung einer Personalentwicklungstelle für die Koordination der diversen Maßnahmen in der Universität vor. Folgende Maßnahmenschwerpunkte sind vorgesehen:

- Jungassistenten/innen soll Unterstützung bei der sozialen Orientierung (z.B. Einrichtung von Mentor-Beziehungen, Tutorien) und bei der Selbstorientierung (Entwicklung von Berufszielvorstellungen) angeboten werden. Grundlagen wissenschaftlichen Arbeitens und der Didaktik sollen in Seminarform angeboten und die Erfahrung im Wissenschafts- und Lehrbetrieb reflektiert werden (z.B. Lehrveranstaltungsbegleiter, Forschungsworkshops). Auf die Vermittlung sozialer Qualifikationen wird besonders Wert gelegt.

- Fortgeschrittene Assistenten/innen erhalten verstärkt Möglichkeiten der Weiterentwicklung der wissenschaftlichen Qualifikation (z.B. für Kongreßbesuche und -vorträge und Auslandsaufenthalte). Durch strukturelle Maßnahmen wie z.B. die Schaffung zeitlicher Freiräume (Forschungstage oder -blöcke) sollen günstige Rahmenbedingungen für Forschungsarbeit geschaffen werden. Führungsqualifikationen sollen durch die eigenverantwortliche Leitung von Forschungsprojekten erworben werden.

- Zur Vorgabe von Richtlinien für die Arbeitsschwerpunkte der Personalentwicklungsstelle soll ein Lenkungsbeirat eingerichtet werden, der von einem Didaktikbeirat unterstützt wird.

Diese Maßnahmen sollen im Studienjahr 1992/93 umgesetzt werden, wobei ein wesentlicher Baustein, das Weiterbildungsprogramm, bereits seit mehreren Jahren realisiert ist. Hauptinhalte sind die Vermittlung sozialer Kompetenzen sowie neuerdings in Ausfüllung des Konzepts, Lehrqualifikationen. Seit der intensiven Befassung mit diesen Fragen hat die Nachfrage nach diesen Veranstaltungen ein hohes Niveau erreicht und kann derzeit nicht voll befriedigt werden.

Zur bedarfsgerechten Positionierung des Angebots an Weiterbildungsveranstaltungen wurden die Assistenten/innen mit einer schriftlichen Vollerhebung im SS 92 zu den am meisten präferierten Weiterbildungsgegenständen befragt. Bei einer hohen Rücklaufquote des Fragebogens wurden vor allem Angebote zu folgenden Themen gewünscht: Rhetorik, Argumentationstechnik, fachbezogenes Konversationstraining in Englisch, Leitung und Moderation von Gruppen, Methodik wissenschaftlichen Arbeitens, Präsentationstechnik, Motivation und Führung, Pädagogik und Didaktik. Insgesamt deckte diese Befragung ein außerordentlich hohes Interesse an Weiterbildung auf ([5]).

Schließlich wurde sichergestellt, daß ein im Rahmen des WU 2000 - Programms ohnehin vorgesehenes Personal-Informations-System soweit ausgebaut wird, daß es zukünftig der Personalkommission kontinuierlich Informationen über die Wirksamkeit des Entwicklungsprogramms liefern wird (z.B. hinsichtlich der Entwicklung der Personalstruktur im Mittelbau nach formaler Qualifikation, Geschlecht und Dienstalter, Dauer der Dissertation, Zahl der Lehrveranstaltungen pro Assistent, Auslandsaufenthalte). Damit wird eine Fortschrittskontrolle bezweckt.

6. Abschließende Einschätzung

Die dargestellten, in keiner Weise abgeschlossenen Aktivitäten können als Ausdruck des Bemühens der beteiligten Gremien und Personen an der WU interpretiert werden, den in staatlichen Universitäten zwar geringen, aber durchaus vorhandenen Handlungsspielraum im Bereich des strategischen Personalmanagements auszufüllen ([1] S. 10 ff.). Unmittelbares Ziel ist es, zur verbesserten Qualifizierung im Bereich des Mittelbaus beizutragen und damit die WU als Nachfrager auf dem Absolventen-Arbeitsmarkt attraktiv zu machen bzw. die vorhandene Attraktivität zu erhalten. Dies erfordert angesichts der Angebote der Wettbewerber - große Industrie- und Dienstleistungsunternehmen, Beratungsunternehmen, die erhebliche Mittel in die Gewinnung und Entwicklung talentierter Hochschulabsolventen investieren, eigene Anstrengungen. Da die Universität keine Spitzengehälter zahlt, muß sie mit umso größerem Nachdruck eine anspruchsvolle Entwicklungsmöglichkeit anbieten, die gleichermaßen die Qualifizierungsbedarfe von Nachwuchswissenschaftlern und angehenden Wirtschaftspraktikern berücksichtigt.

Das Personalentwicklungsprogramm scheint auch ein wesentlicher Ansatzpunkt zur Reduktion der in weiten Bereichen starken Belastung der Assistenten/innen zu sein, da durch die Qualifizierungsmaßnahmen eine Steigerung der Effizienz zu erwarten ist.

Das Konzept sieht keine Durchgriffsmöglichkeiten in den unmittelbaren Verantwortungsbereich der Professoren vor. Doch kann u.E. durch die häufige

Thematisierung der Weiterbildung ein gewisser Pull-Effekt durch die Assistenten/innen erwartet werden, indem diese ihre Erwartungen in die Gespräche mit ihren Vorgesetzten nachhaltig einbringen.

Im übrigen können und sollen diese programmatischen und mehr strukturellen Aktivitäten der Universitätsleitung und der Personalkommission die wissenschaftliche Entwicklung durch das Vorbild und die unmittelbare Zusammenarbeit mit qualifizierten Universitätsforschern und -lehrern nicht ersetzen. Der persönlichen Orientierung durch sie kommt sicherlich ein besonders starker, wenn nicht der entscheidende Effekt überhaupt in der Entwicklung des Nachwuchses an der Universität zu. Doch ist eine Ergänzung beabsichtigt, deren Wert umso höher ausfallen dürfte, je mehr die wissenschaftliche Sozialisation in der direkten Beziehung Professor-Assistent/in die in sie gesetzten Erwartungen nicht oder nur partiell erfüllt.

Literatur

[1] v. Eckardstein, D.: Personalmanagement in eigener Sache. Überlegungen zu einer Personalstrategie für den akademischen Mittelbau, in: Zeitschrift für Personalforschung, 1990, S. 7 - 20.

[2] v. Eckardstein, D.: Personalentwicklung für wissenschaftliche Mitarbeiter einer Universität. Eine Fallstudie, in: Zeitschrift für Personalforschung 4/1992, S. 420-435.

[3] v. Eckardstein, D., / Scagnetti, C./ Ballnik, P.: Personalkonzeption für die Assistenten/innen an der WU. Projekt im Rahmen des langfristigen Entwicklungsplans WU 2000, Wien April 1991.

[4] Hansen, H.R. (Hrsg.): WU 2000. Entwicklungsplan der Wirtschaftsuniversität Wien 1988 - 2000, Wien 1987.

[5] Lueger, G./ Riedl, G.: Weiterbildungsbedarf von WU-Assistentinnen und Assistenten, in: WU-memo Nr. 60 vom 2.6.92, S. 17 - 19.

Unternehmer gesucht. Zur kritischen Nachfolgefrage in Österreichs Privatwirtschaft

Rolf Eschenbach, Christian Horak

1. Ziele und Gang der Arbeit

Dieser Beitrag ist das Ergebnis einer Lehrveranstaltung des Instituts für Unternehmensführung, Prof. Dr. R.Eschenbach, im Wintersemester 1991/92. Grundlegendes Ziel des Seminars war die theoretische und empirische Durchleuchtung der Nachfolgeproblematik in österreichischen Unternehmen, wobei das Hauptaugenmerk auf Übernahmen gelegt wurde, bei denen der Neueigentümer **aktiv im Management** des übernommenen Unternehmens tätig wird. Aktueller Hintergrund ist die potentielle Gefahr, daß die mittelständische Wirtschaft in Österreich im Zuge der Internationalisierung von einem "Ausverkauf" bedroht ist und Stimmen laut werden, daß der österreichische Unternehmer eine "aussterbende Rasse" darstellt.

Um der komplexen Fragestellung gerecht zu werden, ist ein mehrdimensionaler Ansatz notwendig (vgl. Abb.1). Nach der **Art der übernommenen Unternehmen** wird zwischen Sanierungsfällen, Familienunternehmen und "gesunden" Unternehmen unterschieden. Die **zeitliche Komponente** wird durch Fragestellungen vor, während und nach einer Übernahme berücksichtigt.

Diese Dimensionen wurden für diese Studie im Rahmen einer theoretischen Grundlagenuntersuchung und von zwei empirischen Erhebungen berücksichtigt.

Die **theoretische Untersuchung** arbeitet die Einflußfaktoren für das Ereignis "Übernahme eines Unternehmens", gegliedert nach den oben dargestellten Unternehmenstypen mittels der Methode des ganzheitlichen Denkens und Handelns auf (vgl. [3], S. 1 ff.).

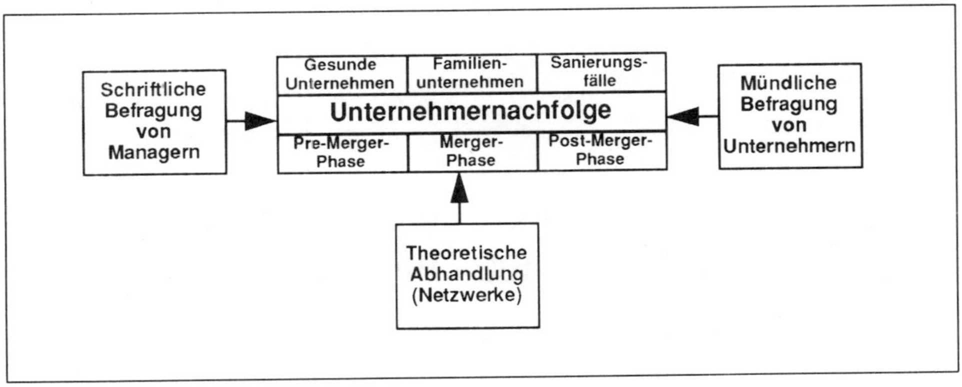

Abb. 1: Studienaufbau und -inhalte

Die **empirische Untersuchung** erfolgte in zwei Teilen. Im Rahmen einer schriftlichen, standardisierten Befragung wurden unselbstständige, in Österreich tätige Manager der ersten Führungsebene bezüglich ihres Interesses und der Bereitschaft befragt, ein Unternehmen eigentümerverantwortlich zu übernehmen. Bei einem 12-seitigen Fragebogen wurde mit 24.2% Rücklauf bzw. 102 Fragebögen ein sehr hoher Wert erreicht, der empirisch abgesicherte Ergebnisse zuläßt. Die Auswertung erfolgte mittels verschiedener statistischer Testverfahren (Cluster-Analyse, Diskriminanzanalyse).

Im Rahmen einer mündlichen Interviewreihe wurden 25 Eigentümer-Manager, die vor kurzem den Prozeß einer Übernahme durchgeführt haben, bezüglich der dabei aufgetretenen Problembereiche befragt und um Handlungsempfehlungen für ähnliche Projekte gebeten.

Die Ergebnisse der beiden Erhebungen wurden einander gegenübergestellt und abschließend ein Katalog mit Handlungsempfehlungen zur Unternehmernachfolge erarbeitet.

2. Pre-Merger-Phase

Bei der Untersuchung dieses Zeitabschnitts im Rahmen des Projekts "Unternehmernachfolge" wurde versucht, die Motive für eine Übernahme und das Potential übernahmewilliger Manager in Österreich zu erheben.

Im Rahmen der schriftlichen Befragung äußern 65,95 % der Manager ihr prinzipielles Interesse an einer Unternehmensübernahme, nur 17,65 % sind komplett desinteressiert. Von den übernahmewilligen Managern sind bereits ca. 25% in konkreten Übernahmeverhandlungen.

Die übernahmewilligen Manager wünschen sich am ehesten die Rahmenbedingungen eines auslandsorientierten Industriellen (40,3%) oder eines inlandsorientierten Händlers (29,9%).

Bei den Motiven für eine eventuelle Übernahme dominieren bei allen befragten Managern die Motive "Herausforderung", "Entscheidungsfreiheit", "Einkommen" und "Wiederverkauf", die bei den mündlichen Interviews durch die Unternehmenseigentümer vollinhaltlich bestätigt werden. Im Vergleich der Übernahmewilligen mit den nicht-interessierten Managern spielen die Motive "Fehlen von Aufstiegsmöglichkeiten", "Mitwirkung im Pensionsalter" und "Interesse am Wiederverkauf" bei den interessierten Managern eine deutlich wichtigere Rolle.

3. Merger-Phase

Die Untersuchung des eigentlichen Übernahmeprozesses erfolgte dahingehend, daß die erwarteten Problembereiche der Manager den Erfahrungswerten der Unternehmer gegenübergestellt wurden. Die wichtigsten Ergebnisse werden hier zusammengefaßt:

Aus der Sicht der übernahmewilligen Unternehmer ergeben sich für die Merger-Phase folgende Hauptproblemstellungen:

- Ausreichend vorhandene Unternehmensdaten
- Verläßlichkeit der Unternehmensdaten
- Zeitdruck bei der Unternehmensbeurteilung
- Unternehmensbeurteilung

Weniger problematisch wird der Verhandlungszeitdruck, der Konsens über die Preishöhe und die Fremdkapitalaufbringung gesehen.

Die Ergebnisse der mündlichen Befragung bestätigen über weite Bereiche die schriftliche Erhebung. Die Unternehmer sehen rückblickend ähnliche Problemstellungen, im Detail stellt die Verfügbarkeit von Daten und der Zeitdruck bei der Bewertung (vor allem bei Sanierungsfällen) ein geringeres Problem als angenommen dar.

Im Rahmen der Untersuchung der Merger-Phase ergab sich ein interessantes Detail am Rande: Die Bedeutung von externen Beratern bei der Vermittlung oder Abwicklung einer Übernahme ist als eher gering einzustufen. Sucht man sich externe Hilfe, wendet man sich in erster Linie an Berater des persönlichen Vertrauens (Wirtschaftstreuhänder, Notare, Rechtsanwälte), M&A Berater spielen eine sehr geringe Rolle.

4. Post-Merger-Phase

In diesem Teil der Untersuchung werden mögliche Problembereiche, die nach einer erfolgten Übernahme auftreten können, bezüglich ihrer Bedeutung von den übernahmewilligen Managern und den übernahmeerfahrenen Unternehmern bewertet. Die Hauptprobleme werden in den Bereichen Organisation, Personal und Führung von beiden Befragtengruppen geortet.

Die übernahmewilligen Manager rechnen sehr stark mit Problemen durch
- die Änderung der Organisationsstruktur,
- die Änderung der Unternehmenskultur,
- die Änderung des Führungsstils,
- Personalabbau und
- Fluktuation bisheriger leitender Mitarbeiter.

Die Unternehmer bestätigen diese Aussagen indirekt, indem sie bei ihren Erfahrungsberichten in erster Linie auf zwischenmenschliche Probleme und Probleme, die durch innovative Ideen der neuen Geschäftsführung entstehen können, als sehr bedeutend einstufen.

5. Übernahmetypen

Neben der zeitlichen Gliederung einer Unternehmensübernahme ist eine Differenzierung nach Typen möglich. In diesem Beitrag wird im folgenden nur auf die Typen "Sanierungsfall" und "Familienunternehmen" eingegangen. Die in der Studie ebenfalls behandelte Übernahme "gesunder" Unternehmen kann hier nicht weiter vertieft werden.

Die Darstellung der Spezifika der Übernahmetypen erfolgt in der Studie mittels der bereits erwähnten Netzwerkmethode, hier werden die wichtigsten Ergebnisse zusammengefaßt:

5.1 Sanierungsfall

Unter einem Sanierungsfall wird in diesem Zusammenhang ein in seiner Existenz gefährdetes Unternehmen verstanden, sanierungsbedürftige Familienunternehmen werden im Abschnitt 5.2 mitberücksichtigt. Bei einem Sanierungsfall treten neben den Erfolgsfaktoren einer normalen Übernahme spezifische Besonderheiten in den Vordergrund.

Dem neuen Eigentümer muß es gelingen, ein ausgewogenes Verhältnis von operativen Rationalisierungs- und Einsparungsmaßnahmen zur Sicherung der Liquidität und strategischen Neuorientierungen finden. Für die Kaufentscheidung und die Entwicklung eines Sanierungskonzepts ist die möglichst rasche Einstufung und Bewertung des Unternehmens und somit die Erfaßbarkeit der relevanten Daten absolut notwendig. Entscheidenden Einfluß auf den Erfolg eines Sanierungskonzepts hat die Personalfrage. Es gilt zu verhindern, daß qualifizierte Mitarbeiter in der Krisensituation das Unternehmen verlassen. Neue Konzepte des Eigentümers können als Motivationsinstrument für die Mitarbeiter eingesetzt werden.

Im Rahmen der mündlichen Befragung von Eigentümer-Unternehmern werden die theoretisch abgeleiteten Spezifika eines Sanierungsfalles großteils bestätigt.

Neben den unsicheren Daten, der knappen Zeit und der unsicheren Personalsituation werden die Frage der Haftungsübernahme für die Zeit vor der Übernahme, die notwendige Änderung der Unternehmenskultur und ein Ausbau des Bereichs Finanz- und Rechnungswesen als entscheidende Faktoren für eine erfolgreiche Sanierung durch Neuübernahme angesehen.

5.2 Familienunternehmen

Ein Familienunternehmen liegt vor, wenn an einem Unternehmen Personen mit verwandtschaftlichen Beziehungen mehrheitlich beteiligt sind. Im Rahmen der Studie wurde sehr bald klar, daß die Übernahme eines Familienunternehmens durch den strukturellen Gegensatz zwischen den sozialen Systemen Familie und Organisation spezifisch beeinflußt wird. In Organisationen sind Funktionen nicht ersetzbar, Personen schon. In Familien verhält es sich genau umgekehrt. Im Familienunternehmen müssen diese Gegensätze miteinander verbunden werden.

Unter der Annahme, daß diese strukturellen Gegensätze erkannt werden, ergeben sich für das Führen von Familienunternehmen drei große Problembereiche, die bei einer Übernahme berücksichtigt werden müssen.(vgl. Abb. 2)

- **Familientradition vs. Organisationsstruktur:** Die statische, personenbezogene Familienstruktur und die dynamische, funktionsbezogene Organisationsstruktur müssen so weit wie möglich getrennt werden.

- **Wachstumspotential:** Die Strukturen des familiären Systems sind nicht geeignet, auf komplexe Strukturen eines Großunternehmens übertragen zu werden. Sind Familienunternehmen strukturell nicht bereit zu wachsen (z.B. Umwandlung in eine Kapitalgesellschaft), bleiben für das Unternehmen bestimmte Finanzierungsquellen verschlossen. Dieses Problem wird durch die weitverbreitete "Krise von Familienunternehmen in der zweiten Generation" empirisch bestätigt.

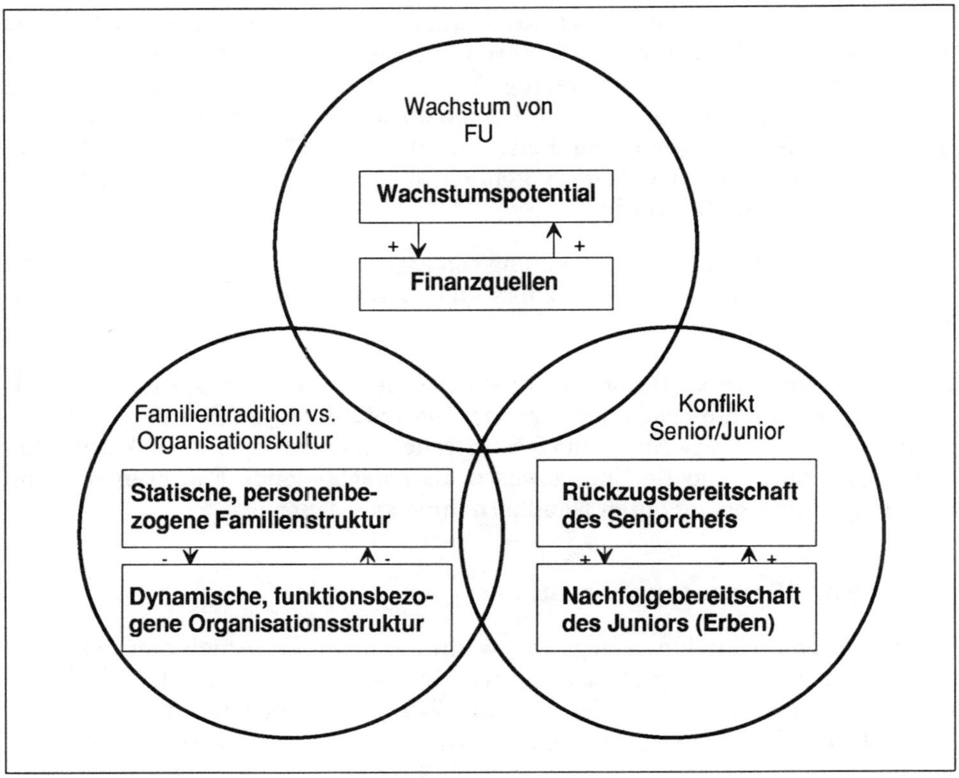

Abb. 2: Problembereiche für Übernahmen in Familienunternehmen

- **Konflikt Junior- Seniorchef:** Die Nachfolgeproblematik muß auch innerhalb des familiären Systems bewältigt werden. Die optimale Lösung dieses zwischenmenschlichen Problems liegt darin, den richtigen Zeitpunkt der Übernahme zu finden und rechtzeitig zu planen. Die Rückzugsbereitschaft des Seniorchefs muß mit der Nachfolgebereitschaft des Juniors oder der Juniorin koordiniert werden.

Eine rechtzeitig geplante und durchgeführte Nachfolgeregelung setzt konkrete Vereinbarungen voraus, die z.B. in Form einer schriftlichen Unternehmensverfassung (vergleichbar mit der Satzung einer AG) festgelegt werden können.

Die aufgelisteten Problembereiche werden durch die mündlichen Interviews mit Eigentümern bestätigt. Zentrales Problem ist der optimale Übergabezeitpunkt und die Art der Einbindung der Erben in das Unternehmen vor der Übergabe. Nach der Übergabe wird ein klarer Schnitt bevorzugt. Das "Hineinregieren" der Alteigentümer stößt auf wenig Verständnis. Die Mehrheit der

Befragten zeigt sich mit der Art und dem Ablauf der Übernahme grundsätzlich zufrieden, die Wichtigkeit der "weichen" Faktoren wird herausgestrichen.

6. Zusammenfassung

Die Studie zeigt, daß in Österreich zum Thema Unternehmernachfolge ein hoher Sensibilisierungsgrad bei den relevanten Zielgruppen festzustellen ist. Die Problembereiche bzw. Erfolgfaktoren sind komplex und haben, abhängig vom Unternehmenstyp, unterschiedlich große Bedeutung. Die ermittelte hohe Bereitschaft, Risiko und Verantwortung zu tragen läßt den zusammenfassenden Schluß zu, daß der Unternehmer in Österreich sicher keine "aussterbende Rasse" ist.

Literatur

[1] Eschenbach, R./Horak C./ Müller-Tyl, F. (Hrsg.): Unternehmer gesucht - Zur kritischen Nachfolgefrage in Österreichs Privatwirtschaft,, Wien 1993 (im Druck)

[2] Fink, M./Zimmermann, N.: Zukunftssicherung von Familienunternehmen, Wien 1989

[3] Probst, G./ Ulrich, H.: Anleitungen zum Ganzheitlichen Denken und Handeln, Stuttgart 1988

Entwicklung eines Hypertext-basierten Lernprogramms unter MS-Windows für Buchhaltung/Bilanzierung

Franz Hörmann

1. Problemstellung

Das Problem der Vermittlung komplexer Wissensinhalte, die zudem einer raschen inhaltlichen Änderung unterliegen, wie dies z.B. im Bereich der Buchhaltung und Bilanzierung durch die rasante Gesetzgebung der Fall ist, unter den verschärften Bedingungen der Massenlehrveranstaltungen einer Massenuniversität führte schon früh zu der Beschäftigung mit alternativen Formen der Wissensvermittlung, insbesondere mit PC-gestützten Systemen. Hier versprechen vor allem interaktive Hypertextsysteme eine Lösung: die Studenten können das Wissen jederzeit außerhalb des Hörsaals erwerben bzw. vertiefen und die spielerische, unter Umständen sogar experimentierende, Beschäftigung mit fachlichen Inhalten führt darüberhinaus zu einer höheren Motivation als der konventionelle Ansatz des rein reproduktiven Lernens, bei dem das Interesse am Verstehen von Zusammenhängen oftmals kaum geweckt werden kann.

Durch diese Überlegungen wurde folgende Zielsetzung für das in den folgenden Ausführungen beschriebene Projekt abgeleitet: Entwicklung eines Hypertext-basierten Lernprogramms, das es Studenten der Buchhaltung und Bilanzierung ermöglicht nicht nur die Lehrinhalte in nicht-linearer Form zu konsultieren, sondern auch im theoretischen Kontext kleinere Aufgaben und Probleme zu lösen, wobei die Leistung des Studenten vom System entsprechend überwacht werden soll. Als Benutzeroberfläche wurde, wegen der leichten Erlernbarkeit und starken Verbreitung, MS-Windows 3.1 gewählt.

2. Hypertextsysteme - Begriffsklärung

Unter Hypertext[1)] wird in der Fachliteratur ein "Medium der nicht-linearen Organisation von Informationseinheiten" verstanden, mit dem ein Programmanwender auf bestimmte Art und Weise in Interaktion treten kann. Üblicherweise werden etwa in Texten, die dem Anwender in Bildschirmfenstern präsentiert werden, bestimmte Begriffe farblich hervorgehoben, und mittels Auswahl eines so markierten Textteils kann sodann z.B. eine Begriffsdefinition oder die Verzweigung in einen anderen Teil des Dokuments bewirkt werden. Eine einfache Vorstufe zu solchen Systemen stellt etwa die kontextsensitive Hilfe der meisten Microsoft-Produkte dar.

Während in diesen Systemen sich die Hypertext-Funktionalität allerdings auf das "Browsing", d.h. das Durchsuchen des präsentierten Textmaterials, beschränkt, sind Hypertextsysteme prinzipiell nicht an diese Einschränkungen gebunden. So können, außer simplen Verzweigungen oder Begriffserklärungen, auch komplexe Abläufe über markierte Begriffe (sog. "Hyperlinks") für den Anwender zur Verfügung gestellt werden. Als Mindestforderung an den Benutzerkomfort muß bei solchen Programmen die Möglichkeit der Rückverzweigung vorgesehen sein, d.h. der Anwender muß, zumeist durch Mausklick auf einer entsprechenden Schaltfläche, alle bereits besuchten Textteile (Knoten, "Hypernodes") bis hin zum Wurzelknoten erreichen können, um zum ursprünglichen "roten Faden" zurückkehren zu können (ist dies nicht möglich, droht die Gefahr sich über zu viele Verzweigungen immer mehr in Nebensächlichkeiten zu verlieren - "the user gets lost in hyperspace"). In der Literatur finden sich Hypertextsysteme bereits in vielfältigen Einsatzbereichen[2)]: insbesondere der Bereich der komfortablen Datenbankschnittstellen sowie der Lernsoftware (CBT - Computer Based Training), aber auch Benutzerschnittstellen für Expertensysteme zählen zu den häufigsten (realisierten wie geplanten) Einsatzgebieten.

Für die praktische Erstellung einer Hypertextapplikation sind zumindest zwei verschiedene Programmteile erforderlich: ein "Autorensystem", das den Autor des Hypertextsystems bei der Erstellung und Organisation der Texte unterstützt, sowie die Navigations- (Such-) Komponente, die vom Endanwender des Systems verwendet wird, der z.B. das vom Autor erstellte Wissen aus der Hypertext-Basis abfragt (vgl. dazu Abb. 1).

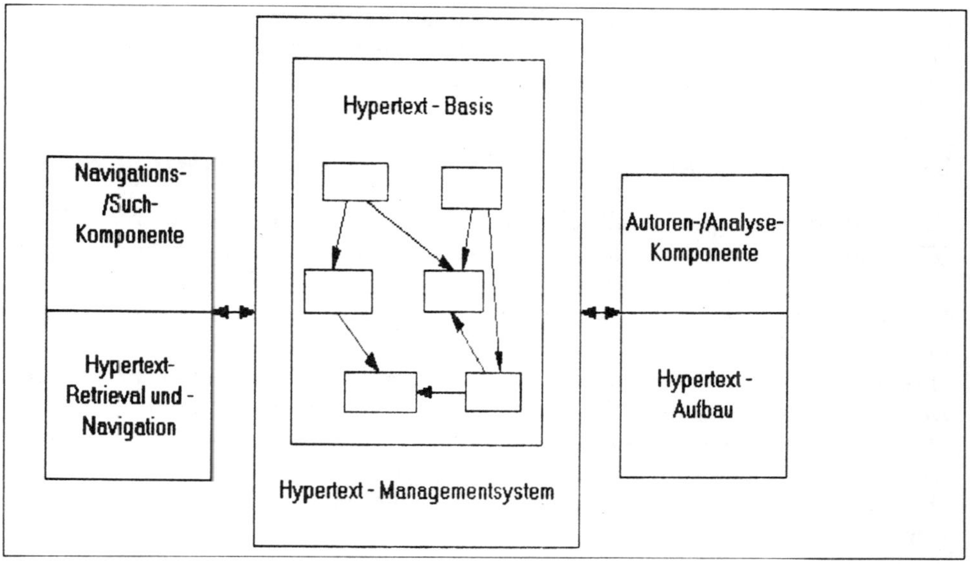

Abb. 1: Grundsätzlicher Aufbau von Hypertextsystemen[3)]

3. TWB (TeachWare für Buchhaltung und Bilanzierung): Grundidee und Werkzeuge

Die Zielsetzung für das Programmsystem TWB ergibt sich unmittelbar aus den Problemen der Massenlehrveranstaltungen einer Massenuniversität: die Lehrinhalte sollten auf eine Art und Weise präsentiert werden, daß die Neugier des Studenten geweckt wird, d.h. er auch, und vor allem, außerhalb des Hörsaals in Eigenregie Wissen erwirbt. In komplexen Fachbereichen, die noch dazu einer permanenten inhaltlichen Änderung unterworfen sind, wie dies im Bereich Buchhaltung und Bilanzierung durch die rasante Gesetzgebung ganz besonders der Fall ist, sind konventionelle Instrumente der Wissensvermittlung (Bücher, Skripten) kaum geeignet, den Lehrstoff in stets aktueller Form didaktisch gut aufbereitet anzubieten. Ein weiteres Manko stellt im Bereich der Wirtschaftswissenschaften die fehlende Möglichkeit des Experiments als Quelle neuen Wissens dar. So ist es, ohne speziell dafür eingerichtete PC-Unterstützung, einem Studenten in der Regel etwa nicht möglich, ein und dieselbe Bilanz unter Ausübung unterschiedlicher Wahlrechte zwei oder drei mal komplett zu erstellen, um die sich ergebenden Auswirkungen auf den handels- oder steuerrechtlichen Gewinn oder bestimmte Bilanzkennzahlen näher zu untersuchen. Das realisierte Lernprogramm versetzt den Studenten nun dazu in die Lage und bietet darüberhinaus auch noch andere interessante Möglichkeiten (etwa eine integrierte Notizfunktion, die es dem Lernenden ermöglicht, "Randnotizen" zu den gerade in Arbeit befindlichen Kapiteln des Textmaterials anzubringen und bei einer nachfolgenden Sitzung wieder zu lesen oder weiterzubearbeiten - z.B. für Verweise auf weiterführende Literatur).

31. Die Entwicklungsumgebung - KnowledgePro/Windows

KnowledgePro/Windows stellt die speziell für die grafische Benutzeroberfläche MS-Windows weiterentwickelte Version der Entwicklungsumgebung KnowledgePro für DOS dar. KnowledgePro ist funktionsorientiert. Darin sowie in der Verwendung von Listen als wichtigster Datenstruktur ähnelt diese Programmiersprache der Softwarefirma Knowledge Garden etwas der Programmiersprache LISP. Sie ist mit einer interaktiven, voll in MS-Windows integrierten Entwicklungsumgebung (Editor, Debugger) sowie einem Compiler zur Erzeugung von Zwischencode, der von einer Runtime-Engine (einem Zwischencode-Interpreter) ausgeführt werden kann, ausgestattet. Der Runtime-Modul kann ohne Lizenzgebühr zusammen mit einer selbsterstellten Applikation vertrieben werden, vorausgesetzt es handelt sich bei dem Programm nicht abermals um ein Werkzeug zur Programmerstellung.

KnowledgePro/Windows eignet sich vor allem zur Erstellung von Hypertextanwendungen (z.B. Lernsoftware, Produktpräsentationen, Online-Handbücher) bzw. regelbasierten Expertensystemen (z.B. Auskunftsysteme, Diagnosesysteme etc.), aber auch zur Verbindung und Integration vorhandener Windows-Anwendungen, die über den dynamischen Datenaustauch (DDE) von einer KnowledgePro-Applikation aus gewissermaßen "ferngesteuert" werden können.

Die speziell an Windows angepaßte Version KnowledgePro/Windows stellt dem Anwender bereits die wichtigsten Bildschirmobjekte (Fenster, Schaltflächen, Markierungsfelder, Eingabefelder, Menüs, Listfelder, etc.) zur Verfügung, wobei wahlweise auch ein objektorientierter Ansatz verfolgt werden kann. Die von KnowledgePro bereitgestellten Techniken der künstlichen Intelligenz umfassen Regelsysteme (rule based programming), Frames, Backtracking und Dämonen. Der effiziente Einsatz dieser Fähigkeiten erfordert allerdings eingehende Praxis und sollte erst nach ausreichender Übung versucht werden.

311 Sprachelemente von KnowledgePro/Windows

Die Befehle der KnowledgePro-Sprache bestehen aus Funktionsaufrufen mit optionalen Argumenten. Werden die Argumente weggelassen so kommen stets vordefinierte Standardwerte zum Einsatz. Ein mit KnowledgePro erstelltes Programm wird als "Knowledge Base" (Wissensbasis) bezeichnet und erhält (als Textdatei) die Dateierweiterung ".KB". Kompilierte, von der Runtime Engine ausführbare, Programme hingegen werden standardmäßig mit der Erweiterung

".CKB" ("Compiled Knowledge Base") versehen. In der Programmiersprache KnowledgePro können Variable jederzeit (ohne Typdeklaration) eingeführt werden (was ihr, zusammen mit ihrer leichten Erlernbarkeit, den zweifelhaften Ruf des "BASICs der künstlichen Intelligenz" eingebracht hat). Wertzuweisungen erfolgen mittels "=", "is" oder durch Aufruf der Funktion "make ()".

Eine Eigenheit, die KnowledgePro erst zur mächtigen KI-Entwicklungsumgebung macht, ist das Konzept der sogenannten Topics. Topics sind eine Einheit aus Variablen und (gleichnamigen) Funktionen. Wird im Programmablauf versucht, auf den Inhalt einer Variablen zuzugreifen, der noch kein Wert zugewiesen wurde, so wird automatisch eine Funktion aufgerufen, die denselben Namen wie die wertfreie Variable besitzt.

Programmbeispiel:

```
'mein name' is ?name.

topic name.
name is franz.
end. (* name *)
```

In diesem Programm wird der Wert einer Variablen abgefragt, ohne daß ihr vorher ein Wert zugewiesen wurde. Dies bewirkt unter KnowledgePro automatisch den Aufruf der gleichnamigen Funktion zur Wertermittlung (backtracking).

312. Ein kleines Beispiel für Hypertext mit KnowledgePro

Der Begriff "Hypertext" bezeichnet in dieser Entwicklungsumgebung Text, der am Bildschirm besonders hervorgehoben wird (z.B. unterstrichen, invertiert etc.) und über den (z.B. durch Mausklick) das Programmsystem zu weiteren Aktionen veranlaßt werden kann. Im einfachsten Fall führt ein markierter "Hyperbutton" zu einer Erklärung des markierten Worts, doch sind auch komplexere Abläufe (bis hin zum Start von Unterprogrammen oder der Kommunikation mit externen Programmen) vorstellbar. Unter KnowledgePro/Windows wird Hypertext wie gewöhnlicher Text am Bildschirm ausgegeben, d.h. durch Verwendung der vordefinierten Funktionen text() oder say(). Als Hyperbutton fungierende Begriffe sind allerdings in die Zeichenfolge "#m" einzuschließen.

Programmbeispiel:

```
(* BSP1_3A: Ein Beispiel für Hypertext *)
window ().
screen().
```

```
topic screen.
 text ('#eFolgende Konfigurationen stehen zur Auswahl:

     #mPC XT#m mit 20 MB Festplatte
     #mPC AT#m mit 60 MB oder 80 MB Festplatte
     #m386er PC#m mit 80 MB oder 120 MB Festplatte

     #mEnde#m').
end. (* screen *)

topic 'PC XT'.
  text ('#eDieses Gerät ist für Einsteiger und
Hobbyanwender geeignet.').
wait (Menü).
screen().
end. (* PC XT *)

topic 'PC AT'.
  text ('#eDieses Gerät ist für professionelle
Anwender geeignet.').
wait (Menü).
screen().
end. (* PC AT *)

topic '386er PC'.
  text ('#eDiese Konfiguration wird für die
professionelle Softwareentwicklung empfohlen.').
wait (Menü).
screen().
end. (* 386er PC *)

topic Ende.
  close_window().
end. (* Ende *)
```

Diese Wissensbasis besteht aus verschiedenen Topics: screen(), 'PC XT', 'PC AT', '386er PC' und 'Ende'. Der Topic screen() erstellt ein Auswahlmenü am Bildschirm. Von hier aus kann in die erklärenden Topics verzweigt werden. Hyperbuttons werden in diesem Beispiel unterstrichen dargestellt. Sie können nicht nur durch Mausklick, sondern auch noch auf eine andere Art (ohne Maus) angesteuert werden: betätigen Sie die Tabulatortaste, so sehen Sie, daß ein kleiner Textcursor ("I-Beam") aus der linken oberen Fensterecke von Hyperbutton zu Hyperbutton springt, bis er schließlich wieder in der linken oberen Fensterecke landet. Alle Fenster in KnowledgePro/Windows verfügen über einen solchen Textcursor. Drückt man die [Eingabe]-Taste während sich dieser Textcursor auf einem Hyperbutton befindet, so wird er aktiviert.

4. TWB - konkrete technische Realisation

So komfortabel diese Sprache auch scheinen mag, ihr Anwendungsgebiet ist nicht bloß auf Lernumgebungen beschränkt, sondern erstreckt sich auch aufdie Entwicklung von in der Praxis einsetzbaren Expertensystemen mit direktem Zugriff auf verschiedene kommerzielle Datenbanken.

Trotz des demonstrierten Komforts stehen Autoren- und Navigationskomponente eines Hypertextsystems unter KnowledgePro noch nicht originär zur Verfügung, sondern müssen erst vom Entwickler programmiert werden. Der erste Schritt bei der Erstellung der Lernumgebung TWB war daher auch die Maßanfertigung eines Autorensystems mit dazu kompatibler Navigationskomponente.

41. ORGAN.KB - ein Hypertext-Organizer

Aus didaktischen Gründen wurde zunächst davon abgesehen, den Studierenden den theoretischen Lernstoff in strikt nicht-linearer Form (d.h. ausschließlich als Hypertext) anzubieten[4]. Als altvertraute Navigationshilfen sollte daher vom Autor optional auch eine Kapitel- und Seitengliederung vorgegeben werden können.

Der funktionale Ablauf von ORGAN.KB ist daher der folgende (vgl. Abb. 2):

- Laden der strukturierten Textdatei
- Angabe, ob Kapitel- und Seitengliederung gewünscht wird oder nicht

Wird keine Kapitel- und Seitengliederung gewünscht, werden die Hyperlinks lediglich indexiert, d.h. es wird eine Indexdatei für den schnelleren Zugriff auf die Hypernodes erstellt. Bei zusätzlicher Wahl der konventionellen Gliederung kann im Dialog aus Listboxen für jedes Kapitel (bzw. jede Seite) der entsprechende Hyperlink festgelegt werden. Offene Referenzen (das sind Hyperlinks, zu denen in der aktiven Datei keine Hypernodes existieren) werden dabei gesammelt und am Ende (ebenfalls über interaktive Auswahl aus Listboxen) den externen Dateien zugeordnet, d.h. das Hypertextsystem kann sich über beliebig viele physische Dateien erstrecken. Dabei werden die externen Zuordnungen jeweils vom Programm überprüft, d.h. es wird sichergestellt, daß die den Hyperlinks entsprechenden Hypernodes in der ausgewählten Datei auch tatsächlich vorhanden sind.

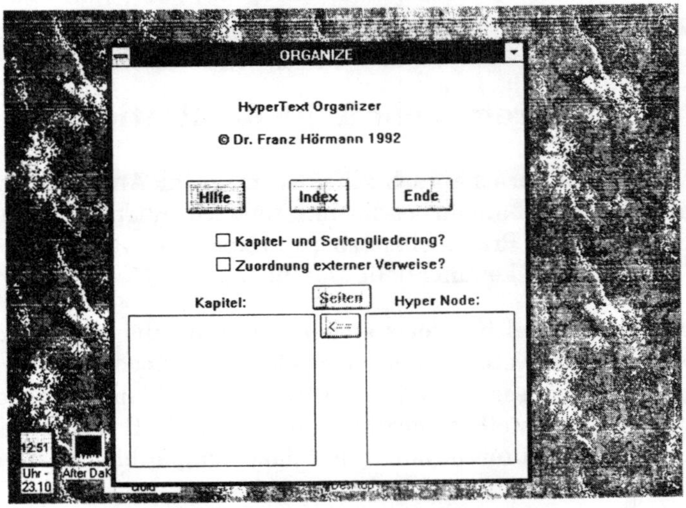

Abb. 2: Start des Autorenwerkzeugs ORGAN.KB

42. HYPER.KB - die Navigationskomponente der Lernumgebung

An die Navigationskomponente, gewissermaßen den studentischen Teil des Hypertextsystems, wurden folgende Anforderungen gestellt:

421. Unterstützung konventioneller Textgliederung

Der Student soll in die Lage versetzt werden, einerseits kapitel- andererseits seitenweise vorwärts und rückwärts durch den Text zu blättern (browsing). Darüberhinaus ist allerdings auch die gezielte Ansteuerung eines bestimmten Kapitels oder einer bestimmten Seite innerhalb des aktuellen Kapitels zu ermöglichen. Nicht zuletzt soll über einen Zurück-Menüeintrag das Zurückverfolgen des bisherigen Suchwegs (auch über mehrere physische Dateien hinweg) möglich sein.

422. Kontextsensitiver Notizblock

Die Navigationskomponente HYPER.KB sollte zudem über einen kontextsensitiven Notizblock verfügen, d.h. durch Wahl eines Menüeintrags wird der Student in die Lage versetzt, in einem kleinen Textfenster beliebige Notizen zum gerade aktiven Hypernode unterzubringen. Wird dieser Hypernode (in derselben oder einer anderen Konsultation) anschließend wieder aufgesucht, so stehen die Notizen in diesem Editorfenster wieder zur Verfügung (vgl. Abb. 3). Dadurch können eigene Ideen, Fragen zum Inhalt aber auch Literaturreferenzen vom Studenten selbständig hinzugefügt werden (in Analogie zu den Randnotizen viel gelesener Lehrbücher).

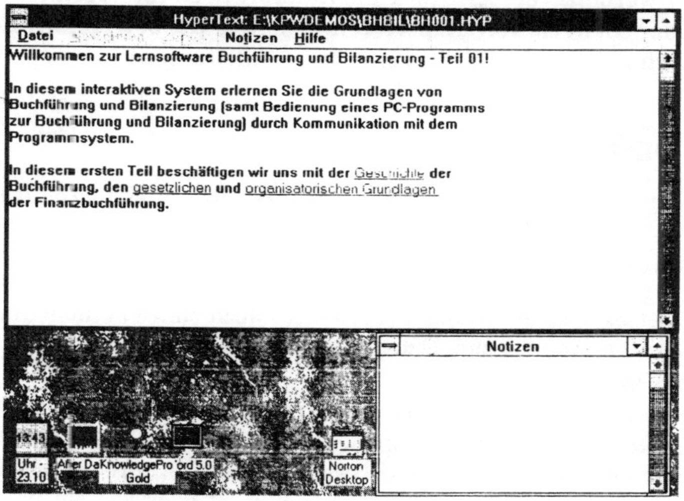

Abb. 3: Navigationskomponente HYPER.KB mit kontextsensitivem Editor

423. Integriertes Buchhaltungssystem

Durch die Integration interaktiver Objekte sowie die Verwendung einer dBase-kompatiblen Datenbankschnittstelle war es möglich, den Studenten in die Lage zu versetzen die Aufgabenstellungen in einem realitätsnahen Kontext zu lösen, d.h. in einem eigenen, kleinen (Dialog-) Buchhaltungssystem die gefragten Buchungen vorzunehmen und sich die Kontensalden nach erfolgter Änderung jederzeit anzeigen zu lassen.

5. Zusammenfassung und Ausblick

Durch die Entwicklung der Hypertext-basierten Lernumgebung TWB wird es für Studenten erstmals möglich, in der konkreten Lernsituation Theorie und Praxis zu verbinden, d.h. einerseits in Form von Hypertext die Theorieunterlagen jederzeit wahlweise linear oder nicht-linear bearbeiten zu können, andererseits ist auch die Praxis stest griffbereit (nur einen Mausklick entfernt) durch Integration eines dialogfähigen Buchführungsprogramms. Ein probeweiser

Einsatz dieses Systems wurde erstmals im Wintersemester 1992/93 begonnen und wird zur Zeit ausgewertet, um weitere Verbesserungen an diesem und ähnlichen bereits geplanten Systemen vornehmen zu können. Insbesondere die Erweiterung um Expertensystemkomponenten (deren Entwicklung mit der gewählten Sprache etwa in Bowie/Arnold 1990 bzw. Bielawski/Lewand 1991 beschrieben werden) verspricht für die Zukunft noch interessante Möglichkeiten (etwa der Erwerb von Expertenfähigkeiten im betriebswirtschaftlichen Bereich durch entsprechend programmierte Fallstudien).

Anmerkungen

1) zur näheren Begriffsdefinition, aber auch für die Beschreibung einiger existierender Systeme, vgl. insbes. [4] hier S 27 ff.

2) vgl. etwa [3], der eine konkrete Applikation für die Ausbildung von Studenten des Rechnungswesens beschreibt, oder [5], die nicht nur die historische Entwicklung von Hypertextsystemen darstellen, sondern auch einige aktuelle Applikationen, insbes. als Verbindung zum Datenbankbereich, beschreiben.

3) entnommen [4], S 21

4) zur Übersichtlichkeit vgl. insbes. [6], S 151 f.: hier wird etwa als Unterpunkt 2 des Punktes I eines Kriterienkatalogs zur Beurteilung von Lernsoftware gefordert: "Die Benutzer können die Software überblicken, z.B. an welcher Stelle sie sich befinden, wie umfangreich eine Übung ist oder wie sie in andere Teile wechseln können."

Literatur

[1] Bielawsky/Lewand, Intelligent Systems Design, New York 1991

[2] Bowie/Arnold, The Intelligent PC, Englewood Cliffs 1990

[3] Gregory, Corporate Hypertext: A Grand Design, in Goodall, Advanced Information Systems: Proceedings (London 19-21 March 1991), Oxford 1991

[4] Kuhlen, Hypertext, Berlin 1991

[5] Parsaye et al., Intelligent Databases, New York 1989

[6] Thome, Kriterien zur Bewertung von Lernsoftware, Heidelberg 1989

Psychische Probleme von MitarbeiterInnen in Unternehmen. Möglichkeiten der Handhabung

Brigitte Schuster, Günter Lueger

1. Geschichten, die das Leben schrieb:

Frau F.:

" Frau F. arbeitet als Kassiererin teilzeitbeschäftigt in der Filiale eines großen Lebensmittelkonzerns. Sie ist 36 Jahre alt, verheiratet und hat eine 10-jährige Tochter und einen 13-jährigen Sohn. Sie ist gelernte Bürohandelskauffrau, mußte aber nach dem ersten Kind diesen Beruf aufgeben, weil sie keine Teilzeitstelle fand. Seitdem ist sie im Einzelhandel mit einer kurzen Unterbrechung als Heimhilfe tätig gewesen. Als berufstätige Mutter hat sie einen beruflichen Hürdenlauf hinter sich. Wegen der schlechten Arbeitszeiten hat sie oft den Job gewechselt, da sie durch die meist flexiblen Arbeitszeiten Probleme mit der Kinderbetreuung hatte. Sie hat vorwiegend als Schuhverkäuferin gearbeitet und ist jetzt seit 2 Jahren bei diesem Konzern als Kassiererin beschäftigt. Sie hat für sich eine regelmäßige Arbeitszeit am Vormittag durchgesetzt. Frau F. leidet sehr an der täglichen Hektik, sowohl was die Versorgung der Kinder als auch ihre Tätigkeit als Kassiererin betrifft. Sie hat mehrere gesundheitliche Beschwerden, unter anderem häufige Kopf- und Augenschmerzen und eine Schilddrüsenüberfunktion. Arbeiten geht sie aus rein finanziellen Gründen, lieber würde sie sich ganz ihren Kindern widmen. Nach einer sehr enttäuschenden Begebenheit mit einem Betriebsrat ist sie aus der Gewerkschaft ausgetreten."([18], S. 156)

Auch Frau L. hat einen beschwerlichen Weg hinter sich. Ihre Situation läßt sich folgendermaßen beschreiben:

"Seit eineinhalb Jahren arbeitet Frau L. als erste Verkäuferin und als Vollzeitkraft in einer großen Filiale einer Drogerie-Diskonterkette. Frau L. ist 25 Jahre alt, geschieden und hat keine Kinder. Sie ist als Sechzehnjährige mit ihrer Mutter von Deutschland nach Wien zu deren Lebensgefährten gezogen. Jetzt ist sie allein da, sie würde aber zurückgehen, wenn ihre Mutter erkranken würde, weil sie es als ihre Pflicht ansieht für sie dazusein. In ihrer ersten Zeit in Wien ist sie 'auf die schiefe Bahn gekommen', was sie nicht weiter erläutert. Sie wollte die Abendschulmatura machen, hat diese aber nach drei Monaten geschmissen. Ihr eigentlicher Berufswunsch war Psychologie zu studieren, wofür sie sich jetzt zu alt und nicht mehr aufnahmefähig genug fühlt. Sie hat dann eine Friseurausbildung gemacht um wenigstens irgendetwas in der Hand zu haben, war aber in diesem Beruf nie tätig. Vor ihrer jetzigen Arbeit hat sie drei Jahre lang als Verkäuferin in einem Lebensmittelkonzern gearbeitet, ein Jahr davon als Filialleiterin. In dieser Zeit ist ihre Ehe kaputt gegangen, was sie auf ihre volle Verausgabung in der Filialleiterposition zurückführt. Frau L. hat überhaupt keinen Spaß an ihrer Arbeit, die sie als stupide und sehr belastend empfindet. Sie klagt über Lustlosigkeit und Depressionen. Aus der Gewerkschaft ist sie aus Enttäuschung ausgetreten, weil die damals für sie zuständige Betriebsrätin nur für die Firma da war. Jetzt strebt sie wieder eine Filialleiter-Position an, um die Arbeitssituation zu verbessern."([18], S. 160)

2. Problemstellung

Die beiden in die Thematik einführenden Fälle weisen folgende - für die weiteren Ausführungen wesentliche - Gemeinsamkeiten auf:

- Die beiden Frauen zeigen behandlungsbedürftige Merkmale als Folge ihrer unbefriedigenden Situation, d. h. sie haben psychische Probleme, die zum einem über den Körper (Frau F. hat Schlafstörungen und Augenprobleme) und zum anderen über das emotionale Befinden (Frau L. weist ein depressives Zustandsbild auf) verarbeitet werden.
- Beide Frauen sehen ihren Leidensdruck durch ihre berufliche und private Situation bedingt und beide bringen explizit ihre Probleme mit ihrer Arbeitswelt in Zusammenhang.
- Beide haben - was die Umgestaltung ihres Lebens betrifft - resigniert und deutlich erkennbar ein Arrangement mit den vorhandenen Zuständen getroffen, um die Situation aushaltbar zu gestalten. Sie berichten auch nichts über mögliche Veränderungsmöglichkeiten oder gar Hilfestellungen durch den Betrieb.

Ausgehend von diesen konkreten Fällen sollen im weiteren verallgemeinerbare Aussagen zu 1. Relevanz und Verbreitung psychischer Probleme in Unternehmen 2. betrieblichen Einflußfaktoren solcher Probleme und 3. Möglichkeiten der Handhabung solcher Probleme in Betrieben getroffen werden.

3. Formen und Verbreitung psychischer Probleme im Kontext der Arbeitswelt

Untersuchungsergebnisse weisen klar darauf hin, daß es sich bei psychischen Problemen um ein weitverbreitetes Phänomen unserer Gesellschaft handelt. Psychische Erkrankungen stehen inzwischen an vierter Stelle der sogenannten Volkskrankheiten und auch an vierter Stelle der Ursachen von Frühinvalidität aufgrund von Berufs- und Erwerbsunfähigkeit ([9], S. 647-657). Epidemiologische Studien zeigen, daß 15-25% (vgl. z.B. [5], [14]) der Bevölkerung von solchen Problemen betroffen sind. Daher ist davon auszugehen, daß diese Probleme auch für Mitarbeiter und somit Unternehmen von Relevanz sind.

Der mit psychischer Belastung in der Arbeitswelt sowohl in Praxis als auch Theorie am häufigsten assoziierte Begriff ist "Streß". Meist wird Streß mit Zeitdruck, hoher konzentrativer Anspannung und Umgebungsbelastungen wie Lärm oder Hitze in Zusammenhang gebracht. Auch alltägliche Ärgernisse und kleine, aber ständige Unsicherheiten in der Arbeitstätigkeit werden in Zusammenhang mit Streß gebracht. Nicht zu vergessen ist der Soziale Streß, der durch Konflikte mit KollegInnen oder Vorgesetzen entsteht. Kern der Streßdefinition ist das Empfinden eines "unangenehmen Spannungszustandes", der deshalb entsteht, weil befürchtet wird, daß eine sehr stark widerstrebende, zeitlich entweder bereits eintretende oder sehr nahe und subjektiv lang andauernde Situation, nicht vollständig unter Kontrolle zu bringen ist, bei der aber der dringende Wunsch besteht, sie zu vermeiden. Auslösende Faktoren einer derartigen Situation werden "Stressoren" genannt (vgl. [6], S. 13]. Sie werden definiert als ".. hypothetische Faktoren, die mit erhöhter Wahrscheinlichkeit 'Streß' (oder 'Streßempfinden') auslösen." (vgl. [6], S. 13).

Folgeprobleme von Streß sind weitverbreitet: So leiden Industriearbeiter täglich oder alle paar Tage unter folgenden Symptomen (vgl. [4]): schnelles Ermüden (46%), Nervosität (36%), Schlafstörungen (26%), Zerschlagenheit (26%), Aufregung im ganzen Körper (25%), Schweißausbrüchen (21%) Herzklopfen bei wenig Anstrengung (19%).

Neuere Forschungsarbeiten verweisen auf eine zunehmend breitere Symptompallette wie Angst, Depressivität, psychosomatische Beschwerden, Gereiztheit, Suchterkrankungen u. a. m. (vgl. [13], S. 229 - 247) und stellen diese in Zusammenhang mit betrieblichen Stressoren. Die für das Thema des Beitrages besonders relevanten und in Betrieben am häufigsten auftretenden Formen werden in der Folge kurz beschrieben.

3.1. Suchterkrankungen

Als die in Betrieben wesentlichste Suchterkrankung gilt der Alkoholismus. Als Merkmal des pathologischen Alkoholkonsums gilt das Bedürfnis nach täglicher Alkoholzufuhr, um ausreichende Leistungen zu erbringen. Die Unfähigkeit das Trinken zu lassen bzw. wiederholte Bemühungen, das Trinken durch Änderung alltäglicher Gewohnheiten zu reduzieren sowie das sogenannte "black-out" und das Trinken von eigentlich nicht zum Genuß bestimmten Alkohol sind weitere Merkmale dieser Erkrankung.

55 % der deutschen Männer und 20 % der deutschen Frauen trinken täglich Alkohol und 14 % der Männer und 5 % der Frauen sind als alkoholgefährdet zu bezeichnen. 2 bis 7 % der Konsumenten gelten als behandlungsbedürftig (vgl. [10], S. 166 - 196)

In der Folge tritt eine Reduktion der beruflichen bzw. sozialen Anpassung bedingt durch den Alkoholkonsum ein, die bis zum Verlust des Arbeitsplatzes bzw. massiver Schwierigkeiten im sozialen Umgang gehen können.

3.2. Depressionen

Wesentliches Charakteristikum von Depressionen ist das gemeinsame Auftreten von körperlichen und psychischen Symptomen. Niedergeschlagenheit, Hilflosigkeit, Trauer, Einsamkeit, Angst, Sorgen, Distanz zur Umwelt, Kraftlosigkeit, Verlangsamung der Bewegung, Unruhe, Wetterfühligkeit, Appetit- und Gewichtsverlust sowie eine leise, langsame und monotone Sprache zeigen u. a. die Breite der Symptome depressiver Störungsbilder. Die Wahrscheinlichkeit im Laufe des Lebens an einer Depression zu erkranken, liegt für Männer bei bis zu 12 %, für Frauen bei bis zu 26 %. Depressionen treten in allen Lebensphasen, zwischen dem 30. und 40. Lebensjahr jedoch am häufigsten auf. Als wichtige Schutzfaktoren gegen Depressionen erweisen sich positive Bewertungen der menschlichen Beziehungen und auch des beruflichen Bereiches. Hingegen gelten belastende Ereignisse in kurzer Folge hintereinander, die keine Zeit zur Erholung lassen, als besonders kritisch für die Entwicklung einer Depression (vgl. [7], S. 126 - 165).

3.3. Psychosomatische Beschwerden.

Im Rahmen einer Untersuchung wurden gesunde Arbeitnehmer eines deutschen Industriebetriebes einer weiteren Gruppe von Arbeitnehmern, die kürzlich einen Arzt konsultiert hatten, gegenübergestellt und hinsichtlich der Häufigkeit und Form körperlicher Beschwerden verglichen. "Die häufigsten Beschwerden der Gesunden und Behandelten waren Kopfschmerzen (17 bzw. 31 %), Schweißausbrüche (14 bzw. 27 %), funktionelle Herzbeschwerden (7 bzw. 21%), Schwindelgefühle (5,3 bzw. 16 %). Auch bei Klagen über Reizbarkeit, Schlafstörungen, Müdigkeit, labile Stimmung fanden sich noch relativ viele Beschwerden bei Unbehandelten, die gleichen zwei bis dreimal so häufig bei denen, die eine Behandlung aufgesucht hatten. Es war eine Abhängigkeit von den Arbeitsbedingungen, vor allem von emotionalen Konflikten am Arbeitsplatz und aktueller beruflicher Überlastung dabei herauszuarbeiten" ([2], S. 32).

Diese körperlichen Beschwerden ohne organischen Befund, mit wahrscheinlichem seelischen und/oder sozialen Konflikthintergrund werden auch als vegetative Störungen, vegetative Dystonie oder psychovegetative Syndrome bezeichnet. Ob und wann diese Beschwerden in ärztliche Behandlung münden und damit zur Krankheit werden, hängt vom Ausmaß und der Intensität der Belastungsfaktoren und den Bewältigungsmechanismen der jeweiligen Person ab. Eine Chronifizierung hängt nicht zuletzt von den therapeutischen Maßnahmen, die der behandelnde Arzt setzt, ab.

4. Arbeit als Einflußfaktor für psychisches Befinden

Aus psychiatrischer Erkenntnis ist Arbeit für das psychische Befinden von hohem Stellenwert, wie Maßnahmen zur Rehabilitation zeigen. Arbeit strukturiert den Tagesablauf, erlaubt Erfahrungen in der sozialen Interaktion, fördert intellektuelle und soziale Flexibilität. Über Arbeit wird der gesellschaftliche Status vermittelt und ist die existentielle Grundlage gegeben. Arbeit hat somit insgesamt persönlichkeitsförderne Wirkung. Fehlt das Element Arbeit im Lebensvollzug, fehlt somit auch ein wichtiger Faktor zur Gesunderhaltung der Individuen, wie Beispiele aus der Arbeitslosenforschung belegen. Nicht nur der Entzug der existentiellen Grundlage, sondern auch vor allem der Entzug der gesellschaftlichen Teilhabe führt zu psychischen und psychosomatischen Erscheinungsformen mit Krankheitswert (vgl. [8]).

Arbeit ist jedoch nicht nur gesunderhaltend sondern kann auch belastend bzw. krankmachend sein. Faktoren wie Hitze, Lärm, Staub, oder Giftstoffe, die früher häufiger Belastungen verursachten, treten zunehmend durch die Entwicklung und den Einsatz neuer Technologien in den Hintergrund. Diese Veränderungen bewirken Veränderungen in der Arbeitsplatzgestaltung und der Arbeitsstrukturierung sowie in den Sozialbeziehungen und haben natürlich auch Einfluß auf Beanspruchung und Belastung durch Arbeit. Insofern wandeln sich Stressoren und deren Auswirkungen.

Studien der "Industriellen Psychopathologie" zeigen zunehmend Übereinstimmung bei der Identifikation von Stressoren in der Arbeitswelt (vgl. [5]; [11]; [17]). Die in diesen Studien genannten Belastungsfaktoren können vier Gruppen zugeordnet werden (vgl. [16]):

1. Stressoren in der Arbeitsaufgabe: Es handelt sich hier sowohl um Unterforderung als auch Überforderung, die sowohl quantitativ als auch qualitativ auftreten kann. Auch Störungen im Arbeitsablauf zählen zu den Stressoren der Arbeitsaufgabe, wie z. B. Unterbrechung der Arbeit durch andere.

2. Physikalische Stressoren: Darunter werden die äußeren Umgebungsbedingungen verstanden wie Lärm, Hitze, Staub, Schmutz oder chemische Stoffe.

Sie beschränken sich keinesfalls nur auf den industriellen Bereich, sondern sind auch im Verwaltung, und Dienstleistungsbereich vorzufinden.

3. Stressoren der zeitlichen Dimension: Neben zu hoher Arbeitsdichte ist auch auf Belastungen durch die Arbeitszeitgestaltung wie Schichtarbeit oder Arbeitszeitformen wie z. B. Arbeit auf Abruf oder Kapovaz (Kapazitätsorientierte variable Arbeitszeit). Damit verbunden ist eine geringe Planbarkeit und wenig Kontrolle über den eigenen Tagesablauf.

4. Stressoren in der sozialen und organisationalen Situation: Darunter versteht man Belastungen, die durch die gegensätzlichen Anforderungen aus unterschiedlichen, oft widersprüchlichen Rollen einer Person entstehen. Auch das Verhalten von Vorgesetzten oder Kollegen, Umstellungsprozesse in der Arbeit (durch neue Technologien oder innerbetriebliche Umstrukturierungsmaßnahmen) zählen zu dieser Gruppe von Stressoren.

5. Arbeitsplatzunsicherheit als Stressor: Die genannten psychischen Probleme treten verstärkt im Falle des Arbeitsplatzverlustes auf.

Die genannten Belastungsfaktoren der Arbeitssituation führen jedoch nicht per se zu psychischer Beanspruchung, sondern müssen den Merkmalen der Person (und ihren Bewältigungsressourcen) gegenübergestellt werden, um entscheiden zu können, ob psychischer Problemdruck entsteht. Erst bei mangelnder Übereinstimmung von Merkmalen der wahrgenommenen (!) Arbeitssituation und Merkmalen der Person entsteht psychische Beanspruchung (vgl. [15], S. 20 ff.).

Zusammenfassend können somit folgende potentielle Belastungsfaktoren der Arbeitswelt genannt werden:

- Unterforderung (Monotonie, Langeweile)
- Überforderung (quantitativ durch zu hohe Arbeitsmenge oder qualitativ durch zu hohen Verantwortungsspielraum)
- physikalische Bedingungen der Umgebung
- keine eigene Zeitkompetenz
- innere Konflikte bedingt durch unterschiedliche Rollenerwartungen
- Vorgesetzte und Kollegen, die unangemessene Forderungen stellen oder quälen
- der potentielle Arbeitsplatzverlust in Zeiten wirtschaftlichen Rückganges

5. Möglichkeiten der Handhabung

Im Falle des Auftretens hoher psychischer Beanspruchung stehen Bewältigungs- bzw. Reaktionsformen auf zwei Ebenen zur Verfügung: der individuellen und der organisatorischen Ebene

5.1. Individuelle Reaktionsformen

5.1.1. Positive Bewältigungsformen

MitarbeiterInnen haben in der Regel eine Reihe von inneren Mechanismen zur Verfügung, die ihnen das begrenzte (quantitative und qualitative) Aushalten von mehr oder weniger belastenden Situationen am Arbeitsplatz ermöglicht.

1. Identifikation mit der Rolle: Hier handelt es sich um einen Anpassungsmechanismus im psychoanalytischen Sinne, der es dem Ich durch unbewußt ablaufende Handlungen ermöglicht, mit Einflüssen der sozialen Umwelt fertig zu werden. Diese Handlungen wirken als Stabilisatoren für das Ich und entlasten es von der ständigen Auseinandersetzung mit der unangenehmen Außenwelt. Dadurch wird aber auch das Ich in seiner Flexibilität eingeschränkt: Durch Identifikation wird eine objektive zur subjektiven Rolle. Dies hat eine eindeutig identitätsstiftende Funktion und erleichtert dadurch die Bewältigung beruflicher Anforderungen.

2. Familialisierung der sozialen Beziehungen in Unternehmen: Dabei handelt es sich um eine Reaktivierung früher Familiendynamiken. Familialisierung stellt damit eine Form der Regression dar, die dadurch entsteht, daß Arbeitsverhältnisse frühkindliche Verarbeitungsmechanismen fördern (vgl. [3], S. 88 - 101). Beispiele sind die Kollegin, die für alle immer gute Ratschläge parat hat und ständig darüber jammert, warum immer alle zu ihr kommen, oder der Kollege, der, wenn ihm etwas mißlingt, mit seinem Wutausbruch, die Abteilung in Atem hält, oder der Chef, der sich bei Problemen in sein Zimmer zurückzieht und für niemanden zu sprechen ist. Sie alle zeigen Bewältigungsformen, die nichts mit sachlicher Problemlösung zu tun haben, aber sehr viel mit der jeweiligen spezifischen frühkindlichen Erfahrung und der damit verbundenen inneren Welt.

3. Gegenseitige Unterstützung: Beziehungen am Arbeitsplatz sind in der Regel u.a. durch zwei Faktoren gekennzeichnet: Solidarität und Konkurrenz. In der Interaktion mit Kollegen macht diese Gleichzeitigkeit von "Gutem und Schlechten" das Erleben der Beziehung ambivalent, d. h. zwiespältig. So wird gegenseitige Unterstützung zu einem Bestandteil, der unverzichtbar erscheint, gleichzeitig werden damit aber auch sehr subtil Normen generiert, die offene Konkurrenz zurückdrängen. Ein offenes Austragen von Konflikten wird somit häufig in unterschwelige Angriffe gewandelt. Gegenwehr findet dann ebenfalls verdeckt statt. Spannungszustände sind die Folge. D.h. nur uneigennützige soziale Unterstützung dient der Bewältigung.

4. Aushalten: Das stille Aushalten von Belastungen kann als grenzwertiger Bewältigungsmechanismus klassifiziert werden, denn häufig sind damit negative Auswirkungen wie Schlaflosigkeit, Antriebslosigkeit u. a. vegetative Störungen verbunden. Verbunden mit dem Willen zum Aushalten sind meist resignative, wenn nicht überhaupt ohnmächtige Gefühle, die bisweilen einer Demoralisierung nahe kommen.

5.1.2. Negative Bewältigungsformen

Krankheiten und neurotische Störungen können das Resultat unbewußter Mechanismen der Konfliktbewältigung sein. Sie treten vor allem dann auf, wenn die vorhandenen Anpassungs- und Abwehrmechanismen den anstehenden Problemen nicht mehr gewachsen sind. Doch kann in einer psychosomatischen Krankheit auch die Chance gesehen werden, einen Konflikt zu lösen, indem man durch zeitliche und örtliche Distanz eine neue Perspektive erarbeitet (vgl. [12]). Wie weiter oben beschrieben, fördert die Arbeitswelt infantile Verarbeitungsmechanismen, die nicht immer ausreichen einen Konflikt zu bewältigen. Treten Konflikte auf, die infantile Konflikte fördern, d. h. frühkindliche Erlebensmuster reaktivieren, obwohl die äußere Situation davon unabhängig ist, erhöht sich die Chance, diesen Konflikt durch eine Krankheit zu lösen.

5.2. Organisatorische Möglichkeiten der Handhabung

Eine Möglichkeit der Handhabung liegt in der präventiven Arbeits- und Organisationsgestaltung wie z.B. sinnvolle Arbeitsinhalte, Handlungsspielraum, Zeitautonomie, Förderung des zwischenmenschlichen Kontaktes u.a.m. (vgl. [19], S. 23 ff.).

Darüberhinaus bestehen jedoch auch Möglichkeiten einer korrektiven Unterstützung insbesondere im Form der im anglo-amerikanischen Sprachraum diskutierten "employee assistance programs". Damit sind Programme gemeint, die der Unterstützung von Mitarbeitern bei Problemen (wie Alkohol und Drogen, Persönlichkeitsprobleme, Ehe- und Familienprobleme, finanzielle oder rechtliche Probleme...) dienen, die in der Regel auf die Leistung des Betroffenen wirken. Sie beraten und unterstützen Vorgesetzte, die in ihrem Verantwortungsbereich mit solchen Problemfällen konfrontiert sind. Vor allem aber stellen sie eine Anlaufstelle für die belasteten Mitarbeiter selbst dar, die nach eingehender Beratung an kompetente Institutionen weitervermittelt werden (wobei Anonymität das oberste Gebot ist). Darüberhinaus werden aber auch Trainings im Betrieb (z.B. Streßreduktion) oder Beratungsleistungen (z.B. Arbeitsgestaltung) angeboten (vgl. [1], S. 259 ff.).

Präventive als auch kurative Handhabung psychischer Probleme entfalten jedoch ihre volle Effektivität erst bei einer Zusammenarbeit der Experten (Psychologen, Arbeitsmediziner und Personalmanager).

Literatur

[1] Blum, T. / Roman, P.: Employee assistance programs and human resources manangement, in: Research in Human Resources Management 1989, S. 259-312.

[2] Bräutigam, W. / Christian, P: Psychosomatische Medizin, Thieme Verlag, 1986/4, S. 32.

[3] Brede, K.: Psychoanalyse und betriebliche Arbeit. Zur psychischen Verarbeitung von Arbeitserfahrungen. In: Institutsgruppe Psychologie der Univ. Salzburg (Hrsg.): Jenseits der Couch. Psychoanalyse und Sozialkritik. Frankfurt/M: Fischer, 1984. S. 88-101.

[4] Dunckel, H. / Zapf, D.: Psychischer Streß am Arbeitsplatz, Köln: Bund Verlag 1986.

[5] Frese, M.: Arbeit und psychische Störungen, in: Gewerkschaftliche Monatshefte 11/1987, S. 679-691.

[6] Greif, S.: Streß in der Arbeit, in: Greif, S./Bamberg, E./Semmer, N. (Hrsg.): Psychischer Streß am Arbeitsplatz, Göttingen, Toronto, Zürich: Hogrefe 1991, S. 1-28.

[7] Hautzinger, M./De Jong-Meyer, R.: Depressionen. In: Reinecker, H. (Hrsg.): Lehrbuch der Klinischen Psychologie, Göttingen, Toronto, Zürich: Hogrefe 1990, S.126 -165.

[8] Jahoda, M: Wieviel Arbeit braucht der Mensch? Weinheim und Basel: Beltz 1983.

[9] Karmaus, W./ Osterholz, U.: Zu den Ursachen der großen Volkskrankheiten, Gewerkschaftliche Monatshefte 11/1987, S. 647 - 657.

[10] Krypsin-Exner, I.: Alkoholismus, in: Reinecker, H. (Hrsg.): Lehrbuch der Klinischen Psychologie, Göttingen, Toronto, Zürich: Hogrefe 1990, S. 166 - 196.

[11] Marstedt, G. / Mergner, U.: Psychische Belastungen in der Arbeitswelt, Opladen: Westdeutscher Verlag 1986.

[12] Mitscherlich, A.: Krankheit als Konflikt, Frankfurt/M: Suhrkamp, 1967.

[13] Mohr, G.: Arbeit und Gesundheit, in: Schwarzer, R.(Hrsg.): Gesundheitspsychologie, Göttingen, Toronto, Zürich: Hogrefe 1990, S. 229-247.

[14] Schepank; H.: Psychogene Erkrankungen der Stadtbevölkerung, Berlin et al.: Springer 1987.

[15] Seibel, H. / Lühring, H.: Arbeit und psychische Gesundheit, Göttingen, Toronto, Zürich: Hogrefe 1984.

[16] Udris, I./ Frese, M.: Belastung, Streß, Beanspruchung und ihre Folgen, in: Frey, D. / Graf Hoyos, C. / Stahlberg, D. (Hrsg.): Angewandte Psychologie: Ergebnisse und neue Perspektiven, München: Urban und Schwarzenberg, 1988, S. 427-447.

[17] Udris, I.: Streß in arbeitspsychologischer Sicht, in: Nitsch, J. (Hrsg.): Streß - Theorien, Untersuchungen, Maßnahmen, Bern: Huber Verlag 1981; S. 391-440.

[18] Untermarzoner, D: Belastung, Bewältigung und Gegenwehr - Eine qualitative Analyse subjektiver Deutungs- und Handlungsmuster von Verkäuferinnen, Diplomarbeit, Institut für Psychologie, Wien, 1991.

[19] Volpert, W.: Welche Arbeit ist gut für den Menschen? Notizen zum Thema Menschenbild und Arbeitsgestaltung, in: Frei, F. / Udris, I. (Hrsg.): Das Bild der Arbeit. Verlag Hans Huber, Bern, Stuttgart, Toronto, 1990, S. 23-40.

Der Mensch als dominanter Einflußfaktor bei prozeßorientierten Dienstleistungen — dargestellt am Beispiel von Lehrveranstaltungen

Dieter Scharitzer

1. Einleitung, Problemstellung

"In den letzten 20 Jahren hat sich in Österreich ein Wandel von der Industrie- zur Dienstleistungsgesellschaft vollzogen" resümiert der Autor einer volkswirtschaftlichen Studie, die das Wirtschaftsforschungsinstitut im vergangenen Jahr publiziert hat (vgl. [6]). Seine Aussage stützt sich auf ausgewählte makroökonomische Größen, die die Entwicklung dieses Wirtschaftssektors während der Jahre 1976 bis 1989 in Österreich zeigen. Vor allem der nominelle Anteil am BIP hat in dieser Zeit die 50%-Marke deutlich überschritten (60,8%-Anteil des Dienstleistungssektors am BIP laut OECD-Statistik (vgl. [4], S. 63)). Gleiches dokumentiert auch die Struktur der Erwerbstätigen, die sich während des Beobachtungszeitraumes ebenfalls deutlich hin zum tertiären Sektor verschoben hat (58,3% der Erwerbstätigen im Jahr 1989, verglichen mit 48,9% 1976). Damit nimmt Österreich allerdings nur einen Platz im unteren Drittel der OECD-Staaten ein, von denen viele einen noch höheren Anteil des Dienstleistungssektors verzeichnen.

Wenn man sich auf der anderen Seite die Entwicklung in den Wirtschaftswissenschaften aus der Sicht des Fachbereiches Marketing ansieht, so kann man anhand der Literatur feststellen, daß der wachsenden Bedeutung des tertiären Sektors auch die Marketingforschung Rechnung trägt. In den 70-er Jahren, aber vor allem dann in den frühen 80-er Jahren "entdeckten" Marketingwissenschafter die Besonderheiten der Vermarktung von Dienstleistungen, und es entstanden in der Folge eine ganze Reihe von Publikationen zu diesem speziellen Thema.

In diesem Aufsatz soll das Augenmerk insbesondere auf zwei Untersuchungsbereiche im Dienstleistungsmarketing gelenkt werden: Zum einen gilt es den Produktionsprozeß der Leistungen zu charakterisieren, zum anderen, und das steht in engem Zusammenhang mit der Prozeßorientierung bei der Verrichtung, wird die Bedeutung und Rolle von Personen - anbieter- und nachfrageseitig - näher untersucht. Als Grundlage dienen einerseits die Vorarbeit und Teilergebnisse einer Dissertation, die sich mit der Evaluierung von Dienstleistungsqualität beschäftigt, das empirische Untersuchungsfeld sind dabei Lehrveranstaltungen der Universität. Der Prozeßcharakter von Dienstleistungen und die damit verknüpfte Bedeutung von Menschen als Erfolgsfaktoren im Leistungsprozeß wurden aber auch in einer Reihe anderer Arbeiten des Instituts für Absatzwirtschaft untersucht (Beratungsleistungen VKI, Sportfachhandel, Prakt. Arzt).

2. Die Charakterisierung einer Dienstleistung

"Es gibt weder reine Produzenten noch reine Dienstleister: Everybody is in Service!" ([1], S. 46)

Im Zuge der Beschäftigung mit dem Thema "Dienstleistungsmarketing" haben sich eine Reihe von Autoren an einer geeigneten Definition versucht.

Dienstleistungen sind angebotene Leistungsfähigkeiten, die direkt an externen Faktoren (Menschen oder deren Objekten) mit dem Ziel erbracht werden, an ihnen gewollte Wirkungen (Veränderung oder Erhaltung von Zuständen) zu erreichen. ([3], S. 198)

SCHEUCH nähert sich der Abgrenzungsproblematik von der Gutstheorie und beschreibt Dienste als
- immateriell
- produziert
- ursprünglich
- Realgüter (vgl. [5], S. 15ff).

2.1 Charakteristische Merkmale von Dienstleistungen

Um marketingrelevante Unterschiede zwischen Dienstleistungen und Konsumgütern berücksichtigen zu können, wird versucht, Dienstleistungen anhand charakteristischer Merkmale abzugrenzen. Dabei sind sich die verschiedensten Autoren über die grundsätzlichen Unterscheidungsmerkmale durchaus einig: (vgl. [7], S. 34)
- *Immaterialität / Verrichtungscharakter der Leistung*

- *das Präsenzkriterium - der Direktkontakt bei der Dienstleistung*
- *die Nicht-Lagerfähigkeit*
- *Art der Leistungs- bzw. Empfangspotentiale*
- *die Einbeziehung des 'Externen Faktors' (=Diensteobjekt) in die Leistungserstellung*

Aus diesen oben genannten charakteristischen Merkmalen ergeben sich aus Marketingsicht einige Besonderheiten, die sich nachdrücklich auf die Entscheidungsqualität niederschlagen können:

- *Individualität vs. Standardisierbarkeit*
- *Komplexität des Leistungsprozesses*
- *die Beurteilung der Dienstleistungsqualität*

Durch das Beispiel der Lehrveranstaltungen soll hier noch ein Punkt hinzugefügt werden:
- *der Mensch als Einflußfaktor im Leistungsprozeß*

2.2 Prozeß - vs. ergebnisdominante Dienstleistungen

Das Dienstleistungs"produkt" bzw. die Verrichtung entsteht im Moment der Inanspruchnahme des Dienstepotentials (Anbieter) durch den Konsumenten (siehe Präsenzkriterium, Nicht-Lagerfähigkeit). Der Erstellungsprozeß ist also nicht von der Konsumation durch den Kunden getrennt, was aber nicht bedeutet, daß in der Abwesenheit des Auftraggebers bestimmte Vorbereitungen oder Vorleistungen nicht erbracht werden können (z.B. Vorbereitung auf die Lehrveranstaltung, Korrektur der schriftlichen Prüfungsarbeiten). In diesem Zusammenhang ist es nun sinnvoll, eine weitere Unterscheidung, in **prozeßdominante Dienstleistungen**, wie es zum Beispiel eine Theateraufführung oder Lehrveranstaltungen sind, und in **ergebnisdominante Dienstleistungen**, etwa eine Autoreparatur, einzuführen. Diese Unterscheidung ist deshalb begründet, da der Kunde bei prozeßdominanten Dienstleistungen zumeist eine höhere Verweildauer und Kontaktintensität mit dem Angebotspotential hat, wenn er nicht überhaupt als 'externer Faktor' zu einem wichtigen Bestandteil des Produktionsprozesses wird. Beispiele dazu zeigt in der Folge Abb. 1, bei der auch in der Kontakthäufigkeit unterschieden wird.

Diese Unterscheidungen sind vor allem bei der Messung von Dienstleistungsqualität von besonderer Bedeutung, da die meisten Dienste prozeßorientiert ablaufen und es daher nicht nur einen Meßpunkt, sozusagen das Ergebnis am Ende der Verrichtung, gibt, sondern der gesamte Prozeß untersucht werden muß, um auf Kriterien zu stoßen, die die Gesamtbeurteilung der Leistung aus der Sicht des Konsumenten beeinflussen.

Häufigkeit / Kundenkontakt	EINZELKONTAKT	MEHRFACHKONTAKT
KURZE VERWEILDAUER GERINGE KONTAKT-INTENSITÄT	• Reparaturservice • Briefsendung • Inskription an Uni	• Abholen von Kontoauszügen • Überweisungsaufträge • Öffentliche Verkehrsmittel
LANGE VERWEILDAUER STARKE KONATKT-INTENSITÄT	• Kreditgespräch bei Bank • Standesamt • Theaterbesuch	• Unternehmensberatung • Physikal. Behandlung (Arzt) • Fahrschule • Lehrveranstaltungen

Abb. 1: Intensität und Häufigkeit der Kontaktsituation

3. Die Bedeutung des Menschen bei der Dienstleistung

Beschreibt man verschiedene Typen der Leistungserstellung über die Art der Angebots- und Empfangspotentiale bei der Kontaktsituation, so ergeben sich folgende vier Kombinationen von Verrichtungsarten:

- Leistungen von Menschen an Menschen (Arzt, Lehrveranstaltung)
- Leistungen von Personen an Objekten (Reparaturservice)
- Leistungen von Objekten an Personen (Kino, Telefon)
- Leistungen von Objekten an Objekten (Autowaschanlage)

Zur weiteren Systematisierung möchte ich die Betrachtungen in der Folge getrennt in Angebotspotential und Nachfragepotential durchführen.

Aus **Anbietersicht** können bei der Verrichtung sowohl Personen als auch materielle Faktoren eingesetzt werden. So zeigt die nachfolgende Grafik einige Beispiele, welche Bedeutung diese beiden Inputfaktoren in einem Leistungsprozeß haben können.

Im Gegensatz zu Konsumgütern kommt dem Konsumenten bei Dienstleistungen nicht selten auch während dem Erstellungsprozeß eine bedeutende Aufgabe zu. So wirkt er nicht nur im Kaufentscheidungsprozeß mit, vielmehr spielt er als 'externer Input-Faktor' während der Leistungserbringung eine entscheidende Rolle. Gelingt es bei bestimmten Dienstleistungen dem Anbieter nicht, den Nachfrager, der sich oder ein Objekt in seinem Verfügungsbereich als Verrichtungsempfänger zur Verfügung stellt, in den Leistungsprozeß zu integrieren,

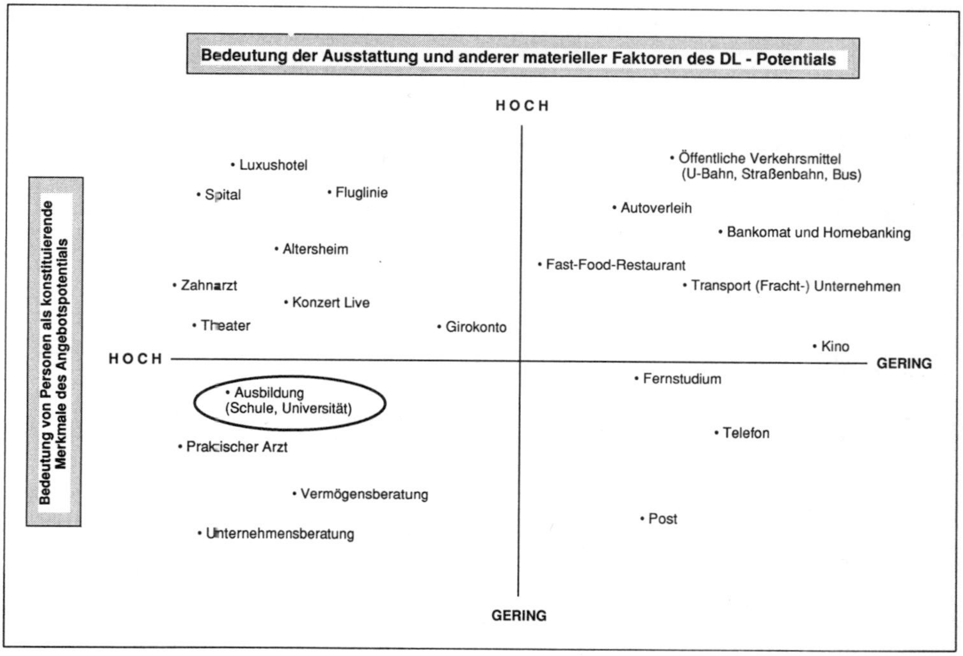

Abb. 2: Konstituierende Faktoren des Kontaktpotentials (in Anlehnung an [2], S. 35)

so läuft er Gefahr nur ein suboptimales Leistungsergebnis zu erzielen (Bsp.: Steigerung des Lernerfolges über ein Lehrveranstaltungskonzept, das die Studenten durch Mitarbeit, Referate oder Diskussionsbeiträge integriert). Natürlich ist es häufig auch der Fall, daß der Verrichtungsempfänger verantwortlich für ein nicht optimales Leistungsergebnis ist, da er für den Anbieter wichtige Informationen zurückhält bzw. die Integration verweigert (Patient schildert dem Arzt falschen Krankheitsverlauf, Unternehmer gibt externem Betriebsberater unvollständiges Informationsmaterial als Beurteilungsgrundlage, Literatur wurde zur Vorbereitung der Diskussion in einer Seminarveranstaltung von Teilnehmern nicht gelesen). Die in Abbildung 3 dargestellte Matrix versucht, die Zuordnung ausgewählter Dienstleistungen nach Maßgabe des Integrationsbedarfes und der Prozeßorientierung einer Dienstleistung darzustellen.

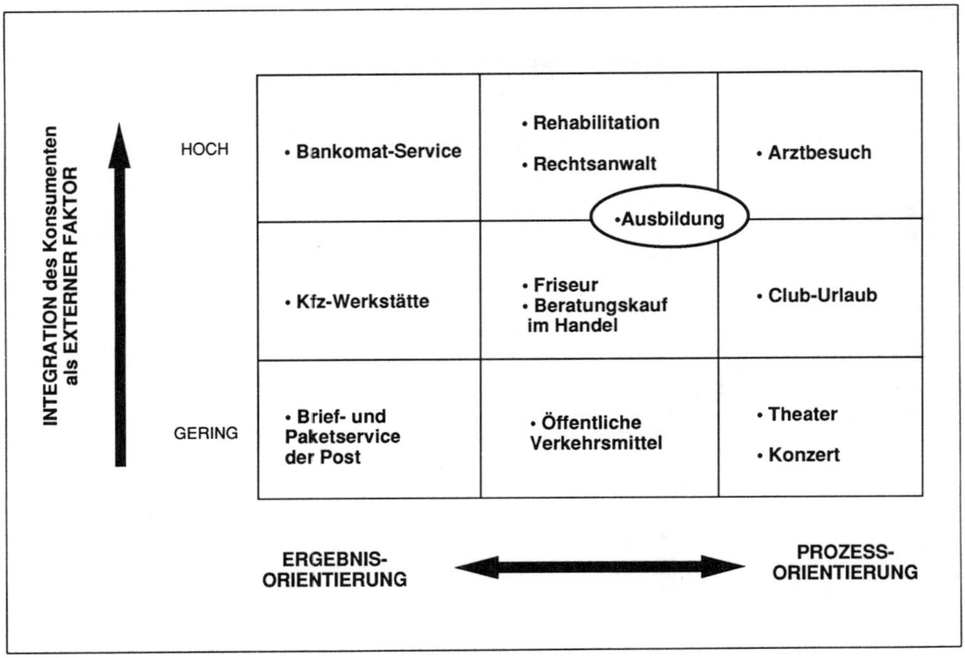

Abb. 3: Prozeßorientierung und Integrationsbedarf ausgewählter Dienstleistungen

4. Folgeprobleme der dargestellten Rolle von Menschen im Verrichtungsprozeß

Dem Titel folgend soll besonders auf die Rolle von Menschen bei prozeßdominanten Dienstleistungen eingegangen werden. Wir gehen also davon aus, daß auf Anbieter- und Nachfrageseite Personen am Verrichtungsprozeß maßgeblich beteiligt sind. Die aus dieser Situation resultierenden Konsequenzen sollen zuerst allgemein, dann im besonderen für die Situation bei Lehrveranstaltungen dargestellt werden.

4.1 Angebotspotential

Adjunktivität der Leistung

Spricht man von personenbezogenen adjunktiven Gütern, so ist damit gemeint, daß die Fähigkeit, eine nutzenstiftende Verrichtung an einem Diensteobjekt zu vollbringen, primär an die Person des Anbieters gebunden ist (vgl. [5], S. 66). Quantität und Qualität der Leistung hängen demnach von den individuellen Fähigkeiten und Ressourcen der Person des Anbieters ab. Besonders anschauliche Beispiele dazu findet man bei den Vertretern der freien Berufe - Rechtsanwälte und Ärzte sind klassische Beispiele dafür, weiters könnte man Künstler oder prominente Personen des öffentlichen Lebens nennen. Ihnen allen ist gemeinsam, daß die Person des Anbieters den Verrichtungsprozeß dominiert, die Verrichtung nicht losgelöst von einer konkreten Person erfolgen kann und weiters die Person selbst häufig das Hauptauswahlkriterium für die Entscheidung des Nachfragers ist.

Im Falle von Lehrveranstaltungen ist die Unverwechselbarkeit der Person vielleicht nicht in demselben Ausmaß gegeben, wie das im Fall der freiberuflichen Dienstleistungen festzustellen ist, jedoch kommt meiner Meinung nach auch bei Lehrveranstaltungen der Person des Vortragenden eine große Bedeutung zu. Diese Frage wird noch empirisch zu überprüfen sein.

Eine unmittelbare Folge der Adjunktivität sind zeitlich oder physisch bedingte Kapazitätsengpässe beim Anbieter. Ähnliche Auswirkungen bringen auch Einschränkungen durch das Präsenzkriterium. Kommen dazu auch noch ungünstige gesetzliche Rahmenbedingungen, die dem Anbieter weitgehend Delegationsmöglichkeiten bei der Leistungserbringung untersagen (z.B. Arzt), so wirkt sich der Engpaß auch entscheidend auf Wachstums- und Filialisierungschancen des Anbieterunternehmens aus.

Individualität vs. Standardisierbarkeit

Aus den geschilderten charakteristischen Merkmalen bei Dienstleistungen, verstärkt durch den Einfluß von Personen während des Leistungsprozesses, könnte man das Standardisierungsproblem anhand von Lehrveranstaltungen folgendermaßen schildern (vgl. [3], S. 200):

geringe inhaltliche Standardisierung

Inhaltliche Standardisierung findet bei Lehrveranstaltungen höchstens durch einen Lehrplan statt oder im Falle von Gemeinschaftsprüfungen durch eine allgemein gültige Stoffabgrenzung oder sonstige Absprachen unter den Prüfern. Ansonsten ist der/die Vortragende zumeist ungebunden bei der Gestaltung der Veranstaltungseinheiten, zum Teil auch beim Prüfungsmodus.

Eine ganze Reihe von Ursachen für unterschiedliche Leistungserstellung im Rahmen einer Lehrveranstaltung ergibt sich durch die oben genannten gutsimmanenten Besonderheiten bei Dienstleistungen: die Immaterialität der Leistung, das Präsenzkriterium und den externen Faktor. Einige Probleme sollen hier kurz aufgezeigt werden:

Anbieterseitig starke intrapersonelle Schwankungen

Intraindividualität entsteht durch wechselnde Tagesverfassung, Launen, Sympathien im Rahmen von Lehrveranstaltungen.

Anbieterseitig starke interpersonelle Schwankungen

Darunter versteht man Leistungsunterschiede zwischen den Vortragenden, die sich durch verschiedene Vorbildung, unterschiedliche Erfahrungen, Routine, unterschiedliche Fertigkeiten u.a.m. begründen lassen.

Nachfrageseitig objektive Individualität

Darunter kann man die Verschiedenheit der "externen Faktoren" (Aussehen, Niveau der Vorbildung der Studenten etc.) zusammenfassen.

Nachfrageseitig subjektiv gewünschte Individualität

Ein besonderer Status des Nachfragers erfordert angepaßte Leistungen (Kassenpatienten beim Arzt, Institutsangehörige im Dissertanten-Seminar)

Die mangelnde Standardisierbarkeit der Leistung bei Lehrveranstaltungen, die vor allem durch die an Personen gebundene Erbringung entsteht, verbunden mit der eben dargestellten doppelten (beidseitigen) Individualität erfordern vom Dienstleister (Vortragenden) erhöhte Variationsfähigkeit, erhöhte Improvisationsfähigkeit, erhöhte Flexibilität und - manchmal durchaus gewollt - bewußte Demonstration der Individualität.

Qualitätsbeurteilung, Qualitätsstandards

Die Qualitätsproblematik bei Dienstleistungen ist vor allem durch die Immaterialität begründet, sodaß objektive Meßverfahren hier wenig zur Klärung beitragen können. Diese Diskussion würde aber den Rahmen dieser Arbeit sprengen. Stattdessen seien an dieser Stelle nur einige Stichworte genannt:

- Eigendefinition von Qualität der Anbieter, Operationalisierung
- Reflexion mit den Erwartungen der Nachfrager
- Institutionalisierung von Qualitätsstandards und Kontrollmechanismen
- Qualitätssicherung bei Anbieterfluktuation
  - Bindungsmöglichkeiten von Mitarbeitern, - sonst potentielle Konkurrenten
  - Personal Recruiting
  - Karriereplanung
  - Fort- und Weiterbildung

4.2 Verrichtungsempfänger

Auftraggeber, Spezifikation des Leistungsinhaltes (Erwartungen)

Da Dienstleistungsprodukte während des Verrichtungsprozesses entstehen, bedarf es häufig bei der Auftragserteilung einer Spezifikation des Leistungsinhaltes durch den Konsumenten. Ist eine Individualisierung des Angebotes nicht möglich, so kann sich der Kunde zumindest durch die subjektiven Erwartungen ein Anspruchsniveau setzen. Die Kenntnis dieser Erwartungen wäre für den Anbieter sehr wichtig, denn sollte es bereits bei Beginn des Leistungsprozesses keine Übereinstimmung in Bezug auf den Verrichtungsinhalt geben, kann das Leistungsergebnis schwerlich zur beiderseitigen Zufriedenheit ausfallen.

Integrationsbedarf und -bereitschaft als 'externer Faktor'

Auf die Bedeutung des Konsumenten als externer Faktor wurde bereits ausführlich hingewiesen. Sollte die Integrationsbereitschaft ein wichtiger Bestandteil im Verrichtungsprozeß sein, so muß auch darüber vor Leistungsbeginn Übereinstimmung erzielt werden, bzw. es sollten die Anforderungen an den Kunden klar sein (welche Bedeutung hat bspw. die Mitarbeit in der Lehrveranstaltung, wie kann sie erfolgen, wie wird sie bewertet, wie in die Note miteinbezogen).

Informationsbedarf, Risikoreduktion

Durch die dargestellten gutsimmanenten Besonderheiten ergeben sich beim Konsumenten Informationsdefizite, die in Entscheidungssituationen auch als unterschiedliche Arten von Risiken wahrgenommen werden. So gewinnt die Kommunikationspolitik des Anbieters vor allem bei Dienstleistungen, wie sie hier angesprochen wurden, an Bedeutung, da durch geeignete Instrumente und Kanäle Informationen an den Konsumenten herangetragen werden können und dieser auch wesentlich offener und empfangsbereiter für gezielte Botschaften ist. Da objektive Vergleiche selten möglich sind und auch eine Probierphase vor der Kaufentscheidung weitgehend entfällt, ist er auch viel aufnahmefähiger bezüglich der Mund-zu-Mund-Propaganda, der Erfahrungen, die andere bereits mit Dienstleistungsanbietern gemacht haben und wird nach Inanspruchnahme einer Dienstleistung selbst zum Sprachrohr des Anbieters.

Beurteilung der Verrichtungsqualität

Letzlich kommt es dem Kunden zu, die erhaltene Leistung zu beurteilen und dieses Feedback, soferne erwünscht und eingefordert, an den Anbieter zurückzugeben. Dabei gelten dieselben Meßprobleme, die schon anbieterseitig geschildert wurden. Weiters darf gerade bei Dienstleistungen im Gegensatz zu Konsumgütern nicht vergessen werden, daß der Beurteilung des Konsumenten häufig seine rein subjektive Wahrnehmung, in Ermangelung objektivierbarer

Kriterien, zugrunde liegt. Das geht sogar soweit, daß der Kunde Leistungen über Substitute beurteilt, da ihm die Kenntnisse zur inhaltlichen Beurteilung fehlen (Kompetenz und Erfahrung eines Vortragenden werden bspw. daran beurteilt, wie er Fragen beantwortet und welche Praxisbeispiele er bringt).

5. Resumée

Die vorliegenden Ausführungen sollen zeigen, daß gerade bei Dienstleistungen aus Marketingsicht Menschen, anbieter- und nachfrageseitig, einen besonderen Einfluß auf die Leistungserstellung und das -ergebnis haben. Es liegen auch empirisch erhobene Daten vor, die den Einfluß von Personen im Leistungsprozeß unterstreichen und die gemachten Aussagen bestätigen. Gerade hier an der Wirtschaftsuniversität, einem großen Dienstleistungsbetrieb, wenn man nur einmal die Lehre betrachtet, ist die dargestellte Thematik und aufgeworfene Problematik sehr aktuell. Die Frage der Qualität wird ja bereits heftig diskutiert, sodaß dieser Forschungsschwerpunkt des Instituts hierbei weitreichende Unterstützung bieten kann.

Anmerkungen und Literatur

[1] Lehmann, A.: Marketing-Qualität im Dienstleistungsmanagement - eine neue Perspektive?, in THEXIS - Marketing-Qualität, 6/89

[2] Lovelock, C.H.: Services Marketing, London 1991

[3] Meyer, A.: Dienstleistungs-Marketing, DBW 51 (1991) 2

[4] OECD-Economic Outlook: Historical Statistics 1960-1990

[5] Scheuch, F.: Dienstleistungsmarketing, München 1982

[6] Skolka, J.: Der Dienstleistungssektor in Österreich 1976 bis 1989, in: WIFO-Monatsberichte 9/91

[7] Zeithaml, V./ Parasuraman, A./ Berry, L.L.: Problems and Strategies in Services Marketing, in: Journal of Marketing, Vol. 49 (Spring 1985)

Autorenverzeichnis

Autorenverzeichnis

Univ.-Ass. Mag. *Walter Aigner*, Institut für Absatzwirtschaft, Wirtschaftsuniversität Wien

Univ.-Ass. Mag. Dr. *Lore Alkier*, Institut für Informationsverarbeitung und Informationswirtschaft, Abteilung für Wirtschaftsinformatik, EDV-Zentrum, Wirtschaftsuniversität Wien

Univ.-Prof. Mag. Dr. *Christoph Badelt*, Institut für Volkswirtschaftstheorie und -politik, Abteilung für Sozialpolitik, Wirtschaftsuniversität Wien

Univ.-Lek. Diplom-Ökonomin *Margret Beisheim*, Univ.-Lektorin und Projektmitarbeiterin der Abteilung für Personalwirtschaft, Wirtschaftsuniversität Wien

Vertr.-Ass. Mag. *Thomas Böckle*, Institut für Unternehmensführung, Extraordinariat für Allgemeine Betriebswirtschaftslehre, Wirtschaftsuniversität Wien

Vertr.-Ass. Mag. *Claudia Böhm*, Institut für Versicherungswirtschaft, Wirtschaftsuniversität Wien

Univ.-Ass. Mag. Karl-Michael Brunner, Institut für Allgemeine Soziologie und Wirtschaftssoziologie, Wirtschaftsuniversität Wien

Vertr.-Ass. Mag. Dr. *Dagmar Durlacher*, Institut für Tourismus und Freizeitwirtschaft, Wirtschaftsuniversität Wien

Univ.-Prof. Dipl.-Kfm. Dr. Dudo von Eckardstein, Institut für Wirtschafts- und Verwaltungsführung sowie Wirtschaftspädagogik, Leiter der Abteilung für Personalwirtschaft, Wirtschaftsuniversität Wien

Univ.-Prof. Dr. *Rudolf Eder*, Institut für Volkswirtschaftstheorie und -politik, Wirtschaftsuniversität Wien

Univ.-Ass. Mag. *Brigitte Eichler*, Institut für Informationsverarbeitung und Informationswirtschaft, Abteilung für Wirtschaftsinformatik, Wirtschaftsuniversität Wien

Univ.-Ass. Mag. Dr. *Wolfgang Elšik*, Institut für Wirtschafts- und Verwaltungsführung sowie Wirtschaftspädagogik, Abteilung für Personalwirtschaft, Wirtschaftsuniversität Wien

Vertr.-Ass. Mag. Dr. *Karl C. Ennsfellner*, Institut für Versicherungswirtschaft, Wirtschaftsuniversität Wien

Univ.-Prof. Dipl.-Ing. Dr. *Rolf Eschenbach*, Institut für Unternehmensführung, Wirtschaftsuniversität Wien, Wissenschaftlicher Leiter des Österreichischen Controller-Instituts

Univ.-Lek. Dipl. Wirt.-Ing. *Wolfgang Faber*, Institut für Informationsverarbeitung und Informationswirtschaft, Abteilung für Angewandte Informatik, Wirtschaftsuniversität Wien

Univ.-Ass. Mag. Dr. *Rony G. Flatscher*, Institut für Informationsverarbeitung und Informationswirtschaft, Abteilung für Wirtschaftsinformatik, Wirtschaftsuniversität Wien

Univ.-Lek. Mag. Dr. *Walter Frisch*, Institut für Angewandte Informatik

Dkfm. Dr. *Erwin Fröhlich*, Institut für Gewerbe- und Handwerksforschung

Univ.-Ass. Mag. Dr. *Ulrike Froschauer*, Institut für Allgemeine Soziologie und Wirtschaftssoziologie

Univ.-Lek. Mag. *Harald Glieder*, Lektor am Institut für Unternehmensführung, Extraordinariat für Allgemeine Betriebswirtschaftslehre, Wirtschaftsuniversität Wien

Univ.-Prof. Dipl.-Kfm. Dr. *Oskar Grün*, Vorstand des Instituts für Organisation und Materialwirtschaft an der Wirtschaftsuniversität Wien

Univ.-Prof. Dr. *Herbert Haller*, Institut für Verfassungs- und Verwaltungsrecht, Wirtschaftsuniversität Wien und wissenschaftlicher Leiter am Ludwig Boltzmann-Institut zur Analyse wirtschaftspolitischer Aktivitäten

Univ.-Ass. Mag. Dr. *Peter Handler*, Institut für Romanische Sprachen, Wirtschaftsuniversität Wien

Univ.-Prof. Dipl.-Kfm. Dr. *Hans Robert Hansen*, Institut für Informationsverarbeitung und Informationswirtschaft, Abteilung für Wirtschaftsinformatik, Wirtschaftsuniversität Wien

Univ.-Ass. Mag. *Gerlinde Hardt-Mautner*, Institut für Englische Sprache, Wirtschaftsuniversität Wien

Univ.-Ass. Mag. *Klaus Hirschler*, Institut für Revisions-, Treuhand- und Rechnungswesen, Abteilung für Betriebswirtschaftliche Steuerlehre, Wirtschaftsuniversität Wien

Univ.-Prof. Dkfm. Dr. *Michael Hofmann*, Institut für Wirtschafts- und Verwaltungsführung, Interdisziplinäre Abteilung für Wirtschafts- und Verwaltungsführung, Wirtschaftsuniversität Wien

Ass.-Prof. Mag. Dr. *Hartmut H. Holzmüller*, Institut für Absatzwirtschaft an der WU sowie Student der Psychologie an der Universität Wien, Betriebsberater.

Univ.-Ass. Mag. Dr. *Christian Horak*, Institut für Unternehmensführung, Wirtschaftsuniversität Wien

Vertr.-Ass. Mag. *Andreas Höger*, Institut für Finanzierung und Finanzmärkte, Extraordinariat für Allgemeine Betriebswirtschaftslehre unter besonderer Berücksichtigung von Rechnungswesen, Investition und Finanzierung

Univ.-Ass. Mag. Dr. *Franz Hörmann*, Institut für Revisions-, Treuhand- und Rechnungswesen, Abteilung für Betriebswirtschaftliche Steuerlehre, Wirtschaftsuniversität Wien

Univ.-Prof. Univ.-Doz. Dr. *Franz Rupert Hrubi*, Institut für Allgemeine Pädagogik, Abteilung für Philosophie, Wirtschaftsuniversität Wien

Univ.-Prof. Dipl.-Ing. Mag. Dr. Werner Jammernegg, Institut für Informationsverarbeitung und Informationswirtschaft, Extraordinariat CIM, Wirtschaftsuniversität Wien

Univ.-Prof. Dkfm. Dr. *Wolfgang Janko*, Institut für Informationsverarbeitung und Informationswirtschaft

Vertr.-Ass. Mag. Dr. *Gerhard Jost*, Institut für Allgemeine Soziologie und Wirtschaftssoziologie, Wirtschaftsuniversität Wien

Univ.-Ass. Mag. *Alexander Kaiser*, Institut für Informationsverarbeitung und Informationswirtschaft, Extraordinariat Angewandte Informatik, Wirtschaftsuniversität Wien

Univ.-Lek. Mag. Dr. *Guido Kappel*, Institut für Slawische Sprachen, Wirtschaftsuniversität Wien

Univ.-Ass. Mag. Dr. phil. *Matthias Karmasin*, Institut für Allgemeine Pädagogik, Abteilung für Philosophie, Wirtschaftsuniversität Wien

Mag. *Sophie Karmasin*, Studentin der Betriebswirtschaftslehre mit den Schwerpunkten Marketing und Marktforschung

Univ.-Ass. Mag. *Norbert Kehrer,* Institut für Informationsverarbeitung und Informationswirtschaft, Abteilung für Wirtschaftsinformatik, Wirtschaftsuniversität Wien

Mag. Dr. MPH., M.Sc. *Christian Köck*, Leiter des Qualitätsmanagements der MA 17 der Gemeinde Wien

Wolfgang Kraus, PR-Manager des Wiener Tourismusverband

Univ.-Ass. Mag. *Susanne Kremser,* Institut für Informationsverarbeitung und Informationswirtschaft, Abteilung für Wirtschaftsinformatik, Wirtschaftsuniversität Wien

Univ.-Ass. Mag. *Christian Kreuzer*, Institut für Unternehmensführung, Wirtschaftsuniversität Wien

Mag. *Liselotte Krisper,* Consultant

Univ.-Ass. Mag. *Robert Lackner*, Institut für Werbewissenschaft und Marktforschung, Wirtschaftsuniversität Wien

Vertr.-Ass. Mag. *Sabine Lang*, Institut für Informationsverarbeitung und Informationswirtschaft, Extraordinariat CIM, Wirtschaftsuniversität Wien

Univ.-Ass. Mag. *Christoph Lell,* Institut für Informationsverarbeitung und Informationswirtschaft, Abteilung für Wirtschaftsinformatik, Wirtschaftsuniversität Wien

Mag. *Christian F. Lettmayr,* M.Ed., Stellvertretender Institutsleiter des Instituts für Gewerbe- und Handwerksforschung, selbständiger Unternehmensberater

Vertr.-Ass. Dipl.-Ing. *Georg Gustav List,* Institut für Informationsverarbeitung und Informationswirtschaft, Extraordinariat CIM, Wirtschaftsuniversität Wien

Univ.-Ass. Mag. Dr. *Günter Lueger*, Institut für Wirtschafts- und Verwaltungsführung sowie Wirtschaftspädagogik, Abteilung für Personalwirtschaft, Wirtschaftsuniversität Wien

Univ.-Ass. Mag. Dr. *Manfred Lueger*, Institut für Allgemeine Soziologie und Wirtschaftssoziologie, Wirtschaftsuniversität Wien

Univ.-Ass. Mag. Dr. *Gunther Maier*, Interdisziplinäres Institut für Raumordnung, Stadt- und Regionalentwicklung an der Wirtschaftsuniversität Wien sowie Senior Research Fellow an der University of North Carolina at Chapel Hill.

Vertr.-Ass. Mag. *Christian Matul,* Institut für Volkswirtschaftstheorie und -politik, Abteilung für Sozialpolitik, Wirtschaftsuniversität Wien

Univ.-Ass. Mag. Dr. *Josef Matulka,* Institut für Informationsverarbeitung und Informationswirtschaft, Abteilung für Angewandte Informatik, Wirtschaftsuniversität Wien

Univ.-Ass. Mag. Dr. *Wolfgang Mayrhofer*, Institut für Wirtschafts- und Verwaltungsführung sowie Abteilung für Personalwirtschaft, Wirtschaftsuniversität Wien

Univ.-Prof. Dkfm. Dr. *Josef Mazanec*, Institut für Tourismus und Freizeitwirtschaft, Wirtschaftsuniversität Wien

Vertr.-Ass. Mag. *Renate Meyer*, Institut für Unternehmensführung, Extraordinariat für Allgemeine Betriebswirtschaftslehre, Wirtschaftsuniversität Wien

Mag. Dr. *Philipp Mittermaier,* Institut für Informatinosverarbeitung und Informationswirtschaft, Extraordinariat CIM, Wirtschaftsuniversität Wien

Univ.-Lek. Mag. *Christof Müller*, Institut für Unternehmensführung

Univ.-Lek. Dipl.-Soz. Wiss. *Matthias Müller*, Abteilung für Personalwirtschaft

Vertr.-Ass. Mag. *Klaus Niedl*, Institut für Wirtschafts- und Verwaltungsführung sowie Abteilung für Personalwirtschaft, Wirtschaftsuniversität Wien

Dipl.-Ing. *Anton Nußbaumer,* Institut für Informationsverarbeitung und Informationswirtschaft, Extraordinariat CIM, Wirtschaftsuniversität Wien

Oliver Olbrich, Student am Institut für Werbewissenschaft und Marktforschung, Wirtschaftsuniversität Wien

Univ.-Prof. Dkfm. Dr. *J. Hanns Pichler*, M. Sc., Institut für Volkswirtschaftstheorie und -politik, Vorsitzender Fachgruppe Volkswirtschaft, Wirtschaftsuniversität Wien

Dr. *Alexander Prosser,* ADV-Abteilung, Wirtschaftsuniversität Wien

Univ.-Prof. Dr. *Renate Rathmayr*, Institut für Slawische Sprachen, Wirtschaftsuniversität Wien

Univ.-Ass. Mag. Dr. *Horst Reiger*, Institut für Allgemeine Soziologie und Wirtschaftssoziologie, Wirtschaftsuniversität Wien

Mag. Dr. Ilse *Andrea Riedl,* Qualitätsmanager bei ICL

Ruckenbauer Georg, Student der Wirtschaftsuniversität Wien

Thomas Salzberger, Student der Handelswissenschaften mit dem Schwerpunkt Marketing an der WU sowie Student der Psychologie an der Universität Wien

Univ.-Prof. Mag. Dr. *Karl Sandner*, Institut für Unternehmensführung, Extraordinariat für Allgemeine Betriebswirtschaftslehre, Wirtschaftsuniversität Wien

Mag. *Annemarie Sapusek*, Institut für Finanzierung und Finanzmärkte, Extraordinariat für Allgemeine Betriebswirtschaftslehre unter besonderer Berücksichtigung von Rechnungswesen, Investition und Finanzierung, Wirtschaftsuniversität Wien

Univ.-Ass. Mag. *Dieter Scharitzer*, Institut für Absatzwirtschaft, Wirtschaftsuniversität Wien

Univ.-Ass. Mag. Dr. *Martina Scheinecker*, Institut für Wirtschafts- und Verwaltungsführung sowie Wirtschaftspädagogik, Abteilung für Personalwirtschaftslehre, Wirtschaftsuniversität Wien, Leiterin der Initiative "Frauen 2000", Initiative zur Förderung der Entwicklungschancen von Frauen im Unternehmen

Univ.-Prof. Dr. *Karl-Heinz Schmidt*, Universität Paderborn

Univ.-Ass. Mag. Dr. *Johannes Schnitzer*, Institut für Romanische Sprachen, Wirtschaftsuniversität Wien

Mag. *Paul Schobel*, Institut für Slawische Sprachen, Wirtschaftsuniversität Wien

Univ.-Ass. Mag. Dr. *Michael Schreiber*, Institut für Absatzwirtschaft, Wirtschaftsuniversität Wien, affiliert mit der Wiener Zweigstelle der Strategieberatungsfirma CAST Group AG, Founding Director des Newhampshire Center for Eastern European Trade and Education, North Hampton, New Hampshire

Univ.-Ass. Mag. Dr. *Arnold Schuh*, Institut für Absatzwirtschaft, Wirtschaftsuniversität Wien

Univ.-Ass. Dr. *Brigitte Schuster*, Institut für Psychologie der Universität Wien, Abteilung für Angewandte und Klinische Psychologie

Gerhard Skoff, Direktor der Casinos Austria AG

Univ.-Ass. Mag. Dr. *Barbara Sporn*, Institut für Informationsverarbeitung und Informationswirtschaft, Abteilung für Wirtschaftsinformatik, Wirtschaftsuniversität Wien

Univ.-Prof. Mag. Dr. *Peter Steiner,* Institut für Finanzierung und Finanzmärkte, Extraordinariat für Allgemeine Betriebswirtschaftslehre unter besonderer Berücksichtigung von Rechnungswesen, Investition und Finanzierung, Wirtschaftsuniversität Wien

Univ.-Lek. StBBA Mag. *Gottfried Sulz,* Institut für Revisions-, Treuhand- und Rechnungswesen, Abteilung für Betriebswirtschaftliche Steuerlehre, Wirtschaftsuniversität Wien

Univ.-Prof. Mag. Dr. *Alfred Taudes,* Institut für Informationsverarbeitung und Informationswirtschaft, Abteilung für Angewandte Informatik, Wirtschaftsuniversität Wien

Vertr.-Ass. Mag. *Michael Theil,* Institut für Versicherungswirtschaft, Wirtschaftsuniversität Wien

Mag. *Wolfgang Trödhahn,* Abteilung für Philosophie

Peter Voithofer, Wissenschaftlicher Mitarbeiter des Instituts für Gewerbe- und Handwerksforschung, Controller SPC Computer Training

Martin Wagner, Diplomand am Institut für Werbewissenschaft und Marktforschung, Wirtschaftsuniversität Wien

Mag. *Alexander Weger,* Institut für Unternehmensführung, Wirtschaftsuniversität Wien

Univ.-Ass. Mag. Dr. *Andreas Zins,* Institut für Tourismus und Freizeitwirtschaft, Wirtschaftsuniversität Wien

Österreichische Klassiker im Blätterwald.

Manche sehen den Wald vor lauter Blättern nicht, andere verlassen sich lieber auf die Ergebnisse der Media-Analysen der letzten zehn Jahre: trend und profil sind die Magazine, die im österreichischen Blätterwald alle anderen überragen.

WIRTSCHAFTSUNIVERSITÄT WIEN
POST GRADUATE MANAGEMENT UNIVERSITÄTSLEHRGANG

17 - tägiges Intensivseminar in Klausur vermittelt Führungskräften praxisrelevantes Wissen über

- Management in und von sozialen Systemen
- Einführung in die systemische Denkweise
- Management und selbstorganisierende Prozesse
- Verhaltenswissenschaftliche Dimensionen des Managements
- Organisations- und tiefenpsychologische Aspekte des Managements
- Systematische Problemlösungs- und Entscheidungsfindung
- Organisationsmanagement, Organisationskultur
- Strategisches Management, Planung und Kontrolle

Mitwirkende:
Mag. Dr. Harald Allabauer, Univ.-Prof. Dr. Michael Hofmann, Univ.-Prof. Dr. Helmut Kasper, Mag. Dr. Alois Kehrer, Dr. Othmar Pichler, Prof. Bernd Rohrbach, Univ.-Prof. Dr. Fritz Scheuch, Univ.-Prof. Dr. Stefan Titscher (Wirtschaftsuniversität Wien), Prof. Dr. Helmut Kramer (Wirtschaftsforschungsinstitut), Prof. Herbert Krejci, Claus Peymann, Univ.-Prof. Dr. Herbert Pietschmann, Univ.-Prof. Dr. Erwin Ringel (Universität Wien), Dr. Peter Pilz (Grüne Alternative), Univ.-Prof. Dr. Gerhard Reber (Universität Linz), Univ.-Prof. Dr. Lutz von Rosenstiel (Universität München), Ass.-Prof. Univ.-Doz. Dr. Peter Scheer (Universität Graz), Univ.-Prof. Dr. Walter Schertler (Universität Trier)

Leitung:
Univ.-Prof. Dr. Michael Hofmann, Wirtschaftsuniversität Wien
Univ.-Prof. Dr. Helmut Kasper, Wirtschaftsuniversität Wien
Prof. Bernd Rohrbach, Bad Homburg

Die Tageseinheiten werden durch Abendgespräche über Themen wie Psychosomatik und Arbeitsklima, Ökologie und Ökonomie - die Verantwortung des Managements, Ethik im Management, Wertwandel in Unternehmen, Logik und Dialektik für Manager und Managerinnen, EG und Osteuropa als Herausforderung der Wirtschaft, etc. abgerundet.

Zielgruppe sind Universitätsabsolventen mit Führungserfahrung (mindestens fünfjährige Praxis) und langjährige Management-Praktiker auch ohne akademische Ausbildung.

Aus didaktischen Gründen ist die Teilnehmerzahl limitiert.
Abschluß mit staatlich anerkanntem Universitätszeugnis.

Ort: Seminarhotel in der Nähe von Wien

Zeit: 13. - 21. November 1993 ***Zum 22. Male!***
15. - 22. Jänner 1994

Teilnahmegebühr: öS 47.500,-

Ausführliche Information (Prospektanforderung) und Anmeldung:
PGM-Universitätslehrgang
Wirtschaftsuniversität Wien
z.Hd. Frau Mag. Monika Frech
A-1090 Wien, Augasse 2-6
Tel: 0222/31 336/4461, 4458, 4551, **Fax:** 0222/31 336/733

Das Medienzentrums-ABC

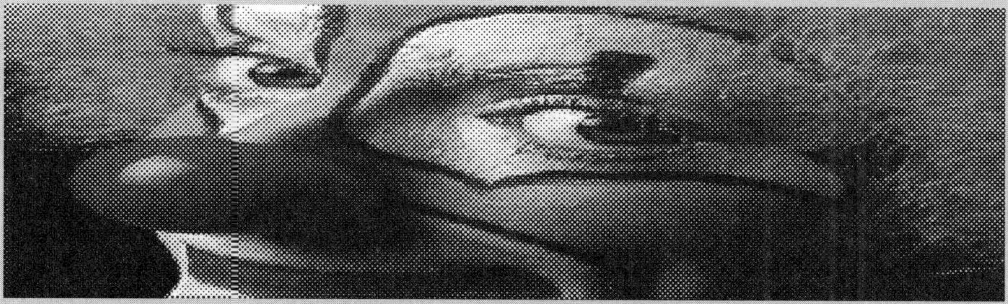

Farbe & Multimedia & Wissenstransfer • Produziert wird auf Mac, Windows und OS/2.

Alle Arten von Farbgrafiken und Farbfotos können wir für Sie erstellen, scannen und drucken oder auf Dias belichten.

Bewegte Bilder, Animationen, interaktive multimediale Präsentations- und Informationssysteme, digitale Sound- und Videoeffekte.

Color-Publishing und Multimedia-Erfahrungswerte werden durch konsequente Schulungspolitik an der WU verbreitet.

WU-Medienzentrum
Dkfm. Stephan Köhl
Telefon: 31336-4117
Tägl.: 10.00-18.00 Uhr

WU mZ

Ein Service des EDV-Zentrums

POWER TO THE PEOPLE...

... mit Notebooks zum Ausleihen. 50 Apple-PowerBooks und 70 SHARP DOS-Notebooks stehen allen Studenten und Mitarbeitern der WU zur Verfügung. Zum lernen, zum arbeiten oder einfach um Spaß zu haben!

Alle PowerBooks sind mit den neuesten Textverarbeitungs- und Kalkulationsprogrammen und der aktuellen HyperCard -Version ausgestattet. Zubehör gibts zum Ausleihen.

Das PowerStore hat jeden Montag & Mittwoch & Freitag von 10-16.00 Uhr geöffnet. Der Mann am Tresen unterstützt Anfänger und Lernbegierige.

Achtung! Das Interesse ist sehr groß! Reservieren Sie Ihr PowerBook bitte rechtzeitig!

POWER STORE